DANEMARK,

PAR

M. J. B. EYRIÈS,

MEMBRE DE L'INSTITUT,

ET

CONTINUÉ PAR M. CHOPIN.

PARIS,
FIRMIN DIDOT FRÈRES, ÉDITEURS,
IMPRIMEURS DE L'INSTITUT DE FRANCE,
RUE JACOB, 56.

M DCCC XLVI

L'UNIVERS.

HISTOIRE ET DESCRIPTION
DE TOUS LES PEUPLES.

DANEMARK.

PARIS.
TYPOGRAPHIE DE FIRMIN DIDOT FRÈRES,
RUE JACOB, 56.

L'UNIVERS,

OU

HISTOIRE ET DESCRIPTION

DE TOUS LES PEUPLES,

DE LEURS RELIGIONS, MOEURS, COUTUMES, ETC.

DANEMARK.

PAR M. J.-B. EYRIÈS,

MEMBRE DE L'INSTITUT.

Le royaume de Danemark est situé au nord de l'Allemagne, et au sud de la Suède et de la Norvége, dont la mer Baltique, le Sund et le Cattegat le séparent.

L'Elbe arrive, dans la partie septentrionale de l'Allemagne, à trente lieues de son embouchure, dans la mer du Nord; baigne, à droite, le duché de Lauenbourg, et, un peu plus loin, après avoir formé un large estuaire, le duché de Holstein, qui tous deux font partie de la monarchie danoise. Le premier de ces pays offre une vaste plaine ondulée, et arrosée par quelques cours d'eau peu considérable; les uns affluent de la Trave, les autres de l'Elbe; on y voit de petits lacs qui égayent le paysage. Le sol, marécageux le long de l'Elbe, ailleurs gras et fertile dans les terres basses, et souvent bien boisé, est sablonneux et couvert de bruyères dans divers endroits.

Au nord-ouest du Lauenbourg, s'étend le Holstein, pays assez uni; on n'y remarque qu'une chaîne de coteaux arides et sablonneux qui, le traversant du sud au nord, forment la ligne de partage entre les eaux qui coulent à l'est vers la mer du Nord. La partie orientale du Holstein est montueuse, coupée de lacs nombreux, et présente des sites pittoresques; la région occidentale au contraire est basse, plate, marécageuse, et exposée le long de l'Elbe et de la mer à des inondations dont on ne les préserve qu'au moyen de digues. Parmi les rivières, on distingue le Stör, le Pinau et l'Alster, qui se dirigent vers l'Elbe. L'Eider, qui sort d'un lac de l'est, coule au nord, devient navigable en sortant de celui qu'on nomme le Westen-See, et, continuant son cours à l'ouest, vers la mer du Nord, fait une limite naturelle entre l'Allemagne et le Slesvig qui appartient au Danemark proprement dit.

Le Slesvig est réellement la partie méridionale du Jutland (*Jylland*), longue presqu'île qui se dirige du sud au nord; c'est, avec le Yucatan, dans l'Amérique septentrionale, la seule qui affecte cette direction, car toutes les autres ont leur extrémité tournée au sud.

La même chaîne de coteaux que l'on a observée au sud de l'Eider, se

1re *Livraison.* (DANEMARK.)

prolonge au nord de ce petit fleuve, jusqu'au cap de Skagen, pointe sablonneuse et basse qui termine le Jutland, au point où les géographes danois placent la limite entre la mer du Nord et le Cattegat.

Ainsi que dans le Holstein, le terrain, dans le Jutland, est plus bas du côté de la mer du Nord, nommée par les Danois la mer de l'Ouest (*Vesterhavet*), que du côté de la mer Baltique (*OEstersöen*, la mer de l'Est). Les terres les plus basses, que l'on est obligé de disputer à la mer, sont appelées *Marsklænder*; le reste, entrecoupé de bois, de champs et de quelques prairies, se nomme par opposition *Geestlænder*.

La chaîne des coteaux a, dans le Lauenbourg, 18 mètres d'altitude; dans le Holstein, au sommet du Kalkberg, 86; au Kniösberg, dans le Slesvig, 129; au Himmelbierg (Mont-Céleste), en Jutland, 129.

Le Cattegat est le bras de mer qui s'étend de la mer du Nord au Sund; la portion de la mer du Nord, comprise entre le Jutland et la Norvége, est souvent appelée Skagerrak; quelquefois ce nom est employé comme synonyme de Cattegat.

La Sund donne entrée dans la mer Baltique, entre la Scanie, province de Suède, et l'île de Seeland (*Sjælland*), la plus grande du Danemark. Celle-ci a dans son voisinage Amak (*Amager*), Möen, Falster, Laaland; beaucoup plus loin à l'est, dans la mer Baltique, Bornholm et les îlots de Ertholm, ou Christians-OEer.

Le grand Belt forme la séparation entre Seeland et Fionie (*Fyen*); et le petit Belt entre cette île et le Jutland.

Lessöe et Anholt, deux petites îles entourées d'écueils, sont situées dans le Cattegat; Samsöe, au nord; Langenland, au sud-est de Fionie; Ærröe, au sud-ouest, dans la Baltique; Als et Femern, tout près de la côte du Holstein, dépendent du Slesvig; un grand nombre de plus petites sont éparses de divers côtés.

La côte occidentale de ce duché et du Jutland a les îles de Nordstrand, Pellworm, Amrom, Fohr, Sylt, Romöe, Fanöe; toutes sont très-basses, et, de même que le continent voisin, doivent être défendues par des digues. Autrefois ces ouvrages étaient si peu solides et si peu élevés, que les grandes marées de l'automne les rompaient chaque année; aussi les nommait-on digues d'été. Au printemps, il fallait en élever de nouvelles, et souvent on ne parvenait pas à regagner tout ce que la mer avait envahi. On cite, entre autres catastrophes, celle de 1631. La plus grande partie de Nordstrand fut couverte par les eaux; le reste n'offre plus que des bancs de sable; plus de sept mille âmes perdirent la vie; des péninsules furent détachées de la terre ferme, et devinrent des îles. Depuis ce temps, les digues, entretenues avec soin, ont opposé un obstacle efficace aux inondations.

Plus au nord, on reconnaît des traces manifestes de leurs ravages; des troncs d'arbres, des restes de bâtisses ensevelis sous l'eau, des flaques d'eau salée qui ne communiquent pas avec la mer, montrent que celle-ci a empiété sur la terre. De vastes bancs longent la côte, et, dans les gros temps, le sable, poussé par les vagues et les vents, y reste quand la marée baisse, forme des dunes, et gagne peu à peu sur les champs cultivés. Aussi, rien ne ressemble plus au désert de la côte occidentale d'Afrique, au nord de l'embouchure du Sénégal.

Les îles ne sont pas exemptes de ce fléau; les sables gagnent Lessöe et Anholt, imprudemment dégarnies de leurs forêts, et même une partie de la plage septentrionale de Seeland. Heureusement, on a eu recours à une graminée, l'*elymus arenarius*, qui, comme son épithète l'indique, croît naturellement dans le sable; ses racines, longues et touffues, s'y plaisent, et, par leur entrelacement, le retiennent; tandis que ses feuilles, s'étendant à la surface des dunes, empêchent le vent d'avoir trop de prise sur la surface de ces monticules. En Jutland on emploie au même usage cette plante, et le roseau des

DANEMARK.

sables (*arundo arenaria*), autre graminée, et quelques arbustes qu'il est expressément défendu d'arracher, sous des peines très-sévères.

Si la mer empiète en plusieurs endroits sur la côte du Slesvig, on remarque ailleurs des atterrissements qui sont dus au limon et au sable que les rivières charrient et déposent à leurs embouchures; parfois ils les obstruent, de sorte que les eaux ne trouvent une issue qu'en se creusant un passage. Les terrains que l'on gagne sur la mer dans le Holstein et le Slesvig, en les entourant de digues, sont appelés *kogs*.

Le peu de largeur du Jutland ne permet pas que de grandes rivières l'arrosent; la plus considérable est le Gudenaae, qui se jette dans le Cattegat. Un grand nombre de cours d'eau désignés par des noms particuliers, qui tous se terminent par *aae* (eau courante), parcourent le pays; c'est à leurs embouchures que se trouvent les ports généralement peu profonds.

Au delà de Fanöe, la côte occidentale du Jutland décrit une ligne continue qui s'avance vers le nord, en suivant un mouvement ondulé, et n'est interrompue que par quelques ouvertures étroites donnant accès dans des baies nommées *fiords*. On en rencontre de semblables sur la côte de l'est. Le Liimfiord, dans le nord de la presqu'île, va du Cattegat jusqu'à la côte opposée, dont il n'est séparé que par un isthme très-étroit, qui souvent est rompu par l'action des vagues; mais bientôt les sables bouchent de nouveau ces ouvertures passagères; sa longueur est de trente lieues, sa largeur d'un huitième de lieue à cinq lieues; il reçoit plusieurs rivières, et renferme quelques îles.

Plus au sud, cette côte montre les ouvertures des baies de Mariager et de Randers, ensuite elle forme à l'est un renflement considérable, au-dessous duquel elle est très-découpée par des golfes, des baies et de bons ports, jusqu'à son extrémité méridionale.

La physionomie des îles ressemble à celle des provinces continentales; ce sont des plaines ondulées, de petits lacs, des ruisseaux plutôt que des rivières, des baies plus ou moins profondes, des coteaux peu élevés; cependant l'altitude du Siüneberg, en Fionie, est de 283 mètres; celle du Drottningstol, dans Möen, de 125; celle du Veirhöe, en Seeland, de 148.

Ainsi, le terrain est assez uni partout, à l'exception des falaises de Möen, de celles de Stevensklint en Seeland, et de toute l'île de Bornholm.

Cette île diffère par sa constitution géologique du reste des provinces danoises, de la plus proche desquelles elle est éloignée de trente-deux lieues. Bornholm, qui n'est qu'à sept lieues de la Scanie, semble offrir un point de transition visible entre les roches primitives de la Scandinavie et les terrains coquilliers et sablonneux du nord de l'Allemagne. Elle est bordée et traversée par des rochers de grès que l'on exploite ainsi que le schiste, le marbre et d'autres calcaires compactes, enfin la houille et d'autres minéraux.

Le terrain du reste du Danemark est un sol d'alluvion. Au-dessous de la terre végétale, on trouve aussi un mélange d'argile, de calcaire, de sable siliceux, de graviers, de galets; et plus bas, des formations plus anciennes, qui se montrent à jour le long de quelques côtes. Ces bancs, de roche calcaire ou de craie, sont séparés quelquefois par des couches de cailloux. On a même aperçu du grès en un petit nombre d'endroits.

La côte de Mœen présente des rochers de craie; on en voit aussi sur celle de Seeland, dans les petites îles voisines, sur les bords du Liimfiord en Jutland, et ailleurs dans cette péninsule.

Du pied de la montagne gypseuse de Segeberg, en Holstein, coulent des sources salées que l'on exploite à Oldeslohe.

Le gravier est souvent mêlé de fragments de roches primitives; mais sur les côtes de Seeland, de même que sur celles du Mecklenbourg et de la

Poméranie en Allemagne, dans les marais de la Finlande et dans d'autres lieux, on rencontre d'énormes blocs erratiques de granit.

On ne connaît d'autre substance métallique en Danemark que du fer limoneux dans quelques marais du Jutland; le produit que l'on en tire est peu considérable. Les carrières de pierres calcaires sont plus importantes: partout on remarque dans ces pierres des débris de corps organisés. La tourbe est fréquente dans toutes les terres basses. On en retrouve en Jutland une variété d'une qualité supérieure, que l'on découpe en longues bandes, dont on fait usage en guise de torches.

Le Danemark est situé entre 5° 45′ et 12° 51′ de longitude, à l'est de Paris, et entre 53° 2′ et 57° 41′ de latitude septentrionale. Malgré cette position avancée vers le nord, le climat de cette contrée n'est pas aussi rude qu'on serait porté à le supposer. Le voisinage de la mer diminue la rigueur du froid, mais en même temps rend l'atmosphère brumeuse et très-humide. Les vents d'ouest et de sud-ouest, qui sont les plus fréquents, amènent de la pluie; le nord-ouest est le plus violent. Ces vents purifient l'air des terres basses du Holstein et de l'île de Laaland.

En hiver, le thermomètre de Réaumur descend rarement à plus de 12 à 13 degrés au-dessous du point de congélation; en été, il monte quelquefois à 20 degrés au-dessus, mais son terme ordinaire est à 15 ou 16. La température moyenne de l'année est à peu près de 6 degrés et demi. Si les détroits qui font communiquer le Cattegat avec la Baltique gèlent quelquefois, c'est moins par un effet de l'intensité du froid que par une suite de l'entassement des glaçons, charriés par les courants venant des côtes de Norvége et de Suède.

La chaleur ne commence guère à se faire sentir qu'en mai ou au commencement de juin, et les nuits sont fraîches pendant la plus grande partie de l'été. Le froid est sensible dès la fin de septembre, et souvent il gèle en octobre. Les mois de décembre, janvier et février sont les plus froids. Quelquefois des dégels occasionnels surviennent et font fondre les neiges et les glaces; en mars et en avril l'air s'adoucit. On peut dire en somme que l'hiver est ordinairement pluvieux et neigeux, sans gelées très-fortes; le printemps, peu agréable à cause de la continuité des vents; l'été très-variable, et l'automne la plus belle saison. Le climat du Jutland septentrional est le plus âpre de tout le royaume, et se rapproche de celui de la Norvége.

Entretenue par des causes nombreuses, l'humidité de l'atmosphère est favorable à la végétation, que parfois les vents contrarient. Les îles, dont généralement le sol est mamelonné, très-fertile, ombragé par des bocages touffus, coupé par de jolis lacs et des ruisseaux limpides, présentent souvent des aspects très-pittoresques; cependant, le centre de Seeland et de Fionie n'offre que des plaines monotones. La côte orientale du Jutland surtout, au-dessous de la baie de Kalöe jusqu'au Holstein, consiste en presqu'îles boisées et en coteaux riants. Quant à la chaîne de coteaux qui se prolonge du sud au nord de la presqu'île, elle ne présente que de tristes landes, couvertes de bruyères et de broussailles; le terrain y est tantôt sablonneux, tantôt graveleux, de couleur rougeâtre, et absolument stérile. La côte occidentale se compose de deux parties bien distinctes; l'une, qui s'étend depuis le cap Skagen jusqu'à Fanöe, comprend des terres d'une fertilité moyenne pour l'agriculture, entremêlées d'excellents pâturages, et bordées par des dunes, dont le sable mobile cause souvent de grands dommages, ainsi que nous l'avons dit précédemment; l'autre partie offre un sol gras, limoneux, et d'une fécondité prodigieuse; l'air, très-humide, y est fréquemment insalubre; toute cette contrée participe des Marsklænder du Holstein.

Suivant les récits des vieilles chroniques, des forêts immenses couvraient

encore ces contrées aux dixième et onzième siècles de notre ère; depuis cette époque elles ont été terriblement éclaircies, car il semble que les landes du Holstein central ont été jadis couvertes de bois; il existe encore des forêts dans les cantons orientaux de ce pays; dans ceux du sud-est de Fionie, dans l'île de Falster, sur les côtes méridionales de Seeland et sur les rivages du Sund; des voyageurs se sont extasiés avec raison sur la beauté des hêtres que l'on y voit; les autres arbres qui les composent communément sont : le chêne, l'orme, le frêne, le bouleau et l'aune; le sapin et le pin sont moins fréquents. Les arbres sont très-rares sur les côtes occidentales du Danemark, depuis l'embouchure de l'Elbe jusqu'au cap Skagen, et ce sont presque toujours des saules et des sureaux.

Si les mers qui entourent le Danemark sont très-poissonneuses et récompensent les efforts des pêcheurs, en revanche elles offrent des difficultés à la navigation par des bancs de sable, souvent d'une grande étendue, épars le long des côtes du Jutland, par des écueils, par des courants très-rapides; enfin, les lames courtes et précipitées du Cattegat et de la Baltique concourent aussi à multiplier les accidents.

Terminons ce tableau par un aperçu de l'étendue du Danemark en lieues carrées de 25 au degré.

Le Lauenbourg	55.
Le Holstein	425.
Le Slesvig	450.
Le Jutland	1,240.
Les îles	652.
	2,822.

HISTOIRE DU DANEMARK.

PÉRIODE INCERTAINE.

On pense que dès les temps les plus reculés les Phéniciens fréquentèrent les côtes du Danemark, pour y faire le commerce du succin ou ambre jaune, que l'on rencontre encore aujourd'hui sur les rivages de ce pays; mais ce motif devait aussi les déterminer à entrer dans la Baltique, où cette substance a été toujours abondante, et s'ils venaient dans ces contrées lointaines, c'était probablement aussi parce qu'ils y achetaient, des indigènes, du poisson et d'autres productions naturelles.

Si les voyages de ce peuple dans les mers du nord de l'Europe sont problématiques, celui de Pythéas est certain. Ce navigateur marseillais, qui vivait dans la première moitié du quatrième siècle avant notre ère, s'étant avancé jusqu'à l'extrémité orientale de la Bretagne ou Albion, aborda, après six jours de route vers le nord-est, la côte d'un pays qu'il nomme *Thulé* ou *Thyle*. Des savants danois ont pensé que ce pouvait être une partie de la côte nord-ouest du Jutland, près du Liimfiord, nommée encore aujourd'hui *Thy* et *Thyland* (*), et dans l'ancien scandinave *Thiuland*. « La description de la nature du pays, « dit Malte-Brun, qui était né dans le « Jutland septentrional, offre la vé- « rité la plus frappante. Les dunes « sablonneuses du Jutland, ses collines « mouvantes au gré des vents impé- « tueux, ses marais couverts d'une « croûte de sable où le voyageur im- « prudent est englouti, enfin les brouil- « lards d'une nature particulière qui « infestent cette contrée, voilà les phé- « nomènes qui firent dire à Pythéas « qu'aux environs de Thulé, la mer, « l'air et la terre semblaient se con- « fondre en un seul élément. Les « nuits, réduites souvent à deux ou « trois heures par de longs crépuscu- « les, la culture du millet dans le « nord, celle du froment dans le midi, « l'abondance du miel, l'usage de l'hy- « dromel, la coutume de dessécher les « blés dans de vastes granges; tout « ce tableau de Thulé, tracé par Py- « théas, convient éminemment aux « côtes occidentales du Jutland (**). »

La relation de Pythéas est perdue;

(*) L'*y* dans les langues scandinaves a le son de l'*u* en français.

(**) *Précis de la géographie universelle*, t. I, p. 103 etc., deuxième édition.

des fragments en ont été conservés par Strabon, qui a le grand tort de la blâmer. Le nom de Thulé a ensuite été appliqué à différentes contrées de l'extrême nord, parce que chaque navigateur le donnait à la terre la plus éloignée qu'il apercevait au nord.

Pythéas connut aussi d'autres parties du septentrion ; il parle de *Basilia* (l'île du roi), qui est très-grande. Pline croit que c'est la même que *Baltia* d'un autre géographe. Il est difficile de décider quelle partie de la Scandinavie ces anciens ont voulu désigner, puisque le mot de *Belt* ou *Balt* paraît avoir signifié autrefois toute étendue de mer parsemée d'îles, quoique par la suite le sens en ait été restreint aux canaux qui donnent entrée dans la mer Baltique. L'opinion commune est que cette appellation dénotait la Suède méridionale qui, encore longtemps après, fut considérée comme une île, sous le nom de *Scandia*.

Pline en continuant à citer, peut-être inexactement, Pythéas, lui fait dire que les *Guttones*, nation germanique, habitaient, dans un espace de six mille stades, les bords d'un golfe de l'océan nommé *Mentonomon*. A une journée du pays des Guttones, était l'île d'*Abalus*, où l'on recueillait le succin ; les habitants le vendaient aux Teutons.

Pline cite encore d'autres écrivains comme ayant donné de nombreux détails sur ces régions septentrionales ; on savait qu'il s'y trouve beaucoup d'îles ; les noms de quelques-unes s'expliquent très bien par le scandinave, mais on reconnaît qu'ils ont été mal compris par les auteurs anciens, ce qui suggère à Malte-Brun cette réflexion : « Des méprises semblables « auraient-elles pu être faites autre- « ment que sur les lieux mêmes. »

Il est également question dans Pline d'un golfe *Cypselus*, avec l'île de *Lathris*, et du golfe *Lagnus*. L'île serait elle Seeland où la ville de *Léthra* fut jadis la résidence des rois ?

Pline comprend les peuples scandinaves dans la classe des Germains.

qu'il nomme *Ingevones*. Il est le premier qui nomme la Scandinavie comme une île d'une étendue inconnue ; il y place les *Helleviones*. Il nomme, entre autres îles, *Scandia* et *Dumnos* ; cette dernière est vraisemblablement le Danemark (*Deun Mærk* et *Daunmere*).

On peut induire des récits de Pline qu'il avait consulté deux relations des pays du Nord ; l'une, venant des marchands de succin, qui avaient eu des rapports avec les nations germaniques ; l'autre, des navigateurs qui allaient de Norvége en Écosse ; les noms contenus dans la seconde sont moins corrompus que les autres.

Tacite, qui fut contemporain de Pline, et qui écrivit plus tard, c'est-à-dire, vers l'an 100 de notre ère, dit que les *Suiones* habitaient des cantons garantis par l'Océan contre une invasion subite ; que ces peuples étaient puissants sur mer comme sur terre, et qu'ils savaient apprécier les richesses. Ce nom de *Suiones* se rapproche de *Suear*, Suédois, appliqué indistinctement aux peuples vivant dans les contrées baignées par la mer au nord de la Germanie.

Les *Ingevones* sont une tribu de Germains qui s'étend le long des côtes, de l'Ems à la péninsule Cimbrique ; il est à propos de remarquer à ce sujet qu'en islandais *Aigen* signifie l'océan.

Tacite nomme aussi, parmi les peuplades de l'ouest et du nord de la Germanie, les *Marsi*, les *Gambrivii*, les *Suevi* et les *Venedi*, les *Cimbri*, les *Gothones* et les *Longobardi*, puis les *Fenni*, entièrement sauvages, enfin les *Hellusii* et les *Oxiones*, qu'il relègue parmi les êtres fabuleux, puisque avec le visage humain ils sont du reste semblables aux brutes. Il ne peut être ici question que des peuplades des extrémités du Nord, qui, vêtues de peaux de rennes, d'ours et de phoques, ressemblaient plus à des bêtes qu'à des hommes. Les *Fenni* sont évidemment les Finnois. Ces derniers peuples n'étaient certainement connus que par des traditions plus ou moins altérées, et qui cependant avaient un fond de vérité.

Ptolémée, postérieur à Tacite, a fait mention de la Chersonèse cimbrique; c'est dans le coin septentrional de cette presqu'île que les anciens plaçaient les Cimbres. Il est à propos de remarquer que leur nom n'a aucun rapport avec celui des Cimmériens de la mer Noire, ni avec celui des *Kymri*, peuple d'origine toute différente, et confiné aujourd'hui dans le pays de Galles, à l'ouest de l'Angleterre, et dans la Bretagne, à l'ouest de la France.

Le nom des Cimbres dérive de *Kiemper*, qui, dans les langues scandinaves, correspond à guerrier. Ces Cimbres se distinguaient par une bravoure extraordinaire. Un taureau de cuivre était leur idole principale; on en a trouvé un en Fionie.

A la souche des peuples teuto-scandinaves appartenaient aussi les Lombards (*Longobardi*), qui étaient une colonie des *Viniles*, vivant dans le Jutland; enfin, les Angles, les Vagriens, les Stormariens, les Ditmarses, dispersés dans le Holstein et le Mecklenbourg. Toutes ces peuplades ou tribus faisaient partie de la nation, ou plutôt confédération des Saxons, dont le nom ne paraît pas avant Ptolémée, c'est-à-dire, vers l'an 150 de notre ère.

Les *Gythones* et les *Gutae* de ce géographe sont les *Gothones* de Tacite, les *Guttones* de Strabon, les *Gautes* de Procope et des chroniques islandaises. Tous ces témoignages annoncent que les peuples qui habitaient la Scandinavie portaient le nom commun de Goths.

Ptolémée ajoute que les *Daukiones* sont voisins des *Gutae*. Ces *Daukiones* doivent être les Danois qui habitaient primitivement la Scanie, car dans les anciens dialectes scandinaves, les Danois sont appelées *Daunskies* ou *Danskion*.

Quand on réfléchit aux relations de la Scandinavie que les Romains nous ont laissées, on reconnaît qu'elles s'accordent, sur un point important, avec les traditions nationales recueillies par les Islandais. Ces contrées offraient des peuplades plus compactes, des gouvernements plus fixes, et des arts plus avancés que dans la Germanie.

Les chroniques islandaises, appréciées d'après les règles de la saine critique, donnent des indications probables jusqu'à une époque qui remonte à deux cent cinquante ans avant notre ère. A mesure qu'elles rapprochent de celle-ci, on y trouve plus de certitude; nous allons voir le parti que l'érudition et la critique en ont tiré.

Les anciennes chroniques mythologiques de l'Islande racontent que les premiers habitants du pays étaient les *Jotnes* (géants), les *Thousses* (magiciens), et les *Ases*; puis elles parlent de Finnois et de Goths. Ces traditions, qui doivent reposer sur un fondement historique, représentent les Jotnes comme attaqués et vaincus par les Ases; et sans doute ils furent en grande partie exterminés.

Les historiens du Nord se sont donc accordés à dire, d'après ces documents, que la Scandinavie, ainsi que les îles de la Baltique et du Cattegat, peut-être même une partie du Jutland, furent d'abord habitées par des peuplades laponnes et finnoises, menant la vie nomade; à une époque indéterminée, elles furent repoussées vers le nord et vers l'est dans l'intérieur des terres par des peuples venus du sud, et parlant un idiome absolument différent de celui qui était en usage chez elles. Cette invasion avait eu lieu avant le troisième siècle qui précéda notre ère, puisque déjà Pythéas parle des Guttones. M. Molbech, auteur danois, qui a écrit récemment sur l'histoire de son pays, partage l'opinion de ses devanciers; mais il croit que les Celtes ont aussi laissé des traces de leur séjour dans le Jutland et ailleurs : ce sont leurs tombeaux et d'autres monuments qui rappellent ceux que l'on voit encore en divers endroits de France, d'Angleterre et d'Irlande. Il attribue leur destruction par les Goths à ce qu'ils ignoraient l'usage du fer que ceux-ci connaissaient.

Il résume ainsi son sentiment : « Nous allons exposer succinctement l'avis qui nous paraît appuyé sur les conjectures les plus vraisemblables relativement aux plus anciens habitants du nord de l'Europe. Les Lapons sont les Finnois, nom qui leur est encore donné en Norvége ; ils composent la famille la plus ancienne et la plus grossière de la nation finnoise qui, venue de l'Asie septentrionale, ait occupé la Finlande, la Suède et la Norvége. Dans la plus haute antiquité, ils se sont avancés plus au sud, mais sans doute toujours comme nomades ou sauvages, errants, vivant de chasse ou de pêche. Ils conservent encore ces habitudes ; à la vérité, ils élèvent des rennes, mais ils montrent une aversion invincible pour l'agriculture et la vie sédentaire.

« Il en est tout autrement des Finnois proprement dits, que les Russes nomment Tchoudes (Scythes?). Ceux-ci ne sont venus dans le nord de l'Europe qu'après les Lapons, et peut-être en partie sur des navires, par la mer Baltique ; quand ils rencontrèrent des Lapons, ils les repoussèrent vers le nord. Leur langue prouve qu'à une époque très-reculée, et peut-être avant leur arrivée en Scandinavie, ils connaissaient la navigation à la voile et le labourage, ainsi que la chasse et la pêche, enfin certains métiers simples, tels que celui de forgeron. Ils se sont constamment distingués par leur penchant à éclaircir les forêts par le moyen du feu, et à cultiver les terres qu'ils ont ainsi défrichées, usage qu'ils ont sans doute introduit en Suède et en Norvége, où il subsiste encore. La langue laponne n'a pas de termes pour ces opérations.

« On peut aussi admettre que, quand il est question dans les vieilles poésies, chants et récits ou *saga* du Nord, de nains ou sorciers, il s'agit de Lapons remarquables par leur petite taille, et qui, dans l'origine, étaient regardés comme habiles dans la magie noire.

« Il est également vraisemblable que les Jotnes (géants) sont les Finnois ou Quænes des vieilles chroniques, et que leurs combats avec les peuples d'origine germanique et gothique ont donné lieu aux récits des guerres entre les géants et les Ases pour la souveraineté. Il résulte donc de tous ces renseignements que les Jotnes ou les Finnois étaient répandus sur une grande partie de la Suède et de la Norvége avant l'arrivée des Ases, ou peuples germaniques. Il est parlé aussi, dans les saga et les livres historiques des Islandais, de la race des Jotnes et des Thousses (magiciens), c'est-à-dire, de Finnois en Norvége. On en découvre des traces moins visibles en Danemark et dans les récits qui le concernent ; cependant elles ne sont pas entièrement disparues.

« Les poëmes mythologiques du Nord offrent aussi des noms dans lesquels on peut supposer qu'il existe des indications relatives à la race celtique. Tels sont les *Vanes* et les *Alfes*, qui sont fréquemment désignés comme des peuplades ou des tribus différentes des *Ases* et des *Jotnes*. On a présumé, et certainement sans invraisemblance, que les anciens écrivains ont entendu par l'un de ces noms des Celtes qui habitaient le Nord. D'autres personnes regardent comme plus probable que c'est ce peuple qui est appelé les Alfes, souvent nommé dans l'Edda, à côté des Ases, comme d'autres créatures, formant un peuple différant d'eux ainsi que des nains, toutefois moins ennemi des Ases que des géants. Mais penser que les Celtes ont seuls habité la partie la plus septentrionale du Jutland, et la portion de la Norvége méridionale comprise entre le Gœtha-Elv et le Raum-Elv, jadis nommée *Alfheim*, serait peu raisonnable, d'après les diverses espèces de tombeaux qui ont été trouvés dans le Nord. A peine peut-on supposer que ces deux peuples ont toujours vécu en bonne intelligence, ou paisiblement l'un à côté de l'autre, puisque la race celtique, qui était la plus ancienne, a dû peu à peu faire place à la germanique, c'est-à-dire, aux Suédois, aux Goths et aux Danois. En effet, ce fut entre les plus anciens habitants de la Scandinavie, les uns de race finnoise, venus du nord et de l'est, les autres de race celtique, arrivés par l'ouest et le sud, que les races germaniques pénétrèrent dans le Nord à une époque bien moins reculée.

« Quant à ce qui concerne spécialement les Goths, il est évident que leurs courses en Europe se sont dirigées du sud-est au nord-ouest, jusqu'aux rivages de la Baltique, à la presqu'île de Jutland, et aux côtes de la mer du Nord. Il est très-vraisemblable qu'ils arrivèrent en Suède, en partie, en traversant la mer Baltique, car beaucoup de vieilles traditions écrites, et même d'expressions isolées, prises dans les plus anciennes relations étrangères sur le Nord, indiquent dans ce pays un peuple habitué depuis longtemps à la mer, et naviguant sur la Baltique; cette présomption est corroborée par les navigations et les expéditions maritimes que les habitants du Nord ont faites, de bonne heure, sur la grande mer, et qui sont en partie ce que l'on sait de plus ancien de ces peuples. Mais d'autres tribus germaniques ont indubitablement passé, par terre, dans le Jutland; se sont ensuite répandues dans les îles danoises, et ont opprimé et anéanti les Celtes établis là avant eux, ou bien se seront tellement fondues avec eux que toute trace de leur langue, de même que de celle des Finnois, s'est évanouie, et que l'histoire n'en a rien conservé. Ces événements se sont passés dans des temps si reculés, qu'ils ont précédé la culture régulière et l'établissement des villages et des villes. Car, ni en Danemark, ni dans les autres contrées du Nord, les plus anciens noms de lieux n'offrent que de très-rares vestiges du celtique, et encore moins du finnois (*).

« On sait, par des documents historiques du deuxième siècle de notre ère, que les Goths du Sud étaient d'origine germanique. Le plus ancien monument de leur langue, qui est la traduction de l'Évangile par Ulphilas, montre un dialecte germanique, qui, par sa structure et la forme des mots, diffère beaucoup de la langue scandinave, telle qu'elle est encore parlée en Islande, mais cependant a un grand nombre de mots ressemblant à ceux des idiomes du Nord, de même qu'on le voit encore aujourd'hui, dans l'allemand et le danois.

« Or, comme on retrouve chez les Goths du Sud, dans un temps éloigné du nôtre de quinze cents ans, la même ressemblance et la même différence que celles qui existent encore aujourd'hui entre l'allemand et le scandinave il en résulte évidemment que les Goths du Nord ont pu avoir été séparés de ceux du Sud depuis plusieurs siècles; car il en faut autant pour produire une différence de langage, telle que celle que l'on reconnaît entre le scandinave et l'allemand; par conséquent, la première arrivée des Goths dans le Nord doit être bien antérieure à notre ère.

« Cette époque nous ramène aux récits de Pythéas, qui, dans le quatrième siècle avant cette ère, parle des *Guttones*, habitants du Nord dans le voisinage des Teutons. Quelques siècles plus tard, les écrivains romains mentionnent les *Gothones* comme un peuple demeurant sur les bords de la Baltique, peut-être entre l'Oder et la Vistule; et, depuis le premier et le second siècle, nous trouvons que les migrations des Goths du Sud ont eu lieu non vers le nord, mais d'un pays du Nord vers le sud et le sud-est; ou des rives de la Vistule vers celles du Don et du Danube. On peut donc présumer avec certitude que, du temps de leur établissement en Scandinavie, les Goths du Nord s'étaient séparés de ceux qui étaient restés sur les bords opposés de la Baltique, ou des Goths du Sud, et que ceux-ci leur devinrent complétement étrangers, excepté sous le rapport du langage. Les Goths du Nord étendirent donc leur puissance dans la Scandinavie, sans être aidés en rien par ceux du Sud.

(*) *Fortællinger og Skildringer af den Danske Historie.* (Récits et tableaux de l'histoire de Danemark.) Copenhague, 1837.

« Si on ajoute, de plus, que Tacite, qui vivait vers l'an 100 de notre ère, nomme les *Suiones*, ou *Sueones*, comme un peuple du Nord (Germain) qui, indépendamment de ses forces de terre, est puissant par ses flottes; que l'on croit trouver le nom des Danois chez un géographe grec du second siècle; on apprend d'écrivains étrangers que les appellations particulières aux peuples du Nord existaient déjà dans le crépuscule des temps historiques, ou dans l'antiquité la plus reculée.

« Mais on cherche en vain, chez les écrivains étrangers, le plus léger indice sur le chemin que les Goths ont suivi dans leur migration en Scandinavie. Le Danemark a-t-il reçu les Goths de la Suède, ce qui est le plus probable; ou bien les Goths sont-ils venus du Jutland, par les îles, jusqu'en Suède? C'est une question sur laquelle les savants ne sont pas encore d'accord; mais ils regardent comme un fait incontestable que la Norvège a reçu de la Suède les tribus gothiques. Comme aucune des traditions écrites du Nord ne contient rien qui puisse éclairer sur le point douteux, on peut avoir recours aux suppositions, et dire, avec une certaine apparence de raison et de vérité, que plusieurs migrations, les unes par la mer Baltique, les autres par le Danemark, ont amené les Goths en Scandinavie.

« Les écrits des Islandais n'apprennent rien non plus sur les liaisons qui peuvent avoir existé entre les Goths du Nord et ceux du Sud. Toutefois, les Ostrogoths d'Italie conservaient encore, dans le sixième siècle, une ancienne tradition qui plaçait leur origine en Scandinavie (*). »

Les Saxons formaient une peuplade nombreuse de la nation teutone; il paraît que les premiers auteurs romains, qui ont parlé de la Germanie, n'ont pas connu leur nom. On a dit plus haut que Ptolomée en avait parlé le premier. On le retrouve chez Eutrope à la fin du troisième siècle (284 à 304) de notre ère. Cependant les Saxons avaient occupé et habité de vastes territoires du nord et du nord-ouest de l'Allemagne, tels que le Lauenbourg, le Holstein, le Lunebourg, la Westphalie, et d'autres; car le nom de Saxe, appliqué à une grande étendue de pays dans l'intérieur, prouve qu'ils s'y étaient répandus. Mais nous ne devons nous occuper ici que des Saxons du Nord, ou *bas Saxons*, ainsi qu'ils ont été appelés plus tard. C'est, de tous les peuples voisins, celui qui a eu le plus d'influence sur les affaires du Danemark dans les temps historiques. Les Danois et les Suédois avaient eu, aux époques reculées, des points de contact avec les Slaves ou Venèdes; avec les Lives (Livoniens), les Estiens, les Finnois et les Russes; mais ces peuples combattus, et en partie subjugués par ces habitants du Nord, continuèrent à être pour eux des étrangers barbares; ils adoptèrent en partie la religion, les lois, les institutions des Danois et des Suédois, sans influer à leur tour sur leurs vainqueurs. Leur idiome différait trop par la forme et par la structure de ceux des Scandinaves pour pouvoir se fondre avec eux; tout au plus en pouvaient-ils recevoir ou y introduire des mots isolés. Il en était tout autrement des Teutons du Nord, ou des Saxons et des Frisons; la langue, les institutions, les mœurs, les usages, tout indiquait une souche commune pour eux et les Scandinaves, ainsi que l'on vient de le remarquer. Cependant, malgré cette identité d'origine, les Saxons et les Danois s'étaient souvent fait la guerre dès les temps les plus anciens; les hostilités étaient surtout très-vives entre les Saxons et les Danois de l'Est, ou habitants des îles; la domination de ceux-ci sur le Jutland n'ayant été solidement établie que vers la fin du neuvième siècle.

Dans les premiers temps de notre ère, les Norvégiens ou Normans habitaient la Norvège. Les Suèves et les Goths, la Suède; les Danois, la Scanie et les îles; enfin, les Jutes, la Chersonèse cimbrique, qui, d'après eux, a été nommée Jutland. Or, puis-

---

(*) Jordanes, *Histoire des Goths.*

que nous venons de les nommer comme une tribu particulière, nous devons faire observer qu'ils ont été désignés ainsi dans les anciens livres historiques, de même que les Saxons et les Angles qui, dans la moitié du quatrième siècle, envahirent la Bretagne. Plusieurs motifs nous portent à les regarder comme une tribu d'origine germanique, qui, vivant dans la presqu'île, s'est mêlée avec les Goths du Nord ou Danois. Encore aujourd'hui, les Jutlandais parlent un dialecte qui, plus que tous les autres usités en Danemark, ressemble à l'anglais. Celui des Jutlandais du nord-est a plus d'affinité avec le danois; celui des Jutlandais du sud-ouest avec le saxon. Il est beaucoup plus répandu que l'autre, puisqu'il s'étend non-seulement sur une partie considérable du Jutland septentrional, mais aussi sur toute celle du Jutland méridional, où l'on parle danois, c'est-à-dire, tout le duché de Slesvig.

Deux autres tribus saxonnes habitaient anciennement le sud du Jutland, c'étaient les Angles et les Frisons. Les premiers sont placés par les historiens du neuvième siècle comme demeurant dans le Jutland méridional, entre le pays des anciens Saxons, celui des Frisons et celui des Danois, ce qui convient passablement au petit territoire du Jutland méridional, situé entre le golfe de Flensborg, la Baltique et le Slie, et qui encore aujourd'hui est appelé *Angéln;* mais il est très-vraisemblable, d'après le témoignage des anciens écrivains, que l'*Anglie* s'étendait jadis beaucoup plus à l'ouest et au sud, et peut-être au nord, et que l'Anglie actuelle n'est qu'une petite partie de celle d'autrefois, où existe un reste de la tribu des Angles.

Les Frisons occupaient jadis une grande étendue de côtes sur la mer du Nord. Leur idiome offre encore aujourd'hui des particularités grammaticales qui le rapprochent du danois et du norvégien. Les Frisons actuels, qui parlent un dialecte particulier de la langue des autres bas Saxons, vivent, comme on le sait, dans la Frise en Neerlande, et dans l'Oost-Frise en Hanovre, ainsi que dans quelques paroisses du Slesvig, et dans les îles de Sylt, Amrom, Nordstrand et Helgoland. Ceux du Jutland méridional sont appelés *Nord-Friser* (Frisons du Nord).

Une seconde invasion de Goths fut effectuée plus tard; les saga racontent qu'elle le fut, comme la première, sous la conduite d'un Odin; M. Molbech pense que ces Odin sont des personnages fabuleux; nous sommes très-disposés à partager ce sentiment. Les Goths, qui arrivèrent alors, étaient comme les premiers issus de la même souche que les Teutons; mais leur langue différait en plusieurs points de celle de ces derniers. C'est des Goths que descendent les Suédois, les Norvégiens et les Danois.

On a vu plus haut que les Cimbres vivaient dans le Jutland; les Teutons dans le Holstein; toutefois ces noms ne désignent pas des peuples bien distincts; ils sont du nombre de ces appellations collectives et vagues dont l'origine est obscure, la signification mal déterminée, l'application incertaine.

Il paraît que, vers l'an 150 avant notre ère, ils furent chassés de leur pays par une inondation extraordinaire; la mer avait envahi leurs terres, et probablement aussi celles de leurs voisins les Teutons. Réunis par un désir commun de trouver une existence moins hasardeuse hors de leur patrie, ces peuples, auxquels se joignirent sans doute ceux des îles et des cantons voisins, envahirent la Germanie, et poussèrent leur irruption jusqu'en Italie et dans la Gaule méridionale, où cinquante ans plus tard ils furent vaincus, et en grande partie détruits par une armée romaine que commandait Marius.

C'est vers l'an 70 avant notre ère que les chroniques du Nord font arriver en Scandinavie l'Odin qui se donna pour l'ancien dieu du même nom, dont il était une émanation. La venue de cet Odin en Suède fut très-pacifique. On a lu, dans l'histoire de ce pays, tout ce qui concerne sa personne et la religion qu'il apporta sur les rivages de la Baltique. Heimdal, son ami, gouverna, sous son autorité, les Danois établis dans la Scanie. Son fils Skiold lui succéda. Quoique tout ce qui concerne son nom et son origine soit enveloppé de fables, on peut le considérer comme un personnage historique. Il régna, dit-on, en Seeland, dans les îles voisines, et dans une partie du Jutland; et ses descendants furent, d'après lui, appelés Skioldungiens. Mais on ne sait rien de positif sur ces rois, à l'exception de leur nom.

Frode son petit-fils, surnommé le Pacifique, vécut, dit-on, vers le commencement de notre ère. Balder, qui lui succéda, fit adopter la religion d'Odin aux Angles du Slesvig.

Dans le troisième siècle, Dan Mikillati (le Magnanime ou le Magnifique) fut d'abord roi de la Scanie, puis de Seelande, par son mariage avec la fille du souverain de cette île, et enfin d'une partie du Jutland. On prétend que les Danois et leur pays tirent de lui leur nom; cette assertion ne paraît guère probable, quoique soutenue avec beaucoup d'esprit par des hommes doctes. L'opinion la plus généralement adoptée est que le mot de Danemark signifie pays ou terrain uni et bas (*daun mark*, bas pays), appellation qui convient à la Scanie, aux îles, au Jutland, au Holstein. M. Molbech pense que le peuple danois a toujours occupé sans interruption le même pays où il habite aujourd'hui, c'est-à-dire, les îles, la presqu'île du Jutland; et, sur le territoire de la Suède actuelle, la Scanie, la Blékingie, peut-être aussi le Halland.

Après la mort de Dan, le royaume fut de nouveau partagé. Les événements qui se passèrent jusqu'au sixième siècle sont dénués d'intérêt. Suivant les chroniques, les rois de Seeland, qui résidaient à Leithra, se considéraient comme jouissant de la suprématie, et, en conséquence, se qualifiaient *Thiod konger*, c'est-à-dire, rois des peuples. Mais M. Molbech fait, au sujet de ces rois, des observations qu'il convient de présenter au lecteur.

Sans doute il y a eu, dans la dynastie des Skioldungiens, un roi Dan, surnommé *Mikillati*. Quoique les aventures que des chroniques bien postérieures à son temps lui attribuent, soient aussi fabuleuses que la vieille opinion suivant laquelle le Danemark lui doit son nom, on pourrait à la rigueur admettre aussi que, parmi les rois de cette race, il y en a eu cinq du nom de Frode; cependant aucun des événements que Saxo joint à leurs noms et à ceux des autres n'appartient à nul de ces princes. Tout est chez lui un mélange de traditions anciennes et récentes. Il a tout embrouillé, en confondant de simples chefs avec les rois: de sorte que vouloir faire concorder ses récits avec les chroniques islandaises, est prendre une peine inutile.

« Avant que les pays qui composent le royaume fussent réunis, les Danois habitaient la Scanie et les îles, et s'étaient étendus dans la Blekingie et le Halland. Ils combattirent contre les Jutes et les Angles pour la possession du Jutland; ce sont ces derniers peuples que les anciens historiens appellent Saxons. Les Danois, profitant de leur migration en Bretagne, obtinrent des succès en Jutland. Les habitants de cette presqu'île furent alors appelés Danois; on les distinguait de ceux des îles, en les nommant Danois de l'Ouest (*Vest-Danske*). Mais jamais, dans ces temps reculés, les Danois n'ont conquis des terres ni des possessions de quelque durée au sud de l'Eider.

« Jusqu'aux huitième et neuvième siècles, les Danois de l'Ouest, au moins dans le Jutland méridional, avaient leurs rois particuliers, et, pendant longtemps, un royaume indépendant auquel il paraît que la Fionie payait tribut.

« Si l'on demande quelle était l'extension de la puissance et du royaume des Skioldungiens, on voit, d'après ce qui précède, qu'il ne comprenait pas tout le Danemark actuel, et qu'il n'a pas toujours eu la même étendue. Par conséquent, lorsque Saxo nous parle

de la vaste domination et des conquêtes des Danois dans les anciens temps; de la monarchie de Frode le Pacifique, qui se déployait sur la moitié de l'Europe, depuis la Russie jusqu'aux bords du Rhin; quand cet historien cite plusieurs centaines de rois qui lui payaient tribut, et raconte d'autres choses merveilleuses, il ne faut pas beaucoup de perspicacité pour apercevoir dans ces récits une preuve de la légèreté excessive de cet écrivain.

« Voici ce qui résulte, comme document historique, de tout ce que son ouvrage contient sur le Danemark, avant Gorm le Vieux. De temps immémorial, les Danois étaient un peuple belliqueux par terre et par mer; dans leurs expéditions, ils ont ravagé la Suède, la Norvége, la Russie, et même des pays baignés par la mer du Nord. Voilà la vérité; voilà le fondement de ces récits d'immenses entreprises par terre et par mer; enfin de ces conquêtes dont l'impossibilité est évidente.

« Les rois danois de la race skioldungienne ont régné en Scanie et en Seeland, ou sur une portion tantôt plus grande, tantôt moindre de ces pays; de là ils ont fait des expéditions par mer contre les autres îles et le Jutland; par terre, contre les Goths et les Svear de Suède; c'est ce que les récits de Saxo nous apprennent clairement; puis, quand des écrivains modernes ont nommé ces princes rois de Leirè ou Léthra, et leur ont attribué la suprématie sur tout le Danemark, comme rois supérieurs, ils ont mal rempli le devoir de l'historien. Une telle dénomination ne se rencontre dans nul des anciens documents. Il a existé à Leirè, dans les temps du paganisme, un vieux manoir royal, et peut-être aussi un temple d'Odin, ou un lieu destiné aux sacrifices; ce qui, du moins, est raconté dans les chroniques étrangères. C'est ce qui a pu décider ces rois à y demeurer fréquemment; mais, du reste, on ne connaissait anciennement, ni dans le nord, ni dans les autres pays, une résidence constante pour les rois et les princes.

Quand ils faisaient la guerre, ils allaient sans cesse d'un manoir à un autre. Dans la période la plus reculée, Leirè était moins célèbre en Danemark que Lund en Scanie; cette dernière ville est nommée comme une des plus anciennes et des plus considérables du royaume aux jours du paganisme. Voilà pourquoi, après l'introduction du christianisme, elle devint la capitale ecclésiastique du pays.

« Parmi les rois de Leirè les plus célèbres, se présente Rolf-Kragè. Il y a un fond de vérité dans les récits concernant sa naissance et ses exploits; car les chants des scaldes et les balades populaires ont perpétué dans le Nord le souvenir de sa bravoure, de sa magnanimité, de ses hauts faits. Les chroniques racontent ses guerres en Scanie, en Suède, en Anglie; sa campagne contre Adil, roi d'Upsal; la manière dont il fut attaqué à Leirè, la nuit, en trahison, par Hiarvard, un des rois ses tributaires, qui avait épousé sa sœur; comment, après une lutte désespérée, Rolf succomba avec la plupart de ses guerriers, et comment il fut vengé quelques jours après, dans un combat loyal où le traître succomba. Ce récit de la mort de Rolf nous apprend, entre autres, que l'on ne peut pas raisonnablement se figurer les rois de Leirè comme possédant une armée un peu nombreuse; et, quoique l'on ait dit que ce roi avait toujours à Leirè, auprès de sa personne, une troupe d'au moins huit cents hommes de sa cour, armés, ou de guerriers, ce nombre est sans doute exagéré. Cette circonstance ne s'accorde pas avec le reste de l'aventure dont les autres particularités sont très-naturelles, et qui nous donne dans une grande proportion un pendant aux narrations d'inimitiés de famille, de surprises, d'assassinats et de tueries dont sont remplies les histoires des races royales, écrites par les Islandais.

« Rolf-Kragè vécut vraisemblablement à la fin du sixième et au commencement du septième siècle; et cependant tout ce que les chroniques ont dit de ses exploits et de ses vaisseaux tient plus de la fiction que de l'histoire. Il en est de même de plusieurs rois de Danemark célèbres, qui ont régné dans les îles, en Scanie, et fait quelquefois des conquêtes en Jutland et dans le pays des Saxons, aux septième et huitième siècles. Parmi eux, il faut citer d'abord Ivar Vidfame : les chroniques en font un fils de Halfdan, chef scanien ou roi tributaire, qui probablement s'était soustrait à la domination des rois de Leiré. Le récit de sa vie et de ses actions, qui ne manque ni de circonstances aventureuses, ni d'exagétion, repose sur plusieurs faits historiques. A ceux-ci appartiennent les détails de la manière dont il fut débarrassé de deux rois de race skioldungienne, qui régnaient en Seelande. Rérik, l'un d'eux, avait épousé Aoudr, fille unique et héritière d'Ivar, du consentement de celui-ci, mais malgré elle. Excité par la jalousie, Rérik tua son frère Helge ; et Ivar fit périr son gendre, comme coupable de meurtre. Il avait voulu procurer à son petit-fils Harald la Seeland, avec le reste de son héritage ; et le frère de son gendre, qui est représenté comme brave et belliqueux, lui avait inspiré de la crainte. Aoudr, ajoutent les chroniques, qui redoutait son père, s'enfuit, malgré lui, avec son fils et beaucoup de trésors dans le Garderigé (la Russie) ou la Finlande. Elle s'y maria avec Redbart, prince auquel Ivar vint faire la guerre. Mais il périt dans cette entreprise. »

Selon Snorro Sturleson, Ivar Vidfame, à qui ses conquêtes valurent ce surnom, qui signifie très-renommé ou voyageur, ajouta à la Scanie l'Ostrogothie et la Vestrogothie en Suède, réunit le Jutland à ses États, et même soumit une partie de la Poméranie et du Brandebourg, ainsi que le Mecklenbourg, ou le pays des Vendes ou Venèdes ; il porta ses armes jusque dans la Bretagne, déjà occupée par les Angles ; il ravagea le Northumberland ; de retour de cette expédition, il en entreprit une contre la Carélie, située à l'extrémité orientale du golfe de Finlande, et y mourut. Cependant, ni Saxo, ni les autres anciens historiens danois n'ont fait mention de cet Ivar. Peut-être régna-t-il seulement quelques années sur le Danemark, comme tuteur de son petit-fils.

Harald Hildetand, à la dent guerrière, fut ce petit-fils.

Harald était très-jeune à la mort de son grand-père ; et, suivant les chroniques, fut d'abord roi de Seeland et de Scanie ; ensuite il s'empara de tout ce qui avait été possédé par Ivar, ou au moins d'une grande partie de la Suède (peut-être seulement de la Gothie), du Jutland et de l'Angleterre. Une saga islandaise dit qu'il soumit tous les pays du nord, sur lesquels Ivar Vidfame avait régné ; et elle ajoute : « Il n'y avait alors en Dane- « mark et en Suède aucun roi qui ne « lui payât tribut ; » ce qui prouve que l'ancienne forme de gouvernement et le partage du pays entre plusieurs chefs ou rois inférieurs avaient subsisté en Danemark après qu'Ivar et son petit-fils furent parvenus au plus haut degré de leur puissance.

Il est historiquement certain que Harald fut un des plus célèbres rois des peuples de l'ancien Danemark avant la réunion du royaume, et qu'il dut à ses succès dans la guerre et à ses conquêtes une célébrité qui, de son temps, ne s'acquérait pas dans la paix. Toutefois, il ne perdit rien de sa renommée comme guerrier vaillant et habile, lorsque plus tard il vécut dans le repos ; et sa cour fut fréquentée par tous les chefs qui avaient la passion des combats.

Mais, dans sa vieillesse, un ennemi dangereux s'éleva contre lui dans sa propre famille. Sigurd Ring, son neveu, roi de Suède et de la Gothie occidentale, lui devait le tribut. Il ne veut plus supporter la puissance et la domination du vieil Harald ; et ce dernier, bien que cassé par l'âge, veut encore une fois risquer tout pour la gloire et la chance des armes. Il se prépare donc à la guerre, et déclare la guerre à Sigurd ; guerre dont l'issue décidera lequel des Goths ou des Danois sera dorénavant le peuple le plus puissant.

Les scaldes ont orné des plus riches ornements poétiques le récit de la lutte qui eut lieu; et on reconnaît facilement aux vers latins de Saxo, comment il a complété un vieux poëme sur la célèbre bataille de Brovalla; poëme qui existait encore de son temps, et qui aujourd'hui est perdu. Tous les détails de la description de ce combat appartiennent à la fiction. Odin y joue un rôle.

En dépouillant cet événement des parures dont on l'a surchargé, on voit aisément que Harald Hildetand s'était préparé depuis longtemps au combat qui devait décider de la domination entre les Danois et les Suédois; il avait appelé à lui les plus braves guerriers de la Norvége; Sigurd, de son côté, avait également réuni tous les combattants de la Suède et de la Vestrogothie, et avait aussi reçu des secours considérables de Norvége. Harald partit de Seeland avec son armée, traversa le Sund, et marcha à la rencontre de Sigurd, dont la flotte voguait vers Braavigen, tandis que lui-même, avec une partie de son armée, s'avançait par terre à travers une forêt. La bataille se donna dans le voisinage de Braavigen, entre la Sudermanie et l'Ostrogothie : le nom de Brovalla est aujourd'hui inconnu. Harald avait rangé ses troupes d'après un ordre qu'il avait inventé; Sigurd Ring connaissait cette tactique. Harald, dont la vue était affaiblie, et qui d'ailleurs ne pouvait plus monter à cheval, avait été obligé de laisser à d'autres la conduite de l'affaire. Des officiers réussirent à rompre l'ordre de bataille de Sigurd; mais, comme cela arrivait très-souvent dans les anciens temps, la bravoure de quelques chefs, ou leur chute, décidait le sort de la journée. Les guerriers danois, qui avaient percé les rangs de Sigurd, rencontrèrent une troupe d'archers norvégiens, et tombèrent sous une grêle de flèches. Cet incident changea tout, et Sigurd remporta la victoire. Harald, s'apercevant de la tournure que prenaient les choses, fit avancer son char au milieu du plus gros de l'armée ennemie; et, tenant de chaque main un sabre à lame courte, frappa de chaque côté, jusqu'au moment où le traître qui conduisait son char le frappa mortellement d'une masse d'armes. Le carnage fut effroyable, car les armées étaient nombreuses; et, des deux côtés, on avait combattu avec un courage et un acharnement extrêmes. Aussitôt que Harald Hildetand fut mort, la bataille finit. Ici, se termine la relation que la chronique islandaise a faite de cette bataille; elle porte dans son ensemble un caractère plus historique que celle de Saxo, qui se termine ainsi : « Après que Harald eut été placé sur le bûcher, Sigurd devint roi de toute la Suède et de tout le Danemark; et, à sa cour, grandit son fils Regner, qui fut le plus grand et le plus beau des hommes. » On ne peut nier que ce récit de la grande bataille de Brovalla, célébrée par Stärkother dans un poëme dont Saxo a laissé un extrait, ne soit un des chants les plus magnifiques que l'on puisse lire; il fait honneur au génie de l'homme qui l'a conçu et qui l'a écrit; mais, on le répète, la vérité y est altérée continuellement par le mélange des fables.

A la mort de Harald s'éteignit la race des Skioldungiens.

Il fut vengé par un de ses amis, qui tua Sigurd dans le bain.

Regner, surnommé Lodbrok, est également fameux dans l'histoire fabuleuse du Nord par ses expéditions maritimes et ses aventures; il conquit la Norvége méridionale et le pays des Venèdes et la Biarmie. Ayant voulu, plus tard, attaquer l'Angleterre, il périt dans cette entreprise. Voilà qui est croyable; mais que lit-on dans les vieilles chroniques ? « Regner voulut faire la conquête de l'Angleterre; Ella, roi de Northumberland, le vainquit, le prit, et le fit jeter dans une caverne ou une fosse remplie de serpents et d'autres animaux venimeux; Regner périt misérablement de leurs morsures. » Il existe, sous le titre de *Krakamal*, du nom de Kraka son épouse, un chant de mort qu'un scalde du neuvième siècle a mis dans la bouche de cette princesse; c'est un des plus anciens monuments de l'ancienne langue scandinave. Il a un intérêt historique, parce qu'il donne une idée de la civilisation des peuples du Nord à cette époque, et explique la terreur qu'ils inspiraient à tous les pays où leurs vaisseaux les portaient.

On suppose que Regner Lodbrok mourut en 794.

Observations sur cette période.

Hugleik, beau-frère de Dan Mikillati, fonda, dit-on, un royaume dans le Slesvig, appelé alors l'Anglie. En 449, les Angles, réunis aux Saxons qui habitaient le Holstein, et aux Jutes du Jutland, furent sollicités par les Bretons de les secourir contre les attaques des tribus de l'Écosse, auxquelles les Romains les avaient abandonnés. Ces auxiliaires, après avoir vaincu les ennemis des Bretons, s'emparèrent peu à peu de la plus grande partie du territoire de ceux-ci, qui ne trouvèrent de refuge que dans le pays de Galles; quelques troupes de vaincus en cherchèrent un sur la côte de l'Armorique en France. La guerre entre les Bretons et les Angles dura près de deux cents ans.

Les Angles établis en Bretagne, à laquelle ils donnèrent leur nom, embrassèrent le christianisme, cultivèrent les arts de la paix, et perdirent peu à peu leur courage farouche. Bientôt ils furent exposés aux attaques continuelles des Danois.

L'Anglie, privée d'une bonne portion de sa population, devint une proie facile pour les rois de Scanie et de Seeland; alors la presqu'île entière reçut le nom de Jutland.

Vers cette époque, les Vagriens, tribu venède, vinrent se fixer dans un canton oriental du Holstein; le reste de cette contrée fit partie du pays des Saxons, qui fut de nouveau habité par diverses petites peuplades.

Comme le royaume de Danemark était en partie composé d'îles, il en résulta, dans ces temps reculés, qu'il fut fréquemment partagé en plusieurs petits États; le pouvoir du roi était assez borné, et l'aurait même été davantage, s'il n'avait pas joint à sa dignité celle de grand prêtre. On peut voir, dans l'*Histoire de Suède*, quelles étaient les fonctions de ces roitelets. Ils portaient des titres différents, suivant qu'ils exerçaient leur autorité sur des provinces ou de simples cantons, quelquefois même sur une seule pointe de terre. Il y en avait, dans le nombre, qui ne possédaient pas de territoire, et commandaient seulement une armée; d'autres une escadre plus ou moins considérable, avec laquelle ils allaient piller les côtes des pays maritimes, la piraterie étant en honneur chez ces peuples, ainsi qu'elle le fut toujours dans tous les temps et partout avant que la civilisation eût imposé un frein aux passions désordonnées des hommes.

Les chroniques rapportent que les États de Skiold comprenaient le *Reithgothland* (le Jutland et le Holstein), l'*Eygothland* (les îles danoises), le *Skaney* (la Scanie). Le roi vivait du produit de ses domaines et de celui de la piraterie, ainsi que des contributions qu'il levait par force sur les Frisons du Holstein, les Saxons et les Obotrites. On appelait *gestir* la classe des hommes qu'il employait à pirater pour son compte. Tous les hommes libres portaient le titre de *bonde*.

Le roi et le gestir n'étaient pas les seuls pirates des mers du Nord. Cette profession, qui était regardée comme infiniment plus noble que le négoce, était exercée par des compagnies ou bandes associées pour la faire avec avantage. On les appelait *vikings* ou *vikingiens*, mot dont l'étymologie est douteuse (*), et leur armée réunie, *viking flock*; les chefs qui les commandaient étaient désignés, en danois, par la dénomination de *kiompur*; en islandais, par celle de *coppar*; quand ils parvenaient à se fixer dans une île ou sur une langue de terre, et à s'y maintenir dans l'indépendance, on les qualifiait *næs-konger* (rois insulaires).

Les anciens Scandinaves étaient passionnés pour les chants de leurs scal-

---

(*) *Vig* ou *vik* en danois est une baie.

des. Toutefois, il est douteux qu'il existe réellement quelque production de ces temps anciens. Les poëmes étaient ou religieux ou historiques, pour conserver la mémoire d'un événement remarquable. Peut-être quelques chants de l'ancienne Edda ou de l'Edda de Sömund remontent-ils à cette période reculée. Les scaldes du roi prenaient place parmi les personnages les plus considérables de sa cour, et l'on voyait souvent des hommes d'un rang élevé dans la société se distinguer comme poëtes. Les chroniques ont perpétué les noms des scaldes Hiarne en Danemark, Staerkodder et Bragge en Norvége. La poésie était toujours accompagnée d'une sorte de musique. L'art médical consistait principalement dans une certaine habileté à panser les blessures; les femmes les possédaient principalement.

On peut considérer comme une espèce d'armée permanente les hommes qui entouraient la personne du roi, car ils le suivaient toujours à la guerre; il leur donnait des vivres, des armes, et quelquefois de l'or, de l'argent et des pièces de monnaie. Ces richesses provenaient des expéditions de rapine. Le nombre de cette troupe d'élite excédait rarement cent guerriers; les plus courageux et les plus audacieux étaient les *berserxer*. Les sabres, les coutelas et les autres armes étaient peut-être de pierre dans les premiers temps, car on en trouve souvent de tels en grande quantité dans les tertres funéraires et dans la terre; ils furent ensuite de cuivre, et enfin de fer. La principale force des armées consistait dans les hommes pesamment armés, qui étaient pourvus de cuirasses, de cottes de mailles, de casques, de boucliers, de sabres, de haches, de lances, de massues; les hommes armés à la légère se servaient de javelots, d'arcs et de flèches. On combattait rarement à cheval. Les navires de guerre étaient pour la plupart petits et non pontés; il y en avait de plus grands appelés *drager* (dragons), parce qu'ils étaient terminés à la poupe par une tête de dragon ou de serpent, et à la proue par une pointe aiguë. Ils pouvaient contenir cent vingt hommes. Généralement ils marchaient à la rame; cependant ils allaient aussi à la voile. La navigation avait lieu communément le long des côtes, et quelquefois pendant le séjour seulement. Cependant, les Danois de ces temps-là abordaient non-seulement les côtes de la Baltique, mais aussi celles d'Angleterre et de France.

Alors comme aujourd'hui les habitations à la campagne étaient isolées en Norvége et en Danemark; en Holstein, faisant partie de la Saxe à cette période, il y avait déjà des villages. L'agriculture était très-peu connue dans ces contrées septentrionales; on y préférait la chasse, la pêche et l'éducation du bétail. Nous avons déjà parlé du penchant pour la piraterie, que l'on peut regarder comme la principale branche d'industrie des peuples du Nord. Le négoce ne leur était pas entièrement inconnu; il consistait principalement dans l'échange de marchandises, et se faisait surtout entre les trois royaumes de la Scandinavie et avec les pays baignés par la mer Baltique. Il paraît que, de temps en temps, on abordait d'autres côtes pour y commercer. Les villes de Danemark, nommées dans cette période, sont: Leithra et Röskild en Seeland, Odense en Fionie, Slesvig en Jutland.

Les mœurs et les usages étaient conformes à l'esprit de la religion. On prisait principalement une bravoure farouche, et cependant on montrait aux femmes plus de respect et on leur laissait plus de liberté que chez la plupart des autres peuples; presque toujours un homme n'avait qu'une seule femme. Les esclaves n'étaient pas traités aussi durement que chez les autres nations de l'antiquité.

On pense qu'Odin introduisit la coutume de brûler le corps des morts, tandis qu'auparavant on les enterrait sous un amas de terre et de pierres; coutume que l'on reprit en Danemark depuis le temps de Dan Mikillati, quoique l'on n'abandonnât pas entièrement celle de consumer les corps

2ᵉ *Livraison.* (DANEMARK.)

par le feu. C'est pourquoi, dans les histoires du Nord, on établit une différence entre les tertres élevés sur les corps consumés par les flammes, et ceux qui recouvrent des corps enterrés tout entiers. On rencontre encore dans le Nord des traces nombreuses de ces deux manières de disposer des corps; on trouve dans les anciens tertres funéraires beaucoup d'armes, d'ornements et d'ustensiles.

Afin de jouir de la sûreté dans un temps où les lois la garantissaient à peine, deux personnes, ou un plus grand nombre, contractaient ensemble un engagement, accompagné de certaines cérémonies, par lequel elles se promettaient et s'obligeaient de venger respectivement leur mort, et quelquefois même de ne pas survivre les unes aux autres.

PÉRIODE HISTORIQUE.

De 794 à 941, époque de la mort de Gorm le Vieux, dernier roi païen.

Après la mort de Regner Lodbrok, en 794, ses États furent ainsi partagés entre ses fils : Biörn Jernside (côte de fer) eut la Suède et la Gothie ; Sigurd Snogöie (*) le Halland, la Scanie, les îles, et une portion de la Norvége ; Ivar, le pays d'York et une partie de la Venède en Angleterre ; Hvidsörk, le Reithgothland (le Holstein); Godefroi, le Jutland. Ce dernier, mort en 810, régna comme tuteur de Canut (Haarde-Knut), fils de Sigurd Snogöie.

C'est depuis la fin du huitième siècle que l'on commence à trouver, chez les auteurs contemporains qui ont écrit les annales et les chroniques des peuples francs et allemands, la première mention positive des rois de Danemark, et des dates précises pour leur histoire; cependant il faut noter qu'ils donnent ce titre à des rois de Jutland. Eginhard raconte qu'en 777, Witikind, un des principaux chefs des Westphaliens, au lieu de se présenter devant Charlemagne dont il redoutait la colère, se réfugia auprès de Sigefrid, roi des Danois (*). Ce Sigefrid était Sigurd ; Witikind prit le même parti après 779.

En 782, Charles étant dans son camp aux sources de la Lippe, entendit des députés que Sigefrid lui avait envoyés pour négocier la paix, et les congédia. Eginhard ajoute que Charles avait repassé le Rhin pour rentrer en Gaule, lorsque Witikind, qui s'était enfui chez les Normands, revint dans son pays, et se mit à exciter, par de fausses espérances, les Saxons à la rébellion. Leur soulèvement a une issue malheureuse; il se réfugie de nouveau chez les Normands.

En 798, les Saxons transalbiens, profitant de l'absence des troupes de Charles, se saisissent des officiers qu'il avait envoyés pour rendre la justice parmi eux, et les mettent à mort ; ils n'en réservent que quelques-uns, comme pour en tirer rançon, et massacrent avec les autres un ambassadeur nommé Goteschald, que Charles avait envoyé peu de temps auparavant vers Sigefrid, roi de Danemark. Ce seigneur revenait alors; il fut arrêté et égorgé par les auteurs de la révolte (**). Ces faits annoncent une suite de rapports établis entre Charlemagne et Sigurd ; ce dernier disparaît alors de l'histoire.

Godefroi, qu'une chronique islandaise nomme Götrik, s'est acquis une grande célébrité par la hardiesse avec laquelle il osa s'opposer aux projets du puissant empereur qui voulait subjuguer le pays des Saxons septentrionaux. C'est en 804 qu'il est nommé pour la première fois par Eginhard. M. Molbech n'adopte pas le sentiment des auteurs qui le regardent comme fils de Regner : il dit que l'on ignore quelles étaient sa famille et sa race.

Les Saxons transalbiens, que l'on appela Normands, suivant la leçon

---

(*) *Snogöie*, c'est-à-dire à l'œil de serpent, à cause de taches qu'il avait dans les yeux.

(*) *Annales Francorum* (ad annum 777).
(**) Eginhard, *Annales Francorum* ad annum 798.)

d'une édition d'Eginhard, fiers d'avoir pu massacrer impunément des officiers de Charles, prennent les armes et marchent contre les Obotrites, peuple de race slave, qui étaient toujours restés fidèles auxiliaires des Francs, depuis qu'ils avaient été reçus dans leur alliance. Trasco, duc des Obotrites, instruit du mouvement des Transalbiens, va à leur rencontre jusqu'à un lieu nommé Swinden, probablement Schwan sur le Warne, dans le Mecklenbourg; il leur livre bataille, et en fait un grand carnage. Quatre mille tombèrent au premier choc, selon le récit d'Ebers, envoyé de Charles, qui prit part à ce combat, où il commandait l'aile droite des Obotrites. Battus et mis en fuite, après avoir perdu un grand nombre des leurs, les Transalbiens rentrèrent chez eux dans un triste état.

Godefroi, allié et ami des Saxons, n'avait pu voir tranquillement les succès de Charles. Ce dernier conduisit une armée en Saxe au retour de l'été de 804, transporta dans le pays des Francs toutes les familles saxonnes qui habitaient au delà de l'Elbe, et donna leur territoire aux Obotrites. Godefroi, irrité, vint avec sa flotte et toute la cavalerie de son royaume au lieu nommé Sliesthorp (Slesvig), sur les confins de ses États et de la Saxe. Il promit de venir conférer avec l'empereur; mais les conseils des siens l'en ayant détourné, il ne s'approcha pas davantage. L'empereur s'était arrêté à Hollenstedt, au sud de l'Elbe. Il envoya des députés à Godefroi pour réclamer les transfuges qui s'étaient retirés chez lui, puis, au milieu de septembre, regagna les bords du Rhin. Il paraît que tout se passa en négociations.

On voit, par la conduite de Godefroi dans cette circonstance, qu'il unissait la prudence à la générosité. En 808, il se déclara ouvertement, fit passer l'Eider à son armée, entra sur le territoire des Obotrites, chassa leur duc Trasco, de la fidélité duquel il se défiait, fit pendre Godelaïd, leur autre duc, qu'il avait pris par trahison, soumit à un tribut les deux parties du pays, et vint camper avec ses troupes sur les bords de l'Elbe. Il est vrai qu'il perdit beaucoup de ses meilleurs et de ses principaux guerriers; entre autres, Reginold son neveu, tué au siége d'une forteresse, avec plusieurs autres chefs danois. Il s'était emparé de plusieurs châteaux appartenant aux Obotrites; cependant, lorsqu'il apprit que Charles, fils de l'empereur, marchait vers l'Elbe avec un corps considérable de Francs et de Saxons, il pensa que le parti le plus sage était de rentrer dans ses États. Il conclut donc une trêve ou suspension d'armes avec les Obotrites, et repassa l'Eider.

Charles, ayant jeté un pont sur l'Elbe, mena son armée contre des tribus slaves, voisines de l'Oder, qui avaient pris le parti de Godefroi, ravagea leur pays, puis reconduisit ses troupes en Saxe, au sud de l'Elbe, sans qu'elles eussent souffert.

Les Wiltzes, autre tribu slave, de tout temps ennemie des Obotrites, s'étaient joints volontairement à Godefroi dans son expédition; lorsqu'il regagna ses États, ils retournèrent aussi chez eux, emportant tout le butin qu'ils avaient pu faire chez les Obotrites.

Cependant Godefroi, avant de se retirer, détruisit Rerich, port marchand, situé sur la mer Baltique, qui rapportait beaucoup à son royaume par les droits considérables qui s'y percevaient, en emmena tous les marchands, mit à la voile, et, avec toute son armée, entra dans le port de Sliesthorp.

Il s'y arrêta quelques jours, et pendant ce temps, songea au moyen de défendre l'entrée de son pays par terre. Les Romains en avaient donné l'exemple dans la Bretagne; il fit construire au nord de l'Eider, depuis la baie de Slie sur la mer Baltique, à l'est, jusqu'à la côte de l'Océan, à l'ouest, un retranchement bien fortifié, dans lequel il ne laissa qu'une seule porte, par laquelle les Danois pouvaient entrer et sortir avec leurs chars et leurs chevaux. Après avoir réparti le travail

2.

entre les chefs de ses troupes, il revint dans son palais. Ce grand ouvrage fut appelé *Danevirk*; on en voit encore des traces d'une étendue considérable.

On serait disposé à croire que Godefroi avait à cœur de ne pas exciter le courroux de Charles; car, selon Eginhard, il chargea, en 809, des marchands qui venaient dans le pays des Francs, de dire à l'empereur : « J'ai « appris que tu es irrité contre moi, « parce que, l'an passé, j'ai conduit mon « armée dans le pays des Obotrites, et « vengé l'injure qui m'avait été faite ; « je veux me justifier des accusations « dont je suis l'objet ; ce sont les Obo- « trites qui les premiers ont rompu les « traités. » Il demandait qu'il fût tenu, au nord de l'Elbe, sur la limite de ses États, une assemblée de comtes délégués par l'empereur et par lui, afin que les choses qui s'étaient passées pussent être mutuellement expliquées, et les griefs réparés de concert. L'empereur ne rejeta pas cette proposition. La conférence fut donc ouverte avec les chefs danois à Badenfliot, aujourd'hui Podenstedt, paroisse voisine de Neumunster en Holstein. Des deux côtés on allégua beaucoup de faits ; la discussion fut très-longue, puis on se sépara sans avoir rien conclu.

Cependant Trasco, duc des Obotrites, revenu dans son pays après avoir remis en otage son fils à Godefroi qui l'exigeait, rassembla des troupes chez lui, et, aidé d'un corps de Saxons, entra chez les Wiltzes ses voisins, ravagea leurs champs par le fer et par le feu ; de retour dans ses États avec un butin immense, il profite d'un secours plus considérable que lui fournissent les Saxons pour s'emparer de la plus grande ville des Smeldinges; on suppose qu'elle occupait à peu près l'emplacement actuel de Hambourg. Il força ainsi, par ses succès, ceux qui s'étaient séparés de lui à recourir de nouveau à son alliance.

L'empereur, instruit de toutes les tentatives de Godefroi dans la contrée au nord de l'Elbe, ordonna d'y bâtir une ville, et d'y placer une forte garnison de Francs. Les guerriers qui y furent envoyés avaient été levés en Gaule et en Germanie. Lorsque le lieu où devait s'élever la nouvelle ville eut été déterminé, l'empereur chargea le comte Egbert de l'exécution du projet ; le terrain qu'il occupa, situé sur les rives du Stori, était nommé alors Esselfeldt; c'est aujourd'hui Itzehoe, à douze lieues au nord-ouest de Hambourg. Ce fut vers le mois de mars qu'Egbert et les comtes saxons s'y établirent, et commencèrent à le fortifier.

Alors Godefroi, voyant qu'il ne pourrait pas lutter contre l'accroissement de forces de l'empereur dans la Nord-Albingie, eut recours à l'ancienne puissance des Danois par mer. Au printemps de 810, il équipa une flotte de deux cents vaisseaux, et, partant de la côte occidentale du Jutland, se dirigea vers le pays des Frisons ; il pilla toutes les îles, brûla les villes, vainquit les habitants dans trois batailles sur la terre ferme, et revint avec un butin de deux cents marcs d'argent et d'autres choses précieuses.

L'empereur apprit ces nouvelles à Aix-la-Chapelle, et en fut d'autant plus ému que, suivant les bruits qui couraient, Godefroi, bien loin de témoigner la moindre crainte des armées impériales, avait menacé d'aller demander raison à Charles lui-même, dans sa résidence, de ses cruautés en Saxe.

Charles, après avoir expédié de tous côtés des officiers pour assembler des troupes, se mit à leur tête, marcha en toute hâte vers l'Aller, et campa auprès du confluent de cette rivière avec le Veser. Il attendait là l'effet des menaces de Godefroi, quand on vint lui annoncer que ce prince avait été tué par un des hommes de sa garde. Alors rappelé à Aix par d'autres événements, il régla, convenablement aux circonstances, les affaires de la Saxe, et revint dans sa résidence.

On voit par ces récits que Godefroi fut, pour son temps, un chef et un guerrier remarquable, et qu'il pouvait mettre en mouvement des armées que

Charlemagne, un des plus puissants et des plus habiles monarques des temps modernes, était loin de mépriser.

Il est très-difficile de faire cadrer la chronologie de son règne, telle que la donnent les Annales des Francs, avec celle des rois nommés par les chroniques islandaises; celles-ci le passent même sous silence; il est cependant très-certain qu'il a existé. Il paraît de même indubitable que sa domination ne s'étendait que sur les Danois de l'ouest, et peut-être seulement sur une partie des habitants du Jutland.

Il eut pour successeur son neveu Hemming, qui convint de faire la paix avec l'empereur; la rigueur de la saison ayant rompu tout moyen de communication entre les deux pays, la paix, déjà jurée sur les armes, fut observée. Lorsque le retour du printemps, en 811, eut rendu de nouveau les chemins praticables, une conférence fut tenue sur les bords de l'Eider; douze seigneurs danois et autant de Francs confirmèrent les conditions du traité, chacun suivant les usages et le cérémonial de sa nation. Ainsi, le grand empereur des Francs traita avec le roi des Jutlandais, comme un prince souverain et son égal. M. Molbech, qui fait cette réflexion flatteuse pour le petit monarque danois, aurait pu ajouter que le but de Charlemagne, en étendant son empire au nord du Rhin, était de faire entrer dans la communauté européenne les peuples encore barbares qui habitaient l'Allemagne. Il importait à la sécurité de ses Etats de dompter ces nations, pour qu'elles ne vinssent pas troubler l'œuvre de la civilisation, comme il était arrivé quatre siècles auparavant, au déclin de l'empire en Occident, par leurs invasions répétées. Ses aïeux avaient déjà envoyé des missionnaires au milieu d'elles; il suivit leur exemple, et lui-même, à la tête de ses armées, assura le succès de l'entreprise; ce succès fut lent, à cause de la résistance prolongée et désespérée que lui opposèrent ces populations indomptables, toujours battues, jamais soumises.

Enfin, persuadé que, malgré les défaites répétées, les soumissions contraintes, les serments prêtés, les otages reçus, la dépendance des Saxons qui occupaient les deux rives de l'Elbe, et qui confinaient avec les Danois ses ennemis, ne serait jamais assurée, il s'était décidé à prendre à leur égard une mesure définitive. Ainsi qu'on l'a vu plus haut, il avait, en 804, transplanté en masse, par tribus et par familles, les Saxons dans la Gaule et dans l'Italie, et donné leur territoire aux Obotrites, qui, depuis plusieurs années, étaient ses fidèles alliés contre eux (*).

Il atteignit donc son but, du moins en partie, puisque, depuis qu'il eut éloigné les Saxons de la Nord-Albingie, il lui fut possible de conclure un traité de paix avec les Danois. La même année, Hemming lui envoya deux ambassadeurs qui lui apportèrent des présents, et l'assurèrent du maintien de la paix. Peu de temps après, Hemming mourut, en 812; cet événement occasionna une guerre intestine, longue et sanglante, entre les prétendants à la souveraineté du Jutland au moins, mais les Danois de l'est y prirent part aussi. Les aspirants au pouvoir suprême étaient Sigefrid ou Sigurd, frère du défunt et neveu de Godefroi, et Ring, également son neveu, mais fils d'un autre frère; ils levèrent des troupes, et se livrèrent une bataille; Ring fut tué dans la mêlée, Sigurd mourut de ses blessures. Le parti de Ring, qui avait remporté la victoire, lui donna pour successeurs ses deux frères Harald Klak (Heriold) et Regner (Rainfroy). Le parti vaincu ne put se dispenser de les reconnaître. Suivant l'annaliste des Francs, dix mille neuf cent quarante hommes avaient péri dans le combat. Les deux rois envoyèrent une ambassade à l'empereur pour demander la paix, et prier

(*) Mignet, *Comment l'ancienne Germanie est entrée dans la société de l'Europe occidentale*, pag. 769-784. (Mémoires de l'Académie des sciences morales et politiques.)

qu'il leur rendît Hemming, leur frère, qui lui avait été remis en otage.

L'année suivante (813), Charlemagne, qui tenait une grande assemblée à Aix-la-Chapelle, choisit seize grands personnages parmi les Francs et les Saxons, et les chargea d'accompagner Hemming qu'il renvoyait à ses frères, et de conclure la paix qu'ils avaient demandée. Quand ces ambassadeurs furent arrivés dans la Nord-Albingie, près des limites du pays des Normands, seize grands personnages des Danois vinrent au lieu désigné; après que, de part et d'autre, on eut prêté serment, la paix fut confirmée, et le prince rendu.

Ses frères étaient alors absents; ils avaient conduit une armée dans le Vesterfulde, la partie de leurs États la plus reculée au nord-ouest, et située vis-à-vis de l'extrémité septentrionale de la Bretagne : c'est la partie occidentale du Jutland. Les chefs et le peuple refusaient de se soumettre aux rois danois. Ceux-ci, après les avoir domptés, revinrent chez eux, et recurent leur frère; mais bientôt ils furent attaqués par les fils de Godefroi, qui, avec plusieurs seigneurs, s'étaient, après sa mort violente, réfugiés en Suède, par conséquent chez un roi des Danois orientaux, probablement un des fils de Regner Lodbrok. Ayant rassemblé des troupes de tous côtés, ils marchèrent contre Harald, Regner et Hemming; les habitants du pays accoururent en foule sous leurs drapeaux; à la suite d'une bataille, les trois frères furent chassés sans beaucoup de peine du Jutland.

En 814, Harald et Regner revinrent avec une armée; ils furent de nouveau vaincus; Regner et Olaüs, l'aîné des fils de Godefroi, perdirent la vie sur le champ de bataille. Harald, désespérant du succès de son entreprise, vint implorer le secours de Louis le Débonnaire, qui l'accueillit bien, et lui dit d'aller en Saxe, attendre le moment où il pourrait lui donner l'aide qu'il sollicitait.

Effectivement, l'année d'après Louis donna aux comtes saxons et obotrites l'ordre de se préparer à cette expédition; et, au mois de mai, une armée allemande pénétra, pour la première fois, dans le Jutland méridional; ayant passé l'Eider, elle marcha pendant sept jours le long de la mer Baltique, et campa sur ses bords, probablement ceux du petit Belt. Elle s'y arrêta pendant trois jours. Les fils de Godefroi, qui avaient rassemblé des troupes nombreuses et une flotte de deux cents vaisseaux, s'étaient retirés dans une île séparée du continent par un bras de mer large de trois milles, vraisemblablement Fionie; ce qui prouve qu'alors elle était soumise aux rois de Jutland. Les Saxons manquaient de navires pour aller les attaquer; ils ravagèrent le pays, se firent donner quarante otages, et repassèrent l'Eider. Harald retourna vers Louis, qui était alors à Paderborn, et qui le renvoya en Saxe.

Il lui avait certainement fourni le moyen d'entretenir des troupes, car, en 817, les fils de Godefroi, fatigués des ravages continuels qu'il commettait sur leurs terres, envoyèrent une ambassade à Louis pour lui demander la paix, qu'ils promettaient d'observer fidèlement. Ces protestations ayant paru plus feintes que sincères, on n'en tint aucun compte, et de nouveaux secours furent envoyés à Harald.

Cette même année, les fils de Godefroi, sollicités par Sclaomir, duc des Obotrites, qui refusait de partager le pouvoir suprême avec Ceadrag, fils de Trasco, expédièrent une flotte qui remonta l'Elbe, et ravagea le pays jusqu'aux rives du Stör; mais le comte de la Marche du Nord les força d'abandonner le siège d'Essefeldt (Itzehoe), et de se retirer.

En 819, on voit que Harald fut, sur l'ordre de l'empereur, reconduit par les Obotrites jusqu'à ses vaisseaux, et se dirigea par mer vers son pays, dans l'espérance d'y reprendre une partie de l'autorité suprême, les fils de Godefroi s'étant brouillés entre eux; deux se réunirent à lui pour expulser les deux autres. Ce rapprochement entre

Harald et ses parents ne pouvait être bien sincère. Ceux-ci tenaient aux anciens usages de leur pays; Harald était plus enclin à se rapprocher des étrangers. Cependant les premiers envoyèrent, de concert avec lui, des députés qui offrirent des présents à l'empereur dans une grande assemblée tenue à Francfort en 822. Mais, dès l'année suivante, Harald vint à l'assemblée de Compiègne pour solliciter des secours contre les fils de Godefroi, qui menaçaient de le chasser. Deux comtes furent dépêchés vers ceux-ci pour prendre des informations exactes sur l'état général du pays des Normands; revenus avant le départ de Harald, ils mirent sous les yeux de l'empereur les renseignements qu'ils avaient recueillis. Ils ramenèrent avec eux Ebbon, archevêque de Reims, qui, du consentement de l'empereur, et l'autorisation du pape, était allé dans le pays des Danois pour y prêcher l'Évangile, et qui, l'été précédent, en avait converti et baptisé un grand nombre.

Il paraît que les fils de Godefroi cherchèrent ensuite plutôt la paix que la guerre avec l'empereur: au mois d'août 825, il tint, suivant l'usage, une assemblée générale de la nation à Aix-la Chapelle. Il y donna audience aux ambassadeurs de ces princes, et fit ratifier, au mois d'octobre, sur la frontière même de leur territoire, la paix qu'ils lui demandaient. Cependant elle fut rompue plus d'une fois par des incursions dans la Nord-Albingie, occasionnées souvent par les attaques de Harald contre le Jutland méridional. Harald fut baptisé, en 826, avec sa femme et un grand nombre de Danois, à Mayence, dans l'église de Saint-Alban. La même année, Louis reçut les députés des fils de Godefroi, qui demandaient un traité de paix et d'alliance. Plus tard, ils ne voulurent plus consentir à partager le pouvoir avec lui, et s'efforcèrent de le chasser. Horic ou Éric, surnommé l'Ancien, qui était l'aîné, avait pris l'engagement de se présenter devant l'empereur à l'assemblée de Nimègue, mais il n'y vint pas.

Après la mort de Louis le Débonnaire, en 840, les rapports entre les rois de Jutland et les Francs furent encore moins pacifiques que par le passé. Les ambassades réciproques, qui étaient assez communes, semblent avoir été interrompues au bout d'un certain temps. Éric, celui des fils de Godefroi qui est nommé le plus souvent, équipa, en 845, une puissante flotte de six cents vaisseaux, et remonta l'Elbe pour attaquer l'Allemagne; s'empara de Hambourg, bâti par Charlemagne, brûla l'église, pilla et dévasta la ville. Toutefois, ce roi de Jutland a pu trouver qu'un accommodement valait mieux que la guerre, car, la même année, il envoya des députés à Louis le Germanique, avec des propositions de paix, s'engageant à rendre les prisonniers et les trésors enlevés. Louis chargea, l'année suivante, un comte d'aller en ambassade chez Éric. En 847, une nouvelle légation des trois fils de Louis le Débonnaire vint en Jutland, et adressa de fortes remontrances à Éric, sur ce qu'il ne s'opposait pas aux pirateries de son peuple; mais il était difficile à ce roi de satisfaire à ces justes réclamations.

Éric régna sur le Jutland pendant plus de trente ans, et fut tué, en 854, dans une guerre que lui fit un de ses parents, qui aspirait au trône. Suivant les chroniques allemandes, plusieurs princes de race royale et un grand nombre des principaux chefs périrent dans la même bataille. Il ne resta de la famille royale qu'un fils d'Éric, portant le même nom, et si jeune qu'il fut surnommé *Barn* (l'enfant). Il fut roi après son père; il passe pour avoir protégé le christianisme; il mourut vers 868.

Louis le Germanique ayant convoqué, en 872, une diète à Worms, des ambassadeurs de Sigurd et de Helfdam, rois des Danois, c'est-à-dire, du Jutland, y parurent; ils apportaient des propositions de paix; c'était sans doute un usage adopté par ces souverains, quand ils voulaient fortifier leur pouvoir par un traité avec l'empire d'Allemagne. Peut-être ces roitelets avaient-ils été expulsés par Gorm. Depuis cette époque, les annales des Francs cessent de faire mention des Danois; et l'histoire de ce peuple offre pour les dates les mêmes incertitudes que l'on y rencontrait auparavant.

Canut Ier eut pour successeur son fils Gorm, surnommé l'Ancien; ce fut, disent les chroniques islandaises, par la volonté de son père qu'il avait le nom de Gorm; c'était celui d'un roi de Jutland qui l'avait élevé; car il n'avait été porté par aucun des rois skioldungiens. Gorm, remarquable par sa grande taille, sa force extraordinaire, et son adresse à tous les exercices du corps, devait posséder aussi de l'habileté pour le gouvernement, quoiqu'on ait dit qu'il manquait de prudence. Roi de Seeland vers 860, de Scanie vingt ans après, de Jutland vers 888, il réunit ainsi les membres épars de la monarchie danoise. Il ne voulut jamais abandonner la religion de ses pères; il est représenté comme un persécuteur ardent du christianisme, qui avait déjà fait des progrès dans le Jutland; il chassa les prêtres, et quelques-uns furent mis à mort. Il ne s'en tint pas là: réuni aux chefs païens de la Venédie, il attaqua les Saxons de la Nord-Albingie, dévasta ce pays, poussa même ses ravages et la persécution des chrétiens au delà de l'Elbe, et répandit l'effroi dans tout le pays des Saxons. L'approche de l'empereur Henri l'Oiseleur, à la tête d'une armée, mit un terme aux succès de Gorm. Battu avec ses alliés, dans une bataille rangée, le roi des Danois fut obligé de souscrire aux conditions de la paix, qui le forcèrent d'abandonner le pays situé entre l'Eider et le Slie, c'est-à-dire, le Slesvig. On ajoute que l'empereur y établit une colonie allemande, et qu'il en donna le gouvernement à un margrave. Ce dernier point est contesté par les historiens danois, parce que les annales contemporaines n'en parlent pas. Quant à la colonie, il est certain que la population du Slesvig fut toujours mélangée de Danois et d'Allemands, et que ceux-ci étaient les plus nombreux, comme ils le sont encore aujourd'hui.

Gorm épousa, probablement dans un âge avancé, Thyre, fille d'un iarl ou roi tributaire du Jutland méridional, ou peut-être de l'Angiie. Elle était belle, prudente et vertueuse. Son souvenir est resté cher à la nation danoise; elle fut surnommée *Dane-bod* (bienfaitrice des Danois). Elle parvint, par son adresse, à diminuer les prétentions de l'empereur d'Allemagne sur les cantons du nord de l'Eider, et fit réparer et augmenter le Danevirk; une espèce de redoute ou de boulevard, qui fait partie de cet ouvrage, est encore appelé Thyreborgg.

Gorm régna longtemps, et mourut très-vieux en 941. Il persista jusqu'à la fin de ses jours dans le paganisme. Thyre embrassa la religion chrétienne. Gorm, devenu pacifique quand il fut avancé en âge, laissa prendre à sa femme et à son fils Harald une grande part dans le gouvernement.

Canut, fils aîné de Gorm et de Thyre, fut surnommé Dana-ast (l'amour des Danois). Sa beauté le faisait chérir de ses parents et du peuple; ayant entrepris avec son frère une expédition en Angleterre, il fut tué d'un coup de flèche.

On a vu, par le récit des événements de cette période, qu'alors la partie occidentale de la Nord-Albingie était habitée principalement par des Saxons, et l'orientale par les Venèdes; ceux-ci formaient deux peuples, les Vagriens et les Obotrites, qui y avaient été amenés par Charlemagne; chacun d'eux avait ses rois particuliers. Le reste de la Nord-Albingie reconnaissait, suivant les circonstances qui changeaient les limites, soit l'autorité des rois danois, soit celle des empereurs francs, et plus tard celle des rois d'Allemagne.

Le christianisme s'était déjà répandu en Nord-Albingie; on croit que la première église fut fondée à Meldorp, en Holstein.

Ce fut dans cette période que les entreprises maritimes des Danois et des Norvégiens prirent leur plus grande extension. Elles avaient commencé dès le sixième siècle, n'avaient pas discontinué depuis, et devenaient chaque année plus nombreuses et plus considérables; on peut en retrouver la cause soit dans la situation des pays du Nord, qui excitait leurs habitants à aller chercher, de cette manière, du butin dans des contrées plus riches; soit dans la stérilité de la terre, qui ne pouvait nourrir une forte population; soit dans les progrès de Charlemagne vers le nord de l'Allemagne; soit dans les tentatives que ce prince et ses successeurs ne cessaient de faire partout, et aussi en Danemark, pour y introduire le christianisme; soit enfin dans les conquêtes de Gorm et de Harald Haarfager, roi de Norvège.

La plupart de ces expéditions n'étaient composées que d'un petit nombre de navires; mais quelquefois plusieurs de ces escadrilles formaient, par leur réunion, une flotte considérable, portant une armée très-forte. Celle des Normands qui firent le siège de Paris, en 886, comptait quarante mille hommes. Ils s'emparèrent d'une grande partie de la Nord-Hollande actuelle, et l'appelèrent *Kinheim* et Danemark; en 912 ils fondèrent en France le duché nommé d'après eux Normandie; en Angleterre, ils établirent les royaumes danois d'Ost-Anglie et de Northumberland. Les Norvégiens étendirent leur puissance en Écosse et en Irlande.

On désignait partout, par la dénomination générale de Normands, ces audacieux marins qui infestèrent même, dans la Méditerranée, les côtes d'Espagne, d'Italie et de l'Afrique méridionale. Les Danois et les Norvégiens composaient leur principale force; ils avaient aussi dans leurs rangs des Nord-Albingiens ou des Saxons du Holstein, ainsi que des Frisons, des Vendes et des Suédois. Leurs chefs, qui souvent étaient de race royale, portaient ordinairement le titre de rois. La cause de leurs grands succès peut être attribuée à leur bravoure qui tenait beaucoup de la témérité, à leur habileté, extraordinaire pour le temps, dans la navigation; à la faiblesse de la France, de l'Angleterre et des autres pays, dont les flottes étaient mal équipées et encore plus mal conduites; par une suite de l'avilissement de l'autorité royale, les grands n'obéissaient que lorsque cela convenait à leurs intérêts, et quelques-uns même s'entendaient avec les Normands.

Quand le Danemark et la Norvège eurent respectivement un seul roi (*), le régime féodal ou des fiefs ne tarda pas à se développer dans le Nord, car Gorm et Harald concédèrent aux hommes qui avaient mérité leur confiance, des terres dont le revenu leur était abandonné, sous la condition de payer une redevance fixe au roi, et d'entretenir pour son service un certain nombre de gens de guerre. Ces fiefs, à très-peu d'exceptions près, n'étaient pas encore héréditaires; peu à peu les rois les laissèrent dans la possession du fils après la mort du père, et, de cette manière, l'hérédité s'établit bientôt.

Le christianisme fut introduit, dans la Nord-Albingie, sous le règne de Louis le Débonnaire, et y fit des progrès rapides. On a vu plus haut que Harald Klak, un des roitelets du Jutland, se fit baptiser en 826, à Ingelheim, près de Mayence, où ce monarque tenait alors sa cour. A la même époque, saint Anschaire, moine du couvent de Corbie en Picardie, et ensuite de Corvey en Allemagne, commença à prêcher dans le Jutland méridional, bâtit des églises à Hedebye, près de Slesvig, à Ribe, et dans différentes villes du Holstein. Louis le Débonnaire fonda pour lui l'archevêché de Hambourg, qui fut ensuite transféré à Brême. Malgré le succès dont furent accompagnés les travaux apostoliques d'Anschaire, le christianisme ne se propagea que difficilement dans le Danemark; les obstacles venaient en partie des rois qui, voyant dans l'introduction de la reli-

(*) Suhm, L. C.

gion nouvelle un acheminement à l'établissement de la suzeraineté de l'Allemagne, s'y opposèrent pendant longtemps. Gorm ayant mis fin au royaume de Jutland, s'efforça d'extirper le christianisme dans cette péninsule.

Le peuple aussi se montra ennemi de cette religion, parce que ses ministres défendaient de manger de la chair de cheval, et il craignit de manquer de moyens de subsistance, s'il était privé de cette viande généralement en usage; on ne se soumettait qu'avec répugnance à la défense de travailler le dimanche ; enfin, on montrait une aversion extrême pour la défense d'avoir plus d'une femme; on ne pouvait s'accoutumer à l'idée de regarder le concubinage comme un péché. Les habitants du Nord n'avaient, pour la plupart, qu'une femme dans le temps du paganisme, mais il ne leur était pas interdit d'en avoir plusieurs, et procréer des enfants avec des esclaves et des étrangères ne passait pas pour une infraction aux lois de la société.

Les prêtres païens, auxquels la nouvelle doctrine causait un dommage irréparable, la combattaient pour leur propre intérêt, et le peuple, par habitude, tenait aux idées qui lui avaient été inculquées dès l'enfance. Cependant, les cérémonies auxquelles il était accoutumé, contribuèrent à faire embrasser le christianisme par beaucoup d'habitants. La pompe qui accompagnait le service divin satisfaisait les yeux ; les chants de l'église plaisaient aux oreilles, et, pour des hommes grossiers, les émanations de l'encens, agréables à l'odorat, étaient bien propres à compléter leur ravissement. La vue des statues des saints ne les choquait pas, habitués qu'ils étaient à celle de leurs idoles; même les pratiques superstitieuses de ces temps d'ignorance avaient des attraits pour eux. Des auteurs danois, protestants, et pour lesquels par conséquent le catholicisme est très-éloigné de la pureté primitive de l'Église chrétienne, conviennent que peut-être un culte plus simple que celui qui fut apporté en Danemark dans le neuvième siècle, y aurait moins réussi. D'ailleurs, saint Anschaire était doué de toutes les qualités qui devaient assurer le succès de son apostolat. Libre de toute ambition, il n'était mû que par le sentiment de la charité chrétienne, et il joignait à ces vertus cette prudence que l'Écriture recommande quand l'occasion la rend nécessaire. Il s'efforçait de gagner les rois et les grands; il instruisait des enfants du pays, et quand il les avait formés convenablement, il les envoyait prêcher l'Évangile.

La culture de l'esprit était à peu près la même que dans la période précédente, et il convient de remarquer que, comme alors, les Islandais, colonie de Norvégiens, montraient un goût décidé pour la poésie et l'histoire. Probablement une espèce de calendrier, taillé en lettres runiques sur des bâtons, n'était pas inconnu. Il paraît que l'on savait travailler l'or et forger des armes. Les femmes s'appliquaient à toutes sortes d'ouvrages.

Les rois, possédant un territoire plus étendu qu'auparavant, pouvaient réunir des armées plus considérables. La guerre, surtout en Norvége, se faisait plus par mer que par terre.

On trouve, sous Gorm le Vieux, le premier indice de jardinage en Danemark, et sous Harald Haarfager en Norvége. Tous les paysans étaient encore propriétaires de terres, et employaient des esclaves au labourage. Les rois recevaient leurs revenus en grains, en bétail, en beurre, car on ne pouvait pas encore convertir ces denrées en argent, qui était très-rare. Les terres étaient déjà mesurées comme elles le sont aujourd'hui. Il est question, sous Gorm le Vieux, de magasins pour les grains, qui furent très-utiles pendant deux ans à cause des mauvaises récoltes. Néanmoins, on ne peut pas dire que, durant cette période, l'agriculture ait fait une des principales industries de la Scandinavie, si ce n'est en Danemark.

Le commerce éprouvait beaucoup d'empêchements par la piraterie, quoique dans certaines circonstances on fît l'un et l'autre simultanément. La ville de Slesvig reçut de grands accroissements, parce que le roi Godefroi y amena les habitants de Recik, qui paraît avoir été situé à peu de distance de Wismar ; les autres villes citées étaient, en Danemark : Lethra, Ribe, Lund ; en Holstein : Hambourg, Itzehoe, Meldorp ; en Norvége : Tonsberg, Konghell, Steenkieer. Les expéditions maritimes étendirent l'usage des monnaies étrangères ; et le mark, l'œre, le skilling, le penning, sont déjà désignés par ces noms ; toutes ces pièces avaient, dans le commencement, un poids fixe. On avait aussi des monnaies d'argent des rois scandinaves de Dublin. Le commerce se faisait principalement entre le Danemark et la Norvége ; et aussi entre ces royaumes et l'Angleterre, l'Écosse, l'Irlande, la Frise, la Flandre, le nord-ouest de l'Allemagne, la Suède et les pays baignés par la Baltique ; il avait surtout lieu par échange, et en moindre partie par le moyen des monnaies. On tirait d'Angleterre du froment, du vin, des draps ; de Russie, des pelleteries de prix : ce dernier objet était ensuite exporté en Angleterre.

On commençait à être mieux vêtu ; on portait des chapeaux de Russie, de riches manteaux, des anneaux d'or, des bracelets plus précieux qu'auparavant. « Les amusements de nos ancêtres, dit Suhm, consistaient encore, durant cette période, en exercices du corps de toute espèce, tels que courir, monter à cheval, s'élancer sur les rochers et les navires, jouer à la balle, lutter, s'escrimer, nager, lancer alternativement en l'air et recevoir dans chaque main trois épées courtes ou petites haches. Ils aimaient aussi la chasse, le jeu des échecs, et se plaisaient à donner de grands repas où régnaient une liberté et une gaieté extrême ; mais, comme on y buvait avec excès, ces festins se terminaient souvent par des animosités, des querelles et des voies de fait. C'était également l'usage de se divertir à écouter les chants des scaldes ou les récits d'aventures, soit véritables,

soit fabuleuses. Les droits civils dont les femmes jouissaient étaient en petit nombre ; elles n'héritaient de rien, n'avaient nulle liberté de choix pour le mariage, et les veuves étaient sous la tutelle de leurs fils ou de leurs frères. »

Des détails précieux sur la géographie et la statistique des pays du Nord, dans la période qui nous occupe, ont été conservés dans la relation des deux aventuriers normands, Otter et Ulfsten, que le roi Alfred le Grand joignit à sa traduction d'Orose. Ces voyageurs avaient vécu à sa cour, et c'est d'après leurs récits qu'il écrivit leurs itinéraires. Otter doubla le cap Nord et arriva en Biarmie ; Ulfsten alla de Hedebye (Slesvig), par la mer Baltique, à Truso, près d'Elbing en Prusse. Voici ce que nous apprend ce document : « Le Halland et la Scanie étaient spécialement appelés Danemark, probablement parce que les Danois étaient venus de ces contrées ; Bornholm avait alors ses rois particuliers ; la Blekingie et l'île de Gotland appartenaient à la Suède. On allait en cinq jours, par mer, de la Norvége méridionale à Hedebye. En Norvége, les terres voisines des côtes étaient employées à l'éducation du bétail et au labourage. Dans le Halogaland norvégien (le Nordland actuel), on n'élevait guère d'autre bétail que des rennes ; la culture des champs, pour laquelle on se servait de chevaux, était peu importante. Les habitants du Finmark (les Lapons) étaient tenus de payer leur tribut en pelleteries, en fanons et ossements de baleines, et en plumes d'oiseaux.

II° PÉRIODE HISTORIQUE.

De 941 à 1042, ou de l'établissement du christianisme à la fin de la domination des rois de Danemark en Angleterre.

Harald Blaatand (à la dent bleue) reçut le premier en héritage la totalité du royaume de Danemark ; toutefois, ce fut en se conformant à un ancien usage consacré par le temps chez les habitants du Nord : il fallait que le peuple donnât son consentement à l'inauguration du roi nouvellement élu ou parvenu au trône par droit de naissance, ce qui se faisait en lui rendant hommage et le proclamant dans plusieurs villes. Harald se présenta comme le seul héritier de Gorm; cependant, son frère Canut avait laissé un fils nommé Harald, trop jeune pour élever des prétentions contraires aux droits de son oncle. Il fut d'ailleurs d'autant plus facile à celui-ci de se mettre en possession de ses États et de les conserver dans leur ensemble, que vers la fin de la vie de son père, ainsi qu'on l'a vu précédemment, il avait pris part au gouvernement du royaume. A son avénement, il était encore païen.

Son règne, qui fut long, présente encore beaucoup d'obscurités et d'incertitudes. Suivant plusieurs historiens contemporains français et normands, il était depuis peu de temps sur le trône, lorsque Bernard le Danois, l'un des régents de Normandie pendant la minorité de Richard Ier, petit-fils de Raoul, premier duc, lui demanda, en 942, de venir au secours du jeune prince contre Louis IV, roi de France, qui cherchait, par ruse et par force, à le dépouiller de son patrimoine. Harald, que les auteurs français nomment Haygrold, arrive avec soixante vaisseaux portant une armée considérable, et débarque à Cherbourg. Il s'avance vers la Dive, et se réunit aux guerriers de Coutances et de Bayeux. Louis vient à sa rencontre; des conférences s'ouvrent et n'ont aucun résultat. On combat : Louis est fait prisonnier en 945, et conduit à Rouen. Il ne recouvre la liberté qu'en renonçant à ses prétentions sur la Normandie, dans une assemblée solennelle tenue sur les bords de l'Epte, qui faisait la limite du duché; puis Harald revient avec sa flotte en Danemark. Aucun historien danois ou scandinave n'a parlé de cet événement. Il est cependant indubitable que Richard, duc de Normandie, a reçu des secours du Danemark, mais il est moins certain que Harald Blaatand soit allé lui-même en Normandie, ou qu'un autre prince ou fils de roi de ce nom ait conduit en personne ces troupes. Un historien moderne présume que c'était Harald, neveu du roi Harald Blaatand, et nommé Guld-Harald (Harald le Doré), à cause des trésors qu'il avait amassés dans ses expéditions de piraterie.

Les guerres de Harald avec la Norvége eurent des résultats bien autrement importants pour le Danemark; en voici l'origine : Éric Blodöxe (à la hache sanglante), fils et successeur de Harald Haarfager, roi de Norvége, avait fait égorger plusieurs de ses frères, afin de s'assurer la possession de tout le pays. Ces cruautés et d'autres actes de violence de ce prince et de son épouse Gounild, femme habile, mais audacieuse et méchante, leur attirèrent la haine de la plus grande partie des peuples. Au bout de quelques années, Éric fut contraint de s'enfuir du pays, où arriva son frère Haquin, surnommé Adelsteen, parce que, dans son enfance, Adelstan, roi d'Angleterre, l'avait élevé. Celui-ci était chéri pour ses belles qualités. Ayant inutilement proposé à Éric de partager le royaume, il s'avança vers Drontheim, reçut de l'aide du puissant iarl Sigurd, et promit aux paysans de leur rendre le droit de posséder des terres de franc-alleu, dont Harald-Haarfager les avait dépouillés. Alors ils le proclamèrent roi (938). La nouvelle s'en répandit bientôt dans le pays, qui se déclara pour lui. Éric se retira, avec sa femme et ses enfants, aux îles Orcades, et ensuite dans le Northumberland, en Angleterre, où, quelques années après, il fut tué dans une bataille.

Haquin régna longtemps avec gloire, et fut le premier législateur de la Norvége; mais ayant voulu établir le christianisme dans ce pays, la plus grande partie de la population se souleva contre lui; en même temps, des pirateries exercées sur les côtes de Danemark le brouillèrent avec Harald. Gounild, veuve d'Éric, profitant de cette circonstance, accourt en Danemark avec ses fils; elle y est bien accueillie, des terres sont assignées à ses enfants; le roi en adopte un : Harald

Graafell (à la pelisse grise); et quand celui-ci arrive à l'âge viril, des troupes et des vaisseaux lui sont fournis. Harald Graafell recouvre une partie du domaine de son père dans le sud ; puis il s'avance plus au nord avec ses frères. Gouttorm, un de ceux-ci, est tué dans une bataille livrée en 956, près du cap Augvald, sur l'île Karmen, et Harald, défait par Haquin, regagne le Jutland.

Deux ans après, nouvelle tentative sur la Norvége septentrionale: Harald-Graafell débarque à Fredöe, aujourd'hui Qvamsöe; malgré la supériorité de ses forces, il est vaincu, perd un autre de ses frères, et se réfugie de nouveau en Jutland. En 963, il se montre une troisième fois sur la côte de Norvége avec soixante vaisseaux, et débarque à Storöe, dans le Hordaland ou Söndhordlehn, qui fait partie du diocèse de Bergen. Bien que pris au dépourvu, et n'ayant qu'une armée quatre fois moins forte que celle de ses ennemis, Haquin est encore vainqueur; mais il est atteint mortellement par une flèche. Comme il mourut sans enfants, Harald-Graafell et ses frères obtinrent le royaume de Norvége. Harald paya pendant trois ans au Danemark un tribut convenu d'avance. Cependant des neveux de Haquin et d'Éric possédaient plusieurs cantons du sud de la Norvége, et Sigurd, iarl, était bien plus puissant dans le nord. Harald-Graafell parvint à gagner un des frères de Sigurd, et, de concert avec ce traître, entoura une métairie où couchait le iarl, y mit le feu, et l'y fit périr avec toute sa suite.

Le peuple de Drontheim, indigné, choisit pour iarl Haquin, fils de Sigurd, qui, pendant trois ans, combattit contre Harald-Graafell et ses frères ; alors il conclut avec eux un traité qui lui conserva la dignité et la puissance de son père; ils avaient pour leur lot la partie moyenne de la Norvége. Haquin, se défiant d'eux avec raison, fit alliance avec les chefs du sud. Harald-Graafell et un de ses frères, ayant réussi à se défaire d'eux, devinrent trop puissants pour le iarl.

Il put, à la vérité, leur résister pendant quelques années, et même les força une fois à quitter le pays. Ils prirent ensuite leur revanche, et, en 976, il fut, à son tour, obligé de s'en aller en Danemark avec sa flotte.

Il y rencontra Guld-Harald, qui lui communiqua son projet de réclamer sa part du Danemark. Haquin le fortifia dans ce dessein. Guld-Harald demanda donc à son oncle la moitié du royaume; Harald lui répondit par un refus. Guld-Harald retourna consulter Haquin, et lui confia qu'il voulait soutenir son droit par les armes; le iarl l'en dissuada. Le roi, dont Haquin avait gagné la confiance, lui avoua que, pour sa propre sûreté, il était décidé à se défaire de son neveu. Haquin lui représenta qu'il se ferait le plus grand tort en prenant ce parti violent, parce que le peuple, qui avait tant aimé Canut, se souléverait probablement en apprenant la catastrophe de son fils. Ayant inspiré des craintes et des doutes au roi, il ajouta : « En Norvége, « les rois sont haïs par le peuple, à « cause de leur méchanceté et de leur « dureté ; leur puissance n'est pas « unie; il est facile de s'emparer de ce « pays. » Harald Blaatand manifesta, de la répugnance et des scrupules d'agir contre un roi qu'il avait élevé. Le rusé iarl lui rappela que ses services avaient été bien mal reconnus par les fils d'Éric, et finit par lui persuader qu'il choquerait moins les Danois en dépouillant des étrangers, qu'en faisant périr son neveu. Ensuite il courut annoncer à Guld-Harald que la Norvége serait à lui, et qu'il l'aiderait à l'obtenir.

Bientôt Harald-Graafell reçoit une invitation de venir payer son tribut au roi de Danemark ; il arrive en Jutland, sur les bords du Liimfiord, près de Hals. Guld-Harald l'attaque avec neuf vaisseaux. Le roi de Norvége succombe avec un grand nombre des siens, après s'être vaillamment défendu. Tout à coup apparaît Haquin, avec douze vaisseaux ; il annonce qu'il vient venger la mort de Harald-Graafell. Il disperse les troupes de Guld-

Harald, et fait pendre celui-ci. Condamné, par Harald-Blaatand, à une forte amende, pour ce meurtre, il lui fut aisé de la payer avec les trésors de sa victime.

Tous deux partirent ensuite pour la Norvége, avec une flotte très-nombreuse. Harald Blaatand y fut reconnu roi suprême, sans la moindre opposition, en 978. Il donna toute la partie septentrionale du pays, depuis le golfe de Drontheim, au iarl Haquin, comme héritage de ses pères, et la partie occidentale, depuis ce golfe jusqu'au cap Lindesnæs, en fief, et à charge d'un tribut annuel et d'un hommage de soixante faucons; Harald-Granske, jeune prince du sang royal, eut toute la partie orientale et méridionale, jusqu'au cap Lindesnæs, avec le titre de roi, à condition de payer un tribut; le roi de Danemark ne se réserva que la partie du royaume désignée par le nom de Vig, et comprise entre le Gœtha-Elf et l'Eggersund.

Harald n'avait pas toujours été aussi heureux dans ses entreprises. En 947, sous le règne de l'empereur Otton Ier, le comte Wikmann, qui s'était révolté contre ce prince, ayant été battu, vint chercher du secours chez les princes obotrites de la Vagrie, et chez les Danois, tous également avides de combats et de pillage. Déjà ceux-ci avaient attaqué la garnison allemande du Slesvig, et tué le margrave, et s'étaient ainsi emparés des cantons situés entre le Slie et l'Eider.

Instruit de ces faits, disent les anciens historiens, Otton marcha contre les Danois, entra dans le Jutland, le ravagea par le fer et le feu, et ne s'arrêta que sur les bords du Liimfiord, dans un endroit où ses eaux, resserrées pres d'Aalborg, ont conservé le nom d'Ottesund (détroit d'Otton); mais il serait plus exact d'écrire Oddesund ou Oddsund (détroit du Cap), à cause du cap Tyholm, situé dans ce lieu.

Suivant les chroniqueurs, Otton avait enfoncé sa lance dans la terre en signe de souveraineté; ce fait est très-sujet à contestation. Quand Otton revenait vers l'Allemagne, Harald-Blaatand, qui l'attendait près de Slesvig, l'attaqua. On combattit vaillamment des deux côtés; mais la victoire se déclara en faveur des Allemands, et les Danois furent obligés de se retirer sur leurs vaisseaux. Harald ne put obtenir la paix qu'en promettant d'embrasser la religion chrétienne, de payer un tribut annuel aux empereurs d'Allemagne, et de reconnaître leur suzeraineté sur le Jutland meridional. En conséquence du traité, le roi se fit baptiser avec sa femme et son fils. L'empereur fut parrain de ce dernier, qui, à son nom de Svend, ajouta celui d'Otton. Un grand nombre de Danois suivirent l'exemple de leur souverain.

Des critiques modernes ont, avec grande apparence de raison, nié que le résultat de cette campagne d'Otton Ier en Jutland ait amené la conversion du roi de Danemark au christianisme. Cette expédition eut lieu de 952 à 958; et il semble avéré que Harald ne fut baptisé que vers 965 ou 966. Quoi qu'il en soit, il était de l'intérêt de l'empereur que l'introduction du christianisme chez les Danois adoucît les mœurs de ce peuple, qui, par les doctrines de son ancienne religion, conservait un caractère farouche, intraitable, enclin à la piraterie et au brigandage. Mais il se passa plusieurs années avant que les prédicateurs de la religion chrétienne parvinssent à la répandre; toutefois, ses bons effets se manifestèrent graduellement : la population, la culture de la terre, le commerce, firent des progrès, à mesure que la piraterie diminua. Des évêchés furent fondés à Slesvig, à Ribe, à Aarhuus, à Odensè, et en même temps par Otton, à Altenbourg, en Vagrie; celui-ci fut ensuite transféré à Lubeck; tous étaient suffragants de la métropole de Hambourg.

Des troubles ayant éclaté dans l'Allemagne méridionale, Harald ne put résister à la tentation d'en profiter; il reprit le margraviat de Slesvig, répara le Danevirk, et le fortifia par de nouveaux ouvrages. Néanmoins, ce rempart fut forcé par Otton II, qui reprit le Slesvig et y rétablit un gouverneur et des milices pour le défendre contre les Danois. On raconte que Haquin, iarl de Norvége, amena des secours à Harald, qui, après avoir fait la paix avec l'empereur, obligea le iarl à recevoir le baptême. A peine celui-ci fut-il retourné sur ses vaisseaux, qui devaient le ramener en Norvége, qu'il fit débarquer les prêtres qui devaient l'y accompagner; il était si irrité de ce baptême forcé, qu'il pilla les côtes du Danemark, et ensuite refusa de payer le tribut qu'il devait.

Harald s'appliquait cependant à donner à son royaume des lois et des institutions que l'introduction du christianisme rendait nécessaires; il les étendit aux Saxons et aux Frisons de la Nord-Albingie. Pour assurer l'obéissance de la Poméranie, conquise par ses prédécesseurs, il y envoya une colonie de Danois, et y fit bâtir Vineta ou Iomsborg, forteresse qui devint fameuse sous ce dernier nom; elle était dans l'île de Wollin, à l'embouchure de l'Oder. C'est pourquoi les historiens font souvent mention de la ville de Julin. Son chef le plus célèbre fut le prince suédois Styrbiörn, neveu d'Éric le Victorieux, et après lui Palnatoke. Cette colonie s'était transformée en une espèce de république, où l'on retrouvait toutes les qualités farouches des anciens Scandinaves; il n'est donc pas surprenant que la jeunesse danoise vînt s'y former à la piraterie, car l'abandon de ce métier lucratif la chagrinait et la contrariait.

Tout occupé du soin de propager le christianisme, Harald quitta le séjour de Lethra, souillé par des sacrifices de victimes humaines, et transporta sa résidence à Röskild, ville également située en Seeland. Son zèle avait fait beaucoup de mécontents. Svend, impatient de régner, mit ces dispositions à profit et se révolta. Suivant quelques auteurs, ce jeune prince, féroce et impétueux, avait été élevé à Julin. Il demanda à son père une partie du royaume à gouverner. Ayant éprouvé un refus, il se fait un parti chez les Venèdes; il promet aux Danois, encore païens dans le cœur, pour la plupart, de rétablir le culte de leurs pères; il arme secrètement; Palnatoke lui amène des troupes; Harald, hors d'état de résister, fut contraint de quitter ses États et de chercher un asile chez ce même duc de Normandie qu'il avait autrefois secouru. Richard se montra reconnaissant. Il lui donna le comté de Coutances, en attendant qu'il pût armer pour son rétablissement; et il fut assez heureux pour rendre à Harald un service égal à celui qu'il avait reçu de lui. Ce fait n'est pas raconté par les anciennes chroniques danoises.

Harald ne jouit que peu d'années du bienfait de Richard. Svend, loin d'être touché du pardon qui lui avait été accordé, quelques auteurs ajoutent même du don d'une partie du royaume, trama de nouveaux complots contre son père; il opposa une flotte à la sienne: elle fut défaite; mais peu de temps après, Palnatoke arrive avec une escadre, descend secrètement en Seeland, et apprenant que le roi passait la nuit dans un bois, avec un petit nombre de gardes, il le surprend et le tue d'un coup de flèche. Ce triste événement se passa en 991. Harald fut enterré dans l'église de Röskild.

Il avait eu trois fils: Éric, devenu roi des Anglo-Saxons du Northumberland, en Angleterre, de 952 à 954, fut chassé et tué; Haquin fit des conquêtes en Samland (Prusse), et y régna jusqu'à sa mort, en 976; enfin Svend.

Svend Ier Tveskiæg. Svend Tveskiæg (à la barbe fourchue) avait soutenu une guerre opiniâtre en Scanie, contre Éric le Victorieux, roi de Suède. Fauteur secret du paganisme, il y revint dès qu'il fut roi, et persécuta les chrétiens; il ne répondit que par le mépris aux sollicitations de l'archevêque de Brême, qui l'invitait à épargner les hommes professant cette religion. Son règne fut extrêmement agité. Ayant attaqué les habitants de Julin, il fut fait prisonnier, et ne put recouvrer la liberté qu'en payant une très-grosse rançon.

Si les dernières années du règne de

Harald sont enveloppées de beaucoup de doutes et d'obscurité, les premières de celui de son successeur ne le sont pas moins. Quelques anciennes chroniques disent que Svend Tveskiæg tomba trois fois entre les mains des pirates de Julin, et qu'il fut constamment délivré par le même moyen employé à l'occasion de sa première captivité. Les historiens modernes ont remarqué, avec raison, que cette répétition du même événement devait sembler d'autant plus improbable, que chaque fois, celui de la délivrance était accompagné de circonstances plus marquées au coin de la fiction. D'autres ont borné à deux ses mésaventures dans ce genre.

Ils ont ajouté que les succès d'Éric le Victorieux par mer avaient forcé Svend à quitter son royaume, et que pendant quatorze ans, le Danemark avait été assujetti à la Suède. Éric, païen, persécuta les chrétiens; Laofdag, premier évêque de Ribe, souffrit le martyre. En 994, une flotte immense de navires suédois et danois parut dans la mer du Nord, le 25 juin; une partie remonta l'Elbe; l'armée débarqua près de Stade; celle des Saxons fut vaincue, la ville emportée d'assaut, des cruautés horribles furent commises sur les prisonniers. Des secours arrivèrent : les vainqueurs devinrent victimes de leur ardeur pour le pillage. L'autre moitié de leur armée, qui avait abordé à l'embouchure du Weser, et déjà dévasté une partie du pays, fut atteinte dans sa marche pour se réunir à la première, et partagea son sort; le nombre des Normands qui périrent dans cette occasion est porté à 20,000.

Cependant Svend ne restait pas oisif. Il se réfugia d'abord en Norvége; le iarl Haquin, peu soucieux de reconnaître la suzeraineté du Danemark, accueillit assez mal le roi fugitif. Svend, qui était à la tête d'une flotte assez considérable, fit des courses dans la mer du Nord, débarquant tantôt en Écosse, tantôt en Irlande, où sans doute il ne se présentait pas en suppliant et ne restait pas longtemps. Il rencontra, dans le cours de ses expéditions, un compagnon d'infortune : c'était Olaüs, fils de Tryggve, chassé de la Norvége par le iarl Haquin; il descendait du roi Harald-Haarfager, et avait le droit le plus légitime à la couronne. Il avait embrassé le christianisme, ce qui ne l'empêchait pas d'exercer la piraterie. Toutefois, il se repentit plus tard, et, de retour en Norvége, il ne se montra plus comme écumeur des mers.

Svend avait appris, durant les années de son exil, à connaître le triste état de l'Angleterre et la facilité d'y faire des incursions avantageuses. Éric étant mort en l'an 1000, après avoir été baptisé, Svend revint en Danemark; il offrit sa main à Sigride, fille de Micislas, duc des Polonais et veuve d'Éric : elle fut acceptée. Éric laissait un fils nommé Olaüs, qui se souleva contre son beau-père et réussit à le chasser du Danemark; cependant, cédant aux instances de sa mère, il fit la paix avec lui, aux dépens de la Norvége.

Selon d'autres récits, Svend, de retour dans ses États, après sa sortie de captivité, employa une partie de sa nombreuse armée à ravager les frontières de la Saxe, et l'autre, avec sa flotte, à inquiéter tous les ans les côtes d'Angleterre. Dès l'année 991, deux chefs danois ayant fait une descente dans ce pays, et battu l'armée qu'on leur avait opposée, le faible Ethelred, qui régnait alors, acheta leur retraite par une grosse somme d'argent. Svend, attiré par l'appât d'un riche butin, arriva lui-même avec une flotte nombreuse, et accompagné d'Olaüs, roi de Norvége. Les deux rois assiégèrent Londres inutilement. Alors ils ravagèrent les côtes de l'Essex, du Kent et du Sussex, et s'étant emparés de chevaux, pénétrèrent dans l'intérieur du royaume. Ethelred leur offrit de nouvelles sommes et des vivres pour leur armée, afin qu'ils missent fin à leurs dévastations. Les deux rois pirates passèrent l'hiver à Southampton et reçurent seize mille livres d'argent; au printemps, ils se rembarquèrent avec des trésors qui auraient été mieux employés à défendre le pays.

La guerre recommença bientôt. Les Danois, qui n'avaient pas reçu en entier la rançon convenue, regardèrent ce délai comme un refus, et mirent de nouveau l'Angleterre à feu et à sang; ses troupes, frappées de terreur au seul nom des Danois, leur résistaient à peine, et sa flotte lui était inutile par l'incapacité et les divisions des chefs qui la commandaient. L'île de Wight, occupée par les vainqueurs, leur servait de retraite et de magasin. Dans cette extrémité, Ethelred prit l'engagement de payer aux Danois 30,000 livres d'argent, ce qui était énorme pour ce temps-là. Cette somme fut levée par le moyen d'une imposition appelée *Danegelt* (argent des Danois). Elle devint par la suite d'autant plus onéreuse aux Anglais, que le clergé séculier et les moines surent toujours en rejeter le fardeau sur le reste de la nation.

La chronologie de ces temps-là est si embrouillée et si incertaine, que quelques auteurs placent en 991 l'établissement du *Danegelt* en Angleterre; ils ajoutent que l'expédition de Svend et d'Olaüs eut lieu en 994, et ne parlent pas de leurs aventures antérieures. Ils racontent que le iarl Haquin mourut en 996; qu'en 998, Thyre, sœur de Svend, épousa Olaüs Tryggveson, et Svend, Sigride, veuve d'Éric le Victorieux.

Les deux chefs danois dont il est question comme ayant apparu dès 991, peuvent bien avoir été Svend et Olaüs. Celui-ci avait déjà pillé avec succès et levé des contributions considérables dans le nord de l'Angleterre, où depuis très-longtemps des Danois étaient établis sur les côtes. Des historiens indiquent le 8 septembre 994 comme le jour où Svend et Olaüs entrèrent dans la Tamise, et firent une vaine tentative sur Londres.

Svend n'avait pas été présent à la dernière expédition des Danois en Angleterre. La guerre le retenait dans le Nord. La cause des hostilités a été expliquée dans l'histoire de Norvége (*).

(*) Suède et Norvége, p. 311.

3e *Livraison* (Danemark.)

On y voit qu'après la bataille navale de Svolder, livrée en l'an 1000, sur les côtes de Poméranie, et dans laquelle le roi de Norvége se précipita dans les flots, les ennemis, ligués contre lui, se partagèrent ses États. Éric, fils du iarl Haquin, conserva, comme royaume indépendant, l'ouest et le sud de la Norvége; il reçut le Romerige et le Hedemark en fief, avec la main de Gide, fille de Svend, qui se réserva le Vig, dans la Norvége méridionale, baignée par la mer. Cette conquête fournit à ce prince un accroissement utile à ses forces navales.

Des Danois étaient restés en Angleterre : leur conduite insolente et tyrannique exaspérait la nation. Ethelred, qui joignait, comme cela arrive communément, la lâcheté à la perfidie, ayant épousé Emma, sœur du duc de Normandie, pensa que cette alliance était propre à favoriser son projet de se débarrasser des Danois, que son peuple détestait. D'après son ordre, tous furent, dans un même jour, le dimanche 13 novembre 1002, égorgés, sans distinction d'âge ni de sexe. La sœur même de Svend, Gounild, mariée à Palle, seigneur anglais, ne fut pas épargnée, et on massacra ses enfants en sa présence.

Cette triste nouvelle fut annoncée à Svend par douze jeunes Danois qui demeuraient à Guilford en Surrey : ils s'embarquèrent sur un navire mouillé dans la Tamise, et arrivèrent heureusement en Danemark. Svend fit écrire le récit de cette catastrophe sanglante, et en expédia les copies en Danemark, en Norvége et en Suède. Il jura de ne point prendre de repos qu'il n'eût vengé ses compatriotes et sa sœur, et toute la Scandinavie répondit à son appel. Au printemps de 1003, il part avec une flotte de trois cents vaisseaux portant une armée immense, car, suivant l'expression d'un historien qui n'écrivait que cent ans après l'événement (*), tous les chevaliers avides de butin s'étaient réunis autour du roi de Danemark pour cette expédition. Svend

(*) Guillaume de Jumiège, ch. vii.

3

atterrit d'abord à la côte de la province de Cournouaille; il y laissa son armée, et, avec quelques vaisseaux, passa la Manche, remonta la Seine, et vint à Rouen demander la paix à Richard, duc de Normandie. Richard, quoique beau-frère d'Ethelred, accueillit royalement Svend, le retint quelques jours près de lui; « et les deux princes con-
« clurent entre eux un traité de paix,
« sous la condition que, dans la suite
« des temps, entre les rois des Danois
« et les ducs des Normands et leurs
« héritiers, cette paix demeurerait
« ferme et perpétuelle, et que le butin
« fait par les Danois sur les ennemis,
« serait porté aux Normands pour être
« acheté par eux; qu'en outre, tout
« Danois malade ou blessé, ou ayant
« besoin d'un secours d'ami, serait
« soigné et guéri chez les Normands,
« comme dans sa propre maison, et
« en toute sécurité; et afin que cette
« convention fût bien ratifiée, les prin-
« ces la sanctionnèrent chacun par
« leurs serments. »

Svend ayant ainsi accompli ses desseins, se hâte de rejoindre ses guerriers en Cornouaille, où il s'était ménagé des intelligences, et qu'il dévaste; il brûle Exeter, capitale du Devonshire, et en passe tous les habitants au fil de l'épée; il met en déroute l'armée anglaise, ravage tout le pays jusqu'à Salisbury, et chargé de butin, se rembarque pour aller passer l'hiver en Danemark.

L'année suivante, il revient saccager l'Angleterre occidentale, où il livre aux flammes Norwich et Thetford. Le faible Ethelred voyait échouer tous les projets de défense, parce qu'il ne savait ni contenir les grands dans le devoir, ni prévenir ou terminer leurs divisions. L'avarice des moines ajoutait au désordre: invités de concourir, par des dons, à la défense de l'État, ils ne parlaient que de leurs immunités et de leurs priviléges. Enfin, la famine survint et s'accrut à un tel point, que les Danois furent obligés de s'en retourner dans leur pays. Suivant une autre version, ils restèrent en Angleterre, parce que la disette était si grande chez eux, qu'ils n'y auraient pas trouvé de quoi se nourrir.

Quand ils eurent remporté leur butin dans leur pays, ils se montrèrent sur les côtes de Kent en 1008. Ethelred se racheta encore cette fois par le moyen déjà employé. L'année d'après, les Danois reparurent, prétendant qu'on leur devait un tribut annuel. Les Anglais, poussés à bout, font un dernier effort. En 1011, ils équipent une grande flotte. La désunion des chefs, leurs vues particulières, les tempêtes, la rendent inutile. Les Danois, profitant de ces circonstances, s'emparent de l'Estanglie, pays abondant en chevaux, dont la conquête leur donne la possibilité d'augmenter leurs forces d'un corps de cavalerie, dont ils manquaient. L'île de Wight était devenue leur quartier général. Sa possession facilitait leurs incursions dans les provinces de l'ouest. Enfin, en 1013, ils prennent Cantorbéry et le réduisent en cendres; l'archevêque saint Elphége est assommé, les moines sont décimés. Svend y laisse son fils Canut, avec quelques troupes, et court assiéger Londres. Ethelred, craignant de tomber entre les mains d'un ennemi cruellement outragé, quitte cette ville fortifiée et où il pouvait espérer de se défendre; il se réfugie en Normandie avec sa famille.

Alors, Londres se voyant délaissée par son roi, ne crut pas devoir irriter davantage le vainqueur, pour défendre les droits d'un prince qui les abandonnait lui-même; cette ville se rendit. Svend fut proclamé roi d'Angleterre. Cependant le pays n'était pas soumis entièrement, et il paraît que Svend ne fut pas couronné. Son premier acte de souveraineté fut d'ordonner la levée d'un impôt énorme, pour récompenser l'armée à laquelle il devait sa conquête.

On a supposé que sa mort, arrivée le 3 février 1014, à Gainsborough, n'avait pas été naturelle. Ce que les historiens danois racontent de son retour au christianisme, dans les dernières années de sa vie, est formellement contredit par les Anglais. Il avait été marié deux fois ; il eut de sa première femme, Gunilde, princesse venède, Canut et Harald ; et seulement des filles de la seconde, Sigride, veuve d'Éric, roi de Suède. Son corps fut transporté en Danemark.

CANUT II LE GRAND OU LE PUISSANT.

Canut avait été déclaré par son père roi d'Angleterre, et Harald roi de Danemark ; mais à peine Svend fut décédé, que les Anglais se soulevèrent ; Ethelred revint de Normandie, et Canut fut obligé d'aller chercher du renfort en Danemark. Auparavant, il s'était vengé de la versatilité des Anglais en faisant couper le nez, les oreilles et les mains aux otages livrés à son père, et il les renvoya chez eux dans cet état.

Canut, après avoir, avec son frère Harald, rendu les derniers devoirs à leur père, qui fut enterré avec solennité dans l'église de Röskild, repassa, en 1014, avec une nouvelle armée, en Angleterre. Les historiens disent qu'elle comptait 16,000 combattants, embarqués sur deux cents vaisseaux ; on voyait parmi ces guerriers des Norvégiens, que le iarl Haquin, beau-frère de Canut et tributaire du Danemark, avait envoyés, et des Suédois, qui avaient obéi aux ordres de leur roi Olaüs Skötkonung, allié constant du monarque danois ; enfin des Danois, que le iarl Thorkil, établi en Angleterre, lui amenait, après s'être fait payer 21,000 livres d'argent par Ethelred, qu'il trahissait indignement. Avec tous ces renforts, les forces de Canut se montaient à trois cents vaisseaux. Vers la fin du printemps, il débarqua ses troupes à Sandwich, sur la côte de Kent. Edmond, fils d'Ethelred, et Édrith, duc de Mercie, son gendre, marchèrent à la rencontre de Canut. Édrith, qui, depuis longtemps, méditait une trahison, passa du côté des Danois ; sa défection fut suivie de celle de plusieurs autres grands personnages. Edmond se retira à Londres, seule place qui restât à son père. Celui-ci était encore sur le point de chercher de nouveau un refuge en Normandie, lorsque la mort vint, le 23 avril 1016, terminer sa vie peu glorieuse.

Edmond, proclamé roi d'Angleterre, défendit vaillamment son héritage, et remporta divers avantages sur Canut. Une nouvelle trahison d'Édrith, avec lequel il s'était réconcilié, lui fit perdre, le 18 octobre 1016, la bataille d'Assington, en Essex, où périt la fleur de la noblesse anglaise. Un si grand désastre n'abattit pas le courage d'Edmond ; décidé à combattre encore, il rassembla une nouvelle armée, et alla chercher son ennemi vers Glocester. Les deux rois restèrent quelque temps en présence l'un de l'autre. Le vainqueur, qui avait éprouvé une grande perte, montra de la modération, parce qu'il prévoyait que tout le monde l'abandonnerait, dans le cas où il éprouverait un échec. Edmond, de son côté, ne se dissimulait pas qu'il était perdu sans ressource si la fortune ne se décidait pas en sa faveur. Il proposa donc à son ennemi de terminer leur querelle par un combat singulier, afin d'épargner le sang de leurs sujets. Il espérait beaucoup de ce moyen, étant si fort et si robuste qu'on l'avait surnommé *Ironside* (côte de fer), tandis que Canut, au contraire, était mince et délicat. Celui-ci fit donc répondre qu'il n'avait garde d'accepter une proposition dont toutes les chances étaient contre lui. « D'ailleurs, ajouta-t-il, j'ai « assez donné des preuves de courage « dans les combats ; on ne peut donc « pas dire que j'en manque. Si Edmond « a véritablement le désir d'épargner « le sang, je suis disposé à consentir « à tout arrangement dont les officiers « des deux armées conviendront entre « eux. »

La conférence dans laquelle Édrith, qui était de nouveau passé du côté des Anglais, peut-être d'accord avec Canut, montra une grande activité, et persuada les partisans d'Edmond de la nécessité d'un partage du royaume, ne dura pas longtemps. La transaction fut signée vers la fin d'octobre 1016, à Olney (aujourd'hui Light), dans une île de la Saverne, au comté de Glocester, où les deux rois eurent une entrevue.

La Mercie, le Northumberland restèrent à Canut; Edmond eut pour sa part la partie méridionale de l'île. Edmond ne jouit pas longtemps d'un repos qu'il s'était si glorieusement acquis. Peu de semaines après cette convention, son indigne beau-frère, Édrith, le fit assassiner à Oxford, le 30 novembre. Il laissait deux fils en bas âge, et par conséquent hors d'état de disputer à Canut la part du royaume possédée par leur père. Canut, trop politique pour s'en emparer à force ouverte, voulut paraître l'obtenir du consentement de la nation et des grands; il les convoqua donc, et tâcha de leur persuader que dans le traité conclu avec Edmond, il avait été convenu que celui des deux princes qui survivrait à l'autre hériterait de sa portion du royaume. Il insinua en même temps qu'il était résolu de ne pas obtempérer aux décisions de l'assemblée si elles ne lui étaient pas favorables. Personne n'osa faire valoir les droits des fils d'Edmond. Les seigneurs danois ayant donc prêté serment à Canut, les Anglais suivirent leur exemple. Il fut couronné roi d'Angleterre en 1017, par l'archevêque de Cantorbéry.

Dès ce moment, il ne négligea rien pour rendre son gouvernement aussi supportable aux Anglais que peut l'être celui d'un prince étranger qui ne l'exerce que par le droit de conquête. Il se conduisit avec prudence et modération; les lois saxonnes furent remises en vigueur; une extrême impartialité fut observée entre les deux nations, la justice rendue avec exactitude, le repos public assuré. Le seul changement qu'il fit fut de diviser l'Angleterre en quatre grandes provinces, savoir: la Mercie, le Northumberland, l'Estanglie et le Wessex. Il se réserva la dernière, récompensa les services de deux seigneurs, en leur conférant en fief le Northumberland et l'Estanglie, et laissa la Mercie au traître Édrith. Il profita des premiers prétextes que les circonstances lui fournirent, pour destituer et exiler les comtes de Northumberland et d'Estanglie. Quant à Édrith, il fut traité avec plus de rigueur: s'étant plaint un jour que ses services n'eussent pas été suffisamment récompensés, Canut ordonna qu'on lui tranchât la tête à l'instant, et que son corps fût jeté dans la Tamise.

Cependant les fils d'Edmond causaient ses plus grandes inquiétudes; il les envoya donc en Danemark, sous prétexte de les faire voyager; mais la personne chargée de les conduire les mena en Suède. Olaüs, roi de ce pays, les fit passer chez leur parent Étienne, roi de Hongrie. Leur postérité s'est perpétuée par les femmes d'abord, en Écosse, et plus tard sur le trône de la Grande-Bretagne. Richard II, duc de Normandie, avait manifesté la volonté de soutenir les droits de ses neveux; Canut le gagna en lui demandant la main de sa sœur Emma, veuve d'Éthelred. Dans le contrat de mariage, il fut stipulé que les enfants à naître de Canut et d'Emma lui succéderaient en Angleterre; ainsi ses fils du premier lit furent exclus du trône de ce pays. En même temps, Canut donna en mariage sa sœur Estrithe à Richard.

Harald, frère de Canut, était mort sans postérité, en 1018. Durant un règne si court, il perdit la Norvége. Canut, afin de soulager les Anglais, renvoya en Danemark une partie de ses troupes. Son autorité y chancelait par suite de sa longue absence; on lui reprochait même de donner aux Anglais la plupart des bénéfices ecclésiastiques et des évêchés. Cela ne venait-il pas de ce qu'ils étaient généralement plus instruits que les indigènes? A la fin, Canut alla en Danemark et y résida un hiver entier, soit pour se prêter aux désirs de ses peuples, soit pour y prendre des mesures relativement à ses projets sur la Norvége. En quittant le pays, au printemps de 1026, il y laissa, pour le gouverner, son fils Horde-Canut, âgé d'environ dix ans, et confia la régence au iarl Ulf, seigneur plein de capacité, mais avide et ambitieux. Celui-ci, qui avait épousé Estrithe, répudiée par Richard, excita les Danois, par ses machinations, à reconnaître pour roi son pupille, sous le nom duquel il espérait de régner ; ils y étaient disposés par les fréquentes et longues absences de Canut.

Un événement imprévu déjoua ses complots. Dès l'année précédente, Canut avait travaillé à recouvrer sa part de la Norvége ; en 1028, ses ambassadeurs la demandèrent à Olaüs, en le menaçant de la guerre en cas de refus. La réponse d'Olaüs décida les hostilités. Olaüs s'y était préparé en unissant sa flotte à celle d'Amund Jacques, roi de Suède ; son armée de terre ravagea la Scanie. Il fit une descente dans l'île de Seeland, qu'il dévasta. Ces désastres firent repentir Ulf de sa trahison, car il comprenait que la présence seule de Canut pouvait éloigner les étrangers du Danemark. Instruit de tout, ce prince équipait en Angleterre une flotte formidable ; il dissimula toutefois son ressentiment contre Ulf, de crainte que le désespoir ne le portât à prendre parti avec les étrangers. Il lui envoya donc l'ordre de lever une nombreuse armée, et de tout préparer pour pousser la guerre avec vigueur. Ulf obéit. Dès que Canut fut arrivé en Jutland, Horde-Canut et Ulf se jetèrent à ses pieds ; le jeune prince obtint son pardon ; son père lui rendit toute sa tendresse.

Désormais au-dessus des alarmes que le crédit d'Ulf eût pu lui donner dans un autre temps, il le fit assassiner dans une église de Röskild, sous prétexte qu'en jouant aux échecs avec lui, Ulf lui avait tenu des propos injurieux. Dans la suite, Canut témoigna un vif repentir de cette action cruelle, et fit de grandes libéralités à l'église où il l'avait commise.

Canut chassa les ennemis de Seeland et de la Scanie. Ses intrigues contribuèrent puissamment à ses succès, car, suivant l'expression d'un historien danois, il tenait l'épée d'une main et la bourse de l'autre. Olaüs, abandonné de son allié, le fut bientôt de la plupart de ses sujets, et alla chercher un asile en Suède, et de là en Russie. Canut soumit paisiblement la Norvége jusqu'à Drontheim, recevant partout où il passait avec sa flotte, les hommages et les acclamations du peuple, séduit par ses largesses, qui paraissaient immenses à leur pauvreté. Il retourna passer l'hiver en Danemark, où il fit couronner Horde-Canut, afin de prévenir, dans la suite, les rébellions.

Peu de temps après qu'il fut parti de Norvége, Olaüs, rappelé secrètement par plusieurs des grands du royaume, joignit les troupes que lui donna Iaroslav, son beau-frère, à celles que lui fournit le roi de Suède, et reparut dans ses États en 1033. Sa faible armée fut bientôt dissipée par celle de Canut, et au mois d'août, il fut tué dans la mêlée.

Auparavant, Canut avait entrepris, par dévotion, un pèlerinage à Rome. Il existe une lettre très-intéressante qu'il adressa aux évêques et aux grands d'Angleterre, pour leur rendre compte de son voyage. Il y dit, entre autres, qu'il a obtenu de l'empereur Conrad II qu'à l'avenir ses sujets, Anglais et Danois, pèlerins ou marchands, qui traverseront l'Allemagne, seront dispensés de payer les innombrables péages existant dans ce pays ; il ajoute qu'il s'est plaint au pape des sommes énormes à l'acquittement desquelles étaient tenus les archevêques d'Angleterre pour leur pallium, et que le saint-père lui avait promis, par serment et devant une foule de témoins, que ces exactions n'auraient plus lieu.

Par les soins d'Unvan, archevêque de Brême, Canut conclut avec Conrad un traité de paix et d'alliance. L'empereur lui céda le margraviat de Slesvig et toutes les conquêtes faites par les Ottons au nord de l'Eider, et devenues un sujet perpétuel de guerre entre les deux pays. Le margraviat fut ainsi incorporé au royaume de Danemark.

De retour en Angleterre, Canut ne s'occupa qu'à y établir solidement l'ordre à donner de bonnes lois ; son code contient d'excellentes dispositions, entre autres l'abrogation de l'usage féodal de fournir gratis au roi des denrées et d'autres provisions.

Sa dernière guerre eut lieu en 1032, avec Malcolm II, roi d'Écosse, qui avait refusé de lui rendre hommage pour le Cumberland, qu'il tenait en fief. Elle fut heureuse.

« Devenu le plus puissant prince de son temps, dit Lally-Tolendal, son biographe, ne trouvant que vanité dans les grandeurs, poursuivi par l'idée du prix qu'elles lui avaient coûté, il se jeta dans les bras de la religion, couvrit le sol anglais d'églises et de monastères, fonda des prières publiques pour les âmes de tous ceux qui étaient morts en combattant. Quelque minutieux qu'ait paru à Hume cet esprit de dévotion, l'on aimera toujours à voir Canut confondre les flatteurs qui lui attribuaient la toute-puissance, entrer dans la vase de la mer, à l'instant du reflux, défendre aux flots de monter jusqu'à lui, et lorsqu'ils ont mouillé ses pieds, se tourner vers ses vils adulateurs, pour leur dire avec dédain : « Apprenez que celui-là seul « est tout-puissant, à qui l'Océan obéit « quand il lui a dit : *Va jusque-là, et « pas plus loin.* »

Canut, attaqué d'une maladie de langueur, en 1035, souffrit tout l'été de la jaunisse, et mourut, à peine âgé de trente-cinq ans, le 12 novembre, à Shaftesbury, dans le Dorsetshire. Il fut enterré à Winchester, dans le tombeau des anciens rois anglo-saxons; la reine Emma et son fils, Horde Canut, y furent placés après lui. Il laissa à l'aîné de ses trois fils, Harald-Harefod (pied de lièvre), l'Angleterre; à Svend, la Norvége; à Canut, fils d'Emma, le Danemark.

Ce pays doit beaucoup à Canut le Grand, qui fut un des princes les plus remarquables du onzième siècle; il encouragea l'agriculture et le commerce, corrigea les mœurs barbares de ses compatriotes, réprima le vice de l'ivrognerie, très-commun parmi eux, et leur donna un code de lois. Emma, sa seconde épouse, lui inspira, sur la religion, des idées plus saines que celles qu'il devait à sa première éducation. Il fonda des évêchés en Fionie, en Seeland et en Scanie, et, comme en Angleterre, construisit beaucoup d'églises et enrichit le clergé et les couvents.

CANUT III (HORDE-CANUT).

D'après le testament de Canut le Grand, son fils Canut lui succéda en Danemark; il était alors très-jeune. Il aurait bien voulu, dès ce moment, faire valoir ses prétentions au trône d'Angleterre : les circonstances ne le lui permirent pas. Son frère Svend, roi de Norvége, ayant été déposé, en 1036, Magnus le Bon, fils d'Olaüs le Saint, fut appelé à lui succéder. La guerre allait éclater; déjà les deux armées étaient en présence sur les bords du Götha-Elv. L'extrême jeunesse des deux prétendants laissa heureusement la décision de la difficulté aux chefs danois et norvégiens. Unis par la plupart entre eux, par les liens du sang ou par des alliances, ils écoutèrent plutôt la voix de la raison et de l'affection que celle de l'ambition. D'ailleurs, Canut n'avait pas les inclinations belliqueuses. Des conférences furent tenues dans une île, à l'embouchure du fleuve; il en résulta un traité de paix dont voici les conditions : Les deux rois vivront en bonne intelligence; chacun conservera ses États; celui des deux qui survivra à l'autre, si celui-ci meurt sans enfants, lui succédera.

Canut, revenu en Danemark, n'y fit rien de remarquable; on dit qu'il s'adonnait à la débauche et à l'ivrognerie. Cependant, la nouvelle s'étant répandue que son frère Harald avait été généralement reconnu en Angleterre, il vint sur la côte de Flandre, et avec six vaisseaux se présenta devant Bruges, où sa mère Emma, expulsée d'Angleterre, vivait sous la protection du souverain du pays. Il se disposait à s'embarquer, lorsqu'il apprit que Harald était mort subitement à Oxford, le 17 mars 1039.

Aussitôt Canut traversa la mer.

Reçu en triomphe à Londres, il révolta les Anglais en faisant déterrer le corps de son frère, et en ordonnant de lui couper la tête et de le jeter dans la Tamise. Bientôt il se montra aussi avide que cruel, et accabla la nation d'impôts. Ils furent perçus avec une rigueur qui excita des émeutes, punies atrocement. Heureusement ce règne, qui s'annonçait sous des auspices si fâcheux, se termina en 1042. Canut, invité aux noces d'un seigneur danois, y mourut d'intempérance, suivant les uns, de poison suivant d'autres. Avec lui s'éteignit la dynastie danoise en Angleterre.

Durant la période qui nous occupe, la partie occidentale de la Nord-Albingie, ou la Stormarie, le Holstein et la Ditmarsie, obéissait aux empereurs d'Allemagne, qui la faisaient gouverner par des comtes ou par des margraves. Depuis, elle a toujours fait partie de l'Empire, et, de même que dans les temps plus anciens, a été constamment habitée par des Allemands. La partie orientale était peuplée de Vagriens et d'Obotrites, tribus venèdes, qui étaient encore païennes et avaient leurs rois particuliers.

Parmi les progrès de la civilisation dus à la protection accordée à l'agriculture, on doit compter l'établissement d'hôtels des monnaies. Elles furent d'abord frappées par des ouvriers appelés d'Angleterre ; mais la plus grande partie de l'or et de l'argent était employée à faire des bijoux ou à orner les armes. Toutefois ce luxe ne se manifestait que de cette manière, et généralement on se contentait des marchandises du pays. Le bas prix des denrées contribua notablement, avec la tranquillité, à augmenter la population. Essentiellement ami de l'ordre, Canut régla, par une ordonnance, les rangs à sa cour ; il entretint un corps permanent de 6,000 hommes.

Du temps du paganisme, les différends qui s'élevaient entre les officiers étaient terminés par un combat singulier. On se battait, après certaines formalités, dans une île ou dans un espace limité. Ces combats n'étaient pas aussi dangereux ni aussi meurtriers qu'on pourrait se l'imaginer, car le nombre des coups à porter était fixé ; et à la première effusion du sang, ainsi que dans d'autres cas prévus, ils cessaient et finissaient ordinairement sans mort d'homme. Ainsi, on peut dire qu'ils avaient été institués plutôt pour prévenir les meurtres que pour les occasionner. Les assassinats étaient bien plus communs lorsque le peuple était grossier, turbulent, et adonné à l'ivrognerie, lorsque la vengeance d'un meurtre ou de tout autre méfait appartenait principalement au fils, au père, et aux autres parents de la victime ; le désordre serait devenu encore plus général, si la loi ou l'usage n'avait pas établi que ce meurtre pouvait être racheté par une somme d'argent monnayé, ou bien par une quantité déterminée d'or ou d'argent en nature. La franchise et la confiance de ces temps-là étaient si grandes, que les coupables laissaient aux parents du défunt la fixation du taux de cette amende, ou de toute autre punition arbitraire, et ceux-ci n'abusaient presque jamais d'une manière dure et illégale de ce droit. Ces usages se perpétuèrent longtemps encore après l'introduction du christianisme.

Svend à la barbe fourchue paraît être le premier roi de Danemark qui ordonna que, dans les successions, les sœurs partageraient également avec les frères ; ce statut mit fin à la coutume en vertu de laquelle un homme achetait à un père sa fille pour l'épouser.

Quant à la forme du gouvernement, le Danemark offrait un mélange de royauté élective et héréditaire, car, quoique le peuple, et ce nom comprenait non-seulement la noblesse, mais aussi les communes, eût la liberté du choix, cependant il ne l'exerçait pas hors de la famille royale, et c'était parmi les princes qu'il pouvait élire celui qu'il voulait. L'élection se faisait quelquefois sur les bords de l'Isefiord, en Seeland. Néanmoins le roi était obligé de parcourir chaque territoire de ses Etats pour se faire rendre hommage, et tenir une diète en plein air, avec les laboureurs; ce qui se pratiquait, dans le Jutland septentrional, sous les murs de Viborg; dans le Jutland méridional, à Urne-Hoved, lieu situé près d'Apenrade; en Scanie, sous les murs de Lund.

Le roi n'avait pas de résidence fixe; il vivait dans les métairies les plus considérables qu'il possédait; elles composaient une grande partie de sa puissance et de ses revenus. Canut le Grand se servait d'un sceau portant son effigie et son nom, pour donner l'authenticité nécessaire à ses lettres et à ses ordonnances.

On peut présumer que les rapports intimes du Danemark avec l'Angleterre, durant cette époque, exercèrent une grande influence sur les progrès du régime féodal et de la hiérarchie, enfin de toute la constitution politique dans le premier de ces pays.

TROISIÈME PÉRIODE.
De 1042 à 1252.

MAGNUS LE BON.— SVEND ESTRITHSON.

Le cas prévu par le traité conclu sur les bords du Götha-Elv arriva en 1042, et Magnus vint avec soixante-dix grands vaisseaux en Jutland. Il débarqua dans le Liimfiord, et demanda qu'on lui rendît hommage. Les seigneurs qui avaient juré le traité, et donné en otage leurs fils, étaient disposés à reconnaître Magnus pour roi; les communes imitèrent leur exemple. D'ailleurs Magnus était jeune, affable, bien fait et gracieux. Dans la grande assemblée qui fut tenue à Viborg, suivant l'usage, on le proclama roi de Danemark. Le premier usage qu'il fit de sa puissance, fut d'attaquer la république de Iomsborg, vrai repaire de pirates, et de le détruire. Ensuite il retourna triomphant en Norvége.

La ligne masculine des rois de Danemark descendants de Gorm s'était éteinte dans la personne de Horde-Canut; mais il restait un fils d'Estrithe, sœur de Canut le Grand, mariée au iarl Ulf. Ce fils, nommé Svend s'était tenu caché à la cour du roi de Suède; il alla ensuite en Angleterre, puis vint chez Magnus, en 1043. Ce monarque, charmé de la bonne mine de Svend, que les historiens représentent comme doué de tous les avantages extérieurs et des qualités les plus brillantes, le reçut avec affabilité, le combla d'honneurs, et le nomma iarl et vice-roi de Danemark. Svend, qui lui avait prêté serment de fidelité sur un reliquaire, ne s'occupa qu'à s'y faire des partisans, ce qui ne lui fut pas difficile, à cause de l'attachement des Danois pour sa maison. Quand il se crut assez fort pour éclater, il se déclara, en 1044, roi de Danemark. Toutefois il n'était pas suffisamment préparé pour résister à Magnus, qui survint avec une flotte considérable. Svend, vaincu, se retira en Suède. Aidé par le roi Amund Jacques, il profita du moment où Magnus avait congédié une partie de son armée, pour s'emparer de la Scanie, de Seeland et de Fionie. Il y trouva peu d'obstacles, parce que Magnus faisait la guerre aux Venèdes, qui, profitant des troubles du royaume, ravageaient le Jutland méridional et le Holstein; Magnus reçut quelques secours de son beaufrère Otton, duc de Saxe, et malgré le désavantage du nombre, il remporta sur les Venèdes une victoire décisive, dans les landes de Luskov, en Slesvig. Il marcha ensuite contre Svend, qui, battu près de Vester-Aae, en Fionie, chercha encore un refuge sur le territoire suédois. Svend, qui ne se laissait pas aisément décourager, ne tarda pas à reparaître avec une nouvelle flotte, et alla chercher Magnus dans le Liimfiord, en Jutland; on se battit près de Aarhuus. Magnus, quoique ses forces fussent inférieures à celles de son rival, resta vainqueur. Il le fut une troisième fois près de Halgenæs, sur la côte de Scanie, et Svend chercha son refuge ordinaire en Suède.

Assuré de l'attachement des Danois, il eut bientôt le moyen de susciter à Magnus un rival redoutable. Harald-Sigurdson, frère utérin de saint Olaüs, était inopinément revenu après avoir longtemps fait la guerre au service des empereurs byzantins. Svend se lia d'amitié et d'intérêt avec lui, avec d'autant plus de raison, que Harald rapportait des richesses considérables. Tous deux attaquèrent les Norvégiens en Danemark, par terre et par mer. Cependant les grands de Norvége avaient commencé à négocier avec Harald, qui, se méfiant des vues de Svend, ne refusait pas de se rapprocher de Magnus, et de conclure avec lui une transaction amicale. Il s'embarqua donc pour la Norvége. Il fut convenu qu'il posséderait la moitié du royaume, à condition que ses trésors seraient partagés également entre lui et Magnus; le traité fut ponctuellement exécuté.

L'année suivante, 1047, les deux rois recommencèrent les hostilités par terre et par mer contre le Danemark, et passèrent en Jutland. Magnus vainquit encore dans une grande bataille, le 9 août 1046. Svend, obligé d'abandonner ses vaisseaux, débarqua en Seeland. Magnus le poursuivit: son cheval, effrayé, le jeta par terre. Svend put s'échapper en Scanie. Magnus ne se releva qu'avec peine, puis resta avec son armée et sa flotte en Danemark, afin de contenir le pays par la crainte. D'ailleurs, il se sentait trop faible pour se mettre en mouvement. Son mal ne cessa de faire des progrès, et le 25 octobre 1047, il mourut, à l'âge de vingt-quatre ans. Il laissa la Norvége à Harald, et, avec une magnanimité admirable, déclara pour son successeur au trône de Danemark, en conformité du traité du Götha-Elv, ce même Svend, qui n'avait cessé de lui faire la guerre. Les Danois rendirent justice aux vertus de Magnus, et les surnoms de Bon et de Père de la patrie lui furent déférés par les deux nations qu'il avait gouvernées.

Svend Estrithson, encore une fois vaincu et fugitif, errait dans la Scanie, déterminé à recourir à son asile accoutumé en Suède, lorsqu'il apprit que Magnus était mort et l'avait appelé au trône de Danemark. Il accourut et fut reçu à bras ouverts. Harald, mécontent, eût bien voulu prévenir son rival; l'armée norvégienne, qui respectait la dernière volonté de Magnus, montra l'intention de s'y conformer, en s'en retournant dans son pays. Il se passa ainsi un hiver entier, pendant lequel chacun des deux rois s'affermissait dans ses possessions. L'hiver de 1046 à 1047 avait été si rude, que les loups étaient allés sur la glace de Norvége en Danemark.

Au printemps suivant, Harald mit en mer une nombreuse flotte, qu'il renforça de plusieurs vaisseaux anglais. Il ravagea les côtes de Jutland pendant plusieurs années consécutives, et y fit un butin immense. Les hostilités continuèrent jusqu'en 1064. Svend fut presque toujours malheureux, et courut risque de la vie.

Enfin les deux rois, las d'une guerre si cruelle, s'abouchèrent, sur les bords du Götha-Elv. Il fut convenu que chacun garderait ses États. La paix conclue, Harald reconduisit sa flotte en Angleterre, où, après quelques succès, il fut tué. Malgré ce triste exemple, Svend, ayant entendu raconter, en 1069, que la dureté du gouvernement de Guillaume le Conquérant faisait regretter aux Anglais celui des Danois, envoya dans cette île son frère Asbern, avec une flotte formidable. Asbern débarqua sur les côtes du Northumberland, y fut joint par des Danois et des Écossais établis dans le pays, et par beaucoup de mécontents. Déjà il avait emporté York. Guillaume se débarrassa de cet ennemi par une grosse somme d'argent. Asbern, après avoir vu ses vaisseaux dispersés par la tempête ou engloutis par les flots, n'aborda en Danemark qu'après avoir longtemps erré sur la mer, et fut envoyé en exil par son frère, auquel il ne pouvait présenter les trésors qui eussent fait oublier sa faute.

Svend avait épousé Gounilde, veuve d'Amund Jacques, roi de Suède, ce qui ne l'empêchait pas d'avoir des concubines, suivant la coutume des peuples du Nord. Quand elle mourut, il prit pour femme Guda, belle-fille de cette reine, et par conséquent la sienne; aussi les ecclésiastiques de son royaume refusèrent de bénir ce mariage. Les évêques et Adelbert, archevêque de Brême, leur métropolitain, lui reprochèrent dans les termes les plus véhéments le scandale que causait sa conduite, et le menacèrent de l'excommunication s'il ne se repentait. Le roi, outré de colère, jura de ravager par le fer et par le feu le territoire de l'archevêque, et, quoi qu'il pût arriver, de ne pas se séparer de Guda. Cependant l'archevêque mit sa menace à exécution, et le pape écrivit au roi des lettres foudroyantes. Guillaume, évêque de Seeland, qui jouissait de la confiance intime de ce prince, ne cessa de lui adresser des représentations touchantes. Svend céda, et renvoya Guda en Suède; toutefois il ne changea rien à ses habitudes, et rappela ses maîtresses, qu'il avait momentanément éloignées.

Dans sa longue querelle avec Adalbert, il avait parfois reproché par écrit à ce prélat de très-mal observer les lois de l'Église sur la continence; en effet, la conduite de ce dernier n'était nullement édifiante sur ce point. Quoique Svend eût fini par se conformer aux règlements relatifs aux empêchements du mariage, afin d'éviter les troubles intestins que l'excommunication pouvait occasionner, il gardait rancune à l'archevêque; il parla donc de soustraire ses États à sa juridiction. Cette mesure ébranla la fermeté d'Adalbert, qui, d'ailleurs, était en difficulté avec le roi de Norvége, prince très-mal disposé pour les ecclésiastiques. Le prélat, craignant de voir échapper un des royaumes du Nord à sa juridiction, eut recours à tous les moyens pour la conserver. Il se rendit auprès de Svend, à Slesvig, et réussit à l'apaiser par des soumissions, des présents, des festins magnifiques, qui durèrent huit jours. L'historien Adam de Brême nous en a laissé la description; peut-être était-il du nombre des convives.

Adelbert engagea, dans cette entrevue, Svend à conclure un traité d'alliance avec l'empereur Henri IV, alors en guerre avec Otton, duc de Saxe, et ses alliés; le prélat espérait en secret une bonne portion de leurs dépouilles, et en promettait une autre à Svend, qui fit remonter l'Elbe à sa flotte. Il se disposait à remplir ses engagements, lorsque son armée déclara hautement qu'elle n'attaquerait pas des alliés aussi anciens et aussi fidèles que les Saxons, qui avaient toujours protégé les Danois contre les incursions de leurs ennemis. Svend, n'ayant pu vaincre l'obstination de ses troupes, revint en Danemark.

Peu de temps après, les Venèdes renoncèrent au christianisme, firent une irruption en Holstein et en Danemark, tuèrent leur prince Gotschalk, gendre du roi, traitèrent indignement son épouse Sigride, et rasèrent Slesvig et Hambourg, ce qui contraignit les archevêques de cette ville à transférer leur siége à Brême. Six mille familles abandonnèrent le pays pour échapper à la fureur de ces barbares, et se réfugièrent dans les montagnes du Hartz.

Guillaume, évêque de Seeland, ne craignit pas d'encourir la disgrâce de Svend, au sujet d'un meurtre dont ce prince se rendit coupable. Des seigneurs de sa cour, échauffés par le vin, à une fête qu'il donnait à Röskild, le soir du jour de l'an, tinrent des propos qui l'offensèrent. Le lendemain, il ordonna qu'ils fussent égorgés dans l'église de la Sainte-Trinité, au moment où ils y entreraient pour y assister au service divin. Cet ordre ne fut que trop ponctuellement exécuté; mais quand Svend voulut ensuite faire ses dévotions dans cette église, Guillaume, accourut au-devant de lui, le traita hautement d'homicide et de profanateur, et, de son bâton pastoral, lui barra l'entrée du temple. Les personnes de la suite du roi tirèrent l'épée; l'évêque ne changea pas d'attitude; le roi, en proie aux remords de sa conscience, défendit que l'on fît aucune violence à l'évêque, et regagna son palais. Il s'y dépouilla de ses vêtements royaux, se couvrit d'un habit grossier, alla pieds nus jusqu'à l'église, et s'agenouilla devant la porte. La messe venait de commencer : l'évêque, averti de l'arrivée du roi, fit discontinuer les chants, vint trouver Svend, reçut sa confession et l'expression de son repentir, et le releva de l'excommunication. Puis il le consola, essuya ses larmes, et le conduisit processionnellement à l'autel. Trois jours après, le roi revint à l'église, revêtu des marques de la royauté, fit une confession publique de sa faute, promit de se corriger, et donna à l'église de Röskild la moitié de la seigneurie de Steffens, dans l'île de Seeland.

Il passa le reste de sa vie dans des exercices de dévotion ; une fièvre qui le surprit à Sudetorp, en Jutland, y termina ses jours, le 28 avril 1076. Conformément à sa demande, son corps fut transporté et inhumé à Röskild, à côté de celui de l'évêque Guillaume, décédé peu de temps auparavant. Le peuple nomma Svend le *Roi-Papa*, à cause de la quantité d'enfants naturels que lui avaient donnés ses maîtresses. Plusieurs occupèrent après lui le trône de Danemark.

Malgré les guerres fréquentes qui signalèrent le règne de Svend, ce prince favorisa l'agriculture et le commerce, et s'occupa d'améliorer les mœurs ; il fonda plusieurs évêchés ; il introduisit le christianisme à Bornholm et en Blékingie. Il était instruit pour son temps ; il fit adopter en Danemark l'usage de la langue latine. Il connaissait l'histoire de son pays, et communiqua beaucoup de renseignements à Adam de Brême, qui s'en est servi pour l'ouvrage qu'il composa, et qui est venu jusqu'à nous. Svend fut le premier roi qui se fit couronner, ce qui eut lieu probablement dans l'église de Lund.

Quelques auteurs ont dit que, du consentement de la nation, il stipula qu'après sa mort ses fils régneraient, suivant l'ordre de leur naissance, sans que l'élection pût tomber sur un autre prince. Cette assertion a été combattue. Svend fut le fondateur de la race des Estridiens, qui occupa le trône jusqu'en 1375.

HARALD HEIN (PIERRE MOLLE).

Harald, l'aîné des fils de Svend, lui succéda. Toutefois, il ne fut proclamé roi qu'au bout de deux ans, par les états assemblés à l'Isefiord, et très-divisés entre eux ; un parti penchait pour Harald, à cause de son droit d'aînesse ; l'autre pour son frère Canut, déjà célèbre par sa valeur. Harald fut enfin élu, grâce aux manœuvres de deux seigneurs puissants qui employèrent à propos les promesses, les présents, et même l'artifice.

Harald, pacique par caractère, fit jouir le Danemark d'une tranquillité que l'on n'y connaissait pas depuis longtemps ; mais sa douceur ne lui attira que le mépris de ses contemporains, qui ne savaient pas apprécier ses qualités. On le craignait peu, parce qu'il n'aimait pas à punir ; on ne l'estimait pas, parce qu'il avait l'air timide dans l'assemblée des états, se montrait opposé à la guerre, était lent dans l'exécution, taciturne et réservé.

A l'usage barbare du combat judiciaire, il substitua l'usage dangereux de se purger par serment de toute sorte d'accusation, ce qui ne produisit que des parjures et des injustices, car cette nouvelle ordonnance autorisait la licence et enhardissait le crime, par la facilité de se soustraire au châtiment. Tout homme puissant put violer impunément les lois, et l'esprit de faction fit dès lors de rapides progrès dans les premiers ordres de l'État. Harald ne chercha pas même à déjouer les complots de ses frères pour le détrôner. Ceux-ci écoutèrent néanmoins les remontrances que leur adressa Olaüs III, roi de Norvége, à la prière du pape Grégoire VII ; de son côté, Harald leur fixa une somme pour leur entretien. Tout entier à sa dévotion, il laissait le gouvernement aux soins d'Ashiœrn, son beau-frère, qui ne put jamais lui inspirer la moindre énergie. Il mourut sans enfants, en 1080, et fut enterré dans le couvent de Dalby, en Scanie.

CANUT IV LE SAINT.

Aussitôt les états s'assemblèrent,

et résolurent unanimement d'appeler au trône Canut, frère de Harald ; il se trouvait alors en Suède. Harald, quand il lui avait été préféré, lui offrit de lui donner l'investiture d'une province du royaume, à condition qu'il reconnaîtrait son élection : il fut sourd à ces propositions, et alla en Prusse continuer la guerre contre les habitants de ce pays, encore idolâtres.

Dès qu'il eut pris possession de la couronne il épousa Adèle, fille de Robert, comte de Flandre, puis il termina glorieusement la guerre en Prusse et en Courlande, par la soumission et la conversion des peuples de ces contrées.

Il s'occupa ensuite de faire rentrer dans le devoir les Danois, accoutumés à la licence, au désordre et à l'impunité, par la mollesse de son prédécesseur ; il délivra la mer des pirates qui l'infestaient ; il fit punir très sévèrement, et sans acception de personnes, tous les coupables ; il décerna la peine du talion contre ceux qui auraient frappé ou mutilé quelqu'un ; il ôta même à ses frères le gouvernement des provinces, où ils s'étaient conduits tyranniquement.

Par malheur, sa sévérité fut parfois excessive, et il laissa prendre trop d'empire au clergé ; il l'exempta de toute juridiction laïque, et érigea en sa faveur un tribunal spécial, auquel il attribua de plus le droit de punir les infractions à la religion. Il ordonna qu'on rendît aux évêques les mêmes honneurs qu'aux iarls et aux princes, qu'ils eussent voix et séance dans l'assemblée des états et au sénat, et qu'ils prissent le pas sur les autres sénateurs. Il augmenta considérablement le revenu de plusieurs évêchés ; il fonda et dota richement de nombreux monastères ; il voulut même que les ecclésiastiques fussent employés dans les affaires militaires. Aussi ils eurent depuis le droit de porter l'épée et de commander des armées, et souvent ils en usèrent plutôt que de s'acquitter de leurs devoirs de religion.

Canut commit aussi une faute grave en créant son frère Olaüs duc de Slesvig, et en autorisant ainsi ses successeurs, par cet exemple dangereux, à démembrer leur royaume au grand préjudice de la tranquillité publique.

Quoique l'Angleterre eût été depuis longues années soustraite à la domination des rois de Danemark, ces monarques ne cessaient cependant pas de s'en croire encore les souverains légitimes, et la regardaient comme une province révoltée. Canut en avait médité la conquête dès le commencement de son règne. Un traité conclu avec son beau-frère Olaüs le Débonnaire, roi de Norvége, lui assura soixante grands vaisseaux et une armée d'élite. Enfin son beau-frère, le comte de Flandre, lui envoya près de mille vaisseaux, qui, en 1084, se réunirent à ceux des Norvégiens dans le Liimfiord.

Au bruit de cet armement, Guillaume le Conquérant leva des troupes de tous côtés, et prit les mesures nécessaires pour prévenir l'invasion dont il était menacé.

Canut ne put effectuer son entreprise, soit, comme le raconte un historien anglais, parce qu'il en fut empêché par les vents constamment contraires, ce qui est peu probable, soit, ce qui l'est davantage, parce qu'il apprit que les Venèdes se disposaient à l'attaquer.

Ces peuples turbulents et enclins à la piraterie avaient eux-mêmes souffert des brigandages et des injustices d'Eigill, surnommé le Sanguinaire, seigneur danois et gouverneur de Bornholm. Quoiqu'il eût, par cette conduite coupable, contrevenu aux ordres du roi, et que sa désobéissance eût été punie de mort, les Venèdes n'en résolurent pas moins de venger sur la nation entière les torts d'Eigill envers eux. Leur armement était si formidable, que Canut ne pouvait s'absenter de son royaume sans le laisser exposé à un danger imminent. Il prit donc le parti de tâcher d'apaiser les Venèdes en leur envoyant des ambassadeurs, qu'il chargea de leur faire des offres honorables et avantageuses.

Pendant qu'il attendait leur réponse, avant de rejoindre sa flotte, son armée, impatiente d'un délai dont elle ignorait la cause, invita Olaüs, frère du roi, à s'en enquérir. Canut, indigné des murmures de l'armée et de la hardiesse d'Olaüs, lui interdit sa présence. Soupçonnant même, non sans raison, qu'il est l'auteur du mécontentement manifesté, il le fait arrêter et le commet à la garde du comte de Flandre. Cette rigueur, en consternant les troupes, accroît leur animosité contre le roi. Elles projettent de se venger. Mais bientôt la crainte l'emporte sur le ressentiment, et l'armée se disperse à la première nouvelle de la venue de Canut. En arrivant, il ne trouve au lieu du lieu du rendez-vous que les Norvégiens; il les renvoie comblés de présents dans leur pays, et reste en Jutland pour punir la désobéissance de son armée.

La sévérité de Canut dans cette occasion, sa préférence sans réserve pour les ecclésiastiques, surtout une nouvelle taxe à titre d'expiation de l'injure que ses sujets lui avaient faite, révoltèrent même les plus modérés. L'indignation fut au comble quand il convertit cet impôt en dîme au profit du clergé, et qu'il ordonna que cette espèce d'amende fût exigée avec rigueur; il espérait par là faire consentir les Danois à payer au clergé la dîme que les états avaient constamment refusé d'établir. Les collecteurs ayant, par leur dureté, rendu cet impôt insupportable, la nation se plaignit, puis murmura. Enfin, dans le nord du Jutland, les habitants massacrèrent deux percepteurs, marchèrent même contre le roi qui était dans le voisinage, et le contraignirent à fuir en Fionie. Le soulèvement, qui s'était étendu dans tout le Jutland, menaçait de gagner cette île. Canut se réfugia en Seeland; il eût pu y rester en sûreté; mais un traître nommé Blak lui persuada de retourner en Fionie, où sa présence suffirait pour imposer aux révoltés. Canut arrive à Odensé, accompagné de Blak, qui feint de remplir auprès des Jutlandais le rôle de conciliateur, et, au contraire, les excite à se venger. Le roi, déçu par les paroles de ce perfide, se fie à la promesse d'une réconciliation; il entre dans l'église de Saint-Alban, les conjurés l'investissent. Blak, apprenant qu'ils sont retenus par la crainte de profaner un lieu saint, leur en ouvre la porte. Canut, ses deux frères Éric et Benoît, et quelques serviteurs fidèles, font une résistance inutile; Éric réussit à se sauver: Benoît et plusieurs autres sont égorgés. Canut, s'apercevant que la mort est inévitable, s'agenouille devant l'autel et recommande son âme à Dieu, attendant sa fin avec résignation et tranquillité. Suivant une vieille chronique, une grosse pierre, lancée à travers une fenêtre, l'atteignit au front, et il expira. Suivant d'autres, malgré la grêle de pierres qui le frappaient, il ne se dérangea pas de sa position; un javelot qui lui traversa le corps termina ses jours le 2 juillet 1086.

Son zèle plus ardent qu'éclairé pour les intérêts du clergé lui mérita, en 1100, les honneurs de la canonisation; plusieurs églises lui furent dédiées. Les chroniques nous apprennent qu'il était grand, bien fait, d'une figure agréable, qu'il avait le regard vif, beaucoup d'esprit, d'éloquence et de bravoure; mais ces belles qualités s'affaiblirent graduellement, et furent anéanties par un manque de jugement qui fit son malheur.

Adèle, à la nouvelle de la fin tragique de son époux, se retira en Flandre avec son fils Charles, qui devint comte de ce pays après son aïeul, fut, comme son père, tué dans une église par ses sujets révoltés, et mis ainsi que lui au rang des saints.

OLAÜS HUNGER (LA FAIM).

Olaüs, frère puîné de Canut, était encore prisonnier en Flandre à la mort de celui-ci. Dans l'espérance qu'il ne punirait pas une révolte dont il avait été le fauteur, les états l'élurent roi, et deux des principaux seigneurs de l'assemblée partirent pour la Flandre afin de traiter de son élargissement; ils ne l'obtinrent qu'au prix de trente marcs d'or. Comme ils n'avaient pas apporté cette somme, ils restèrent en otage jusqu'à ce que les états l'eussent payée.

Sous le règne d'Olaüs, le Danemark jouit d'une paix profonde. Les historiens disent que la cause en était due à une famine cruelle ; les ennemis n'osaient entrer dans un pays dont les habitants périssaient par milliers, et, comme dans une ville assiégée, étaient réduits à se nourrir de la chair des chiens et des chevaux. Cette peinture, peut-être trop chargée, indique que la longue durée d'une si triste calamité dans un pays naturellement fertile, venait sans doute autant de la faute des peuples ou du gouvernement que du dérangement des saisons. En effet, une nation qui néglige l'agriculture et le commerce pour ne songer qu'à la guerre, doit être naturellement exposée à des calamités de ce genre. Celle-ci fut regardée comme un effet du courroux céleste, qui vengeait ainsi la mort de Canut. La superstition et la crédulité purent donner naissance à cette idée ; mais l'histoire impartiale doit dire que la famine exerça ses ravages dans d'autres pays qui n'avaient pas assassiné leur roi. En Allemagne et dans une partie de la France orientale, les pluies continuelles firent périr les moissons et affaiblirent les hommes ; en Angleterre, la moisson fut tardive et médiocre ; la mort étendit ses ravages sur les hommes et sur le bétail ; l'Italie fut dévastée par des inondations et des tremblements de terre.

Olaüs ne fit rien de remarquable durant son règne. Il était dur, avare, et, quoique impérieux, incapable de gouverner ; les lois manquaient de la force qui leur est nécessaire pour qu'on les respecte. Olaüs fut trouvé mort dans son lit le 10 août 1095. Il ne laissa que des filles de son mariage avec Ingegerd, princesse norvégienne, et ne fut regretté de personne.

ÉRIC Ier EYEGOD (LE BON).

Éric, frère d'Olaüs, lui succéda, et commença son règne sous les plus heureux auspices. La famine cessa, l'abondance fut plus grande que jamais. L'expédition de Magnus le Bon avait détruit Iomsborg ; mais un nouveau repaire de pirates s'était formé à Julin, port voisin dans l'île de Wollin à l'embouchure de l'Oder. Éric contraignit les Venèdes à acheter la paix en 1098, et à livrer les forbans, qu'il fit mourir dans les supplices. Il ordonna ensuite la construction de plusieurs forts pour contenir les Venèdes par le moyen de nombreuses garnisons.

Jusqu'à cette époque, les trois royaumes de la Scandinavie avaient relevé, pour le spirituel, de l'archevêché de Brême. Éric s'étant brouillé en 1092 avec Liemar, qui occupait ce siége, fut excommunié ; il en appela au pape Urbain II, alla plaider lui-même sa cause à Rome, et obtint que le Danemark aurait son métropolitain, dont le titre fut attaché à l'église de Lund.

Éric, malgré sa douceur, qui lui valut son surnom, et qui fit dire de lui qu'il vivait avec ses sujets comme un père avec ses enfants, et que personne ne le quittait sans consolation, n'était pas exempt des défauts de son siècle, et, de même que d'autres grands personnages, ne se conformait pas toujours aux lois de la tempérance. Un jour, dans un excès d'ivresse, il se rendit coupable d'un meurtre. Pour calmer les remords de sa conscience, il résolut d'expier ce crime par un voyage à Jérusalem. Les états du royaume, sans la participation desquels il ne pouvait rien entreprendre, essayèrent en vain de le détourner de ce dessein, qui exposait son pays à de grands maux pendant son absence. Les chroniques ajoutent que les paysans offrirent le tiers de leurs biens pour dégager le roi de son vœu ; rien ne put le fléchir. Il répondit qu'il ne voulait aller à la terre sainte que comme pèlerin, avec une suite peu nombreuse et à ses propres frais ; il partit, et passa par Rome. Selon d'autres récits, il alla par mer en Russie, où il débarqua, et poursuivit sa route par terre.

A son arrivée à Constantinople, l'empereur Alexis Comnène combla Éric de marques d'estime. Toutefois, il le fit surveiller soigneusement, dans la crainte que la présence d'un roi du Nord n'excitât quelque soulèvement parmi les nombreux Varègues ou soldats scandinaves qui composaient la garde de la cour de Byzance. La taille et la force extraordinaire, la bonté et la piété d'Éric excitèrent la curiosité et l'admiration du peuple. Alexis lui donna des fêtes, lui fit présent de reliques, et lui fournit des vivres pour continuer son voyage. A peine débarqué à Baffa, l'ancien Paphos, dans l'île de Cypre, Éric y mourut le 10 juillet 1103. Botilde, son épouse, fille du comte Thrugot, allié à la famille royale, et gendre de Gotschalk, roi des Slaves, l'avait suivi dans son voyage; elle le continua, et mourut peu de temps après à Jérusalem sur la montagne des Olives; elle fut enterrée dans la vallée de Josaphat, au pied de ce mont, sur les bords du torrent de Cédron. Une église fut bâtie sur son tombeau.

Éric, malgré sa dévotion, avait des concubines; il laissa un fils naturel nommé Harald Késia. Il reçut le premier les moines de Cîteaux en Danemark, et, en passant à Luques, y fonda un couvent où les pèlerins danois devaient être logés et nourris gratuitement. Il était un des hommes les plus instruits de son temps; car, indépendamment des langues du Nord, il parlait le latin, l'allemand, le français et l'italien.

Dans ces siècles de barbarie, les communications d'un pays à l'autre n'étaient ni promptes ni faciles; ce ne fut donc qu'en 1104 que le messager chargé d'apporter la nouvelle de la mort d'Éric arriva en Danemark. Quand elle fut connue, trois compétiteurs au trône se présentèrent : savoir : Svend et Nicolas, frères d'Éric, et Harald Késia, l'aîné de ses fils. Celui-ci s'était rendu si odieux par l'abus qu'il avait fait de son autorité durant l'absence de son père, que d'une voix unanime les états l'exclurent; Svend, qui était malade, mourut avant l'élection : ainsi Nicolas fut proclamé à Issefiord en 1104.

NICOLAS.

Nicolas gagna d'abord l'affection de son peuple par sa bonté, son zèle pour la religion, et ses succès contre les Venèdes qui ravageaient les frontières du côté de la Saxe. Il attira dans le royaume plusieurs ecclésiastiques étrangers, notamment des moines de divers ordres; enfin il s'efforça de réprimer le luxe et de soulager ses sujets du poids des impôts.

Un événement inattendu changea la face des choses. On a vu précédemment que les Venèdes avaient, par haine pour le christianisme, assassiné, en 1066, Gotschalk, leur prince, gendre de Svend II. Ils avaient pris pour chef Kruko, que signalaient son zèle pour le paganisme et son attachement aux mœurs de sa nation. Sigride, veuve de Gotschalk, se retira en Danemark avec son fils Henri, et vécut dans ses terres. Bientôt Nicolas les envahit. Henri, arrivé à l'âge viril, employa ses minces ressources à équiper une petite escadre, et entreprit des excursions sur les terres des Venèdes, se fit céder quelques villes, attaqua et tua le vieux Kruko, épousa sa jeune veuve, rétablit le royaume de Slavanie, dont Lubeck était la capitale, y introduisit de nouveau le christianisme, et travailla à civiliser sa nation. Il était soutenu par Magnus, dernier duc de Saxe de la maison des Billungs.

Alors Henri réclame de Nicolas la restitution de son patrimoine maternel. N'ayant pu l'obtenir, il entre dans le Holstein en 1113, ravage le pays jusqu'à Slesvig et cause de grandes pertes au commerce maritime des Danois. Les armées, les flottes que Nicolas envoie contre lui ne peuvent l'arrêter. Élif, gouverneur de Slesvig, trahit le roi. Tout menace celui-ci d'une triste catastrophe; un sauveur se présente, c'est Canut, second fils d'Éric le Bon. Son extrême jeunesse l'avait fait exclure du trône. Nicolas le nomme duc de Slesvig en 1115. Canut offre d'abord la paix à Henri, qui la refuse; il recouvre bientôt cette province, et porte la guerre dans les États de son ennemi. Ce dernier revient à des sentiments plus pacifiques ; il conclut une trêve, pendant laquelle il conçoit pour Canut une estime et un attachement qui ne se démentirent jamais.

Canut employa tous ses efforts à faire régner la paix et la justice dans sa province, et sut y réprimer la licence et le brigandage dont les braves de ce siècle se faisaient en quelque sorte honneur. Henri étant mort en 1116, après avoir perdu son fils et ses deux petits-fils à la guerre, tint à Canut la promesse qu'il lui avait faite autrefois de lui léguer ses États, à l'exclusion de son propre frère. Canut avait passé une partie de sa jeunesse à la cour de l'empereur Lothaire II, qui lui donna l'investiture de tous les pays des Venèdes, sous le titre de roi des Obotrites, et le couronna de sa main. Toutefois, dans son pays on continua de lui donner le titre de seigneur (Hlaford, en anglo-saxon, et de ce nom on a fait Lavard). Canut étendit sa domination sur ce qu'on appelle aujourd'hui le duché de Meckienbourg, le Lauenbourg, la vieille Marche et la Marche de Priegnitz en Brandebourg.

Tandis que Canut agrandissait ses États et se faisait chérir par ses vertus, Harald, son frère aîné, que ses vices avaient éloigné du trône, méprisant le prince qui l'occupait, ravageait impunément les côtes du royaume. Son frère Éric, au contraire, s'opposait à ses brigandages. Nicolas, trop faible et trop indolent pour mettre un terme à ces désordres, laissait à Canut le soin de protéger ses peuples contre les violences de ses frères.

Cette marque de confiance ayant augmenté l'attachement des Danois pour Canut, ses ennemis en profitèrent pour insinuer au roi qu'à sa mort ses sujets ne manqueraient pas de préférer à son fils Magnus, le roi des Obotrites, sur qui tous les regards se fixaient, et qui était trop puissant pour rester fidèle. Un prince faible est aisément crédule, soupçonneux et jaloux. Nicolas résolut de se défaire de son neveu ; mais, craignant le ressentiment des Danois, il voulut le noircir dans leur esprit. Il lui mande de venir à l'assemblée des états, à Ribe, pour répondre aux charges portées contre lui. Canut, fort de sa conscience, comparut. Le roi l'ayant lui-même accusé de manœuvres pour s'emparer du trône, Canut se défendit avec tant de clarté, de raison et de fermeté, que les états reconnurent hautement son innocence, et que Nicolas en parut convaincu, ou dissimula sa haine. Marguerite, première épouse de Nicolas, avait toujours été bonne pour Canut ; au contraire, Ulfhilde, sa seconde femme, haïssait Canut et entretenait les mauvaises dispositions du roi et de Magnus, qui, à son instigation, jura la mort de ce prince. Il l'invita à venir passer les fêtes de Noël à Röskild. Quelques jours après, l'ayant attiré dans un lieu écarté sous prétexte de l'entretenir en particulier sur leurs différends, il le saisit tout à coup par les cheveux et l'assassine, le 7 janvier 1131. Ce lâche attentat consterna tout le royaume ; car la valeur, l'affabilité, l'équité, la prudence de Canut, lui avaient gagné tous les cœurs. De même que son oncle du même nom, et avec qui le martyrologe romain l'a confondu, il fut canonisé. Ingeburge, son épouse, fille de Vladimir, grand-duc de Russie, qui s'était inutilement opposée à ce qu'il acceptât l'invitation de Magnus, accoucha huit jours après sa mort, d'un fils nommé Valdemar.

Les amis de Canut, revenus de leur première affliction, portèrent ses vêtements ensanglantés à l'assemblée des états, qui forcèrent Nicolas d'exiler son fils. Magnus se retira en Suède ; mais son père l'ayant bientôt rappelé, tous deux furent déclarés parjures et indignes du trône. Éric Émund, frère naturel de Canut, est proclamé roi. La guerre civile éclate. Magnus est soutenu par Lothaire II, dont il se déclare le vassal ; Éric par le roi de Norvége. Après divers combats dont les succès alternèrent, ce dernier remporta le 4 juin, près de Fodvig en Scanie, une victoire éclatante ; Magnus perdit la vie. Nicolas, qui s'était sauvé en Jutland, y fut tué avec toute sa suite, le 28 juin 1134, par les habitants de Slesvig, obligés de venger la mort de Canut par les lois d'une confrérie dont ce prince avait été le chef.

ÉRIC II ÉMUND.

Après la mort de Nicolas et de son fils Magnus, Éric, resté maître du trône, trouva un adversaire dans Harald, son frère, qui avait pris contre lui le parti de Magnus, et ce dernier l'avait associé à la royauté. Harald fut reconnu roi par une partie du Jutland en 1135. Après avoir d'abord cherché un refuge en Norvége, il vint dans cette presqu'île avec des troupes. Quoique l'on fût au milieu de l'hiver, Éric, qui était alors en Scanie, fit traîner ses vaisseaux sur la glace, depuis le rivage jusqu'à l'endroit où la mer était libre, et arriva inopinément en Jutland, surprit son frère et le fit périr avec sept de ses fils ; un seul se sauva déguisé en femme. Une expédition entreprise contre les Venèdes de l'île de Rügen pour les ramener au christianisme, produisit plus de ravages que de conversions, et n'eut pas de résultats durables ; une autre en Norvége, où Éric voulut profiter des dissensions intestines pour faire revivre les prétentions des rois de Danemark sur ce pays, ne fut pas plus heureuse.

Magnus l'Aveugle, expulsé de ses États, était venu réclamer l'aide d'Éric, dont il avait été l'ennemi. Il n'eut pas de peine à lui persuader que rien ne lui serait plus aisé que de conquérir la Norvége, déchirée par des troubles continuels, où chaque seigneur faisait le roi, et où les enfants étaient rois. Aucune lance, ajoutait-il, ne se lèvera contre les Danois. Il en arriva tout autrement. Éric s'étant montré sur la côte du royaume, tout le monde courut aux armes. Les exploits d'Éric se bornèrent à brûler Opslo et son église. Son courroux n'égalait pas le mécontentement de son armée, qui frémissait d'indignation d'avoir concouru à une guerre entreprise pour détrôner le fils d'un prince jadis l'ami et le protecteur d'Éric.

Ce monarque semblait avoir perdu les qualités qui avaient auparavant fixé les yeux sur lui. A son retour en Danemark, il parcourut les provinces afin de réprimer par la rigueur les désordres engendrés par la licence. Ce motif était louable ; malheureusement Éric se laissa parfois dominer par la passion ; sa conduite fut arbitraire. Les petits comme les grands étaient irrités. Une fois la Seeland entière se souleva. Ce mouvement n'eut pas de suite, grâce au dévouement de quelques Danois fidèles. Éric mécontenta aussi le clergé en continuant, comme ses prédécesseurs, à vouloir nommer les évêques. Tout annonçait une inquiétude générale, lorsque le roi vint, au mois de septembre 1137, tenir une cour judiciaire. Rib-Plog, seigneur jutlandais dont il avait puni le père de mort, lui présenta une plainte contre un paysan. Suivant la coutume du pays, il était armé ; placé devant le roi qui, appuyé sur sa lance, faisait signe de la main pour obtenir le silence, il remarqua que ce prince n'avait pas de cuirasse : aussitôt il le perça d'un javelot aux yeux de toute l'assemblée, en criant à la multitude : « J'ai tué le roi, tombez sur ses gens. » Ceux-ci s'enfuirent ; personne ne s'occupa de venger Éric. Un fils de sa sœur eut beaucoup de peine à défendre, avec son épée, le corps inanimé du malheureux monarque.

Les opinions des historiens varient sur la signification du surnom d'*Émund* donné à Éric II. Les uns pensent qu'il lui fut donné parce qu'il parlait avec éloquence et pureté, d'autres disent que ce mot correspond à victorieux, et qu'Éric reçut ce surnom à cause de sa victoire de Fodvig.

ÉRIC III LAM (L'AGNEAU).

Après la mort tragique de tant de princes du sang royal, il n'en restait plus que trois ayant le droit de former des prétentions au trône. C'étaient : Canut, fils de Magnus ; Svend, fils naturel d'Éric ; Valdemar, fils de saint Canut. Mais tous étant encore mineurs, les états élurent Éric Lam (l'Agneau), fils d'une sœur d'Éric Émund ; il fut regardé en quelque sorte comme le tuteur de Valdemar, dont le parti était le plus fort.

A cette nouvelle, Olaüs, le seul des fils de Harald qui eût échappé au massacre de sa famille, repassa de Suède en Danemark pour revendiquer le sceptre dont il se prétendait l'héritier. N'ayant ni troupes ni argent, il recourut à la trahison. Mais le coup qu'il destinait à Éric manqua; il retourna en Suède. De nouvelles tentatives pour soulever les Scaniens furent plus heureuses; il se soutint quelque temps, et enfin fut tué dans une bataille, en 1143.

Une expédition malheureuse contre les Venèdes acheva de décréditer Éric dans l'esprit de la nation, déjà mécontente de ce qu'il laissait prendre trop de pouvoir au clergé. Attaqué d'une maladie qui lui sembla dangereuse, il se fit transporter en Fionie, prit l'habit de moine, et mourut à Odense, dans le couvent de Saint-Canut, le 27 août 1147.

SVEND III (GRATHE) ET CANUT V.

Comme Valdemar, un des prétendants à la couronne, était encore trop jeune, Canut et Svend, ses deux concurrents, le firent exclure, mais ne purent s'accorder entre eux. Svend fut élu par les Scaniens et les insulaires, Canut par les Jutlandais. Aussitôt tous deux prirent les armes, et se firent une guerre presque continuelle jusqu'à leur mort. En 1148, ils conclurent une espèce de trêve pour marcher ensemble contre les Venèdes, qui, après la mort de saint Canut, étaient retournés au paganisme. En 1148, le pape Eugène IV avait prêché une croisade contre eux. Svend, qui avait appris l'art de la guerre en Allemagne, conduisit l'armée danoise; cette expédition ne produisit pas un résultat satisfaisant. Et quand les deux rois revinrent en Danemark après avoir perdu beaucoup d'hommes et de vaisseaux, ils recommencèrent à se faire la guerre.

Canut n'était ni aussi brave ni aussi habile que son adversaire; il perdit, en 1150, l'île de Seeland, dont ses officiers s'étaient emparés, et ne se montra pas même sur le champ de bataille. Le jeune Valdemar, alors âgé de dix-neuf ans, prit part à la guerre. Naturellement il se déclara pour son cousin Svend, contre Canut, fils du meurtrier de son père. Svend lui conféra le duché de Slesvig; et, à l'aide de ce nouvel allié, s'avança contre Canut, qui, battu pour la deuxième fois près de Viborg, fut obligé de s'enfuir en Suède, d'où il passa en Italie, puis en Saxe, où l'archevêque de Brême lui fournit des secours; il put alors, à l'aide de menées secrètes, ranimer ses partisans; et à peine se fut-il montré en Jutland, qu'avec une armée il surprit son ennemi et le força de s'enfermer dans Viborg. Canut en forma le siège, et la disette allait le rendre maître de la place, quand Svend, plus actif que lui, ou du moins secondé par Valdemar, fit une sortie sur les assiégeants, qu'il mit dans une déroute complète.

Canut alla réclamer la protection de l'empereur Frédéric Barberousse. Ce monarque lui offrit sa médiation entre lui et son rival, et invita celui-ci à venir le trouver à Mersebourg en Saxe. Svend s'y rendit, accompagné de Valdemar et d'une partie de sa cour. Quand on fit entendre à Svend qu'il devait, à l'exemple de Canut, reconnaître la suzeraineté de l'Empereur, il comprit trop tard qu'il s'était abusé en comptant sur l'équité de ce prince. Frédéric décida que Canut devait renoncer à la couronne, et recevoir la Seelande en fief de Svend, et Valdemar conserver le Jutland méridional comme fief du Danemark.

A peine de retour dans ses États, Svend protesta contre tout ce qui s'était fait à Mersebourg de préjudiciable à l'indépendance de sa couronne. Il avait conservé, en Seelande, tous ses biens héréditaires, qui étaient considérables; il s'empara de tous les châteaux royaux. Valdemar, qui était devenu, malgré lui, garant de l'engagement déterminé précédemment, vit que la mésintelligence ne tarderait pas à éclater de nouveau entre les deux

DANEMARK

Observatoire à Copenhague

rivaux; il s'occupa donc sérieusement de faire disparaître tous les motifs de jalousie qui les divisaient; Canut obtint en Seelande, en Jutland et en Scanie, des domaines aussi considérables que ceux de Svend.

Celui-ci s'aliénait chaque jour davantage l'affection des Danois; ils lui reprochaient de se livrer à la mollesse et au luxe, de marquer du dédain pour ses compatriotes, d'attirer dans ses États un trop grand nombre d'Allemands, et de ne pas se montrer aux assemblées des états. Svend rétablit les combats judiciaires; il surchargea le peuple d'impôts et épuisa les ressources des paysans, obligés d'entretenir la suite nombreuse de ses serviteurs qui l'accompagnaient dans ses voyages. Il fit une guerre malheureuse aux Suédois. A son retour, les Scaniens exaspérés se révoltèrent; ils l'auraient massacré s'il n'eût pas été secouru à temps par Tycho Sygresen, seigneur généralement chéri et respecté. Svend, échappé à ce péril, rassemble ce qui lui reste de soldats, dévaste la Scanie et fait punir de mort les chefs des séditieux. Il comprit même dans leur nombre son libérateur Tycho Sygresen; le crédit dont ce brave jouissait dans la province inquiétait le soupçonneux monarque.

La mauvaise conduite de Svend avait éloigné de lui Valdemar Canut, profitant de cette disposition, fit faire des avances au jeune prince; elles furent bien accueillies, ils se rapprochèrent. Valdemar épousa Sophie, sœur utérine de Canut, qui lui donna en dot la moitié de ses biens héréditaires. Depuis ce moment, les deux princes oublièrent leur ancienne haine et furent franchement réconciliés; ils conclurent, sans le cacher à Svend, un traité d'amitié avec Sverker, roi de Suède, et agirent constamment d'accord.

Cette union inattendue causait de vives inquiétudes à Svend; il résolut donc de prévenir le danger dont il se croyait menacé, en se délaissant de ses deux ennemis par la trahison. Il essaya d'abord d'engager Valdemar à faire un voyage en Allemagne, où il comptait que Conrad, duc de Saxe, s'emparerait de sa personne; ce projet échoua. Conrad, beau-père de Svend, répondit au messager de celui-ci: « J'aimerais « mieux voir mon gendre, ma fille et « mon petit-fils attachés au gibet, plu- « tôt que de déshonorer mes cheveux « blancs par une trahison. S'il s'agis- « sait de l'aider en combattant, je se- « rais tout prêt. » Svend songea ensuite à surprendre les deux beaux-frères dans Slesvig. Aussitôt que ce plan, déjà à moitié abandonné, eut été ébruité, Canut et Valdemar furent proclamés rois par les Jutlandais. Svend, se voyant délaissé par une partie des Danois, qui passèrent du côté de Valdemar, voulait gagner la Scanie; les nouvelles qu'il reçut le décidèrent à diriger sa flotte vers l'île de Falster: il ne restait auprès de lui que les compagnons de ses anciens exploits, troupe peu nombreuse, mais composée d'hommes d'élite; ils s'efforcèrent de lui rendre le courage; il ne voyait qu'un moyen de salut, la fuite dans les pays étrangers.

Il débarqua dans un port de la Vagrie et fut accueilli amicalement par Adolphe, comte de ce pays, et y resta plus de trois ans; il recevait des secours de son beau-père, qui abdiqua la souveraineté en 1156. Son successeur, Henri, cédant aux instances de plusieurs princes de Saxe, et surtout de l'archevêque de Brême, entreprit de rétablir Svend sur le trône. Ce prélat promit au duc des sommes considérables, lui en garantit le payement, et lui assura qu'à sa première apparition en Danemark, tout le monde se déclarerait pour lui. Il n'en fut pas ainsi. A la vérité, la corruption fit ouvrir la porte du Danevirk au duc, qui se remboursa aussitôt par une taxe frappée sur la ville de Slesvig. Elle souffrit un bien plus grand dommage par la saisie arbitraire d'un navire marchand russe que Svend se permit; la vente de la cargaison l'aida à payer ses soldats; alors les commerçants cessèrent de fréquenter ce port. Svend s'avança, malgré la rigueur de la saison, et ravagea le pays jusqu'à Ribe; mais les habitants, même ceux qui auparavant s'étaient engagés à aider le roi, ne se montrèrent pas disposés à se réunir aux étrangers; ils allèrent dans le Jutland septentrional, où Valdemar rassemblait une armée. Svend conseilla lui-même la retraite, et se contenta de prendre des otages à Ribe et à Slesvig.

Au retour du printemps, il obtint du duc de Saxe et du comte de Holstein un ordre adressé aux Vagriens de le transporter sur leurs vaisseaux vers les rivages qu'il leur indiquerait. Auparavant, l'apparition d'une flotte venède sur les côtes de Fionie annonçait la guerre et les calamités qui la suivent : maintenant les insulaires en voyaient une aborder amicalement leurs côtes; Svend débarqua suivi de peu de monde; les habitants se pressèrent autour de lui en lui promettant de le soutenir.

Valdemar et Canut auraient pu aisément l'attaquer et le chasser de l'île, car ils étaient les plus forts; mais c'eût été rallumer la guerre civile, on ne pouvait prévoir sa durée, et les Venèdes ne manqueraient pas de se mêler de la querelle, au détriment de tous les partis. Valdemar proposa donc une conférence; il fut convenu que Svend, avec sa petite troupe, irait d'abord, sur la flotte venède, dans l'île de Laaland, et y resterait jusqu'à ce que l'on eût conclu la paix. Le lendemain, Valdemar vint à Odensé; Canut, qui craignait une perfidie, avait refusé de l'accompagner. Svend reçut Valdemar avec les plus grands honneurs; ils eurent ensemble un entretien secret, et fixèrent le jour de leur réunion ultérieure.

Au jour marqué, qui était le 7 août 1157, les trois princes se trouvèrent, chacun avec leur suite, dans l'île de Laaland; ils furent bientôt d'accord. Svend déclara qu'il s'en rapportait au sentiment de Valdemar. Alors celui-ci partagea le Danemark en trois royaumes, en déclarant qu'il prenait pour lui le Jutland avec les îles qui en dépendent, et Svend, dont c'était le tour de choisir, demanda la Scanie avec le Halland, la Blekingie et Bornholm;

ainsi, Canut eut la Seelande, la Fionie et les autres îles. Ce traité, juré par les trois monarques, fut garanti par la noblesse du pays, appelée à cet effet. Il fut ensuite confirmé à la face des autels, après une messe solennelle. Les évêques prononcèrent l'anathème contre quiconque l'enfreindrait. On s'engagea même de part et d'autre à se communiquer réciproquement les causes de dissensions qui pourraient troubler la bonne intelligence, si heureusement rétablie.

Malgré toutes ces précautions, le traité ne dura pas trois jours. Svend, toujours occupé de son dessein de se défaire de ses deux rivaux quand il pourrait les trouver réunis, profita de l'occasion qui s'offrit bientôt de l'exécuter. Aussitôt le traité conclu, Canut partit pour Röskild, qui allait devenir sa résidence; Valdemar l'accompagna. Le lendemain, Svend, invité par Canut à un banquet, arriva aussi, mais suivi d'une troupe nombreuse d'hommes armés, comme s'il fût entré sur une terre ennemie. Valdemar vint seul à sa rencontre; Canut, instruit de l'apparition de Svend avec cette escorte, avait rebroussé chemin. Svend s'excusa de se présenter avec cet appareil belliqueux, en disant qu'on lui avait annoncé l'approche de Canut, amenant avec lui beaucoup de militaires sous les armes. Valdemar désapprouva cette conduite, et on s'achemina paisiblement vers Röskild. Canut y traita somptueusement les deux rois, ses parents et ses confrères. On passa toute la nuit à se divertir. Au point du jour, Svend sortit avec quelques-uns de ses affidés, sous prétexte d'aller voir sa petite fille, qui était élevée dans une métairie voisine. Il disposa tout pour effectuer le coup qu'il méditait. Sa longue absence fut attribuée, par un de ses confidents, à un mal de tête qu'il avait ressenti en sortant d'un bain chaud. Svend parut enfin et allégua qu'il n'avait pu résister au plaisir de prolonger sa visite à une fille chérie. Cette contradiction entre les explications aurait dû éveiller les soupçons; on ne s'en aperçut que lorsqu'il était trop tard.

DANEMARK.

Château de Fredensborg.

Au festin, Svend prend la place d'honneur entre les deux autres rois, plus jeunes que lui. Le repas fini, les tables sont enlevées, on boit gaiement, sans rester à sa place. Vers le soir, divers indices causent des inquiétudes à Canut. On apporte des flambeaux. Un officier de Svend fait un signe à son maître, qui lui parle à l'oreille. Bientôt les hommes de la suite de Svend entrent dans la salle. Canut se lève et embrasse Valdemar, qui lui demande la cause de son émotion. Dans cet instant, Svend quitte son siége et va, par une porte de derrière, dans un appartement voisin. Aussitôt des gens armés se précipitent dans la salle et fondent l'épée nue sur Canut et sur Valdemar; celui-ci, jeune et leste, saute de sa place, renverse et éteint les flambeaux, étend avec le bras son manteau sur sa tête pour la préserver des coups, renverse un homme qui veut l'arrêter, mais tombe et reçoit une blessure à la cuisse; il se relève, perce la foule qui s'oppose à sa fuite et déchire ses vêtements; enfin, à la faveur de l'obscurité, il parvient à s'échapper. Les meurtriers firent ouvrir les volets afin d'être éclairés par le jour qui, dans ces climats, à cette époque de l'année, commence de très-bonne heure. Canut se défendait de la main droite; un officier de Svend le tue d'un coup d'épée à la tête.

Ce prince avait régné neuf ans en Jutland. Il laissa plusieurs enfants. Nicolas, l'aîné de ses fils, vécut dans la retraite, mourut vers 1180, et fut canonisé en 1260 : il est honoré sous le nom de saint Nicolas de Viborg; Harald, second fils de Canut, devint par la suite chef d'un parti de rebelles; Valdemar, son fils naturel, causa de grands troubles dans le royaume.

Absalon ou Axel, jeune ecclésiastique, frère de lait du roi Valdemar, et descendant au quatrième degré de Harald Heim, était un des convives du banquet fatal où Canut perdit la vie. Quand ce prince fut frappé à mort, Absalon le reçut dans ses bras et recueillit son dernier soupir. Il avait d'abord cru que c'était son bien-aimé Valdemar. Apprenant alors que celui-ci s'est sauvé, il profite de la considération que son caractère ecclésiastique inspirait, pour quitter la scène du carnage; et, la même nuit, arrive chez sa mère, qui demeurait à la campagne. Valdemar en est bientôt instruit par hasard; aussitôt, montant avec peine à cheval, et suivi de deux hommes, il prend le chemin d'une maison qui lui est bien connue. Sa blessure est pansée; il repose tranquillement le reste de la nuit. Mais il y allait de sa vie qu'il ne restât pas en Seelande; car, au point du jour, Svend assembla les habitants de Röskild, leur raconta qu'il s'était heureusement dérobé aux embûches que deux traîtres lui avaient dressées, et, pour preuve de son discours, leur montra ses vêtements percés de trous faits par lui-même. Il ajouta que l'un des coupables avait reçu le juste châtiment de sa perfidie, que l'autre avait pris la fuite; il finit par inviter les Röskildiens à lui prêter main-forte pour arrêter celui-ci. Aussitôt on publia l'ordre de percer tous les vaisseaux de l'île, et de faire partout chercher le fugitif; Valdemar, aidé par Absalon et Asbern, autre ami fidèle, atteignit, par des chemins de traverse, le rivage de la mer. Un charpentier dévoué consentit à radouber tout de suite un navire, tout en ayant l'air de céder à la violence, afin d'échapper à la punition. Asbern équipe le navire, y place un équipage et met à la voile avec Valdemar. Une tempête affreuse jette le bâtiment sur une petite île voisine de la côte de Jutland, où Valdemar débarque heureusement le lendemain matin. A l'instant il s'achemine vers Viborg, y convoque les états, leur raconte l'atroce perfidie dont il a manqué d'être la victime; la vue de la blessure qu'il avait reçue et qui saignait encore, ajoute à l'émotion que son récit a produite : on s'écrie qu'il faut prendre les armes pour le défendre.

Pendant que l'on se préparait à la guerre, il célébra la fête de son mariage, ce qui lui amena beaucoup de partisans de Canut. Plusieurs de ceux de Svend, cédant à leur indignation, vinrent grossir la petite armée. Valdemar voulait aller chercher son ennemi en Seelande, lorsqu'il apprit qu'il venait de débarquer, et, avec sa cavalerie, marchait sur Viborg. Après plusieurs combats sans résultat remarquable, les deux ennemis se rencontrèrent le 23 octobre 1157, sur la bruyère de Grathe, entre Randers et Viborg. Svend, dont les troupes furent mises en déroute, voulut, dans sa fuite, traverser un marais où le poids de ses armes le fit enfoncer. Des soldats qui le poursuivaient lui tranchèrent la tête. Le surnom de Grathe lui a été donné d'après celui de la plaine où il périt. Il ne laissa qu'une fille, qui fut mariée vers 1176 à Berthold II, duc d'Istrie.

VALDEMAR Ier LE GRAND.

Après les troubles intestins qui l'avaient si longtemps déchiré, le Danemark, avili au dehors, affaibli au dedans, avait besoin d'un prince habile et ferme qui sût conserver et venger la dignité de sa couronne, maintenir l'ordre et l'obéissance parmi ses sujets, ramener dans ses États la sûreté, le calme et l'abondance. On espérait de la sagesse de Valdemar ces heureux résultats : l'attente des peuples ne fut pas trompée.

Né le 15 janvier 1131, huit jours après la mort de son père, comme on l'a vu plus haut, Valdemar fut soustrait aux dangers qui le menaçaient par Ingeborge sa mère ; elle l'emmena en Russie, où il passa ses plus jeunes années. Revenu plus tard en Danemark, il ne put faire valoir réellement ses droits qu'à la mort d'Éric III.

Les vœux du peuple l'appelaient également au trône ; il s'en montra digne. Il pardonna d'abord à tous ses ennemis, à l'exception de ceux qui avaient trempé dans le meurtre de Canut, et loin de se venger du prince Magnus, fils naturel du roi Éric, qui avait suivi le parti de Svend, et qui, ayant été pris les armes à la main, s'attendait à un traitement cruel, il lui accorda sa grâce, et le combla de biens et d'honneurs.

La tranquillité rétablie dans l'intérieur et assurée par cette conduite généreuse, Valdemar s'occupa de rendre au Danemark la sûreté et la gloire dont, auparavant, il avait joui au dehors. Les Venèdes ne cessaient de nuire par leurs incursions, et laissaient partout d'horribles traces de leurs fureurs. Au désir de les ranger de nouveau sous son obéissance, puisque son père avait régné sur eux, Valdemar unissait celui de les ramener au christianisme. Ce motif, qui rendait son entreprise agréable au clergé, inspirait une ardeur singulière à tous les guerriers destinés à y prendre part.

Parmi les chefs en qui Valdemar avait le plus de confiance, on distinguait Absalon, son ami d'enfance, qui joignait la bravoure à la prudence, la sagesse et la fidélité à la passion des armes et à l'ambition. Le siége épiscopal de Röskild ayant vaqué dans ce moment, Absalon y fut élevé par les suffrages réunis du clergé et du peuple.

La guerre ne commença pas heureusement : la flotte de Valdemar fut deux fois dispersée par la tempête ; en 1158, les habitants de l'île de Rugen opposèrent au Danois une résistance inattendue. Revenu avec des forces plus considérables, Valdemar ravagea les environs d'Arcona, en Poméranie, défit les Rugéniens, et repassa en Danemark avec un riche butin.

Ses immenses préparatifs effrayèrent les Venèdes qui lui demandèrent vainement la paix, parce qu'il savait bien qu'elle n'aurait pas plus duré que leur crainte. Afin de s'assurer des chances certaines de succès, il ne négligea rien pour former une ligue avec Henri le Lion, duc de Saxe, dont l'intérêt était de voir les Venèdes humiliés ; toutefois, ce ne fut qu'à force de promesses et d'argent qu'il y parvint. L'armée de Henri mit, dès les premiers pas, les Venèdes en déroute ; Niclot, leur prince le plus puissant, périt dans cette journée. De son côté, Valdemar, débarqué près de Rostock, força cette ville de se rendre à discrétion ; elle fut brûlée ; c'était ainsi que l'on se faisait la guerre dans ce temps-là. Les Venèdes eurent recours à la clémence des vainqueurs. La paix leur fut accordée par le conseil d'Absalon.

On commençait en Danemark à en goûter les fruits, lorsqu'elle fut troublée, dans l'intérieur, par les menées d'Eskild, archevêque de Lund, que le roi avait irrité en ne se montrant pas assez empressé de lui faire rendre un trésor que des voleurs de grand chemin lui avaient enlevé. Eskild fit menacer Valdemar d'une guerre ouverte : ce prince répondit au messager : « Votre « maître a pu boire longtemps le sang « des rois mes prédécesseurs : je vois « qu'il est aussi altéré du mien. Dites- « lui que j'ai reçu de Dieu une épée « pour faire rentrer les rebelles dans « le devoir : voilà toute ma réponse... » Elle fut suivie de démarches si vigoureuses que le prélat déconcerté se retira en Suède. Une forteresse que son assiette rendait imprenable, et où il avait mis une garnison nombreuse, fut prise par un stratagème ; les autres villes du diocèse de Lund furent bientôt forcées, et l'archevêque, réduit à demander grâce, ne l'obtint qu'en rendant à l'État des terres considérables données avec profusion à l'église de Lund par les rois de Danemark.

Un schisme divisait la chrétienté. Alexandre, élu pape, avait pour compétiteur Victor. L'empereur Frédéric Barberousse soutenait celui-ci, qui envoya sans succès un légat en Danemark. Comme les sollicitations de Victor ne discontinuaient pas, Valdemar, qui ne se croyait pas assez instruit du fond de la difficulté, chargea Radulphe, son principal secrétaire, homme plus éloquent que judicieux, d'aller demander à Frédéric des éclaircissements et des conseils sur cette affaire. Frédéric, qui eut bientôt démêlé le caractère vain et ardent de Radulphe, le combla de marques de distinction, et lui dit que le seul moyen de rétablir l'union dans l'Église était de convoquer un concile auquel assisteraient les princes les plus illustres de la chrétienté, et qu'il né doutait pas que l'exemple d'un aussi grand roi que Valdemar ne déterminât les autres a s'y rendre, ajoutant qu'il tiendrait dans cette assemblée un rang dont il serait satisfait. Enfin, il fit entendre qu'il lui céderait quelque province en Italie, avec la souveraineté de toute la Venédie.

Valdemar, persuadé de l'avantage que cette démarche de sa part procurerait à la religion, résolut, en 1162, de partir, malgré l'avis contraire d'Absalon et de ses autres ministres, auxquels il ordonna de le suivre. Dès la première entrevue, qui eut lieu à Besançon selon les uns, à Metz selon d'autres, Frédéric parla d'un ton menaçant de l'hommage qu'il prétendait lui être dû pour le royaume de Danemark. Alors, mais trop tard, Valdemar ouvrit les yeux : Absalon allégua vainement les promesses faites par Frédéric à Radulphe ; l'Empereur nia avec une feinte surprise qu'il eût rien promis. Valdemar essaya de s'échapper en France. Frédéric, qui le faisait surveiller, et qui avait la force en main, l'en empêcha, et le somma une seconde fois au nom de l'Empire de prêter le même serment que son prédécesseur. Valdemar voyant, suivant l'expression d'un historien du temps, que l'Empereur tenait une épée suspendue sur sa tête, déclara qu'il aimerait mieux en être frappé mortellement que de consentir à l'asservissement de sa patrie.

L'Empereur jugea qu'il serait trop dangereux de vaincre cette résistance par la menace ; il eut donc recours à un subterfuge, et finit par dire qu'il ne demandait l'hommage que pour les provinces à conquérir sur les Venèdes ; il fit même prêter aux princes de l'Empire le serment d'aider Valdemar dans son entreprise : enfin il promit de s'y employer lui-même de toutes ses forces dès qu'il serait de retour d'Italie, et il ajouta que cet hommage simple n'emporterait nulle obligation d'assister aux diètes, ni de fournir un contingent en temps de guerre. Le monarque danois ayant ainsi atténué par sa fermeté les funestes suites de son imprudence, refusa, par les conseils d'Absalon, de prendre part à la querelle des compétiteurs de la chaire de Saint-Pierre, et retourna dans ses États. Son voyage fut long et pénible; partout il donna des preuves de douceur, de modération et de générosité, qui lui gagnèrent l'affection générale.

Son premier soin fut de faire revêtir le Danevirk d'une forte muraille. Bientôt les troubles de Norvége attirèrent son attention, et il causa tant d'inquiétudes à Erling, roi de ce pays, pour lui faire tenir ses engagements, qu'il le contraignit, en 1169, à venir lui-même demander la paix, qui fut très-avantageuse pour le Danemark.

Sur ces entrefaites, les Venèdes, conduits par Pribizlas, fils de Niclot, avaient recommencé les hostilités contre les Danois et les Saxons. Valdemar conclut une nouvelle ligue avec Henri le Lion; Albert, margrave de Brandebourg, et Adolphe, comte de Holstein, y entrèrent. Pendant que ces princes s'avançaient par terre, Valdemar conduisit sa nombreuse flotte contre Rugen, et exigea des habitants les secours en hommes, en vaisseaux, qu'ils s'étaient engagés de fournir par le dernier traité.

Malgré la perte d'une bataille dans laquelle le comte de Holstein fut tué, les Saxons défirent ensuite les Venèdes; puis Henri et Valdemar réunis les poursuivirent jusqu'en Poméranie. Ces victoires furent suivies d'une nouvelle convention : le roi et le duc devaient partager également les tributs auxquels les vaincus seraient assujettis; Valdemar accordait un subside considérable à Henri, qui promettait de garantir les États de ce prince des incursions des Venèdes. L'embouchure de la Peene, rendez-vous ordinaire des pirates, devait être tenue soigneusement fermée. Les forteresses que Henri avait possédées en Venédie devaient lui être restituées.

Qui aurait cru que cette union ferait bientôt place à une brouillerie? Les Venèdes recommencèrent leurs courses aussitôt que Valdemar se fut éloigné: les Rugéniens étaient à leur tête. Quoique privé de son allié, Valdemar, dès que la saison le permit, mit en mer une flotte formidable. Absalon prit les devants avec quelques vaisseaux, tomba brusquement sur l'ennemi, brûla quelques-unes de ses places, et ravagea les bords de la Swine, l'une des trois bouches par lesquelles l'Oder se décharge dans la Baltique, et qui alors était plus profonde qu'aujourd'hui. De là, il alla au-devant de la flotte de Valdemar, qui l'accueillit affectueusement et lui donna, devant toute l'armée, les éloges qu'il méritait. Comme il n'avait pu prendre Arcona, il ordonna que l'on en ravageât les environs, jusqu'à ce que les habitants vinssent demander grâce; ce qui ne tarda pas.

Quand Valdemar revint en Danemark, le peuple et les grands, pour lui donner une preuve éclatante de leur reconnaissance, lui manifestèrent le désir de proclamer Canut, son fils aîné, successeur à la couronne, et de lui déférer solennellement le titre et les honneurs de roi. Ces propositions furent accueillies avec joie et gratitude, mais Canut ne fut couronné que quatre ans après.

Quoique les Rugéniens eussent été soumis, cependant Valdemar faisait presque tous les ans une expédition chez eux, ou bien y envoyait des corps de troupes, soit qu'il craignît des révoltes, soit qu'il y eût des pirateries à punir, soit enfin qu'il eût résolu d'affermir, dans ce pays, sa domination et le culte du vrai Dieu. Il renoua même ses liaisons avec le duc de Saxe, dans une entrevue qu'il eut avec lui en Holstein.

C'est à l'occasion d'une des petites expéditions dont nous venons de parler, qu'il est, pour la première fois, question de Copenhague. C'était un endroit peu remarquable, mais qui, par sa position commode, fournissait un abri aux navires, ce qui l'avait fait nommer *Kiöbenhavn*, abréviation de *Kiöbendshavn* (port des marchands). Absalon y fit bâtir une forteresse pour tenir les pirates en respect, et dresser des gibets, où restaient exposés les corps de ces brigands qui avaient été punis. Bientôt le grand nombre des pêcheurs et des marchands qui vinrent s'établir sous la protection du fort, donna naissance à une ville considérable.

Quoique les peuples des environs de Wolgast, à l'embouchure de l'Oder, eussent été soumis par les armées réunies de Valdemar et de Henri le Lion, et forcés de payer de grosses sommes d'argent, d'autres cantons recommencèrent leurs brigandages, toujours assurés de trouver dans Arcona une retraite où leurs personnes et leur butin étaient en sûreté. Ils abandonnaient sans regret des terres mal cultivées, espérant avec fondement de plus riches moissons sur celles de leurs ennemis. Valdemar, résolu d'anéantir ce repaire de forbans, fit des préparatifs immenses : Henri le Lion, Pribizlas, prince des Obotrites, devenu son vassal, Casimir et Bogislas, ducs de Poméranie, lui amenèrent des corps de troupes. Aussitôt il fait une descente sur la côte de Rugen, et investit Arcona, située sur un cap de l'extrémité septentrionale de cette île, et défendue au nord, à l'est et au sud, par des rochers très-hauts et très-escarpés, et à l'ouest par un rempart très-élevé et très-solide.

Après un siége très-long, les habitants demandèrent à capituler, ce qui fut accepté par les conseils d'Absalon et d'Ashern. Il fut convenu qu'ils livreraient leur principale idole, avec tous les trésors amassés dans son temple; qu'ils mettraient en liberté, sans rançon, tous leurs esclaves chrétiens; qu'ils embrasseraient tous le christianisme, et donneraient aux églises toutes les terres assignées pour l'entretien des prêtres idolâtres; qu'ils serviraient dans les armées danoises quand ils en recevraient l'ordre, et qu'enfin ils payeraient un tribut annuel.

Le temple fut brûlé, avec l'idole abattue; toutes les conditions du traité furent fidèlement exécutées, et Valdemar repassa la mer, en 1170, avec son armée victorieuse. Absalon envoya des prêtres chrétiens chez les Venèdes; leurs princes secondèrent les travaux de ces missionnaires. Le pape Alexandre III combla Valdemar d'éloges, et deux ans après, d'autres lettres accordèrent, aux instances de ce prince, la canonisation de son père Canut qu'il sollicitait depuis longtemps, et qui fut célébrée à Ringsted avec une grande pompe.

Cependant la paix et la sûreté n'étaient pas encore rétablies sur la Baltique; les Esthoniens et les Courlandais continuaient à l'infester par leurs déprédations; Valdemar expédia contre eux une flotte sous les ordres de Christophe, son fils naturel, accompagné du fidèle et brave Absalon. Ils attaquèrent les barbares sur la côte de l'île d'Œland, en Suède, et rapportèrent un riche butin.

Une autre guerre ramena les Danois en Venédie. Casimir et Bogislas n'avaient pu voir, sans regret, le fief de Rugen passer en des mains étrangères; ils quittèrent le camp de Valdemar. De son côté, Henri le Lion prétendait que ce prince ne remplissait pas exactement les conditions du traité. Pour se venger, il fit lever la défense intimée à tous ses vassaux de Venédie d'attaquer les côtes du Danemark : aussitôt les Venèdes fondirent sur ce pays, le saccagèrent, en enlevèrent les habitants; l'île d'Alsen surtout fut entièrement dévastée. Mais bientôt Valdemar et Absalon vinrent ravager les terres des Venèdes le long de la Peene, prirent Stettin; toutefois le moyen le plus efficace qu'employa Valdemar pour faire cesser les hostilités fut de se réconcilier avec Henri, qui, par la situation de ses États autant que par sa grande puissance, était le seul prince qui pût mettre *un frein et une bride* à cette nation féroce, et la *fléchir à ses volontés*. Valdemar satisfit Henri, qui renouvela les défenses d'inquiéter les Danois.

Mais d'autres hordes slaves répandues le long des côtes de la Baltique, depuis la Poméranie jusqu'en Russie, et adonnées, comme les Venèdes, à la piraterie, occupèrent encore Valdemar et Absalon pendant longtemps. Enfin, en 1175, ils détruisirent entièrement Julin, que ses habitants abandonnèrent : on ne voit aujourd'hui à sa place que Wollin, ville pauvre et obscure, occupant seulement une petite partie du sol que couvrait le repaire des forbans.

A peu près vers le même temps, Eskild, décidé depuis longtemps à finir ses jours dans la retraite, se démit de l'archevêché de Lund. Absalon, nommé pour lui succéder, ne voulait pas accepter : le pape Alexandre III l'autorisa à accepter, tout en conservant l'évêché de Röskild.

De nouveaux ravages commis par les Venèdes furent réprimés par ce prélat et par Canut, fils du roi : un historien dit que les barbares achetèrent la paix au prix de deux mille marcs d'or. Une révolte des Scaniens, qui éclata peu de temps après, avait un singulier motif : ils voulaient que l'on rendît aux prêtres la faculté de se marier, et prétendaient que leur ministère suffisait, sans qu'il fût besoin de celui des évêques, pour tout ce qui concernait la religion; ils demandaient aussi à ne pas payer la dîme, et à n'être gouvernés que par des hommes nés dans leur pays. Malgré son éloquence, sa bravoure et son pouvoir, Absalon, bien loin de pouvoir apaiser ces mouvements, fut contraint de se réfugier en Seelande. Valdemar vint lui-même en Scanie avec une petite armée et le prélat fugitif. Les habitants lui promirent de rentrer dans le devoir, s'il voulait rappeler auprès de lui les officiers étrangers, et surtout Absalon : il leur était devenu si odieux, qu'à l'instant où il descendait à terre, des pêcheurs l'eussent assommé à coups de pierres, si Valdemar ne fût venu à son secours. Cependant, comme ce prince inclinait toujours pour le parti le plus modéré, il engagea Absalon à se retirer en Seelande, et l'y suivit. Il espérait que cette condescendance satisferait les mécontents, auxquels il promit d'examiner leurs griefs conjointement avec leurs députés : ceux-ci ayant souscrit à toutes les propositions du roi, furent démentis à leur retour en Scanie. La révolte s'y ralluma plus violemment. Valdemar y passa avec une armée, et néanmoins sa répugnance à verser le sang de ses sujets lui faisait éviter d'en venir aux dernières extrémités. Les rebelles l'y forcèrent : le combat fut long et sanglant ; enfin, l'avantage resta au roi et à Absalon, qui avait préludé, sans succès, par lancer sur ses diocésains les foudres ecclésiastiques. Les révoltés, dispersés ou détruits, finirent par faire leur soumission en donnant des otages : toutefois, ils se montrèrent si obstinés sur l'article de la dîme, que Valdemar, dans la crainte de renouveler les scènes sanglantes arrivées sous Canut IV, décida, non sans peine, Absalon à se désister de ses prétentions sur ce point, au moins pendant quelque temps.

Vers cette époque, l'Empereur, brouillé avec Henri le Lion, invita Valdemar à l'aider de ses forces maritimes pour réduire les Lubeckois, qui tenaient opiniâtrement pour leur duc. Valdemar mena une flotte magnifique à l'embouchure de la Trave. Sa haute stature et son port majestueux firent l'admiration des Allemands ; les soldats s'écrièrent : « Voilà un prince vraiment digne de porter la couronne impériale. » L'Empereur, dans cette seconde entrevue, n'affecta pas un air de supériorité envers le roi de Danemark, et il ne fut nullement question d'hommage.

De retour dans ses États, Valdemar se disposait à réprimer de nouvelles incursions des Venèdes, lorsqu'une maladie le retint à Vordingborg, petite ville située sur le détroit qui sépare Seelande de Falster. Il fut ramené à Ringsted, dans l'intérieur. Un certain abbé Jean de Scanie, qui se vantait de posséder de grands secrets dans l'art de guérir, lui donna un breuvage pour le faire transpirer. Le lendemain, 12 mai 1182, Valdemar fut trouvé mort dans son lit. Son tombeau se voit à Ringsted, à côté de celui de son père. Il fut regretté : il possédait toutes les qualités qui conviennent à un roi. Il fit rédiger les codes appelés la *loi de Scanie* et *loi de Seelande*, qui sont encore en vigueur, et se font remarquer par leur sagesse et leur clarté. Les historiens danois modernes lui reprochent d'avoir accablé le peuple d'impôts, augmenté la puissance du clergé, et préparé les voies aux empiétements de la noblesse et des grands, qui finirent par s'emparer du gouvernement.

Valdemar laissa deux fils, Canut et Valdemar, qui montèrent successivement sur le trône, et plusieurs filles. Ingeborge, l'une d'elles, mariée à Philippe-Auguste, roi de France, ne put gagner l'affection de ce prince.

CANUT VI.

Canut était couronné depuis douze ans, lorsque son père mourut. Bientôt les Scaniens se révoltèrent de nouveau, sous les mêmes prétextes qu'ils avaient précédemment allégués. Ils choisirent pour chef Harald, qui n'avait d'autre mérite que celui d'être fils naturel de Canut V. Ils reçurent aussi quelques secours de la Suède. Le petit nombre de Scaniens restés fidèles à leur roi suffit pour dissiper les factieux. Absalon fit le reste avec un bon corps de troupes qu'il amena de Seelande, et qui fut renforcé par les habitants de Lund. Les révoltés, obligés de mettre bas les armes, abandonnèrent leur chef, qui s'enfuit en Scanie, où il mourut l'année suivante.

Dès 1182, Frédéric Barberousse fit inviter Canut à venir à sa cour, afin, disait-il, de resserrer les liens de l'amitié qui avait subsisté entre Valdemar et lui ; mais personne, en Allemagne même, ne doutait que ce ne fût dans le dessein d'extorquer un nouvel hommage. Cette fois, Absalon et les conseillers du roi eurent plus de succès qu'auprès de son père. Canut fit répondre que l'état où se trouvait le Danemark ne permettait pas que le roi s'éloignât. De nouvelles instances de Frédéric, qui, cette fois, osa parler d'hommage et de serment, lui valurent une réponse négative exprimée d'un ton si positif, qu'il menaça Canut de donner son royaume à un autre : Canut répliqua qu'*avant de donner une chose il fallait la prendre*. Alors Frédéric espéra d'amener le roi de Danemark à ses fins par les insinuations que lui firent de sa part l'archevêque de Brême et Sigefroi, comte d'Orlemunde et beau-frère du monarque danois.

L'Empereur, après avoir dissimulé quelque temps son ressentiment, excita Bogislas, duc de Poméranie, à attaquer le Danemark. Bogislas avait déjà commencé à inquiéter Jarimar, prince de Rugen et vassal de Canut, quand Absalon, instruit de ses desseins, arriva tout à coup avec une flotte, et remporta sur les Poméraniens une victoire si complète, que depuis ce moment ils n'osèrent plus tenir la mer contre les Danois, ni exercer leurs pirateries ordinaires : un butin immense fut le résultat de ce premier avantage. Une seconde flotte, commandée par le roi, vint joindre celle d'Absalon. Asbern, son frère, s'empara des châteaux qui défendaient l'entrée de la Swine ; de riches dépouilles furent encore apportées en Danemark.

La guerre continua, l'année suivante, par des ravages qui réduisirent les habitants des campagnes de la Poméranie à demander quartier. Bogislas, enfermé dans Camin, vint se jeter aux pieds de Canut avec sa femme, fille de ce prince, ses enfants et les principaux de la noblesse. Le roi lui rendit sa principauté, à condition qu'il la tiendrait en fief du Danemark, et retint la seigneurie de Barth, dont il disposa en faveur de Jarimar, son fidèle vassal.

Canut soumit ensuite le Meklenbourg, dont les deux princes, ennemis l'un de l'autre, avaient été faits prisonniers. Ils ne furent remis en liberté qu'à condition de se reconnaître vassaux du Danemark ; et Canut prit le titre de roi des Slaves ou Vendes (Venèdes), que ses successeurs ont conservé. La Venédie comprenait le pays situé entre l'extrémité orientale de la

Poméranie et l'Elbe inférieur, commençant à Hambourg.

En apprenant la prompte soumission de cette contrée, Frédéric ne put, à cause des circonstances, songer à se venger. Il manifesta son dépit en invitant, pour la troisième fois, Canut à venir en Allemagne; et sur son refus, sans doute prévu, il lui renvoya la princesse Hélène, sa sœur, fiancée dès l'âge de sept ans à son propre fils, Frédéric, duc de Souabe.

En 1186, Canut créa son frère Valdemar duc de Slesvig, et lui accorda en même temps la jouissance du territoire de ce nom, mais pour sa vie seulement : pendant sa minorité, le pays devait être gouverné par l'évêque Valdemar, fils naturel de Canut V.

La même année, le roi présidait aux états assemblés à Odensé, lorsque des messagers lui remirent des lettres du pape Clément III, qui exhortait les Danois à se croiser, à l'imitation des autres fidèles de l'Europe. L'Empereur, qui avait pris la croix, employa le crédit du pape pour porter Canut à conclure une convention par laquelle ce roi s'engagerait à respecter la paix de l'Empire pendant l'absence de son chef, et pour lui ôter tout prétexte de mécontentement, il révoqua le décret de proscription lancé contre Henri le Lion, beau-père de Canut. La noblesse danoise fut vivement émue à la lecture des lettres du souverain pontife, qu'Estern appuya de toute son éloquence. Quinze des principaux seigneurs danois se croisèrent; mais cinq seulement persistèrent dans leur résolution. Le roi fut assez sage pour ne prendre aucune part à cette expédition.

Il préféra d'aller avec sa flotte contre les peuples des côtes méridionales de la Baltique les plus reculées vers l'est. Il s'empara de la Livonie, y établit le christianisme, et y fit rentrer dans l'obéissance les villes de la Venédie qui s'en étaient écartées.

Pendant que Canut s'appliquait à faire jouir ses États de la paix et des bienfaits d'une administration sage, l'évêque Valdemar, piqué de ce que le gouvernement du duché de Slesvig lui avait été ôté pour en investir le frère du roi, parvenu à l'âge de le gérer, voulut s'en venger. Depuis longtemps il ourdissait des trames dans le royaume : il avait formé des alliances avec ses ennemis secrets ou déclarés, notamment avec Adolphe de Schawenbourg, comte de Holstein. Enfin il leva le masque, passa en Norvége, en revint avec une flotte de trente-cinq vaisseaux, fit une descente en Danemark, et prit le titre de roi, pendant que ses alliés marchaient vers l'Eider pour le soutenir. Canut se contenta de faire bien garder le Danevirk, et recommanda d'éviter tout engagement. L'évêque épuisa ses trésors, fut obligé de remercier ses alliés et de se mettre en chemin pour demander grâce. Il n'avait pris aucune sûreté préalable; il fut arrêté en route, chargé de chaînes, et conduit au château de Söborg en Seelande.

Ensuite Canut marcha contre le comte de Holstein, qui lui envoya une ambassade pour acheter la paix au prix d'une somme très-considérable. Elle ne pouvait être durable : Canut prétendait traiter Adolphe en vassal; celui-ci ne voulait reconnaître d'autre suzerain que l'Empereur. Il unit ses intérêts à ceux d'Otton, margrave de Brandebourg. Alors Canut expédia en Venédie une flotte qui entra dans l'Oder, et fut renforcée des vaisseaux de plusieurs princes venèdes, vassaux du Danemark. D'autres, au contraire, prirent parti pour Otton. Les deux armées étaient égales en force; le choc fut terrible : les Danois eurent le désavantage. Torbern, leur général, fut tué. Son frère, l'évêque de Röskild, fait prisonnier, et dont Otton espérait tirer une grosse rançon, réussit bientôt à s'échapper. Pendant l'hiver, les confédérés ravagèrent la Venédie, à la réserve de Rugen; et au printemps, leur armée, renforcée par les troupes de l'archevêque de Brême et de divers seigneurs, fut en état de tenir tête à Canut, qui ne put s'avancer plus loin que Rendsbourg.

Les années suivantes, la face des af-

faires changea. Canut se montra sur les bords de l'Eider avec une armée redoutable. En 1200, Adolphe, réduit à solliciter la paix, ne l'obtint que par la cession de la Ditmarsie et de l'importante place de Rendsbourg. Canut la fortifia, y mit une garnison nombreuse, construisit un pont sur l'Eider, et par là tint Adolphe en échec. Celui-ci, trop turbulent pour rester en repos, assiégea Lauenbourg, qui appartenait au duc de Saxe. Les habitants, vivement pressés, avaient fait secrètement avertir Canut qu'ils étaient disposés à lui remettre la ville. Il leur avait fait promettre un prompt secours, en leur recommandant d'arborer en attendant l'étendard du Danemark sur leurs remparts. Adolphe n'en poussa le siége que plus vigoureusement, et prit Lauenbourg avant l'arrivée des Danois.

Canut était entré dans le Holstein pour la troisième fois ; les sujets d'Adolphe et ceux du comte de Ratzebourg, son voisin, qui l'avait vaillamment secouru, exaspérés de se voir sacrifiés à des guerres absolument étrangères à leurs intérêts, murmurèrent hautement. Une partie de la noblesse alla même se rendre au roi ou à Valdemar, son frère, qui avait été chargé du commandement de l'armée. Tout le Holstein fut soumis, et Valdemar reçut l'hommage des sujets des deux comtes. Il prit ensuite Lubeck, qui reconnaissait, à divers égards, le comte de Holstein pour souverain ; accepta des otages, distribua les fiefs et les gouvernements de la province aux seigneurs qui s'étaient rangés sous ses drapeaux, et retourna en Danemark jouir de ses succès, et prendre de nouvelles mesures pour les assurer.

Aussitôt qu'il fut éloigné, Adolphe sortit de Stade, où il s'était retiré, s'empara de Hambourg, et chercha à soulever le Holstein contre ses nouveaux maîtres. Canut le surprit par une marche forcée, et l'enferma dans Hambourg. On était au cœur de l'hiver. Adolphe ne pouvait se sauver, ni en passant l'Elbe, pris par les glaces, ni tenir dans Hambourg, ni se faire jour au travers d'une armée nombreuse ; il fut donc contraint de traiter de sa liberté. Valdemar consentit à la lui laisser, à condition qu'il livrerait Lauenbourg : le commandant de cette place refusa de la remettre. Adolphe fut conduit prisonnier en Danemark.

Ce succès et l'avénement à la couronne impériale, en 1202, d'Otton, fils de Henri le Lion, beau-père de Canut, ayant affermi les conquêtes de ce monarque en Allemagne, il se hâta de se montrer à ses nouveaux sujets. Les Lubeckois lui firent une réception magnifique ; il convoqua dans leur ville les députés du Holstein et de ses autres provinces, et reçut leur serment de fidélité.

Toute cette gloire et cette pompe se changèrent bientôt en appareil de deuil. Canut, de retour en Danemark, fut atteint d'une maladie qui l'emporta le 12 novembre 1202, dans la quarantième année de son âge. Il n'avait peut-être pas autant de talent pour la guerre que son père Valdemar ou l'archevêque Absalon, mais sa piété, sa modération, la pureté de ses mœurs, lui ont assuré un renom qui vaut bien la gloire militaire. Jamais le Danemark n'avait été aussi florissant et aussi puissant que sous son règne, ainsi qu'on le voit par le récit naïf qu'en fait Arnold, moine bénédictin de Lubeck, dont la chronique s'arrête en 1209.

Absalon, ce prélat valeureux dont il a été si souvent parlé, était mort le 21 mai 1201, à l'âge de soixante-treize ans, laissant un nom cher à sa patrie.

Nous avons dit plus haut que la princesse Ingeborge, sœur de Canut, mariée à Philippe-Auguste, roi de France, n'avait pu gagner l'affection de son époux. Entièrement délaissée, elle s'enferma dans un couvent, où elle fut réduite à ne pouvoir subsister qu'en vendant ses vêtements et sa vaisselle. Canut, instruit du traitement indigne que sa sœur avait éprouvé, envoya son chancelier et un abbé au pape pour lui demander justice. Après divers délais, Célestin III chargea deux légats d'assembler en France un concile, où l'on devait examiner la validité du mariage : Philippe la niait. Le concile ne décida rien ; l'affaire traîna en longueur. Ingeborge renouvela ses plaintes. Innocent III, successeur de Célestin, fit déclarer nul un autre mariage que Philippe avait contracté, et mit le royaume de France en interdit. Enfin Philippe, las du trouble qui résultait de cet état de choses, convoqua, en 1201, un concile à Soissons. Ingeborge y parut, accompagnée d'évêques et de docteurs venus de Danemark par l'ordre de son frère. Philippe la rappela en 1209, après seize ans de séparation; elle lui survécut, n'étant morte qu'en 1236, sous le règne de saint Louis. Elle n'eut pas de postérité.

VALDEMAR II (LE VICTORIEUX).

Canut n'ayant pas laissé d'enfants, son frère Valdemar, que le droit de sa naissance, ses qualités personnelles et ses grandes actions recommandaient également, fut unanimement élu pour lui succéder. Après avoir été couronné à Lund, le jour de Noël, il s'embarqua pour Lubeck, où il fut reconnu roi des Venèdes et seigneur de Nordalbingie. A cette occasion, Albert d'Orlemunde, son neveu, fut créé comte de cette province, et les priviléges des marchands de Lubeck, qui trafiquaient en Scanie, furent confirmés et augmentés.

Ensuite il marcha contre Lauenbourg, dont il ne se rendit maître qu'avec beaucoup de peine. Adolphe, comte de Holstein, recouvra la liberté, à condition de renoncer à tout ce qu'il avait possédé au nord de l'Elbe; il donna des otages, et alla finir, dans son comté de Schauenbourg, une vie tristement agitée.

En 1204, Valdemar envoya des secours à Erling, roi de Norvége, qui alors l'emporta sur Guthorm, son compétiteur, et s'engagea de payer un tribut annuel au Danemark.

L'année suivante, les sollicitations de l'évêque de Livonie, et les indulgences promises à quiconque combattrait les païens, entraînèrent Valdemar dans ce pays. Mais le succès ne répondit pas à la grandeur de l'armement préparé pendant trois ans. Valdemar avait fait bâtir un fort dans l'île d'OEsel ; il fut obligé de le faire brûler, parce que personne ne consentit à y passer l'hiver : laissant donc là quelques vaisseaux et des troupes, il revint en Danemark.

On n'a pas oublié l'évêque Valdemar, ce brouillon qui avait causé tant de troubles sous le règne de Canut. Aux instances du pape et de la reine, il fut tiré de sa prison en 1206, et jura de ne jamais demeurer en Danemark, ni dans aucun lieu où il pût donner de l'ombrage au roi. Son séjour avait été fixé à Cologne ; il en sortit bientôt, et intrigua pour se faire nommer archevêque de Brême. L'empereur Philippe de Souabe, ennemi du roi de Danemark, favorisa son élection, que le pape désapprouva. Valdemar, qui redoutait les entreprises du prélat turbulent, fournit des troupes à son compétiteur. Le diocèse de Brême était envahi presque entièrement, lorsque la mort de Philippe et l'élection d'Otton de Brunswick, ami du roi Valdemar, ruinèrent complétement les espérances de l'archevêque factieux ; il fut réduit à aller implorer la clémence du pape.

Quelques désavantages que les armes danoises éprouvèrent en Suède furent bien compensés par les succès qu'elles obtinrent dans la Poméranie orientale, aujourd'hui Prusse propre. Valdemar reçut l'hommage du duc, et reconquit Dantzick, que son père avait possédé.

Il profita de la paix qui suivit pour former ou perfectionner divers établissements utiles que la guerre avait suspendus ; il publia des ordonnances qui se trouvent encore dans le *Code de Scanie*, rebâtit Lubeck détruit par un incendie, et, par les soins de Jaromar, fonda Stralsund.

Cependant Otton, devenu jaloux de la grandeur de Valdemar, s'allia contre lui, en 1212, avec Albert, margrave de Brandebourg, qui cherchait sans cesse à s'arrondir aux dépens du Danemark, du côté de la Venédie. Alors Valdemar prit le parti de Fré-

DANEMARK

Église du Sauveur à Copenhague.

déric II, concurrent d'Otton à l'Empire, et pour prix de cette démarche, obtint de lui la cession absolue de toutes les provinces que le Danemark possédait en Allemagne ; de sorte qu'elles furent unies à la couronne de ce pays, et démembrées de l'Empire. Les lettres patentes de Frédéric, datées de Metz (1214), établissent donc, si l'on peut parler ainsi, le titre de roi des Venèdes, dont les rois de Danemark font usage.

Otton irrité fit, avec le secours de ses alliés, une invasion en Holstein, prit Hambourg, et soutint ouvertement le prélat Valdemar, que Bernard, duc de Saxe, avait remis en possession du siège de Brême. Mais, à la nouvelle de l'approche du roi de Danemark, la ligue se dissipa. Otton repassa précipitamment l'Elbe ; Hambourg se rendit ; Otton, excommunié par le pape, ne fit plus que des excursions inutiles dans le diocèse de Brême, et l'archevêque Valdemar, frappé des mêmes foudres, alla pour toujours s'ensevelir dans un cloître, où il prolongea, dix-huit ans encore, une vie continuellement employée au malheur de ses voisins et au sien propre.

Ayant ainsi assuré ses frontières du côté de l'Allemagne, Valdemar, à la tête de la flotte la plus formidable que l'on eût encore vue dans la Baltique, débarqua, en 1218, en Estonie, dont les habitants, joints aux Russes, menaçaient et inquiétaient sans cesse les chrétiens de Livonie. Quoique puissants, les Estoniens furent hors d'état de prévenir la descente des Danois, et de les empêcher de détruire des forteresses et d'en élever d'autres, notamment celle de Revel, qui est devenue une ville. Feignant même de n'avoir plus de ressource que dans la clémence de Valdemar, leurs chefs lui demandèrent la paix et le baptême, tandis qu'ils rassemblaient toutes leurs forces. Le roi, trop peu défiant, s'empressa de se rendre à leurs vœux, et les renvoya comblés de présents. Trois jours après, ils fondirent à l'improviste sur les Danois épars, presque tous désarmés, et qui eussent été vaincus si les Allemands, leurs auxiliaires, et Venceslas, fils de Jaromar, avec ses Venèdes, n'eussent arrêté l'impétuosité des Esthoniens ; ceux-ci, peu accoutumés à combattre des troupes régulières, se débandèrent après avoir laissé un millier de morts sur le champ de bataille.

Suivant une tradition longtemps en vogue, les Danois ayant perdu leur bannière au fort de la mêlée, commençaient à plier, lorsqu'il leur en tomba du ciel une autre de couleur rouge à la croix blanche. Ranimés à la vue de ce prodige, ils obtinrent la victoire. C'est cet étendard, nommé *Dannebrog*, qui figure encore au milieu de l'écu du Danemark qu'il partage en quatre, et qui a donné lieu à l'ordre de Dannebrog.

Après cette victoire, toute la province de Revel fut soumise ; Valdemar y établit un évêque, laissa une forte garnison dans la ville, et regagna le Danemark. L'année suivante, il revint en Estonie pour apaiser les différends qui s'étaient élevés entre les évêques de Revel et de Riga, et avaient occasionné des événements très-fâcheux. Il fit un partage équitable des territoires, se réserva l'Estonie avec l'île d'OEsel, reconnut les droits de l'évêque de Riga sur la Livonie, et démembra de la portion qu'il gardait, des terres considérables qu'il céda en fief au grand maître des chevaliers porte-glaive, milice religieuse fondée en 1201.

Valdemar avait porté le Danemark au plus haut degré de gloire et de puissance ; son règne avait été jusqu'alors constamment heureux ; cette prospérité va disparaître ; des revers, des disgrâces, des malheurs la remplaceront. Ce fut le plus faible des ennemis du royaume qui lui porta les premiers coups.

Valdemar avait un fils naturel qui, par la suite, fut créé comte de Halland. Gunzelin, comte de Schwerin, lui donna sa fille en mariage, et la déclara en même temps héritière de la moitié du comté, laquelle lui appartenait. Henri, frère de Gunzelin, et qui lui survécut, refusa de se dessaisir de l'héritage. Valdemar chargea le comte d'Orlamünde de prendre possession, par la force, de toute la moitié des biens de Henri, et même de la moitié du château de résidence. Henri nourrissait contre Valdemar une haine implacable. Habile à feindre, il vint à la cour de ce prince, sous prétexte de solliciter la restitution de ce qu'il regardait comme sa propriété, et, par ses démonstrations d'attachement, réussit à gagner sa confiance. Il l'accompagnait dans ses chasses, épiant l'occasion de s'emparer de sa personne. Un jour du mois de mai 1223, on avait pris ce divertissement dans la petite île de Lyde, au sud-ouest de Fionie, près de Faaborg. Le soir, chacun s'en alla de son côté, parce qu'il n'y avait pas de maison de chasse. Valdemar se retira dans une tente, où il devait passer la nuit avec son fils aîné. Sa suite était très-peu nombreuse. Il invita Henri à souper avec lui.

Les vapeurs du vin et les fatigues de la journée avaient plongé le roi dans un profond sommeil. Tout à coup des hommes apostés entrent dans la tente, se saisissent de lui et de son fils, les garrottent, bâillonnent le roi, qui avait été blessé en essayant de se défendre, et, guidés par Henri, les transportent à travers une forêt voisine de la mer, sur un vaisseau qui aussitôt fait voile pour le Mecklenbourg. Henri mène d'abord ses prisonniers au château du comte de Danneberg, son allié, puis dans celui de Schwerin.

L'Europe fut saisie de surprise à la nouvelle d'un attentat commis avec tant d'audace sur la personne d'un grand roi par un de ses plus faibles vassaux; le Danemark fut plongé dans la consternation; ses ennemis, que la crainte seule retenait dans l'obéissance, reprirent les armes. Le premier soin du sénat danois fut de recourir aux bons offices de l'empereur Frédéric II; mais ce prince voyait avec une joie secrète la captivité de Valdemar : on a même des preuves qu'il mit tout en œuvre pour que les deux prisonniers lui fussent livrés. Le comte de Schwerin, trop éclairé sur ses intérêts, refusa de se dessaisir de sa proie.

Honoré III, qui occupait alors la chaire de Saint-Pierre, se montra vraiment le père commun des fidèles; il fit sommer le comte de Schwerin, sous peine d'excommunication, de rendre la liberté à ses prisonniers, et adressa des représentations touchantes à l'Empereur. Ses honorables efforts furent inutiles, mais, du moins, grâce à ses sommations, son légat en Allemagne assembla à Northausen, et ensuite à Bardewick en Saxe, un congrès des princes de l'Empire. Les ennemis de Valdemar y dominaient; on exigea de lui des conditions si dures qu'il refusa d'y souscrire.

Albert d'Orlamünde, son neveu, leva des troupes pour marcher à son secours; trop faible pour résister à ses ennemis, il fut battu près de Mœllen, et envoyé prisonnier dans le château de Schwerin, où il partagea le sort des deux princes. Le sénat de Danemark, peu disposé à tenter de nouveau le sort des armes, noua des négociations qu'il appuya de sommes d'argent répandues en Allemagne. Albert, duc de Saxe, interposa ses bons offices pour modérer les prétentions des ennemis de Valdemar; la jalousie fut plus efficace pour désunir leur ligue. Le comte de Schwerin, indigné des projets de l'Empereur, qui voulait profiter seul du démembrement de la monarchie danoise, se hâta de conclure pour lui-même et pour quelques-uns de ses alliés, une convention avantageuse.

Valdemar sortit enfin de prison, s'engageant à payer une rançon énorme, à céder à l'Empire toute la Nordalbingie et la Venédie, à l'exception de l'île de Rugen, à donner des otages pour garantie de ses promesses, et à ne jamais aider son neveu, Albert d'Orlamünde, à recouvrer les pays dont il lui avait donné l'investiture. Le traité fut signé le 12 novembre 1225.

Henri n'en ayant pas exécuté toutes les conditions, Valdemar entra en campagne en 1227, conquit la partie orientale de la Nordalbingie, surprit Rendsbourg. Malgré les secours que lui fournit Otton, duc de Lunebourg, le seul allié qui lui fût resté fidèle, il assiégea inutilement Segeberg et Itzehoe. Bientôt, Henri et ses confédérés vinrent le combattre à Bornhöved, près de Segeberg. Au milieu de l'action, les Ditmarses, qui composaient une partie de l'armée de Valdemar, le trahirent au moment où sa bravoure lui assurait la victoire; ils tournèrent leurs armes contre les Danois, qui, après une longue résistance, furent obligés de lâcher pied. Le roi perdit un œil, fut renversé de cheval, et n'échappa qu'avec peine à ses ennemis.

Les Lubeckois en faisaient partie; ils avaient profité de l'abaissement de Valdemar pour se soustraire à son autorité, acheté secrètement la faveur et la protection de l'Empereur, et surpris la citadelle bâtie pour les contenir. Dès ce moment, soutenus par les antagonistes du Danemark, favorisés par leur situation, ils affermirent leur indépendance, étendirent leur commerce, et leur ville devint la plus puissante et la première de celles de la fameuse Hanse teutonique; enfin ils furent pendant quelque temps en état de dominer arbitrairement, par leurs nombreuses escadres, sur les mers du Nord.

Le comte d'Orlamünde, que le comte de Schwerin n'avait pas remis en liberté, perdant l'espoir de voir briser ses fers, fut réduit à lui céder pour sa rançon l'importante place de Lauenbourg. Cette forteresse passa aussitôt dans les mains d'Albert, duc de Saxe.

La dernière guerre, si malheureuse pour le Danemark, avait fait naître dans le cœur de Valdemar le désir d'une réconciliation avec ses ennemis. La paix fut conclue en 1229; elle lui coûta le Holstein et le Mecklenbourg; les précédentes cessions furent confirmées. En 1238, Reval et une partie de la Livonie retournèrent sous l'obéissance du Danemark. Quatre ans auparavant, une entreprise infructueuse, tentée de concert avec Adolphe de Holstein,

avait été suivie de grands désastres pour la flotte danoise, et Valdemar avait même couru risque d'être pris.

Convaincu, par une funeste expérience, des maux qu'entraîne la guerre, ce prince y renonça. Vainement le pape Grégoire IX lui proposa de placer son second fils Abel sur le trône impérial, devenu vacant par la déposition de Frédéric II, Valdemar ne se laissa pas éblouir par de si belles promesses, que devaient soutenir plusieurs princes.

Il ne s'occupa plus que de réformes utiles à son royaume, et une assemblée, convoquée à Vordingborg, rédigea le *Code de Jutland*. Quoiqu'il ait été abrogé en partie, on le consulte encore avec intérêt, parce qu'il contient des détails précieux sur l'état du Danemark durant ce règne, et quelques-uns des précédents.

Valdemar perdit, en 1231, son fils aîné, portant le même nom que lui; il l'avait fait couronner en 1218; ce jeune prince, appelé dans plusieurs tables généalogiques Valdemar III, donnait les plus grandes espérances; il fut tué par accident à la chasse, peu de temps après avoir épousé Éléonore, fille d'Alphonse II, roi de Portugal. Comme il ne laissait pas d'enfants, Valdemar invita les états à nommer roi son second fils Éric, déjà duc de Slesvig. Afin de prévenir des mésintelligences que le caractère de ses fils ne rendait que trop vraisemblables, Abel, le troisième, devint alors duc de Slesvig; Christophe, le quatrième, obtint les îles de Laaland et de Falster; Canut, son fils naturel, eut la Blekingie; et Nicolas, fils d'un autre enfant naturel, obtint, comme lui, le Halland septentrional. Ces arrangements ne pouvaient qu'affaiblir le royaume sans empêcher les maux que l'on redoutait. Valdemar mourut le 28 mars 1241, à l'âge de soixante et onze ans. On ne lui a reproché qu'un goût trop vif pour les femmes, et trop d'indulgence pour ses enfants.

Valdemar avait été marié trois fois : 1° à Ingeborge, fille d'Otton, duc de Brunswick, et ensuite élu empereur;

5ᵉ *Livraison.* (DANEMARK.)

2° à Marguerite Dagmar, appelée ordinairement Damar, fille de Jean, roi de Bohême; elle mourut en 1212; fut mère de Valdemar et chérie pour sa bonté et son affabilité; ces vertus sont souvent louées dans les chansons composées de son temps et après elle; 3° à Bérangaire, sœur de Férand, comte de Flandre; ses trois fils régnèrent successivement après leur père. Elle ne fut pas aimée des Danois. Son nom abrégé, par la prononciation, était dans leur langue Beengierd. Ils l'emploient encore pour désigner une méchante femme.

ÉRIC VI (PLOGPENNING).

Trop d'éléments de discorde existaient en Danemark pour que la guerre n'éclatât pas bientôt entre les fils de Valdemar II. Abel était trop puissant pour vivre en paix avec Éric; car, indépendamment de son duché, il possédait des châteaux et des domaines en Fionie, en Jutland et en Seeland. Les deux frères eurent d'abord des démêlés au sujet de la régence du Holstein, qui avait été exercée par Abel, comme beau-frère du jeune duc. Éric la réclama comme seigneur suzerain; déjà les armées des deux adversaires étaient en marche; les princes allemands du voisinage arrangèrent le différend. Ce ne fut pas pour longtemps, parce que le roi prétendit avec raison que son frère lui devait l'hommage pour le Slesvig; Abel le nia. Éric entra dans le pays à main armée; cette invasion fut repoussée; une trêve suspendit les hostilités sans apaiser les ressentiments.

Éric songea ensuite à faire une expédition en Estonie. Comme c'était une entreprise qui intéressait la religion, le pape Innocent IV s'empressa d'accorder un tiers des dîmes. Éric reçut l'argent et différa son départ, parce qu'il préféra d'attaquer les Lubeckois, qui avaient été les ennemis de son père; en même temps il demandait de gros subsides au clergé. Le pape lui adressa des remontrances, en l'invitant à cesser d'exiger des évêques les revenus des églises pour entretenir ses armées de terre et de mer. Une assemblée du clergé, tenue à Odensé, en 1245, prononça la peine de l'excommunication contre quiconque toucherait aux biens de l'Église. D'un autre côté, le roi se plaignit au pape de l'évêque de Röskild, qui avait abusé de sa confiance, dilapidé les revenus de l'État, tramé, avec sa famille, des complots contre le roi, et, au lieu de répondre aux charges portées contre lui, abandonné le royaume. Ce démêlé fournit une triste preuve de l'abaissement de la puissance royale, puisque l'évêque était de la famille d'Absalon, auparavant si dévouée à la cause des rois. On voit en même temps que l'avidité d'Éric était insatiable. Le légat du pape décida contre lui en faveur de l'évêque, qui mourut, en 1249, à Clairvaux, où il avait pris l'habit monastique.

Les hostilités contre les Lubeckois étaient déjà commencées. Ceux-ci comptant peu, dans ces temps de confusion, sur l'aide de l'Empereur et de l'Empire, avaient choisi pour leurs avoyers et défenseurs les comtes de Holstein, que, de leur côté, ils s'engageaient à secourir, toutefois pas au delà des frontières du comté, et ils promettaient de leur payer annuellement cent marcs d'argent. Les comtes, encore mineurs, résidaient à Paris pour y recevoir leur éducation. Il résulta donc de cette circonstance une nouvelle guerre d'Éric contre Abel. Le roi n'eut pour alliés que les princes de Mecklenbourg; tous ses frères se déclarèrent contre lui. D'abord la fortune se déclara pour Éric: il chassa Christophe de ses domaines et fit Canut prisonnier. Mais, d'un autre côté, Abel envahit le Jutland septentrional, prit Ribé, où se trouvaient deux filles du roi, qu'il envoya prisonnières à Segeberg, en Vagrie, brûla Méclen et Randers, passa en Fionie, réduisit Odensé en cendres, n'épargnant pas même les couvents. Toutefois, Éric s'étant montré, Abel fut obligé d'évacuer la Fionie, le Jutland et tout ce dont il s'était emparé. Les principales villes du Slesvig furent brûlées; les Mecklenbourgeois firent une incursion dans le Holstein, et remportèrent une victoire à Oldesloe. Une trêve fut conclue sous la médiation de l'archevêque de Brême, oncle du comte de Holstein, parvenu à sa majorité. Tous les prisonniers furent mis en liberté. Les Lubeckois l'avaient déjà rendue au duc Canut, enfermé dans le château de l'île de Möen ; leur flotte avait ravagé les côtes du Danemark.

En 1248, Abel, aidé de Jean, comte de Holstein, expulsa les Mecklenbourgeois. En revanche, Christophe, resté pour défendre le Slesvig, fut surpris par Éric, qui, par la promesse de l'île de Femern et d'un mariage avantageux, le fit consentir à lui prêter hommage. Cependant la guerre contre Abel continuait ; le roi se mit à la tête d'une division de son armée et confia l'autre à un de ses généraux qui se rendit maître de Slesvig et y fit un butin considérable. Une fille d'Abel qui se trouvait dans cette ville, s'enfuit précipitamment du château, et se tint cachée assez longtemps, sous des habits bourgeois, jusqu'au moment où elle découvrit une occasion de s'échapper.

Ces succès forcèrent Abel à chercher un refuge près de l'archevêque de Brême, et à implorer son secours ainsi que ceux de plusieurs princes allemands. Quand il eut réuni ces troupes étrangères, il marcha contre le roi qui, à l'approche de forces supérieures, fut obligé de se retirer. La paix fut conclue en 1248. Abel et Canut se soumirent à l'hommage. La bonne intelligence fut aussi rétablie avec les voisins.

Une diète fut convoquée à Röskild. Éric y parla de l'expédition contre l'Estonie, que les circonstances commandaient de ne pas négliger, et il ajouta que toutes ses ressources étant épuisées, il proposait un impôt sur chaque charrue du royaume ; l'assemblée y donna son consentement. C'est à cette contribution qu'Éric doit son surnom de *Plogpenning* (denier de charrue). Ce droit mécontenta le peuple, notamment en Scanie, où des troubles très-sérieux éclatèrent. Éric, contraint de s'évader pendant la nuit, revint deux jours après, à la tête d'une armée. Les paysans furent obligés de payer l'impôt et, de plus, une amende de 15,000 marcs.

Au mois de mai 1249, il fit voile vers l'Estonie, conféra des fiefs, dota richement l'évêché de Reval, et pourvut aux besoins du clergé; accorda aux Revaliens les mêmes droits qu'aux Lubeckois, et conclut des arrangements à l'amiable avec l'ordre Teutonique. Au mois de juillet il revint en Danemark.

Ce fut le principal exploit d'Éric. L'année suivante, apprenant que les comtes de Holstein, à la tête d'une grosse armée, menaçaient Rendsbourg, il se mit en marche pour aller à leur rencontre. Arrivé au Danevirke, le 10 août 1250, il lui prit fantaisie d'aller loger à Slesvig chez son frère Abel, dont il ne se méfiait pas depuis que les hostilités avaient été terminées par un traité. Il fut accueilli amicalement. Les deux frères eurent ensemble un long entretien qui roula principalement sur les troubles qui avaient déchiré le royaume. Ensuite le roi invita son frère à vouloir bien être médiateur entre lui et les comtes, parce qu'il était las de la guerre et désirait de passer le reste de ses jours en paix. On alla se mettre à table.

Un vieille chronique de Seeland raconte ce qui se passa ensuite, d'après le témoignage d'un chevalier qui avait été présent.

Après le repas, le roi joua aux échecs avec Henri Karkvider ; bientôt ils se disputèrent. Abel avait commencé la querelle, et on pouvait remarquer qu'il avait de mauvais desseins en la continuant. Il en revint aux anciennes dissensions, et aux dommages qu'ils s'étaient causés réciproquement. « Tu te souviens qu'il n'y a pas
« longtemps, tu pillas la ville de Sles-
« vig, et que ma fille fut obligée de
« courir à pied à l'école se mêler à
« des femmes et des filles pauvres.

« Ne te tracasse pas de cela, cher
« frère, répondit le roi ; j'ai encore,

5.

« grâce à Dieu, assez pour lui donner « des souliers. » — « Non, reprit Abel, « tu ne les feras pas nettoyer..... »

Ce dialogue montre bien la simplicité de ces temps-là. Les dernières paroles d'Abel ne durent faire présager rien de bon au roi. Un instant après, il fut empoigné et placé dans un bateau avec Tyge Post, chambellan du duc, chargé de converser avec Éric pour qu'il ne conçût pas de soupçons.

Cependant Abel fit venir un certain Lauge Gudmunsen, qui était un ennemi déclaré du roi, et lui dit de s'embarquer dans un bateau et de poursuivre le roi. « Qu'en ferai-je? demanda « Gudmunsen. — Fais-en ce que tu « voudras; » fut la réponse du roi.

Gudmensen embarqué ordonna aux bateliers de faire force de rames. Éric, apercevant ce bateau qui s'avançait rapidement vers le sien, conçut des inquiétudes sérieuses, et interrogea ses gens pour savoir quel était l'homme qui faisait tant de diligence pour le joindre : « Il nous semble à sa voix, « répondirent-ils, que c'est Lauge « Gudmunsen. » — « Ah! s'écria Éric, « que l'on aille chercher un prêtre, « pour que je puisse confesser mes pé-« chés avant que de mourir. » Il prévoyait que trop le sort qui l'attendait, car cet homme lui avait toujours voulu du mal et n'avait pas cessé de fomenter les dissensions entre lui et ses frères.

Arrivé près d'Éric, Lauge Gudmunsen lui crie : « Apprends, ô roi, qu'à « cet instant tu mourras. » « Je savais, « répliqua Éric avec un sang-froid im-« perturbable, puisque je suis tombé « entre tes mains, que je devais mou-« rir; mais procure-moi un prêtre qui « puisse prendre soin de ma pauvre « âme. »

Sa demande lui fut accordée, on fit venir un prêtre de la chapelle la plus proche, du Mosund ou Slie. Éric fit sa confession : « Je m'étais bien douté, « dit-il, que je serais trahi par mon « frère; mais je ne pensais pas que ce « serait sitôt. Je souffre pour mes « péchés. Mon frère ne tirera pas un « grand avantage de ma mort, et il « ne se convertira pas non plus. » Quand ce bon roi eut, avec une contrition parfaite, fini sa confession, le prêtre lui donna l'absolution. Aussitôt l'exécuteur impitoyable des ordres d'Abel lui fit trancher la tête d'un coup de hache. Son corps fut jeté dans les eaux du Slie, avec de grosses pierres fixées par des chaînes de fer. Au bout de quelques jours, Abel annonça que le roi s'était noyé par accident, le bateau ayant chaviré. Mais deux mois après, le corps d'Éric surnageant, vint à la surface de la rivière. L'aspect de ce cadavre mutilé révéla le crime qui avait fait périr Éric : il fut enterré dans l'église des dominicains de Slesvig. Éric fut regardé comme un martyr. On parla de miracles opérés par son intercession; cependant il ne fut pas canonisé.

On a raconté que, lorsque le roi était sur le point de recevoir le coup mortel, il fut sommé, au nom d'Abel, de déclarer en quel endroit il avait caché son trésor; il répondit que c'était dans un coffre de fer qui était dans le couvent des cordeliers de Röskild. Abel fit ouvrir le coffre, qui ne contenait qu'un habit de moine, et un écrit d'Éric exprimant le vœu d'être enterré, revêtu de ce costume, dans l'église des frères mineurs de Röskild.

Les historiens modernes disent qu'Éric mérite de tenir une place parmi les bons rois de Danemark, et qu'il fut bon, religieux, équitable, bienfaisant et brave. Il ne fut pas asservi au clergé, bannit l'évêque de Röskild qui s'était mal conduit, et confisqua, au profit de la couronne, une partie de ses biens.

On a remarqué que tous les complices de son assassinat périrent de mort violente; nous verrons bientôt la triste fin d'Abel; Lauge Gudmunsen fut tué dans le Holstein par des paysans; Henri Karkvider, qui avait participé au complot, fut égorgé par un paysan.

Éric avait épousé Jutha (Judith), fille d'Albert, duc de Saxe-Lauenbourg; il en eut quatre filles, savoir : Sophie, épouse de Valdemar Birgersen, roi de

Suède; Ingeborge, épouse de Magnus Lagbäter, roi de Norvége; Agnès et Jutha, qui prirent le voile.

ABEL.

Aussitôt que la mort d'Éric fut connue, la guerre contre les comtes de Holstein prit fin; ceux-ci abandonnèrent le siége de Rendsbourg. Abel adressa aux grands du royaume une lettre dans laquelle il imputait à son frère défunt de nombreux méfaits, et prétendait que sa mort, à laquelle il se déclarait complétement étranger, était une vengeance du ciel. Peu de jours après, il fut élu et proclamé roi. Une diète fut convoquée à Röskild; les mandataires des villes y furent invités pour la première fois. Abel, avant d'être couronné, jura qu'il n'avait pas ordonné le meurtre de son frère; vingt-quatre chevaliers firent le même serment avec lui.

S'il n'eût pas acquis le pouvoir suprême par un forfait, il mériterait des éloges, car il montra de l'énergie et de l'habileté durant son règne. Il se garda bien de distraire, du domaine royal, le Slesvig ou Jutland méridional; il confirma volontairement ses frères dans la possession de leurs fiefs; il gagna par ce moyen le consentement des autres personnages de l'État pour assurer à son fils aîné la succession au trône.

Ne se laissant pas éblouir par le souvenir dangereux d'une grandeur passée, il satisfit l'évêque d'OEsel en renonçant à ses prétentions sur cette île, et céda au grand maître de l'ordre Teutonique quelques cantons de l'Esthonie qui étaient encore en litige, afin que les autres lui fussent d'autant mieux garantis.

Lorsque Valdemar II s'était réconcilié avec Adolphe IV, comte de Holstein, on n'avait pas décidé si Rendsbourg appartiendrait au roi ou au comte. Abel confia la solution de cette question à douze notables, pris moitié dans le Slesvig, moitié dans le Holstein. Ils prononcèrent en faveur de ce dernier pays.

Il renonça en faveur des villes de Wismar et de Rostock à l'inique et cruel droit de *warech*. Les besoins pressants de l'État l'engagèrent à demander aux états assemblés à Nyborg l'établissement d'un impôt sur les terres; il lui fut accordé sans la moindre opposition. Toutefois les Frisons du Nord refusèrent d'y consentir. Dans le temps d'Éric VI ils avaient acheté, avec une somme d'argent, l'exemption du droit sur les charrues; dans l'occurrence présente ils représentèrent qu'il leur était impossible de payer la contribution, à cause des grosses dépenses que leur occasionnait l'entretien des digues.

Abel entra dans leur pays pendant l'hiver; tout à coup le dégel ayant succédé à une forte gelée, et des pluies abondantes ayant inondé la terre, il fut obligé de faire retraite, constamment poursuivi par les Frisons jusqu'au delà de l'Eider. Irrité de cette défaite, il jura de se venger par l'anéantissement de ces obstinés, et de livrer tout ce qu'ils possédaient à ses guerriers. Il revint donc, l'été suivant, avec une grosse armée, et, traversant promptement l'Eider, pénétra fort avant dans la contrée marécageuse. Pendant six jours des détachements, partis de son camp, dévastèrent et rançonnèrent tous les environs. De leur côté, les Frisons rassemblèrent toutes les hordes de leurs combattants; une partie alla prendre position pour couper la retraite à l'ennemi; le roi, apercevant ce mouvement, se hâta de regagner la frontière, manœuvre qui ne s'effectua pas sans désordre; les Frisons le serrèrent de près et lui tuèrent beaucoup de monde. Il avait à peine passé la Trenne, qu'il fut mis à mort, le 29 juin 1252, par un coup de hache d'arme sur la tête. Son corps resta longtemps sans sépulture; enfin il fut enterré dans la cathédrale de Slesvig. Peu de temps après, les chanoines s'étant imaginé que son esprit revenait toutes les nuits et troublait leur sommeil, il fut retiré de sa tombe et enfoncé dans un marais, près de Gottorp; comme il s'en élève des gaz qui s'enflamment par leur contact avec l'air, la croyance populaire y voit les feux de l'enfer auxquels Abel est livré. Ce prince avait épousé Mathilde, fille d'Adolphe, comte de Holstein; elle lui donna deux fils dont il sera question plus tard.

REMARQUES SUR CETTE PÉRIODE.

Le Slesvig ou Jutland méridional avait été précédemment gouverné comme une province du royaume, mais depuis Svend Estrithson, les rois firent de ce pays un fief qu'ils conféraient à un prince. Saint Canut, le premier, en investit son frère Olaüs, depuis roi de Danemark. Mais bientôt le Slesvig eut des ducs permanents; sous Olaüs et Éric Eiegod, il n'y en eut pas. Nicolas donna le duché de Slesvig à Canut Lavard; Svend-Grathe à son fils Valdemar, et Canut VI à son frère Valdemar. A l'avénement de ce prince au trône, le Slesvig fut réuni à la couronne, et conféré ensuite, par Valdemar II, à son fils Abel.

La Nordalbingie ou le Holstein avait ses comtes, qui descendaient de Hermann Billings, duc de Saxe; ils s'éteignirent en 1106. Alors l'empereur Lothaire II conféra ce comté à Adolphe, comte de Schauenbourg, dans la maison duquel il resta plus de trois cents ans. Adolphe II, mort en 1164, s'empara de la Vagrie, y établit la religion chrétienne, et y introduisit beaucoup d'Allemands et de Néerlandais qui, peu à peu, remplacèrent les Venèdes. Depuis ce temps, la Vagrie a toujours fait partie de l'empire germanique, et fixé constamment les regards des comtes et des ducs de Holstein.

Canut VI conquit la Nordalbingie par son frère, le duc Valdemar, sur le comte Adolphe III. Albert, comte d'Orlamünde, en fut gouverneur sous Valdemar II, son oncle maternel. Après la malheureuse bataille de Bornhöved, Adolphe IV, fils d'Adolphe III, recouvra la possession de ce comté : ce personnage, dont il a été parlé si souvent, aida les Lubeckois à se soulever contre Valdemar II. Quand ils furent devenus puissants et riches, Adolphe ne put oublier que leur ville avait été fondée par son aïeul, possédée par son père et par lui-même. Il leur fit donc entendre que les services qu'il leur avait rendus ne pouvaient être acquittés que par un tribut annuel. On a vu que l'entreprise qu'il concerta contre eux avec Valdemar échoua complétement. Adolphe congédia ses troupes. Le repos et la tranquillité étaient si opposés à ses inclinations, qu'il ne put les supporter. Sa tête s'exalta, il donna dans une dévotion exagérée et minutieuse, se fit moine en 1236, reçut les ordres sacrés, alla pieds nus à Rome, remplit ses États de couvents, et mendia du pain dans les rues de Hambourg et de Kiel pour en faire des aumônes aux pauvres.

Il avait partagé ses États entre ses fils; Jean eut la Vagrie, et une partie des Marskländer jusqu'à l'Elbe et à Kiel; Gérard, le Holstein et une portion de la Stormarie. Le Holstein continua de reconnaître la suzeraineté de l'empereur d'Allemagne, et suivit les lois de l'Empire, par conséquent, le droit romain, qui y fut introduit au douzième siècle.

La Ditmarsie avait eu occasionnellement les mêmes comtes que Stade, ville au sud de l'Elbe. Hartvig, devenu archevêque de Brême, et n'ayant pas d'héritiers, légua ses possessions à son église. Les Ditmarses refusèrent de se conformer à cette disposition et formèrent une république gouvernée par des anciens. Cependant elle fut forcée par Canut VI et Valdemar II de reconnaître la souveraineté du Danemark. Après la bataille de Bornhöved, elle recouvra sa liberté, mais sous la suzeraineté tantôt du Holstein, tantôt de l'archevêché de Brême, suivant les circonstances. Cet état de choses dura près de quatre cents ans.

Le Danemark, après avoir atteint, durant cette période, au faîte de sa puissance, éprouva ensuite un affaiblissement et une décadence qui, dans la période suivante, l'amenèrent bien près d'une ruine totale. Le pouvoir du roi était à peu près le même qu'auparavant. Il lui fallait le consentement des états pour faire des lois et établir des impôts. Éric Eiegod rendit aussi à ces assemblées le droit de déclarer la guerre et de conclure la paix. La puissance du clergé alla toujours en croissant, depuis saint Canut qui lui accorda la juridiction dans les affaires ecclésiastiques. Les évêques battaient monnaie, étaient exempts de toute punition corporelle et de la juridiction séculière; quelques-uns, par exemple Eskil, archevêque de Lund, cherchèrent à se rendre indépendants; mais les rois, tels que les deux Valdemar et Canut VI, surent les tenir passablement en respect.

La noblesse danoise tire son origine du service militaire à cheval, surtout depuis le temps de Valdemar Ier, lorsque les rois commencèrent à donner en fief les terres et les métairies, avec les ports où l'on équipait les navires et rassemblait les troupes en temps de guerre; ces fiefs furent exempts d'impôts, et avec le temps devinrent héréditaires. Alors le sort des paysans empira, et ils furent graduellement exclus de prendre part aux assemblées du peuple.

De cette période datent les armoiries ou les marques distinctives dont les nobles ornèrent leur écu. Quelquefois ils prenaient des noms de famille, mais ils ne les employaient que rarement en se désignant eux-mêmes ou en signant. La noblesse se partageait comme ailleurs en chevaliers et en écuyers; ceux-ci étaient en quelque sorte les serviteurs des premiers. Les états se composaient, dans le principe, des magnats, c'est-à-dire des ducs, des comtes et des princes de la maison royale ou de ceux qui en descendaient, et des nobles d'un rang inférieur ou propriétaires de terres. Depuis saint Canut, les évêques formèrent le premier état. Le reste des habitants n'avait aucune part au gouvernement. Les villes de commerce, qui prirent naissance durant cette période, n'acquirent réellement quelque importance que dans la suivante.

Saint Canut est le plus ancien roi de Danemark dont on ait un diplôme en langue danoise, et dont on connaisse le sceau. Il n'existait pas encore de code général pour tout le royaume; chaque province avait ses lois et ses coutumes particulières.

Le christianisme était reçu dans tout le royaume; il paraît que la Blekingie et l'île de Bornholm l'adoptèrent les dernières; le zèle religieux se manifestait de plus en plus par la construction d'églises, la fondation de couvents, l'augmentation des biens du clergé, la magnificence des cérémonies du culte. Au commencement de cette période, on fit venir beaucoup de prêtres d'Angleterre; plus tard, tous étaient nés en Danemark.

Quiconque voulait étudier la théologie et la philosophie, allait à Paris, à Cologne, à Bologne. Saxo, le grammairien, qui, à la recommandation de l'archevêque Absalon, écrivit, dans un latin élégant, l'histoire de Danemark jusqu'à son temps, fournit un exemple de la manière dont cette langue y était cultivée. Sven Aagesen, qui composa une chronique contemporaine, André Sunesen, et Gonthier, évêque de Viborg, qui eut une grande part à la rédaction de la loi de Jutland, sont avec Saxo les auteurs les plus remarquables de cette période.

La marine danoise prit des accroissements notables sous Valdemar Ier et Canut VI. Au moment de sa plus grande puissance, Valdemar eut une flotte de 1,400 navires longs et une armée de terre de 100,000 hommes. Mais il faut remarquer à ce sujet qu'il possédait des territoires et avait des vassaux hors du Danemark. Ses revenus étaient si considérables que, si on les calcule d'après la valeur que l'argent eut plus tard, ils s'élevaient à plus de dix millions de rigsdalers. Dès ce temps-là, on faisait une différence entre les biens de la couronne et ceux du roi.

Les détails de l'assassinat de Canut Lavard, qui a été raconté plus haut, peignent bien la barbarie des mœurs de ces temps-là. Le prince Magnus, son ennemi, l'avait attiré à Röskild, en lui mandant que, décidé à faire le voyage de la terre sainte, il désirait de lui confier la garde de sa femme et de ses enfants pendant son absence, et que, les fêtes de Noël passées, ils auraient le loisir de converser ensemble sur ce sujet.

Déçu par ces expressions amicales, Canut accepte l'invitation et arrive avec sa suite à Röskild. Des convives nombreux prennent part aux fêtes, qui durent quatre jours. Quand elles sont terminées, chacun s'en retourne chez soi : Canut aussi prend congé de Magnus, et se retire dans un château fort bâti par son frère Harald Kèsia.

Peu de jours après, Magnus lui expédie un second message, pour lui demander un entretien secret sur leurs différends. Canut y consent et se rend au lieu indiqué avec deux de ses officiers et deux serviteurs. Il n'aurait pas pris son épée, si un de ceux-ci ne l'y eût obligé; mais elle lui fut inutile.

Les deux princes se rencontrent dans la forêt de Henested. Magnus accueille Canut très-amicalement, lui prodigue les embrassades et les baisers. Alors Canut s'aperçoit que son cousin a une cuirasse sous ses habits; il lui en témoigne sa surprise, et lui demande pourquoi il est ainsi armé. « C'est, répond Magnus, que je veux me venger d'un paysan qui m'a offensé. » Entraîné par son bon naturel, Canut intercède pour le paysan, ajoutant que Magnus doit surtout se garder d'exercer sa vengeance le lendemain du jour où il a célébré une solennité aussi sainte, la fête des rois. Magnus montrant beaucoup de répugnance à faire ce qu'il sollicite, Canut lui offre de se rendre caution pour le paysan.

Enfin Magnus prend Canut par le bras, et l'entraîne peu à peu dans un lieu écarté. « Viens, frère, lui dit-il, « asseyons-nous; » et quand ils furent assis, il continue ainsi : « A qui penses-tu que le royaume appartient ? — Au roi, répond Canut. — Eh bien, reprend Magnus, tirons au sort pour savoir qui de nous deux, après la mort du roi, le possédera. — Je souhaite, réplique Canut, que le roi vive encore longtemps. » Au même moment Magnus le saisit par les cheveux, et lui fend la tête d'un coup d'épée.

Les amis de Canut coururent à Röskild, pour demander au roi la permission d'enterrer ce prince dans l'église cathédrale de cette ville. Mais la haine de Magnus pour son neveu était si forte, qu'il rejeta leur requête; peut-être aussi, et cette opinion paraît plus probable, craignit-il que les funérailles n'attirassent un trop grand concours de peuple. Alors ils se résignèrent à lui donner la sépulture, sans aucune cérémonie, à Ringsted, petite ville peu éloignée.

Éric Emund fut le premier qui fit passer la mer à la cavalerie : chaque vaisseau portait quatre cavaliers et quatre chevaux. Ensuite, la cavalerie danoise prit de l'accroissement. Svend Grathe fut le premier qui entoura Röskild et Viborg de remparts en terre. Depuis, les châteaux et les métairies nobles furent ceints de murs en terre et de fossés pleins d'eau. Le roi Nicolas, peut-être pour empêcher qu'un malfaiteur puissant pût échapper au châtiment, leva une troupe permanente appelée *Thing Lith*, déjà établie par Canut Lavard; elle fut organisée à la manière allemande; un certain nombre d'hommes d'armes devaient, comme vassaux, quand ils en recevaient l'ordre, se mettre en campagne et marcher.

Les historiens danois ont remarqué un fait que présentent également les annales de plusieurs pays de l'Europe, durant la période qui nous occupe. A la bataille de Fodvig en Scanie, entre Nicolas et son antagoniste Éric, cinq évêques et soixante prêtres furent tués. Avant qu'on en vînt aux mains, tous avaient reçu l'absolution de l'archevêque de Lund.

Les principales ressources du Danemark étaient la pêche maritime, notamment celle du hareng, dans le Sund, l'élève du bétail, et l'agriculture, qui avait fait de grands progrès, quoiqu'il y eût encore, notamment en Jutland, des forêts considérables et des friches.

Saint Canut s'efforça inutilement d'abolir l'esclavage, il dura jusqu'au quatorzième siècle ; alors il fut complétement aboli. Canut Lavard encouragea l'industrie en introduisant des artisans allemands, auxquels il donna des maisons à Röskild. Le premier règlement relatif aux villes de commerce est celui que Svend Grathe publia pour Slesvig. Sous Éric Eïegod furent établies les *gilder* (communautés), espèces de corporation qui peut-être tiraient leur origine des anciennes confraternités, dont le premier motif avait été l'aide et l'assistance en commun ; ces *gilder* portaient le nom des saints à qui elles étaient consacrées, et parmi lesquels saint Éric tenait le premier rang ; elles avaient leurs statuts particuliers rédigés par écrit. En fournissant aux bourgeois des centres de réunion, elles contribuèrent beaucoup à la formation de l'état de la bourgeoisie. C'est aussi de ces communautés que dérive l'institution des corps de métiers.

Dans ces temps d'anarchie, le roi Nicolas éprouva quelle était la puissance de ces confréries. Après avoir été vaincu à la bataille de Fodvig, il n'avait pu se sauver qu'avec l'aide d'un paysan qui lui donna un bon cheval ; ayant gagné ses vaisseaux, il fit voile pour le Jutland. Le malheur voulut qu'il abordât près de Slesvig. C'était la ville où on le haïssait le plus ; comme Lavard y avait longtemps résidé, sa mémoire y était chérie. Il y avait été le chef d'une nombreuse confrérie. Parmi les statuts qu'en cette qualité il lui avait fait adopter, il s'en trouvait un dont une clause était conçue en ces termes : « Si quelqu'un « n'appartenant pas à la confrérie tue « un de ses membres, les autres sont « obligés de venger sa mort. » En conséquence, les confrères de Canut se croyaient en conscience tenus de se défaire du roi, qu'ils regardaient comme le premier auteur de l'assassinat de ce prince.

Les personnes de la suite de Nicolas qui étaient instruites de ces particularités les lui firent connaître en lui conseillant de bien se garder d'entrer dans Slesvig. « Eh quoi, s'écria dédaigneusement le monarque, je redouterais des cordonniers et des « écorcheurs ! » Néanmoins il pensa que la prudence lui commandait de prendre des précautions, et demanda qu'on lui remît des otages ; cette proposition fut adoptée, et quelques nobles vinrent le trouver. Il supposait que le passé était à peu près oublié, et que l'on aurait compassion de son infortune présente. Le clergé et les principaux habitants le reçurent avec les honneurs dus à son rang, et, ajoute une ancienne chronique, ce fut au son des cloches et des instruments de musique. Cette pompe ne fit qu'accroître les mauvaises dispositions des *frères* (c'est ainsi qu'on les nommait). Ils soulevèrent la populace, prirent les armes, et marchèrent contre la maison où le roi logeait. Ses amis furent d'avis qu'il se réfugiât dans l'église de Saint-Pierre, il préféra de chercher un asile dans le château. Il y fut défendu courageusement par les gens de sa suite ; mais, accablés par le nombre, ils furent tous tués avec lui.

Le commerce se faisait par les habitants du pays ; car l'influence des villes hanséatiques n'était pas encore devenue aussi importante qu'elle le fut par la suite. Le commerce par terre avait lieu principalement avec l'Allemagne, et le commerce par mer avec les pays baignés par la Baltique, et avec l'Angleterre. On échangeait les productions du pays contre celles des climats chauds et contre les marchandises de luxe de ce temps-là. Quand, sous le règne des deux Valdemar et de Canut VI, la destruction des pirates venèdes et estoniens fit jouir le commerce de la sûreté qui lui était nécessaire, il prit une extension considérable. Les liaisons avec les nations étrangères s'accrurent par les voyages à la Terre sainte, qui avaient pour but plutôt l'accomplissement d'actes de dévotion qu'une participation aux croisades. De leur côté, les papes commencèrent à tirer beaucoup d'argent du Danemark, notamment au moyen du *denier de Saint-Pierre*, quoique, dans ce pays, il ne fût jamais, comme dans plusieurs autres contrées de l'Europe, un impôt à peu près annuel.

Un document important pour connaître l'état de la culture, des productions et des finances du pays, durant cette période, est le terrier de Valdemar II, qui fut composé vers 1231, et contient le dénombrement des propriétés du roi, ainsi que le montant de leurs revenus.

Dans le douzième siècle, l'usage d'aller armé aux assemblées publiques fut aboli. Cette mesure fut en partie dictée par le désir de maintenir la paix et de prévenir les querelles et les meurtres; mais il en résulta aussi que le peuple perdit peu à peu l'habitude de se servir des armes, ainsi que la part qu'il avait au gouvernement, et se soumit avec plus de facilité à l'autorité du clergé et au joug des nobles.

Canut Lavard adopta le costume saxon; néanmoins la plupart des Danois conservèrent longtemps l'ancien habillement, qui était celui des hommes de mer. Saint Canut décerna la peine de mort contre la piraterie, le meurtre et le vol; et depuis cette époque, le rachat de l'homicide commença à n'être plus en usage pour exempter de toute punition.

Presque toutes les constructions étaient encore en bois; les plus considérables avaient de hautes tours. Sous le règne de saint Canut, la cathédrale de Röskild fut bâtie en pierre. Les cheminées étaient encore rares du temps du roi Nicolas; on n'avait que des chambres empestées par la fumée. Toute espèce de magnificence ou d'ornement était réservée principalement pour les églises.

QUATRIÈME PÉRIODE.
De 1252 à 1397, époque de l'union de Calmar.

Au commencement de cette période, et même pendant près d'un siècle, le Danemark ne cessa pas de déchoir, soit par l'incapacité des monarques, soit par la trop grande puissance du clergé et de la noblesse, soit par la diminution du commerce et de la navigation, soit, enfin, par la part que les comtes de Holstein prirent aux affaires du royaume.

CHRISTOPHE Ier.

Christophe, quatrième fils de Valdemar II, avait, comme on l'a vu plus haut, eu en partage les îles de Laaland et de Falster; chassé de ses domaines, en 1247, par son frère Éric VI, il se réfugia auprès d'Abel, et tous deux firent une invasion dans le Jutland. Battu et fait prisonnier par Éric, il fut enfermé. Les murmures de la noblesse forcèrent Éric de lui rendre la liberté. Cependant Christophe ne l'obtint entièrement qu'en prêtant, comme vassal, serment de fidélité au roi. Alors Éric grossit son domaine de l'île de Femern, et lui fit épouser Marguerite, fille de Sambor, duc de Poméranie.

Abel, qui avait confirmé Christophe dans ses possessions, laissa en mourant deux fils, Valdemar et Éric. Valdemar, quand son père parvint à la couronne, faisait ses études à Paris. Les états l'avaient désigné pour succéder à la couronne. Il revenait en Danemark, lorsqu'en passant à Cologne, sans être muni d'un sauf-conduit, il fut arrêté par l'archevêque de cette ville, qui le retint quatre ans en captivité.

Son absence et la haine que l'on portait à la mémoire d'Abel furent cause qu'à la mort de ce dernier les états fixèrent leur choix sur Christophe. Ce prince, qui montait sur le trône dans des conjonctures difficiles, voulait régner réellement et être obéi. Afin de mettre ses neveux dans sa dépendance, il se fit déclarer leur tuteur, et, en cette qualité, garda aussi longtemps qu'il put le duché de Slesvig.

Son refus formel d'en investir Valdemar excita les partisans de ce dernier à se liguer avec les puissances voisines pour le faire monter sur le trône. Tous fondirent à la fois sur le royaume, qui semblait toucher à sa ruine complète, lorsque cette coalition se désunit. Un accommodement fut proposé. Christophe s'engagea à restituer à ses neveux le duché de Slesvig, à l'époque de leur majorité, et ceux-ci renoncèrent à la couronne de Danemark.

Quelque temps avant la fin de cette guerre étrangère, l'audace de Jacob Erlandsen, archevêque de Lund, avait jeté les semences d'une division intestine qui ne fut moins guère funeste au roi. Erlandsen, aussitôt après son élection, s'était mis en possession du temporel de sa métropole, sans prendre l'investiture du roi. Choqué de la dissolution générale des mœurs, à laquelle le roi n'avait pas la force de porter remède, il traduisit les malfaiteurs de toutes les classes devant son tribunal et sévit contre eux. Il s'arrogea une prérogative royale après l'autre, accusa le roi auprès du pape, et fit enlever le trône de Christophe du chœur de la cathédrale, construisit des forteresses, leva des droits de péage, changea, sans le concours du roi, le code ecclésiastique de Scanie ; et afin de susciter au roi des affaires sérieuses qui détournassent son attention de celles de l'Église, contracta alliance avec le roi de Norvége, et engagea Mathilde, veuve d'Abel, à épouser Birger, régent de Suède, espérant que ce prince prendrait le parti des enfants de sa femme. Par le même motif, il travailla, en 1255, avec d'autres évêques, à soulever le peuple qui murmurait du poids des impôts.

Christophe, lassé de tant de présomption, ordonna aux Scaniens d'obéir aux anciennes lois, et convoqua l'assemblée des états à Nyborg, afin d'examiner la conduite de l'archevêque. Le prélat, pour braver le roi, assembla un concile national à Vedel en Jutland; cette assemblée de factieux publia, le 6 mars 1256, une constitution fameuse dans l'histoire de Danemark, et qui depuis servit toujours de prétexte aux entreprises ambitieuses du clergé; elle fut confirmée par le pape Alexandre IV ; elle porte que si un évêque, même convaincu de trahison, souffre une violence quelconque par l'ordre ou le consentement du roi ou du sénat, le royaume sera mis en interdit. Non-seulement le roi et le peuple furent indignés, le clergé même de Scanie et les dominicains protestèrent plus tard contre ces décrets.

Le concile fini, les évêques se rendirent à l'assemblée des états. Erlandsen fut très-mal reçu. La rigueur de la saison ayant empêché les princes de la Venédie de venir, Christophe indiqua une nouvelle réunion à Vordingborg. Une réconciliation entre le roi et l'archevêque y fut ménagée. Elle ne dura pas six mois. Le prélat ayant usé de son pouvoir avec une rigueur excessive, le roi vint siéger en personne à la cour de justice de Lund, y cita l'archevêque, et somma ceux qui avaient des griefs contre lui de se présenter. Erlandsen comparut, mais ce fut pour déclarer qu'il récusait l'autorité du roi et de la loi de Scanie, et ne reconnaissait que celle du pape.

Le roi révoqua les immunités et les priviléges de l'église de Lund; Erlandsen excommunia l'officier qui lui apportait la déclaration royale, et fit révolter les paysans de son diocèse ; ils se livrèrent à des excès affreux, et ne furent réprimés que par les troupes du roi.

Christophe avait réussi à terminer ses différends avec Haquin, roi de Norvége, qui avait amené sa flotte devant Copenhague ; il conclut une alliance avec Birger, qui essaya inutilement d'effectuer un rapprochement entre le prince et le prélat. Leur animosité réciproque augmentait de jour en jour.

Erlandsen, qui se sentait soutenu par le pape, s'allia avec le comte de Holstein et le prince de Rugen, refusa d'assister à une assemblée indiquée par le roi à Odensé, en 1258, pour faire couronner son fils Éric, déjà désigné pour lui succéder, et défendit aux autres évêques d'y venir sous peine d'excommunication. Cependant quelques-uns s'y rendirent, sans toutefois oser prendre part au couronnement. Comme le prélat travaillait à faire monter sur le trône Éric, fils cadet d'Abel (Valdemar était mort en

1257), Christophe convoqua les états à Copenhague : ils délibérèrent sur les moyens de punir l'audacieux archevêque, et déclarèrent unanimement que sa désobéissance autorisait le roi à se saisir de sa personne et de celle des évêques qui partageaient sa rébellion. Aucun membre du clergé ne prit part à cette détermination.

Elle ne put s'exécuter qu'en gagnant Nicolas Erlandsen, frère de l'archevêque. Le prélat, arrêté dans une maison de plaisance, près de Landscrona en Scanie, fut enfermé dans le château fort de Hageskor en Jutland; quelques ecclésiastiques y furent bientôt amenés. Deux autres des partisans d'Erlandsen, les évêques de Röskild et d'Odensé, ayant été avertis à temps, s'enfuirent auprès du prince de Rugen, et lancèrent l'interdit contre le royaume. On s'y conforma seulement dans quelques provinces pendant un certain temps.

Dans cet embarras, le roi en appela au pape lui-même, et, en attendant sa réponse, enjoignit au clergé de continuer à faire le service divin, et mit dans ses intérêts les rois de Suède et de Norvége, afin de l'aider à dissiper la ligue qui s'était formée contre lui. Déjà le prince de Rugen, arrivé à Copenhague, paraissait disposé à détrôner Christophe, et à le remplacer par Éric, fils d'Abel. Le roi était alors à Ribé, où il conférait avec l'évêque de cette ville sur les moyens de faire cesser les troubles qui déchiraient l'Église et l'État. Arinfast, abbé d'un couvent de Jutland, profita de l'occasion pour se défaire de ce prince; il l'empoisonna dans un festin, le 29 mai 1259, et fut ensuite nommé évêque d'Aarhuus par le pape.

Ainsi périt ce prince infortuné, victime de l'ambition du clergé et de l'aveuglement de son siècle. Il avait montré pendant son règne beaucoup de fermeté, de prudence et de bravoure.

Il laissa trois fils : Éric, qui lui succéda; Valdemar et Nicolas, qui moururent jeunes; et une fille, Mathilde, qui épousa Albert, margrave de Brandebourg.

ÉRIC V (GLIPPING LE CLIGNOTANT).

Le règne d'Éric commença de la manière la plus malheureuse. La prudence et le courage de Marguerite de Poméranie, sa mère, sauvèrent la couronne à ce roi, alors âgé de dix ans. Marguerite leva des troupes à la hâte, et marcha au-devant des rebelles. Son armée, défaite à Nestved en Seeland, se débanda; cette île fut dévastée; Copenhague, prise d'assaut, n'eut pas un meilleur sort. Le prince de Rugen repassa dans ses États pour y ordonner un armement formidable, puis reparut bientôt dans Bornholm, qu'il ravagea, enfin en Scanie, où il fut tué par une femme dont il avait brûlé le village.

Marguerite, ayant fait couronner son fils en Jutland, seule province qui lui restât, donna la liberté à l'archevêque, qui se retira en Suède jusqu'à ce que le pape eût prononcé sur son affaire; les autres prisonniers furent également élargis. Elle envoya des ambassadeurs au pape Urbain IV nouvellement élu; ils étaient chargés de lui exposer les griefs du gouvernement contre Erlandsen et d'autres membres du clergé. Elle offrit le duché de Slesvig au prince Abel, mais seulement sa vie durant. Comme il ne voulut pas souscrire à cette condition, l'armée royale, commandée par le général Pierre Findsen, livra bataille, le 29 juin 1261, dans la plaine de Lohöde, près de Slesvig, à Abel et au comte de Holstein, son allié; elle fut battue. Le roi et sa mère, qui, dans un village voisin, attendaient l'issue du combat, tombèrent, avec plusieurs Danois de distinction, dans les mains des vainqueurs. Marguerite fut envoyée à Hambourg, et Éric à Norborg, château de l'île d'Alsen, appartenant à Abel.

Aussitôt Erlandsen accourut, et obtint par ses sollicitations que le roi et sa mère seraient gardés avec un redoublement de rigueur; cependant leur détention ne dura pas aussi longtemps qu'il l'eût désiré. La ville de Lubeck et Albert, duc de Brunsvick, armèrent en leur faveur; et les succès qu'ils obtinrent obligèrent les comtes de Holstein à rendre la liberté à Marguerite, en 1262. L'année suivante, Otton, margrave de Brandebourg, obtint l'élargissement d'Éric, à condition de rendre aux comtes de Holstein le château de Rendsbourg qui lui avait été engagé pour six mille marcs d'argent; cette somme fit la dot d'Agnès, fille d'Otton, qui devint l'épouse d'Éric. Le mariage ne fut célébré qu'en 1273.

Urbain IV écrivit à Erlandsen une lettre qui condamnait sa conduite, et qui, pour lui épargner une déposition flétrissante, exigeait qu'il abdiquât. Bientôt la nouvelle de la mort d'Urbain et de l'élection de Clément IV décida l'archevêque à se rendre à Rome. Il sut exposer au nouveau pape tout ce qui s'était passé, sous un jour si défavorable au roi, qu'un légat fut envoyé, en 1266, pour terminer toutes les contestations. Circonvenu par Erlandsen et ses partisans, le légat cita devant son tribunal, établi à Slesvig, le roi, sa mère et toutes les personnes qui leur étaient attachées. Le roi protesta et en appela au pape même. Le légat, accompagné de ses partisans, se retira à Lubeck, d'où il excommunia le roi et tous ses adhérents. L'archevêque se retira à Rome, où il resta près de sept ans.

Quoique l'interdit subsistât toujours, le royaume ne laissa pas que de jouir d'une sorte de tranquillité. Éric en profita pour fortifier Colding, place importante sur les frontières du Jutland et du Slesvig. Il fit rédiger et publier le code nommé *Birke-Rätt*, qui accordait aux possesseurs des fiefs la juridiction sur leurs vassaux; il envoya en Estonie, en 1270, une armée qui obtint des succès.

La mort d'Éric, duc de Slesvig, attira, deux ans après, les armées des Danois dans ce pays. Il laissait deux fils, Valdemar et Éric, encore en bas âge; le roi et les comtes de Holstein prétendaient à l'envi à la tutelle. L'armée d'Éric mit une fin aux déprédations de celle des comtes, qui pillait le pays et s'était déjà emparée de la capitale. Le roi obtint la tutelle, à condition qu'à la majorité du fils aîné, il lui donnerait l'investiture.

Le différend entre le roi et l'archevêque fut enfin terminé, en 1274, au concile de Lyon, par Grégoire X. Erlandsen reçut quinze mille marcs d'argent comme indemnité des revenus qu'il n'avait pas perçus pendant dix ans. Bientôt après, sa mort, arrivée dans l'île de Rugen, avant qu'il eût repris possession de son siége, débarrassa le roi d'un ennemi redoutable. Mais ce prince abandonna à la cour de Rome la dîme ecclésiastique pour servir aux frais d'une nouvelle croisade, et renonça au droit de donner l'investiture aux prélats, ainsi qu'à celui de leur demander le service militaire.

Quelques historiens ont dit qu'Éric, livré à la dissipation et aux débauches, tomba dans le mépris; cette cause put contribuer aux malheurs de la fin de son règne, mais on peut en chercher une plus réelle de ces calamités dans la dégradation de l'autorité royale, dans l'esprit turbulent et séditieux des prélats, des grands et de la noblesse, enfin dans des mesures inconsidérées du roi.

La paix était à peine rétablie, qu'il se mêla, très-inutilement, des brouilleries qui divisaient la maison royale de Suède; la part qu'il y prit ne produisit aucun événement important; elle augmenta la misère publique, et de nouveaux démêlés avec la noblesse. Éric ne put empêcher une guerre civile d'éclater que par de nouveaux sacrifices d'une portion de son autorité. Le Halland septentrional fut rendu au comte Jacob; le Halland méridional fut concédé à Éric, fils du duc Canut; Éric Langbén (longue jambe), fils de feu Éric, duc de Slesvig, reçut en fief l'île de Langeland. Valdemar, son frère, non content d'avoir obtenu l'investiture du duché de Slesvig, forma des prétentions sur les domaines que son grand-père Abel avait possédés en Fionie et dans l'île d'Alsen. Pour forcer le roi à ces restitutions, il s'allia contre lui avec plusieurs seigneurs danois, et avec Éric, roi de

Norvége, qui déjà faisait la guerre au Danemark, pour réclamer l'héritage de sa mère Ingeborge, fille d'Éric Plogpenning. Il se disposait à passer dans ce royaume, lorsqu'il fut arrêté à Elseneur, en 1285. Sa prison fut bientôt ouverte aux instances des ducs de Holstein et d'autres princes de la Venédie, et à condition qu'il rendrait les îles d'Alsen, d'Arröe et de Femern, prêterait au roi serment de fidélité, ne battrait monnaie qu'au nom du roi, et ne pourrait se dispenser d'assister aux états du royaume.

Éric était passé en Jutland; le 22 novembre 1286, il se reposait des fatigues de la chasse dans une grange du village de Finderup, près de Viborg; des assassins masqués y entrèrent et le tuèrent en le frappant à la tête avec une masse d'armes. Il laissa deux fils, qui régnèrent, et deux filles: Marthe, qui épousa Birger, roi de Suède, et Richiza, mariée à Nicolas de Verle, prince de la maison de Mecklenbourg. Nous verrons plus tard ses descendants parvenir au trône de Danemark.

Éric avait reçu son surnom de l'habitude de clignoter continuellement. On a vu que son règne avait été très-orageux; et, par le récit des événements, que la noblesse n'était pas satisfaite de lui, ce qui occasionna un soulèvement. Il en résulta la capitulation qu'il donna en 1282, et par laquelle il promit de remédier aux abus qui avaient produit le mécontentement. Le clergé ne l'aimait pas non plus, prétendant qu'il employait les dîmes de l'Église à faire la guerre. On l'accusa aussi d'avoir mis à la charge des couvents l'entretien de ses chevaux et de ses chiens de chasse.

ÉRIC VII MENDVED.

Éric, qui depuis fut surnommé *Mendved*, d'après un juron qui lui était habituel (*), n'avait que douze ans à la mort de son père. Agnès, sa mère, fille d'Otton, margrave de Brandebourg, agit avec beaucoup de prudence en faisant déférer la régence à Valdemar, duc de Slesvig; celui-ci convoqua aussitôt les états à Skielskiör, en Seeland, et leur proposa de rechercher les meurtriers du roi. Ceux-ci, justement alarmés, conspirèrent pour enlever le jeune roi, afin de s'en faire un otage qui assurât leur impunité, et leur procurât le moyen de faire la loi.

La vigilance de Valdemar ayant déjoué leur complot, ils s'enfuirent. Une nouvelle assemblée des états fut convoquée, en 1287, à Nyborg, et reprit l'information contre les auteurs et fauteurs de l'assassinat du roi. C'étaient Jacques, comte de Halland, Stig, maréchal de la cour, et sept autres seigneurs. Ils furent condamnés à un bannissement perpétuel et à la confiscation de leurs biens. Les coupables se sauvèrent auprès d'Éric, roi de Norvége, alors brouillé avec le Danemark: ce prince leur assigna pour demeure Kongel, ville maritime à l'extrémité méridionale de ses États. De là ils ravagèrent, pendant plusieurs années, les côtes de Danemark. La guerre entre les deux royaumes, suspendue en 1295, par la trêve de Laholm, ne fut entièrement terminée que par le traité signé, le 24 juin 1308, à Copenhague. Le roi de Norvége reçut satisfaction pour ses réclamations, le sort des familles des régicides fut réglé, et les deux rois s'allièrent en faveur de Birger, roi de Suède, que ses frères avaient détrôné.

Les états, après avoir prononcé leur sentence contre les régicides, avaient assisté au couronnement du jeune roi, le jour de Noël; puis, cédant aux justes réclamations du duc Valdemar, ils lui rendirent les îles d'Alsen, d'Arröe et de Femern.

Pendant que la guerre durait encore

(*) Ce juron était plutôt le contraire de l'idée attachée à ce mot. En effet, quand Éric affirmait ou admettait une chose, il se bornait à dire *ja sommönd* (oui, assurément), ou *nei sommönd* (non, assurément). L'on avait autant de confiance à cette formule simple qu'au serment d'un autre. Ainsi ce surnom de *mendved* (bien sûr) donné à Éric prouve que jamais un serment ne sortait de sa bouche.

avec la Norvége, les querelles de la royauté avec le clergé recommencèrent. Jean Grand, prévôt de l'église de Röskild, parent de quelques-uns des meurtriers du feu roi, avait été soupçonné d'une participation quelconque à cet attentat. Quoiqu'il se fût justifié, le roi le regardait toujours comme coupable. Cette haine s'accrut encore lorsque, contre le gré du roi, Grand, promu, en 1290, à l'archevêché de Lund, rejeta plusieurs sujets que le monarque lui présenta pour remplir des bénéfices à sa nomination; il refusa de promulguer l'excommunication lancée par le pape contre les assassins d'Éric VI et leurs adhérents, quoique le légat du saint-siége en Allemagne le lui eût expressément ordonné; enfin, dans un concile tenu à Röskild, il avait renouvelé l'anathème prononcé, en 1257, par l'assemblée séditieuse de Vedel.

Justement indigné, Éric chargea Valdemar son frère d'arrêter le prélat orgueilleux. Valdemar le fit couvrir de haillons, lier sur un mauvais cheval, conduire ainsi à Heisingborg, où on le promena dans les rues; enfin, le prélat fut jeté à fond de cale dans un navire qui le transporta au château de Söeborg, en Seelande, où il fut enfermé dans un cachot, les fers aux pieds et aux mains.

Valdemar, après s'être emparé de Grand, se saisit des archives archiépiscopales, brûla toutes les chartes relatives aux donations faites par les rois à l'église de Lund, et s'assura de la personne de Jacques Lange, qui en était prévôt. Mais, au bout de six mois, celui-ci s'échappa de sa prison de Kallundborg, et courut à Rome, où Grand le rejoignit en 1295. Tous deux portèrent plainte au pape contre le roi. Un légat envoyé en Danemark ne put arranger le différend; Éric ne voulut pas céder. Boniface VIII, le plus altier, peut-être, des successeurs de saint Pierre, condamna le roi, par une bulle du 20 février 1298 à une amende de quarante mille marcs d'argent, et mit le royaume en interdit jusqu'à ce qu'elle eût été payée. Cette bulle causa tant de troubles, que le roi prit, en 1302, le parti de céder; cependant, il obtint que Grand renoncerait au siége de Lund, qui fut donné à Isarn, légat du pape. Isarn, plus tard nommé archevêque de Salerne, ne retourna pas en Italie les mains vides; son avidité et ses exactions ont rendu son nom fameux en Danemark. Grand reçut une indemnité considérable et obtint l'archevêché de Brême, qui, bien que très-riche, ne put satisfaire cet ambitieux dont le caractère inquiet portait la discorde partout.

Pendant ces tracasseries intestines, divers événements avantageux pour le Danemark s'étaient passés. Lubeck avait demandé à Éric, en 1290, sa protection, d'abord pour dix ans, ensuite pour quatre, moyennant un payement annuel de sept cents marcs d'argent. Nicolas, prince de Mecklenbourg-Rostock, connu sous le nom de l'*Enfant de Rostock*, qui avait des motifs de craindre le ressentiment des margraves de Brandebourg, céda d'abord à Éric la souveraineté, puis, en 1300, la propriété de la ville de Rostock. Mais l'esprit mutin des habitants causa tant de séditions, qu'en 1317 Éric donna cette principauté, pour la somme de quatorze mille marcs d'argent, à Henri le Lion, duquel descendent les deux branches de la maison ducale qui existent aujourd'hui.

Éric fut sérieusement impliqué dans les troubles survenus en Suède, sous le roi Birger. Il fit la guerre aux frères de ce prince, depuis 1307 jusqu'à la paix de Helsingborg, signée le 15 juillet 1310; par ce traité il conféra à ces princes le comté de Halland, à titre de fief et à condition de lui fournir, le cas échéant, soixante hommes de guerre. La paix de 1308 avait transporté ce pays à Haquin VI, roi de Norvége; celui-ci y avait renoncé en faveur des princes de Suède. Éric s'allia de nouveau, en 1318, avec Birger; ses troupes furent battues, et la même année il conclut une trêve avec le gouvernement de Suède.

Une révolte, que le poids des impôts avait occasionnée en Jutland, fut réprimée par l'activité, la prudence et la modération d'Éric; les chefs seuls subirent la peine de mort; les séditieux moins coupables furent condamnés à payer de nouvelles taxes et assujettis à de nouvelles corvées.

Les chagrins domestiques d'Éric furent d'une bien autre conséquence. Dès l'année 1297, son frère Christophe lui avait donné de fréquents sujets de plainte. Le roi, réconcilié avec lui, le combla de bienfaits; il lui conféra l'investiture de l'Estonie pour six ans, à condition qu'il la défendrait contre les courses des païens : bientôt il ajouta à son apanage le Halland méridional, qui devait même passer à ses héritiers. Christophe n'en continua ses menées qu'avec plus d'activité et de succès, la situation du Halland lui procurant la facilité de recevoir des secours du roi de Norvége. Alors, Éric annula cette cession, et Christophe irrité chercha une retraite en Suède, sur la fin de 1308.

Le roi publia contre lui un manifeste contenant de nombreux griefs; Christophe répondit en rejetant sur la malice de ses ennemis les préventions de son frère. Une réconciliation nouvelle suspendit quelque temps les progrès de cette inimitié. Christophe revint en Danemark; son ambition inquiète l'en fit sortir bientôt; il se retira, en 1315, chez son beau-frère Vratislas, duc de Poméranie, puis suscita le margrave de Brandebourg, et dans le pays des Venèdes, d'autres ennemis à sa patrie. Éric, de son côté, mit dans ses intérêts le duc de Saxe, les comtes de Holstein, le comte de Schwerin, le prince de Mecklenbourg. Les hostilités désolèrent ces contrées et les îles danoises; le traité de Vordingborg, en Seeland, les fit cesser.

Ces guerres étrangères et les dissensions intestines forcèrent Éric à augmenter les impositions, au point que, en 1318, elles absorbaient un dixième de tout le revenu du sol; une administration vicieuse, et les dépenses inutiles qu'il fit pour être reconnu seigneur suzerain des princes de Mecklenbourg et de Poméranie, l'obligèrent de vendre ou d'engager un grand nombre de domaines de la couronne et les îles de Langeland, Laaland, Falster, Fionie; néanmoins, ses finances ne s'améliorèrent pas, et à sa mort il était accablé de dettes.

Éric avait épousé Ingeborge, sœur de Birger, roi de Suède. Les quatorze enfants qu'elle lui donna moururent tous avant lui. Ce qui dut aggraver son affliction fut l'idée d'avoir pour successeur un frère dont l'esprit turbulent avait causé tant de maux au royaume. Aussi, se voyant près de sa fin, il recommanda aux principaux seigneurs qui l'entouraient de l'exclure du trône. Ce fut dans ces sentiments qu'il mourut à Ringsted, le 13 novembre 1319, à l'âge de quarante-cinq ans.

Quelques historiens ont dit qu'il était violent et haineux; d'autres ont vanté son équité, sa douceur, sa bonté, sa modération; vertus qui lui valurent la confiance des princes d'Allemagne, ses voisins, toujours prêts à prendre ombrage des moindres succès des rois de Danemark.

Il appartient aux législateurs du Nord; il fit rédiger, en 1315, les lois féodales de l'Estonie; ce code fut adopté en Livonie, et partout où dominait l'ordre Teutonique. Éric fit aussi revoir et corriger la loi de Seeland de Valdemar II; et, par une attention bien rare et bien louable dans un siècle si grossier, il ordonna que l'on formât un recueil de tous les actes publics, documents, mémoires et autres pièces qui pouvaient servir à l'histoire du Danemark.

On peut croire que ce fut dans la vue de faire fleurir le commerce qu'il accorda divers avantages aux marchands étrangers; il gratifia ceux de Deventer et de Harderwick, en Néerlande, d'un emplacement fixe et commode dans les marchés de Skanör et de Falsterbo en Scanie, donna de pareils droits aux habitants de Rostock, confirma les priviléges des Lubeckois, leur permit d'avoir dans ces lieux des juges de leur nation pour décider, suivant leurs lois et celles du commerce, les différends qui s'élèveraient entre eux. On a déjà remarqué qu'alors la pêche sur les côtes de la Scanie et du Sund était importante; les habitants des villes étrangères que l'on vient de nommer étaient les seuls dans tout le Nord qui s'appliquassent au commerce et qui l'entendissent; peu à peu ils le firent passer entièrement entre leurs mains, au détriment des peuples scandinaves.

CHRISTOPHE III.

Le Danemark était dans une triste position à la mort d'Éric VII; la décadence augmentera sous le successeur de ce monarque. Christophe était encore en Poméranie, où il vivait, avec ses trois fils, des bontés de son beau-frère, lorsqu'il apprit le décès de son frère. Il accourut en Danemark, où un autre compétiteur au trône se présentait : c'était Éric II, duc de Slesvig, arrière-petit-fils du roi Abel, et, par conséquent, appartenant à la ligne aînée, exclue quand Christophe Ier devint roi. Le choix d'Éric aurait eu pour résultat la réunion du Slesvig, province importante. Quant à Christophe, il avait perdu ses droits à la couronne, en se révoltant contre le roi, son frère, et en introduisant une armée étrangère dans le pays. Toutefois, ses promesses à plusieurs seigneurs puissants, et les dispositions qu'il montrait à souscrire telles conditions qui lui seraient présentées, firent qu'il obtint la préférence sur le duc de Slesvig.

Il fut proclamé roi de Danemark après avoir signé, le 25 janvier 1320, à Viborg, en Jutland, une capitulation; c'est la première qu'un monarque danois ait souscrite préalablement à son élection, car celle de 1282, qui a servi de base à l'acte de 1320, n'a été dressée que dans la vingt-deuxième année du règne d'Éric VI; elle fut, par conséquent, plutôt une charte arrachée à un roi déjà déconsidéré qu'une capitulation. Celle de Christophe II introduisit ou confirma les restrictions suivantes de la prérogative royale : Le clergé est exempt de toute espèce d'imposition et de toute juridiction temporelle: aucun étranger ne peut obtenir des bénéfices ecclésiastiques; aucun Allemand ne peut être nommé membre du conseil; le roi ne peut faire la guerre sans l'avis des états, ni établir aucun impôt sans leur consentement; tous ceux qui n'existaient pas du temps de Valdemar II cesseront d'être perçus; toutes les lois rendues sous ce prince resteront en vigueur; il sera tenu annuellement une assemblée des états (*danehof*) à Nyborg; le roi ne peut, pendant la vacance des diètes, rendre des ordonnances; il détruira les châteaux nouvellement construits; il payera les dettes laissées par son frère; il dégagera les domaines engagés; il restituera les biens confisqués sur les bannis; le droit de *warech* sera aboli. Quoique dans cet acte il soit question de quatre ordres composant les états du royaume, savoir : les prélats, la noblesse, les bourgeois, les paysans, néanmoins la forme du gouvernement était purement aristocratique, puisque ni les bourgeois, ni les paysans, n'avaient la moindre part à la législation.

Christophe, après avoir été couronné, en 1322, avec Éric, son fils aîné, à la diète de Vordinborg, par Esger Juul, archevêque de Lund, s'occupa de prendre les mesures qui pouvaient l'affermir sur le trône. La noblesse avait des chefs puissants par leur crédit et par leurs richesses, et toujours disposés à la révolte. Il fallait les contenir par la crainte et la violence, ou les gagner par des bienfaits. De ces deux partis également dangereux, Christophe choisit le dernier. Il fit, conformément à la capitulation, raser les forteresses du Jutland; il donna en fief, à Canut Porse, le Halland méridional, Callundborg en Seeland, et l'île Samsöe, avec le titre de duc, qui avait jusqu'alors été réservé, en Danemark, à des princes du sang. C'étaient les domaines que le roi lui-même avait eus en apanage pendant le règne d'Éric, son frère; l'Estonie y fut ajoutée. Ce seigneur avait avancé au roi quatorze mille marcs d'argent. Plusieurs autres reçurent des dons proportionnés à leur rang, à leurs services, et surtout à leur crédit et à leur influence. Les princes voisins du Danemark, ou vassaux de la couronne, n'eurent pas moins de part à ces libéralités intéressées. Henri le Lion, prince de Mecklenbourg, à qui Éric Mendved avait engagé la seigneurie de Rostock en 1317, l'obtint de Christophe, pour lui et ses héritiers, à titre de fief mouvant de la couronne de Danemark; et le premier usage que fit Henri de ce présent, fut de vendre, aux habitants de Rostock ses sujets, la petite ville de Varnemünde, et de leur permettre de détruire entièrement le Danskborg, forteresse élevée dans leur voisinage par Éric Mendved.

Enfin, Christophe donna en mariage sa fille Marguerite à Louis, margrave de Brandebourg, et fit une alliance avec Gérard, comte de Holstein-Rendsbourg, dont le pouvoir s'était récemment accru de l'héritage de la branche de Holstein-Kiel.

Les largesses de Christophe avaient épuisé ses finances, les sommes avancées étaient dépensées; il ne pouvait de son autorité privée se procurer de l'argent par la levée des impôts, sans enfreindre sa capitulation. Cependant la nécessité était si pressante, que tout à coup, et sans y avoir préparé les esprits, il demanda, en 1323, une contribution à tous les Danois sans exception. La noblesse devait payer le dixième de ses revenus; le clergé et les communes à peu près autant. Aussitôt un grand mécontentement éclate; tous les ordres de l'État déclarent au roi qu'ils ne se soumettront pas à l'impôt, et le menacent de ne pas respecter le serment qu'ils lui avaient prêté, puisque lui-même enfreignait les siens.

Dans cette extrémité, Christophe n'osa pas insister; mais il prit un autre parti non moins contraire à ses intérêts: ce fut de retirer par force la plupart des terres et des domaines des mains de ceux qui les tenaient de lui, et de ne pas payer les autres dettes que le feu roi ou lui-même avaient contractées. La plupart des seigneurs dépossédés formèrent une ligne aussi dangereuse que celle dont l'assiette du nouvel impôt avait menacé Christophe. Tous ceux qu'un sujet quelconque de mécontentement animait, se joignirent aux rebelles; leur armée se jeta sur la Scanie et sur la Seeland qu'elle dévasta, causant partout plus de maux que les impôts les plus excessifs n'en eussent pu produire. Christophe arrêta ce torrent, et réduisit Olafsen, chef des révoltés, à se réfugier dans l'île de Bornholm, dont la plus grande partie appartenait à l'évêque de Lund. Olafsen y fut pris: alors tout parut rentrer dans le devoir.

En 1325, la mort d'Éric, duc de Slesvig, devint l'occasion de nouvelles et continuelles disgrâces pour Christophe. Ce monarque, en qualité de plus proche parent et de seigneur suzerain, prétendit à la tutelle de Valdemar, fils mineur laissé par Éric, et soumit tout le duché, à la réserve du château de Gottorp. De son côté, Gérard, comte de Holstein-Rendsbourg, et oncle maternel du jeune duc, se présenta aussi comme son tuteur, et, sans avoir égard aux engagements qui le liaient à Christophe, il mena son armée contre celle de ce monarque. Elles se rencontrèrent au pied du Hastenberg, près de Gottorp; celle du roi fut battue.

Aussitôt tout le royaume se souleva contre lui; Lauriz Jönesen, drots (grand sénéchal), Louis Albertsen, grand maréchal, Canut Porse, duc de Halland, l'archevêque de Lund, étaient à la tête des insurgés. Ils publièrent un manifeste qui exposait leurs griefs contre Christophe: sans doute, il y en avait beaucoup de fondés, mais ils portaient pour la plupart sur des abus qui pouvaient être redressés sans recourir à des moyens violents; d'autres ne devaient être imputés qu'aux malheurs des temps. Ces considérations ne furent d'aucun poids sur des esprits que l'intérêt particulier, la vanité blessée et le désir d'une indépendance absolue dominaient entièrement. La haine que l'on portait à Christophe alla si loin, qu'il fut unanimement résolu de le déposer. Par un décret solennel, on renonça à la foi et à l'obéissance qu'on lui avait jurées, et on le déclara déchu de tout droit au gouvernement, à cause de *l'abus insupportable qu'il avait fait de son autorité*.

Le roi reçut cette nouvelle à Vordingborg, en Seeland, en même temps que celle de l'approche de l'armée de Gérard. Il pensa que son fils Éric et quelques troupes qu'il lui confierait suffiraient pour la repousser, et que la présence de ce jeune prince apaiserait les factieux. Il en arriva tout autrement. Les soldats d'Éric se tournèrent contre lui, dans le château de Tormborg, situé sur les confins du diocèse de Ribé et du duché de Slesvig, l'arrêtèrent et le livrèrent à Lauriz, qui le fit charger de chaînes et enfermer au château de Haderseben.

Cette terrible catastrophe effraya tellement le roi, que, perdant tout espoir de se maintenir en Danemark par ses propres forces, il ramassa à la hâte ce qu'il avait de plus précieux, et, avec ses deux autres fils Otton et Valdemar, s'embarqua pour Rostock. Henri de Mecklenbourg, dont il réclama l'assistance, et les autres princes de Venédie, alliés ou vassaux de Christophe, ne purent lui fournir que de faibles secours; cependant, il reprit l'importante forteresse de Vordingborg, dont ses ennemis s'étaient emparés par la trahison du gouverneur. Ce premier succès n'améliora pas beaucoup ses affaires. Les états, inébranlables dans leur résolution, avaient choisi pour leur généralissime Gérard, comte de Holstein, en attendant qu'ils eussent élu un nouveau roi. Gérard cerna Christophe dans Vordingborg avec Henri de Mecklenbourg, et obligea, par la disette, les deux princes à écouter des propositions; elles ne furent pas très-dures. Henri avait à cœur de les éloigner; il les laissa retourner en Allemagne avec leurs vassaux et leurs soldats. Mais Christophe, qui ne pouvait quitter ses États sans regrets, tenta, malgré ses promesses, une descente dans l'île de Falster. Gérard l'y suivit de près, l'enferma une seconde fois, et sa générosité ou sa politique lui laissa liberté, à condition qu'il se retirerait à Rostock.

Tandis que Christophe songeait à de nouveaux projets de remonter sur le trône, les chefs des insurgés convoquèrent un danehof à Nyborg. Valdemar, duc de Slesvig, y fut proclamé roi de Danemark le 15 août 1326, et le comte de Holstein nommé régent. Le nouveau roi et le régent jurèrent une capitulation; elle ne fut pas suivie d'un couronnement; et comme le règne de ce Valdemar ne fut pas long, beaucoup d'historiens ne lui ont pas donné place dans la suite des rois de Danemark.

Ayant ainsi satisfait la portion des habitants qui, en tout temps et en tout pays, applaudit aux changements, parce qu'elle se laisse leurrer facilement par l'espérance qu'ils lui seront avantageux, les chefs de la ligue, qui n'avaient en vue que leurs intérêts et se souciaient très-peu de ceux du peuple, commencèrent à se payer de leurs mains du service qu'ils prétendaient avoir rendu à l'État. Le duché de Slesvig fut donné à Gérard et à ses descendants à perpétuité, à la charge seulement de relever de la couronne. Le comte Jean de Holstein reçut l'investiture des îles de Laaland, Falster et Femern, et joignit le titre de seigneur de ces îles à celui de comte de Holstein et de Stormarie. Le duc Canut Porse, qui possédait déjà, mais pour sa vie seulement, le Halland méridional avec Samsöe et Kallundborg, en obtint l'investiture pour lui et ses héritiers. Il y joignit, l'année suivante, le Halland septentrional, que lui apporta en dot Ingeborge, fille de Haquin, roi de Norvège, et veuve d'Éric, prince suédois. L'archevêque de Lund rentra en possession de Bornholm; Louis Albertsen eut Colding et Ribé; Lauriz Jönesen, Langeland et Arröe. En un mot, chacun se fit adjuger ce qui était le plus à sa convenance; le jeune roi, signant tout ce que son tuteur lui présentait, et les états, par un aveuglement que l'esprit de parti peut seul rendre explicable, voyant le royaume passer pièce à pièce dans les mains de ces tyrans avides.

Le Jutland et l'Estonie, les seules provinces qui reconnussent encore l'autorité de Christophe, ne pouvaient lui fournir le moindre secours. Cependant la haine qu'il avait inspirée se calmait peu à peu; on voyait que le régent levait avec rigueur les impôts que Christophe avait demandés. Au bout de deux ans, ce roi fugitif reçut de plusieurs seigneurs danois l'engagement de se déclarer pour lui, s'il se montrait dans le pays avec une armée. La ville de Lubeck se mit à la tête d'une confédération de seigneurs de la basse Saxe, qui, en 1329, ramenèrent Christophe dans l'île de Seeland, dont les habitants se soumirent aussitôt; les fidèles évêques de Ribé et d'Aarhuus firent prendre les armes à leurs vassaux, s'emparèrent du château de Hadersleben, et délivrèrent le jeune roi Éric. La réconciliation de Valdemar avec Jean, comte de Holstein-Kiel, et avec Canut Porse, duc de Halland, porta le dernier coup au parti de Gérard. Ainsi, quoiqu'il eût défait les troupes du roi en Jutland, et eût pu espérer de nouveaux succès, il préféra de s'accommoder avec Christophe, parce que c'était le vrai moyen de s'assurer la possession des riches dépouilles qu'il avait recueillies durant son administration.

Après une courte trêve, la paix fut signée à Ribé, le 25 février 1330. Valdemar renonça à la royauté, et rentra dans son ancien duché de Slesvig. Gérard, qui fut obligé de le restituer, en obtint l'expectative, dans le cas où la postérité masculine de Valdemar viendrait à manquer, et reçut en indemnité l'île de Fionie. Le comte de Holstein-Kiel, qui avait avancé à Christophe les fonds nécessaires pour son entreprise, conserva à titre de fiefs Femern et d'autres dont il était nanti pour sa garantie.

Cette paix fut rompue, dès l'année suivante, par des brouilleries survenues entre le comte Gérard et le comte Jean. Christophe avait embrassé le parti de ce dernier, et, sans attendre que leurs forces fussent réunies, il attaqua, le 30 novembre 1331, l'armée de Gérard dans la plaine de Lohöde; le jeune roi Éric fit une chute de cheval, et fut blessé mortellement dans cette affaire. Alors, la plus grande partie de la noblesse de Jutland passa du côté du vainqueur. Valdemar reprit le titre de roi, et Gérard celui de régent. Christophe, sans ressource, attendit ce qui serait décidé sur son compte. Bientôt les deux comtes de Holstein s'arrangèrent à ses dépens, et se partagèrent le royaume comme s'il eût été leur patrimoine. Une portion de Laaland fut laissée à Christophe sa vie durant, à condition qu'il abdiquerait le titre de roi, et une pension payable en grains fut assignée à son fils Valdemar. La Scanie, que l'acte de partage avait adjugée au comte Jean, se révolta, et se donna à la Suède, à laquelle Jean vendit ses droits.

Obligé de rester spectateur passif de ces scènes désolantes, Christophe, retiré dans l'île de Laaland, y vivait sans autorité, et si peu considéré, que deux gentilshommes mirent la main sur lui, dans l'espérance de gagner les bonnes grâces du comte Gérard, et le conduisirent à Aaleholm, château qui appartenait au comte Jean. Mais Gérard, instruit de cet attentat, en témoigna hautement son indignation, et ordonna que le roi fût rendu à la liberté.

Christophe, accablé de chagrins, mourut, le 15 juillet 1333, à Nykiöbing, dans l'île de Falster. Il fut enterré à Sorœ, en Seeland, auprès de son épouse Euphémie de Brandebourg. Il était âgé de cinquante-sept ans, et en avait régné treize, qui ne furent qu'une suite d'infortunes causées par son imprudence.

INTERRÈGNE.

A la mort de Christophe II, le Danemark paraissait ne pouvoir se relever de sa ruine; il était partagé entre plusieurs princes indépendants; le Slesvig appartenait au duc Valdemar; le Jutland et Fionie, avec les petites îles qui en dépendent, au comte Gérard; Seeland et Langenland, au comte Jean; la Scanie, au roi de Suède; le Halland aux fils de Canut Porse; enfin, Laaland et l'Estonie étaient tout ce qui restait à Otton et à Valdemar, fils du feu roi; encore l'Estonie était-elle engagée au margrave de Brandebourg pour la dot de son épouse, sœur de ces princes.

L'intérêt des comtes de Holstein les portait à retarder autant qu'ils pourraient l'élection d'un roi; Otton et Valdemar s'occupaient de délivrer leur patrie du joug de ces étrangers et de faire valoir leurs propres droits. Avec l'assistance de leur beau-frère, Otton, qui était l'aîné et le plus impatient d'agir, leva quelques troupes, et, en 1334, entra en Jutland. Gérard mit son armée en déroute, le 7 octobre, à Tappehede, près de Viborg, le fit prisonnier, et l'enferma dans le château de Segeberg. Valdemar se sauva en Allemagne, et chercha inutilement du secours auprès de l'empereur Louis IV. Les circonstances parurent si difficiles à ce monarque qu'il se contenta d'intercéder pour le prisonnier; ce fut en vain.

Cependant Gérard, jouissant des fruits de sa victoire, gouvernait le Jutland et la Fionie avec un pouvoir absolu et pressurait ces provinces; autant en faisait le comte Jean dans ses possessions. Ni l'un ni l'autre n'étaient assez simples pour se conformer à la capitulation de Christophe. Valdemar, duc de Slesvig, travaillait à faire revivre les titres que son élection lui avait, suivant ce qu'il imaginait, donnés à la couronne de Danemark. Déjà il remboursait à Gérard les sommes pour lesquelles ses propres possessions lui avaient été engagées, ou bien lui donnait des hypothèques sur son duché de Slesvig. Gérard comptait par ces transactions éloigner l'élection de l'un des fils de Christophe, et surtout s'affermir si bien dans la possession du Slesvig que l'on ne pût, comme auparavant, l'en expulser. Les événements déjouèrent ses calculs.

Les Danois, rebutés d'une domination étrangère et tyrannique, jetaient les yeux sur Valdemar, fils de Christophe, pour les délivrer de ce joug odieux; mais ils ne pouvaient que faire des vœux pour lui. Gérard leur fournit l'occasion de manifester hautement leurs sentiments secrets. Il venait d'extorquer, en 1340, par un traité conclu avec Valdemar, duc de Slesvig, la possession presque entière de ce domaine, et promettait le Jutland en échange. Ce trafic insultant indigna tellement les habitants du pays qu'ils se soulevèrent. Gérard leva en Allemagne une armée, et rentra dans le Jutland, qu'il dévasta. Il était, dans la ville de Randers, gardée par une garnison de quatre mille hommes. Le 1er avril 1340, Nils Ebbesen de Nörreriis, noble jutlandais, résolu depuis longtemps d'affranchir sa patrie de la servitude étrangère, avait, selon l'usage du temps, déclaré, par un défi, la guerre à Gérard. Il entra la nuit dans le château avec soixante-trois hommes déterminés, comme si lui et sa troupe eussent fait partie de la garnison, pénétra dans la chambre de Gérard, et le tua avec son aumônier et son chambellan. En vain, les habitants et les soldats, éveillés par le bruit, voulurent s'opposer à sa fuite; guidé par la connaissance qu'il avait des lieux, favorisé par l'obscurité, il échappa avec les siens en rompant un pont qui se trouvait derrière lui.

La mort de Gérard mit un terme aux troubles qui depuis tant d'années désolaient le Danemark; elle consterna l'armée de ce chef, elle ranima l'ardeur des Danois. Ils se réunirent, et, persuadés que Valdemar, fils de Christophe, était le seul qui pût les sauver, ils le choisirent unanimement pour roi. Bientôt l'acte de cette élection lui fut envoyé, malgré l'opposition des comtes de Holstein.

VALDEMAR.

Valdemar était alors à la cour de

l'empereur Louis de Bavière, qui cette fois put lui donner des marques de sa bienveillance. Il lui permit de lever, en Bavière et en Souabe, une armée, et le nouveau roi marcha vers le Danemark; il s'arrêta chez le margrave de Brandebourg, fils de Louis, et entama des négociations avec les deux fils de Gérard et avec Valdemar, duc de Slesvig. Le 22 avril 1340, un traité fut signé à Spandau; Valdemar III était reconnu roi de Danemark; son frère Otton devait recouvrer sa liberté et renoncer à la couronne; le duc de Slesvig devait donner sa sœur Hedvige en mariage au roi, et payer aux fils de Gérard, avec la dot stipulée, une partie des sommes dues à leur père; le roi s'engageait à ne pas couvrir de sa protection les assassins de Gérard. Une autre réunion eut lieu la même année à Lubeck, pour confirmer le traité et donner satisfaction au comte Jean.

Arrivé en Danemark, Valdemar se fit proclamer roi à Viborg, où il signa une capitulation semblable à celle que son père avait souscrite, et publia une amnistie générale en faveur de tous ceux qui s'étaient révoltés contre ce monarque. Valdemar était doué de tous les talents politiques et militaires que devait posséder un prince appelé à régner dans des circonstances aussi difficiles que celles où se trouvait alors le Danemark. Instruit à l'école du malheur, il avait acquis cette expérience et cette connaissance des hommes qui étaient nécessaires à un roi décidé à devenir le restaurateur du Danemark. Durant les six ans qu'il avait passés à la cour de l'Empereur, il saisit, quand elle se présenta, l'occasion de se familiariser avec l'art de la guerre, qui avait fait de grands progrès en Allemagne, grâce aux fréquentes communications entre ce pays et l'Italie.

Valdemar en commençant à régner était sans puissance et sans argent; il montra par sa conduite ce qu'un roi peut faire avec de la patience, de l'économie et de l'habileté. Il passa d'abord en Seeland, et fit son entrée dans Röskild, capitale du royaume. Dès ce moment, il s'occupa des moyens de retirer d'entre les mains des comtes de Holstein des deux lignes les domaines qui leur avaient été engagés, et commença par la Seeland, la possession de cette île lui étant nécessaire pour faire la conquête des territoires dont la Suède s'était emparée.

L'observation des lois avait été négligée: il leur rendit la force qui doit toujours leur appartenir. Il présidait lui-même les cours de justice pendant des semaines et des mois entiers, et profitait de ses voyages dans les provinces pour rechercher soigneusement les titres sur lesquels les seigneurs possédaient la plupart des terres du royaume. Ces investigations finissaient par des sentences qui enrichissaient le prince, et lui attiraient la haine de ceux qu'elles dépouillaient. Le procès qui fut intenté à Ingeborge, veuve du duc Porse, fut plaidé en grande partie les armes à la main, à cause du secours que les comtes de Holstein fournirent à cette princesse. Il se termina par la cession du domaine en litige faite au roi: Ingeborge conserva la possession du Halland septentrional; la famille de son mari était éteinte.

A mesure que les Danois voyaient le parti du roi reprendre le dessus, leur animosité contre les Allemands se montrait à découvert. De là des querelles, des incursions, et dans tout le Danemark une petite guerre plus féconde peut-être qu'une autre en atrocités. Dans une rencontre, Nils Ebbesen, meurtrier de Gérard, fut tué; dans une autre, les Holstenois furent encore battus près de Copenhague; l'année suivante, ils remportèrent divers avantages sur les Danois.

Au milieu de ces troubles, Valdemar conclut avec Magnus, roi de Suède, un traité par lequel il renonçait à la possession du Halland, de la Scanie et de la Blekingie, contre une somme de quarante-neuf mille marcs d'argent, et la cession du château de Copenhague. Les Suédois avaient réussi à acheter ce château qui appartenait à l'évêché de Röskild. Valdemar le garda pour lui en payant une indemnité à l'évêque ; il octroya ensuite au village voisin du château les priviléges d'une ville : c'est aujourd'hui, comme chacun sait, la capitale du Danemark.

Les sommes reçues par Valdemar furent employées à racheter Falster, Söborg, Vordingborg et d'autres places, en Seeland, avec leurs territoires, et toute l'île de Laaland. Ce prince réduisit aussi les Frisons sur la côte occidentale du Slesvig ; enfin, il rentra dans la possession du Jutland par des arrangements pris avec le duc de Slesvig, et conclut même un traité d'alliance avec lui. Les comtes de Holstein en prirent un tel ombrage, qu'ils le firent prisonnier en 1343, et l'enfermèrent à Nyborg, où ils le retinrent jusqu'à ce qu'il eût rompu avec Valdemar.

L'Estonie était réduite aux plus fâcheuses extrémités par une révolte des paysans, excédés de la tyrannie de leurs seigneurs, presque tous Allemands d'origine, et auxquels Christophe avait engagé ou vendu les terres qu'ils possédaient. Les paysans égorgèrent la plupart de ces étrangers et favorisèrent les incursions des païens leurs voisins. Le grand maître de l'ordre Teutonique, dont les malheureux échappés au massacre avaient imploré le secours, défit les révoltés et leurs alliés ; mais tandis qu'il faisait élever dans l'île d'OEsel la forteresse de Sonnenbourg pour les tenir en respect, les Lithuaniens, idolâtres, ravagèrent tout le pays jusqu'à Riga.

Valdemar n'eut pas plutôt appris ces fâcheuses nouvelles qu'il partit, avec une petite armée, au mois d'avril 1345, et passa de Lubeck à Reval pour aider à combattre les païens. A son arrivée, une trêve venait d'être conclue avec eux. Ayant manqué l'occasion de leur faire la guerre, comme peut-être il s'y était engagé par un vœu, il pensa probablement qu'il le satisferait en allant en pèlerinage à Jérusalem. Il partit donc de Reval le 26 juin, et voyagea avec une vitesse presque incroyable pour le temps ; car le 22 juillet, il était dans la ville sainte,

où il se fit recevoir, ainsi que plusieurs de ses officiers, chevalier du Saint-Sépulcre, et promit de se croiser contre les infidèles. Au commencement de l'hiver, il était de retour à Reval. Ce qui doit bien plus surprendre, est que le pape Clément VI, bien loin d'applaudir à l'action de Valdemar, le blâma, parce qu'il ne s'était pas préalablement muni de sa permission, et poussa son mécontentement jusqu'à prononcer contre ce prince les censures ecclésiastiques.

En 1346, Valdemar fit un second et un troisième voyage en Estonie. Le motif de ces courses fréquentes était de se libérer des obligations contractées par son père, qui avait engagé la plus grande partie de cette province pour diverses sommes d'argent, Valdemar avait autorisé le margrave de Brandebourg, son beau-frère et son créancier, à vendre la portion de l'Esthonie qui était son gage ; cette vente éprouva des difficultés, les Estoniens s'y opposèrent. Le seul acheteur qui se présentât, le grand maître de l'ordre Teutonique, voulait l'Estonie tout entière. Valdemar, ayant satisfait ses autres créanciers, pressé d'ailleurs par le malheureux état de l'Estonie et de son propre royaume, conclut, le 24 juin 1347, cette affaire à Marienbourg en Prusse. L'ordre Teutonique devint ainsi acquéreur de toute la province. Otton, frère de Valdemar, qui, depuis sa sortie de prison, avait déclaré son intention d'embrasser la vie religieuse, signa l'acte, puis entra dans l'ordre.

L'argent que Valdemar reçut pour cette cession fut employé à dégager plusieurs châteaux de Seeland et de Jutland, et surtout l'île de Fionie qui tout entière était encore entre les mains des fils de Gérard ; l'acte de ce rachat fut signé le 22 juillet 1348.

Une guerre, qui s'était allumée en Allemagne, vint interrompre les utiles et pacifiques occupations de Valdemar. Charles IV, élu empereur, avait commencé des hostilités contre Louis, margrave de Brandebourg, beau-frère et ami intime de Valdemar. Celui-ci se mit à la tête d'une armée, et vola au secours de Louis. Il se disposait à faire lever le siége de Berlin, quand, sous les murs de cette ville, on convint d'une suspension d'armes : elle fut suivie de la paix ; et Valdemar contribua beaucoup à la réconciliation du margrave avec l'Empereur. Il visita ce monarque à Prague en 1350, et gagna tellement sa confiance que celui-ci le nomma arbitre de tous les différends qui pourraient naître par la suite entre lui et le margrave. Il convint aussi que des dédommagements lui étaient dus pour les frais de la guerre, et le remboursa par une délégation sur la contribution annuelle que Lubeck, ainsi que les autres villes impériales, payait au chef de l'Empire.

Vers ce temps là, en 1348, l'Europe fut ravagée par un terrible fléau, connu sous le nom de *peste noire*. D'après les détails que l'histoire nous a transmis, on présume que cette maladie ressemblait au choléra qui nous affligea si cruellement en 1832. On prétend que des cantons du Jutland et d'autres contrées plus septentrionales, auparavant très-peuplés, le sont moins depuis cette fatale époque.

L'activité de Valdemar ne pouvait être ralentie par des calamités passagères ; toujours occupé de rendre au Danemark la puissance et la considération dont il avait joui, il conclut des traités avec le duc de Mecklenbourg et le roi de Pologne, termina les différends qui s'étaient élevés entre le duc de Poméranie et le seigneur de Verle, et punit, mais avec trop de rigueur, les sujets de celui ci qui les premiers avaient rompu la paix rétablie avec beaucoup de peine.

Plusieurs des vassaux de Valdemar et presque toute la noblesse du Jutland n'avaient pas attendu l'exemple de cette sévérité pour se révolter. Ils prévoyaient que le roi ne tarderait pas à les dépouiller des privileges qu'ils s'étaient arrogés aux depens de la prérogative royale ; ils voyaient avec déplaisir qu'il réprimait tout abus de pouvoir, toute négligence de ses officiers, toute désobéissance des particuliers. Les usages étrangers qu'il introduisait, notamment dans l'armée, à laquelle il fit connaître l'emploi de la poudre à canon ; enfin des impôts qu'il établit pour racheter les domaines de la couronne engagés, causèrent une fermentation qui, fomentée par les comtes de Holstein, produisit un soulèvement. Ceux-ci accusaient le roi de n'avoir pas fidèlement rempli l'arrangement de 1348, relatif à la moitié de Fionie.

Valdemar était alors dans le Brandebourg pour aider son beau-frère, le margrave, à exterminer de vieux germes de troubles. Ceux du Jutland le rappelèrent dans cette presqu'île. Pour y mettre fin, il fut équitable. Il consentit à ce que la décision de son différend avec les comtes de Holstein-Rendsbourg, fils de Gérard, fût remise à la décision d'un arbitre ; le comte de Holstein-Kiel, qui fut nommé, ayant prononcé contre lui, il signa, le 24 mars 1353, une nouvelle convention avec les comtes, et, le 2 juillet, au sein des états tenus à Nyborg, un acte par lequel il accordait une pleine amnistie aux rebelles, et le redressement des griefs qu'il trouva fondés.

En 1356, il ouvrit à Lubeck une conférence à laquelle la plupart des princes assistèrent ; tous se piquèrent de déployer à l'envi de la magnificence. Valdemar y donna des tournois, des courses de bagues, des danses, des festins. Mais des soins plus sérieux occupèrent aussi cette réunion à laquelle se trouvaient les comtes de Holstein : chaque prince s'engagea solennellement à employer son pouvoir à l'extirpation des brigands qui infestaient ces contrées, notamment dans le voisinage des villes commerçantes.

On avait espéré vainement que la concorde rétablie entre Valdemar, sa noblesse et les comtes de Holstein, serait consolidée par les résultats de cette conférence. Les rebelles du Jutland s'étaient trompés sur les motifs de la conduite du roi ; ils avaient pris sa condescendance pour de la faiblesse ; la révolte éclata de nouveau. Le roi, défait près de Randers, et poursuivi jusqu'en Fionie, y fut vainqueur à son tour. Le comte Adolphe de Holstein fut tué dans cette bataille décisive, livrée à Glamberg. Valdemar soumit ensuite les îles de Femern, Langenland et Alsen.

La guerre devint plus vive en 1358, Éric, duc de Saxe-Lauenbourg, et les princes de Mecklenbourg, ayant pris le parti des comtes de Holstein ; mais les mesures vigoureuses de Valdemar amenèrent une trêve, qui fut signée le 18 octobre. A la vérité, les hostilités recommencèrent, mais à la diète de Kallundborg, en 1360, le roi s'arrangea avec les mécontents, et, le 10 août de la même année, conclut la paix avec les ennemis du dehors.

Ces guerres étrangères et domestiques suspendaient depuis longtemps le projet conçu par Valdemar de reconquérir la Scanie, la Blekingie et le Halland. Ces provinces étaient possédées par Magnus, ancien roi de Suède, auquel il les avait cédées, et formaient la plus grande partie de ses domaines, depuis que les Suédois l'avaient expulsé du trône, où ils avaient placé son fils Éric. Magnus demanda du secours à Valdemar, et n'en obtint la promesse que moyennant la cession des trois provinces ; Éric essaya de les défendre. Il fut empoisonné par sa mère qui voulait venger la déposition de Magnus.

Valdemar envahit les trois provinces en 1359, et ne négligea aucun moyen d'y consolider son autorité. Il se fit restituer tous les actes publics qui pouvaient nuire à ses droits, et accorda aux habitants de Lund et de Malmö la faculté de commercer librement dans tout le Danemark.

Cependant la haine des Suédois contre Magnus, augmentée encore par la mort tragique d'Éric, par la cession de la Scanie et par de nouveaux impôts, éclata par le refus que firent les habitants de Visby de les payer. Cette capitale de l'île de Gotland était l'entrepôt de tout le commerce que les villes hanséatiques faisaient dans la mer Baltique, et appartenait à cette association. Les habitants de l'île d'OEland se soulevèrent aussi. Magnus, dénué des moyens de réduire les rebelles, eut encore recours à l'assistance de Valdemar. Celui-ci passa aussitôt dans l'île de Gotland, et assiégea Visby ; cette ville fut prise de force le 28 juillet 1360, après que dix-huit cents de ses citoyens y eurent péri les armes à la main. Les Danois y firent un butin immense. Valdemar conquit aussi OEland, déclara ces deux îles réunies à la couronne de Danemark, et ajouta à ses autres titres celui de roi de Gothie que ses successeurs ont constamment porté depuis.

Cette conquête attira au Danemark une guerre avec la Suède, la Norvége, le comte de Holstein Rendsbourg, le duc de Mecklenbourg, et les villes hanséatiques de Lubeck, Hambourg, Wismar, Rostock, Stralsund, Stettin et Colberg. Les progrès de la puissance de Valdemar menaçaient d'une ruine totale le commerce exclusif de la Baltique qu'elles étaient parvenues à se faire accorder au grand préjudice des habitants des pays baignés par cette mer. Jean Wittenberg, bourgmestre de Lubeck, magistrat habile et très-actif, fut l'âme de cette ligue ; conjointement avec Henri de Holstein, il commanda les nombreuses escadres des confédérés qui reprirent Gotland et OEland, s'emparèrent du château et de la ville de Copenhague qu'ils pillèrent, et assiégèrent Helsingborg en Scanie. Valdemar délivra cette place, battit, dans le Sund, la flotte des alliés, leur prit six de leurs meilleurs vaisseaux, et dissipa le reste. Jean de Wittenberg, poursuivi jusqu'à Travemünde, encourut la disgrâce de ses concitoyens. Deux ans après, il subit le sort qui attend ordinairement, dans les gouvernements populaires, les généraux malheureux. Accusé d'avoir mal fait son devoir, il eut la tête tranchée.

Les confédérés avaient mis le siége devant Vordingborg, il ne leur réussit pas ; bientôt rebutés par ces mauvais succès, ils ne montraient plus autant d'animosité contre Valdemar. Ce prince, qui s'en aperçut, réussit bientôt à dissoudre la ligue : il conclut d'abord, au mois de novembre 1362, une trêve d'un an avec les députés de Lubeck, Hambourg, Rostock, Stralsund et Greifswalde. Ensuite, il profita du repos que lui laissait la cessation des hostilités pour gagner Haquin, roi de Norvége, élu récemment roi de Suède. Il lui accorda la main de sa fille Marguerite, qui, seulement âgée de onze ans, était déjà remarquable par sa beauté et son esprit. Ce mariage, qui fait une époque mémorable dans l'histoire du Nord, puisqu'il prépara la réunion des trois couronnes de la Scandinavie sur une même tête, fut célébré avec beaucoup de pompe. La joie qu'il causa en Danemark fut quelques jours après mêlé de deuil par la mort de Christophe, seul fils du roi ; ce jeune prince fut emporté par une fièvre chaude.

La paix ayant été rétablie entre Valdemar et les villes hanséatiques, par un traité conclu le 30 septembre 1363, il quitta le Danemark, et alla chez son parent Bogislas, duc de Poméranie, et avec d'autres princes y travailla à l'union projetée entre l'empereur Charles IV et Élisabeth, fille de ce duc. Il passa ensuite à Cracovie, où il renouvela son alliance avec Casimir le Grand, roi de Pologne ; puis à Prague, où ce mariage fut célébré avec une magnificence extraordinaire.

Valdemar ne s'était pas éloigné de ses États par le seul motif d'assister à des fêtes. Il profita de son séjour à Prague pour obtenir de l'Empereur un ordre enjoignant aux Lubeckois de lui payer les sommes qu'ils lui devaient pour le tribut annuel que Charles lui avait engagé et qu'ils refusaient d'acquitter.

Valdemar se rendit ensuite à Avignon. Il adressa au pape Urbain V des plaintes très-vives et très-fondées sur la négligence des évêques à prêcher et recommander l'obéissance aux lois. Le pape, touché de ces plaintes, écrivit aux évêques selon le désir du roi, et prescrivit d'employer les foudres ecclésiastiques lorsque les circonstances les rendraient nécessaires. Valdemar partit comblé des dons du souverain pontife, et retourna par Cologne dans ses États. Dans cette longue tournée, s'il ne vint pas à Paris, c'est qu'il en fut probablement détourné par les scènes affreuses qui venaient de s'y passer après la captivité du roi Jean.

Valdemar, rentré en Danemark au milieu de l'été de 1364, conclut, l'année suivante, avec les comtes de Holstein un traité de neutralité qui, en assurant le repos du royaume, laissait à chacune des parties contractantes la liberté de prendre tel parti qu'elle jugerait convenable, relativement aux affaires de Suède qui chaque jour s'embrouillaient davantage.

Les villes hanséatiques, qui prétendaient n'avoir pas été suffisamment dédommagées du pillage de Visby, tinrent une assemblée générale à Cologne, et, avec un accord jusqu'alors sans exemple dans leurs délibérations, elles résolurent de recommencer les hostilités contre Valdemar. Il reçut à la fois soixante-dix-sept défis ou déclarations de guerre d'autant de villes ; le nom de plusieurs lui était absolument inconnu. Il rompit cette ligue en signant, en juin 1364, à Stralsund, avec Lubeck, Wismar, Rostock, Stralsund, Greifswalde, Colberg, Stettin, Anclam et Kiel, une paix particulière qui accordait à ces villes des avantages et des priviléges pour leur commerce.

Sollicité par son gendre Haquin, roi de Norvége, Valdemar prit part à la guerre civile de Suède, se déclara contre Albert de Mecklenbourg, nommé roi par les états, entra, en 1366, dans ce royaume, et y prit plusieurs villes. Albert envoya en Danemark son père et ses frères, qui, après plusieurs conférences, obtinrent que Valdemar retirerait ses troupes de Suède, et signèrent avec lui, à Alhom, en Laaland, un traité, portant qu'Albert renoncerait à toutes les provinces anciennement démembrées du Danemark. Valdemar s'engageait, de son côté, à assurer la couronne à Albert, même contre Haquin. Les parents d'Albert avaient promis la garantie des états ; mais contents d'avoir conjuré l'orage, ils ne se mirent plus en peine de tenir leur parole. Albert et les états ne ratifièrent pas le traité.

Valdemar, de son côté, se maintint dans ses conquêtes, et il était sur le point de les pousser plus loin, lorsqu'une nouvelle vicissitude de la fortune le précipita dans des malheurs plus cruels que tous ceux qu'il avait éprouvés. Les principaux seigneurs danois, qui voulaient satisfaire à la fois leur vengeance et leur ambition, tramaient une conspiration contre Valdemar, tandis que, se flattant d'avoir assuré le repos de ses États en terminant la guerre de Suède, il licenciait les troupes allemandes. Les mécontents conclurent à Wismar, le 25 janvier 1368, une ligue avec le duc de Mecklembourg, les comtes de Holstein-Rendsbourg, Henri, nouveau duc de Slesvig, et les villes hanséatiques. Le roi de Suède se hâta d'accéder à ce traité qui avait pour objet de démembrer le Danemark.

Les hostilités commencèrent bientôt. Dans cette extrémité, Valdemar embrassa un parti qui peut paraître étrange; cependant, on est disposé à croire que voyant l'imminence d'un danger extrême, la prudence lui conseilla de s'y soustraire. Il quitta le royaume, le 6 avril 1368, avec une somme d'argent considérable, et alla en Brandebourg, en Misnie, en Bavière, où il rendit aux ducs de ce pays le service de les réconcilier avec leurs ennemis les ducs d'Autriche. Quant à ce qui le concernait, il n'obtint guère que des promesses qui ne purent être exécutées, et ne put avoir satisfaction des chefs de bandes qui, dans ce temps-là, louaient des soldats aux princes, et auxquels il avait fait de grosses avances. Enfin, il vit à Prague l'Empereur qui revenait d'une expédition en Italie. Charles IV montra un vif intérêt à la cause du roi; il cita les Danois rebelles devant son tribunal impérial, et ordonna à Adolphe, comte de Holstein-Kiel, et aux ducs de Poméranie-Stettin, de ramener Valdemar dans son royaume.

Pendant son absence, ses États avaient été administrés par Henning de Podebusk, assisté de l'archevêque de Lund, des évêques d'Odensé et de Röskild, et de vingt-trois seigneurs. Les villes hanséatiques s'étaient montrées les plus actives à piller les côtes du Danemark. En 1369, elles prirent Copenhague, Elseneur, Nyekiöbing, et plusieurs places en Scanie, ce qui mit le Sund en leur pouvoir. Henning Podebusk sentit que, dans des circonstances aussi critiques, une prompte paix était absolument nécessaire au salut de la patrie; elle ne fut cependant conclue qu'après deux ans de négociations par un traité conclu, au mois de mai 1370, à Stralsund. Il garantissait aux villes hanséatiques la jouissance de tous leurs anciens priviléges; la meilleure partie de la Scanie leur fut abandonnée pour quinze ans, avec les deux tiers de ses revenus, comme indemnité du pillage de Visby. Les administrateurs du royaume, prévoyant que Valdemar rejetterait le traité, s'engagèrent, dit-on, à ne pas le laisser rentrer dans son royaume, ou du moins y régner paisiblement tant qu'il n'aurait pas ratifié des conditions si dures. Son consentement ne fut en effet obtenu que le 28 octobre 1371, après de longues négociations. Une clause du traité prouve à la fois la considération et la puissance de la Hanse à cette époque, et la méfiance de ces marchands parvenus à jouer un rôle dans la politique et enflés de leur succès. Si un prince étranger enlève aux villes hanséatiques les places de la Scanie qui leur étaient engagées pour quinze ans, Valdemar est tenu, pour les leur faire restituer, d'employer ses armées. Si, pour se soustraire à l'obligation d'exécuter le traité, il veut abdiquer la couronne, les états et les sénateurs du royaume sont autorisés à s'y opposer. Personne ne pourra parvenir au trône de Danemark sans l'avis et le consentement de la Hanse, ni reconnu pour roi légitime avant que d'avoir confirmé les droits et priviléges dont elle jouit, ainsi que le traité de 1370 avec la ratification.

Cette paix rendit enfin au Danemark le calme après lequel il soupirait, et ses autres ennemis, en perdant l'alliance des villes hanséatiques, furent moins ardents à continuer la guerre, parce que leurs moyens n'étaient pas suffisants. Quelques mois avant la ratification du traité de Stralsund, sacrifice qui, sans doute, coûta beaucoup à la fierté naturelle de Valdemar, mais que le salut de l'État et le sien exigeaient, il en avait conclu un, le 14 août 1371, avec son gendre Henri de Mecklenbourg, frère cadet d'Albert, roi de Suède. En vertu de cet acte, Henri rendit à son beau-père les villes dont il s'était emparé, et Valdemar reconnut Albert, fils de Henri, pour son successeur au trône de Danemark.

Valdemar rentra dans ses États en 1372. Il se disposait, en 1375, à se mettre en possession du duché de Slesvig, laissé vacant par le décès de Henri sans héritiers, lorsqu'il mourut, le 23 octobre, au château de Gurr en Seeland. Il était âgé de soixante ans. A de grandes qualités il joignait des défauts qui lui nuisirent beaucoup; capable de commander, il ne savait pas plier à propos; il était brave, mais emporté; actif, mais impétueux; politique habile, mais trop peu scrupuleux. Entier dans ses volontés, il exigeait l'obéissance la plus prompte; il eût souhaité d'établir partout la justice, l'ordre, la subordination; tâche toujours difficile pour un roi, et surtout dans un temps où il doit lutter contre l'esprit de sédition au dedans et contre d'ambitieux voisins au dehors. A une époque plus tranquille, il eût été admiré, loué, servi mieux qu'un autre; il fut, au contraire, haï, persécuté, traversé dans ses projets. Cette haine, que lui portèrent des sujets factieux, ne doit rien ôter à sa gloire, puisqu'il ne se l'attira généralement qu'en rendant à son royaume les services les plus signalés. Il le sauva deux fois d'une dissolution complète; la première au commencement, la seconde vers la fin de son règne; il le fit jouir d'un bienfait inconnu auparavant, la sûreté des propriétés. Le Danemark lui dut l'abondance que donne le commerce, et la tranquillité publique qui ne peut exister sans que les lois soient strictement observées. Il était très-charitable envers les pauvres, généreux envers le clergé; et toutefois si économe que, malgré ses grandes dépenses, il laissa un trésor considérable; il aimait les sciences, surtout l'histoire, les antiquités classiques et la poésie.

Malgré ses belles qualités et le bien qu'il fit à son royaume, Valdemar n'a pas laissé un nom cher au peuple. La violence de son caractère et sa passion pour les femmes ont donné naissance à une foule de fables absurdes inventées sur son compte et répétées par le vulgaire. Il ne vécut pas bien avec son épouse, qui mourut peu de temps avant lui. L'objet de sa tendresse était *Tove Lille* (Tove la Gentille), native de Rugen, dont la tradition a conservé le souvenir.

OLAUS.

A la mort de Valdemar, la ligne masculine des Estrithiens s'éteignit. Si le droit de succession eût alors été établi d'une manière fixe, la couronne appartenait à Albert de Mecklenbourg, fils d'Ingeborge, fille aînée de Valdemar; on a vu plus haut que ce monarque avait reconnu ce prince pour son successeur. Albert avait pour concurrent Olaüs, âgé de quatre ans, fils de Marguerite et de Haquin, roi de Norvége, qualité qui lui donnait un grand avantage dans l'esprit des Danois, par l'espoir de la réunion de la Norvége à leur pays.

Les états convoqués à Odensé, pour prononcer sur les droits des deux prétendants, ne décidèrent rien, parce qu'il se forma dans leur sein un troisième parti qui, se fondant sur l'extinction de la race des Estrithiens, prétendait que la nation rentrait dans ses droits, et qu'en conséquence il fallait donner l'exclusion à Albert et à Olaüs, puisqu'en choisissant l'un ou l'autre on semblerait regarder la royauté comme héréditaire, et qu'ainsi il fallait élire parmi tant de familles illustres l'homme le plus digne de gouverner.

Néanmoins, Albert prit le titre de roi ; mais ses efforts pour se créer un parti échouèrent. Marguerite, plus habile, sut se concilier les états de chaque province séparément : d'abord ceux de Jutland, ensuite ceux de Scanie, de Halland et de Blekingie, et finalement tous les autres ; de sorte que, le 13 mai 1376, Olaüs fut proclamé à Slagelse roi de Danemark, en présence de son père et de sa mère, qui préalablement jurèrent, en son nom, une capitulation qui restreignait encore plus que celle de Christophe II l'autorité royale. La régence fut confiée à Marguerite.

Le premier soin de cette princesse fut de s'attacher par des traités les ducs de Poméranie et le duc de Saxe-Lauenbourg, les plus proches voisins d'Albert en Allemagne, afin d'être assurée qu'elle en recevrait des secours contre lui ; malgré cette sage précaution, elle aurait eu peut-être une lutte difficile à soutenir si un coup de vent n'eût pas détruit la flotte équipée par le duc Mecklenbourg, aïeul d'Albert. Après cet échec, le duc vint à Copenhague, et le 21 septembre, il fut convenu, entre lui et le gouvernement danois, que, sans préjudice du droit des états d'élire le roi, la décision du différend actuel serait soumise à des arbitres, et qu'en attendant les hostilités cesseraient.

On ignore si l'arbitrage eut lieu, ou si Marguerite eut l'art de l'élnder ; mais elle profita du repos que cet accord lui laissait, pour renouveler le traité avec les villes hanséatiques, et réitéra aux états de Danemark la promesse d'observer la capitulation royale et de respecter tous leurs priviléges, déclarant d'ailleurs qu'elle convoquerait un danehof aussitôt que ce serait nécessaire. De même que son père, elle flatta le clergé, et le combla de marques de confiance, de distinctions, de bienfaits ; c'était un moyen efficace de se ménager l'appui de ce corps puissant.

La mort de Haquin, son époux, le 1er mai 1380, fit échoir la couronne de Norvége à Olaüs. Les états de Danemark, d'autres, disent les grands de Norvége, auraient désiré que l'union des deux royaumes fût prononcée. Une différence essentielle dans la loi fondamentale des deux pays, puisque la couronne était élective dans l'un et héréditaire dans l'autre, fit pour le moment échouer le projet.

Cependant le roi de Suède, craignant qu'un si grand accroissement de puissance n'inspirât à Olaüs l'idée de faire valoir son titre d'héritier de Suède, attaqua la Scanie en 1381 et en 1383. Ces tentatives manquèrent par la fermeté des habitants et les secours que la reine leur amena, et lui prouvèrent aussi la nécessité de retirer cette province des mains de la Hanse ; car cette confédération, voyant approcher le moment où cette possession temporaire allait lui échapper, ne faisait probablement pas des efforts bien vigoureux pour la conserver à ses propriétaires.

En conséquence, Marguerite assista, en 1384 et 1385, aux assemblées générales de la Hanse à Lubeck, et accéda à une association que ces villes formèrent contre les pirates ; elle acquit ainsi la confiance, et gagna la bienveillance de ce corps de marchands allemands, et le terme fixé pour la restitution arriva, en 1385, sans qu'aucun obstacle en entravât l'exécution.

Dès que Marguerite fut en possession de la Scanie, elle y conduisit Olaüs. En recevant l'hommage des états du pays, le jeune roi leur promit le maintien de leurs priviléges, et fit de grandes libéralités au clergé.

Marguerite s'occupa ensuite du duché de Slesvig. A la mort du dernier duc, le roi Valdemar III, qui regardait cette province comme un fief dévolu à la couronne, prit des mesures pour se l'assurer ; le temps lui manqua pour les mettre à exécution. De leur côté, les comtes de Holstein-Rendsbourg élevèrent des pretentions sur ce duché, en vertu du traité de 1330. Espérant qu'Albert de Mecklenbourg les favoriserait, ils se déclarèrent ses partisans. Marguerite se montra donc également équitable et politique, lorsqu'au danehof de Viborg, en juin 1386, elle conféra le duché de Slesvig, à titre de fief de la couronne de Danemark, à Gérard VI, comte de Holstein. Il était puissant, et avait déjà en son pouvoir une partie du pays. Les habitants lui témoignaient de l'attachement, et les nobles du Jutland favorisaient ses intérêts.

L'année suivante, Olaüs, qui annonçait les plus heureuses dispositions, mourut inopinément, le 3 août, au château de Falsterbo en Scanie, dans la dix-huitième année de son âge. Sa mère le fit ensevelir sans aucune pompe à Sorée, et cacha quelques jours ce triste événement, afin d'avoir le temps de gagner les principaux seigneurs de Norvége pour être nommée reine de ce pays; mais le secret fut bientôt divulgué; et, le 10 août, les états de Scanie assemblés à Lund proclamèrent, de concert avec l'archevêque de Drontheim et d'autres Norvégiens qui se trouvaient au milieu d'eux, « l'illustre princesse et dame « Marguerite, reine de Norvége et de « Suède, régente de Danemark, d'a- « bord, parce qu'elle est la fille du roi « Valdemar, et la mère d'Olaüs; en- « suite, parce qu'ils sont satisfaits de « la douceur de son administration. « Pendant sa vie, et sans sa demande « expresse, il ne sera pas élu de roi ; « ils s'engagent enfin à lui obéir comme « à leur dame légitime et régente du « royaume de Danemark. »

Cet acte sans exemple dans les annales des royaumes du Nord, et peut-être sous cette forme dans celles de toutes les monarchies, était une distinction flatteuse que Marguerite devait à la prudence de son administration depuis douze ans, à l'affabilité de ses manières, à sa générosité, aux grâces de sa personne, à l'affection du clergé.

Les états de Seeland, de Fionie et de Jutland ne tardèrent pas à exprimer leurs résolutions dans les mêmes termes que les Scaniens. Vers la fin de l'année, Albert, le seul qui aurait pu troubler Marguerite dans la possession du trône, mourut : il n'avait qu'une sœur mariée à Vratislas, duc de Poméranie.

Assurée de la couronne de Danemark, Marguerite passa en Norvége pour y recueillir le fruit d'une négociation conduite depuis douze ans avec autant de secret que d'habileté. Les députés de ce royaume étaient, comme on vient de le voir, présents aux états de Lund, quand elle y fut élue; ils avaient probablement la mission de lui offrir l'autre couronne que son fils avait portée. Dès qu'elle parut en Norvége, le sénat déclara, au nom des états, qu'il lui conférait le pouvoir de gouverner ce royaume, sa vie durant. Elle se proposait de travailler à l'union des deux pays, elle y procéda avec une circonspection extrême. Les états ayant été assemblés, au commencement de 1388, à Aggerhuus, elle les invita à désigner son successeur, toutefois en recommandant à leur bienveillance Albert de Mecklenbourg. On ignorait encore son décès ; les états refusèrent ce prince. Alors la succession fut transférée à sa sœur, la princesse Marie, et par droit de représentation à Éric, son fils. Ils consentirent à ce que du vivant de Marguerite Éric portât le titre de roi de Norvége, à condition cependant que seule elle gouvernerait. Elle fit venir auprès d'elle ce petit-neveu, alors âgé de cinq ans, et Catherine, sa sœur, pour les élever sous ses yeux. En 1389, elle régla l'ordre de succession. Après Éric, la couronne devait passer à ses fils, et à défaut de ceux-ci à ses agnats de la maison de Poméranie.

Albert, roi de Suède, quoique peu affermi sur son trône, ne balança pas, en apprenant la mort de son neveu, à s'intituler roi de Danemark et de Norvége. Malheureusement pour lui les Suédois n'étaient pas disposés à soutenir ses prétentions. Par une imprudence extrême, il leur laissait voir, en toute occasion, qu'il leur préférait les Allemands ses compatriotes. Les impôts, dont il accablait la Suède pour assouvir l'avidité des étrangers, achevèrent de soulever les hommes qui avaient encore quelque chose à perdre. Albert exaspéra complétement tous les esprits en exigeant que le tiers des métairies, soit des ecclésiastiques, soit des laïques, fût annexé au domaine de la couronne, sous prétexte qu'il ne pouvait sans cette augmentation de revenu tenir sa cour avec la magnificence qui convient à un roi. Les remontrances qui lui furent adressées à ce sujet ne produisirent aucun effet. Alors une partie de la noblesse s'étant assemblée, lui signifia qu'elle renonçait à l'obéissance qu'elle lui avait jurée, et alla chercher un asile et des secours auprès de Marguerite.

Douze des premiers seigneurs du royaume vinrent la trouver à Bohus, et lui offrirent la couronne. Elle leur promit de maintenir les libertés et les priviléges de chaque ordre. L'acte fut scellé le dimanche des Rameaux, et le mercredi qui suivit la Pentecôte, le sénat de Suède y accéda.

Albert leva une armée en Suède et en Allemagne. Pour la soudoyer, il engagea l'île de Gotland au grand maître de l'ordre Teutonique de Prusse; et fier de la bonne tenue et de la discipline de ses troupes, il s'imagina qu'il allait conquérir tout le Nord. Il avait la sotte habitude de se permettre de mauvaises plaisanteries sur Marguerite, qu'il appelait la *servante des moines* et le *roi sans hauts de chausses*. Un jour, il lui envoya une pierre à aiguiser ses ciseaux et ses aiguilles. Cette fois, il jura de ne point mettre son bonnet qu'il ne l'eût vaincue.

Marguerite, qui ne plaisantait pas, envoya contre lui deux armées; l'une suédoise, commandée par Éric Kettilson-Vasa, maréchal du royaume; l'autre danoise, sous les ordres d'Ivér Lykke. Le 21 septembre 1389, Albert fut complétement battu à Nyckelång, près de Falköping en Vestrogothie; lui-même et son fils Éric, enfoncés dans un marais, tombèrent entre les mains de leurs ennemis. On les enferma dans le château de Lindholm en Scanie, où ils restèrent sept ans prisonniers.

On a raconté qu'Albert fut d'abord conduit devant Marguerite qui était à Bohus, et que par dérision elle lui fit donner un grand bonnet, pour lui rappeler le vœu qu'il avait prononcé, et en même temps le pria d'être le parrain des enfants qu'il l'accusait d'avoir eus de l'abbé de Sorœ. Cette anecdote a paru peu vraisemblable, parce que Marguerite mettait beaucoup de mesure dans toutes ses actions et dans tous ses discours, et qu'elle aurait montré peu de générosité en se raillant d'un ennemi qui ne pouvait plus nuire.

La victoire des armées de Marguerite assura l'exécution de ses desseins. En Suède tout reconnut ses lois, à l'exception de quelques places que les partisans d'Albert tenaient encore. Les troupes envoyées par les ducs de Mecklenbourg ravagèrent une partie du royaume, et Stockholm, la capitale, souffrit toutes les fureurs et les atrocités des guerres civiles.

En général, la plupart des places fortes étaient gardées par des troupes allemandes. A Stockholm, les bourgeois de cette nation étant en minorité avaient à craindre que les Suédois, se trouvant les plus nombreux, ne prissent le parti de se soulever contre eux pour les chasser. Cette appréhension leur suggéra l'idée de contenir les Suédois par la terreur. Ils firent donc courir le bruit que les Suédois conspiraient pour livrer la ville à Marguerite, formèrent pour leur sûreté une association armée sous la dénomination de *frères du Chapeau*, et commencèrent à exercer des violences. En vain, les magistrats s'efforcèrent de les apaiser; les factieux dressèrent une liste de toutes les personnes qui leur étaient suspectes, et en appliquèrent quelques-unes aux plus cruelles tortures; en ayant rassemblé deux cents autres, ils les garrottèrent, les jetèrent dans une maison de bois à laquelle ils mirent le feu, et brûlèrent tout vifs ces malheureux.

C'était cette troupe de gens sanguinaires que les princes de Mecklenbourg, avec les villes de Wismar et de Rostock, tentèrent de secourir. Celles-ci leur avaient envoyé une flotte que la tempête dissipa; elles promirent de plus leur assistance à tous les corsaires qui voudraient courir sus aux navires des trois royaumes du Nord indistinctement, et leur permirent de vendre leurs prises dans les ports du Mecklenbourg. Il s'était formé des associations de pirates qui furent connus sous le nom de *frères Vitaliens* (frères des vivres), parce qu'ils fournissaient des moyens de subsistance à la garnison de Stockholm. Bientôt leurs vaisseaux couvrirent non-seulement la Baltique, mais aussi la mer du Nord. Ils s'emparaient de tous les bâtiments suédois, norvégiens et danois, ainsi que de ceux des villes hanséatiques; car les deux villes mecklenbourgeoises n'avaient pas exclu la Hanse de la proscription générale, parce qu'elle n'avait pas voulu armer pour délivrer Albert. Les frères Vitaliens ne se contentaient pas du butin qu'ils trouvaient en mer, ils faisaient de fréquentes descentes sur les côtes, pillaient les campagnes et portaient partout les ravages et la désolation. Plusieurs villes furent réduites en cendres par les troupes allemandes, notamment dans l'Uplande, la Sudermanie et la Vestmanie, provinces qui s'étaient déclarées pour Marguerite; on compte dans le nombre Enköping, Vesteros et Linköping. En même temps les flottes des Mecklenbourgeois inquiétaient les côtes de Suède par des attaques souvent répétées.

Marguerite parvint par sa prudence à faire cesser ces maux; elle désarma ses ennemis du dehors, et traita séparément avec chacun de ses voisins: d'abord, avec le duc de Poméranie, oncle d'Éric, qui déjà s'était engagé à lui porter des secours; ensuite, elle s'assura de la neutralité du duc de Slesvig et des comtes de Holstein; enfin, elle amena même les ducs de Mecklenbourg et les habitants de Rostock et de Wismar au point de souhaiter la fin d'une guerre qui les épuisait, et n'était utile ni à eux-mêmes ni au roi prisonnier. Enfin, les villes de Stralsund, Greifswalde, Thorn,

Elbing, Dantzig et Reval, qui n'avaient pris aucune part à ces hostilités, et qui cependant n'en souffraient pas moins que les autres, parce que les Vitaliens n'épargnaient ni amis ni ennemis, souhaitaient aussi la paix; elles interposèrent leurs bons offices, et offrirent leur médiation. Des députés de tous les partis tinrent des conférences en Scanie, à Falsterbo, à Skanör, à Lindholm. Un traité fut conclu, le 1er novembre 1395, à Helsingborg: il stipulait que le roi Albert et son fils seraient mis en liberté, à condition que si dans trois ans, à dater du jour de leur élargissement, ils ne pouvaient en venir à un accord final avec la reine, ils se constitueraient de nouveau prisonniers, ou payeraient une rançon de quatre-vingt mille marcs d'argent. Stockholm devait rester comme gage entre les mains des villes médiatrices. Marguerite consentit à cet accord, bien persuadée qu'Albert ne serait pas en état d'acquitter la rançon, qu'il ne rentrerait pas en captivité, et qu'ainsi dans trois ans elle posséderait Stockholm.

La ligue hanséatique ayant alors tourné ses forces contre les Vitaliens, auxquels Wismar et Rostock retirèrent leur protection, ces pirates furent entièrement chassés de la Baltique.

Albert, revenu dans le duché de Mecklenbourg qui lui était échu, en 1379, par la mort de son père, s'occupa de préparatifs pour reconquérir son royaume. Éric, son fils, fixé dans l'île de Gotland, inquiétait sans cesse les côtes de Suède. Marguerite profita de la paix conclue avec ses voisins pour assembler les états de ce pays dans la plaine et aux pierres de Mora, près d'Upsal, le 23 juillet 1396. Éric de Poméranie, déjà roi de Norvége, fut élu roi de Suède, sous la tutelle et la régence de Marguerite. Peu de temps après, une diète, convoquée à Nyköping, le 20 septembre, rendit le décret suivant: La couronne rentrera dans tous les domaines aliénés par Albert, à quelque titre que ce puisse être; tous les anoblissements faits par Albert seront annulés; les forts construits par ce prince seront rasés; toutes les mines appartiendront à la couronne; la reine en jouira à titre de douaire. Les états lui accordèrent de plus une somme de dix mille marcs d'argent, dont elle pourrait disposer à son gré. Enfin, il fut convenu d'une réunion de députés des trois royaumes pour discuter et régler les lois fondamentales d'après lesquelles ils seraient désormais gouvernés, et pour reconnaître Éric.

Retournée avec lui en Danemark, où il fut proclamé roi, peu de temps après, Marguerite en visita les diverses provinces, établissant partout de sages ordonnances, l'ordre, la justice et la tranquillité. Enfin, voyant le calme renaître autour d'elle, il ne lui restait plus qu'à exécuter le grand dessein qu'elle méditait depuis longtemps, et qui a illustré son nom. Elle convoqua les états des trois royaumes à Calmar, au printemps de l'année 1397. Le dimanche 17 juin, fête de la Trinité, Éric fut couronné roi de Danemark, de Suède et de Norvége, par l'archevêque de Lund, assisté de l'évêque de Skara. La pompe de cette cérémonie fut relevée par la création de cent trente-trois chevaliers des trois nations. Mais l'ouvrage du génie de Marguerite n'était pas encore achevé. Elle représenta donc aux états que l'union des trois royaumes sous un même monarque était indispensable à leur prospérité mutuelle, puisqu'ils pourraient alors mettre dans l'intérieur un terme aux funestes divisions qui les avaient trop souvent armés les uns contre les autres, et tourner l'ensemble de leurs forces contre les ennemis du dehors. Ces motifs, exposés par une princesse éloquente, et appuyés par un concours de circonstances favorables, ne pouvaient manquer d'entraîner les suffrages de l'assemblée. Pas une voix, d'après le témoignage des historiens contemporains, ne s'éleva pour combattre le projet d'acte qu'elle présenta; pas une protestation ne se fit entendre ensuite.

7ᵉ *Livraison.* (DANEMARK.)

Cet acte célèbre, sous le nom d'*union de Calmar*, fut signé le 20 juillet, veille de la fête de sainte Marguerite. Le préambule de cette loi fondamentale rappelle l'élection d'Éric sous les auspices de Marguerite, et déclare que de leur avis et de leur consentement les députés des trois royaumes ont unanimement résolu une paix, une union et une alliance perpétuelle entre eux. Ils reconnaissent Éric pour leur roi légitime; après lui, ils ne choisiront qu'un seul et même roi; jamais les royaumes ne seront séparés; l'un des trois royaumes ne pourra se donner un roi que d'un entier et plein accord avec les trois royaumes réunis. Si Dieu accorde au roi plusieurs fils, un seul sera élu; si le roi ne laisse que des filles, un fils de l'aînée sera élu; à défaut de celui-ci, les états nommeront le personnage qualifié qu'ils croiront le plus digne; ils n'abandonneront pas un prince ainsi élu, sinon d'après une résolution prise en commun. Le roi gouvernera chacun des trois royaumes, conformément à ses lois particulières et d'après l'avis du sénat de chacun. Si un des trois royaumes est attaqué par l'étranger, les deux autres le soutiendront avec toutes leurs forces; le roi fournira la solde des troupes et l'argent nécessaire pour la rançon des prisonniers; l'entretien de ces troupes sera à la charge du royaume attaqué. Chaque alliance avec des puissances étrangères, conclue de l'avis du sénat de chaque royaume, engagera les trois royaumes. Tout individu banni de l'un des royaumes, le sera aussi des deux autres. Les frères du roi auront des apanages à vie à titre de fief. La reine Marguerite continuera à gouverner sa vie durant; tous ses actes sont confirmés; ils ne seront jamais attaqués; elle conservera son douaire dans chaque royaume.

REMARQUES SUR CETTE PÉRIODE.

On a vu que, depuis l'époque où commença cette période, le Slesvig forma un duché particulier, appartenant aux descendants du roi Abel, jusqu'à l'extinction de cette maison. Ces ducs travaillèrent constamment à maintenir leur puissance en cherchant l'appui des comtes de Holstein. A la mort de Henri, le dernier duc, en 1375, ses domaines furent, en vertu d'anciens traités, donnés en fief à ces mêmes comtes de Holstein qui les réunirent à ceux qu'ils possédaient. Depuis cette époque, la dénomination de Jutland méridional cessa d'être en usage.

Jean et Gérard, fils d'Adolphe IV, comte de Holstein, avaient fondé deux lignes : celle de Holstein-Kiel ou de Vagrie, et celle de Holstein-Rendsbourg ; celle de Kiel se subdivisa en cinq rameaux, savoir : Plöen, Oldesloe, Segeberg, Femern et Kiel ; tous s'éteignirent, à l'exception de celui de Femern. La ligne de Rendsbourg se partagea en deux : celle de Pinneberg, qui possédait en même temps le comté de Schauenbourg, en Vestphalie, domaine primitif de cette maison, et qui subsista jusqu'en 1640, et celle de Rendsbourg. Celle de Pinneberg hérita, à la mort de Jean Ier, en 1318, de la partie la plus considérable des possessions de la ligne de Kiel. Adolphe VII, comte de Holstein-Pinneberg, étant mort sans enfants, en 1390, ses possessions et celles qui avaient appartenu précédemment à la ligne de Kiel, échurent à Gérard le Grand, de la ligne de Rendsbourg, à son fils Nicolas, et, après la mort de ce dernier, à ses neveux, fils de son frère. Gérard VII, un de ceux-ci, hérita de tout, et, après la mort de Henri, dernier duc de Slesvig, de la descendance d'Abel, obtint de la reine Marguerite, en 1386, le duché de Slesvig en fief.

Durant cette période la prérogative royale fut de plus en plus restreinte. Depuis Christophe III les rois furent obligés, à leur avénement au trône, de signer une capitulation qui mettait toujours des bornes plus étroites à leur pouvoir et plaçait le gouvernement dans les mains du clergé et de la noblesse. Aux assemblées du peuple, qui auparavant se tenaient annuellement dans chaque province, succédèrent des diètes ou danehof, qui s'assemblaient tantôt dans une ville et tantôt dans une autre; enfin il fut réglé, sous Christophe II, que ce serait à Nyborg, tous les ans.

Sous Eric Glipping, et longtemps après, les communes siégeaient encore aux diètes, qui différaient des assemblées de seigneurs en ce que tous les états étaient convoqués aux premières, tandis que les seigneurs, c'est-à-dire le clergé et les nobles, étaient appelés seuls aux dernières ; mais lorsque les diètes finirent par être entièrement sous l'influence de ces deux états, on les nomma aussi des assemblées de seigneurs, dans l'intervalle entre les diètes ou les assemblées de seigneurs. Le conseil du roi gouvernait avec lui ; c'est-à-dire que le monarque ne pouvait entreprendre rien d'important sans le consentement de ce corps, ainsi qu'on le voit par la capitulation de Christophe II. Le clergé ne voulait ni payer des impôts, ni rendre aucun service au royaume. Néanmoins, il cherchait à traduire des laïques devant sa juridiction ; et l'arrogance des évêques allait si loin, qu'ils déposèrent les rois et disposèrent de leur existence.

Le bien-être et la considération des bourgeois s'accrurent ; et il en résulta que beaucoup de villes, tant en Danemark que dans le duché de Slesvig, obtinrent les droits de villes d'étape. Sous le roi Abel, les bourgeois étaient admis à rendre foi et hommage ; mais l'influence de cet état dans les affaires publiques était encore bien peu considérable. Les paysans déchurent beaucoup de leur ancienne et honorable condition, et devinrent presque esclaves.

Le Danemark continuait à être un royaume électif ; néanmois l'élection était presque exclusivement faite par le clergé et la noblesse. Le roi était ordinairement couronné à Lund ; en cas de minorité, sa mère exerçait la tutelle conjointement avec les parents les plus proches. Ainsi, Albert, duc de Brunswick, fut tuteur d'Éric Glipping, et Valdemar, duc de Slesvig,

LANEMARK

d'Éric Mendved. Les princes de la maison royale portaient le titre de duc, qui fut aussi donné quelquefois à d'autres personnes. Le nom et la dignité de comte devinrent également en usage.

Les grands officiers du royaume prirent naissance dans cette période; c'étaient : le drots (sénéchal), qui présidait à l'administration intérieure de la cour et du royaume; le maréchal, qui commandait les armées; le chancelier, presque toujours un ecclésiastique d'un rang éminent, qui expédiait toutes les lettres et les ordonnances royales, et avait la direction de la justice. Les désordres qui régnaient dans tous les états exigèrent la promulgation de beaucoup de lois nouvelles, parce que les anciennes ne suffisaient pas. Éric Glipping donna un code général pour les villes : ce que l'on nomme les articles de Tord-Deyn, qui contiennent, soit des explications de la loi du Jutland, soit des additions à cette même loi, sont du temps de Valdemar III.

La religion consistait principalement en pratiques extérieures; l'instruction était médiocre; néanmoins on voit de temps en temps des évêques instruits et vertueux. Les églises et les couvents recevaient des dons considérables tant en argent qu'en terres.

Truid Torsben, sous le règne d'Éric Glipping, passe pour avoir été le premier archevêque de Lund qui soit allé chercher le pallium à Rome. Il le paya 4,000 ducats, s'engagea pour ses successeurs à compter la même somme lorsqu'ils recevraient cette marque de leur dignité; mais plus tard le pape Martin V leur fit grâce de la moitié.

On cultivait encore la poésie; cependant on commençait à négliger la lecture des skaldes islandais. On s'habituait à écrire des chroniques de Danemark, surtout en latin, quelquefois aussi en danois. Éric Mendved passe pour avoir favorisé ces sortes de travaux; Valdemar III, ainsi qu'on l'a dit plus haut, était un prince lettré; il inventa une nouvelle écriture runique qui fut nommée d'après lui, et dans laquelle il fit copier d'anciennes inscriptions sur pierre dont les originaux furent ensuite effacés à coups de marteau. Sous le règne d'Éric Glipping, on faisait déjà des observations astronomiques à Röskild. Sous celui d'Olaüs on fit pour la première fois usage du danois, au lieu du latin, dans les actes publics.

Christophe Ier fut le premier roi de Danemark qui prit formellement des troupes allemandes à sa solde; et depuis, cet usage acquit constamment une nouvelle force. Les princes allemands s'obligeaient, pour une somme déterminée, à tenir au service des rois une certaine quantité de troupes. Il en résulta que le royaume s'appauvrit beaucoup, fut dépouillé d'argent comptant, et d'un autre côté les denrées tombèrent à très-bas prix.

Plusieurs motifs décidèrent les rois à recourir à ce parti; ils craignaient d'armer leurs propres sujets dont ils connaissaient l'esprit factieux; d'ailleurs les Allemands avaient plus d'expérience de la guerre que les Danois. Afin d'empêcher que l'argent sortît du royaume pour la solde des troupes auxiliaires, et de ne pas laisser dépendre entièrement des étrangers un objet aussi important que la défense de l'État, Valdemar III chercha à ranimer l'ancien esprit belliqueux des Danois; il exerça donc assidûment le peuple aux évolutions militaires, bien qu'il continuât à entretenir des troupes allemandes. L'armée navale n'était pas en meilleur état que celle de terre, la décadence de la navigation et du commerce ayant entraîné celle de la marine militaire, de sorte qu'à la fin de cette période le Danemark était à peu près sans flotte.

Au lieu de plusieurs milliers de paysans propriétaires, le pays n'avait plus qu'un certain nombre d'évêques, d'abbés, de prieurs, et quelques centaines de seigneurs qui avaient réduit tous les laboureurs à l'état de servitude. Durant cette période elle fut réellement établie en Seeland et dans les petites îles qui en dépendent. Mais les mauvais traitements que les paysans, tombés si bas, enduraient de leurs seigneurs, lassaient parfois leur patience; alors ceux-ci, de crainte d'attaque, furent obligés de fortifier leurs métairies; toutefois, il y en eut beaucoup, notamment en Scanie, de pillées et de détruites par les paysans, sous le règne de Christophe I*er*. Durant les démêlés entre Éric Glipping et Bang, évêque de Röskild, les paysans se rangèrent du parti du roi : dix mille furent tués au combat de Nestved, où Jarimar, duc de Rugen, commandait l'armée épiscopale. Sous Éric Mendved, la noblesse souleva deux fois les paysans contre le roi, la première en Jutland, la seconde en Seeland. Au milieu d'une telle anarchie, l'agriculture ne pouvait que souffrir extrêmement; aussi était-elle dans un état pitoyable.

Cependant on ne doit pas croire que tous les paysans eussent été réduits par la contrainte ou la violence à la condition d'esclaves et de serfs. Depuis un temps immémorial, les paysans propriétaires de terres avaient possédé des esclaves; or, plusieurs d'entre eux étant devenus seigneurs territoriaux, conservèrent leurs esclaves sur le même pied qu'auparavant, toutefois avec cette différence qu'ils ne jouiront plus du pouvoir de leur ôter la vie, et que ceux-ci ne furent plus appelés esclaves. La dureté des temps et la misère furent également cause que beaucoup de pauvres gens vendirent pour une somme d'argent et pour leur nourriture et leur entretien, leurs terres et leurs métairies, et même, en quelque sorte, leur personne aux riches; ce qui agrandit graduellement les domaines ruraux.

Dans le malheureux état où la forme du gouvernement avait plongé le royaume, les monarques avaient été obligés d'accorder aux villes hanséatiques des priviléges si considérables, qu'elles avaient tout le commerce dans leurs mains, et que leurs navires seuls transportaient presque toutes les productions du Danemark dans les pays étrangers. Quelques-unes de ces villes, entre autres Lubeck et Kiel,

obtinrent finalement la faculté exclusive du commerce en Danemark et le droit de pêcher le hareng sur les côtes de Scanie. On a une preuve de la diminution du commerce et de la richesse, dans la dépréciation de la monnaie en quantité et en qualité; les espèces d'argent, quoique pesant moins, conservaient la même valeur qu'auparavant. On abandonna aussi l'ancienne manière de compter par *öre*, pour adopter la division des villes hanséatiques, par *mark*, et celle des Flamands, par *grote*. Il en résulta que les monnaies de Scanie, de Seeland et de Jutland avaient intrinsèquement une valeur dissemblable; car un mark de Scanie était double de celui de Seeland, et ce dernier plus fort que celui de Jutland.

Des historiens danois ont remarqué que vers la fin de cette période, il cesse d'être fait mention du Grönland, dans les documents relatifs au commerce danois. Une sentence rendue en 1389 contre des capitaines de Copenhague qui étaient allés dans ce pays, sans la permission du gouvernement, montre que cette navigation n'avait pas encore cessé. Mais il fallait pour faire le commerce du Grönland ainsi que celui de l'Islande, du Finmark et des Ferröer, être autorisé par le roi, parce que c'était une partie de son domaine. En 1385, Henri de Garde, évêque de Grönland, assista en personne à une diète tenue à Nyborg.

De même que dans le reste de l'Europe, les mœurs étaient extrêmement corrompues. La superstition, le défaut complet de connaissances et d'instruction, l'oppression exercée par le clergé et la noblesse, la continuité des troubles et des dissensions dans l'intérieur, et la licence qui en était résultée, jointes aux restes des mœurs sauvages des anciens temps, ne pouvaient que produire l'influence la plus pernicieuse sur la morale publique et sur le caractère national. Le respect des lois et de la justice s'affaiblit et s'éteignit; l'ordre et la sûreté disparurent, le droit de la force domina. Les nobles, renfermés dans leurs châ-

DANEMARK

Château de Frédéksbourg

teaux forts, guettaient les voyageurs, notamment les marchands ; plusieurs manoirs seigneuriaux pouvaient passer pour de véritables repaires de voleurs. Le noble attaquait même et faisait prisonniers des évêques et d'autres personnages considérables avec les gens de leur suite, les conduisait dans sa forteresse, et les y tenait enfermés jusqu'à ce qu'ils se fussent rachetés par une grosse rançon. Le clergé, les bourgeois, les paysans ne se comportaient pas mieux envers ceux qui étaient plus faibles qu'eux, et partout le droit était foulé aux pieds.

CINQUIÈME PÉRIODE.

De 1397 à 1536, ou de l'union de Calmar à l'introduction de la doctrine de Luther en Danemark et en Norvége.

L'union de Calmar donna naissance à un des plus vastes empires dont les annales du monde fassent mention. Le Danemark, borné au sud par l'Allemagne, comprenait la plus grande partie de la péninsule Cimbrique, toutes les îles situées entre le Cattegat et la Baltique, et sur le continent la Scanie et quelques cantons voisins. Il dominait le Sund, détroit si important, dès cette époque, pour le commerce et la navigation entre le Nord et le Midi. La Suède renfermait dans la vaste étendue de son domaine primitif, la Suède proprement dite, la Gothie, plusieurs îles de la Baltique, le Norrland, grand territoire auquel des relations intimes et journalières et la conquête avaient joint une partie considérable de la Laponie et la Finlande, depuis le golfe de ce nom jusqu'aux rivages de la mer Blanche. La Norvége, y compris le Finmark, s'étendait depuis le Cattegat jusqu'au cap Nord, sur un développement de plus de trois cents lieues de côtes. Au delà de mers, la Norvége possédait les îles Orcades et Shetland au nord de l'Écosse, l'archipel des Ferröer, l'Islande, enfin le Grönland, qui était encore fréquente à cette époque.

Si l'on cherche les motifs secrets de l'union de Calmar, on trouvera, chez les rois de Danemark, le désir de rendre leur pouvoir absolu; chez la noblesse suédoise, l'espoir de remplacer, la monarchie par une aristocratie. Les Norvégiens seuls paraissent avoir agi de bonne foi et par un sentiment patriotique, ou s'être abandonné aux circonstances qui ne leur permettaient pas de rester isolés, quand leurs deux voisins s'unissaient.

Certes, si les trois nations avaient été jointes par les liens de l'affection et de la confiance, l'État qu'elles formaient par leur pacte aurait pu tenir un des premiers rangs parmi ceux de l'Europe; mais la jalousie que la diversité de leurs intérêts habituels avait produite depuis longtemps entre elles, quoiqu'elles fussent trois tribus ayant une origine commune, parlant trois dialectes de la même langue, et eussent des mœurs semblables, engendra des préventions qui ne pouvaient être éteintes que par le temps. D'ailleurs leurs lois différaient sur divers points, et la forme du gouvernement, en Danemark, s'éloignait surtout de celle de Norvége et de Suède. Les communications intérieures étaient difficiles, et les ordres des chefs devaient rencontrer, dans leur exécution, de grands obstacles par l'éloignement des lieux.

La puissance la plus redoutable pour les trois royaumes unis, était la ligue hanséatique, forte par ses richesses et les ressorts de la politique. Elle ne voyait pas avec indifférence s'établir entre l'Océan et la Baltique un grand empire qui pouvait profiter de ses ressourses naturelles pour commercer par lui-même, sans le secours des étrangers.

Toutes ces difficultés auraient pu être vaincues par l'ascendant d'un monarque éclairé, juste, ferme ; disparaître peu à peu par le progrès des lumières, par de sages précautions, par les leçons de l'expérience. Marguerite réussit à soutenir l'édifice qu'elle avait élevé. La sagesse de son gouvernement répara les imperfections de la loi fondamentale qu'elle n'avait pas prévues, ou n'avait pas pu prévenir; elle étouffa les germes des insurrections, elle prépara des rapprochements, et songea aux mesures qui pouvaient devenir nécessaires. Mais racontons la suite des événements.

Après que l'assemblée de Calmar se fut séparée, le jeune roi, suivant un usage ancien et cher aux Suédois, fit le tour de leurs provinces au milieu des acclamations dont la multitude est prodigue dans les premiers jours d'un gouvernement nouveau. Pour mériter ces témoignages d'affection, on abolit un impôt récemment établi, qui avait excité de grandes plaintes, quoiqu'il eût eu pour objet la délivrance de Stockholm.

Lorsque le moment approcha où Albert, conformément au traité de Lindholm, devait rentrer en prison, ou payer soixante mille marcs, les villes hanséatiques lui firent demander quelles étaient ses intentions. Il se contenta de répondre vaguement qu'il comptait bien sur l'appui de ses amis dans une circonstance aussi critique, et mit Stockholm à leur disposition, en dégageant les habitants du serment de fidélité qu'ils lui avaient prêté. Les Hanséates délibérèrent s'il valait mieux payer les soixante mille marcs et garder Stockholm, ou remettre cette ville à Marguerite. La difficulté de s'y maintenir contre les forces réunies des trois royaumes les décida à se montrer justes. Ainsi les portes de la capitale de la Suède s'ouvrirent, en 1398, à la reine. Alors les habitants du nord du royaume, qui jusqu'alors avaient tenu pour Albert, se soumirent à elle sans difficulté.

L'île de Gotland était encore dans la possession d'Albert qui l'avait vendue à l'ordre Teutonique. Marguerite envoya une flotte et une armée pour occuper l'île; Visby força les assiégeants à retourner dans leur pays. Alors Marguerite entama des négociations avec les chevaliers, et il fut convenu qu'elle rachèterait l'île. Néanmoins Albert ne renonça formellement à ses prétentions à la couronne de Suède que dans une entrevue qu'il eut à Flensborg, le 25 novembre 1406, avec Marguerite et Éric, en se réservant le titre de roi pour le reste de ses jours.

Quoique tous les germes de troubles parussent étouffés, il en renaissait de temps en temps. Les Suédois particulièrement commençaient à murmurer hautement. Un fourbe, aposté par les ennemis de Marguerite, osa se dire le roi Olaüs, mort depuis quinze ans; déjà un parti se formait pour le soutenir, car toujours les malveillants qui ont de l'audace et de l'effronterie réussissent à persuader aux niais les absurdités les plus grossières. Le décès d'Olaüs avait suscité, dans différentes provinces, et surtout en Norvége, des suppositions injurieuses à la reine. Ce qui contribuait encore à accréditer l'imposteur, c'est qu'étant fils de la nourrice d'Olaüs, il en avait appris des particularités généralement ignorées. Il fut arrêté, et quand sa fourberie eut été juridiquement prouvée, ce qui était facile, puisque l'on ne trouva pas sur son corps une verrue qu'Olaüs avait entre les deux épaules, les juges le condamnèrent à être brûlé vif.

Malgré tous les avantages que Marguerite avait accordés aux comtes de Holstein en donnant, en 1386, l'investiture du duché de Slesvig au comte Gérard, et en le lui assurant par un nouveau traité, en 1392, à lui et à eux, à condition qu'ils ne se mêleraient jamais des affaires du royaume, ils refusèrent, quand Éric monta sur le trône de Danemark, de lui rendre un nouvel hommage, et de se reconnaître tenus à aucun service pour ce duché. Marguerite dissimula son indignation et son ressentiment; mais, dès l'année 1400, elle commença à acheter des terres d'une étendue considérable dans le duché de Slesvig, et les incorpora, moyennant une somme d'argent, au diocèse de Ribé, situé en Jutland; puis, en 1404, à la mort du duc Gérard et du comte Albert, tués dans un combat livré aux Ditmarses révoltés, elle profita des troubles qui s'élevèrent au sujet de la tutelle des fils mineurs du premier, pour préparer la réunion future du duché, en employant divers moyens pour se faire remettre une ville après l'autre; l'une à titre d'engagement, l'autre comme place de sûreté pour servir d'appui aux jeunes princes contre l'ambition de leur oncle paternel, l'évêque d'Osnabruck. Ce prélat, sous le prétexte de ne prétendre qu'à leur tutelle, agissait de manière à faire penser qu'il voulait s'emparer de leur héritage. Sa conduite avait obligé Élisabeth, duchesse douairière, à recourir à la protection du seigneur suzerain, et Marguerite la lui avait accordée au nom d'Éric.

En 1409, Marguerite était maîtresse de tout le pays, et il ne lui manquait plus que Slesvig et Gottorp, pour tenir les comtes de Holstein dans une étroite dépendance; déjà même ces deux places allaient être remises, par ordre de la duchesse, quand tout à coup ces deux princesses s'accusèrent mutuellement de méfiance et de mauvaise foi, et devinrent ennemies irréconciliables. On a expliqué diversement les causes de cette brouillerie soudaine; la plus vraisemblable est que les conseillers d'Élisabeth lui montrèrent de quelle conséquence serait pour ses enfants la remise à Marguerite des deux places importantes qui leur restaient encore. Alors elle s'unit avec l'évêque d'Osnabruck, et avec Adolphe, comte de Schauenbourg, et introduisit les troupes de Holstein dans différentes villes dont elle s'empara.

Marguerite retourna en Danemark très-irritée. Dès l'année 1405 elle avait abandonné à Éric le gouvernement du Danemark et de la Norvége, en se réservant cependant la direction générale des affaires de l'Union et l'administration de la Suède. Éric se conduisit d'abord d'après les principes de la reine; mais bientôt, cédant à son caractère dur et capricieux, il commit de grandes fautes. En apprenant l'injure faite par la duchesse de Slesvig à Marguerite, il résolut de la venger. Il s'empara d'abord des îles d'Alsen et envoya des troupes pour s'emparer du district de Tondern, où elles firent un grand butin; mais, à leur retour, elles furent battues à Soldorp. Éric avait, à ce qu'il paraît, dirigé cette malheureuse entreprise; il cherchait déjà à tenir les rênes du gouvernement, qui eussent dû rester longtemps encore dans les mains de la reine. Il avait fait décapiter, en 1409, Abraham Broderson, seigneur suédois, accusé de plusieurs actes de violence envers des femmes. La faveur de Marguerite avait élevé Abraham Broderson au-dessus de la noblesse des trois royaumes, et l'avait rendu si riche et si puissant qu'Éric fut soupçonné de lui avoir imputé à crime cette fortune prodigieuse.

Cet acte odieux de violence dut porter un coup terrible à Marguerite. Jamais personnage quelconque, tenu de lui obéir, ne s'était opposé à ses volontés, et le premier qui osait la braver si indignement, était le prince à qui elle avait, depuis son enfance, prodigué ses soins et ses bienfaits. On avait pu, dès ce moment, augurer que le grand édifice élevé par elle avec tant de peines ne pourrait se soutenir quand elle ne serait plus.

Les Holstenois furent assistés par Hambourg et d'autres villes hanséatiques, enfin par la plupart des États de l'Allemagne septentrionale; ils ne voulurent prêter l'oreille à aucune espèce d'accommodement. Éric, ayant réuni de nouvelles troupes, rentra dans le Slesvig, assiégea Flensborg, reprit cette ville, et fit mettre à mort le magistrat et les principaux bourgeois; acte de cruauté atroce, impolitique et injuste, puisque la duchesse de Slesvig leur avait en quelque sorte extorqué par force le serment de fidélité qu'ils lui avaient prêté.

Le prise de Flensborg fit souhaiter à la duchesse que les négociations, rompues une fois par elle, fussent renouées. Des conférences furent donc ouvertes à Colding. Le 4 octobre 1412, une convention statua que Flensborg serait rendu à Marguerite et à Éric, que douze arbitres prononceraient sur tous les objets en contestation, et que si ces juges ne pouvaient s'accorder, l'Empereur déciderait, mais conformément aux lois danoises.

Habituée à remplir ses devoirs de souveraine, Marguerite s'était rapprochée du lieu des conférences. Satisfaite d'avoir vu la paix rétablie, elle s'embarqua à Flensborg pour retourner en Danemark. Elle mourut subitement, le 23 octobre, dans le port, sur le navire qui devait la ramener dans sa patrie qu'elle avait glorieusement gouvernée pendant trente-sept ans; elle en avait vécu soixante, et porté le titre de reine pendant près de cinquante. Elle fut enterrée à Soró; plus tard, Éric fit transporter son corps à Röskild, où le tombeau en albâtre qu'il lui consacra existe encore.

Marguerite de Valdemar, surnommée la *Sémiramis du Nord*, et appelée par Voltaire une héroïne, mérite une place remarquable dans les annales du monde. Douée d'un génie vaste, d'une volonté ferme et persévérante, elle unissait à la conception de grands projets, la résolution et la prudence nécessaires pour les faire réussir. Son caractère a été jugé très-diversement par les Danois et les Suédois; les premiers révèrent le souvenir de Marguerite comme celui d'une grande reine qui a sagement gouverné leur pays et l'a élevé à un degré de gloire et de considération politique inconnu du temps des anciens rois. Les Suédois, au contraire, l'ont peinte des couleurs les plus noires; mais ces écrivains passionnés n'étaient pas contemporains de Marguerite; ces derniers se sont plaints avec moins d'amertume que les modernes, et cependant ils lui reprochent d'avoir sacrifié la Suède à l'intérêt du Danemark, d'y avoir levé des impôts bien plus considérables que ceux qu'on y payait sous le règne d'Albert, de n'y avoir pas dépensé les sommes qui en provenaient, d'avoir aspiré à s'y rendre absolue, d'y avoir introduit et récompensé par des emplois importants, non-seulement des Danois, mais aussi des Italiens, des Anglais, et, ce qui choquait le plus, des Allemands; pourtant, deux nobles suédois, Alud Mogensen et Abraham Broderson, eurent le plus de part à sa confiance, et tous deux obtinrent d'elle des terres en Danemark. Il est probable, du reste, que Marguerite voulait, par le moyen des étrangers, répandre des éléments de civilisation parmi les Suédois, encore barbares à cette époque; et que pour fixer ces hommes de pays plus méridionaux que la Suède, sous le climat glacial de cette contrée, il fallait leur accorder des avantages qui pussent leur faire oublier, s'il était possible, une patrie dont la température était moins rigoureuse. Les Danois, méprisant l'ignorance et la grossièreté de leurs voisins, montrèrent de l'arrogance: elle produisit chez les Suédois un redoublement de haine contre eux. Une partie en rejaillit sur Marguerite. Plus d'une fois les Suédois furent près de se révolter: l'adresse de la reine sut toujours réprimer ces mouvements, tantôt en cédant de bonne grâce, quand elle le pouvait sans compromettre son autorité, tantôt en imposant aux mutins par sa fermeté et sa vigueur. De nos jours, Sven Lagerbring, excellent historien suédois, a rendu justice aux grandes qualité de Marguerite, il dit que « depuis le moment où elle prit les rênes du gouvernement en Danemark et en Suède, un de ses principaux soins fut de diminuer le pouvoir encore trop considérable de la noblesse, qui avait causé tant de troubles et de désordres dans les deux royaumes. Elle gouvernait ainsi à peu près suivant sa propre volonté, et n'éprouvait de résistance que de la part de l'ingrat Éric. La mort qui la frappa, mit un terme à sa vie et non à sa renommée qui est immortelle. »

On a prétendu que Marguerite mourut à temps, parce que le roi Éric qui avait déjà montré qu'il était las d'être pour ainsi dire tenu en tutelle, l'aurait peut-être fait enfermer dans un couvent, si elle eût vécu davantage. Mais une tentative semblable eût été très-périlleuse pour lui ; car bien que cette princesse fût âgée, son autorité n'avait diminué dans aucun des trois royaumes, et si Éric eût hasardé d'en venir à cette extrémité, il aurait été plus facile à Marguerite de le renvoyer en Poméranie qu'à lui de l'envoyer dans un couvent.

Quant à sa personne, il paraît que Marguerite avait le teint brun, mais la physionomie agréable et expressive, la taille élevée, le corps robuste, ce qui, joint à son esprit brillant et solide, et à sa haute intelligence, avait fait dire à son père que la nature lui avait donné la forme d'une femme, mais qu'elle aurait dû être un homme. Elle fut pleurée du peuple danois qui l'aimait comme une mère à cause de sa douceur et de son affabilité ; le clergé, qu'elle avait comblé de bienfaits, la regretta aussi ; la noblesse, dont elle avait su contenir l'ambition et prévenir les mouvements turbulents, ne se montra pas aussi sensible à la perte irréparable que faisait le royaume.

ÉRIC VII.

Malgré la convention conclue à Colding, Éric et les comtes de Holstein n'étaient pas réconciliés ; ils ne purent s'entendre sur le sujet de l'investiture du duché de Slesvig. Le 29 juillet 1413, une cour féodale fut convoquée à Nyborg ; elle déclara qu'Élisabeth et ses fils étaient déchus de tous les droits qu'ils avaient pu avoir au duché de Slesvig, et qu'il revenait à la couronne de Danemark. Le 14 juin 1415, l'empereur Sigismond, qui était alors à Constance, confirma cette décision. Le jugement était fondé sur ce que le duc avait, sans l'autorisation ou le consentement du seigneur direct, aliéné une partie du fief et négligé en temps utile de demander l'investiture, ce qui constituait le délit de félonie et entraînait la déchéance.

Pour exécuter cette sentence, Éric entra dans le duché avec une armée nombreuse et composée de soldats de ses trois royaumes ; les ducs de Saxe-Lauenbourg, ceux de Mecklenbourg et de Brunswick-Lunebourg y envoyèrent aussi des troupes pour faire valoir d'anciennes prétentions. Le 15 juillet 1417, Éric prit Slesvig. Dans ce moment, la ville de Hambourg et plusieurs princes et États de la basse Saxe se déclarèrent contre lui ; Slesvig fut repris, la guerre continua, le duché fut horriblement dévasté ; les villes et les îles devinrent tour à tour la proie des deux partis ennemis. Plusieurs tentatives faites pour mettre un terme aux hostilités, échouèrent ; enfin on remit le différend à l'arbitrage de l'empereur Sigismond. Au mois d'août de 1423, Éric se rendit à Bude en Hongrie, où l'Empereur tenait sa cour. Henri III, l'aîné des ducs de Slesvig, comtes de Holstein, devait également comparaître. Comme il tardait à arriver, Éric fit, en attendant, un pèlerinage à Jérusalem, d'où il revint au mois de janvier 1424.

Une sentence, rendue le 28 juin 1424, adjugea au roi le duché de Slesvig, sans aucune exception, en réservant aux ducs l'île de Laaland et 300,000 marcs d'argent. Les comtes de Holstein, indignés de cette décision, en appelèrent au pape. Sigismond, de son côté, manda à l'archevêque de Brême, à l'évêque de Hildesheim, à plusieurs autres princes et villes de l'Allemagne septentrionale, ainsi qu'au grand maître de l'ordre Teutonique, de faire exécuter le décret par la force des armes.

A son retour en Danemark, Éric, à la tête d'une armée de 60,000 hommes, tant nationaux qu'étrangers, assiégea Slesvig et Gottorp ; il y perdit un temps précieux, que les comtes employèrent à soulever contre lui des ennemis redoutables. En 1426, les villes de Lubeck, Hambourg, Stralsund, Lunebourg et Wismar, conclurent avec eux une alliance, et, le 8 octobre, déclarèrent la guerre à Éric. Il en fut si effrayé qu'il abandonna les deux sièges, et regagna ses États si précipitamment, que sa retraite ressemblait à une fuite.

La guerre dura neuf ans ; les villes équipèrent des flottes considérables ;

elles bloquèrent par mer Flensborg, que Henri, comte de Holstein, assiégeait par terre; il fut tué en montant à l'assaut; il ne laissait pas d'enfants. Sa mort obligea les alliés à lever le siége. La ligue ne fut pas plus heureuse par mer : une escadre, qui escortait des navires marchands, fut défaite et amenée avec son convoi à Copenhague.

Ni ces pertes, ni les séditions qu'elles occasionnaient et qu'Éric avait soin de fomenter, ni les exhortations de Sigismond, ne purent engager les villes à faire la paix. Elles visaient à s'emparer de Copenhague, dont la prospérité croissante excitait leur jalousie. Un peuple qui s'enrichit par le commerce est toujours enclin à vouloir le faire exclusivement. D'ailleurs, le roi venait de faire bâtir à l'endroit où le Sund est le plus resserré le fort de Flynderborg qui mettait en son pouvoir le détroit du Sund, premier et principal canal des richesses de la Hanse; à côté de cette citadelle qui donnait de l'ombrage à cette association s'était déjà élevée une ville nouvelle qui fut d'abord nommée OErekrog, et plus tard Helsingör (Elseneur). En 1425, Éric lui accorda les priviléges de ville d'étape, et assura dix années d'immunités à quiconque y construirait une maison de bois et vingt ans pour une maison de pierre : ce lieu n'était auparavant qu'une réunion de baraques de pêcheurs. Ainsi, depuis quelque temps, Éric n'ouvrait plus le détroit à aucun navire sans en exiger un tribut.

En 1428, les villes équipèrent une flotte de 240 vaisseaux, qui portaient 12,000 hommes commandés par Gérard, comte de Holstein. Elle sortit du port de Wismar, et se dirigea vers Copenhague, qu'elle investit et attaqua. Éric, avant de quitter cette ville, avait pourvu à sa défense, et avait encore mieux fait en y laissant sa femme, Philippine d'Angleterre, fille de Henri IV de Lancastre, roi d'Angleterre. Cette princesse d'un courage héroïque, que Marguerite lui avait fait épouser en 1406, anima la garnison par ses discours et son exemple. Elle fit construire d'énormes radeaux, au moyen desquels les Danois s'approchaient des vaisseaux ennemis et les combattaient avec avantage; ils les forcèrent de se retirer, après leur avoir fait éprouver des pertes considérables.

Mais la ligue se vengea ailleurs de ce grave échec. En 1429, Barthélemy Voet de Wismar, fameux chef de pirates (car la ligue en avait pris huit cents à son service), pilla Landskrona en Scanie, et l'année suivante Bergen en Norvége; il saccagea cette ville, une des plus commerçantes du Nord, et rivale des Hanséates. Comme s'il craignait d'y avoir laissé quelque chose, il y revint en 1430, et ravagea ce qui la première fois avait échappé à sa fureur et à son avidité; il détruisit la loge des Anglais, car ceux-ci avaient acquis les établissements dont les villes hanséatiques avaient été dépossédées depuis la déclaration de guerre.

Encouragée par le succès de la défaite de Copenhague, Philippine conçut un dessein auquel Éric n'avait pas songé depuis vingt ans que la guerre durait. Pendant qu'il était occupé en Suède à presser de nouvelles levées d'argent, elle équipa soixante-quinze vaisseaux, sur lesquels 1,400 hommes furent embarqués; cette flotte entra dans l'Oder, brûla une partie des navires qui étaient dans la rade de Stralsund, en prit d'autres, et fit du dégât dans la ville même. Elle se retirait avec un gros butin, lorsque, retenue trop longtemps par les vents contraires à l'embouchure du fleuve, elle y fut attaquée par des escadres sorties de Lubeck et de Wismar, et presque entièrement anéantie. Éric, qui aurait dû être accoutumé à de semblables désastres, fut tellement transporté de colère, en apprenant celui-ci, qu'il poussa l'emportement jusqu'à frapper la reine alors enceinte. Peu de temps après, elle mourut dans le couvent de Vadsténa en Suède, où elle s'était retirée. Les peuples des trois royaumes, qui la chérissaient et la vénéraient comme leur mère, la pleurèrent; leur mépris et leur haine pour Éric, qu'ils regardaient, avec raison, comme la cause de sa mort, s'augmentèrent. La perte de cette princesse le privait d'un médiateur qui jusqu'alors avait su maintenir la confiance entre son peuple et lui. Les résultats de cet événement funeste ne tardèrent pas à se manifester au détriment d'Éric.

Ce malheur fut suivi d'un autre qui, dans les circonstances, fut très-sensible au roi : le vaisseau qui portait en Danemark le produit des dernières levées d'argent faites en Suède, fut enlevé par des navires de Wismar et de Rostock. Toutefois, ce butin et d'autres captures ne dédommageaient pas ces villes de l'interruption de leur commerce ; elles commencèrent même à craindre que les Anglais et les Néerlandais ne leur enlevassent celui qu'elles faisaient dans la mer du Nord. Elles acceptèrent donc les propositions d'Éric, et se séparèrent de la ligue en 1430.

Les autres villes et les comtes de Holstein continuèrent les hostilités ; ces derniers s'emparèrent de Flensborg, qui était pour eux de la plus grande importance. Cet échec et les avis importants qui parvenaient à Éric sur l'état intérieur de la Suède, le déterminèrent à se montrer plus modéré et plus pacifique qu'il ne l'avait été depuis le commencement de son règne. Il écouta les propositions qui lui furent faites ; le 14 juillet 1435, il conclut un traité à Vordingborg, avec Adolphe VIII, le seul duc de Holstein-Slesvig qui eût survécu à cette longue brouillerie. Le duc devait conserver, sa vie durant, toute la partie du Slesvig dont il était en possession, et ses héritiers devaient en jouir encore pendant deux ans après sa mort ; ce terme passé, les deux parties, savoir le roi et la maison de Holstein, rentreraient dans leurs droits respectifs. Le même arrangement conserva au Danemark l'île d'Arröe et le bailliage de Hadersleben ; mais en 1438, la noblesse du pays ne trouvant, dans le gouvernement danois, aucune protection contre la révolte des paysans, les deux districts rentrèrent volontairement sous l'obéissance des ducs.

Deux jours après le traité signé avec Adolphe, la paix fut également conclue avec Hambourg, Lubeck, Wismar et Lunebourg ; toutes leurs anciennes franchises furent confirmées. Ces villes priaient le roi d'oublier la faute qu'elles avaient commise en violant leur premier traité, et promettaient de cultiver à l'avenir sa bienveillance par toute sorte de bons offices. Mallet, à qui l'on doit une bonne histoire de Danemark, dit à ce sujet : « Ce fut donc là tout le « fruit de vingt-six ans de guerre, pen- « dant lesquels le Danemark avait souf- « fert tous les malheurs, toutes les « humiliations possibles. Ses côtes et « ses frontières avaient été ravagées, « la meilleure partie d'une de ses plus « importantes provinces envahie, son « commerce anéanti, ses finances « épuisées, et, pour comble de maux, « celle des trois nations qu'il importait « le plus de ménager, indignée de voir « ses droits trop peu respectés, avait « commencé à prendre sur l'Union des « préventions dont il était facile de « prévoir les suites funestes. »

Mais ce n'était pas seulement en Suède qu'Éric s'était fait détester. On disait hautement, en Danemark, que son incapacité lui avait fait accumuler, dans la guerre du Holstein, fautes sur fautes, et on attribuait à celles-ci les pertes qu'elle avait occasionnées, et qui étaient immenses en comparaison des avantages insignifiants qu'elle avait procurés au royaume. On se plaignait des vexations que la noblesse se permettait impunément dans le Jutland. On reprochait au roi sa conduite envers son épouse, et on blâmait encore plus le scandale de sa liaison avec Cécile, femme de chambre de cette princesse infortunée.

Les Suédois ajoutaient à ces griefs celui d'être maltraités par les gouverneurs danois ou allemands qu'Éric leur donnait. Le Danois Jösse Éricson commettait en Vestmanie des actes de cruauté, dont le récit fait frémir. Le roi ne prêtait nulle attention aux plaintes qui lui parvenaient de toutes parts. Enfin le mécontentement éclata en 1433, par une révolte en Dalécarlie. Les événements de cette insurrection et leurs suites ont été racontés dans le volume qui traite de la Suède. Nous devons donc nous borner à donner quelques détails qui peuvent intéresser. Engelbrecht, chef des Dalécarliens, était inspecteur des mines et demeurait à Falun : des historiens ont dit qu'il était de famille noble; il paraît plus certain qu'il avait passé sa jeunesse dans le grand monde, ce qui lui avait fourni l'occasion de cultiver les talents dont la nature l'avait richement doué : non à l'extérieur, car sa petite taille et sa figure assez commune ne prévenaient pas en sa faveur; mais il avait de la capacité, de l'énergie, de la bravoure; son affabilité le faisait chérir de la multitude, comme son éloquence lui donnait les moyens de la conduire à son gré; ses entreprises montrent chez lui une hardiesse extraordinaire, et ses succès prouvent qu'il y joignait l'habileté, le courage et la persévérance. Il sut maintenir la plus exacte discipline dans son armée; il ne commit aucun acte de violence ni de témérité, se contentant de prendre une place après l'autre, de destituer les commandants étrangers et de les remplacer par des indigènes. C'était un patriote de bonne foi, et sans égoïsme, comme on en voit rarement à la tête d'un peuple insurgé. Par son activité, puisqu'il ne s'arrêta dans sa marche victorieuse qu'à Laholm en Halland, où les Scaniens l'obligèrent par leur résistance à signer un accord portant qu'il ne dépasserait pas les frontières de la Suède, ce royaume était déjà perdu pour Éric avant que ce prince eût pris la moindre mesure pour prévenir l'insurrection, ou pour y remédier.

Lorsqu'il apprit que le sénat de Suède l'avait déclaré, en 1434, déchu de la couronne, il leva des troupes danoises et allemandes, les embarqua et les conduisit à Stockholm qui tenait encore pour lui. Engelbrecht accourut aussitôt et l'y bloqua. Éric, serré de près et pressé par la disette, conclut avec Engelbrecht une trêve par la médiation des évêques ; elle devait durer depuis le 11 novembre 1434 jusqu'au 8 septembre 1435. Douze arbitres, quatre de chaque royaume, devaient consacrer ce temps à examiner les griefs de la nation. Éric partit tout de suite pour le Danemark, afin de traiter de la paix avec la maison de Holstein et les villes hanséatiques.

Le 3 mai 1435, les députés d'Éric et ceux des états de Suède tinrent une conférence à Halmstad en Halland. L'archevêque d'Upsal réussit à faire adopter un projet qui rétablissait à peu près l'union de Calmar. Les plénipotentiaires du roi avaient promis qu'il serait à Stockholm le 16 juillet pour donner satisfaction aux Suédois; mais la négociation du traité de Vordingborg ne lui permit pas d'arriver avant le 1er octobre. Le 18 du même mois, il accepta les conditons de la convention de Halmstad. Il accorda une amnistie générale, promit de diminuer les impôts d'après l'avis du sénat, de nommer aux dignités de drots et de maréchal du royaume, restées vacantes depuis longtemps; de ne confier qu'à des nationaux le commandement des places fortes, excepté Stockholm, Calmar et Nyköping. Il donna, comme fief à vie, à Engelbrecht, Orebro et son territoire; à Éric Puk, second chef des insurgés, un autre domaine.

Ce prince inconsidéré n'eut pas plutôt ressaisi le pouvoir, qu'il donna des preuves de son antipathie pour la nation suédoise, et viola ses engagements : il rendit le commandement des forteresses à des étrangers avides et odieux, et ôta celui de Stockholm à Jean Kropelin, Prussien de naissance, homme loyal, modéré et chéri des Suédois. En retournant par mer en Danemark, Éric s'arrêtait pour ravager les campagnes et piller les villages situés le long de la côte; une tempête détruisit une partie de sa flotte.

Les états de Suède, convoqués à Arboga, invitèrent Éric à venir le 1er mai 1436 à Stockholm, afin d'achever les négociations commencées; alors les bourgeois, craignant que les désastres qui les avaient accablés sous le règne d'Albert, ne se renouvelassent, sollicitèrent Engelbrecht de se rendre maî-

Château de Fredericksborg, à Copenhague.

DANEMARK.

tre de leur ville; la garnison danoise se retira dans le château.

Des messagers d'Éric, arrivés le 1ᵉʳ mars à Vadsténa, apportèrent ses excuses; ils dirent que des affaires pressantes l'avaient empêché de quitter le Danemark dans ce moment; des députés de Hambourg, de Lubeck, de Wismar et de Lunebourg, qui parurent à l'assemblée, interposèrent leur médiation. Kropelin, qui, malgré l'ingratitude d'Éric, lui restait fidèle, n'invoqua pas sans succès la générosité des Suédois. Il fut convenu que le terme fixé au roi serait prolongé jusqu'au 29 juillet, et qu'à cette époque une diète se réunirait à Calmar.

Le motif qui retenait Éric en Danemark, était l'exécution d'un dessein qu'il avait formé depuis longtemps, de maintenir dans la maison de Poméranie la couronne des trois royaumes du Nord. N'ayant pas de postérité, il avait parlé de Bogislas, son cousin germain, comme de son successeur. Enfin il convoqua, le 8 avril 1436, les états de Danemark à Vordingborg, et leur proposa de lui adjoindre ce prince, afin qu'il l'aidât à supporter le fardeau du gouvernement, et de le choisir pour son successeur; il finit son discours en disant que, sans doute, ils ne lui refuseraient pas ce qu'ils avaient accordé à Marguerite, lorsque, à la demande de cette princesse, ils l'avaient désigné lui-même pour lui succéder.

L'insensé, oser dans une telle occasion leur rappeler ce qu'ils avaient fait par considération pour Marguerite! Leur réponse lui prouva très-durement quelle différence ils mettaient entre lui et cette grande reine. Ils lui souhaitèrent une longue vie, ajoutant que, tant qu'elle durerait, ils ne voulaient pas d'autre souverain que lui. Sa proposition était d'autant plus maladroite que Bogislas n'appartenait à la maison royale qu'à un degré très-éloigné, que Christophe de Bavière en était bien plus rapproché, et que de plus Bogislas, excommunié depuis seize ans, avait manifesté son mépris pour la puissance ecclésiastique, en négligeant de se faire relever des censures de l'Église. Les états se bornèrent à accorder à Éric la faculté de se donner son cousin pour aide, à condition qu'il ne s'arrogerait aucune branche de l'autorité royale, et n'agirait que comme conseil du roi.

Irrité de cette résolution des états, Éric, après avoir confié à Bogislas le gouvernement de Seeland, s'embarqua pour la Poméranie où il leva des soldats, puis pour Dantzig où il comptait en enrôler un plus grand nombre. Les états, craignant que son absence n'occasionnât une guerre civile, lui envoyèrent une députation qui eut beaucoup de peine à l'apaiser et à le ramener en Danemark.

Conformément à la convention conclue à Vadsténa, Éric, accompagné de trois princes de Poméranie et d'un nombreux cortége de seigneurs allemands et danois, parut à la diète de Calmar, composée de députés des trois royaumes. Il fut encore prodigue de promesses; une nouvelle pacification s'ensuivit; on renouvela l'acte d'union de 1397, avec quelques changements. Éric fut reconnu roi des trois royaumes unis; chacun de ceux-ci devait être gouverné d'après ses lois particulières, avoir son drots et son maréchal; le roi devait résider quatre mois par an dans chacun de ses royaumes, sauf les absences exigées par les circonstances; les trois royaumes devaient s'assister mutuellement dans leurs guerres, mais aucune ne pouvait être entreprise sans le consentement de tous les trois. Après la mort du roi, son successeur devait être nommé par cent vingt électeurs, moitié ecclésiastiques, moitié laïques, quarante de chaque royaume, qui s'assembleraient à Halmstad. Si le roi ne laissait pas de fils légitime, le sort déciderait dans quel royaume son successeur serait pris. Si les électeurs ne pouvaient s'entendre, le choix serait déféré à un comité de douze personnes.

Cette importante transaction signée le 1ᵉʳ septembre, Éric retourna en Danemark, promettant de revenir le 29 septembre à Söderköping, en Suède, pour y tenir une diète. Il s'embarqua effectivement, mais longtemps après le terme convenu ; un coup de vent le jeta dans le port de Wismar où les glaces le retinrent tout l'hiver. Profitant de sa longue absence, et du bruit de sa mort qui s'était répandu, Charles Knutson, nommé administrateur du royaume de Suède, affermit de plus en plus sa propre autorité.

Lorsque l'on sut en Suède qu'Éric vivait encore, et qu'il était passé en Prusse, les états lui écrivirent pour le prier de venir, le 24 juin 1437, à Calmar, afin d'y confirmer dans une nouvelle diète tout ce qui avait été fait pendant qu'il était hors du royaume.

Éric promit d'y aller au mois de septembre ; mais ce terme arrivé, comme il n'osait pas se livrer entre les mains de Charles Knutson, qui, par ses créatures, tenait toutes les places fortes, il fit savoir à l'assemblée qui l'attendait, qu'il partait pour le Danemark où sa présence était nécessaire. Ces tergiversations eussent dû dessiller les yeux des Suédois ; leur haine pour Charles Knutson, le zèle du clergé pour le maintien de l'Union, et les efforts de Kropelin, déterminèrent les états à envoyer à Éric des députés pour lui rappeler que son intérêt et ses devoirs exigeaient qu'il revînt dans le royaume. Éric n'était plus à Lund quand ils y arrivèrent ; lorsqu'ils l'eurent rejoint, ils le trouvèrent inflexible : néanmoins, il leur promit d'aller tenir les états à Calmar, au mois d'août de l'année suivante. Pendant leur séjour en Danemark, ces députés s'aperçurent que son autorité n'y était pas plus affermie ni plus respectée qu'en Suède. Les Danois s'ouvrirent même à eux sur les mesures à prendre pour le déposer et appeler à sa place, si les Suédois le trouvaient bon, Christophe, duc de Bavière, fils de sa sœur. Les députés, craignant qu'il n'en résultât la rupture de l'Union, qui laisserait le champ libre à l'ambition de Charles Knutson, disposèrent le sénat de Suède à se contenter de la promesse d'Éric.

En 1437, il convoqua les états à Vordingborg et renouvela inutilement ses instances en faveur de Bogislas ; les états, non moins persévérants que lui, ayant allégué qu'une pareille élection était illégale tant qu'il vivrait un prince qui, étant issu de sang royal, serait par sa naissance destiné au trône. Au printemps, Éric mit à la voile pour l'île de Gotland, afin, disait-il, d'être plus à portée de négocier avec les Suédois, mais en effet dans la ferme résolution d'abandonner à jamais le royaume, puisqu'il emportait avec lui tous ses trésors, les effets les plus précieux de la couronne, et une bonne partie des chartes déposées dans les archives de l'État. A son arrivée en Gotland il se retira au château de Visborg qu'il avait fait bâtir près de Visby : un chroniqueur a prétendu que c'était afin de satisfaire plus à son aise sa passion pour les femmes. Par un acte de 1438, il déclara rompu le lien de féodalité qui, depuis plus de trois siècles, attachait au royaume de Danemark la principauté de Rugen, propriété de sa maison, savoir, celle de Poméranie-Wolgast. Lorsque l'époque d'aller à Calmar, suivant sa promesse, fut arrivée, il envoya dire aux états qu'il ne consentirait à traiter avec eux que lorsqu'ils lui auraient remis les forteresses de Stockholm, de Nyköping et de Calmar.

Depuis son départ du Danemark, des troubles s'étaient élevés dans le Vend-Syssel, canton le plus septentrional du Jutland, soit que le ressentiment d'Éric les eût excités ou fomentés, comme on l'en accusa, soit qu'il en fût innocent, ainsi qu'il le déclara plus tard, attribuant cette imputation à la haine que l'on avait conçue contre lui. Ces troubles avaient une cause assez extraordinaire. Le peuple du Vend-Syssel était persuadé que le concile de Bâle, alors assemblé, s'occupait de réformer les désordres déjà reprochés généralement aux gens d'église ; croyant que ces désordres venaient des trop grandes richesses du clergé, les Jutlandais pensèrent que le concile se proposait de les leur retrancher, et qu'en conséquence on n'était tenu de leur payer aucune espèce de tribut, jusqu'à ce que l'on sût

ce qui avait été décidé par le concile.

C'était sans doute une vision bien digne d'un peuple simple et ignorant. Le concile de Bâle ne songeait pas aux choses qui leur passaient par la tête. Cependant il y fut fait mention des pays du Nord pour maintenir la vérité des révélations de sainte Brigite, pour confirmer les libertés du clergé de Suède, pour dispenser les archevêques d'Upsal de recevoir le pallium des mains de l'évêque de Lund, pour permettre aux évêques de permuter leurs siéges.

Les autres cantons du Jutland se soulevèrent aussi non contre le clergé, mais contre la noblesse, dont ils prétendaient avoir de beaucoup plus justes sujets de se plaindre. La révolte fut bientôt générale et donna lieu à tant de violences, qu'une partie de ce corps, la ville de Hadersleben et l'île d'Arröe, c'est-à-dire toutes les parties du Jutland qui restaient à la couronne, furent obligées de se mettre sous la protection d'Adolphe, comte de Holstein, duc de Slesvig.

Malgré l'absence d'Éric et celle des députés norvégiens, les états prirent plusieurs résolutions importantes; on continua de reconnaître Éric pour roi pendant sa vie; on se promit d'entretenir à perpétuité la paix entre les trois royaumes. Quant à l'Union, on se contenta de statuer qu'elle durerait quand ils auraient un seul et même roi, ou en éliraient plusieurs : c'était à peu près avouer que l'on ne s'intéressait plus à l'Union.

Indignés de la conduite d'Éric, les députés de Danemark quittèrent Calmar, et les états, réunis à Corsör, prononcèrent, le 28 octobre 1438, la déchéance de ce prince : en même temps ils offrirent la couronne à Christophe de Bavière. Pour justifier cette démarche décisive, les états publièrent un manifeste, dans lequel ils reprochaient à Éric d'avoir voulu les forcer d'accepter pour roi son cousin Bogislas, d'avoir confié les places fortes à des étrangers, d'avoir manqué à ses engagements, déserté le royaume et emporté le trésor, de n'avoir pas protégé la noblesse et le clergé contre la populace, d'avoir par sa négligence causé la perte d'Arröe et de Hadersleben. On est obligé de convenir que la plupart de ces imputations étaient mal fondées; Éric les réfuta parfaitement dans la réponse qu'il adressa aux états. En effet, on ne pouvait articuler équitablement contre lui que deux griefs : son inconduite qui le rendait méprisable, et son incapacité pour gouverner dans des temps difficiles.

Christophe accepta les offres des états, et vint à Lubeck, où il reçut les premiers hommages des sénateurs et des principaux de la noblesse danoise. Mais comme, d'après le pacte d'union, aucun des trois royaumes ne pouvait se donner un roi sans le consentement des deux autres, on ne lui accorda que le titre d'administrateur.

En Suède, la diète de Söderköping prononça, le 6 janvier, la déchéance d'Éric; le crédit de quelques prélats obtint cependant qu'on lui accorderait un nouveau délai. Nicolas Stènson, beau-frère de Charles Knutson et son ennemi, se déclara pour Éric et passa dans l'île de Gotland. Éric, pour l'encourager dans ces dispositions, le créa maréchal du royaume et lui confia quelques troupes; Nicolas entra en Ostrogothie, dévasta le pays et causa quelques embarras à Charles, parce que les Norvégiens, excités par Éric, firent une diversion; bientôt défait, il fut pris et décapité, et neuf des principaux chefs de sa petite armée furent punis par le supplice de la roue.

Éric venait de faire un nouvel effort pour se rétablir en Suède, au moyen d'une négociation entamée par Kropelin avec l'administrateur, lorsqu'il reçut les lettres par lesquelles les Danois lui déclaraient qu'ils renonçaient à son obéissance. Il était même sorti de Gotland et s'était avancé jusqu'à Stegeborg, où il invita vainement Charles à venir le trouver. Ce dernier, trop rusé pour tomber dans un piège qu'il avait souvent employé, se contenta de s'aboucher avec Kropelin et d'autres commissaires du roi. Les conférences se terminèrent sans produire rien d'important, et, sans doute, Éric donna lieu à ce résultat par son prompt retour en Gotland.

Enfin la lecture des lettres que les Danois avaient adressées à ce prince détermina les Suédois à suivre leur exemple. Au mois de septembre 1439, ils confirmèrent à Telge la résolution prise précédemment, et la signifièrent à Éric. Au mois de novembre suivant, des députés des deux royaumes se réunirent à Jönekôping en Ostrogothie; les Norvégiens, qui n'avaient pas les mêmes sujets de mécontentement que faisaient valoir les deux autres nations, ne parurent pas à la diète; on y convint de maintenir l'Union et de s'assembler de nouveau à Calmar, le 24 juin 1440, quand même les Norvégiens n'y coopéreraient pas, afin d'élire un roi, et de travailler à rétablir l'ordre et affermir la paix dans le Nord.

CHRISTOPHE III.

Ce fut, sans doute, pour hâter la décision des Suédois et prévenir les menées secrètes de Charles, que le sénat de Danemark élut roi à Viborg, le 9 janvier 1440, Christophe, comte palatin du Rhin, ou, comme les historiens l'appellent, duc de Bavière (*), qui dans sa jeunesse avait fait un assez long séjour dans le royaume. Avant de lui expédier un message pour l'instruire de son élection, les sénateurs partirent pour Lubeck, où ils l'attendirent, et lui firent signer une capitulation. Cette élection était, suivant les historiens suédois modernes, une infraction du pacte de Calmar; les états des trois royaumes auraient dû être convoqués à Halmstad pour procéder au choix d'un roi. Les Danois répondent que l'urgence des circonstances força leur sénat à ne pas observer les clauses du pacte d'union, le Danemark et la Suède étant en proie à des troubles qui ne permettaient aucun retard. D'ailleurs, le sénat de Danemark avait

(*) Christophe tenait son droit à la couronne de Danemark, du chef de sa mère Catherine de Poméranie, sœur d'Éric et mariée à Jean de Bavière, comte palatin.

envoyé plusieurs messages en Suède pour engager les états de ce royaume à élire Christophe. Celui-ci ne prit que le titre d'administrateur. Un historien du temps convient que son couronnement en Danemark fut différé pendant trois ans, jusqu'à ce que les Suédois et les Norvégiens l'eussent agréé. Ces derniers, qui étaient les moins irrités contre Éric, n'auraient pas eu de répugnance pour son cousin Bogislas.

Les intrigues de Charles empêchèrent qu'un nombre suffisant de députés suédois vînt à Calmar. Jean Laxman, archevêque de Lund, Claude Ronov, beau-frère de Charles, qui étaient arrivés avec les autres députés danois, gagnèrent si bien les esprits, que Charles, prévoyant que la pluralité des suffrages ne lui serait pas favorable, ajourna l'élection à la prochaine diète, convoquée à Arboga pour le 29 septembre. Dans l'intervalle, il écouta les propositions de Christophe, qui lui promit l'investiture de la Finlande, sa vie durant, et celle de l'île d'OEland à perpétuité, en se réservant cependant la faculté de reprendre ce fief pour une somme de 40,000 marcs d'argent.

Les états d'Arboga s'ouvrirent au jour fixé; ils confirmèrent les cessions faites à l'administrateur, et, au mois de novembre, élurent Christophe roi, en l'invitant à venir prendre possession du trône à Calmar, le 24 juin 1441. L'élection fut notifiée aux Norvégiens, que l'on pria d'envoyer des députés à Lödese, le 2 février 1441, pour terminer complétement une affaire si importante.

Cependant Christophe, pour se ménager l'amitié d'Adolphe de Holstein, duc de Slesvig, lui donna l'investiture du duché à perpétuité, sacrifice que les circonstances exigeaient. En effet, les menées sourdes d'Éric fomentaient en Jutland des mouvements qui éclatèrent par une révolte des paysans; ces rebelles refusaient d'acquitter toute espèce d'impôt et de redevance; ils s'attroupèrent même au nombre de 25,000. Leurs chefs étaient un sénateur et quelques nobles restés attachés au parti d'Éric, qu'ils parlèrent de remettre sur le trône; ils défirent, près d'Aagord dans le diocèse d'Aalborg, les troupes royales, dont les principaux officiers eurent la tête tranchée. Christophe, ayant marché à la tête de son armée, mit en déroute les rebelles, après un combat long et sanglant; leurs chefs furent pris et condamnés à la roue; on fit grâce aux paysans.

Afin de répondre à l'invitation des états et d'achever de gagner Charles à ses intérêts, Christophe était venu pendant l'hiver à Halmstad; il y eut avec lui une entrevue, dans laquelle ils se prodiguèrent les démonstrations d'amitié et de bienveillance. Peu de temps après, les Suédois et les Norvégiens, réunis à Lödese, consommèrent l'élection de Christophe le 25 avril 1441, après lecture faite de la capitulation qui augmentait le pouvoir du sénat.

Les troubles du Jutland n'avaient pas permis à ce prince d'assister à l'ouverture de la diète de Calmar : il y parut le 8 septembre, et tout le monde y sembla d'accord; peu de temps après, il fit son entrée publique à Stockholm, et le 15 il fut couronné à Upsal.

Il employa une partie de l'hiver à parcourir les provinces de la Suède, donnant partout des marques de sa libéralité et de sa bienveillance, et prenant soin de rétablir le bon ordre si longtemps troublé par les querelles perpétuelles de la noblesse et par les factions. Comme les Norvégiens avaient renouvelé, à Lödese, leur union intime avec les Suédois, ils suivirent leur exemple, et, le 11 juin 1442, élurent également Christophe; il fut couronné, peu de temps après, à Opslo, par l'archevêque de Drontheim.

A son retour en Danemark, il reçut à Ribè la couronne des mains de l'archevêque de Lund, le 1er janvier 1443; plusieurs princes allemands ajoutèrent par leur présence à l'éclat de cette solennité. Les historiens conviennent que Christophe employa tous ses soins à établir des bonnes lois et à fonder des institutions utiles. Il publia en Danemark un code de droit municipal. Un arrangement conclu avec l'évêque de Röskild, auquel il donna des terres en échange, le rendit maître de Copenhague qui était déjà une ville très-florissante, et il y transporta sa résidence. Son désir de rendre le commerce avantageux à ses trois royaumes fut contrarié par les priviléges que les villes hanséatiques avaient obtenus de ses prédécesseurs dans des temps de troubles. Afin de délivrer plus sûrement la Scandinavie du monopole de ces républiques marchandes, il voulut s'assurer le concours de plusieurs princes allemands, qu'il invita à se rendre à Wilsnach, petite ville du Brandebourg, où les dévots de tout le Nord accouraient en foule pour adorer une hostie miraculeuse; il y vint en habit de pèlerin. La conférence fut infructueuse à cause du refus du duc de Slesvig de prendre part à l'entreprise. Christophe n'en persista pas moins dans son dessein; il renouvela, en faveur des villes de Prusse et de Livonie, les immunités qui leur avaient été accordées dans les trois royaumes, et encouragea le négoce des Néerlandais; mais les Hanséates, jaloux de ce qu'il faisait pour d'autres, se vengèrent de lui en soutenant les incursions d'Éric sur les côtes de Suède et de Danemark. Un accord mit fin à ces brouilleries, et les Néerlandais purent jouir pour la première fois du droit de commerce avec Bergen qui s'était relevé de ses cendres; cependant les anciennes concessions faites aux Hanséates, ayant été confirmées après de longues négociations, la convention conclue avec les Néerlandais resta sans effet.

En 1447, Christophe avait combiné avec les princes de Brunswick, de Mecklenbourg et de Brandebourg, un projet pour s'emparer de Lubeck par un coup de main. Déjà leurs soldats s'étaient glissés dans la ville, et Christophe était avec sa flotte à l'embouchure de la Trave. La tentative échoua parce qu'un incendie fortuit, qui éclata la nuit dans Lubeck, occasionna un malentendu.

Ce mauvais succès ne découragea pas Christophe, et il s'occupa de réunir des vaisseaux et des trésors pour effectuer son entreprise contre Lubeck

8e *Livraison.* (DANEMARK.) 8

et la Hanse. Il avait, à cet effet, convoqué les états de Suède à Jönköping, lorsque la mort le surprit à Helsingborg, le 6 janvier 1448. On dit que, prêt à rendre le dernier soupir, il exprima le regret de n'avoir pu détruire la ligue hanséatique, et qu'il conseilla aux grands du royaume de ne pas perdre de vue ses projets. Il avait épousé, en 1445, Dorothée de Brandebourg, fille de Jean l'Alchimiste; elle ne lui donna pas d'enfants et ne put jamais fixer son cœur inconstant. Quand il mourut, elle n'était âgée que de 18 ans. L'esprit turbulent des peuples qu'il eut l'ambition de gouverner, et l'ingratitude dont ils payèrent ses efforts pour assurer leur bien-être, ingratitude qu'il leur reprocha plus d'une fois, empoisonnèrent ses jours. Le chagrin qu'il en ressentit altéra complétement son caractère ; il était enjoué, il devint triste et taciturne. On a beaucoup exagéré les désordres de sa vie privée.

La Suède fut malheureuse sous son règne; la famine et la peste la ravagèrent. Les pirateries d'Éric augmentaient le mal en interceptant les grains qui venaient des pays étrangers. Les Suédois, quelquefois réduits, de même que de nos jours dans les temps de disette, à mêler à la farine de l'écorce d'arbre pulvérisée, rendaient, comme il arrive toujours au peuple dans son ignorance, Christophe responsable des calamités qui les accablaient; ils le surnommèrent donc *barke-konung* (roi aux écorces).

Ils auraient peut-être été plus fondés à lui imputer l'audace avec laquelle Éric continuait à ravager les mers et les côtes de leur pays. Les vives représentations qui lui furent adressées à ce sujet, le décidèrent à conduire, avec Charles Knutson, une flotte contre l'île de Gotland; on s'attendait à la voir tomber au pouvoir du roi; on apprit avec surprise qu'après une conférence très-paisible les deux princes s'étaient promis de vivre en bonne intelligence. Le seul motif qui puisse expliquer pourquoi Christophe ne chassa pas Éric de Gotland, comme il l'aurait pu, est que, d'après sa capitulation, il aurait été obligé de réunir cette île à la Suède : alors il se serait attiré la haine des Danois qui prétendaient aussi à la possession de Gotland.

En 1446, Christophe fit rédiger la coutume provinciale de Laaland ; il confirma en Suède le code publié sous Magnus II, en déclarant que cette nouvelle législation ne devait préjudicier en rien aux priviléges de la noblesse et du clergé. Ce code, cité ordinairement sous le titre de *Codex christophorianus*, est divisé en lois provinciales et urbaines. Plusieurs autres règlements et ordonnances montrent qu'il désirait le soulagement des peuples. On peut donc à bon droit se défier de la véracité de l'ancienne chronique suédoise en rimes, qui représente ce prince comme avare, fourbe et débauché. Les historiens suédois ne le peignent pas avec des couleurs si noires, et les Danois parlent de lui comme d'un monarque qui, durant un règne de huit ans, avait donné des preuves non équivoques de modération et d'un désir sincère de faire le bonheur de ses peuples.

CHRISTIAN Ier.

A la mort de Christophe, les trois royaumes devaient, conformément à l'union de Calmar, envoyer des députés à Halmstad pour y élire un roi en commun; mais aucun des trois ne semble avoir pris ce pacte en considération ; les états de Suède, réunis à Jönköping, ayant reçu de ceux de Danemark l'invitation de se joindre à eux au lieu indiqué, confièrent le gouvernement de leur pays à Bengt Jönson Oxenstierna et à Nils Christianson Vasa ; ils éludèrent ainsi de faire une réponse positive, et s'ajournèrent à Stockholm. Excitée par les intrigues de Charles Knutson, l'antagoniste le plus actif de l'union, la diète décida qu'elle élirait un roi de Suède, et, le 20 juin 1448, elle fixa son choix sur Charles.

Il ne restait plus en Danemark une seule personne de la lignée de Valdemar III ; alors il s'éleva, comme en

Suède, un prétendant à la royauté parmi les seigneurs du royaume : ce fut Canut Gyllenstierne. On a dit qu'il se croyait d'autant plus sûr de réussir que, jeune et bien fait, il avait su plaire à la reine douairière, qu'elle lui était dévouée et même voulait l'épouser. Peut-être que, semblable aux ambitieux de tous les genres, il prit les rêves de sa présomption pour des réalités. Le sénat danois, qui avait une influence décisive, ne voulut pas entendre parler d'une transaction contraire aux usages du pays; appuyé par la grande majorité des nobles, il offrit la couronne à Adolphe VIII, duc de Slesvig et comte de Holstein, de l'ancienne maison des comtes de Schauenbourg; il était connu pas ses talents, descendait d'une fille d'Éric Glipping, était âgé de quarante-sept ans et n'avait pas d'enfants. Il préféra donc très-sagement sa position peu brillante, mais tranquille, à l'ambition de régner sur les trois royaumes du Nord, et proposa aux députés du Danemark de porter leur choix sur son neveu Christian, comte d'Oldenbourg et de Delmenhorst, qui était dans la force de l'âge et devait un jour être son héritier (*). Pour donner plus de poids à ce conseil, il vint à Copenhague prendre dans le sénat la place qui lui appartenait comme duc de Slesvig.

Le comte d'Oldenbourg signa le 1er septembre, à Hadersleben, une capitulation qui confirmait plusieurs préro-

(*) On a vu plus haut que Richizza épousa Nicolas de Verle, prince de Mecklenbourg; leur fille Sophie fut mariée à Gérard le Grand, comte de Holstein. De ce mariage naquit Henri de Fer, comte de Holstein, en 1381. Il fut père de Gérard, comte de Holstein, duc de Slesvig en 1404. Le fils de celui-ci fut Adolphe VIII, dont sa sœur Hedvige devint l'épouse de Diderik (Thierry) l'Heureux, comte d'Oldenbourg. Les historiens suédois observent que Hedvige était petite-fille de Henri de Fer, époux d'Ingeborge de Mecklenbourg, fille d'Euphémie, sœur de Magnus Ericson, roi de Suède, de sorte que Christian descendait également des maisons royales de Suède et de Danemark.

gatives que le sénat s'était attribuées depuis l'élection de Christophe, au détriment de l'autorité royale; il jura aussi, conformément à la capitulation de Valdemar III, en 1326, de ne jamais réunir le Slesvig à la couronne. Ces formalités remplies, il fut proclamé roi le 29 septembre 1448, sous le nom de Christian Ier, et reçut à Lund les hommages et le serment de fidélité des divers ordres du royaume; bientôt il épousa Dorothée, veuve de Christophe.

Les Norvégiens suivirent l'exemple des Danois, bien qu'un parti penchât pour Charles; la portion des états où dominaient les amis de Christian, s'étant assemblée à Opslo, examina la demande qu'il leur avait adressée d'être élu roi; il la fondait sur l'ancienne confraternité et union des royaumes. Après une mûre délibération, il fut déclaré que Christian étant proche parent de Marguerite (*) et le plus proche héritier du trône de Norvége, suivant la loi de ce royaume, et que de plus, l'avantage et la sûreté des deux nations étant pour les états des motifs qu'ils devaient prendre en considération, ils reconnaissaient ce prince en qualité de légitime roi de Norvége.

Cependant les partisans de Charles déclaraient que, « convaincus que « Dieu et la nature voulaient que leur « patrie et la Suède fussent gouvernés « par un même roi, » ils avaient résolu de déférer la couronne à celui que les Suédois avaient choisi; néanmoins Christian fut élu à Marstrand, le 3 juillet, par les uns; Charles à Hammer, le 21 octobre, par les autres : chacun d'eux signa une capitulation. Les deux

(*) Il n'est pas aisé de comprendre comment Christian était proche parent de Marguerite. Il eût été plus facile aux états de Norvége de prouver qu'il descendait de leurs anciens rois et plus naturel de s'appuyer sur cette consanguinité. Haquin V, roi en 1299; Ingeburge, sa fille, épouse d'Éric, duc d'Upland en Suède, 1312. Leur fille Euphémie épousa Albert, duc de Mecklenbourg, 1336; leur fille Ingeburge devint femme de Henri de Fer, comte de Holstein et père de Gérard, duc de Slesvig, aïeul de Christian, comme on l'a vu plus haut.

8.

partis convinrent, après de longs débats, que les états des trois royaumes, qui devaient se réunir à Halmstad, décideraient entre les deux rois. Ils décrétèrent, le 12 mai 1450, que, dans le cas de décès de l'un des deux, ses sujets auraient le choix ou de reconnaître l'autre monarque, ou, s'ils s'y refusaient, de nommer des régents pour gouverner jusqu'à la mort de celui qu'ils auraient rejeté : alors on élirait en commun un roi qui devait nécessairement être un indigène. Comme Christian descendait de Haquin, roi de Norvége, mort en 1319, la couronne lui fut déférée par droit héréditaire.

C'était déjà beaucoup que d'avoir obtenu deux des trônes du Nord en si peu de temps ; mais Christian ne perdait pas de vue le troisième, occupé par un rival actif et belliqueux. Déjà Christian avait envoyé des troupes pour chasser de Gotland Éric, le roi détrôné. Les Suédois, arrivés les premiers, prirent Visby : la forteresse de Visborg ne pouvait éviter un sort pareil. Éric, qui craignait surtout de tomber entre les mains de Charles, son ennemi personnel, obtint des généraux suédois une suspension d'armes, durant laquelle il devait proposer divers arrangements propres à satisfaire les Suédois ; un des généraux alla porter ces propositions à Charles. Éric profita du temps pour se ravitailler et pour ouvrir des négociations avec Christian ; il en reçut des promesses positives de secours. Lorsque l'armée danoise se présenta, Éric remit le château de Visborg à Olaüs Axelson Tott, qui la commandait, et qui le conduisit à Bornholm avec ses trésors et Cécile sa maîtresse. Éric passa ensuite à Rügenwalde en Poméranie, où il vécut encore neuf ans dans une obscurité dont il n'aurait jamais dû sortir. Il y mourut en 1459, et en lui s'éteignit la postérité de Valdemar III. On l'a regardé, mais à tort, comme l'auteur d'une chronique de Danemark, écrite en latin, qui commence au roi Dan et finit à l'année 1288 ; on voit clairement, en lisant cet ouvrage, qu'il est d'un moine danois du treizième siècle.

Les Danois étaient à peine en possession de Visborg, que les Suédois, maîtres de l'île, les y investirent. Instruit du danger que courait la garnison, Christian expédia de nouveau Tott en Gotland, et le suivit bientôt avec une flotte de cent cinquante voiles. Magnus Green, le général suédois, se voyant à son tour en danger, proposa une trêve, pendant laquelle les arbitres examineraient auquel des deux pays l'île devait appartenir. Tott accepta cette offre ; mais de nouvelles hostilités éclatèrent. Enfin, une seconde suspension d'armes fut conclue pour les trois royaumes : elle devait durer jusqu'au 11 novembre de l'année 1451 ; les Suédois s'engagèrent à évacuer l'île ; un congrès, composé de douze sénateurs de chaque pays, devait se tenir à Halmstad et décider à qui elle appartiendrait.

Charles, contrarié de ce côté, passa en Norvége avec cinq cents cavaliers ; ses partisans l'y rejoignirent, et, comme si le trône eût été vacant, l'élurent roi ; l'assemblée déclarant que c'était l'acte qui lui semblait le plus utile au pays. Peu de temps après, Charles fut couronné à Drontheim par l'archevêque, et signa une capitulation semblable à celle de Christian. Ensuite les états écrivirent à ce dernier pour lui signifier qu'ils avaient résolu de le déposer, parce que son élection était illégale, qu'ils étaient attachés à la Suède par affection et par intérêt, et qu'ils ne voulaient prendre aucune part à la guerre qu'il avait l'intention de faire à ce pays. Cette lettre curieuse prouve que les Norvégiens, naturellement belliqueux et auparavant si redoutables, maintenant affaiblis par leurs désunions, par le défaut de commerce, par la grande et épouvantable contagion du siècle précédent, se sentaient hors d'état de lutter, avec quelque espoir de succès, contre leurs voisins ; il était donc tout simple qu'ils penchassent pour les Suédois.

Le congrès, convoqué à Halmstad, s'ouvrit le 1ᵉʳ mai 1450 ; ses décisions, prises sous l'influence de l'archevêque d'Upsal, ennemi de Charles, furent favorables à Christian; elles annulèrent la dernière élection faite en Norvége : chacun des deux rois fut maintenu sur le trône; celui qui survivrait à l'autre lui succéderait, du moins si la diète d'élection ne le désapprouvait pas; l'union de Calmar et le pacte de 1436 furent confirmés; enfin, on décréta qu'il y aurait à l'avenir paix et union constante entre les deux rois, et que, si la Norvége voulait entrer dans cette alliance, elle y serait admise ; de plus, les députés suédois promirent, au nom de leur roi, que les droits et les prétentions qu'il pouvait avoir eus sur la Norvége seraient remis et cédés à l'amiable par lui à Christian, en sorte que dès ce jour il ne mettrait aucun obstacle aux desseins de ce prince sur ce royaume; ils s'engagèrent de plus à remettre à Christian un acte formel de cette renonciation à la couronne de Norvége, et cela dans l'espace de moins de trois mois, faute de quoi ils se soumettraient à venir se constituer prisonniers de Christian à Helsingborg, et à ne sortir de ce lieu que du consentement de ce monarque. Quant à l'île de Gotland, son sort devait être réglé dans une assemblée indiquée à Rönneby en Blékingie pour la Saint-Jean de l'année suivante.

Charles, irrité et indigné, ne se méprit pas sur la main qui avait travaillé contre lui, et, dans sa colère, il eut recours, pour parer le coup, à un moyen qui nous semble extraordinaire, mais qui était conforme aux idées du temps. Il se plaignit au pape de la conduite des évêques suédois, le sollicita de prononcer sur cette affaire et promit de se conformer à sa décision. Nicolas V nomma des chanoines de Halmstad pour en informer. Christian, qui avait une trop haute idée de l'importance d'un tel différend pour le soumettre aux enquêtes de tels commissaires, refusa de reconnaître leurs pouvoirs. Alors le pape envoya un légat. La sentence qui devait résulter de la procédure ne pouvait être rendue qu'après un long délai, ce qui ne convenait pas à Christian que les circonstances favorisaient. Autorisé par le traité de Halmstad et secondé par de nombreux partisans secrets, en Suède et en Norvége, il passa dans ce dernier royaume, fit annuler l'élection de Charles, et, le 29 juillet 1450, fut couronné à Drontheim; ensuite, les sénats de Norvége et de Danemark renouvelèrent à Bergen l'union des deux royaumes.

Les états de Suède, assemblés à Arboga et dirigés par les mêmes sentiments que les députés au congrès de Halmstad, déclarèrent qu'ils se conformaient au traité conclu dans cette ville; il en fut dressé acte, en présence même de Charles, qui fut ainsi obligé d'envoyer à Christian sa renonciation à la couronne de Norvége. Toutefois, cette démarche n'établit pas entre les deux rois la bonne intelligence dont leurs députés s'étaient flattés. L'un et l'autre espéraient des avantages de la guerre; elle fut résolue dans le sénat de Danemark; cependant, avant de la commencer, on voulut attendre le résultat des conférences de Rönneby. Elles eurent lieu le 24 juin 1453. On se sépara sans avoir rien conclu, et le voisinage des deux rois manqua plus d'une fois d'occasionner des hostilités. La maladresse du légat affermit Christian dans sa résolution; et les circonstances lui promettaient le succès, car Charles, incapable de plier sa fierté à ce qu'elles exigeaient, avait, par de nouvelles imprudences, aigri les esprits des grands de la Suède. On l'a accusé d'avoir été ingrat envers ceux qui lui avaient rendu des services, et d'avoir réuni à la couronne les châteaux et les domaines que ses partisans avaient espéré de recevoir; d'avoir été avide d'argent et d'avoir toléré les exactions commises par les receveurs des impôts. Peut-être ces plaintes n'avaient d'autre fondement que les efforts de Charles pour détruire la faction oligarchique qui travaillait à anéantir l'autorité royale, en transférant au sénat le droit de disposer des fiefs vacants. Il s'était réconcilié avec l'archevêque d'Upsal. Comme il lui sembla que ce prélat et d'autres évêques avaient mal arrangé ses intérêts au congrès de Halmstad, il ordonna aux tribunaux, vers la fin de 1453, d'informer sur la nature des possessions du clergé; par là il augmenta le nombre des partisans de Christian, parmi lesquels on compte Magnus Green, qui avait commandé en Gotland.

La guerre recommença. Tott partit de cette île par l'ordre du roi, et ravagea les côtes de Suède. Charles, profitant de l'hiver qui empêchait de porter des secours en Scanie, la dévasta, mais ne put réussir à s'emparer de Lund, défendu par son archevêque. Ses tentatives sur la Blékingie et le Halland ne furent pas plus heureuses. Au printemps, Christian, revenu du Brandebourg où les princes allemands lui promirent des secours contre son ennemi, reprit la Scanie, et s'empara de la Vestrogothie; sa flotte, commandée par Tott et Grèn, fit une descente près de Stockholm et força Charles d'accourir au secours de sa capitale. Les Danois, obligés de se retirer, pillèrent les côtes et brûlèrent Vestervik. D'un autre côté, la défaite de l'avant-garde de leur armée dans la forêt de Holaveden, et les maladies, les contraignirent d'évacuer la Vestrogothie. Une tentative d'un général suédois pour pénétrer en Norvége échoua. Il fut ensuite question de rapprochement; on conclut plusieurs fois des trêves qui furent prolongées : jamais on ne put en venir à un traité de paix.

Christian profita de cette espèce de calme pour obtenir du sénat de Danemark un décret qui l'autorisait à réunir aux domaines de la couronne toutes les terres dont il pourrait prouver que les engagistes avaient tiré un revenu plus grand que la somme pour laquelle elles leur avaient été concédées. L'exécution de ce décret fit beaucoup de mécontents. Parmi eux figurèrent les frères de Tott, ils passèrent en Suède où ils faisaient courir des bruits calomnieux sur le compte du roi; ils tâchèrent d'entraîner tous les Suédois dans leur parti.

Christian se contenta d'abord de combattre ces imputations par des apologies de sa conduite, et attendit une occasion favorable pour joindre des démonstrations efficaces à ces préliminaires : elle se présenta bientôt.

Pendant que Charles était occupé de négociations infructueuses avec les mécontents, et de combats aussi peu décisifs, le clergé de Suède et Christian avaient travaillé avec succès à faire déclarer le pape contre lui. Le douaire que les états de Suède avaient promis à la reine Dorothée, à l'époque de son mariage avec Christophe III, et que Charles avait saisi, leur servit de prétexte. Il faut observer à ce sujet que, dans ces temps-là, les veuves conservaient leur douaire toute leur vie, quoique remariées; les exemples en sont fréquents dans l'histoire du Nord.

Au moment où Charles s'y attendait peut-être le moins, une bulle fulminée par Calixte III lui enjoignit, sous peine d'excommunication, de restituer le douaire réclamé, qui comprenait les provinces de Néricie et de Vermeland. La publication de cette bulle fut un véritable coup de foudre pour le parti de Charles. La perte qu'il fit en même temps de Thord Bonde, excellent général, lui fut encore plus sensible. Ce brave homme fut assassiné lâchement par un des officiers de sa maison, qui, sans doute, crut avoir rendu par ce crime un service immense aux Danois ou au clergé de Suède.

Christian fit répandre la bulle du pape dans toute la Suède, puis en 1456 il y entra avec une armée, prit Elfsborg, place importante qui assurait ses communications avec la Norvége, et Borkholm dans l'île d'OEland. Un autre corps danois fit une descente en Finlande, où il brûla Viborg. L'archevêque d'Upsal, attentif aux progrès de son allié secret, commença aussitôt à garder moins de ménagements avec Charles : il lui demanda un dédommagement pour des navires qu'il prétendait avoir perdus l'été précédent au service de l'État, et surtout pour les biens dont on l'avait dépouillé. Charles essaya vainement d'éluder cette réclamation; le sénat, au jugement duquel il remit l'affaire, décida qu'il devait satisfaire le prélat. Bientôt une rupture ouverte éclata entre eux. Pendant que Charles tente de reprendre OEland, l'archevêque fait mettre en prison quelques-uns de ses officiers, et afficher aux portes de la cathédrale d'Upsal un manifeste, par lequel il déclare qu'il renonce au serment de fidélité qu'il avait prêté à Charles, et à l'obéissance qu'il lui avait jurée, parce qu'il avait violé la liberté de ses sujets, tant ecclésiastiques que séculiers, était tombé dans l'hérésie, n'accordait les emplois qu'à des hommes corrompus et dangereux, engageait le royaume dans des guerres perpétuelles et l'accablait d'impôts, enfin ravissait le bien d'autrui avec une avidité insatiable, et méprisait quiconque lui donnait de bons conseils.

Ensuite le prélat entre dans l'église où le chapitre est assemblé, dépose sa soutane sur l'autel, sa crosse et sa mitre devant la châsse de saint Éric, se revêt d'une cuirasse et s'arme d'une épée, qu'il jure de ne quitter que lorsqu'il aura délivré le royaume; puis dans cet équipage guerrier, se met à la tête de ses vassaux, court avec eux piller les domaines de Charles et s'assurer avec sa troupe de la soumission des Dalécarliens.

Instruit de cette révolte, Charles revient sur ses pas avec un corps de cavalerie, et, au lieu de poursuivre vivement l'audacieux archevêque, il s'arrête à Stregnas, y est surpris par ses ennemis; son armée se débande, et lui-même blessé ne peut qu'avec peine s'enfuir à Stockholm. Il y assembla les bourgeois, dans la fidélité desquels, suivant les expressions de Dalin, historien suédois, il plaçait son espérance; mais quoiqu'ils lui eussent fait les plus belles promesses, et lui eussent juré sur des reliques qu'ils ne l'abandonneraient jamais, il ne put jamais les engager à prendre sa défense quand l'archevêque eut investi la ville. Il eut même des motifs de penser qu'il n'était pas en sûreté au milieu d'eux : alors il voulut négocier avec son ennemi. Celui-ci répondit que son devoir envers Christian ne lui permettait pas de rien conclure sans avoir pris l'avis d'Axelson et Grèn, généraux danois qu'il attendait à toute heure. Charles comprit le sens de cette reponse; il fit embarquer secrètement, pendant la nuit, tout ce qu'il possédait en argent comptant et en choses précieuses, et le lendemain, c'était au mois de février 1457, partit avec un vent favorable pour Dantzig, où il arriva dans trois jours. Il expédia aussitôt à toutes les cours étrangères un manifeste, dans lequel il justifiait sa conduite, et s'offrait de prendre le roi de Pologne, conjointement avec quelques sénateurs de Suède, pour juger entre lui et ses antagonistes (*).

A peine les bourgeois de Stockholm furent informés du départ de Charles, qu'ils ouvrirent les portes de leur ville à l'archevêque d'Upsal et à son armée. La citadelle étroitement serrée ne capitula qu'un mois après. Charles y avait laissé ses deux filles encore très-jeunes. L'archevêque les fit mener, dans cette saison rigoureuse, sur un navire qui les conduisit aux côtes de la Prusse, pour y chercher leur père. Bientôt le sénat convoqué approuva tout ce que le prélat avait fait, lui garantit le payement de toutes les sommes qu'il avait dépensées pour le bien du royaume, enfin, le remercia du zèle qu'il avait déployé pour délivrer la patrie de l'esclavage où Charles l'avait réduite.

L'archevêque n'osa pas annoncer tout de suite aux Suédois, haïssant singulièrement la domination danoise, qu'il travaillait pour Christian; il se concerta secrètement avec plusieurs grands personnages revenus de l'exil, et envoya des émissaires en Danemark. Cependant il gouvernait arbitrairement sous le titre de prince et d'administrateur de la Suède; il s'empara de toutes les places fortes, à l'exception de Calmar; et afin d'en imposer aux gens simples il fit élire Érik Axelson administrateur; il ne tarda pas à le charger du gouvernement de la Finlande.

(*) Dalin, *Svea Rikes Historia*, t. II, p. 730.

Guidé par cet homme artificieux, Christian employa les moyens qui pouvaient agir le plus efficacement sur l'esprit des peuples. Il répandit dans le royaume deux déclarations qui se suivirent de près : il promettait de confirmer tous leurs priviléges s'ils voulaient l'élire ; de fortifier les anciens liens entre les deux pays ; d'assurer aux habitants de chacun la jouissance des biens qu'ils possédaient dans l'autre ; de restituer l'île d'OEland, avec le château de Borgholm et celui d'Elfsborg en Vestrogothie.

En même temps il s'avança avec une flotte considérable jusque dans l'archipel rocailleux qui entoure Stockholm, et fit courir le bruit que Charles avait rassemblé en Prusse une grosse armée pour le détriment de la Suède. Il écrivit aux états que, bien loin de vouloir les obliger à reconnaître sa souveraineté, il n'était venu que pour défendre la Suède contre Charles et le roi de Pologne. Il manda aussi à ce dernier de ne pas soutenir Charles, le menaçant, dans le cas contraire, de le traiter en ennemi, ainsi que la ville de Dantzig ; et effectivement on arrêta dans le Sund, par ses ordres, quelques navires de cette ville.

L'archevêque d'Upsal et ses partisans, préparés à élever Christian sur le trône, entrèrent ouvertement en négociation avec lui, et dressèrent une capitulation qu'il se hâta de signer : il promettait et jurait de maintenir les priviléges des états et toutes les conventions précédentes, à l'exception de celle de Halmstad qui était annulée ; de ne pas s'emparer pour la couronne des biens allodiaux : de ne pas diminuer les propriétés de la couronne ; de n'établir aucun impôt que d'après les lois ; de restituer Gotland à la Suède ; que toutefois cette affaire ainsi arrêtée. celle du péage de Bohus serait différée jusqu'après le couronnement.

Cet acte ayant été scellé par le roi, les clefs de la citadelle de Stockholm lui furent aussitôt remises. Le 24 juin, Christian fut élu roi de Suède dans la plaine et près des pierres de Mora, suivant l'antique usage ; le 29,

il fut couronné dans l'église cathédrale d'Upsal. Les fêtes données à cette occasion furent magnifiques : des tournois magnifiques fournirent au nouveau roi l'occasion de faire briller son adresse et sa bonne mine ; il fut couvert d'applaudissements.

Il prit ensuite toutes les mesures nécessaires pour exclure à jamais Charles du trône, et rendre l'union des trois royaumes perpétuelle. Il instruisit de son succès les monarques étrangers ses alliés ; il flatta le pape de l'espoir qu'il fournirait aux rois de Pologne et de Hongrie des secours contre les Turcs ; confirma bientôt à trois reprises différentes, dans un court espace de temps, les priviléges et les immunités du clergé, fit des libéralités à plusieurs églises, exempta l'archevêque et ses héritiers de toute réclamation pour emploi de l'argent de l'État dans la guerre qui venait de finir, lui permit de construire et d'employer à sa volonté le château de Stäke, comme une propriété ecclésiastique.

Calixte III déclara par une bulle que le roi fugitif avait été un tyran, et que le primat de Suède n'avait fait que remplir son devoir en recourant à la force contre cet ennemi du clergé ; une procédure juridique fut même instruite contre Charles. Un procureur fiscal se présenta devant le sénat de Suède, au nom de la reine Dorothée, et demanda la restitution du douaire de cette princesse. Charles fut donc cité à comparaître à Stockholm, à la Pentecôte de l'année suivante, pour avoir violé l'union de Calmar, s'être approprié le douaire de la reine Dorothée, avoir envahi la Norvége, opprimé le clergé, dépouillé l'Église, violenté plusieurs chapitres au sujet de l'élection des évêques, emporté avec soi les joyaux et autres effets précieux de la couronne.

Cette citation fut signifiée aux hôtels de ville de Stockholm, Lubeck, Wismar, Rostock, Stralsund, Colberg, Dantzig et Königsberg. On pense bien que Charles ne reconnut pas la compétence d'un pareil tribunal ; mais, malgré ses protestations, le sénat de

Suède rendit, au jour fixé de l'année 1458, une sentence qui le condamnait à perdre tous ses biens, de quelque nature qu'ils fussent, et les adjugeait à Christian et à la couronne de Suède. Toutefois la voix de l'équité se fit entendre dans le sénat, car on excepta de la confiscation les biens que les filles de Charles avaient à réclamer pour le douaire de leur mère, et ceux qu'il avait acquis avant d'être élevé à la royauté.

Christian, après l'augmentation du domaine royal que lui avait procurée la sentence du sénat de Suède, s'occupa, comme il avait précédemment fait en Danemark, de se remettre en possession des biens engagés, dans des temps critiques, pour des sommes modiques. Les documents historiques prouvent que les évêques et plusieurs grands personnages apposèrent leurs sceaux aux décisions prises dans ces occasions. On peut donc induire de cette circonstance que Christian n'avait rien fait que de l'aveu du sénat, puisque sa conduite n'excita aucune de ces plaintes amères qui s'élevaient de toutes parts lorsqu'un monarque étranger y donnait le moindre sujet, et que, au contraire, il reçut des témoignages de la satisfaction des Suédois.

Lorsqu'il parcourut le royaume, en faisant ce que l'on appelait la tournée de saint Éric, le sénat de Norvége vint au-devant de lui à Skara, et reconnut le prince Jean, son fils, pour son successeur au trône. L'archevêque d'Upsal et d'autres grands du royaume de Suède, qui se trouvaient alors dans cette ville, firent la même démarche, et en instruisirent le sénat par une dépêche. L'acte qu'ils venaient de souscrire fut ratifié, et il fut délibéré que l'on allait travailler efficacement à cimenter et perpétuer l'alliance nouvellement rétablie entre les trois royaumes du Nord, afin de prévenir des troubles semblables à ceux que Charles avait suscités.

Instruit des succès de son ennemi, Charles ne négligeait aucun moyen de le renverser à son tour du trône où il semblait si bien assis. Il s'assura de l'appui des villes hanséatiques, notamment de Dantzig, et de celui des chevaliers teutoniques de Prusse; il s'adressa, mais avec peu de fruit, au roi d'Angleterre, qui avait assez à faire chez lui au milieu des dissensions civiles; le duc de Bourgogne, l'égal des rois les plus puissants, ne lui prêta pas non plus une oreille secourable. Casimir IV, roi de Pologne, fut le seul qui prit une part sincère à ses disgrâces.

Christian, retourné en Danemark, n'y manqua pas d'occupation : la mort d'Adolphe, son oncle maternel, duc de Slesvig et comte de Holstein, arrivée en 1459, laissait une succession composée de deux États d'une nature très-différente. Le Slesvig était un fief du Danemark; Adolphe en avait fait hommage au roi son neveu, et comme dans ce royaume la succession des femmes était usitée, on pouvait supposer que celle des fiefs l'était aussi. Quant au Holstein, rien n'indiquait qu'il fût un fief féminin; aussi le comte de Schauenbourg-Pinneberg en réclama-t-il la succession, et ses prétentions paraissent fondées, d'après les principes que l'on suit actuellement; mais cette branche avait toujours été regardée comme étrangère à la maison dont la ligne masculine s'était éteinte dans la personne de Gérard. A l'époque où nous nous trouvons, les idées sur l'hérédité des fiefs n'étaient pas aussi claires que de nos jours, et on opposait à la ligne de Schauenbourg, que le partage qu'elle avait fait anciennement avec les autres lignes n'avait pas été un de ceux par lesquels la succession réciproque est réservée aux partageants. D'un autre côté, en admettant que le duché et le comté fussent des fiefs féminins, les deux frères de Christian demandaient d'y prendre part, puisque rien n'établissait l'indivisibilité de ces deux fiefs.

Christian n'avait pas manqué de chercher à se faire des partisans parmi les états des deux pays, auxquels il avait été d'ailleurs puissamment recommandé par son oncle; il ne l'était pas moins par la crainte que pouvait leur causer le ressentiment qui résulterait chez lui d'un refus de leur part. Ces états, agissant de concert, se déclarèrent pour Christian, dans une assemblée solennelle tenue à Ribé au mois de mars 1460. Ce prince avait promis préalablement de s'arranger à l'amiable, tant avec ses frères qu'avec les comtes de Schauenbourg, et de confirmer les priviléges des deux pays; il fut proclamé duc de Slesvig et comte de Holstein; ensuite il conclut une convention avec le comte de Schauenbourg, qui lui céda ses droits et reçut une somme de 45,000 florins du Rhin et l'assurance de la possession paisible de trois bailliages dans le Holstein. L'Empereur donna son agrément à cette transaction, et Christian reçut l'investiture des mains de l'évêque de Lubeck, parce que Sigismond avait accordé en 1434, à l'église cathédrale de cette ville, le privilége de la conférer en son nom. Dans cette occasion, le roi confirma les immunités de la ville de Lubeck. Au commencement de 1461, il alla recevoir l'hommage de la ville de Hambourg : il y fit son entrée, suivi de l'évêque de Lubeck et de plusieurs membres de la noblesse du Holstein. Ses frères avaient renoncé à tous leurs droits pour une somme de 40,000 florins.

Ainsi Christian acquit, sans recourir aux armes et sans troubler le repos de ses peuples et de ses voisins, deux provinces importantes qui avaient été pour ses prédécesseurs une source continuelle d'embarras et d'événements fâcheux.

Vers le même temps arriva en Danemark Marin de Fregeno, légat du pape. Sa mission était, disait-on, de régler le différend relatif au douaire de la reine Dorothée; mais il est plus probable qu'il venait dans les pays du Nord pour la vente des indulgences. Celle qu'il fit dut être considérable, car, lorsqu'il passa par Copenhague, il n'obtint de Christian la permission de s'avancer plus loin vers le nord qu'en lui comptant 8,000 marcs d'argent et lui promettant une forte portion de sa récolte future. On raconte qu'il essaya de s'esquiver à la sourdine, et qu'il fut arrêté à Lubeck.

Les commencements du règne de Christian en Suède avaient été heureux : son gouvernement n'était pas désagréable aux Suédois. Des imprudences atténuèrent ces bons sentiments. Voici les griefs. Il avait enlevé aux dominicains de Stockholm un dépôt d'argenterie et d'argent monnoyé, remis à ces religieux par Charles au moment de sa fuite; il avait publié à Copenhague des ordonnances et des reglements très-sages et très-utiles à la Suède : il aurait dû les faire rédiger et promulguer à Stockholm ; divers seigneurs et autres personnages distingués de Suède, innocents du crime dont les accusait un scélérat aposté par l'archevêque d'Upsal, avaient été appliqués à la question ; enfin, et c'était le fait le plus grave aux yeux de la multitude, il avait établi de nouveaux impôts. La faute réelle de Christian avait été d'accorder trop de confiance au prélat.

En 1463 il partit pour la Finlande, afin de faire la guerre soit aux Russes, soit aux indigènes encore attachés à Charles. Avant de s'embarquer, il remit entre les mains du primat l'administration du royaume de Suède, et le chargea du recouvrement des contributions. A son retour, au lieu des sommes sur lesquelles il avait compté, il apprit que pendant son absence la levée d'un nouvel impôt avait occasionné parmi les paysans de l'Upland un soulèvement que le prélat n'avait pu apaiser, à ce qu'il disait, qu'en leur en promettant l'abolition. Cette faiblesse très-coupable indigna Christian : il adressa à l'archevêque des reproches, peut-être fondés, l'accusa de trahison, lui ôta la forteresse de Stäke, et le fit arrêter. Aussitôt ses ennemis, auxquels la crainte avait imposé silence jusqu'à ce moment, se déchaînèrent contre lui. Des placards affichés dans les rues et jusque dans les églises de Stockholm, l'accusaient d'être un traître et un perfide, et de travailler à faire tomber Christian dans les mêmes piéges qui avaient causé la ruine de son prédécesseur. Mais les paysans de l'Upland, excités par le clergé, se révoltèrent et marchèrent comme des furieux sur Stockholm, qu'ils furent sur le point de surprendre. Le roi employa contre eux la ruse, obtint un armistice, en profita pour effectuer des opérations qui forcèrent les factieux de lever le siége, après la mort d'un grand nombre des leurs.

Christian venait de perdre la Suède par la même faute qui l'avait arrachée à Charles : il avait offensé le clergé. Il crut faire tout rentrer dans l'ordre en convoquant une diète; ensuite il écrivit au pape Pie II une lettre pleine de soumission, pour justifier la détention du primat de Suède. Le souverain pontife, instruit déjà de ce qui s'était passé dans ce royaume, avait mandé aux archevêques de Magdebourg et de Riga, et à l'évêque de Stregnäs, d'excommunier le roi; le service divin avait même cessé dans divers lieux; Christian avait commandé qu'on le continuât : ce fut un nouveau sujet de discorde. Les ecclésiastiques dociles à ses ordres n'échappèrent qu'avec peine aux reproches des autres.

Cependant la diète s'assembla au mois de septembre, dans la capitale. Le primat y comparut et se défendit assez bien, surtout au gré des membres du clergé; mais il ne recouvra pas la liberté et le roi résolut de l'emmener en Danemark. Alors le clergé exaspéré menaça de lancer la bulle d'excommunication. Kettil Carlson Vasa, évêque de Linköping, et cousin du captif, offrit inutilement de remettre au roi vingt-quatre cautions pour la personne du primat; Christian s'embarqua pour Copenhague avec son prisonnier.

Aussitôt Kettil prit l'épée, souleva le peuple dans l'Ostrogothie, la Néricie et la Sudermanie; partout où il passait, il déliait les Suédois, au nom de la patrie, du serment d'obéissance juré au roi. Les griefs qu'il alléguait contre ce prince étaient ceux qui ont été énoncés précédemment, et il y joignait le refus de rendre l'île de Gotland. Bientôt il reprit le fort de Stäke, ôté à l'archevêque, et le donna aux frères de ce prélat; s'empara du château de Vesteros et d'autres places, et mit le siége devant Stockholm. Du reste il agissait en roi et supprimait une partie des impôts; enfin, pour entraîner les Suédois dans sa révolte, ou, suivant son langage, leur faire secouer un joug odieux, il semait sur le compte du roi les bruits les plus injurieux et les plus absurdes : il prétendait que ce prince exigerait de chaque paysan une contribution énorme. On sait que de pareils propos exercent toujours, en tout pays, une influence incroyable sur la multitude.

Christian se contenta d'abord de combattre ces imputations par des manifestes, puis quand il vit que ses forces de terre et de mer étaient suffisantes pour agir, il fit voile, débarqua des troupes sur la côte de Smoland, marcha droit à Stockholm, défit Kettil, reprit Stäke et d'autres places, manda au clergé de faire rentrer les révoltés dans le devoir par son exemple et ses exhortations, et poursuivit à marches forcées le prélat. Celui-ci, qui s'était retiré en Dalécarlie, où il avait renforcé son armée, venait au-devant du roi; les deux armées se rencontrèrent à Haraker en Vestmanie. Christian fut battu et obligé de se renfermer dans Stockholm; assiégé, pressé par l'approche de la mauvaise saison, il laisse une forte garnison dans la citadelle, et retourne par mer en Danemark.

Charles est rappelé, il revient avec des troupes allemandes. Le 13 septembre 1464, Stockholm lui ouvre ses portes; quinze jours après, la garnison danoise, qui manquait de vivres, promet de capituler, si, dans une semaine, elle ne reçoit pas de secours.

Christian, prenant conseil de la nécessité, se réconcilia avec l'archevêque, qui, fidèle à sa vieille haine contre Charles, ne fut pas plutôt revenu en Suède qu'il souleva le pays contre lui, et l'accusa d'être l'auteur des malheurs publics. Charles abandonné se retira dans Stockholm; les Dalécarliens qui venaient à son secours ayant été défaits ou engagés à la neutralité, il capitula; l'archevêque exigea qu'il fît publiquement amende honorable de ses crimes prétendus et déliât la nation du serment de fidélité qu'elle lui avait prêté. Charles fut donc privé une seconde fois de la couronne, toutefois en conservant pendant sa vie le titre de roi et le domaine de Raseborg avec une partie de la Finlande.

Le prélat, maître de la citadelle de Stockholm, ne se hâta pas de rétablir Christian, agit en souverain et chargea Kettil de la direction des affaires. La noblesse, choquée de la conduite despotique du clergé, murmurait hautement. Nicolas Sturé, qui s'était exprimé plus hardiment que les autres, fut obligé de fuir en Finlande auprès d'Éric Tott, gouverneur de Viborg. Dans une diète tenue à Vadstena, en 1466, la noblesse parla d'élire Éric administrateur du royaume, de le nommer commandant de la citadelle de Stockholm, et de réduire l'archevêque à sa forteresse de Stäké. Alarmé de ces démonstrations, le prélat se tourna de nouveau du côté de Christian. Au mois de février 1466, des ambassadeurs danois vinrent à Jönköping, et conclurent avec les Suédois un traité qui rétablissait la paix entre les trois royaumes. Tout ce qui concernait l'union fut renvoyé à une diète générale qui devait se tenir à Halmstad le 29 juillet. Elle n'eut pas lieu; l'évêque Kettil mourut; l'archevêque le remplaça comme administrateur du royaume, mais la citadelle de Stockholm lui fut ôtée et donnée à Éric Tott, qui lui fut également substitué dans sa dignité et qui, pour se venger de lui, souleva les Dalécarliens, et, avec leur aide, envahit et pilla les biens du prélat et ceux de ses adhérents.

La guerre civile se renouvela; l'archevêque alla chercher du secours en Danemark et assiégea la capitale de la Suède : elle fut débloquée par le frère d'Éric; le prélat, battu dans plusieurs combats, chercha une retraite dans l'île d'OEland, où bientôt il mourut.

Charles, rappelé en Suède, fit son entrée à Stockholm le 12 novembre 1467. Christian, pendant ce temps-là, travaillait à terminer un ancien différend avec le roi d'Écosse, au sujet des îles Orcades et Shetland : elles appartenaient à la Norvége; l'Écosse devait depuis longtemps à ce royaume les arrérages d'une rente annuelle stipulée, en 1266, entre les deux pays pour la cession des Hébrides au dernier. Ces arrérages furent l'objet de diverses négociations entre Christian et Jacques II, et causèrent tant d'animosités qu'ils se seraient fait la guerre sans l'intervention de Charles VII, roi de France, ami de tous les deux.

Dès l'année 1456, le 28 août, ce monarque avait conclu avec Christian le premier traité d'alliance entre les deux royaumes. Dans le commencement de son règne, Christian avait eu des démêlés très-vifs avec les Anglais; bien qu'assoupies en 1450 par un traité, ces dissensions avaient laissé dans les esprits en Danemark des idées qui les portèrent à se rapprocher de la France. Dans le traité de 1456, les deux rois s'engagent à se donner mutuellement des secours contre leurs ennemis communs. Charles, voyant que Jacques et Christian étaient sur le point de se brouiller, les convia d'envoyer des plénipotentiaires à un congrès qui se tint à Paris en 1457 et n'eut pas de résultat. Trois ans après, il en indiqua un autre à Bourges. Il fut convenu que Christian marierait sa fille Marrite à Jacques, fils du roi d'Écosse, à qui elle apporterait pour une portion de sa dot les prétentions relatives à la redevance annuelle. L'âge des contractants et d'autres difficultés suspendirent l'exécution de cet arrangement jusqu'en 1468 : alors le contrat de mariage devint un traité de paix entre les deux nations. La dot fut complétée avec une somme d'argent. Une partie devait être payée avant le départ de la princesse; le reste était hypothéqué sur les Orcades et les Shetland. Les états de Norvége furent peu satisfaits de cette clause; en effet, la somme due n'a jamais été payée, et ces deux archipels ont depuis cette époque appartenu à l'Écosse.

Quelque temps auparavant, le Danemark avait eu des démêlés avec l'Angleterre. L'exemple des villes hanséatiques avait excité les Anglais à participer au commerce lucratif qu'elles faisaient avec le Danemark, la Norvége et leurs dépendances. Les rois qui avaient exclu les étrangers du négoce avec le Finmark et l'Islande, furent très-mécontents de ce que les Anglais enfreignaient souvent cette prohibition. Des arrangements, conclus fréquemment pour mettre un terme à ces empiétements, étaient continuellement violés par de nouvelles entreprises des Anglais. Un traité plus formel, signé en 1465, leur interdit derechef le commerce avec le Finmark et l'Islande, sans une permission expresse du roi de Danemark comme roi de Norvége. Le gouverneur de l'Islande ayant voulu, en 1467, empêcher des marchands anglais de contrevenir aux conditions du traité, ils le tuèrent, pillèrent les objets appartenant au roi, et enlevèrent la caisse contenant le produit des impôts.

A la nouvelle de ces violences, Christian fit arrêter quatre navires anglais dans le Sund. On prétendit à Londres que c'était à l'instigation des villes hanséatiques qu'il en avait agi ainsi, et on arrêta leurs vaisseaux qui se trouvaient dans le port. Justement irritées, ces villes voulaient faire la guerre aux Anglais et tâchaient d'y entraîner le Danemark. Christian, toujours modéré, ménagea leur réconciliation avec le roi d'Angleterre, et lui-même signa en 1473 avec ce prince une trêve de deux ans, qui fut prolongée à diverses reprises.

Les troubles de la Suède continuaient. Un nouveau chef de parti se présenta : c'était Éric Carlson Vasa, frère de Kettil ; il employa le nom de Christian, et fut appuyé par le nonce du pape. Des propositions de tenir des congrès à Calmar et à Halmstad n'eurent aucune suite ; les hostilités recommencèrent. Éric leva des troupes et déclara Charles déchu du trône ; Charles tenta deux fois sans succès de s'emparer d'Axavall, forteresse importante de Vestrogothie. Christian vint assez à temps pour la dégager. Charles, battu, s'enfuit à Vadsténa. Éric défit ses troupes près d'Arboga, souleva la Vestmanie en faveur de Christian, envahit l'Upland, répandit des manifestes contre Charles, dispersa le reste de ses troupes, et, en 1470, accrut sa propre armée jusqu'à 30,000 hommes. Ses antagonistes Sten Sturé et Nils Sturé appelèrent aux armes les Dalécarliens, et remportèrent près de Hédémora une victoire si complète, qu'il n'échappa qu'avec peine pour se réfugier en Danemark.

Éric réussit, en cachant à Christian le véritable état des choses, à lui persuader d'entrer en Suède avec une armée, quoique l'on fût au cœur de l'hiver. Christian eut d'abord des succès en Vestrogothie et assiégea OErestén, forteresse voisine de Bohus ; ses généraux furent battus, lui-même ne fut pas plus heureux avec un corps qu'il commandait ; et le défaut de vivres, joint à la rigueur de la saison, le força de retourner en Danemark.

Les Sturé venaient de s'emparer de Calmar, lorsque Charles termina sa vie orageuse le 13 mai 1470. Sa mort ne mit pas fin aux agitations intestines de sa patrie. Charles avait nommé Sten Sturé administrateur du royaume ; mais Éric, arrivé devant Stockholm avec une flotte, et réuni à ses partisans, déclara qu'il n'y avait pas de vacance du trône, puisque Christian régnait encore. Le parti de Sturé se renforça ; une diète réunie à Arboga le confirma dans la dignité d'administrateur. Les adhérents de Christian tentèrent inutilement de parer ce coup en convoquant aussi une diète à Jönköping. Sturé, revêtu de l'autorité, soutenu par l'opinion publique, appuyé de forces suffisantes, marcha sur Calmar et Stégéborg. Christian parut avec une flotte nombreuse sur les côtes de Suède voisines de Stockholm ; de longues conférences amenèrent une trêve qui devait durer depuis le 11 mai jusqu'au 1er juillet 1471, et qui fut prolongée jusqu'au 8 septembre : toutefois le roi continua sa route jusqu'à Stockholm. Toutes ses démarches pour effectuer un accommodement échouèrent. Enfin il débarqua et marcha droit à Upsal, où il se fit rendre hommage. L'approche de Sturé lui fit connaître qu'il avait perdu un temps précieux : il revint dans son camp. Sturé, qui avait réuni toutes ses forces et remporté divers avantages dans les provinces, attaqua Christian du côté du Brunkeberg, butte très-haute et aujourd'hui renfermée dans l'enceinte de Stockholm. Là se livra une bataille décisive : Christian blessé fut contraint de s'éloigner. La victoire avait favorisé les Suédois ; Sturé fut proclamé solennellement administrateur du royaume.

Christian, trop sage pour ne pas renoncer à l'espoir de conquérir la Suède, consentit à entamer des négociations. Le 2 juillet 1472, des députés des deux nations réunis à Calmar signèrent une convention qui établissait une paix perpétuelle entre les trois royaumes. Douze sénateurs danois ou norvégiens et autant de suédois devaient s'assembler le 8 juillet 1473, pour décider à qui devaient appartenir les provinces, telles que la Scanie, la Blekingie, le Halland, l'île de Gotland, dont la possession était depuis longtemps litigieuse. La conférence n'eut pas de résultat : une autre fut indiquée pour 1474; Christian devait se trouver en personne à Calmar ; un grand voyage qu'il entreprit l'en empêcha.

Pendant que les affaires de la Suède l'occupaient, d'autres avaient aussi attiré son attention. On a vu plus haut que pour satisfaire ses frères sur leur part à la succession de leur père, et encore plus de leur oncle, il avait pris avec eux des arrangements qui leur étaient avantageux. Ils n'en furent que plus divisés entre eux, et se firent la guerre : la paix conclue en 1463 donna le comté d'Oldenbourg à Gérard, et celui de Delmenhorst à Maurice, qui mourut l'année suivante laissant un fils mineur. La tutelle de l'enfant et l'administration du comté échurent à Gérard. Son caractère turbulent le porta aussitôt à profiter des moyens qu'il avait à sa disposition pour réclamer le reste de la somme que Christian lui avait promise; les garants n'ayant pu acquitter la dette, il s'empara de quelques châteaux dans le Holstein. Christian, forcé par les circonstances, ne put que lui faire de nouvelles promesses : on convint de nouveaux termes et de nouvelles sûretés pour l'entier payement. Bientôt la nécessité contraignit le roi à recourir à un expédient très-onéreux : ce fut de donner à son frère l'investiture, pour quatre ans, du duché de Slesvig et du comté de Holstein, et de lui en céder les revenus en déduction de la somme qui lui était due. Gérard opprima les habitants. Christian, instruit de ces vexations, vint en Holstein, attira son frère à Ségeberg, et s'assura de sa personne ; ayant ensuite trouvé des fonds suffisants il lui paya ce qu'il lui devait encore; puis il le remit en liberté, en exigeant seulement de lui une promesse par écrit, de ne jamais rien entreprendre contre le roi, ses alliés et ses sujets, et dans le cas où de nouveaux différends éclateraient entre eux, de s'en remettre à la décision d'arbitres dont on conviendrait. Gérard se soumettait, dans le cas où il enfreindrait ses engagements, à payer une somme de mille marcs d'or, dont une moitié reviendrait à l'Empereur, l'autre au roi ou à ses alliés. Il renouvela en même temps sa renonciation à la succession du Slesvig-Holstein.

A peine en liberté, Gérard recommença ses intrigues, et plus tard, en 1473, rentra à main armée dans le Slesvig. Le roi accourut, et son approche seule dissipa tous les complots; leurs fauteurs furent punis sévèrement. Gérard, ennemi juré du repos, mais qui ne pouvait satisfaire son humeur turbulente dans l'Empire où il était proscrit, alla chercher de nouvelles aventures au service de Charles le Téméraire, duc de Bourgogne ; il porta ensuite les armes dans les guerres de l'Angleterre contre la France, entreprit un pèlerinage à Saint-Jacques de Compostelle, et mourut en chemin.

Christian avait fait vœu, en 1454,

d'entreprendre le voyage de la terre sainte. A cette époque, le pape, effrayé de la prise de Constantinople par les Turcs, arrivée le 29 mai 1453, avait écrit à tous les monarques de la chrétienté, pour les inviter à se liguer contre les infidèles, dont les succès menaçaient l'Europe. Mais ces exhortations n'avaient plus le pouvoir, comme aux siècles précédents, de mettre en mouvement des masses prodigieuses de guerriers ; une triste expérience ayant appris que les croisades n'avaient produit nulle compensation réelle pour les multitudes d'hommes tombés victimes de leur zèle. Christian s'excusa auprès de l'empereur Frédéric III, par une lettre de 1454, datée de Röskild, de ne pouvoir faire partie de l'union qui devait être formée contre les Turcs, d'abord parce qu'il n'avait pas reçu à temps la lettre de ce monarque, ensuite parce que ses troupes lui étaient nécessaires pour la défense de son royaume. Il termine sa dépêche en disant qu'il déplore la chute de l'empire grec et les victoires des musulmans, et que, suivant son opinion, les prières adressées à Dieu seront plus efficaces que l'épée pour empêcher de nouveaux malheurs. On a beaucoup blâmé le ton calme de cette lettre ; on a prétendu qu'il prouvait l'indifférence de Christian pour les malheurs des chrétiens. Ces reproches seraient fondés, si d'autres monarques de l'Europe chrétienne s'étaient montrés plus empressés que lui de marcher contre les Turcs.

Cependant, il paraît que Christian s'engagea par serment à visiter en personne les lieux saints de la Palestine ; tous les historiens le disent. Les circonstances ne lui permettant pas d'accomplir sa promesse, il partit le 8 janvier 1474 pour Rome, afin de s'en faire relever par le pape : il était accompagné d'un grand nombre de personnages de distinction, vêtus comme lui de l'habit du pèlerin. On comptait dans sa suite cent cinquante cavaliers, parmi lesquels figuraient trois prélats, trois docteurs et deux hérauts d'armes. Le duc de Saxe-Lauenbourg, le comte de Mühlingen et de Barby, le comte de Helfenstein, qui faisaient partie de son cortége, menaient aussi avec eux une suite nombreuse : tous portaient un habit noir, sur lequel était brodé un bâton de pèlerin.

L'empereur Frédéric III, qui était alors à Rothenbourg sur le Tauber, et au service duquel Christian avait passé ses plus jeunes années, l'accueillit avec magnificence et cordialité. Le 18 février, Frédéric signa un acte par lequel il réunit le comté de Holstein et la Stormarie en un seul corps d'État, en y joignant la Ditmarsie, dont les habitants excitaient par leurs brigandages continuels les plaintes de leurs voisins. Ces trois pays furent érigés en un duché, fief de l'Empire ; les ducs devaient toujours recevoir l'investiture, au nom de l'Empereur, des mains de l'évêque de Lubeck. Par un autre diplôme, antérieur de cinq jours, Frédéric avait accordé à Christian pour ses comtés le droit de rendre sentence en dernier ressort, et d'être exempt de tous les péages qui seraient établis par la suite en Allemagne.

Une réception brillante attendait également Christian à Inspruck chez Sigismond, archiduc d'Autriche ; à Milan, chez le duc Galéas Visconti ; enfin chez son beau-frère Louis de Gonzague, marquis de Mantoue. Le pape Sixte IV ne se montra pas moins magnifique envers le successeur des anciens conquérants de Rome, nom que le peuple donnait au roi de Danemark. Les particularités de son séjour dans cette ville ont été racontées par le cardinal de Pavie, qui en fut un témoin oculaire. Deux cardinaux étaient venus à sa rencontre jusqu'à Aquapendente ; presque toute la population de Rome sortit pour aller au-devant de Christian, dont elle avait entendu vanter les grandes qualités et la puissance. Les présents que Christian offrit au saint-père consistaient en productions de son pays et n'avaient rien d'éblouissant : c'étaient des harengs salés, des morues sèches, des peaux d'hermine. Sixte IV, charmé des pieux sentiments de ce monarque du septentrion, le combla de dons superbes, le défraya pendant tout le temps qu'il passa dans ses États, le dispensa du voyage à Jérusalem, moyennant une aumône considérable à un hôpital de Rome, lui donna des reliques, lui accorda plusieurs bulles renfermant des priviléges pour des églises de Suède, et pour lui-même le droit de patronage de tous les bénéfices de Danemark et de Suède, l'établissement d'une université : enfin il confirma une association fondée par Christian en 1462, sous le titre de *Confraternité de la sainte Trinité, de la passion de Jésus-Christ et de la Vierge Marie*. Cette fondation, consacrée à la défense de la religion chrétienne, devint l'origine de l'ordre de l'Éléphant ; les membres portaient au cou une chaîne d'or, à laquelle pendait une médaille représentant d'un côté un éléphant.

Le cardinal de Pavie nous apprend que le pape fut extrêmement surpris de ce qu'un roi aussi grand et aussi sage ne savait pas le latin ; il était donc obligé d'avoir recours à un interprète pour converser avec le saint-père. Il partit de Rome le 27 avril pour retourner dans ses États.

Il alla d'abord à Florence, où il créa chevaliers deux personnages considérables de cette république, le 6 mai il était à Bologne, où deux personnes de sa suite reçurent le diplôme de docteurs. Des historiens ont observé que dans ce temps-là c'était un grand honneur : on peut dire qu'il en est encore de même de nos jours, car des rois, des ministres, enfin des guerriers, peut-être très-peu lettrés, ont été, eux présents, promus au grade de docteurs d'une université célèbre.

Quand Christian approcha de Sienne, cette république lui envoya des députés : Augustin Dati, l'un d'eux, lui adressa un discours de félicitation en latin. Cette harangue se trouve dans une histoire manuscrite de ce prince.

Christian passa de nouveau par Mantoue et par Milan. Le 3 juin, il vit l'Empereur à Augsbourg : il prit place à la diète parmi les princes, et par sa médiation en réconcilia plusieurs avec le chef de l'Empire.

Henri, évêque de Munster et administrateur de l'archevêché de Brême, avait, dans l'absence du roi, assiégé le château d'Oldenbourg où son frère résidait, ce qui était une infraction à la convention arrêtée précédemment. Christian s'en plaignit à l'Empereur et aux électeurs ; Fréderic manda aussitôt à l'évêque de lever le siége : l'ordre fut exécuté aussitôt.

Il était à peine retourné en Danemark, que l'Empereur l'invita de venir à Cologne, pour servir d'arbitre entre l'archevêque et le chapitre, dont les démêlés étaient sur le point d'allumer la guerre entre l'Empire et Charles le Téméraire.

On peut juger par cette invitation que Christian jouissait d'une grande considération parmi les potentats de l'Europe. L'archevêque avait appelé à son aide Charles, qui ne demandait pas mieux que de guerroyer. Il assembla bientôt une armée nombreuse pour assiéger la ville de Neuss qui appartenait au chapitre. L'Empereur prit Neuss sous la protection de l'Empire. Christian partit sur ces entrefaites avec cent vingt chevaux, trois ducs et plusieurs personnages considérables. Quand il approchait de Soest, il apprit qu'un corps de quelques centaines de cavaliers de Cologne et de Westphalie l'attendait sur le chemin pour le surprendre lui et son escorte : alors il changea de route, prit celle de Lippe, et, quoique poursuivi par les gens qui le guettaient, il arriva heureusement dans cette ville. Le danger qu'il venait de courir le força de s'arranger avec une troupe de cavaliers allemands qui le conduisirent à Hessen, et le remirent à d'autres sous la garde desquels il gagna Dusseldorf, qui est situé sur le Rhin vis-à-vis de Neuss. Il fit immédiatement annoncer son arrivée au duc de Bourgogne ; mais huit jours se passèrent avant que ces deux princes eussent une conférence. Cependant le duc fit dresser en honneur du roi une tente superbe, et sortit de son camp avec une troupe de mille chevaux bien dressés; douze grands bateaux conduits par des rameurs traversèrent le Rhin, pour aller prendre le roi qui était à bord d'un navire appartenant au duc de Juliers et de Berg. Charles vint en personne au-devant du roi sur un très-beau bateau, et dans un équipage éblouissant de magnificence : sa masse d'armes, toute garnie de perles, était évaluée à 100,000 florins d'or ; la couronne de son casque valait plus de 100,000 florins du Rhin.

Ce faste n'a rien qui puisse surprendre, puisque le duc de Bourgogne était un des plus opulents potentats du temps et régnait sur la Néerlande, où le commerce avait concentré une très-grande partie de la richesse de l'Europe.

Il était déjà tard lorsqu'il arriva, de sorte que tout entretien fut remis au lendemain. Alors il régala le roi dans sa tente, et après le repas commença la négociation pour rétablir la paix entre l'archevêque et le chapitre ; les conférences durèrent longtemps et n'aboutirent à rien : toutefois le roi réussit à faire convenir les deux adversaires d'une trêve. Ensuite il s'achemina vers Cologne, où il resta jusqu'à l'octave de la fête des Rois de l'année 1475. Il offrit à leur châsse de riches présents ; puis il partit pour Andernach, où l'Empereur et plusieurs princes se réunirent avec lui. On traita de nouveau de la paix entre les parties en désaccord. Christian était sur la route de Cologne afin de faire, dans cette ville, un rapport sur ce qui avait été décidé, quand du haut d'une tour trois coups d'une pièce d'artillerie furent tirés sur lui. Le quatrième venait de partir ; tout à coup le feu prit à la tour et trente hommes y perdirent la vie. Christian échappa sain et sauf à ce danger, et Charles, outré de colère, fit pendre le commandant du château. Les historiens imputent aux partisans de l'archevêque toutes ces attaques criminelles contre le roi de Danemark. Ce monarque voyant que le prélat ne voulait consentir à aucun arrangement raisonnable, et le regardait comme son ennemi, prit le parti de regagner le Danemark. Des chroniqueurs ont prétendu qu'il conclut un traité d'alliance avec Charles, qui devait l'aider à se rendre maître des villes venèdes. Charles arma chevalier Gerard, frère de Christian et comte d'Oldenbourg : il voulait même le prendre à son service. Le roi dissuada Gerard d'accepter cette proposition, en lui représentant que le duc était d'un caractère inquiet, turbulent et orgueilleux, qui ne pouvait que lui attirer une fin désastreuse. Ce second voyage coûta 40,000 florins d'or à Christian. La dépense de celui de Rome ne s'était élevée qu'à 25,000, parce qu'il avait été défrayé presque partout où il avait passé.

De retour une seconde fois dans ses États, des députés de Suède vinrent le trouver à Rönneby en Blekingie. Ses promesses, ses assurances de maintenir, et même d'augmenter leurs priviléges, ne purent les décider à le reconnaître pour roi, ni à consentir à la convocation d'une diète des trois royaumes pour l'année 1477 ; son refus de restituer l'île de Gotland exaspérait les Suédois. Une déclaration qu'il présenta le 24 juin de cette année au sénat de Danemark, et dans laquelle il rappela tous les soins qu'il s'était donnés pour rétablir l'union et la tranquillité dans le nord, et conclut par rejeter sur quelques hommes remuants et ambitieux l'inutilité de ses efforts, fut accueillie très-froidement en Suède.

Désormais livré entièrement à des occupations pacifiques, Christian, profitant de la permission que lui en avait donnée le pape, fonda l'université de Copenhague, et ordonna au prince Jean, son fils aîné, de confirmer cet établissement et de promettre de le prendre sous sa protection.

Christian mourut à Copenhague le 22 mai 1481 : il était âgé de cinquante-cinq ans, et en avait régné près de trente-trois ; son corps fut inhumé à Röskilde. Il laissa deux fils, Jean et Frédéric, qui tous deux furent rois, et une fille Marguerite, épouse de Jacques III, roi d'Ecosse.

Il est la souche de laquelle sont issus tous les rois de Danemark qui ont régné depuis 1448 jusqu'à nos jours; des empereurs de Russie depuis 1762; des rois de Suède depuis 1751 jusqu'en 1809; et de toutes les branches de la maison de Holstein.

Les écrivains contemporains ont loué les vertus de Christian Ier; les modernes lui ont également rendu justice : il fut humain, clément, équitable; quoique pieux, il soutint ses droits et ceux de la nation contre les entreprises des papes et la tyrannie des ecclésiastiques. Sa prudence dégénéra quelquefois en dissimulation et sa libéralité en prodigalité, de sorte que le défaut d'argent gêna souvent ses opérations militaires. Éminemment pacifique, il cherchait toujours à concilier les différends.

Il anéantit par des mesures vigoureuses une association que la noblesse du Holstein avait formée à son insu, et qui ne tendait à rien moins qu'à perpétuer l'anarchie des siècles précédents. Chaque gentilhomme pouvait, d'après les statuts de cette union, requérir l'assistance des autres nobles, lorsqu'il croirait avoir reçu quelque sujet de plainte, et s'arrogeait ainsi le droit de se soustraire à la juridiction de son prince et des tribunaux ordinaires. Christian, instruit d'une tentative si audacieuse qui offensait autant son autorité qu'elle était contraire aux règles d'une bonne police, somma la noblesse de lui livrer l'acte de cette association, ordonna que les sceaux en fussent arrachés, et qu'il fût lacéré dans l'assemblée des états de la province.

Peu de temps après, il publia une ordonnance par laquelle il défendait, sous les peines les plus sévères, d'user de voies de fait, d'emprisonner arbitrairement, de maltraiter qui que ce fût, d'inquiéter les marchands et les voyageurs, de s'envoyer des défis, ou de s'attaquer mutuellement, enfin de se nuire de quelque manière ou sous quelque prétexte que ce pût être. En un mot, il abolit ce droit du plus fort, connu sous la dénomination de *droit du poing et de la coutume*, reste de la férocité des mœurs anciennes, et qui ne put être entièrement anéanti en Allemagne que vers la fin de ce siècle.

Quelque temps avant que l'ordonnance de Christian fût publiée dans ses duchés, Henning Pogvisk, gentilhomme puissant du Holstein, exerçait la tyrannie la plus cruelle dans Töndern, ville du Slesvig, que le roi lui avait engagée pour une somme de 25.000 marcs. Les historiens racontent que Pogvisk opprimait impitoyablement les habitants de Töndern, et qu'il poussait l'inhumanité jusqu'à faire couper le nez et les oreilles à ceux qui avaient voulu lui opposer quelque résistance. Le roi punit ses méfaits par l'exil et par la confiscation de ses biens, peine assurément trop douce pour des crimes si atroces. Cependant, la noblesse du Holstein osa se prévaloir de l'association dont il vient d'être question, pour travailler à le faire réintégrer dans ses biens et ses prérogatives. Cette démarche insensée avait indigné Christian, qui, en conséquence, résolut d'anéantir une ligue attentatoire aux droits de l'humanité et de la royauté. On aura peine à le croire; c'est à l'occasion de ce fait si honorable pour ce prince, que des historiens modernes l'ont taxé de rigueur et d'injustice!

Une autre loi eut pour but d'établir la sûreté des grands chemins qui étaient fréquemment le théâtre de violences, tristes restes de la férocité des mœurs anciennes. On trouve dans les lettres, les ordonnances, les règlements et les rescrits de Christian, une preuve de sa vigilance continuelle pour maintenir l'ordre par de sages lois et pour prévenir les abus; il assistait régulièrement aux grandes assises des cours de justice, lorsque la guerre ou ses voyages ne l'en empêchaient pas.

La Norvége et l'Islande, qui étaient regardées comme une dépendance du Danemark, furent, comme ce royaume, l'objet de ses soins; il accorda même des priviléges considérables à cette île, si maltraitée par la nature.

Quant au commerce, on en connaissait mal les vrais principes à cette époque, de sorte que les mesures prises pour le soutenir et l'étendre étaient mauvaises, ou si, par hasard, on en employait de bonnes et de salutaires, que de difficultés on était obligé de surmonter pour les exécuter, tant la jalousie toujours active de la Hanse suscitait des obstacles! Cette ligue qui s'était emparée de tout le commerce des pays du Nord, et enrichie en les épuisant, profitait soigneusement de tous les besoins et de toutes les fautes des princes pour augmenter ses immunités; elle était assez puissante pour les défendre : elle pouvait réunir les forces d'un grand nombre de villes considérables, peuplées et riches. Il lui était donc facile de s'affermir dans la possession de tous ses avantages sous un monarque qui, durant son règne entier, eut des démêlés continuels avec la Suède. Christian était forcé par le point d'honneur à ne pas renoncer à ses prétentions à la couronne de Suède : elles lui causaient de grosses dépenses. Obligé de recourir à la ligue hanséatique, elle lui fit payer cher les services qu'elle lui rendait. En diverses occasions on le voit confirmer et accroître les franchises de cette association, mais exigeant en revanche qu'elle soutînt ses intérêts, et que dans un cas de nécessité il eût la faculté d'employer les vaisseaux de la Hanse, moyennant un dédommagement convenu.

Cependant il travaillait à corriger en partie les mauvais effets qui pouvaient résulter de cet état de choses ; il ne négligeait aucun moyen de favoriser le commerce des villes de ses États. Il en est bien peu en Danemark, en Norvége, ainsi que dans les duchés de Slesvig et de Holstein, qui n'aient pas des obligations à Christian, soit pour des lois et des règlements favorables à leur négoce, soit pour des immunités avantageuses à la liberté des habitants, soit pour des dons de terres, de forêts, de prairies; aussi sa mort causa-t-elle des regrets sincères aux Danois.

JEAN.

Jean, fils aîné de Christian, avait été déclaré successeur au trône peu de temps après sa naissance, et une seconde fois en 1478, à l'occasion de son mariage avec Christine, fille d'Ernest, électeur de Saxe. Il était âgé d'à peu près vingt-six ans quand il parvint à la couronne en 1481. Aussitôt qu'il eut reçu l'hommage du Danemark, il fit inviter les sénats de Suède, et de Norvége à envoyer des députés à Halmstad, pour y élire un roi, conformément au pacte de Calmar.

Stén Sturé, auquel on peut très-naturellement supposer l'intention de vouloir entraver l'élection, qui le forcerait de se dessaisir du pouvoir dont on l'avait investi pour un temps, était déjà en chemin pour Halmstad, lorsqu'il s'arrêta, sous prétexte de maladie. On peut donc croire qu'elle était feinte. Sa position le forçait à la dissimulation ; il devait se montrer toujours prêt à remettre les rênes du gouvernement au roi qui serait élu; mais en même temps son intérêt le portait à éloigner le moment où elles lui seraient redemandées. Les autres députés suédois suivirent son exemple.

Quant aux Norvégiens, Stén Sturé se servit adroitement de l'archevêque de Drontheim, son parent, pour les irriter contre le nouveau roi. On les voit, dès le commencement de 1482, conclure avec les députés des Suédois une sorte de confédération particulière. Les deux nations s'engageaient à réunir leurs forces pour soutenir leur indépendance et leur liberté, et empêcher que les étrangers ne pussent à l'avenir les opprimer et les rabaisser, comme par le passé; enfin à ne s'unir avec aucun prince et aucune nation que d'un commun consentement. En vertu de cette convention, les états de Norvége requirent l'assistance de ceux de Suède à la prochaine diète d'élection, pour y obtenir du roi qui serait nommé un remède aux abus du règne précédent. Il s'agissait principalement de l'archipel des Orcades, qui, ainsi qu'on l'a raconté précédemment,

9.

avait été aliéné, des faveurs accordées aux étrangers, du commerce d'Islande, dont les Norvégiens demandaient à être seuls en possession, de l'emploi qui avait été fait des revenus du royaume, enfin d'autres griefs, soit réels, soit imaginaires.

Les Norvégiens refusèrent de paraître à une diète convoquée à Calmar en 1482, et où l'union des trois royaumes fut confirmée de nouveau; enfin, à l'instigation de Sturé, ils prirent les armes contre Jean, pour qu'il leur restituât le château et le territoire de Bohus, et tentèrent d'emporter de force cette place. Ils écrivirent aux Suédois, et on reconnaît par leurs lettres combien cette affaire leur tenait à cœur. Ils déclarèrent qu'ils n'avaient voulu entamer aucune négociation avec les députés danois, parce que ceux-ci n'étaient pas munis de pouvoirs suffisants pour leur restituer les pays démembrés de la couronne de Norvége; ils prétendaient qu'ils n'avaient pas, comme on les en accusait, violé le pacte d'union, en réclamant ce qui leur appartenait; enfin, ils terminaient leur dépêche par demander aux Suédois de les assister dans la défense d'une cause si juste. Stén Sturé s'était rendu à la diète, parce qu'il savait bien que les Norvégiens n'y viendraient pas, et paralysa ainsi l'action de cette assemblée en alléguant l'absence des Norvégiens pour refuser toute participation à ses travaux, excepté pour confirmer la paix.

Alors les Danois résolurent de proclamer définitivement Jean comme roi. Cette cérémonie eut lieu à Kallundborg : aussitôt il entra en négociation avec les Norvégiens, gagna l'archevêque par des présents, et leurs députés vinrent à la diète qui se tint à Halmstad le 14 janvier 1483. Les Suédois ne s'y présentèrent que pour se retirer au bout de quelques jours, et un projet de capitulation fut présenté en leur nom. Stén Sturé l'avait concerté avec les Norvégiens, dans la persuasion que Jean ne la signerait pas. Indépendamment de toutes les conditions contenues dans les pactes précédents, le roi s'engageait à céder à la Suède l'île de Gotland et deux moindres domaines; à procurer à la Norvége le péage de Bohus, hypothéqué aux Suédois; à autoriser les trois royaumes à lui déclarer la guerre s'il ne faisait pas droit à leurs griefs; à établir pour chaque royaume une trésorerie particulière, savoir à Kallundborg, à Stockholm, à Bergen, placées chacune sous la surveillance de deux sénateurs, l'un ecclésiastique, l'autre laïque ; à ne nommer sénateur aucun laïque roturier, ou non agréé par les autres ; à passer alternativement une année dans chaque royaume, et à nommer dans les autres des régences temporaires composées de quatre sénateurs. Un évêque et deux sénateurs de chaque royaume devaient se réunir tous les ans, pour traiter des affaires communes aux trois pays de l'Union. La noblesse avait la faculté de construire des châteaux forts sur ses terres, et d'exercer sur ses sujets les mêmes droits que le roi. De plus, le roi promit aux Suédois que les droits d'entrée sur les marchandises ne seraient plus acquittés en nature comme auparavant, mais en argent seulement.

La capitulation fut jurée par Jean, à l'exception de l'article qui faisait des nobles de vrais souverains. En conséquence, les Danois et les Norvégiens le proclamèrent roi de l'Union le 1er février 1483. Stén Sturé voyant que l'opinion publique, même en Suède, se prononçait pour l'Union, céda prudemment : il demanda que quelques articles relatifs à la Suède fussent ajoutés à la capitulation. Jean les accepta, et les états des trois royaumes signèrent le pacte de Calmar. Les clauses relatives à la Suède y consolidèrent l'oligarchie en réduisant à très-peu de chose le pouvoir du roi.

Il semblait que rien ne s'opposait plus à ce que Jean fût couronné roi de Suède, mais l'administrateur sut longtemps retarder cette cérémonie. Il exigeait préalablement, au nom des Suédois, que Gotland leur fût remise. C'était difficile, parce que Tott, à qui Christian Ier l'avait conférée en fief, la possédait. Tott était également maître d'OEland, et il gouvernait en souverain indépendant ces deux îles; elles étaient entre ses mains de vrais repaires de pirates qui infestaient la mer Baltique. Jean, irrité contre Sturé, voulait prendre les armes; la reine Dorothée, sa mère, lui représenta que le succès de la guerre était incertain, tandis que la jalousie de la noblesse suédoise contre l'administrateur pouvait produire une crise qui serait probablement utile sans effusion de sang.

Durant le cours de ses démêlés avec les Suédois, d'autres affaires importantes avaient occupé l'attention de Jean. Son père avait engagé à Dorothée le Holstein pour sûreté de son douaire, et à son lit de mort, cédant à ses instances, avait légué le Slesvig et le Holstein à Frédéric, son second fils. Durant la minorité de ce prince, à peine âgé de dix ans, Dorothée et le sénat du royaume exerçaient la tutelle et la régence.

Frédéric, peu satisfait de son lot, demandait encore la moitié de la Norvége, comme royaume patrimonial; Jean n'était pas même disposé à lui accorder l'apanage que leur père lui avait destiné, car il élevait des doutes sur la validité des dernières dispositions de ce prince : elles ne reposaient que sur le témoignage de Dorothée. Il voulut se faire reconnaître comme duc de Slesvig. Dorothée, qui avait eu la prédilection pour Frédéric, alla en Holstein, afin d'engager les états à se prononcer pour lui. Le roi fit échouer ce dessein. Alors elle négocia un accommodement entre les deux frères : les deux duchés furent partagés par moitié. Dorothée agit dans le choix des lots pour son fils mineur; les états prêtèrent serment aux deux frères en novembre 1482; il fut convenu que le roi exercerait la régence jusqu'en 1490.

Il paraît que Jean avait jeté un œil de convoitise sur le legs fait à son frère cadet, car, en 1483, il le fit partir pour Cologne, pour qu'il y suivît un cours d'études régulier, afin de pouvoir entrer dans les ordres sacrés et occuper un canonicat de l'église de cette ville dont il s'était assuré pour lui; il projetait de le faire élever ensuite à un siége épiscopal. Ces mesures, si bien calculées pour garantir à Jean la possession des deux duchés, furent rompues par les amis du jeune duc : ils devinèrent bientôt les intentions secrètes du roi, et engagèrent Frédéric à résigner la prébende dont il jouissait d'avance. Il ne se le fit pas dire deux fois; il abandonna l'université, sans la permission et à l'insu de son frère, et revint dans les duchés. Il résulta de cette démarche une froideur extrême entre Jean et Frédéric.

Plusieurs années se passèrent sans qu'ils pussent s'arranger pour leur part respective des duchés. Frédéric, parvenu à sa majorité, ayant témoigné qu'il était mécontent du partage, Jean, qui au fond était doux et équitable, consentit à en faire un autre, le 10 août 1490, et laissa à son frère le choix entre les deux parts et un terme de quatre ans pour se raviser. Ce partage était réglé de façon que les possessions des deux princes étaient fort entremêlées les unes avec les autres, et que, par la suite, des opérations semblables devinrent la source de troubles et de guerres.

Dès 1482, Jean avait confirmé en son nom et en celui de son frère les priviléges de la noblesse et des villes du duché; puis, après avoir reçu leur hommage, ils allèrent ensemble demander celui de la ville de Hambourg, tel qu'elle l'avait rendu à Christian Ier; mais le sénat et le peuple refusèrent cette fois, comme auparavant, de prêter un serment : ainsi la prestation de l'hommage eut lieu suivant l'ancien usage. Le 5 novembre, les deux frères et la reine douairière leur mère firent leur entrée solennelle : ils étaient accompagnés des évêques de Lubeck, d'Odensé, de Viborg, d'Adolphe, comte d'Oldenbourg et de Delmenhorst, de plusieurs personnages de distinction, et de six cents cavaliers. Le roi et le duc furent reconnus, en leur qualité de seigneurs du Holstein, comme seigneurs suzerains de la ville ; ils confirmèrent ses priviléges, et cette cérémonie terminée, s'en allèrent.

Jean s'occupa ensuite de racheter plusieurs villes, des places fortes et des domaines que Christian avait engagés, particulièrement dans le Slesvig. Cette opération ne pouvait s'effectuer que par le moyen de subsides : les états, convoqués extraordinairement à Flensborg en 1483, reconnurent la nécessité d'en accorder. Jean obtint sans beaucoup de difficultés que tout propriétaire payerait un impôt de deux florins par charrue. Telle est l'origine de l'usage d'estimer les terres par le nombre de charrues qu'elles sont censées employer. Le produit de l'impôt fut considérable et sagement appliqué.

Le royaume rendu à la tranquillité fut en proie à de grands malheurs. Une maladie contagieuse, jointe à une disette de blé, emporta près d'un tiers de la population. En 1485, des pirates sortis des ports d'Angleterre, et auxquels s'associèrent des Français, se répandirent dans les mers du Nord. Les rois de France et d'Angleterre, qui furent sollicités d'arrêter ces désordres, ne savaient pas eux-mêmes comment ils réprimeraient l'audace de ces forbans. Enfin le gouvernement danois arma des vaisseaux, et invita les particuliers à courir sus à ces écumeurs de mer ; il arrêta même, par représailles, des navires marchands anglais, que l'on accusait de les protéger. Cette guerre, où les Danois se distinguèrent, dura près de cinq ans, et causa un préjudice immense au commerce de plusieurs peuples.

Tott s'était brouillé avec Sturé : celui-ci profita des glaces qui, au mois de février 1487, couvraient la mer Baltique, pour passer le détroit de Calmar, et aborder dans l'île d'OEland où Tott se trouvait alors. Abandonnant sa femme dans Borgholm, que Sturé assiégea, Tott se sauva nuitamment en Gotland, et, par un traité du 9 juillet, céda cette île au roi de Danemark, contre des terres en Scanie. Jean vint aussitôt prendre possession de Visborg, puis fit voile vers OEland, envoya des otages à Sturé et lui proposa une entrevue. Sturé manda au roi : « Remettez-moi OEland, et je vous réponds de la soumission des Suédois. » Jean lui accorda sa demande ; mais Sturé, au lieu de tenir sa parole, opposa continuellement des obstacles, qui retardèrent le renouvellement du pacte de Calmar pendant plusieurs années.

Jean ayant convoqué en 1487 les états de Danemark à Lund, son fils Christian, alors âgé de sept ans, fut désigné pour lui succéder ; deux ans après, les états de Norvége suivirent cet exemple ; ce qui prouve que, malgré des dissentiments passagers, les Norvégiens ne voyaient pas les Danois d'un mauvais œil. Des troubles éclataient quelquefois chez eux, dans le port de Bergen, le plus fréquenté du royaume ; les Hanséates, jaloux des Anglais, voulurent les en exclure par violence. Henri VII, roi d'Angleterre, se plaignit à Jean, qui promit de maintenir les priviléges des Anglais. Ses efforts échouèrent contre les tracasseries continuelles des Hanséates. Les Anglais, contraints de ne plus venir acheter le poisson à Bergen, prirent le parti de le pêcher eux-mêmes sur les côtes du royaume ; détermination très-sage et extrêmement avantageuse par ses suites.

La bonne intelligence qui existait entre Jean et Henri produisit une paix solide entre les deux nations. Un traité d'alliance et de commerce, plus étendu et plus précis que les précédents, fut signé en 1490, à Copenhague, par des plénipotentiaires danois et anglais. La faculté de commercer et de pêcher en Islande fut accordée aux Anglais ; mais cette permission devait être renouvelée tous les sept ans. Ils s'engageaient à payer le péage du Sund avant d'entrer dans la Baltique, et à ne pénétrer dans cette mer que par ce seul détroit, à moins que la tempête ne les forçât de passer par un des deux Belts ; et, dans ce cas, ils devaient acquitter le péage à Nyborg. Ils pouvaient avoir dans les villes maritimes de Danemark leurs propres juges, pour prononcer sur les différends qui s'élevaient entre les marchands de leur nation.

Du côté de la Suède, Jean ne négligeait rien de ce qui pouvait amener un dénoûment des affaires. Il entretenait une correspondance assidue avec plusieurs grands personnages; il contractait une alliance avec le grand-duc de Russie, soit pour l'engager à faire en sa faveur une diversion du côté de la Finlande, comme les Suédois le croyaient, soit, comme le prétendent les historiens danois, qu'il ne s'agit que d'un règlement de limites entre le Finmark et la Laponie russe. Sturé, de son côté, cherchait à captiver l'affection du peuple de Suède auquel il peignait le roi des plus noires couleurs, et signait avec les villes hanséatiques un traité d'alliance. Jean, à son tour, en conclut un en 1493 avec Jacques IV, roi d'Écosse.

L'année suivante, le résultat des négociations avec la Suède, qui n'avaient pas cessé, fut de faire décider qu'un congrès de députés des deux sénats se réunirait à Lödese; on y convint, au grand déplaisir de l'administrateur, qu'il en serait tenu un autre à Calmar pour terminer l'affaire de l'Union. Il s'était formé contre Sturé un parti puissant, qui avait à sa tête Jacques Ulfson, archevêque d'Upsal, et qui força Sturé à consentir à la convocation du congrès.

Aux approches du terme, Jean équipa une flotte et partit pour Calmar le 24 juin 1495. Sturé prévoyant que les états agiraient contre lui aussitôt que par sa présence il les aurait mis en activité, se fit attendre un mois entier, sous prétexte que les vents contraires le retenaient. Ce délai fut très-préjudiciable au roi : une tempête dispersa ses vaisseaux et en détruisit plusieurs des plus grands. Jean, qui prévit toutes les suites de ce désastre, essaya de rompre l'avantage que son ennemi tirait de son alliance avec les villes hanséatiques; il lui offrit une trêve de trente ans s'il abandonnait cette ligue. Sturé se montra intraitable. Le roi retourna en Danemark; bientôt après il se décida à la guerre. Le 25 novembre, sa mère était morte à Kallundborg. On peut dire que toute pensée de paix fut ensevelie avec elle. Sans cesse elle la recommandait à son fils.

Les historiens danois ont fait l'éloge de cette princesse : ils ont vanté sa haute intelligence, sa piété, son caractère pacifique; ils l'ont blâmée de sa trop grande affection pour ses enfants. Le désir de voir sa fille Marguerite reine d'Écosse lui fit employer tous ses efforts pour déterminer Christian 1er à céder à ce pays les îles que la Norvége possédait dans la mer Calédonienne. Sa partialité pour Frédéric, son second fils, la fit accuser par un chroniqueur d'avoir voulu attenter aux jours du premier; imputation tellement absurde qu'aucun historien n'a pu y ajouter foi.

En 1488, animée d'une idée de dévotion, elle avait entrepris le voyage de Rome, pour visiter les tombeaux des saints apôtres et gagner les indulgences; elle eut même la pensée de pousser sa course jusqu'au saint sépulcre, à Jérusalem, conformément à un vœu qu'elle avait fait. Elle en fut relevée par le pape Innocent VIII, qui la reçut avec les plus grands honneurs et la dispensa d'effectuer son pèlerinage ultérieur, à condition qu'elle donnerait une certaine somme d'argent à des hôpitaux. Elle revint en Danemark la même année.

En 1496, les Russes recommencèrent les hostilités en Finlande; Sturé y accourut. Les Russes s'étaient retirés chargés de butin; ils reparurent, et, après avoir désolé le pays, l'abandonnèrent de nouveau avant que Sturé eût pu leur livrer bataille. Sa position était fort embarrassante : il avait à craindre en Finlande de nouvelles irruptions; en Suède, l'anéantissement de son autorité. Le soin de son intérêt particulier l'emporta. Il laissa en Finlande quelques troupes sous les ordres de Svanté-Sturé et de deux autres généraux. Mal pourvus de vivres et hors d'état de résister à des armées bien plus nombreuses que celles qu'ils commandaient, ils accusèrent hautement l'administrateur de les avoir sacrifiés.

Le sénat somma Stén Sturé de comparaître, au mois de janvier 1497, à Sigtuna, pour rendre compte de sa conduite. L'administrateur ne se présenta pas, et fut destitué. Loin de se laisser intimider, il publia un manifeste, dans lequel, après avoir reproché au sénat son ingratitude, il lui contesta le droit de lui retirer une autorité qu'il tenait des états, et en même temps envoya des émissaires dans toutes les provinces pour y presser des secours et soulever les habitants par des discours artificieux.

La promptitude lui était nécessaire, car sur ces entrefaites le roi et le sénat s'unissaient étroitement par une convention signée à Leckö ; le pacte de Calmar était solennellement renouvelé. L'archevêque agissait avec vigueur contre Sturé; de concert avec un légat du pape, il l'avait excommunié; le sénat prononça contre Sturé une sentence qui le déclarait déchu de ses fiefs et de ses dignités.

Jean, qui avait réuni en Blékingie une armée où se trouvaient des soldats allemands, fameux sous le nom de grande garde saxonne, arma une flotte formidable, et au printemps de 1497, envahit la Vestrogothie et le Smoland; Elfsborg et Calmar furent pris. Sturé assiégea l'archevêque dans son fort de Stäkë, et s'empara d'OErebro. Les Dalécarliens qu'il avait rassemblés furent battus par les Danois sur le Brunkeberg, près de Stockholm. Sturé, qui s'était enfermé dans cette capitale, comprit qu'il lui serait impossible de résister : il écouta donc les propositions que lui fit un évêque danois, secondé par des sénateurs suédois. Muni d'un sauf-conduit, il eut, dans un couvent voisin de Stockholm, deux entrevues avec le roi.

Jean confirma le pacte de Calmar, promit de protéger Stén Sturé contre toutes les poursuites que l'on voudrait commencer contre lui, au sujet de son administration, et lui conféra en Finlande Abo, Viborg, Tavastehus, ainsi que d'autres places et domaines, pour en jouir sa vie durant à titre de fief.

Le 9 octobre 1497, Stockholm ouvrit ses portes à Jean; le 19 novembre il fut élu roi de Suède, et, le 26, couronné dans la grande église de Saint-Nicolas. Étranger à tout ressentiment, il observa avec loyauté ce qu'il avait promis. Sa tournée officielle de Saint-Éric fut terminée à l'Épiphanie de 1498 ; puis il prit le chemin du Danemark. Stén Suré l'accompagna jusqu'à Halmstad, et en le quittant fut comblé de faveurs. Jean lui donna des mines métalliques, et entre autres une d'argent récemment découverte en Dalécarlie. Sturé regagna la Finlande, et, avec l'aide de l'évêque d'Abo, recueillit des témoignages qui justifièrent sa conduite dans la guerre contre les Russes.

De retour en Danemark, Jean, qui savait par expérience combien il fallait d'art et de prévoyance pour se maintenir sur le trône de Suède, conclut, pour se mettre en état de n'être pas surpris, une alliance avec Louis XII, roi de France, et avec Jacques IV, roi d'Écosse. Ces princes s'engagèrent pour eux et leurs successeurs à lui fournir des secours de toute sorte en cas d'attaque. On verra plus tard que ce traité amena des Français dans le Nord.

Un voyage que Jean fit en Suède, au commencement de l'année 1499, lui fournit l'occasion de donner des marques de sa bonté naturelle et de sa prudence. Suivant le témoignage de Dalin, historien suédois déjà cité, « partout où il passait, il gagnait les « ecclésiastiques et les laïques, les cou- « vents et les villes, par des paroles « bienveillantes et par la confirmation « de leurs priviléges ; pensant que par « là il affermissait son parti et celui « de l'archevêque contre celui de Stén « Sturé. »

Malgré les lettres d'abolition qu'il avait données à l'administrateur, l'archevêque poursuivit celui-ci en cour de Rome, et obtint du pape le pouvoir d'intenter une action contre lui; pour les dommages qu'il avait causés à l'église d'Upsal. Bien loin de se prévaloir de ces divisions pour humilier Sturé, Jean, persuadé que son intérêt lui commandait de le ménager, songea sérieusement à le raccommoder avec l'archevêque, et y réussit au moyen de quelques dédommagements que Sturé donna au prélat.

Christine, épouse de Jean, fut couronnée reine de Suède à Upsal, par l'archevêque, et au mois de juin le sénat et les états, convoqués à Stockholm, consentirent à lui assigner pour son entretien OErebro, la Néricie, le Vermeland et la Dalie. Le prince Christian, alors âgé de dix-sept ans, fut déclaré successeur de Jean au trône, comme il l'était déjà en Danemark et en Norvége, ainsi que s'exprime l'acte de sa nomination. Le pacte de Calmar fut pleinement confirmé. Profitant de la bonne volonté des états, Jean se plaignit à eux de l'insuffisance de son revenu, et Stén Sturé fut obligé, pour le satisfaire, et sans se montrer trop mécontent, de lui céder Abo, Viborg et Nyslott en Finlande. Jean lui reprit aussi quelques fiefs, qui furent concédés à des officiers danois et allemands; enfin il obligea les évêques à lui livrer les restes du trésor laissé par Éric de Poméranie dans le couvent de Vadsténa. L'archevêque et ses partisans, qui suggérèrent au roi une partie de ces résolutions, le servirent très-mal; d'un autre côté, des actes de violence commis par des employés danois et allemands irritèrent le peuple.

Sturé, dont quelques serviteurs avaient été maltraités, dissimula son ressentiment, et accompagna le roi jusqu'à la frontière des deux États. Jean avait à cette époque des affaires à régler à l'autre extrémité du Danemark. On a vu plus haut que la Ditmarsie avait été cédée à Christian Ier par l'empereur, comme fief dépendant du Holstein. Christian fit plusieurs fois sommer les Ditmarses de lui rendre hommage; loin de lui obéir, ils s'adressèrent au pape Sixte IV, qui confirma les droits que l'Église de Brême prétendait avoir sur leur pays. L'empereur fut ainsi obligé de révoquer, jusqu'à plus ample informé, la donation faite au roi. Satisfaits d'avoir maintenu leur indépendance réelle, quoiqu'un gouverneur nommé par l'archevêque de Brême résidât au milieu d'eux, les Ditmarses avaient refusé positivement d'obéir à la sommation de Jean, à son avénement au trône. Quand il eut été débarrassé de la guerre de Suède, il réitéra sa sommation, en invitant les Ditmarses à y obtempérer de bonne grâce, afin d'éviter l'effusion du sang; ils persistèrent dans leur résolution et jurèrent de défendre leur liberté. D'ailleurs ils avaient provoqué la colère du roi en assistant les villes de Hambourg, de Brême et de Stade dans un différend qu'elles avaient avec lui. Toute leur force consistait en 6,000 hommes en état de porter les armes, auxquels se réunissaient, dans l'occasion, à peu près autant de femmes habituées à la guerre; mais leur pays était naturellement défendu par des marais impraticables.

Jean comptait plusieurs alliés. Frédéric, son frère, duc de Holstein, courroucé de ce que les Ditmarses l'avaient peu ménagé dans quelques démêlés particuliers, sollicita le roi d'unir ses intérêts aux siens, et la noblesse de Holstein, animée par l'espoir de retirer quelque avantage d'une conquête qu'elle regardait comme facile, marcha en excitant encore l'ardeur des deux princes. Jean prit de nouveau à sa solde la grande garde saxonne, forte de 6,000 hommes, commandés par George Slentz, natif de Cologne. La totalité de l'armée que Jean menait contre les Ditmarses était de 34,000 hommes, nombre supérieur à celui de la population qu'ils allaient combattre; aussi, d'après le récit d'un historien du temps, entra-t-on dans le pays avec la même sécurité et la même joie que des gens invités se rendent à une salle de festin.

On était au mois de février 1500. Le 13, le roi prit Meldorp, la principale et presque la seule ville du pays, que les Ditmarses avaient abandonnée, parce que sa défense eût exigé trop de monde; le peu de troupes que l'on y trouva fut passé au fil de l'épée, soit par un effet de l'indiscipline de l'armée, soit afin d'effrayer le reste de la nation par cet exemple. Quelques-uns parlaient de recourir à la clémence du roi ; pour comble de maux, les Ditmarses, n'osant plus se fier à un corps d'auxiliaires allemands qu'ils avaient pris à leur service, crurent devoir les tenir à l'écart, affaiblissant ainsi leur petite armée dans le moment où l'ennemi la pressait plus vivement.

Le roi et le duc ayant laissé une garnison dans Meldorp, résolurent de marcher en avant; des généraux pensaient qu'il valait mieux attendre quelques jours; mais les officiers de la garde saxonne engagèrent le roi à ne donner aucun relâche aux Ditmarses. Leur avis fut suivi, et, le 17, on s'avança imprudemment vers Hemmingstadt, sur une digue étroite où à peine trois cavaliers pouvaient passer de front. L'armée arriva ainsi devant les retranchements des Ditmarses qui furent attaqués avec vigueur ; mais il fut impossible aux différents corps de se déployer sur un terrain coupé de fossés, et de faire un usage efficace de leurs armes par un temps glacial et humide. Les Ditmarses firent de fréquentes sorties, et bien que repoussés les deux premières fois, ils réussirent enfin, à la troisième, à mettre leurs ennemis en déroute : ils percèrent les digues qui retenaient les eaux de la mer ; la chaussée sur laquelle une partie de l'armée du roi se trouvait en fut couverte ; le plus grand nombre, et notamment la fameuse garde saxonne, périrent dans les flots ; le roi et son frère se sauvèrent avec beaucoup de peine. La perte en hommes, en artillerie et munitions, en équipages, en chariots, en objets précieux d'or et d'argent, fut immense. Ce que les Danois regrettèrent le plus fut le danebrog, leur étendard sacré. Enfin les Ditmarses s'étant mis à la poursuite des Danois, tuèrent encore beaucoup de fuyards, rasèrent le fort de Tielenbourg destiné à les tenir en bride, et détruisirent d'autres places dans le Holstein.

Le roi, inébranlable malgré cette catastrophe, menaça ses vainqueurs de rassembler de nouvelles forces contre eux : ceux-ci, que leur succès n'avait pas enivrés, se réconcilièrent avec le roi et le duc. Les villes hanséatiques hâtèrent ce rapprochement en offrant leur médiation. Leurs députés, ceux des princes et ceux des Ditmarses tinrent un congrès à Hambourg. Il avait été réglé que, dans le cas où les plénipotentiaires des villes hanséatiques et ceux de Holstein, chargés de décider entre les Ditmarses d'un côté, et le roi et le duc son frère de l'autre, ne s'accorderaient pas, ils prendraient pour arbitre Albert Crantz, théologien de Hambourg, et se conformeraient à ce qu'il aurait prononcé. Cette détermination prouve en quelle estime était alors tenu ce personnage, tant pour son savoir que pour sa vertu. Il était docteur en théologie et en droit, et doyen de la grande église de Hambourg. Il vivait dans la retraite, uniquement occupé des devoirs de son état et de l'étude. Il a laissé plusieurs ouvrages sur l'histoire ecclésiastique et civile des royaumes du Nord. Holberg, historien du Danemark, se fait gloire d'avouer qu'il a de grandes obligations aux ouvrages d'Albert Crantz.

Par le traité qui résulta des conférences tenues par les commissaires, les deux partis promirent de vivre en paix, et les choses furent rétablies dans le même état qu'avant la guerre.

Aussitôt que le bruit de l'échec éprouvé par le roi se fut répandu en Suède, il s'y manifesta des mécontentements, que les ennemis de ce prince, et notamment Stén Sturé, ne manquèrent pas de fomenter. Ce dernier écrivit à Jean, pour lui conseiller de venir en Suède, lui disant que sa présence y devenait plus nécessaire de jour en jour, à cause des troubles dont on était menacé. Jean partit aussitôt avec la reine et une suite peu nombreuse, afin de n'être pas à charge au pays qui avait assez souffert de la disette. Stén Sturé et d'autres seigneurs suédois vinrent le recevoir à la frontière, et s'épuisèrent en quelque sorte à lui donner des marques de respect et de dévouement. Bientôt un avis, vrai ou faux, apprit au roi que Stén Sturé avait fait assembler dans un défilé 3,000 paysans bien armés, qui devaient s'emparer de lui mort ou vif. Le roi, devenu méfiant, au lieu de prendre la route que Sturé lui indiquait, en suit à marche forcée une autre, arrive à Stockholm, y assemble une diète, promet d'écouter les plaintes que l'on a pu former contre son gouvernement, d'en remettre l'examen au sénat, et de se soumettre au jugement qu'il prononcera; enfin il accuse Stén Sturé de trahison.

Le sénat demanda qu'il fût écouté; le roi y consentit, et lui envoya des otages pour sa sûreté. Sturé vint avec une suite de sept cents hommes bien armés. C'était réellement trop pour tout homme qui n'eût souhaité que de justifier de son innocence, et de plaider sa propre cause et celle de la nation, comme il le fit. Il protesta que les mauvais services qu'on lui avait rendus près du roi l'avaient forcé de le quitter en chemin, pour se mettre à l'abri de son ressentiment et lui prouver la pureté de ses intentions. Le roi lui ayant demandé s'il avait quelques griefs à alléguer contre lui, Sturé y répondit par les anciennes plaintes dont on a déjà parlé, et ajouta que l'on avait privé des Suédois de divers emplois et de fiefs du royaume pour les donner à des étrangers. Mais le roi n'avait rien fait que du consentement du sénat, du moins pour la plus grande partie des fiefs. Ce prince répondit avec beaucoup de modération à ces reproches; l'assemblée parut satisfaite, et presque tous les membres donnèrent au monarque de nouvelles assurances de leur reconnaissance et de leur fidélité.

Sturé et ceux de sa faction mettant à profit l'excès de confiance du roi, venu dans la capitale avec si peu de monde, y firent entrer secrètement des hommes armés, s'emparèrent des positions voisines, et par le moyen de calomnies, qui réussissent toujours, accusèrent sourdement ce prince de ne feindre la douceur que pour revenir au printemps avec une armée subjuguer les Suédois.

Jean, qui n'ignorait pas ces rumeurs, se tint sur ses gardes et ne sortit plus du château. Alors les mécontents se réunirent, le 24 janvier 1501, à Vadsténa, et conclurent une confédération, dont l'objet était de défendre la patrie contre les abus d'autorité du roi. Ils unirent leurs intérêts avec ceux de Canut Alfson, seigneur norvégien, l'engagèrent à soulever le peuple de son pays, recherchèrent l'amitié des Lubeckois, et travaillèrent surtout à exciter les Dalécarliens à la révolte. Le roi, après avoir essayé inutilement de conjurer cet orage, prit le parti de retourner en Danemark. Mais pour ne pas avoir l'air d'abandonner ses droits et ses espérances, il s'assura de nouveau de la fidélité de l'archevêque d'Upsal par des libéralités, se fit prêter un nouveau serment par les bourgeois de Stockholm, leur promit un prompt secours, et, pour gage de sa parole, laissa au milieu d'eux la reine, ainsi que deux mille hommes de garnison, et des provisions pour quelques mois.

Aussitôt qu'il fut parti, Stén-Sturé et ses partisans s'assemblèrent à Vadsténa, et au nom de la Suède renoncèrent au serment de fidélité qu'ils avaient prêté au roi et à ses successeurs; Sturé déclara en son nom particulier qu'il ne reconnaîtrait pas le roi Jean qui avait fait tant de tort au royaume en général, et à lui surtout, avant qu'il eût rendu Gotland et accompli les clauses de l'union de Calmar. Ensuite l'assemblée écrivit à la bourgeoisie de Stockholm, pour lui annoncer la résolution qu'elle venait de prendre, et lui demander si les habitants de la capitale voulaient encore obéir à un roi qui avait enfreint tous ses serments, et livré le pays aux attaques des Russes. Il n'est pas d'homme judicieux qui, à la lecture du manifeste des insurgés, ne remarque que parmi les griefs qu'il énonce, plusieurs sont exagérés et quelques-uns calomnieux; mais c'est toujours ainsi que s'exprime l'esprit de parti.

Le manifeste publié, les insurgés prirent OErebro ; le commandant, coupable de tyrannie, fut livré aux parents d'une de ses victimes, et tué par eux ; la fureur aveugle de la multitude en sacrifia d'autres à des ressentiments imaginaires. Sturé investit Stockholm au nord et au sud, c'est-à-dire des deux côtés par lesquels cette ville est accessible par terre. Les magistrats et les membres du conseil de cette capitale vinrent à son camp pour traiter de la paix. Pendant que l'on conférait, un incendie éclata : les historiens danois accusent les partisans de Sturé de l'avoir allumé ; les Suédois en attribuent la cause aux soldats de la garnison. A la suite du tumulte qui en résulta, les Danois se renfermèrent en désordre dans le château, tandis que les Suédois se hâtaient d'entrer par les portes de la ville ; ils eurent bientôt éteint le feu. C'est donc à eux que l'incendie fut utile.

Les sénateurs se réunirent, confirmèrent tout ce qu'ils avaient fait à OErebro, et, le 11 novembre, élurent à l'unanimité Stén-Sturé administrateur du royaume. La reine, étroitement resserrée pendant tout l'hiver dans le château, fut obligée de capituler le 27 mai 1502, faute de vivres, après un siége de huit mois : la garnison était réduite à quatre-vingts hommes. Christine fut honorablement traitée par Sturé, qui lui laissa tout ce qui lui appartenait en propre ; et, accompagnée de ses aumôniers et de toute sa suite, elle passa quelques jours dans un couvent voisin, puis à sa demande fut conduite à Vadsténa.

Le roi n'avait pu partir de Copenhague que lorsque le port eut été débarrassé des glaces ; le 30 mai il parut avec sa flotte devant Stockholm. Il lui était impossible de rien entreprendre ; il essaya vainement d'engager l'administrateur à recevoir un message. Dans son dépit, il pilla les côtes de Suède avant de retourner dans ses États.

Alors ce qui restait de son parti perdit tout crédit. Sturé prit une place forte après l'autre, excepté Calmar et Borgholm. Il assiégea l'archevêque et d'autres partisans du roi dans la forteresse de Stäké ; le prélat, pressé par son ennemi, fut obligé de demander une trêve, et en profita pour prier le roi de le dégager de son serment de fidélité ; Jean lui accorda sa demande.

Les villes hanséatiques avaient contribué à cette révolution en fournissant des secours aux Suédois. Le roi s'efforça inutilement de leur persuader de rester neutres. Les Lubeckois répondirent que leur commerce avec la Suède était trop important pour qu'ils pussent y renoncer. Alors Jean permit aux Danois de courir sus aux Hanséates ; les Lubeckois usèrent de représailles. Jean qui regardait toutes ces républiques commerçantes comme les sangsues de ses États, abolit en 1502 tous les priviléges dont elles jouissaient en Danemark et en Norvége. L'année suivante, un légat du pape rétablit la paix entre Jean et Lubeck. Cette ville éluda habilement ce qui concernait son commerce avec les Suédois, en promettant d'employer tous ses efforts pour qu'ils rentrassent dans l'obéissance et rendissent la liberté à la reine : ils tinrent effectivement leur parole, et réussirent pour ce dernier point.

Les troubles excités précédemment en Norvége n'avaient pas été apaisés par la mort de Canut Alfson, chef de la révolte ; il avait été tué dans une bagarre survenue à bord des vaisseaux qui portaient les commissaires du roi. Comme le mouvement devenait très-sérieux, Jean envoya dans ce royaume une petite armée sous les ordres de son fils Christian, âgé d'environ vingt ans. Il lui avait recommandé de se conduire d'après les conseils de Charles, évêque de Hammer. Christian montra de la valeur et de l'activité, mais aussi une sévérité excessive. Les rebelles furent défaits, et les chefs traduits devant les tribunaux, qui leur appliquèrent toute la rigueur des lois. La plus grande partie de la noblesse du royaume, accusée d'avoir participé à la révolte, fut condamnée au supplice.

La Norvége ainsi pacifiée, Christian

conduisit son armée en Suède, dévasta la Vestrogothie, battit les troupes que les Suédois lui opposèrent, prit d'assaut et rasa des forteresses, traita les garnisons avec cruauté. Lorsque sa mère fut mise en liberté, il alla la recevoir à la frontière, où Stén-Sturé la conduisit avec une nombreuse escorte. Ce qui montre bien la simplicité de ces temps-là, est que Christine crut nécessaire, avant son départ de Suède, de se munir d'attestations signées de plusieurs sénateurs de ce royaume, et affirmant qu'elle avait toujours tenu une conduite sage et honnête durant son séjour dans le pays. Christian retourna ensuite en Norvége, dont son père l'avait nommé vice-roi : il s'y comporta avec une prudence qui trop souvent était mêlée de dureté. Combien il eût été à souhaiter pour lui qu'il ne fût pas rentré dans ce pays, ainsi qu'on le verra plus tard !

Stén-Sturé revenait à Stockholm ; atteint soudainement par une maladie, il expira près de Jönköping le 13 décembre 1505, sans laisser de postérité. Hemming Gadd, évêque élu de Linköping, et ses autres partisans, tinrent sa mort secrète aussi longtemps qu'ils le purent, et ne la déclarèrent qu'au commencement de l'année suivante, à l'ouverture de la diète, composée principalement de députés à leur dévotion. Tout s'y passa selon leurs vœux, et, avant que Jean eût pu faire aucune démarche, Svanté-Sturé fut élu administrateur. On résolut de poursuivre la guerre contre Jean, et Gadd fut chargé de reprendre Calmar et Borgholm ; il s'empara de la ville de Calmar : le château lui résista. Jean accourut au secours de la place ; Gadd reparut et pressa vivement le siége de la forteresse. Dans cette conjoncture, les sénateurs suédois les plus modérés obtinrent que deux membres de leur corps fussent envoyés en Danemark avec des propositions d'accommodement. Ils furent favorablement écoutés, et Jean conclut avec eux une trêve d'un an, pendant laquelle on aviserait aux moyens de tenir une diète qui s'occuperait d'établir la paix sur des fondements solides.

Au terme fixé, le roi vint à Calmar ; les Suédois n'y parurent pas. Les historiens de cette nation disent que ce fut parce qu'ils craignirent qu'un piége ne leur eût été tendu, le roi ayant avec lui une flotte nombreuse ; et pour donner plus de poids à ces insinuations, ils ajoutent que ce prince se vengea de ce contre-temps en faisant décapiter les magistrats de Calmar. Les historiens danois objectent à cet exposé des faits, que les mots de flotte considérable ont un sens vague ; que l'exécution des magistrats de Calmar avait eu lieu l'année précédente ; enfin que le fort de Calmar était entre les mains d'un officier suédois, et que le roi, en le lui confiant, avait fait preuve de la droiture de ses intentions.

Les plénipotentiaires suédois s'étaient arrêtés dans un port voisin : Jean leur envoya des députés pour les solliciter de venir à Calmar ; voyant que ses efforts étaient inutiles, il invita les sénats de Danemark et de Norvége, qui l'avaient suivi, à prononcer entre lui et les Suédois. Ces corps, si l'on fait attention aux mœurs de l'époque, pouvaient, sans danger, juger avec impartialité. Leur sentence, rendue le 10 juillet 1505, porte que Svanté-Sturé, les sénateurs de Suède, les héritiers de Stén-Sturé et tous leurs adhérents sont, comme rebelles, déchus de noblesse, et que leurs biens seront confisqués.

Afin de justifier la procédure aux yeux de toutes les nations et d'empêcher qu'il ne fût loisible aux villes hanséatiques d'assister les Suédois, les sénats de Danemark et de Norvége soumirent leur jugement à l'empereur Maximilien, en le priant de défendre aux Hanséates, sous peine du ban de l'Empire, de fournir des secours aux Suédois. L'Empereur renvoya le dossier de la procédure à la chambre impériale, qui, par jugement du 2 octobre 1506, mit les accusés au ban, et interdit aux membres de l'Empire tout commerce avec la Suède. Tout cela n'était pas régulier, car Maximilien n'avait aucun droit de citer devant son tribunal une nation indépendante, et de la traiter par cette procédure comme un vassal rebelle; il dérogeait même aux droits du roi sur cette nation. On peut penser que Jean avait seulement voulu que l'Empereur considérât les Suédois comme des ennemis, et que s'il souffrit que ce monarque agît autrement, c'était pour gagner son amitié.

Les Suédois, non plus que les villes hanséatiques, ne tinrent aucun compte du décret de la chambre impériale : alors Jean leur ferma tous les ports de Danemark et de Norvége. Les Danois armèrent une grande quantité de vaisseaux, coururent sus à ceux des Suédois, et pillèrent les côtes de leur pays. L'île de Gotland leur était extrêmement commode pour ces expéditions. En peu de temps tout commerce par mer avec la Suède fut intercepté. Il en résulta un si grand dommage pour les villes hanséatiques, que réglant, en gens prudents, leur politique sur leur intérêt, elles signèrent, le 2 juillet 1507, à Nyköbing, dans l'île de Falster, un traité, par lequel elles renonçaient au commerce avec la Suède.

La pénurie de plusieurs denrées de première nécessité que cette mesure y occasionna bientôt, et la gêne qui en résulta, ne furent pas compensées par les incursions des Suédois en Halland et en Scanie. Celles-ci avaient pour motif de venger l'injure de Henming-Gadd, l'ennemi juré des Danois. Le pape Jules II avait nommé son propre légat à l'évêché de Linköping; Gadd, assuré de l'appui du parti dominant, refusait de se laisser déposséder. Jules II, le moins endurant des hommes, menaça Gadd de l'excommunication s'il n'obeissait pas. Le fougueux prélat entra en Blekingie et la ravagea; les Danois, à leur tour, firent irruption dans les provinces suédoises. La misère des peuples, des deux côtés, s'en aggrava : celle des Suédois était au comble. A la persuasion du clergé ils adressèrent en 1508, au sénat de Danemark, des propositions d'accommodement, qui furent portées par Otton, évêque de Vesteros, et Éric Trollé, tous deux sénateurs. On convint qu'un congrès de douze sénateurs danois et d'autant de suédois s'assemblerait à Varberg, en Halland. Il y fut réglé que la trêve conclue à Copenhague serait prolongée jusqu'au 11 novembre; que Calmar et Borgholm, avec l'île d'OEland, resteraient entre les mains du roi, et que l'on travaillerait à le rétablir sur le trône; ou que pendant sa vie, son fils serait reconnu roi de Suède; que si ces clauses ne pouvaient s'effectuer, le pays payerait annuellement à Jean une somme déterminée. Une réunion de six sénateurs de chaque pays fut indiquée à Malmöe, pour convenir de celle de ces trois conditions que l'on devrait proposer au roi.

Svanté-Sturé et son parti s'opposèrent à ce que l'assemblée de Malmöe eût lieu. Cependant Éric Trollé et ceux qui avec lui avaient travaillé à la convention de Varberg, la confirmèrent au commencement de 1509, en s'engageant de nouveau, au nom du sénat de Suède, à faire accorder à Jean une des trois conditions dont il vient d'être parlé; et dans une nouvelle assemblée, tenue à Copenhague, on alla même plus loin, en fixant à 13,000 marcs suédois la somme annuelle à payer au roi en argent, en cuivre, en fer et en espèces monnayées, et une de 1,000 marcs à la reine, en attendant que dans une diète générale, qui se tiendrait l'année suivante, le roi ou son fils eût été solennellement reconnu.

Svanté-Sturé fit avorter ces projets. Dans une diète tenue en mars 1510, d'abord à Vesteros, puis à Stockholm, il décida les états à poursuivre la guerre contre le roi. Ce changement inopiné avait pour cause l'habileté de l'administrateur, qui, par l'appât du gain, sut décider les villes hanséatiques à enfreindre le traité conclu avec le Danemark, et à expédier en Suède des armes, des munitions et tous les objets dont ce pays manquait. Le roi de Danemark fit arrêter leurs navires : alors elles lui déclarèrent la guerre, et leurs vaisseaux pillèrent Bornholm et Gotland; l'année suivante ils ravagèrent les côtes des petites îles du Danemark, et firent en divers lieux un butin considérable. Jean prit sa revanche, fit saisir toutes les propriétés des Lubeckois en Danemark, et expédia contre eux une flotte commandée par Severin Norby : elle occupa l'embouchure de la Trave, et une armée de terre saccagea les environs de Lubeck. La flotte du roi et celle de Lubeck furent dispersées par des coups de vent; les Lubeckois firent par terre des incursions en Holstein.

Svanté-Sturé profita des démélés des Danois avec les Lubeckois : ceux-ci lui avaient avancé de l'argent; après avoir publié un manifeste, dans lequel il cassait le traité de Copenhague du 19 avril 1508, sous prétexte que les plénipotentiaires suédois avaient outre-passé leurs pouvoirs, il assiégea Calmar et Borgholm. Ake-Johanson, un de ses meilleurs généraux, tomba sur le Halland, et pénétra en Scanie; Tycho-Krabbé, gentilhomme de ce pays, ayant rassemblé à la hâte un petit corps de cavalerie, surprit les Suédois au défilé de Fantehol; Ake-Johanson y fut tué avec la plus grande partie de son monde : le reste fut fait prisonnier et mené en triomphe à Copenhague avec trois drapeaux. La mort d'Ake-Johanson fut une grande perte pour la Suède.

Sur mer, les succès étaient également partagés : les Lubeckois avaient été obligés de se retirer de l'île de Möen, après avoir beaucoup souffert; mais plus tard leurs efforts, joints à ceux des Suédois, ayant empêché les Danois de porter des secours à Calmar et à Borgholm, ces places furent forcées de capituler; cependant Norby ravageait la Finlande.

En 1511, nouveaux ravages de part et d'autre, sur mer et sur terre. Jean avait pour alliés les rois d'Écosse et de Pologne et les villes de Néerland, dont il favorisait le commerce au préjudice de celui des villes hanséatiques : celles-ci, à l'exception de Hambourg et de Dantzig, prirent parti pour les Suédois. Dès ce moment le commerce de Hambourg obtint sur celui de Lubeck une supériorité qu'il a toujours conservée. La guerre tourna au désavantage des autres; les Danois leur enlevèrent un grand nombre de navires et dévastèrent les territoires de Wismar et de Stralsund; et de plus, les Néerlandais formèrent beaucoup d'établissements en Danemark et en Norvège; enfin, les habitants de ces deux royaumes s'habituèrent de plus en plus à faire eux-mêmes le commerce.

Les villes hanséatiques ouvrirent les yeux sur le tort qui résultait pour elles de la prolongation des hostilités : elles firent inviter le roi à choisir un lieu où se tiendraient les conférences pour la paix. Il indiqua Flensborg, et y vint lui-même. Le 22 novembre 1511, elles signèrent avec lui une convention, qui fut confirmée le 23 avril 1512 par le traité de Malmoë : elles s'engagèrent à payer à Jean 30,000 florins du Rhin pour les frais de la guerre, et à suspendre tout commerce avec la Suède jusqu'à ce qu'elle eût reconnu le roi ou son fils.

Lorsque ce traité fut signé, Svanté-Sturé n'existait plus : il était mort le 2 janvier. Deux compétiteurs se présentèrent pour le remplacer : Stén-Sturé, fils de Svanté, et surnommé le Jeune pour le distinguer de celui que nous avons vu tenir le gouvernement de la Suède jusqu'à sa mort en 1503 (*), avait pour rival Éric Trollé, sénateur, homme d'âge et d'expérience, mais que l'origine de sa maison, ainsi que son caractère pacifique et modéré,

(*) Stén-Sturé l'ancien était d'une famille différente de celle des deux autres administrateurs; il eut un fils mort en 1498, et une fille qui prit le voile dans le couvent de Vadstena. Sa race s'étant éteinte avant l'époque à laquelle les noms de famille commencèrent à être d'un usage habituel en Suède, il n'est désigné que par l'appellation des seigneuries qu'il possédait.

Svanté Sturé et son fils Stén appartenaient à la famille de Nat och Dag (nuit et jour), laquelle existe encore, mais leur branche ne subsiste plus.

rendaient suspect d'incliner pour les Danois, et même de leur être dévoué. Tous les prélats, et les plus âgés ainsi que les plus prudents du corps de la noblesse, penchaient pour lui. Stén-Sturé, qui portait un nom cher aux Suédois, avait pour lui les jeunes sénateurs, le reste de la noblesse, enfin la multitude. La lutte fut longue et animée; enfin le parti de Sturé l'emporta, et le proclama administrateur. De leur côté, les amis de Trollé songèrent tout de suite aux moyens de faire exécuter l'article du traité de Malmöe, qui concernait la Suède. Ils se formèrent en confédération à cet effet. Il avait été convenu en 1512, qu'au milieu de l'année suivante on tiendrait à Copenhague un congrès composé de huit sénateurs de chaque royaume, et chargé de rétablir la paix sur les bases posées par ce traité.

On pouvait espérer que la tranquillité allait enfin renaître, car le nombre des Suédois qui désiraient sincèrement de voir la fin des funestes querelles, sans cesse renaissantes entre les deux pays, s'accroissait beaucoup, lorsqu'un événement inattendu plongea de nouveau la Suède et le Danemark dans l'abîme dont ils se flattaient de sortir, et fit éclater de nouvelles révolutions plus désastreuses que les précédentes.

Depuis quelque temps le roi avait conçu des inquiétudes sur sa santé : il fit son testament, qui contenait des legs pour ses serviteurs, pour les personnes auxquelles il portait de l'affection, pour des églises et des couvents; puis, au commencement de l'année 1513, il se mit en route pour un voyage, auquel il employait habituellement plusieurs mois, quand le pays jouissait de la paix, afin de veiller au maintien du bon ordre et à l'exécution des lois. Ayant terminé sa tournée dans l'île de Seeland, il voulut passer dans celle de Fionie : il avait avec lui la reine, son fils Christian et plusieurs nobles danois. Une tempête fit courir des risques au navire qui le portait : cet incident produisit une vive impression sur son esprit; il l'exprima aussitôt qu'il eut débarqué à Nyborg : « Adieu, Belt, « s'écria-t-il; tu m'as traité d'une telle « manière, que je ne me soucie pas « beaucoup de te traverser une autre « fois. » Arrivé en Jutland, il était depuis quelques jours à Ribé, ville voisine de la côte occidentale, lorsqu'un débordement de la mer du Nord empêcha toute communication avec les environs. Cet incident augmenta la tristesse du roi, forcé de ne pas sortir de la maison où il logeait. Enfin l'inondation ayant cessé, il cheminait vers Aalborg, quand son cheval fit une chute et l'entraîna avec lui dans un marais. Rudement froissé, meurtri même, Jean sentit qu'il avait besoin de repos, en entrant dans Aalborg le 24 janvier. Huit jours après, il devint sérieusement malade, à chaque instant son état empira, et bientôt ne laissa plus d'espoir. Persuadé que sa dernière heure s'approchait, Jean fit venir Christian, et, en présence de plusieurs sénateurs, lui donna les conseils les plus sages sur la conduite qu'il devait tenir quand il serait roi. Il l'exhorta à avoir toujours la crainte de Dieu devant les yeux; à consulter, à écouter les gens de bien, dont il est si facile à un prince d'être entouré, quand lui-même chérit la vertu; car il avait, à son grand chagrin, remarqué que son fils fréquentait de préférence les gens d'une extraction basse, et montrait de l'éloignement pour les hommes distingués par leur naissance et leur bonne éducation. Il l'invita à vivre en paix avec ses voisins, surtout avec les villes hanséatiques; à se fier plus, pour l'exécution de ses projets, sur ses propres forces que sur des alliances et des relations de famille avec des souverains étrangers, relations dont lui-même avait eu lieu de reconnaître la vanité; il lui conseilla de travailler à gagner l'affection de tous les ordres de ses sujets, en rendant exactement la justice, sans acception de personnes, en employant de préférence les naturels de chaque pays, et en s'abstenant de tout acte de violence et d'autorité arbitraire. Il lui recommanda ses anciens et fidèles serviteurs, et notamment l'évêque Ove Bilde, son chancelier, par les avis duquel il le priait de se conduire, et adressa des adieux affectueux à tous ceux qui l'entouraient. Il mourut avec beaucoup de tranquillité et de résignation le 21 février; il était alors dans la cinquante-huitième année de son âge et la trente-deuxième de son règne. Son corps fut porté d'Aalborg à Odensé, et déposé dans l'église des Franciscains.

Les Danois le regrettèrent comme un prince modéré, clément, pieux. Dans sa vie privée il se montra toujours ennemi du faste; peut-être poussa-t-il trop loin ce goût de la simplicité qui lui fit commettre une grave erreur dans l'éducation de son fils Christian. Nous aurons bientôt l'occasion de revenir sur ce sujet. Cependant il savait, quand les circonstances l'exigeaient, étaler la magnificence convenable à son rang.

Naturellement ami de la paix, on peut dire que ce fut presque toujours la nécessité seule qui lui mit les armes à la main. Il déploya beaucoup de sagesse et d'habileté dans ses derniers démêlés avec les villes hanséatiques. Peu de temps avant sa mort, l'empereur Maximilien et Louis XII, roi de France, mécontents du pape Jules II, avaient résolu d'assembler un concile général à Pise; ils tâchaient de faire partager leur dessein aux princes de l'Europe. Ce fut pour cet objet que Pierre Couder vint en ambassade, en 1512, auprès de Jean, de la part de Louis XII, et que Maximilien lui écrivit plusieurs lettres. Jean se contenta de répondre qu'il partageait l'avis de la tenue d'un concile, mais qu'il lui semblait plus convenable que ce fût dans une ville d'Allemagne et sur le Rhin, qu'à Pise; que si ce sentiment était approuvé, il écrirait aux princes d'Allemagne pour les engager à envoyer leurs ministres au lieu désigné, et qu'il s'occuperait même d'y attirer le grand duc de Moscovie, afin de faire entrer ses vastes États, s'il était possible, dans le sein de l'Église romaine. En même temps que le roi de Danemark adressait ces réponses à Maximilien et à Louis XII, il faisait partir pour Rome trois ambassadeurs, dont le principal était Jean Ulf, son secrétaire. Dans les lettres dont il les avait chargés pour le souverain pontife, il lui communiquait les invitations qu'il avait reçues de l'Empereur et du roi de France, ajoutant qu'il n'avait pas voulu prendre une résolution sur un sujet si important sans avoir consulté Sa Sainteté, qu'il regardait comme investie seule du droit d'assembler des conciles. Ce langage, qui ne pouvait qu'être extrêmement agréable à un pape aussi fier que Jules II, était dicté à Jean par un motif d'intérêt particulier. Christian, son fils, ayant maltraité Charles, évêque de Hammer, en Norvége, avait encouru les censures de l'Église. Cette condescendance du monarque danois fut payée de retour. Bientôt un légat vint lever l'excommunication prononcée contre l'héritier du trône.

Jean avait fait preuve d'une prudence semblable en évitant de prendre part à un différend survenu entre son neveu Jacques IV, roi d'Écosse, et Henri VII, roi d'Angleterre. Jacques, déjà ligué avec Louis XII, espérait qu'en reconnaissance des bons offices qu'il avait rendus à Jean durant la guerre avec les villes hanséatiques, ce prince se joindrait à lui. La réponse de Jean à la lettre par laquelle son neveu lui demandait un prompt secours, parce qu'il se proposait de marcher incessamment contre l'Angleterre, nous a été conservée: elle contient d'excellentes réflexions. Il conseille au roi d'Écosse de se désister de son entreprise et de rester en paix avec le roi son voisin et son beau-frère; néanmoins il lui promet que si, contre toute justice, les Anglais l'attaquaient dans son royaume, il lui enverrait des secours prompts et efficaces.

En général, Jean fut assez heureux à la guerre: il y montra de la bravoure; les Suédois lui rendent justice sur ce point, mais ils ne sont pas d'accord avec les Danois sur la douceur de ce prince; ils lui reprochent le traitement cruel qu'il fit éprouver aux magistrats et à quelques habitants de

Calmar, quand il prit cette ville en 1505, et des actes de violence et de cruauté qu'il commit en Danemark dans quelques occasions : les historiens de ce pays ne les ont pas cachés. Les uns et les autres les attribuent à des accès d'une sombre mélancolie dont il était parfois atteint. Du reste, les écrivains suédois conviennent que les vertus de Jean l'auraient rendu aussi cher à leurs compatriotes qu'aux Danois, s'il n'avait pas trop souvent donné à des étrangers les emplois que leurs lois réservaient aux habitants du pays, et s'il avait plus soigneusement réprimé l'avidité des hommes qui chez eux exerçaient l'autorité en son nom.

Dalin cite, en parlant de ce prince, un fait qu'il nous semble à propos de répéter. Lorsque Jean vint à Stockholm en 1499, un des jeunes garçons confondus dans la foule réunie au palais le frappa par sa belle physionomie, qui joignait à des traits agréables quelque chose de grand et d'imposant. Il prend des informations sur cet enfant âgé de neuf ans : on lui répond que c'est le neveu, par sa mère, de Stén-Sturé, administrateur du royaume de Suède. Il prie celui-ci de lui confier son jeune parent qu'il a le dessein de tenir près de lui à sa cour. Stén-Sturé s'excusa de ne pouvoir accepter cet honneur, que peut-être il regardait comme dangereux pour son neveu. Si celui-ci annonçait dans son air quelque chose qui semblait lui présager de hautes destinées, et que peut-être son oncle avait démêlé, les événements confirmèrent ces conjectures : cet enfant était Gustave Éricson Vasa (*).

Jean avait été promis en mariage, en 1472, à Jeanne de Valois, fille de Louis XI, et depuis épouse du duc d'Orléans, qui régna ensuite sous le nom de Louis XII. Une seconde tentative de mariage en 1476, avec Marie Plantagenet, fille d'Édouard IV, roi d'Angleterre, échoua par la mort de cette princesse.

(*) Dalin, *Svea Rikes Historia*, tom. II, p. 841.

Enfin il épousa, le 6 septembre 1478, Christine, fille d'Ernest, électeur de Saxe : elle mourut à Odensé en 1521. Il eut de cette union Christian, qui lui succéda ; François, mort jeune, Élisabeth, dont la main fut demandée par Vassili Ivanovitch, grand-duc de Moscovie ; mais cette alliance n'eut pas lieu : Elisabeth fut mariée en 1501 à Joachim, électeur de Brandebourg.

CHRISTIAN II.

De tous les princes qui ont vécu dans les temps modernes, Christian II est celui qui a laissé la mémoire la plus abhorrée. Les historiens l'ont généralement désigné par les surnoms de mauvais, de cruel, de sanguinaire, de tyran. Les écrivains qui se sont montrés les moins défavorables pour lui n'ont nié aucun des actes monstrueux dont il est accusé. Quelle tâche pénible que celle de retracer la vie d'un monarque si mal recommandé à la postérité ! Cependant nous ne pouvons nous dispenser d'entreprendre ce travail. Exposons les faits avec calme et impartialité; abstenons-nous de tout mouvement d'indignation, et réservons nos réflexions pour le moment où le malheureux monarque aura, de son vivant, cessé de régner.

Christian II était né le 2 juillet 1481 à Nyborg en Fionie. Les chroniqueurs n'ont pas manqué de dire que sa venue au monde fut accompagnée de funestes présages ; ces absurdités, inventées longtemps après l'événement auquel on les rattache, ne méritent ni d'être répétées, ni d'être réfutées. Dès l'âge le plus tendre, Christian montra beaucoup d'intelligence et de pénétration, mais en même temps des dispositions à la fierté; naturellement ardent, il devint en grandissant hardi jusqu'à la témérité, emporté, dur, impérieux. Son père, débonnaire et ami de la simplicité, redoutait de lui voir prendre des habitudes de morgue toujours choquantes, surtout chez les princes; il s'effrayait en même temps des autres défauts de Christian. Le moyen le plus naturel et le plus sûr de réformer

un caractère si fâcheux était de confier l'éducation de son fils à des hommes bien nés, sages et instruits par l'expérience, qui, par leurs leçons et leur exemple, lui auraient appris à mériter l'affection, l'estime et le respect des peuples qu'il était appelé à gouverner, en modérant ses passions, en se faisant chérir par son indulgence et ses bienfaits, sans jamais rien perdre de sa dignité.

Mais Jean, qui redoutait surtout que, par la fréquentation précoce du grand monde, Christian ne contractât des façons de faire hautaines et arrogantes, conçut le projet bizarre et bien funeste par ses suites, de faire élever son fils comme s'il n'avait été que celui d'un simple particulier. Il le mit donc en pension chez Hans (Jean) Boghinder, bon bourgeois de Copenhague. Jurgen Hyntze, chanoine de la cathédrale, qui tenait une école, venait donner des leçons de grammaire et de latin au jeune prince. Comme beaucoup d'incommodités résultaient de cet arrangement, Christian alla demeurer chez le chanoine, auquel il causait sans cesse de terribles soucis en grimpant sur les toits et sur les lieux élevés. Son maître lui ayant adressé des reproches sur cette singulière et dangereuse habitude, le jeune prince lui répondit : « Les lieux bas sont faits « pour les gens de basse extraction, et « les lieux hauts pour les grands per- « sonnages. » Le chroniqueur qui nous a transmis cette repartie la trouve très-spirituelle, et ajoute qu'elle ne pouvait qu'occasionner une grande admiration. Cependant les périls possibles de la continuation de ce passe-temps étaient si manifestes, surtout quand les offices retenaient l'instituteur à l'église, que celui-ci prit le parti d'y conduire son royal disciple. Voilà donc Christian chantant au chœur avec les autres pensionnaires du maître d'école ; la plupart appartenaient à des familles de la plus basse condition. A force de vivre avec eux il prit nécessairement leurs allures.

Le roi, qui ne s'en aperçut pas, reconnut pourtant que le chanoine n'é-
tait pas en état d'instruire convenablement le jeune prince. Il fit donc venir du Brandebourg maître Conrad, qui jouissait d'une grande réputation de savoir. En effet, les progrès de Christian sous ce nouveau précepteur furent très rapides ; il étudia la langue latine avec un succès remarquable ; ses contemporains ont dit qu'il l'écrivait avec pureté et facilité. Suivant un adage généralement adopté, l'étude des belles-lettres adoucit les mœurs et les dépouille de ce qu'elles peuvent avoir de rudesse, et même de férocité ; elle ne produisit pas cet effet salutaire chez Christian : est-ce à l'ineptie de maître Conrad, ou au caractère indomptable de ce prince qu'il faut en attribuer la cause ?

Les premières impressions que Christian avait reçues devinrent chaque jour plus profondes. Lié de bonne heure avec des hommes de naissance obscure et de conduite abjecte, il adopta leurs goûts et leurs sentiments ; il les associa à ses plaisirs, ses courses nocturnes, ses divertissements étranges. Ses excès faisaient depuis longtemps l'entretien du public, lorsqu'enfin le bruit en parvint jusqu'au roi. Justement indigné, le père châtia sévèrement les égarements de son fils, qui, tombant à genoux, demanda pardon et promit de se corriger. La leçon fut inutile ; la parole donnée ne fut pas tenue.

Lorsque Christian eut atteint sa dix-huitième année, il secoua entièrement le joug ; on l'avait obligé de suivre des études regardées alors comme nécessaires à un prince : elles lui avaient causé un dégoût invincible. Son père s'en étant aperçu lui donna une occupation plus conforme à son goût. Nous avons raconté qu'en 1502, des troubles ayant éclaté en Norvége, Christian y fut envoyé pour les réprimer. Il donna des preuves de courage et de capacité, mais, ainsi que nous l'avons remarqué, il n'usa pas de la victoire avec modération. Les Norvégiens n'avaient pu déployer toutes leurs forces, ceux du Nord n'agissant pas de concert avec ceux du Sud où les Danois avaient établi le centre de leurs opérations. Herlof-Hyddefad, chef des insurgés, fut poursuivi avec acharnement, et tomba au pouvoir de Christian. Ce prince pouvait profiter des avantages qu'il avait obtenus pour user d'indulgence et pour accorder un généreux pardon ; de pareils sentiments étaient étrangers à son âme. Il rejeta toutes les représentations, et n'écouta que la voix de la vengeance : elle fut atroce. Herlof, après avoir été mis à la question, périt par le supplice de la roue. Au milieu des douleurs de la torture il avait laissé échapper le nom d'un grand nombre d'hommes distingués, comme ayant pris part au soulèvement. Tous furent arrêtés : les uns perdirent la vie par la hache du bourreau ; les autres virent leurs biens confisqués. La noblesse norvégienne fut presque entièrement détruite et ruinée.

La Norvége soumise, Christian marcha contre la Suède : il eut fréquemment le dessus dans plusieurs combats, et empêcha Stén-Sturé de secourir les Norvégiens. On a vu plus haut que les hostilités cessèrent à la fin de 1502 (*). Christian continua de remplir les fonctions de gouverneur.

En 1507, un mouvement insurrectionnel agita la Norvége, et se répandit du Hedemark dans plusieurs autres provinces. Charles, évêque de Hammer, fut accusé d'avoir pris part à ce mouvement. Les opinions diffèrent sur les circonstances qui concernent ce personnage. Des historiens ont pensé que Christian, fougueux et jaloux de son autorité, ne pouvant souffrir que le prélat, par les avis duquel son père lui avait recommandé de régler ses démarches, semblât destiné à partager son pouvoir, le fit accuser d'avoir pris part à la sédition. D'autres ont avancé que l'évêque, choqué de la conduite barbare et despotique du prince, s'était mis en relation avec Svanté-Sturé. Christian cita le prélat devant son tribunal. Ne le voyant pas comparaître, et supposant qu'il irait rejoindre les insurgés suédois, il le fit arrêter et conduire au château d'Aggershuus, voisin d'Opslo, capitale du royaume. Christian s'adressa ensuite au pape, pour que l'évêque fût jugé. La réponse tardant à arriver, il proposa à l'archevêque de Drontheim et à quelques notables du pays de se charger de la garde du prélat. La crainte de l'excommunication les détourna d'obtempérer à son désir. Las d'un traitement si rude et non mérité, Charles essaya de s'évader ; mais la corde qu'il s'était faite avec des linges s'étant rompue, il tomba et se blessa dangereusement : il se traîna cependant à travers des broussailles, et se cacha dans le creux d'un arbre. On s'aperçut bientôt de sa fuite, on le poursuivit, et on mit un chien à sa piste. Ayant été découvert, le fugitif fut conduit devant le prince, qui, bien loin d'être touché du malheureux état où il le voyait, le traita avec la plus grande dureté et le fit renfermer plus étroitement qu'auparavant dans la même prison. Enfin la mort vint mettre un terme aux souffrances de l'infortuné, que son caractère, ses services et son innocence firent regretter des Norvégiens, et du roi lui-même. Christian fut excommunié ; nous avons raconté comment l'interdit avait été levé avant la mort du roi Jean.

Sur ces entrefaites se passa un événement d'un genre ordinaire et insignifiant, mais qui n'exerça pas moins une terrible influence sur la destinée de Christian. Le grand commerce qui se faisait à Bergen y attirait beaucoup de Néerlandais. Sigebrite Willius, revendeuse de fruits d'Amsterdam, après avoir gagné quelque argent dans sa patrie, était venue tenir une auberge à Bergen ; c'est une profession très-lucrative dans les villes maritimes. Cette femme dont on ignore l'origine, était profondément vicieuse, douée d'une intelligence et d'une mémoire remarquables, du talent d'observer avec justesse et de raconter avec intérêt. Constamment entourée d'aventuriers de toutes les espèces, de charlatans, de jongleurs, de marchands, de toutes les commères de la ville, elle

(*) Page 140.

en possédait à fond la chronique scandaleuse, et savait tout ce qui se passait dans l'intérieur des familles.

Son auberge était très-fréquentée, tant par les Néerlandais que par les Norvégiens de toutes les classes. Peut-être la beauté de Dyveké, fille de Sigebrite, contribuait-elle à grossir la foule. L'histoire qui nous fait connaître cette jeune personne, sous ce nom que l'on peut traduire par *Colombelle*, ajoute qu'aux agréments extérieurs elle joignait de l'esprit et de l'adresse. Éric Valkendorp, prêtre et chancelier de Christian, lui parla de Dyveké en termes si séduisants, qu'il lui inspira le plus vif désir de la voir. Le jeune prince venu à Bergen songe au moyen de satisfaire sa curiosité. Il fait donc préparer à l'hôtel de ville un bal, auquel sont invitées les principales dames du pays; on annonce indirectement à Sigebrite qu'elle peut assister avec sa fille à cette fête. Le prince eut ainsi l'occasion d'apercevoir Dyveké, et reconnut que le portrait flatteur que lui en avait fait Valkendorp n'était nullement exagéré. Frappé de sa beauté, il devint épris d'elle : mais cachant d'abord l'effet qu'elle avait produit sur lui, il pria une autre demoiselle à danser, afin que l'on ne pût pas soupçonner ce qui se passait dans son âme. Quand le tour de Dyveké fut venu, il lui offrit la main, sans que l'on eût un motif plausible de conjecturer que le divertissement n'était donné qu'à cause d'elle.

Holberg, qui a écrit la vie de Sigebrite, fait à ce sujet des réflexions très-sages (*), qu'il nous semble convenable de présenter au lecteur : « Cette « invitation, ainsi que la faveur de « danser avec le prince, de même que « d'autres dames de la ville, sans oc-« casionner quelque rumeur, montrent « que Sigebrite n'était pas dans une « condition aussi misérable que nos « auteurs le prétendent, mais qu'elle

(*) Dans son ouvrage intitulé : *Adskillige heltinders og Navnkundige damers historier* (Histoire de plusieurs héroïnes et dames célèbres), t. I, p. 281.

« était regardée comme une bourgeoise « estimable de Bergen. »

Le bal finit tard et chacun s'en alla; il ne resta dans la salle que Dyveké et sa mère : alors le prince les invite à un autre bal qu'il devait donner au château. Cette fois il paraît que le prince avait déjà déclaré sa passion; l'histoire ni les chroniques contemporaines ne nous apprennent rien de positif sur ce point. Tout ce que l'on sait de certain est que, dès la nuit suivante, Dyveké fut entièrement à Christian. Quant au rôle que joua sa mère, on l'ignore complétement, ainsi que les instructions qu'elle avait données à sa fille. L'attachement de Christian pour celle-ci devint chaque jour plus vif; mais il cacha si bien cette liaison qu'elle resta inconnue à son père.

Sigebrite amusait le jeune prince par ses récits divertissants et malins, mais en même temps elle lui apprenait beaucoup de choses qu'il ne connaissait nullement. Cet esprit avide de savoir trouvait chez une aubergiste néerlandaise une instruction que ni ses pédagogues, ni les courtisans de son père n'avaient pu lui donner. Dans ses entretiens avec cette femme, Christian acquit des notions justes sur les institutions et les intérêts commerciaux des villes de Néerlande, sur la politique générale; la nouveauté et l'intérêt de tout ce qu'il entendait le frappaient singulièrement. Par ce service que Sigebrite lui rendait, elle acquit insensiblement un tel pouvoir sur lui qu'il la consultait pour tout ce qu'il voulait entreprendre. Elle profita de cet ascendant pour lui inspirer les viles passions qui la dominaient : la jalousie contre les marchands de la Hanse, la haine pour le clergé et la noblesse; le prince était très-disposé à recevoir de telles impressions.

Christian, en partant de Bergen pour retourner à Opslo, enjoignit à Dyveké et à sa mère de rester, jusqu'à nouvel ordre, où elles étaient. A son arrivée dans la capitale, il y fit bâtir une maison en pierre, dont on voyait encore les ruines cinquante ans après. Quand cette demeure fut prête, Sigebrite et sa fille vinrent l'habiter, et y restèrent pendant tout le temps que Christian gouverna la Norvége comme vice-roi.

Rappelé en Danemark par son père en 1510, on pense qu'il y fit venir Dyveké dont il ne pouvait se passer. Ce commerce fut tenu si secret, que Jean l'ignora toujours, ce qui ne doit pas surprendre. On a vu précédemment que ce bon roi était rarement instruit le premier des fredaines de son fils. Prêt à rendre le dernier soupir, il lui donna les conseils les plus sages : mais quel effet pouvaient-ils opérer sur l'esprit d'un prince intelligent à la vérité, mais emporté, volontaire, entêté, et dont le naturel avait été perverti par une éducation vicieuse?

On ne peut nier qu'il ne fût d'un génie supérieur : il avait le sentiment de sa force, qualité estimable quand elle ne dégénère pas en obstination, ce qui par malheur lui arrivait souvent; car, nous l'avons déjà dit, on ne l'avait pas instruit à maîtriser ses passions, ce qui était d'autant plus fâcheux que, parmi ses qualités, on comptait la célérité dans ses entreprises et le don du commandement. Ce fut par là qu'il réussit à plier à l'obéissance les Norvégiens jusqu'alors très-indociles, de sorte que, simple vice-roi, il régna sur eux avec plus d'autorité qu'aucun de leurs anciens rois. Lorsqu'il fut rappelé auprès de son père, qui sentait que sa santé était très-chancelante, il montra une application aux affaires qui fit oublier aisément les irrégularités de sa conduite à ce monarque.

Jean était mort au mois de février 1513. Christian s'empressa d'en instruire le pape et les autres potentats, et de leur annoncer son avénement au trône.

« Le Danemark était en ce moment dans un état assez favorable, observe Holberg, car bien que le roi Jean eût soutenu des guerres longues et difficiles, toutefois les ayant conduites avec sagesse et prudence, le trésor était moins obéré à la fin des hostilités que lorsqu'elles commençaient. L'exemple de la cour exerçait une influence avantageuse sur le pays : la vie était simple et modeste; chacun se faisait un honneur de ne pas se montrer plus magnifique que le roi : ce qui ne contribuait pas peu à la prospérité du royaume et à la modicité des impôts. La nation n'avait jamais été plus danoise que sous le feu roi, car on n'entendait parler à la cour que la langue du pays, on n'y voyait que les modes du pays, ce qui fut cause que l'État sous aucun règne n'avait été mieux pourvu d'hommes plus habiles, soit pour l'administration intérieure, soit pour le commandement des armées de terre et de mer; jamais ils ne manquent lorsqu'un souverain se conforme, comme le roi Jean, à la règle de préférer les indigènes aux étrangers, et de faire jouir les premiers des avantages que leur offre la patrie. Le roi étant d'un caractère doux, patient et ouvert, personne ne craignait de lui dire la vérité, et quoiqu'il fût le plus avisé de ses États, cependant il n'entreprenait rien d'important sans avoir pris l'avis des membres de son conseil, depuis le premier jusqu'au dernier. En un mot, le Danemark était, du temps du roi Jean, un royaume que l'on pouvait proposer pour modèle, où le souverain régnait plutôt par l'exemple qu'il donnait et le respect qu'il inspirait, que par le pouvoir et l'autorité.

« Telle était la position du royaume lorsque Christian II monta sur le trône. Ce prince était doué de qualités grandes et remarquables, mais nullement convenables aux circonstances; jamais fils ne ressembla moins à son père : autant Jean se distinguait par sa longanimité, et par sa modestie, qui allait jusqu'à se défier de lui-même, autant Christian était colère, ambitieux, et n'avait de confiance qu'en lui-même. Le premier se reposait uniquement sur Dieu et sur la force de son pays; le second sur les étrangers et sur ses grandes alliances de famille. La confiance fut remplacée par le soupçon, la frugalité par le luxe, la bonhomie par la présomption; en un mot, tout tomba d'un extrême dans un autre. Il ne put donc en résulter qu'une grande fermentation et un mécontentement général ; car un prince du caractère de Christian II ne pouvait commencer à régner à une époque plus inopportune et dans des conjonctures plus désavantageuses que celles qu'avait fait naître le règne de Jean. Ce fut donc un malheur immense pour le fils de succéder à un tel père ; car si, par exemple, il eût été appelé à occuper le trône après le décès de Valdemar III, ou de tout autre roi peu renommé pour sa bonhomie et sa douceur, son règne n'eût pas été marqué par autant d'événements tragiques. Les sujets étaient devenus trop difficiles à satisfaire et trop aisés à émouvoir pour s'accommoder d'un gouvernement sévère et absolu ; et le sénat était parvenu à un degré de puissance qui ne lui permettait pas de voir patiemment les plus importantes affaires du royaume passer par les mains d'une femme hollandaise d'une condition commune. On conçoit donc comment les moyens de gouverner adoptés par Christian II ne pouvaient convenir au temps où il voulut les mettre en pratique, et que les hommes raisonnables qui furent témoins de ses premières tentatives, ne purent que deviner qu'elles amèneraient une catastrophe. Voilà ce que j'ai jugé à propos de dire, afin de montrer que les disgrâces de Christian II ont été occasionnées autant par les circonstances que par la dureté de son gouvernement, et qu'il eût été un roi moins mauvais s'il eût succédé à un prédécesseur moins doux(*). »

Aussitôt que la saison le permit, les sénateurs de Danemark et de Norvége se rendirent à Copenhague. Ce qu'ils connaissaient du caractère et de la conduite de Christian leur inspirait des craintes sur la conservation de leur autorité, qu'ils avaient agrandie aux dépens de celle des rois. Ils firent donc offrir secrètement la couronne à Frédéric, duc de Slevig-Holstein et oncle du roi : Frédéric refusa.

(*) *Dannemarks Riges Historie*, t. II, p. 10.

Christian fut proclamé roi de Danemark et de Norvége en 1513, après avoir signé une capitulation : les conditions en étaient fort dures : par un des articles, le roi accorde à la noblesse le droit de haute et basse justice, notamment celui d'exiger de ses vassaux des amendes de la valeur de quarante marcs. Par le dernier article le roi s'engage à ne pas solliciter le sénat ni les états pour qu'ils désignent son fils ou telle autre personne que ce soit comme son successeur futur : il promet de laisser à la nation l'usage complet de son droit de libre élection. Christian s'obligea aussi par cet acte à maintenir également les libertés des Suédois lorsqu'ils lui défèreraient la couronne. Leurs députés, qui assistaient à cette assemblée, alléguèrent le défaut d'instructions suffisantes pour suivre l'exemple de leurs voisins, et laissèrent même apercevoir assez clairement le regret que l'on éprouvait dans leur pays d'avoir, quelques années auparavant, promis la couronne à Christian. La prudence conseillait de leur accorder le temps nécessaire pour remplir leurs engagements : il fut donc convenu que, l'année suivante, on tiendrait un congrès à ce sujet, sous la médiation des villes hanséatiques.

Christian confirma les priviléges de ces républiques commerçantes en renouvelant les derniers traités de Flensborg et de Malmöe, par lesquels ces villes avaient promis au feu roi leurs bons offices pour le rétablir sur le trône de Suède, à condition qu'elles ne seraient pas troublées dans la jouissance de leurs anciennes franchises. Ensuite le roi convoqua les états de Slesvig et de Holstein à Flensborg, pour y prendre possession de sa portion de ces duchés. Les états prétendirent qu'il devait être élu par eux ; Frédéric, son oncle, réclamait de grosses sommes d'argent avancées au roi défunt. Christian comprenant la nécessité de plier dans une conjoncture telle que le commencement d'un règne, paya son oncle de belles promesses, et ne contesta pas aux états un droit d'élection qui ne s'exerçait que pour la forme.

Ce fut de même pour consolider la tranquillité de ses États, qu'en 1514 il n'accueillit pas la demande de secours que lui adressa le conseil de régence d'Écosse, qui avait perdu son roi Jacques V à la malheureuse bataille de Flodden ; les ambassadeurs de cette puissance furent appuyés par ceux de Louis XII, roi de France, allié du roi de Danemark et de la jeune reine d'Écosse. Christian se contenta de répondre par des témoignages d'intérêt aux sollicitations qui lui étaient adressées, et s'excusa de ne pouvoir donner l'aide que l'on requérait, en alléguant que, n'étant pas encore couronné, il se trouvait dans l'impossibilité d'agir comme il le désirait.

La cérémonie de son couronnement comme roi de Danemark, longtemps différée, fut enfin célébrée à Copenhague le 29 mai, en présence des états et de plusieurs princes étrangers. La même année il reçut la couronne de Norvége à Opslo. Le congrès des députés des trois royaumes, fixé à cette année, fut successivement ajourné jusqu'en février 1517. Christian n'était pas fâché de ces délais, qui lui laissaient le temps de mûrir les grands projets qu'il avait en vue. Il voulait rétablir l'autorité royale, par l'abaissement du pouvoir du clergé et de la noblesse, et rendre les trois nations scandinaves indépendantes de la ligue hanséatique. Son intention était de pousser avec vigueur la guerre contre la Suède, et de la terminer d'une manière durable. De pareils desseins ne pouvaient qu'influer beaucoup sur le choix d'une épouse ; il jeta donc les yeux sur Isabelle (Élisabeth) de Castille et d'Autriche, sœur de l'archiduc Charles, qui fut depuis l'empereur Charles-Quint. La demande de la main d'Élisabeth fut faite d'abord à l'empereur Maximilien, son aïeul, par trois ambassadeurs de Christian, pour arrêter les conditions de cette alliance. Quand tout fut réglé, les ambassadeurs partirent pour Bruxelles, où Charles résidait. Élisabeth fut fiancée à Christian, qui avait muni un de ses envoyés des pouvoirs nécessaires pour le représenter. La dot de la princesse fut de 250,000 florins d'or, ce qui était la plus considérable qu'un roi de Danemark eût jamais reçue ; son douaire, assuré sur les domaines de Sönderborg et de Nordborg, était évalué à 25,000 florins de revenu de la même monnaie (*). La légation revenue en Danemark, après avoir si heureusement rempli sa mission, Christian en envoya une nouvelle, au mois de juin 1515, en Néerlande : elle était composée d'Éric Valkendorp, archevêque de Drontheim, et de trois grands personnages de la cour. La princesse s'embarqua sur la flotte qui était venue la chercher ; le roi avait permis qu'elle amenât avec elle un certain nombre de femmes et d'officiers de son pays, pour continuer à la servir. Après une navigation très-difficile, elle arriva le 9 août 1515 à Copenhague, où son mariage fut célébré le 12 avec une grande magnificence et à la satisfaction générale des Danois.

Élisabeth, née le 18 juillet 1501, les charma par sa beauté et par ses grâces ; mais si ses vertus ne contribuèrent pas moins que le nom et la puissance de sa maison à la faire chérir et respecter de ses peuples, elles ne purent gagner le cœur de son époux : Dyvcké seule le possédait. L'archiduc Charles, qui n'ignorait pas la liaison intime de son futur beau-frère avec cette jeune fille, avait chargé les ambassadeurs, en leur remettant la princesse sa sœur, de déclarer à Christian qu'il devait renvoyer sa maîtresse. Valkendorp ayant hasardé d'en parler au roi, son avis fut très-mal reçu, et dès ce moment Sigebrite lui voua une haine implacable.

Cependant, occupé des affaires de son pays, Christian se plaignit très-sérieusement à Henri VII, roi d'Angleterre, des pirateries de ses sujets sur

(*) Ces domaines forment deux bailliages situés dans le duché de Slesvig ; ils comprennent l'île d'Æröe et la portion du canton de Sandevit et de l'île d'Als appartenant à la couronne. La terre y est très-fertile, le climat doux et agréable, la population de 23,000 âmes environ.

les mers et sur les côtes des États danois ; il fut écouté, puisque les deux monarques renouvelèrent et confirmèrent le traité conclu précédemment entre Jean et Henri VII. En même temps Christian renouait avec Basile, grand-duc de Moscovie, les anciennes alliances et les anciens traités, et y faisait ajouter de nouveaux articles tendant à dégager le commerce entre les deux nations des entraves qui l'empêchaient de devenir florissant. Il obtint même en 1516 la faculté d'établir un comptoir à Novgorod ou à Ivanogorod ; les commerçants avaient la faculté d'y vendre toutes sortes de marchandises et d'y professer librement leur religion. Ces traités et diverses ordonnances publiées plus tard montrent que Christian avait à cœur d'étendre le commerce de ses États. Il savait que c'était un moyen direct d'augmenter ses revenus par les droits levés sur les marchandises, et un moyen indirect d'abaisser la puissance de la noblesse en élevant à son niveau la bourgeoisie des villes, jusqu'alors peu riche. Mais ce qu'il cherchait surtout était la facilité qui résulterait pour lui, par cette nouvelle source de revenus, d'entretenir constamment sur pied des troupes régulières.

Comme l'état actuel de pénurie des finances gênait les opérations de son gouvernement, Christian obtint des états la permission d'établir pour deux ans un droit d'entrée sur toutes les marchandises importées soit par les nationaux, soit par les étrangers. Les Hanséates se plaignirent : ils avaient tort ; ils ne furent pas écoutés.

Vers cette époque, Jean-Ange Arcemboldi, légat du pape, chargé de la vente des indulgences dans le Nord, passa par Copenhague, et séduisit si bien Christian par ses flatteries, qu'il en obtint l'entière liberté de faire son trafic, dans toute l'étendue des trois royaumes, pour la modique somme de 1,120 florins du Rhin ; mais la politique eut une assez bonne part dans cette transaction. Christian ne se montra si complaisant que parce qu'il était convaincu de la nécessité de faire concourir le clergé à l'exécution de ses projets, et que personne ne pouvait l'aider plus puissamment que le légat. Il lui découvrit donc l'état des partis qui divisaient la Suède, et ce qu'il espérait de ses bons offices. Arcemboldi promit de le servir efficacement.

Depuis son avénement au trône, Christian n'avait rien fait qui pût le rendre l'objet de la haine publique : bientôt elle n'eut que trop de motifs d'éclater. Dyveké mourut subitement en 1517, à la fleur de son âge. Aussitôt des bruits d'empoisonnement circulèrent. Les uns osèrent imputer ce crime à des sénateurs amis de la reine ; d'autres en plus grand nombre, et parmi eux le roi, en accusèrent les parents de Torben Oxe, gouverneur du château de Copenhague : en effet il avait eu la pensée d'épouser Dyveké. Ses parents, qui regardaient une telle mésalliance comme déshonorante pour eux, n'avaient pas, disait-on, reculé devant un forfait pour la prévenir. Oxe, devenu odieux au roi, eut l'imprudence de lui avouer qu'il avait aimé Dyveké ; Christian, qui l'en avait soupçonné, jura sa perte, quoiqu'il n'eût été coupable que de simples désirs. Malgré les sollicitations des personnes les plus distinguées, l'intercession de la reine et du légat, il fit arrêter Oxe. Les sénateurs refusèrent de le juger ; alors il le fit traduire devant une commission composée de douze paysans des environs de Copenhague. Intimidés par les menaces du roi, ces magistrats improvisés déclarèrent que l'accusé était jugé par ses actions et non par eux. Christian interpréta cette décision dans le sens que son ressentiment lui suggérait. Oxe fut décapité le 29 novembre 1517. La nation indignée murmura hautement.

D'autres exécutions augmentèrent l'effroi du public ; cependant comme la rigueur de Christian n'atteignait qu'un ordre de personnes qui, loin de redouter les rois ses prédécesseurs, s'en était fait craindre plus d'une fois, on put reconnaître que le monarque effectuait son projet d'abaisser le clergé et la noblesse. Il n'avait pu oublier la dure capitulation qu'on lui avait fait signer à son avénement à la couronne, et son caractère ardent et inflexible ne voulait opérer le grand changement qu'il méditait que par des moyens prompts et violents. Il saisissait donc toutes les occasions de mettre son plan à exécution. L'épouvante comprimait les plaintes. Christian prit ce silence morne et général pour celui de la résignation et de la soumission. Encouragé par cette méprise, il en marcha plus hardiment dans la voie qu'il s'était tracée.

Comme il avait besoin d'argent, soit pour la guerre contre la Suède, qu'il avait résolue, soit pour payer les dettes de son père, il établit, sans l'avis ni le consentement du sénat, des impôts et des droits de douane nouveaux, violant ainsi la capitulation qu'il avait jurée ; aussi plusieurs personnes refusèrent de payer ces impôts nouveaux : alors des potences furent dressées dans les principales villes commerçantes, pour que la crainte des supplices étouffât même l'idée de la résistance. Plusieurs églises furent dépouillées d'une partie considérable de leurs revenus : on ne leur en laissa que ce qui était nécessaire pour leur entretien. Cette mesure n'ayant excité aucune réclamation de la part de l'autorité ecclésiastique, on peut en conclure que Christian était très-bien avec la cour de Rome. La connaissance des affaires fut ôtée presque entièrement au sénat, pour être remise à des créatures de Christian, gens qui avaient fait leur apprentissage dans les cabarets ou dans des lieux pires encore, et qui par leur ignorance et leurs mœurs formaient un contraste complet avec les personnes qu'ils remplaçaient.

Parmi ces conseillers d'une espèce si nouvelle, figurait en première ligne Sigebrite, qui, malgré la mort de sa fille, n'avait rien perdu de son influence. On la regardait comme la dispensatrice de toutes les faveurs, et malgré la haine du public, qui jetait sur elle le blâme de tout ce que le roi faisait d'irrégulier et d'odieux, sa porte était constamment assiégée par la foule : les uns venaient pour solliciter des places dont on savait qu'elle pouvait disposer par son crédit; les autres se présentaient afin de ne pas avoir l'air de mécontents et de ne pas s'attirer son déplaisir, ce qui était un grand malheur, car elle avait le pouvoir et la volonté de faire du mal et d'opprimer les grands. C'était une sorte de consolation pour les hommes de bas étage d'apercevoir à cette porte les mêmes personnages qui, auparavant, les avaient dédaignés et rebutés, s'humilier à leur tour, et n'être admis qu'à force de soumissions à implorer pour eux-mêmes les grâces qu'auparavant ils distribuaient.

Ces mêmes nobles, naguère si fiers, si dédaigneux, remplissaient la cour de Sigebrite, exposés au mauvais temps et à la gelée. Le chroniqueur Svaning raconte que dans son enfance, en allant à l'école, il les avait vus, en attendant que la porte de Sigebrite s'ouvrît, se battre le corps avec les mains et frapper la terre de leurs pieds, afin de moins souffrir du froid. Certes, c'en était assez pour rendre Sigebrite haïssable à la noblesse; mais personne ne laissait éclater ses sentiments, afin de ne pas encourir la disgrâce de cette femme, et par conséquent celle du roi. Les nobles se contentaient de la noircir dans l'esprit du peuple, et leurs discours ne manquaient pas de produire de l'impression.

Les principaux confidents et conseillers de Sigebrite étaient Hans Mikkelsen, bourgmestre de Malmöe, Claus Holst, maître Godskalk, Didrik Slaghoeck, et d'autres qui exécutaient aveuglément ses volontés, et qui par conséquent étaient aussi très-avant dans la faveur du roi.

Slaghoeck jouait parmi eux le rôle le plus important. Originairement barbier en Westphalie, où il était né, il avait parcouru la Néerlande, l'Allemagne et l'Italie, étudié la chirurgie à Rome, et s'était procuré un diplôme de docteur en droit canon ; ensuite il avait été ordonné prêtre. Sigebrite, dont on le supposait parent et dont il possédait toute la confiance, l'avait donné pour confesseur à Christian. Cet homme, d'une astuce extrême et d'une immoralité profonde, était dur, hardi, violent.

On eut bientôt une preuve de l'ascendant de Sigebrite. Les femmes et les officiers que la reine avait amenés à sa suite, nés comme elle en Néerlande, ne pouvaient que difficilement s'accoutumer au régime diététique des Danois, qui connaissaient à peine l'usage des plantes potagères et du laitage. Leurs instances, appuyées du crédit de leur compatriote Sigebrite, décidèrent le roi à faire venir de Néerlande une colonie de paysans, qu'il établit dans la petite île d'Amac, très-proche de Copenhague. En peu de temps ils transformèrent une lande stérile en un jardin d'un aspect riant et d'un excellent produit; ils apprirent aux Danois à préparer convenablement le laitage et à cultiver les plantes potagères. Christian rendit donc dans cette occasion un service important à ses sujets.

Sigebrite eut, en 1517, l'idée de former un établissement semblable à Elseneur; les habitants s'y refusèrent. Elle n'eut pas de peine à décider le roi, qui se trouvait offensé, à transporter à Copenhague le péage du Sund. La commodité, la sûreté du port de cette ville servirent de prétexte à cette mesure, qui entraînait la ruine d'Elseneur. Sigebrite prit la direction du péage, avec les profits qui y sont attachés, ce qui, sans doute, était aussi entré dans ses vues. Les villes hanséatiques jetèrent les hauts cris sur ce changement, qui parfois les obligeait à se détourner de leur route. Leur haine pour Sigebrite et l'ignorance grossière de ce siècle se dévoilent bien dans une autre plainte contre elle : ils l'accusent de troubler leur navigation par des sortilèges, qu'elle employait de concert avec un chanoine réputé habile magicien. Il est vrai que, devenue intendante du péage, souvent Sigebrite rançonnait arbitrairement les navires des Hanséates, et leur faisait perdre un temps précieux en contestations pour obtenir une diminution de droits.

Les choses restèrent donc comme elles venaient d'être réglées, et les habitants de Copenhague en furent satisfaits : ils n'avaient, en général, qu'à se louer de l'administration de Christian. On voit par plusieurs ordonnances de ce roi, que son dessein était d'égaler le commerce de leur ville à celui des plus florissantes cités de l'Europe, et d'en faire l'entrepôt de toutes les marchandises du royaume, afin d'éviter les pertes auxquelles étaient fréquemment exposés les propriétaires quand ils les confiaient aux gens des villes hanséatiques. D'autres proclamations invitent les négociants étrangers et regnicoles à s'établir à Copenhague, en leur promettant une protection particulière et les priviléges les plus étendus. Ces sages mesures ne pouvaient qu'irriter les Hanséates; un prince vigilant et éclairé sur les intérêts de son royaume devait leur être odieux.

Sur ces entrefaites, les affaires de la Suède étaient dans une étrange confusion. Stén-Sturé, supposant avec raison que Christian fixait constamment ses regards sur la Suède, avait songé aux moyens de se concilier Éric Trollé, chef du parti opposé au sien. Ce dangereux adversaire avait pour adhérents la plupart des évêques et tous les amis des Danois. Ulfson, archevêque d'Upsal, ayant résigné son siége, indiqua pour son successeur Gustave Trollé, fils d'Éric. L'administrateur l'agréa; il crut s'être fait un ami : l'événement lui apprit qu'il avait mis des armes terribles dans les mains d'un ennemi irréconciliable, d'un homme capable de tous les forfaits.

Gustave Trollé fut à peine nommé archevêque, qu'il se lia secrètement avec Christian, et fier de l'appui qu'il en espérait, se déclara l'ennemi de l'administrateur : ils se firent la guerre. Trollé, en prenant possession de son siége, avait refusé de prêter, suivant l'usage, le serment de fidélité devant la diète. Elle autorisa l'administrateur à punir le prélat récalcitrant. Stén-

Sturé assiégea Trollé dans sa forteresse de Stäké. Christian, qui n'était pas encore en mesure de marcher au secours de son allié, eut recours à la puissance ecclésiastique. La conduite de l'administrateur fournissait des motifs nombreux de griefs contre l'Église. Christian les exposa dans une lettre qu'il écrivit à Léon X. La réponse qu'il reçut était conforme à ses désirs. Le pape chargea l'archevêque de Lund de l'examen de l'affaire, et lui ordonna que, s'il trouvait Stén-Sturé coupable, il procédât contre lui avec toute la rigueur prescrite par les lois ecclésiastiques. Le procès, instruit devant les évêques danois, ne traîna pas en longueur. Stén-Sturé et ses adhérents furent excommuniés; le décret fut aussitôt fulminé contre eux et répandu dans toute la Suède. Ils ne s'en montrèrent pas plus affectés que d'un manifeste très-menaçant de Christian, qui parvint en même temps dans le royaume.

Ce qui donna plus de courage à Trollé, serré de très-près, fut la nouvelle de l'arrivée d'une armée de 4,000 hommes, envoyée par Christian : elle descendit à l'improviste près de Stockholm. Aussitôt que Stén-Sturé en fut instruit, il vola au-devant des Danois et les défit complètement ; ceux qui regagnèrent leurs vaisseaux se vengèrent en pillant les côtes voisines et celles de Finlande, en rançonnant OEland et plusieurs villes, en brûlant celle de Stegeholm.

Bien loin de se laisser abattre par la défaite des Danois, l'archevêque refusa de souscrire aux dures conditions qu'on lui proposait : on exigeait qu'il renonçât au siège d'Upsal. L'administrateur jugea que le concours des états était nécessaire dans cette conjoncture : il les convoqua donc à Stockholm, et donna un sauf-conduit au prélat pour qu'il pût y venir répondre de sa conduite. Trollé déclara fièrement aux états qu'il ne les reconnaissait pas pour ses juges, et qu'il lui suffisait de justifier son innocence aux yeux du pape; qu'il n'avait fait usage de son pouvoir que pour maintenir les Suédois et rester lui-même dans les bornes de la fidélité qu'ils avaient tous jurée au roi de Danemark, comme à leur prince légitime; qu'il n'y avait d'autres traîtres que ceux qui engageaient leurs compatriotes à la révolte ; que les états ne pouvaient lui ôter un pouvoir qu'il ne tenait pas d'eux ; et qu'il était assez notoire qu'ils n'agissaient pas de leur propre mouvement, mais comme les esclaves d'un jeune homme qui les sacrifiait à son ambition.

L'assemblée, irritée de ce discours audacieux, rendit un décret qui déposait Trollé comme rebelle et traître à la patrie et ordonnait que sa forteresse de Stäké fût rasée. Les principaux membres des états signèrent ce décret et y apposèrent leur sceau. Jean Brask, évêque de Linköping, prévoyant les suites possibles de cette détermination, eut la précaution de glisser sous son sceau un billet, dans lequel il déclarait qu'il n'avait agi que contraint par la force.

Trollé retourna dans sa forteresse; ses gens voyant que leur perte était inévitable, le menacèrent de l'abandonner s'il ne se rendait pas. Heureusement pour lui, son caractère sacré sauva ses jours ; mais on l'obligea de signer un acte par lequel il renonçait à la dignité d'archevêque; jurait de ne jamais la redemander, et d'écrire au chapitre d'Upsal de le remplacer ; enfin de vivre tranquillement dans un couvent de Vesteros, où il devait rester enfermé toute sa vie.

Ce fut dans ces conjonctures que le légat Arcemboldi arriva en Suède. L'administrateur, qui eut bientôt deviné son caractère léger, vain et avide, le gagna par les flatteries et les promesses éblouissantes qu'il lui prodigua ; si bien que le légat lui révéla tout ce que Christian lui avait imprudemment confié sur ses projets et sur les partisans qu'il comptait en Suède. Puis, à la diète d'Arboga, il confirma la condamnation de Trollé, et manda au pape que les Suédois étaient obéissants et soumis, par conséquent innocents; que Trollé était un factieux, condamné et déposé avec justice; qu'ainsi les griefs du roi de Danemark étaient

DANEMARK.

Vue principale du Château de Frédéricksborg.

sans fondement, et que ce prince méritait d'être excommunié pour avoir déposé sans raison et maltraité Baldenack, évêque de Fionie : en effet le roi l'avait fait arrêter et remis à la garde de l'archevêque de Lund, son métropolitain, pour le contraindre à payer une somme de 30,000 florins du Rhin, pour laquelle il s'était engagé au nom du roi Jean, envers les villes hanséatiques ; au bout de deux ans de captivité le prélat avait versé la somme exigée, et résigné son évêché entre les mains de Christian. Cet événement n'avait pas excité de grands murmures, parce que Baldenack était regardé comme un homme violent et orgueilleux. Au reste, sur la recommandation du pape, il regagna les bonnes grâces du roi, qui l'employa de nouveau.

Léon X démêla le motif qui avait dicté la lettre d'Arcemboldi, car le prélat lui demandait, étourdiment, la permission d'accepter l'archevêché d'Upsal que l'administrateur lui avait offert. L'intérêt de Léon lui commandait de ne rien changer de ce qu'il avait fait pour Christian, monarque puissant et beau-frère de l'Empereur ; Arcemboldi reçut du souverain pontife une réponse peu satisfaisante.

Christian ayant enfin terminé ses préparatifs, parut, en 1518, devant Stockholm, avec une flotte de cent vingt voiles, débarqua ses troupes et attaqua cette ville du côté du sud. Stén-Sturé accourut pour la délivrer. Christian marcha à sa rencontre : il fut battu, le 23 juillet, à Bränkyrka en Sudermanie. Revenu dans son camp, et voyant que pas un Suédois ne venait se joindre à lui, que son armée commençait à manquer de vivres, que déjà la désertion et de fréquentes attaques de l'ennemi la diminuaient, que les vents contraires s'opposaient à son départ, il recourut, pour sortir d'embarras, à un artifice infâme : il envoya des députés à l'administrateur pour traiter de la paix. Stén-Sturé consentit à une conférence, et croyant à la sincérité du roi, il lui fit parvenir des vivres, et se disposa même à venir à bord de son vaisseau pour s'entretenir avec lui. Le sénat, plus défiant, l'en détourna. Christian fit alors dire à l'administrateur qu'il irait lui-même s'aboucher avec lui à Stockholm, pourvu qu'on lui donnât un sauf-conduit et six otages pris parmi les premières maisons du royaume ; il en désigna expressément un : c'était Gustave Éricson Vasa, qui déjà, ainsi que nous l'avons raconté, avait fixé dans son enfance l'attention du roi Jean, qui depuis avait fait preuve d'intelligence au siége de Stäke que Sturé lui avait confié, et qui dans la dernière bataille portait l'étendard suédois. Était-ce un pressentiment secret qui inspirait les soupçons de Christian sur ce jeune homme de vingt-deux ans ? Lui supposait-il le projet de devenir un jour le libérateur de sa patrie ? Pourquoi donc épargna-t-il sa vie quand il fut en son pouvoir ? La Providence veillait sur Gustave. Christian voulait sacrifier à sa vengeance les six otages ; Sigebrite lui conseilla de les conserver pour sa sûreté. Leur danger, disait-elle, retiendra dans le devoir ceux qui leur sont alliés par le sang.

Les otages s'avançaient vers le bord de la mer ; Christian les fit arrêter, conduire de force sur sa flotte, et le vent étant devenu favorable, il retourna en Danemark, satisfait du succès de son odieux stratagème. Il distribua ses prisonniers dans différents châteaux forts, et chargea de la garde de Gustave, Éric Banner, qui souscrivit une obligation de payer une amende de 6,000 rixdallers s'il le laissait échapper. Gustave fut enfermé dans le château de Callöe en Jutland.

L'administrateur, profitant du redoublement de haine que la déloyauté maladroite de Christian inspirait aux Suédois contre ce prince, dont l'intérêt évident était de les gagner par une conduite franche et généreuse, acheva d'abattre le parti danois et d'humilier Trollé. Il lui signifia l'ordre de paraître devant les états, et l'obligea de souscrire de nouveau à sa déposition. Alors il lui laissa le choix d'une autre retraite, où le prélat abattu, mais non terrassé, se consolait par les avis qu'il recevait des grands préparatifs de guerre du Danemark.

Christian les poussait avec vigueur, au moyen de fortes contributions qui mécontentèrent beaucoup ses sujets. Il abusait de l'autorité, en quelque sorte illimitée, qu'il avait fini par acquérir. Il favorisait les commerçants; et ceux-ci ne lui savaient pas beaucoup de gré de la protection qu'il semblait leur accorder, parce qu'il faisait des changements dans les monnaies. Il en fit frapper une qui portait le nom de *Klipping*; elle devait passer pour pièce d'argent, et ne contenait guère que du cuivre. Christian fut à cette occasion surnommé *le roi Klipping*. Une satire en vers, par Paul Élisen, et relative à ce fait, courut parmi le peuple. Hvitfeld, écrivain du dix-septième siècle, raconte qu'elle existait encore de son temps. On regrette qu'il n'en ait pas fait imprimer la copie, elle aurait pu donner une idée de la poésie danoise à cette époque.

Le hasard fournit au roi une singulière occasion d'augmenter ses recettes. Instruit de la mauvaise foi d'Arcemboldi, il fit arrêter, en 1519, son frère Antonelli, qui s'en retournait à Rome, et saisir l'argent qu'il emportait avec lui. Le légat ayant suivi de près son frère, fut empoigné aussi. Christian voulait le punir sévèrement ; Arcemboldi put s'évader. Il écrivit de Lubeck au roi et à la reine, pour réclamer ses trésors et la liberté de son frère. Il obtint le dernier point et seulement une très-petite partie de l'autre, et revint à Rome sans autre résultat de sa longue mission dans le Nord que d'avoir envenimé les différends qui existaient avant son arrivée, et d'y avoir excité un scandale universel.

Toute l'année 1519 se passa en petites expéditions sur les côtes de Suède, tant pour fatiguer et inquiéter les partisans de l'administrateur, que pour entretenir les espérances et les bonnes dispositions des autres. Christian fit en personne la conquête de l'île d'OEland.

« J'arrive maintenant, dit Holberg (*), à la grande année 1520, qui est la plus remarquable non-seulement du règne de Christian II, mais aussi de toute l'histoire des royaumes du Nord. Nous y voyons des armées formidables mises sur pied, des combats importants livrés, une résidence royale nageant dans le sang, la réduction de la Suède, la réunion des trois royaumes, et en même temps le principe de la chute de la monarchie du Nord et de la fuite du roi ; de sorte que cette année doit faire une époque et une ère particulière dans l'histoire du Danemark. Ces grands et terribles événements qui ont fourni matière à des poèmes, à des déclamations, à des tragédies, je les écrirai avec la sincérité qui est l'essence de l'histoire, et avec l'impartialité convenable. »

Fortement occupé du projet de faire rentrer la Suède sous son obéissance, Christian n'en avait différé l'exécution, pendant plusieurs années, qu'afin de pouvoir agir plus efficacement par l'emploi de moyens plus puissants que ceux auxquels il avait d'abord eu recours. La guerre qu'il avait faite jusqu'à ce moment n'était qu'un prélude à celle qu'il allait entreprendre. Il avait ramassé des sommes d'argent très-considérables, qui lui permirent de prendre à sa solde beaucoup de troupes de différentes nations. Il leva 4,000 fantassins en Allemagne, et d'autres dans les pays voisins. Afin d'être bien assuré des secours qu'il pouvait espérer de la France, il envoya deux ambassadeurs à François Ier. Ce monarque les reçut très-bien, et, indépendamment d'une réponse qu'il fit en latin très-élégant, accorda 2,000 fantassins. Ils étaient commandés par Gaston de Brézé, seigneur de Fouquarmont, qui avait sous ses ordres le baron de Gondrin, les capitaines de Saint-Blimond, de Prefou et la Lande, tous hommes aguerris et excellents militaires. Ils arrivèrent sur une escadre que conduisait Jacques de Vallé, qui avait pour interprète Eiler Ronnov, gentilhomme

(*) *Dannemarks Riges Historie*, t. II, p. 52.

danois depuis longtemps au service de France. Cette troupe menait avec elle six petits canons de bronze.

Outre ces troupes venues du continent, l'armée comptait aussi des Écossais : ils jouissaient d'une haute réputation de courage. Arrivés à Copenhague, des querelles s'élevèrent bientôt entre eux et les Allemands : ils en vinrent à des voies de fait ; il en périt un grand nombre de part et d'autre, et le roi qui accourut en personne, afin d'apaiser ce tumulte, fut obligé de recourir à la rigueur pour le faire cesser.

Frédéric, duc de Holstein-Slesvig, oncle paternel de Christian, lui fournit aussi son contingent de soldats. On attendait de si grandes choses de la campagne qui allait commencer, que de toutes parts des guerriers de réputation accoururent pour participer à la gloire qu'elle devait procurer. On distinguait parmi ces militaires Iver Lunge, Danois qui avait longtemps fait la guerre en Allemagne, en France et en Néerlande ; et George Treknadel, Néerlandais, qui s'était également rendu célèbre par sa valeur. Les historiens racontent que ces deux braves, aspirant tous deux à un même poste, le roi fut obligé de remettre la décision de leur différend à un combat singulier ; Lunge en sortit vainqueur.

Ces préparatifs terminés, Christian publia son manifeste contre la Suède. Il était conçu en ces termes : « Les « Suédois ont enfreint le pacte de Cal« mar, et ont méconnu les droits hé« réditaires qu'il établissait ; ils ont « renversé du trône mon père, roi cou« ronné légalement : attentat qui, au« jourd'hui, doit être vengé : non-seu« lement pour ces actes, mais aussi pour « leurs entreprises contre la dignité ar« chiepiscopale ; ils se sont ainsi attiré « l'excommunication de l'Église, que « je suis chargé d'exécuter. » Dahn, duquel nous empruntons ce document, ajoute : « Sten Sture réfuta aisément les motifs de cette déclaration de guerre. La cour de Danemark avait depuis longtemps foulé aux pieds les clauses de l'union des trois royaumes. Les rois de ce pays n'avaient été reconnus en Suède qu'à des conditions qu'eux-mêmes avaient transgressées, et l'archevêque avait été puni conformément aux lois ; mais aucun argument n'était valable pour Christian (*). »

La force de l'armée navale de Christian répondait à celle de l'armée de terre. Indépendamment du nombre ordinaire de vaisseaux que chaque province était obligée de fournir, Christian en avait pris à son service, de force ou de gré, beaucoup appartenant aux Anglais, aux Néerlandais et aux villes hanséatiques. Toutefois il restitua ces derniers, afin de ne pas s'attirer l'inimitié de la ligue dans une circonstance où il lui importait tant qu'elle ne prît pas parti contre lui avec ses adversaires. Il conclut avec elle une convention, par laquelle il s'engageait à réparer le dommage qu'il pouvait lui avoir causé, pourvu que, pendant une année entière, elle s'abstînt de tout commerce avec les Suédois.

L'hiver étant la saison la plus favorable pour pénétrer dans l'intérieur de la Suède, parce qu'alors les lacs et les marais qui, en été, coupent les communications par terre, sont gelés, et offrent toute la commodité possible pour le transport des vivres, des munitions, des objets de divers genres et de l'artillerie, Otton Krumpen, général danois qui commandait en chef l'armée, entra dans ce royaume par Helsingborg, le 5 février 1520, et se dirigea vers la Vestrogothie. L'administrateur, à la tête d'un corps d'élite de nobles et de 10,000 paysans armés à la hâte, s'avança contre les Danois. Arrivé dans les environs de Bogesund (**), il s'y retrancha. On en

(*) *Svéa-Rikes Historia*, t. II, p. 89.

(**) D'après un décret de la diète de 1741, Bogesund, petite ville de Vestrogothie, préfecture d'Elfsborg, fut appelée Ulricehamn (port d'Ulrique), en mémoire d'Ulrique-Éléonore, reine de Suède, et sœur de Charles XII : elle a un port à l'extrémité septentrionale du lac d'Asunda. Elle est à dix lieues à l'est de Jönköping. Sa situation près des confins du Halland et du Smoland lui don-

vint aux mains le 21 janvier sur le lac d'Asunda qui était gelé; Stén Sturé fut blessé dès le commencement de l'action. Cet accident décida le succès de la journée en faveur des Danois : ils poursuivirent leurs adversaires jusqu'à Tivèden, près de Ramunda-Boda en Néricie, passage très-important où ceux-ci s'étaient retranchés, car Sturé, quoique sa blessure fût mortelle, avait ordonné toutes les mesures qui pouvaient arrêter l'ennemi. Ce poste, fortifié par des blocs de glace, fut attaqué le 2 février, et ne put résister à l'impétuosité des Français, qui forcèrent tous les obstacles : ils se plaignirent d'avoir été abandonnés et sacrifiés par les Danois dans cette affaire, où ils perdirent la moitié de leur petite troupe; le reste s'en retourna bientôt en France, peu satisfait de la manière dont ses services avaient été récompensés.

L'administrateur avait été porté à Strengnäs : il y apprit le désastre de Tivèden. Il voulut tenter un dernier effort pour sauver son pays de la domination étrangère : il se réconcilia avec Trollé, puis se mit en route pour gagner Stockholm. Succombant à ses maux et à ses chagrins, il mourut le 2 février sur les glaces du lac Mälar, qu'il traversait en traîneau.

Rien n'égala la consternation causée par sa mort et par les succès des Danois. L'enthousiasme qui avait animé le parti national paraissait éteint. Krumpen profitait habilement du découragement général : il ménageait les paysans, les assurait d'une protection efficace s'ils restaient tranquilles; faisait rendre hommage au roi, promettait qu'il conserverait à la nation sa liberté et ses priviléges, et, pour effrayer les plus timides, faisait afficher la bulle d'excommunication, ce qui suspendait partout le service divin.

La conduite de Krumpen réussit : la plus grande partie de la noblesse résolut, dans une de ses assemblées, de lui demander une trêve de onze jours,

nait de l'importance quand le Danemark possédait la première de ces provinces.

pour pouvoir se réunir à Upsal ; elle fut accordée. Trollé parut revêtu de ses habits pontificaux; malgré son raccommodement récent avec Stén-Sturé, il s'était déclaré pour les Danois; il exhorta l'assemblée à reconnaître Christian pour roi. Son discours produisit d'autant plus d'effet, que l'on apprit l'arrivée d'un gros renfort de troupes amené par un seigneur danois. On nomma donc Trollé, le chancelier Matthias Lilié, évêque de Strengnäs, et d'autres députés, pour traiter avec Krumpen, qui était chargé des pleins pouvoirs du roi. Christian fut reconnu roi après que Krumpen eut en son nom signé une capitulation. Le pacte de Calmar fut confirmé; il fut convenu que chacun conserverait les fiefs ou les autres terres qu'il avait reçus du gouvernement précédent, et que tous les prisonniers seraient rendus. Christian ratifia ce traité, et tous ceux qui demandèrent des lettres de sûreté, soit pour leur personne, soit pour leurs biens, les obtinrent facilement. Le peuple fut invité à déposer les armes et à obéir aux ordres du roi.

Tandis que toute la Suède semblait courber la tête sous le joug que Christian aurait voulu lui imposer, une femme s'efforça de ranimer l'énergie de ses compatriotes. Christine Gyllenstierna, veuve de l'administrateur, s'était enfermée dans Stockholm avec ses deux fils encore enfants : elle pourvut cette ville de vivres et de munitions de guerre, et par ses discours réchauffa le zèle des habitants. Elle rejeta l'offre d'accéder à la convention d'Upsal, qui contenait un article exprès pour elle. A sa voix, les paysans accoururent de diverses provinces et formèrent une petite armée, qui fut renforcée par un corps de Lubeckois. Ces Hanséates, alarmés des projets de Christian et des progrès de sa puissance, avaient saisi l'occasion de faire échouer ses desseins sur la Suède. L'armée des insurgés attaqua un corps danois qui s'était avancé jusqu'à Stockholm sous les ordres de l'archevêque, et le mit en déroute; encouragée par ce succès, elle battit, le 6 avril, le gros des troupes danoises, et obtint d'abord l'avantage; mais les paysans s'étant trop tôt débandés pour piller, les Danois se rallièrent, mirent à leur tour leurs ennemis en désordre, et en firent un grand carnage; Krumpen fut blessé.

Dès que la mer fut libre, Christian partit avec sa grande flotte, mouilla devant Calmar, qui refusa de se soumettre, débarqua près de Stockholm, vers le milieu de mai, et alla joindre son armée dans les environs d'Upsal. Presque tout le clergé et une partie de la noblesse s'empressèrent de lui présenter leurs hommages, et reçurent l'accueil le plus gracieux. Ce n'était pas assez pour lui tant que Stockholm lui résisterait; la saison favorable pour rester campé sous ce climat rigoureux se passait, les vivres s'épuisaient, le pays ne pouvait lui en fournir; son armée, composée en partie de mercenaires avides de pillage qu'ils ne pouvaient espérer, en partie de vassaux impatients de retourner chez eux dès que la fin de la campagne approchait, manifestait de l'agitation et du mécontentement.

Dans une conjoncture aussi difficile, Christian recourut aux négociations. Depuis son arrivée, il n'épargnait rien pour persuader aux assiégés qu'ils ne pouvaient que gagner à lui ouvrir leurs portes, puisque la gêne que leur commerce éprouvait cesserait aussitôt. Ses promesses, les sollicitations continuelles de l'évêque de Strengnäs et de Hemming Gadd, jadis ennemi déclaré des Danois, aujourd'hui fauteur de Christian; peut-être aussi la rareté des vivres, après un siége de quatre mois, se réunirent pour opérer ce qui avait été impossible à la force des armes. Les habitants de Stockholm consentirent à recevoir le roi et à lui rendre hommage; Christine essaya vainement de les détourner de cette résolution, et de les engager à se défier de la parole d'un prince qui plus d'une fois y avait manqué : elle fut obligée de consentir à la capitulation, qui fut signée le 6 septembre. Christian accorda une pleine et entière amnistie pour tout ce qui s'était passé précédemment, confirma tous les priviléges de la ville, assigna un douaire à Christine, enfin s'engagea solennellement à gouverner suivant les lois du royaume. Il jura par l'honneur tout ce qu'il venait de promettre, le signa, y apposa son sceau, disant que non-seulement il voulait être le roi, mais aussi le père des Suédois. Le lendemain, il fit son entrée dans la capitale; il fut très-affable pour la multitude, et par de légères largesses gagna sa bienveillance. Christine et la garnison du château lui prêtèrent serment de fidélité.

Il avait déjà envoyé Hemming Gadd en Finlande, comme son délégué; son autorité fut reconnue partout sans opposition. Il ne lui restait plus qu'à se faire couronner; cette cérémonie exigeant des préparatifs, fut renvoyée au 4 novembre. Ensuite il partit pour le Danemark, où la nécessité de payer et de congédier ses troupes le rappelait pour quelque temps.

D'autres affaires y exigeaient aussi sa présence. La reine avait, pendant qu'il était en Suède, tenu les rênes du gouvernement au milieu de nombreuses difficultés, car les Lubeckois, profitant de son absence, demandèrent à pouvoir commercer librement avec les Suédois, et leurs instances devinrent si vives, qu'Élisabeth se vit obligée de leur octroyer cette faculté pour deux mois, espérant que le roi reviendrait avant l'expiration de ce terme. La lettre patente qui fut délivrée aux Lubeckois était munie du sceau royal, confié à la garde de la reine. Mais le sénat qui savait que ces Hanséates s'étaient engagés par un traité à n'entretenir aucune communication avec la Suède, et qui craignait que le roi ne trouvât mauvais ce qui venait d'être fait, n'osa pas contre-signer la patente avant que la reine eût donné l'assurance qu'elle prenait sur elle-même la responsabilité de cette démarche. Aussitôt elle écrivit à Christian pour justifier sa conduite. Chacun s'attendait à une explosion de colère et d'indignation de la part de Christian; il n'en fut rien. Comme dans ce moment il avait besoin de divers approvisionnements, il envoya Slaghock à Lubeck, avec la mission de confirmer l'arrangement conclu par la reine, à condition que les Lubeckois lui fourniraient des vivres et toutes les choses qui lui étaient nécessaires : ils se conformèrent à cette obligation, et tout fut dans l'ordre.

Arrivé à Copenhague, Christian écrivit à la plupart des puissances étrangères pour leur annoncer ses succès en Suède. Depuis quelques années, la doctrine de Luther se répandait en Allemagne, et notamment en Saxe, et un certain nombre de Danois l'avaient adoptée. Le premier germe des idées nouvelles y fut apporté en 1519 par Pierre Lille, en latin *Petrus Parvus* (Pierre Petit), plus connu sous le nom de *Rosæfontanus*, gentilhomme de Röskild (*). Il enseigna de vive voix et par écrit la nécessité d'une réformation religieuse, et indiqua les moyens propres à l'effectuer. Il trouva un appui dans Paul Eliason (*Eliæ*), prieur des carmes de Copenhague, et en même temps professeur de théologie à l'université. Christian, à qui ces nouveautés plaisaient, parce qu'elles tendaient à humilier le clergé danois, fit venir d'Allemagne maître Martin Reinhard de Wittemberg, homme très-instruit, et lui permit de prêcher tous les dimanches et les jours de fête, après midi, dans l'église de Saint-Nicolas. Martin n'obtint pas un grand succès, ce qui fut attribué, en grande partie, à son extérieur peu avantageux et à la singularité de ses gestes quand il était en chaire. D'ailleurs, ne sachant pas la langue du pays, il prêchait en allemand, et Eliæ traduisait ses sermons en danois. Les ecclésiastiques, qui ne trouvaient pas leur compte à ce qu'il produisît de l'effet sur son auditoire, profitèrent de ses défauts pour le rendre ridicule au peuple. Ils vêtirent d'un habillement semblable à celui de Martin un pauvre jeune homme, qu'ils dressèrent à l'imiter.

Il y réussit à un tel point, qu'il fut invité à se trouver à plusieurs assemblées pour les divertir, et on lui donna par dérision le nom de l'homme qu'il s'était étudié à copier. Ce fait est raconté par Holberg (*) et par d'autres historiens; il a paru convenable de le leur emprunter, puisque Christian va bientôt se présenter comme le défenseur impitoyable de l'Église romaine. Mais ils se sont trompés en disant que ce prince fut engagé par l'exemple de son oncle maternel, Frédéric le Sage, électeur de Saxe, qui s'était enrichi par la sécularisation de plusieurs fondations ecclésiastiques. C'est un anachronisme. En 1520, l'électeur de Saxe n'avait pas encore embrassé la réformation, et il n'existait pas une église luthérienne, puisque son fondateur tenait encore pour l'Église romaine. Ce ne fut même que quelques années après que l'on songea, en Allemagne, à mettre la main sur beaucoup des biens du clergé.

Le court séjour de Christian à Copenhague devint désastreux pour la Suède et fatal à lui-même. Ce fut alors que, suivant le récit de la plupart des historiens, Christian concerta un plan exécrable avec Sigebrite et Slaghock, revenu de Lubeck. Ce misérable avait réussi, à force de souplesse et de lâchetés, à être le principal conseiller du roi.

La soumission des Suédois n'avait pu satisfaire complétement Christian. Naturellement soupçonneux, il pensait qu'après avoir été couronné en Suède, les ligues et les rébellions renaîtraient dès qu'il serait revenu en Danemark, et s'indignait à l'idée de laisser échapper une conquête qui lui avait coûté tant de peine et tant d'argent. Les entraves mises à son autorité, par la capitulation qu'il avait jurée, blessaient sa fierté ; il prévoyait que s'il faisait la moindre démarche pour s'y soustraire, il exciterait un soulèvement général.

Dans cette perplexité, les avis d'hommes prudents et intègres auraient été

(*) Le nom de *Rosæfontanus* (de Rose fontaine) est la traduction de Röskild.

(*) L. c., t. II, p. 64.

nécessaires à Christian; malheureusement pour lui, son habitude n'était pas d'en consulter de tels. Il s'ouvrit donc à Slaghöck; ce barbare lui représenta que le seul moyen d'établir sa domination en Suède sur des fondements solides, et de prévenir à jamais toute tentative de rébellion, était d'exterminer les principales familles de ce royaume, comme il avait déjà fait en Norvége: les Suédois, dit-il, privés de chefs, et contenus par cet exemple effrayant de sévérité, payeront désormais sans murmurer tous les impôts qui leur seront demandés. Il ajouta que la conduite précédente de la noblesse autorisait le roi à recourir à cette rigueur, que le succès justifierait dans la suite. Christian, dont cet avis sanguinaire flattait les passions, crut avoir trouvé le seul expédient qui lui restât pour mettre un terme à ses soucis. Il ne considéra pas ce plan sous toutes ses faces, il ne vit que ce qu'il avait de spécieux. Impétueux et ardent, il prit tout de suite son parti. Il fut résolu que Slaghöck accompagnerait le roi en Suède, où Sigebrite n'aurait osé se montrer. Christian emmena aussi à sa suite Jean Baldenack, cet évêque d'Odensé qui, après avoir éprouvé tour à tour sa faveur et son ingratitude, jouissait de nouveau de toute sa confiance.

Dès la fin d'octobre, Christian fut de retour à Stockholm, où les états avaient été convoqués. Le sénat prit, le 28, un arrêté, par lequel Christian fut reconnu pour roi légitime, par droit héréditaire, comme descendant de saint Éric et de Magnus Ladulos, par Ingeborg ou Anne, sœur d'Albert de Mecklenbourg, laquelle avait épousé en secondes noces Henri II, comte de Holstein, bisaïeul de Christian Ier.

Cette formalité remplie, le roi voulut aussi tenir son titre du consentement des autres ordres du royaume. Les états furent donc appelés à se réunir le 1er novembre, jour de la Toussaint, au pied du Brunkeberg, où on avait construit une espèce d'amphithéâtre. Baldenack monta en chaire, exposa, comme il avait fait pour les sénateurs, les droits de Christian au trône, et les motiva d'une manière singulière. Après avoir lu un article des anciennes lois de saint Éric, dans lequel il est dit que si le roi a un fils qui soit apte à régner, ce fils doit lui succéder, il allégua que Christian étant fils d'un prince qui avait été roi de Suède, et de plus étant issu de ce même Éric le saint, auteur de la loi, devait être reconnu pour roi héréditaire de Suède. Il reprocha aux Suédois la longue résistance qu'ils avaient opposée à Christian, et finit par leur demander s'ils le reconnaissaient pour leur légitime souverain. A cette interpellation prononcée avec fierté, et accompagnée de circonstances menaçantes, toute l'assemblée répondit affirmativement, et personne ne s'avisa d'élever une discussion sur la forme du gouvernement (*). Alors Baldenack exigea que chacun prêtât serment de fidélité au roi; tout le monde ayant levé la main à la lecture de la formule ordinaire, l'évêque proclama à haute voix Christian II roi héréditaire de Suède.

Le 4, il fut couronné par Gustave Trollé dans la grande église de Saint-Nicolas, qui est proche du château. Il communia, et confirma par serment toutes les promesses qu'il avait déjà faites. Quand la couronne lui eut été posée sur la tête, Jean Suckol, ambassadeur de l'Empereur, s'avança, prononça un discours latin, et revêtit Christian de la décoration de l'ordre de la Toison d'or. On remarqua que, dans la cérémonie du couronnement, les insignes de la royauté furent portés uniquement par des Danois, et que parmi les chevaliers que le roi créa il ne se trouva pas un seul Suédois. Cet incident, qui fut suivi d'une déclaration publique, portant que pour cette fois il ne faisait cet honneur à aucun Suédois, parce qu'il devait le royaume à ses armes, et non à leur bonne volonté, répandit la consternation dans la capitale (**).

(*) Holberg, l. c., t. II, p. 68.
(**) Holberg, l. c., p. 69.

11.

Ensuite, comme s'il ne s'en fût pas aperçu ou eût borné là sa vengeance, il ordonna des festins, des courses de bague, des tournois et d'autres réjouissances publiques, et pendant trois jours qu'elles durèrent il montra une bonté et une affabilité qui lui attirèrent des marques d'affection de la multitude. Les grands ne savaient s'ils devaient craindre ou espérer. Toutefois ce que l'on connaissait du caractère du monarque ne pouvait que causer de vives inquiétudes et de terribles défiances : elles n'étaient que trop fondées. Christian consulta de nouveau Slaghöck et quelques autres scélérats de la même trempe, dont les historiens ont voué les noms à la juste exécration de la postérité : c'étaient Jens Madsen, Claus Holst et quelques autres (*). Il fut de nouveau question du projet dont il a été parlé précédemment ; il ne restait plus qu'à en concerter l'exécution d'une manière sûre, et qu'à trouver quelque prétexte propre à couvrir ce qu'elle aurait de révoltant. Quelques-uns des confidents de Christian proposèrent d'exciter sous main, entre les bourgeois et les soldats, un tumulte, à la faveur duquel il serait aisé de faire main basse sur les proscrits ; d'autres objectèrent que ce moyen n'était pas très-sûr. Il y en eut qui imaginèrent de répandre de la poudre à canon sous le château, et d'accuser le sénat d'avoir projeté de faire sauter le roi : mais cet expédient ne parut pas encore suffisant. Enfin Slaghöck devinant l'intention secrète de Christian, s'écria : « Le roi n'a besoin ni de feinte ni de « détour pour en venir à ses fins. N'a-« t-il pas dans les mains la bulle d'ex-« communication lancée par le pape ? « Comme roi, il peut tenir sa parole « et pardonner aux Suédois ; mais com-« me chargé d'exécuter le jugement « prononcé par le saint-siége, il doit « exterminer les hérétiques par le fer « et par le feu. » Il fut convenu que l'archevêque Gustave Trollé serait chargé de porter le décret d'accusation, mais qu'on ne lui confierait pas le secret de la délibération qui venait d'être prise (*).

Christian, encouragé par les discours de ses étranges conseillers, manda Trollé en secret, et après lui avoir rappelé tout ce que l'administrateur et son parti lui avaient fait souffrir, lui dit que le moment de s'en venger était venu ; et qu'à cet effet il devait déduire ses griefs contre eux, dans une assemblée solennelle, et requérir l'exécution de la bulle qui les excommuniait.

« La mauvaise conscience de Trollé, « observe Dalin, fut plus que troublée « par la confidence qu'il venait de re-« cevoir ; cependant il crut qu'elle « aboutirait seulement à le rétablir « sur le siége d'Upsal. »

Le 7 novembre, troisième jour des fêtes, le sénat est convoqué extraordinairement ; le roi y entre avec un cortége nombreux : bientôt l'archevêque en habits pontificaux, accompagné de beaucoup d'ecclésiastiques, se présente. Il se plaint de l'injustice qu'il a soufferte de la part de l'administrateur Sturé, qui l'a dépossédé de son siége, l'a emprisonné, et a détruit la forteresse de Stäke, bâtie par saint Éric ; il demande satisfaction du tort et du dommage qui en sont résultés pour lui, et conclut à ce que le château de Stäke soit rebâti. La modération de ce discours excita le courroux de Christian. Trollé est interrompu par le roi, et la menace est employée par Slaghöck, qui insinue secrètement au prélat qu'il y va de sa tête s'il ne s'acquitte pas mieux de la commission dont Christian l'a chargé.

Aussitôt le roi nomme un tribunal composé d'ecclésiastiques, les uns étrangers et les autres Suédois, qui tous lui étaient dévoués. Trollé y présidait, et agissait ainsi comme juge et partie ; il avait pour assesseurs Otton, évêque de Vesteros, et maître Jon, chanoine d'Upsal. Celui-ci lut un mémoire, dans lequel l'archevêque, après une longue déduction de ses griefs contre l'administrateur défunt, contre Christine sa

(*) Holberg, l. c., t. II, p. 75.

(*) Dalin, l. c., t. II, p. 910.

veuve, contre les sénateurs, contre les magistrats de Stockholm, exposait les mauvais traitements que son prédécesseur sur le siége d'Upsal et l'évêque actuel de Vesteros avaient éprouvés de leur part, et demandait la réparation de tous les dommages et la détention des accusés, jusqu'à ce que le roi eût prononcé sur la satisfaction due aux parties lésées; puis il finit par requérir l'exécution de la bulle d'excommunication. Elle n'imposait aux coupables qu'une amende pécuniaire; cependant Jon conclut à leur mort et à la confiscation de leurs biens.

Le roi feignant la modération, refusa d'être juge dans cette affaire, et en renvoya la décision à des commissaires, qui tous étaient Suédois (*), à l'exception de l'archevêque de Lund et de Baldenack, évêque d'Odensé. Les accusés parurent devant ce tribunal; Christine y fut également citée. Elle rappela toutes les promesses du roi d'oublier le passé; et, pour justifier son époux défunt, elle allégua le décret des états du 23 novembre 1517, qui avait prescrit à Sturé tout ce qu'il avait fait contre l'archevêque. Par cette communication imprudente, elle perdit tous ses amis accusés, ou plutôt elle fournit à Christian un prétexte pour justifier le crime qui était résolu d'avance. Le tribunal prononça que tous ceux qui avaient signé le décret étaient par ce fait convaincus d'hérésie, et passibles des peines portées par la sentence d'excommunication, fulminée contre eux en conformité de la bulle du pape.

A peine cet arrêt eut été rendu, que les gardes du roi se saisirent de Christine et des autres accusés, et les emmenèrent au château, où ils furent enfermés dans des chambres séparées. Jean Brask, évêque de Linköping, ayant fait briser le sceau placé à côté de sa signature, montra la protestation qu'il avait glissée par-dessous, et fut mis en liberté.

Le 8 novembre, jour de deuil perpétuel pour la Suède, les prisonniers voient arriver le bourreau : il leur annonce qu'ils vont être conduits au supplice; ils demandent des prêtres pour les assister à leur dernière heure ; on leur répond que par leur hérésie ils se sont rendus indignes de l'usage des sacrements. Les habitants de Stockholm ignoraient ce qui se passait, car depuis le 6 les portes du château étaient fermées, et ils ne s'attendaient pas à l'épouvantable spectacle que Christian leur préparait. Il avait fait défendre d'ouvrir les portes de la ville, afin que dans les environs on ne pût rien apprendre. Des hérauts qui, à la pointe du jour, parcoururent les rues, proclamèrent la défense de sortir des maisons (*). Un silence effrayant régna dans toute la ville pendant la matinée; vers midi, une double haie de soldats garnit les rues principales et les places publiques; les portes du château s'ouvrent, et on en voit sortir une longue file de personnages tous distingués par leur naissance, leurs dignités, leurs talents et leurs vertus, des évêques, des sénateurs, des magistrats, tous vêtus encore des mêmes habits dans lesquels ils avaient assisté au banquet royal, et décorés des marques de leur dignité.

Quand ce triste cortége fut arrivé sur la grande place, qui est peu éloignée du château et située également sur la partie la plus élevée de l'île où il est bâti, mais un peu au-dessous, Nils Lykke, sénateur danois, s'avança, et annonça au peuple, qui avait enfin pu sortir de ses habitations, que ces chefs des premières familles du royaume, ces hommes éminents par leur nais-

(*) Mallet (l. c., t. V, p. 440) cite les noms de ces Suédois et continue ainsi : Vertot avance le contraire, et ce n'est pas la seule erreur qui se trouve dans la relation qu'il nous a laissée de cet événement. Je ne dis rien de Puffendorf et d'autres historiens plus modernes, qui n'ont fait que multiplier les fautes de leurs devanciers en les copiant sans attention. Les faits qu'on cite ici sont tirés des actes originaux et en particulier de la sentence des commissaires prononcée contre les accusés, le 8 novembre.

(*) Ces détails sont confirmés par Holberg; l. c., p. 73.

sance ou leurs dignités, s'étaient rendus coupables envers l'Église, et que le roi avait été supplié à genoux, trois fois de suite, par l'archevêque d'Upsal, de faire exécuter la sentence portée contre eux, pour venger le tort qu'ils lui avaient causé. Et comme on avait craint que cette excuse ne parût pas suffisante, Lykke ajouta que les prisonniers avaient répandu de la poudre sous le château, afin de faire périr le roi et toute sa cour. Les gémissements de la multitude suivirent ce discours. Les bourreaux s'approchèrent. L'évêque de Skara éleva la voix, prit Dieu à témoin de son innocence, accusa le roi de mensonge et de perfidie, et appela sur sa tête la vengeance divine. Anders Rut et Anders Carlsson, magistrats de Stockholm, exhortèrent les assistants à secouer le joug du tyran. Le bruit que firent les soldats et un ordre expédié par le roi mirent fin aux harangues, qui étaient interrompues par des cris confus d'indignation et de douleur. Mathias, évêque de Strengnäs, qui un des premiers s'était déclaré pour la cause de Christian, fut décapité le premier. Celui de Skara le suivit; les têtes de tous les autres tombèrent ensuite. Eric Jönson Vasa, père de Gustave, était parmi ces illustres victimes: leur nombre fut ce jour-là de quatre-vingt-quatorze. Quelques proscrits ayant échappé en se cachant dans les endroits les plus reculés de leurs maisons, et les recherches qui furent faites, quoiqu'elles eussent donné lieu à de nouvelles exécutions, n'ayant pas produit le résultat attendu, une proclamation de Christian publia un pardon général et invita tous les habitants à reprendre en paix et en pleine sécurité leurs occupations ordinaires : nouvelle perfidie du farouche monarque : à peine ce qui restait des proscrits fut-il sorti de ses retraites, qu'il fut saisi et traîné au supplice. Le sang inonda la grande place, et coula le long des rues qui vont en pente jusqu'à la mer et au lac Mälar.

Les historiens suédois et les danois, entre autres Holberg, ajoutent à cet effroyable récit, que plusieurs personnes furent arrêtées à l'improviste chez elles et conduites au supplice. Un nommé Lars Hass, ayant versé des larmes à la vue de cet affreux massacre, fut saisi et alla augmenter le nombre des victimes (*).

Un autre fait montre également la barbarie extraordinaire qui accompagnait cette exécution. Olaüs Pehrson, chancelier de l'évêque de Strengnäs, et son frère Laurent étant accourus pour lui parler, n'arrivèrent que lorsque sa tête était déjà tombée. Alors élevant la voix, et s'écriant que c'était une action atroce, Olaüs fut arrêté avec son frère et conduit dans l'enceinte où se trouvaient les victimes. Ils en eussent augmenté le nombre, si un Allemand, qui les avait connus à Wittenberg où ils avaient fait leurs études, n'eût affirmé qu'ils n'étaient pas Suédois (**).

Les exécutions continuèrent le lendemain; des bourgeois, plusieurs domestiques des condamnés, et une foule d'autres gens accusés d'être les ennemis des Danois, furent pendus à des potences élevées exprès; parmi les domestiques des suppliciés, quelques-uns rentraient en ville et ne connaissaient pas les tristes événements de la veille on les fit descendre de cheval et ils furent menés au gibet encore bottés et éperonnés (***); des moines furent noyés par l'ordre de Slaghöck. Le corps de Sten Sturé le jeune, ainsi que celui de son fils mort à l'âge de six mois, furent exhumés et mêlés aux autres cadavres que le roi avait ordonné de partager en trois tas, un pour les ecclésiastiques, un pour les nobles, un pour les bourgeois, et de laisser exposés sur la grande place, à la voracité des chiens et des oiseaux de proie. Mais bientôt la puanteur que ces corps en

(*) Dalin, l. c., t. II, p. 914; Holberg, t. II, p. 74.

(**) Ce sont les mêmes personnages dont Vertot fait mention en les désignant par les noms d'Olaüs et de Laurent Pétri, qui secondèrent les efforts de Gustave Vasa pour introduire le luthéranisme en Suède.

(***) Dalin, l. c., t. II, p. 915.

décomposition exhalaient, et le désagrément qui en résultait, engagèrent Baldenack à remontrer au roi que la vue de ces restes mutilés et sanglants pourrait bien faire passer les Suédois, de l'abattement et de l'effroi, au désespoir et à la fureur, et ajouta que les condamnés ayant été punis comme hérétiques, leurs corps devaient être livrés aux flammes. Christian ordonna donc que ces restes fussent transportés hors de la ville et brûlés sur la place du Sud, à l'endroit où s'élève aujourd'hui l'église de Sainte-Catherine.

Suivant quelques auteurs, des maisons furent pillées et des sommes d'argent furent extorquées, soit des veuves des victimes, soit de différents habitants. Ce que l'on raconte des excès auxquels Christian se livra à la vue du cadavre de Sturé, ne mérite aucune croyance, quoique divers auteurs l'aient répété.

Quelques grands personnages qui avaient échappé à la fureur de Christian, parce qu'ils étaient absents, entre autres Hemming Gadd, son délégué en Finlande, furent recherchés et exécutés. L'esprit de faction répandu en Suède put se satisfaire par d'infâmes dénonciations. Avant que de quitter Stockholm, Christian publia un manifeste pour disculper sa conduite aux yeux de la nation, en alléguant qu'il s'était borné à prêter son autorité pour l'exécution d'une sentence rendue par l'Église contre des hérétiques et de grands coupables, et que par cet acte de justice la nation ayant été soustraite à l'excommunication, et débarrassée des méchants, il espérait pouvoir dorénavant gouverner le royaume d'une manière conforme aux lois.

La veuve de Sten-Sturé, d'autant plus malheureuse qu'elle pouvait se croire la cause de la mort de ses amis, un des deux fils qui lui restaient, ses filles et Sigfred Baner sa mère, l'aïeule de Gustave Vasa, furent embarqués pour le Danemark.

Des soldats danois parcoururent les provinces pour désarmer les paysans; la haine nationale qui divisait les deux peuples se manifesta par les excès de la soldatesque et par l'insolence des personnes de la suite du roi.

En partant de Stockholm, Christian nomma une régence : elle avait pour président l'infâme Slaghöck, qu'il avait élevé au siège épiscopal de Skara, et lui adjoignit comme conseillers Baldenack, auquel il avait donné l'évêché de Strengnäs; le vieux Éric Trollé, son fils Gustave, archevêque d'Upsal, et quelques autres personnes; et laissa dans toutes les places fortes des garnisons commandées généralement par des Danois ou des Allemands.

Nous ne devons point passer sous silence les noms de quelques Danois qui montrèrent à Christian l'horreur que sa conduite leur inspirait : Otton Krumpen, qui avait si efficacement contribué à lui soumettre la Suède, ne voulut pas rester plus longtemps au service d'un roi capable de déshonorer la victoire par l'abus qu'il en faisait; et l'amiral Norby, qui était alors à l'ancre devant l'île de Gotland, donna un asile sur sa flotte à plusieurs nobles suédois qui étaient proscrits; aussi sa mémoire est-elle encore en vénération parmi les habitants de la Suède (*).

La marche de Christian à travers le royaume acheva l'œuvre de terreur qu'il avait commencée dans la capitale; Claus Holst, un de ses ministres danois, le précédait; les gibets qu'il

(*) En 1786, la tragédie lyrique de Gustave Vasa fut représentée sur le théâtre du grand Opéra de Stockholm. Au premier acte, pendant que Christian assiste à la fête qu'il donne aux Suédois, l'amiral Norby entre et lui reproche de s'occuper de divertissements pendant que les provinces de l'ouest, soulevées par Gustave, se préparent à marcher sur la capitale. Quand l'acteur qui remplissait le rôle de Norby paraissait sur la scène, il était constamment accueilli par des applaudissements partis de tous les coins de la salle et adressés, comme le témoignaient à haute voix les spectateurs, au généreux guerrier qu'il représentait. Le roi Gustave III avait donné le canevas de ce drame lyrique au poëte Kellgrèn, qui montre Norby comme un général brave, actif, magnanime.

faisait dresser dans toutes les villes, sur son passage, annonçaient la prochaine arrivée du roi. Nobles, bourgeois, prêtres séculiers, moines, vieillards, jeunes gens, enfants même y étaient accrochés, ou bien périssaient soit sur la roue, soit par la hache du bourreau, quelquefois en présence du monarque, qui semblait être altéré de sang humain.

Ainsi qu'on l'a vu fréquemment dans des circonstances semblables, des misérables, parmi les Suédois même, animaient Christian à la vengeance, pour satisfaire leurs ressentiments particuliers. Brask, cet évêque de Linköping qui avait vu de si près le dernier supplice, ne rougit pas de donner au roi une liste de personnes suspectes, qui périrent toutes. Pierre et Laurent Ribbing furent exécutés à Jönköping avec leurs domestiques; deux enfants de cette famille noble, l'un âgé de six ans, l'autre de neuf, ne purent obtenir grâce (*). Si l'on en doit croire le manifeste publié plus tard par les Suédois, ces infortunés furent suspendus par les cheveux et décapités devant le roi. Au couvent de Nydal, l'abbé et onze religieux furent noyés.

Tous les historiens s'accordent à dire que Christian ne quitta la Suède qu'après y avoir fait ôter la vie à six cents personnes, par divers supplices (**). Arrivé à Copenhague, il donna l'ordre que l'on conduisît à l'échafaud Claus Holst et son secrétaire : ils ne furent plaints de personne, et on ignore encore les vrais motifs d'une résolution si étrange.

Rentré en Danemark avec la tranquillité d'âme d'un juge sévère qui aurait rempli son devoir, et avec l'intime conviction d'avoir affermi sur sa tête la couronne de Suède, Christian s'occupa sérieusement du gouvernement de ses États; son zèle, à cet égard, peut même mériter des éloges. Il rendit, en 1521, des ordonnances relatives aux affaires ecclésiastiques : mais il annula, par l'emploi de la violence,

(*) Holberg, l. c., p. 76.
(**) Holberg, l. c., p. 77.

l'élection de l'archevêque de Lund faite par le chapitre, conféra cette dignité à Dideric Slaghöck, et exigea que l'île de Bornholm fût restituée à la couronne. D'autres ordonnances restreignent le pouvoir des nobles sur leurs serfs et diminuent certaines branches de leurs revenus; condamnent l'usage d'après lequel les seigneurs des terres de quelques provinces se vendaient mutuellement leurs serfs, et autorisent ceux-ci, dans le cas où ils seraient maltraités injustement, à s'enfuir et à s'établir sur d'autres terres, ainsi que le font ceux des autres provinces. Une autre ordonnance, dictée par de vrais principes d'humanité, supprima le droit de varech, très-lucratif pour les coffres du roi et pour ceux des évêques de Jutland; aussi les prélats de cette presqu'île opposèrent-ils une vive résistance à cette loi, et cependant elle est conforme aux principes de l'humanité et de l'équité.

Une autre renferme des dispositions sur la police des marchés et des métiers, interdit au clergé, à la noblesse et aux paysans tout autre trafic que celui des productions de leurs terres. D'autres lois enfin tendent à améliorer la police du royaume, à corriger les mœurs du peuple, à rendre le commerce florissant.

Divers articles de ces lois pouvaient fournir de justes sujets de plaintes : par exemple, Christian établissait une nouvelle cour suprême de justice, qui devait l'accompagner partout, le président de laquelle il confiait la garde du sceau du royaume, et de laquelle aucune cause, aucun lieu n'étaient exempts. C'était anéantir le sénat dans une de ses principales prérogatives, et réduire à un vain titre la dignité de chancelier. Il y avait plusieurs choses peu agréables aux Danois dans un de ces règlements qui concernait les villes, et qui était emprunté des lois et des coutumes de Néerlande. Le nom, le mode de nomination et d'installation des magistrats des villes étaient changés; la manière dont ils devaient recevoir le roi lorsqu'il passait chez eux avait quelque chose qui choquait.

Il en était de même de quelques autres moins importantes.

Les occupations pacifiques de Christian furent interrompues par les affaires de Suède. Gustave Vasa s'était évadé du château de Calloë, au mois de septembre 1519 ; dès la fin de novembre de l'année suivante, il avait fait insurger les Dalécarliens ; au mois de mai 1521 il lança un manifeste, qui déclarait la guerre à Christian II, « usur-« pateur du trône de Suède, sous le « prétexte d'un droit héréditaire qui « n'avait pas existé, et ayant perdu par « la violation de sa capitulation celui « qui pouvait dériver de son éléva-« tion. »

Les ministres de Christian en Suède lui mandaient les progrès de la révolte, et lui demandaient des secours : ils ne recevaient que de vagues promesses qui ne se réalisaient pas. L'amiral Norby restait avec sa flotte devant l'île de Gotland, dans une inaction difficile à expliquer.

Des historiens ont dit que Christian, dans sa colère, témoigna hautement son regret d'avoir laissé vivre un seul noble suédois, et ce qui est plus atroce encore, ordonna la mort de Cécile, mère de Gustave, et des autres dames amenées avec elle en Danemark. Le propos qu'on lui attribue est douteux, le crime qu'on lui impute est imaginaire ; assez de forfaits vouent sa mémoire à l'exécration de la postérité. Cécile, mère de Gustave Vasa, et Emmerance sa sœur, moururent d'une maladie contagieuse à Copenhague ; les autres dames, et entre autres Sigride Baner, aïeule de Gustave, revinrent en Suède en 1524.

« Il est réellement étrange, suivant l'observation de Holberg, que, malgré les rapides progrès de l'insurrection de la Suède, Christian n'ait pris aucun parti décisif afin de défendre un royaume pour la conquête duquel il avait fait tant de dépenses. On se serait attendu à ce qu'il fût venu en personne pour le conserver ; au lieu de cela, il se contenta de correspondre avec les généraux qu'il a laissés dans le pays. On est donc réduit à supposer, ou qu'il n'osait revenir si promptement dans une contrée où il avait commis tant de cruautés, ou qu'il désespérait de pouvoir réduire la Suède, puisque tous les moyens auxquels il avait eu recours avaient été inutiles (*). »

Dans l'été de 1521, Christian fit un voyage en Néerlande avec une suite peu nombreuse. Il eut une entrevue avec Charles-Quint, son beau-frère. Il voulait conférer directement avec lui de l'entier payement de la dot de la reine son épouse, qu'il avait vainement sollicité des ministres de ce monarque ; il l'entretint aussi des affaires du Holstein, et obtint de lui, le 21 juillet, un diplôme, qui transférait aux rois de Danemark le droit réservé antérieurement aux évêques de Lubeck de donner au nom de l'Empereur l'investiture du duché de Holstein. Christian avait sollicité cette faveur, parce qu'elle devait lui servir à mettre son oncle dans sa dépendance. Christian demanda des secours en hommes et en argent à Charles, pour arrêter la marche de la rébellion en Suède ; Charles lui avait fait entendre qu'il n'en pouvait attendre de lui tant qu'il ne serait pas réconcilié avec le pape ; cette brouillerie durait depuis la destitution de l'archevêque de Lund. On sait de plus que ses sollicitations continuelles auprès de l'Empereur, son avidité importune et peu scrupuleuse, et les conseils violents qu'il osa lui donner, finirent par le rendre peu agréable à ce potentat, si mesuré dans sa conduite, et lui attirèrent de la part de ses ministres diverses mortifications dont il eut un vif ressentiment.

Christian séjourna à Amsterdam, à Gand, à Bruxelles et à Bruges. Il fit connaissance dans cette dernière ville avec le célèbre Érasme, lui témoigna une estime infinie et l'admit journellement à sa table. Il fut souvent question, dans leurs entretiens, des maux qui affligeaient l'Église et des remèdes les plus propres à opérer leur guérison. Érasme nous apprend dans ses lettres que, selon l'opinion du roi, les

(*) Holberg, l. c., p. 94.

remèdes doux et légers n'étaient d'aucune efficacité, et qu'il fallait préférer ceux qui donnaient de fortes secousses à tout le corps.

Lorsque Christian revint en Danemark, l'état de la Suède prouvait que l'usage de ces remèdes violents avait produit un effet opposé à celui qu'il en avait espéré. De tous côtés arrivaient des plaintes contre Dideric Slaghöck. On imputait aux extorsions et à la tyrannie de cet homme abominable la cause des troubles. Il était assiégé dans Stockholm par Gustave du côté de la terre; mais Norby, qui tenait la mer, ne cessait de ravitailler la place. Toutefois des maladies épidémiques s'y déclarèrent, et les régents manquant d'argent se permirent de graves excès pour payer la solde aux troupes et pour apaiser leurs mutineries. A la fin les choses en vinrent au point que, cédant à ses vives inquiétudes, Slaghöck s'embarqua pour le Danemark : ses deux collègues l'y suivirent bientôt pour l'accuser; la protection de Sigebrite fut si puissante, que Christian le mit en possession du siége de Lund, auquel il l'avait élevé malgré les protestations du chapitre contre cette dégradation de la dignité archiépiscopale.

Peu de temps après, on vit arriver Jean-François de Polentia, frère mineur que Léon X envoyait comme commissaire pour informer au sujet du massacre de Stockholm. Les Suédois avaient chargé Jean Storé (le Grand), plus connu sous le nom de *Johannes Magnus*, chanoine de Linköping, d'aller à Rome pour demander la punition de cet acte épouvantable, dont deux évêques avaient été les victimes. Comme il avait été commis pour ainsi dire en son nom, le souverain pontife ne pouvait se dispenser d'accueillir la plainte; mais comme il lui importait de ménager Charles-Quint, beau-frère de Christian, il recommanda, dit-on, à son nonce de chercher les moyens de justifier celui-ci. Toutefois les circonstances étaient si évidentes et si aggravantes, que le commissaire jugea que le seul moyen de diminuer la faute du roi était de l'imputer à ceux qui avaient conseillé et ordonné le massacre. Gustave Trolle et Baldenack prouvèrent qu'ils avaient été par ignorance les instruments de Slaghöck : ils furent absous; néanmoins le roi fit emprisonner Baldenack, pour avoir quitté Stockholm sans permission. Trolle essuya de vifs reproches; cependant il resta en Danemark, persuadé que s'il tombait entre les mains de ses compatriotes il serait traité bien plus sévèrement. Slaghöck fut sacrifié : comme il n'avait pas encore reçu ses bulles de Rome, et que le nonce ne le regardait pas comme revêtu du caractère archiépiscopal, une sentence du 24 janvier 1522 le condamna à être pendu, et ensuite brûlé. Le roi fut déclaré innocent du meurtre des deux évêques; mais il consentit à effacer de la loi ecclésiastique toutes les dispositions sentant l'hérésie : elle fut publiée sous une nouvelle forme et sous le titre de loi civile.

Elle prescrit la résidence à tous les prêtres qui ont charge d'âmes; elle fixe le nombre de personnes qui doivent composer la suite d'un archevêque ou d'un évêque; elle défend aux ecclésiastiques de léguer autre chose que de l'argent aux églises et aux couvents. On peut dire qu'elle prépara l'introduction du luthéranisme par l'article qui leur interdit l'acquisition de terres, excepté dans le cas où ils se marieraient. N'était-ce pas les inviter, par l'offre de cet avantage, à renoncer au célibat? Ainsi Christian commençait à favoriser ouvertement les progrès de la nouvelle doctrine.

Des historiens ont dit que le jugement du nonce J. F. de Polentia ne fut jamais ratifié par le pape; Adrien VI occupait déjà le trône pontifical lorsque cette sentence fut rendue. Il reprit l'examen de l'affaire, à la sollicitation de Jean Storé qui était resté à Rome, et le nomma son légat en Suède. Storé, retourné dans ce pays, condamna le roi, et déclara Gustave Trolle incapable de remplir le siége d'Upsal. Cet arrêt fut confirmé par Clément VIII; mais Christian se contenta d'avoir détourné l'orage, au moyen de la première déclaration donnée en sa faveur.

Les mauvaises nouvelles qu'il recevait de Suède et l'impuissance d'y envoyer des secours suffisants aigrirent Christian à un tel point, qu'au commencement de 1522 il expédia aux gouverneurs danois, qui y restaient encore, l'ordre de mettre à mort tous les rebelles, et particulièrement les nobles dont ils pourraient se saisir. Plusieurs n'exécutèrent que trop fidèlement ces ordres sanguinaires, ce qui acheva de ruiner les affaires de leur maître. En Finlande, Éric Flemming ayant feint pour sauver sa vie d'être l'ennemi déclaré de Gustave Vasa, se fit donner un corps de troupes avec lequel il passa dans le camp des Suédois. Plusieurs officiers danois, las de servir un prince sanguinaire, suivirent l'exemple de Flemming. Seul l'amiral Norby rendait inutiles tous les efforts de Gustave, et conservait à Christian Stockholm, Calmar et Abo. Il avait tellement renforcé et ranimé la garnison de Stockholm, qu'elle avait causé de grandes pertes aux assiégeants, pris d'assaut leurs principaux postes, et fait lever le siége pendant quelque temps. Il est à présumer que si Christian était entré en Suède, dans ces circonstances, avec une médiocre armée, les choses y auraient pris en peu de temps une face nouvelle. C'est ce dont on peut se convaincre par une lettre qu'é- crivait au roi Godschalk Éricson, chancelier et l'un des membres de la régence : « Le parti des rebelles, lui « dit-il, est composé, pour la plus « grande partie, de paysans, d'hommes « peu constants qui se lasseront bien- « tôt de révolutions et de troubles, « effrayés, comme ils le sont, par le « carnage et tous les maux qu'ils se « sont attirés, principalement si on « leur ôte toute espérance de recevoir « des provisions du côté de la mer. Le « royaume manque de sel, de houblon, « de draps, et d'autres choses néces- « saires à la vie. Si une armée de terre « y pénètre par la Gothie, les provin- « ces voisines de Stockholm rentreront « aisément dans le devoir; ensuite on « pourra soumettre les Dalécarliens et « les Helsingiens qui ont commencé la « révolte et séduit les autres par leur « exemple. » De tous ces conseils, Christian ne suivit que ceux qui tendaient à punir et à se venger. L'épuisement de son trésor, le peu de confiance qu'il mettait dans ses propres sujets, et d'autres causes qui se développeront bientôt, ne lui permettaient pas d'opposer à Gustave des forces capables d'en triompher.

Lubeck, qui avait longtemps balancé à se déclarer contre Christian, qu'elle détestait, cédant enfin aux sollicitations de Gustave, envoya d'abord en Suède une escadre de dix vaisseaux : elle était commandée par Éric Bruns, qui, de concert avec Éric Flemming, fit manquer plusieurs tentatives de Norby pour ravitailler Stockholm; ensuite une flotte considérable sortit de la Trave en mai 1522, s'empara de Bornholm, menaça Copenhague, et le 24 août brûla Elseneur. Cette expédition causa, quoique indirectement, la ruine de Christian.

Son oncle Frédéric avait été peu satisfait du diplôme qui transférait à ce roi et à ses successeurs la prérogative de donner l'investiture du duché de Holstein; il en avait même été choqué et offensé, puisque Christian, dans l'entrevue qu'il eut avec lui en allant trouver Charles-Quint, lui avait promis de demander que l'investiture fût donnée par le chef de l'Empire. Frédéric protesta hautement contre la concession obtenue par son neveu, et refusa de recevoir de lui l'investiture à Colding où ils se virent. Selon le récit de quelques historiens, Christian, qui avait prévu cette difficulté, s'avisa, pour inspirer de la terreur au duc et à sa suite, d'une chose bien propre à prouver que ni le temps ni l'expérience n'avaient changé ses inclinations cruelles : il fit élever, dès la première nuit, une potence devant les maisons où logeaient les seigneurs holstenois venus avec son oncle; d'autres assurent qu'une seule potence, dressée devant la maison où se trouvait Frédéric, y était déjà avant l'arrivée de ce prince. Quoi qu'il en soit, l'expédient, au lieu d'effrayer, irrita le duc, qui persista dans son refus, malgré une lettre expresse écrite de la propre main de l'Empereur.

Christian avait donné d'autres sujets de plaintes à son oncle, en renvoyant sans paye, sans chevaux et sans équipages, les troupes auxiliaires employées pendant une année entière dans la guerre contre la Suède ; il ne paraissait pas disposé non plus à lui rembourser une somme de 10,000 marcs, ou 7,000 florins prêtés au roi Jean.

Frédéric ayant envoyé Thomas Koppé, un de ses conseillers, à Nyköbing, où Christian était alors, pour réclamer de nouveau le payement de cette dette, le roi, choqué comme s'il eût été menacé d'un acte d'hostilité, s'écria : « J'espère que mon oncle ne « deviendra pas mon ennemi ? » A quoi Koppé repartit hardiment : « S'il ne « pouvait en être autrement, Dieu et « les circonstances doivent venir à « notre aide. » Alors le roi, outré de colère, balbutia suivant sa coutume, et répondit : « Non, non, non. »

Une grande froideur existait donc entre l'oncle et le neveu. Le premier avait rompu la conférence de Colding, sous prétexte de délibérer avec sa noblesse sur les propositions qui lui étaient faites, et s'était ainsi tiré des mains de Christian. Celui-ci, qui avait fort à cœur la conclusion de cette affaire, afin de ne pas avoir un ennemi de plus sur les bras, vint de nouveau dans le Holstein, et invita Frédéric à une entrevue à Stenderboe. Le duc y vint avec une suite peu nombreuse. Le roi y était déjà, escorté d'une troupe de gens de guerre. Frédéric se défiant, avec raison, des intentions de son neveu, éluda l'ouverture des négociations, en disant que les propositions du roi regardant les duchés, il fallait que la noblesse fût assemblée dans les lieux accoutumés. Christian ne put éviter d'y consentir, et il fut convenu que la réunion aurait bientôt lieu à Leventzo, près de Kiel.

De retour dans sa résidence de Gottorp, Frédéric convoqua la noblesse, raconta ce qui s'était passé, et il fut unanimement résolu que l'on irait armé à la conférence de Leventzo, parce que l'on savait que Christian en userait de même. Frédéric, qui redoutait toujours quelque perfidie de son neveu, prétexta une indisposition pour rester à Gottorp : il se contenta d'envoyer à Leventzo son fils Christian.

C'était dans ce temps-là même que les Lubeckois se déclaraient ouvertement contre le roi. Il se flatta donc qu'en ménageant davantage le duc, il en obtiendrait des secours contre Lubeck, ou l'engagerait à envahir le territoire de cette ville. Les députés des états du Holstein répondirent que cette guerre, commencée sans leur participation, concernait uniquement la couronne de Danemark. Christian fut obligé de se contenter de cette réponse.

Alors il se rendit à Rendsbourg, où, à sa demande, vinrent son beau-frère, le margrave de Brandebourg, deux ducs de Mecklenbourg, l'évêque de Ratzebourg, et quelques autres personnages qui, munis des pouvoirs de l'Empereur, travaillèrent à régler les différends entre le roi et le duc. Christian demanda de nouveau que le duc envoyât des plénipotentiaires à Flemhude, près de Kiel, pour terminer les difficultés ; les préliminaires de paix y furent arrêtés, et un traité définitif enfin fut signé à Bordisholm, au mois d'août 1522. Christian renonça au droit d'investiture qui fut rendu à l'évêque de Lubeck, et promit de payer une somme de 11,000 marcs à son oncle. Celui-ci abandonna ses autres réclamations, et rompit l'alliance qu'il avait formée avec les villes hanséatiques.

La paix avait été conclue, mais les anciens ressentiments n'étaient pas étouffés : ils n'attendaient qu'une occasion pour éclater. Christian, toujours occupé du projet de lever une grande armée pour conquérir la Suède, convoqua les états de Jutland, à Callundborg, pour le 10 décembre. La noblesse de ce pays était mécontente de lui, à cause de ses ordonnances qui lui causaient du préjudice et de plusieurs actes d'autorité arbitraire. Les bourgeois et les paysans de quelques provinces lui étaient moins contraires ; cependant ils n'avaient pas pour lui ce dévouement que divers historiens leur ont prêté. Il avait en vue d'abaisser le clergé et la noblesse plutôt que de faire du bien au reste de la nation. Le fardeau des impôts, des taxes, des droits de toute espèce, des prohibitions qu'il avait introduites ou multipliées tombaient sur les bourgeois et sur les paysans autant que sur ses autres sujets ; la cessation du commerce et les autres maux qu'une longue guerre traîne à sa suite, les avaient épuisés ; ils se plaignaient de l'altération des monnaies ; enfin, ils ne pouvaient avoir aucune affection pour un prince qui semblait prendre plaisir à commettre des cruautés.

Sans doute le clergé et les nobles du Jutland connaissaient bien les dispositions du peuple, quand ils concurent le projet de se révolter contre Christian. Depuis quelque temps ils tenaient des assemblées secrètes, et, vers la fin de 1522, ils avaient déjà dressé un acte par lequel ils renonçaient au serment de fidélité qu'ils lui avaient prêté, le déclaraient déchu de tous ses droits à cause de l'abus qu'il en avait fait, et offraient la couronne à Frédéric, son oncle, qui était du sang royal et s'était conduit jusqu'alors envers Dieu et envers les hommes comme doit le faire un prince chrétien ; puis ils détaillaient leurs griefs contre Christian ; tous sont fondés : on y remarque celui d'avoir favorisé l'hérésie de Luther.

Magnus Munk, un des juges de Jutland, fut chargé d'aller communiquer ce manifeste à Frédéric. L'acte ne portait les sceaux et les signatures que de neuf personnes ; les autres s'en étaient abstenues au moment de constater ainsi leur coopération. Parmi elles se trouvait Magnus Giöe, maréchal du royaume, et qui en cette qualité présidait l'ordre de la noblesse. Il s'opposa de toutes ses forces à la résolution que l'on prenait, comme ne devant produire que des troubles et des calamités. En effet, en pesant toutes les probabilités, la tentative pouvait passer pour plus téméraire que hardie.

Pendant que cette trame s'ourdissait ainsi en secret, Christian, qui soupçonnait peut-être une partie de ce qui se passait, avait, comme nous venons de le dire, convoqué la noblesse de Jutland à Callundborg pour le 10 décembre. Il annonçait dans ses lettres qu'il voulait consulter le sénat sur les prétentions du duc son oncle, qui réclamait une partie de la Norvége ; sur la guerre contre Lubeck et la Suède, et sur les subsides nécessaires dans de telles conjonctures. Suivant quelques historiens, son intention était d'obtenir par la violence un impôt annuel de 2 florins du Rhin sur chaque paysan de la noblesse, et la troisième partie des revenus du clergé.

Aucun membre soit du clergé, soit de la noblesse, ne vint à Callundborg au jour fixé : les uns s'excusèrent sur la rigueur de la saison, les autres sur les vents contraires ; mais le véritable motif de leur absence était qu'ils ne se souciaient pas de venir, parce qu'ils savaient ce qu'il devait être question d'établir, et que de plus ils étaient instruits du complot qui ne tarda pas à s'exécuter. Christian, courroucé de leur conduite, et impatient de commencer à effectuer ses plans qui requéraient de la célérité, convoqua une nouvelle assemblée, pour le 25 janvier 1523, à Aarhuus, en Jutland, et partit pour cette province. La noblesse apprit bientôt qu'il y était arrivé : on disait aussi que deux bourreaux, déguisés en gardes du corps, l'accompagnaient, et qu'il avait fait préparer beaucoup de machines composées de chaînes de fer et employées pour pendre les condamnés ; elle craignit avec quelque fondement d'être traitée comme l'avait été celle de Suède, ou pour le moins d'être contrainte par la violence à consentir aux demandes du monarque ; car le bruit courait qu'il allait faire venir des troupes et de l'artillerie, qui n'attendaient que ses ordres pour quitter l'île de Fionie.

Alors la plupart des nobles, notamment ceux qui étaient entrés dans la conjuration, coururent à Viborg pour hâter l'exécution de leur dessein. Ils y renouvelèrent les assurances qu'ils s'étaient déjà données de s'entr'aider de tout leur pouvoir, et rédigèrent, le 20 janvier, deux résolutions qu'ils signèrent : par l'une ils signifiaient au roi qu'ils renonçaient à l'obéissance qu'ils lui avaient jurée, et le déposaient; par la seconde ils invitaient Frédéric, duc de Slesvig-Holstein, à venir prendre possession du trône vacant.

Il y avait du risque à envoyer au roi l'acte qui le concernait. Un nombreux corps de troupes commandées par Severin Norby et Otton Stissen, et sur lesquelles ce prince pouvait compter, était dans le Jutland. Il avait en Seeland de la cavalerie et de l'infanterie sous les ordres de Daniel de Bottem; à Copenhague, George Hoffmutt, et en Fionie Henri, comte de Hoya, avec quatre cents cavaliers, et George Haarde avec quelques soldats de cette arme.

On peut donc inférer de ces circonstances, que la noblesse du Jutland avait pris d'avance les mesures les plus sûres pour l'accomplissement de ses desseins, s'était ménagé de la part du Holstein et de l'Allemagne la certitude d'être aidée, et que les bruits que nous avons rapportés plus haut avaient été répandus pour favoriser le soulèvement contre le roi.

Le soin de porter les deux résolutions à leur adresse fut encore confié à Magnus Munk. La commission qui concernait Christian était extrêmement périlleuse. Munk s'en acquitta avec une habileté que le succès fit doublement valoir. Il va au-devant du roi, qu'il rencontre à Vedel, hameau peu éloigné d'Aarhuus, et lui fait demander une audience pour le soir même. Le roi le reçoit fort bien, l'invite à souper avec lui, et pendant le repas le questionne sur le motif de son voyage. Munk répond, ce qui était vrai, qu'il va en Holstein. Ensuite le roi s'informe du sujet des conférences que la noblesse tient à Viborg. Munk dit qu'il n'y est question que des nouveaux impôts dont Sa Majesté, suivant le bruit public, a l'intention de proposer l'établissement aux états; que la noblesse délibère sur ce qu'elle fera, et que probablement il ne sera pas facile de la décider à y consentir, à cause du triste état où sept ans de guerre ont réduit le royaume. Le ton de franchise de ce discours, qui était fort adroit, éloigne tout soupçon de l'esprit de Christian; il continue à parler avec beaucoup de confiance de ses affaires à Munk, et entre autres de la bonne opinion qu'il a de la fidélité de Magnus Giöe. Munk le confirme dans cette pensée et se retire, en laissant, comme par mégarde, un de ses gants dans l'appartement du roi. A peine il est sorti qu'il fait préparer un canot; le lendemain il s'y embarque à la pointe du jour.

Ce n'est que le lendemain aussi qu'un page, ayant aperçu le gant de Munk, trouve qu'il contient une lettre adressée au roi. Il la lui porte; Christian l'ouvre, et lit l'acte par lequel la noblesse renonce à la foi qu'elle lui a jurée et le déclare déchu du trône, fondant cette résolution sur ce qu'il a enfreint les lois tant en Danemark, qu'en Suède et en Norvége, et sur la clause de sa capitulation, portant que dans le cas où il manquera aux engagements qu'elle contient, les états pourront le déposer. Holberg observe que cet article n'existe pas dans la susdite capitulation, et que rarement les rois se la laissent imposer, parce qu'il serait trop aisé à des factieux et à des brouillons d'en abuser.

Dans le premier mouvement de sa colère, Christian veut en faire tomber les effets sur le messager audacieux qui est venu le braver; mais déjà Munk avait exécuté sa commission auprès de Frédéric, qui se trouvait à Husum, ville du Slesvig.

Cependant le sénat de Jutland, instruit que l'acte contenant la déposition de Christian lui a été remis, publie un manifeste, par lequel tout homme âgé de plus de dix-huit ans est appelé aux armes. Magnus Giöe signa cette proclamation, mais il n'y apposa pas son sceau comme les autres; ainsi on voit que le roi avait bien jugé de sa fidélité.

Frédéric fit un accueil très-gracieux à Munk, et, comme on l'espérait, accepta la demande des états, tant pour l'avantage du royaume que pour sa sûreté personnelle, à cause de la conduite de Christian à son égard. Il ajouta que les états ayant déclaré le roi déchu du trône, il ne pouvait ni ne devait permettre que le Danemark tombât en d'autres mains que celles d'un prince de la maison royale d'Oldenbourg. Puis il s'empressa de remplir sa promesse, rassembla dans ses domaines toutes les troupes dont il pouvait disposer, demanda de l'aide aux Lubeckois et à ses autres voisins, et après s'être ainsi renforcé, écrivit au sénat pour l'instruire de ce qu'il avait fait et des secours qu'il pouvait attendre de lui.

Bientôt Christian apprend que de toutes parts les Jutlandais prennent les armes, et que son oncle a promis de leur amener de puissants renforts. Dans son trouble, il parlait de se retirer à Colding; il appelle auprès de lui Magnus Bilde et Olaus Rosencrantz, membres du sénat, et Heidenstrup, général d'infanterie, et leur demande si, avec les troupes qu'il a en Fionie, il peut espérer de tenir tête aux Jutlandais. Heidenstrup, opinant en homme de guerre, voulait que le roi, ayant en Allemagne des parents aussi puissants que l'Empereur, l'électeur de Brandebourg, l'électeur de Saxe et d'autres princes, les instruisît au plus tôt de sa position et leur demandât du secours. Il s'offrit à faire le voyage et à lever des troupes, qui, jointes à celles qu'il avait déjà en Danemark, l'aideraient à repousser la force par la force.

Bilde, au contraire, pensait que dans les cas de nécessité un prince ne peut jamais compter sur sa parenté, comme de nombreux exemples en faisaient foi; il conseilla donc au roi de députer quelqu'un aux Jutlandais révoltés, pour les apaiser, en leur promettant de leur donner toutes les satisfactions qu'ils pouvaient désirer.

Rosencrantz fut d'avis que le roi commençât par mettre sa personne et la famille royale en sûreté, en allant à Copenhague, afin d'y attendre une conjoncture favorable.

Après de longues délibérations, Christian se décida pour l'avis de Bilde : il députa aux Jutlandais Magnus Giöe, avec deux autres nobles, et les chargea de remettre à l'évêque d'Aarhuus une lettre, dans laquelle il exposait que les états en usaient envers lui avec trop de rigueur, et le condamnaient sans l'entendre; qu'il était disposé à s'en rapporter au jugement soit de l'Empereur, soit de tout autre commissaire impérial.

Ces représentations semblèrent d'abord produire de l'impression sur les sénateurs jutlandais; ils consentirent à s'abstenir pendant quelques jours de tout acte d'hostilité, et à tenir à Horsens une conférence avec les députés du roi. Celui-ci devait rester à Vedel; il profita du délai pour faire aux évêques les promesses les plus magnifiques, s'ils voulaient engager les mécontents à mettre bas les armes, offrit même de se soumettre à la pénitence qu'ils seraient disposés à lui infliger pour ses diverses offenses envers les prélats danois ou suédois; enfin, de gouverner à l'avenir d'après leurs conseils, et de faire des donations magnifiques aux églises et aux couvents.

Ces belles paroles de Christian furent inutilement prodiguées. L'exemple du passé empêchait que l'on pût faire aucun fond sur les discours d'un prince qui avait constamment été perfide et parjure. Les états le payèrent d'abord de quelques vaines défaites, et peu de temps après terminèrent la conférence par une déclaration qui confirmait leurs actes précédents, et annonçait qu'ils attendaient l'arrivée prochaine de Frédéric, duc de Slesvig-Holstein, qui, élu roi, avait accepté la couronne et s'était engagé à défendre le Jutland, à maintenir ses priviléges, à gouverner suivant les lois; enfin que les actions du roi Christian étaient si connues, qu'elles n'avaient besoin ni de preuves ni d'examen (*).

(*) Holberg, l. c., t. II, p. 116 à 123.

Christian, reconnaissant par cette réponse l'inutilité de toute tentative de négociation, repassa en Fionie, obtint des états, soit par promesses, soit par menaces, un nouveau serment de fidélité. Les paysans seelandais, qui lui étaient redevables d'une sorte d'indépendance de leurs seigneurs, se prononcèrent en sa faveur; leur exemple entraîna des ecclésiastiques et des nobles; il en fut de même en Scanie. Cependant on peut douter si tous étaient sincères, car lui-même semblait ne compter que très-faiblement sur leur appui; il eût néanmoins suffi, joint à ses autres ressources, pour arrêter les efforts des mécontents.

Élisabeth, épouse de Christian, écrivit à Marguerite d'Autriche, gouvernante de Néerlande, pour lui peindre la position critique du roi, et l'engager à faire tout ce qu'elle pourrait pour que les mécontents rentrassent dans le devoir.

Rentré à Copenhague, Christian songeait à prendre les mesures nécessaires pour mettre cette place et Malmöe en état de défense. De leur côté, les Jutlandais écrivaient aux habitants des autres provinces pour les exhorter à secouer le joug du tyran; ils menaçaient même de punir quiconque s'armerait pour lui. Les Lubeckois conclurent avec Frédéric un traité d'alliance contre Christian; le duc marcha vers le Jutland.

On s'attendait à voir la guerre civile éclater; tout à coup on apprend que Christian, abandonnant sa propre cause, a quitté le Danemark. Ce prince qui, dans d'autres temps, avait montré du courage, de la résolution, de la fermeté, qu'il poussa même à l'excès, sembla tout à coup frappé d'un abattement complet: craignait-il que les mêmes hommes sur lesquels il paraissait qu'il pouvait compter, ne tinssent pas ferme au moment de l'épreuve? Était-ce un effet des remords qui bourrelaient son âme? On pourrait le croire, puisque sa position n'était pas désespérée: toutes les îles du Danemark, la moitié des duchés de Slesvig et de Holstein, la Norvége, la Scanie, n'avaient pas encore abjuré son pouvoir.

Le 14 avril 1523, Copenhague vit partir son roi. Il avait équipé une flotte de vingt vaisseaux; il y chargea les joyaux de la couronne, beaucoup d'effets précieux, une partie des archives du royaume. Il y fit embarquer la reine son épouse et ses trois enfants, quelques serviteurs que la fidélité ou la nécessité attachait à son sort; enfin l'infâme Sigebrite, qui fut portée à bord dans un coffre pour la dérober à la fureur du peuple. Christian fit voile pour la Néerlande. Les historiens ont répété à l'envi que, dans la traversée, Sigebrite consolait le roi de la perte de sa couronne par l'espérance de devenir bourgmestre d'Amsterdam, charge qu'il ne pouvait manquer d'obtenir par le crédit de l'empereur Charles-Quint, son beau-frère, souverain de Néerlande.

Holberg, qui a répété cette anecdote comme un ouï-dire dans son *Histoire de Danemark*, la révoque en doute dans la vie de Sigebrite.

La flotte eut beaucoup à souffrir du mauvais temps: à peine était-elle en mer, que des coups de vent la dispersèrent; quelques vaisseaux, entre autres celui qui portait Christian, abordèrent en Norvége; d'autres ne reparurent jamais. Peu de jours après, le vent étant devenu favorable, on remit à la voile, et on atterrit à Terver en Zéelande. A peine débarqué, Christian se hâta de gagner Anvers pour implorer le secours de Charles-Quint. Nous le verrons reparaître sur la scène, mais il n'exercera plus le pouvoir suprême. Depuis le jour qu'il s'enfuit de Copenhague, il cessa de régner.

Les prédécesseurs de Christian II avaient travaillé à introduire plusieurs réformes utiles dans le gouvernement de leurs États. Ce prince, disposé à suivre leur exemple, avait reconnu, avant de monter sur le trône, que la noblesse et le clergé opposeraient à l'exécution de ses desseins des obstacles qu'il lui serait très-difficile de surmonter. En effet, le pouvoir de ces deux corps s'était constamment augmenté aux dépens de l'autorité du roi. Il pensa donc qu'il devait chercher à lui rendre la force qui lui était nécessaire ; mais il se méprit sur la nature des moyens qu'il devait employer. Les circonstances exigeaient de l'énergie ; il eut recours à une rigueur excessive. Son caractère inflexible lui persuada qu'il ne pourrait renverser autrement les empêchements qu'il rencontrerait sur sa route. Ce fut pendant sa vice-royauté en Norvége qu'il mit d'abord en usage cette manière d'imposer sa volonté à ceux qui la combattaient. Il leur ferma la bouche en les exterminant.

Cette conduite le fit craindre : il put donc, quand il fut roi en Danemark, ordonner et régler les affaires publiques comme il l'entendait ; on a vu que très-souvent ses actes furent dignes de louanges.

La résistance acharnée des Suédois dans la guerre qu'ils soutinrent avant de reconnaître Christian pour roi, aigrit encore son animosité contre eux. Cédant aux conseils des hommes pervers qu'il consultait, il ordonna le massacre de Stockholm, dont le simple récit fait frémir (*). Quelques auteurs ont pensé que l'on en doit attribuer la cause moins à la soif du sang, et cela paraît assez vraisemblable, qu'à l'inflexibilité d'un cœur endurci, uniquement occupé du but qu'il avait en vue : rétablir l'autorité royale, abais-

ser le clergé et la noblesse, rendre la Scandinavie indépendante des Hanséates. Ces intentions étaient louables ; les moyens mis en œuvre pour les effectuer furent odieux. Christian était convaincu qu'il ne pouvait réussir dans ses projets que par la sévérité ; mais il eut le tort de la pousser à l'excès, et de plus de se rendre haïssable par la perfidie et le parjure. On conçoit difficilement qu'un prince, qui n'était pas dépourvu d'esprit, ait été privé de jugement au point de ne pas voir que sa conduite finirait par soulever contre lui tous ceux qui étaient soumis à son sceptre. On a prétendu qu'il se repentit de ce qu'il avait fait en Suède, quand il reconnut que les exécutions sanglantes y avaient produit un effet tout différent de celui qu'il s'était imaginé. Ce fut alors qu'il fit périr les principaux instigateurs de ces atrocités. Les avoir souffertes, suffirait pour imprimer une tache éternelle à sa mémoire. Fougueux, volontaire, entêté, il ne sut jamais résister au mouvement de ses passions ; il fut la victime des fautes auxquelles elles le poussèrent. Il paraît avoir été insensible à tout sentiment de générosité, et on peut croire que parfois il manqua de sens commun (*).

Les historiens les moins contraires à Christian II citent des traits de sa conduite, qui dénotent une tête mal organisée et sujette à des accès de démence. Sigismond Ier, roi de Pologne, lui avait envoyé des ambassadeurs chargés de lui exposer des griefs dont leur maître se plaignait ; ils choquèrent apparemment un prince ombrageux et colère : Christian, sans respect pour le droit des gens, ordonna que les ambassadeurs fussent arrêtés et jetés dans la mer (**).

Dans le temps même auquel sa puis-

(*) Un grand nombre d'historiens ont raconté le massacre de Stockholm. On en trouve aussi la relation dans un livre où on ne s'attendrait pas à la rencontrer, puisque c'est un recueil où il est principalement question de la terre sainte. Il a pour auteur Jacques Ziegler, théologien et mathématicien du seizième siècle. Il est question dans le titre de *Schondia* (c'est la Scandinavie). Après l'avoir décrite, l'auteur passe au massacre de Stockholm, et en parle avec l'indignation d'une âme honnête. Il dit qu'il la publie afin que les méchants voient que leurs crimes les entachent d'une infamie éternelle. L'ouvrage est intitulé : *Syria ad Ptolemæi operis rationem... Arabia...Petraea...Schondia... Hoimiæ planæ regiæ urbis calamitosissima clades. Argentorati, Riebel*, 1536, 1 vol. in-folio.

(*) En 1788, Riegels, auteur danois, publia dans sa langue, une *Apologie de Christian II*. Il y compare ce prince, considéré comme réformateur, à l'empereur Joseph II, et s'efforce d'atténuer les actions qui ont voué son nom à la haine de la postérité.

(**) Abrégé de l'Histoire de Danemark, par Suhm (en danois), p. 84.

12e *Livraison.* (DANEMARK.)

sance commençait à chanceler en Jutland, où sa conduite avait aliéné la noblesse, il prit en quelque sorte à tâche de l'indisposer encore davautage en faisant enlever d'un couvent le cercueil de Tomesen, gentilhomme jutlandais que l'on accusait de quelques vexations, et de faire pendre son cadavre à un gibet dans la place publique d'Aarhuus.

Indépendamment des exécutions qui ensanglantèrent les premières années de son règne, et dont nous avons parlé précédemment, on ne peut passer sous silence celle de Canut Canutson, sénateur de Norvége, qui en 1517 périt sur l'échafaud, et dont les biens furent confisqués, parce qu'il était accusé d'avoir correspondu avec les Suédois pendant la vie du roi Jean, et d'avoir été le fauteur des troubles et de la révolte.

Un article de la capitulation de Christian en Danemark stipulait expressément que les biens d'une demoiselle, qui avaient été confisqués, lui seraient rendus ; il les fit saisir de nouveau et réunir au domaine.

Les ordonnances qu'il rendit en faveur des paysans méritent des éloges; il en est de même de celles qui concernent l'abolition du droit de varech, c'est-à-dire de piller les navires naufragés; et de celles qui sont relatives au commerce. Mais en même temps qu'il publiait celles-ci, il établissait arbitrairement des droits onéreux d'entrée et de sortie sur les marchandises, refusait de payer les rentes des sommes empruntées, reprenait violemment divers gages sous le prétexte d'erreurs commises, et en conséquence n'acquittait pas les sommes empruntées sur ces gages ; élevait des droits de péage, faisait frapper des monnaies de mauvais aloi, et qui cependant devaient conserver leur valeur nominale; enfin déclarait ouvertement que tout ce que possédait ses sujets lui appartenait. La pénurie du trésor, antérieurement à l'expédition de Suède, était le vrai motif de tous ces actes irréguliers et dommageables. Le préjudice qui en résulta contribua certainement à l'indifférence de la majorité des Danois pour Christian II, au jour de son adversité.

Il fut le dernier roi de l'Union; les Suédois l'avaient déposé le 24 août 1521, à la diète de Vadsténa, et avaient élu Gustave Vasa administrateur du royaume de Suède.

FRÉDÉRIC Ier.

Au moment où la nouvelle inattendue de la fuite de Christian parvint à Frédéric son oncle, ce dernier venait d'ordonner à un petit corps de troupes de s'avancer en Jutland, vers Ribé, pour aider les mécontents ; il n'avait pas encore eu le temps de former une armée, et ne pouvait en rassembler une promptement. Tout à coup l'absence de l'ennemi contre lequel il se disposait à marcher lui laissant tout le loisir nécessaire à l'accomplissement des mesures qu'il avait commencé à prendre, il eut à s'occuper d'autres soins.

On avait pu être surpris de sa conduite dans la conjoncture présente; né le 3 septembre 1471, il était arrivé à un âge ami du repos plutôt que des entreprises hasardeuses. Il avait épousé, le 10 avril 1502, Anne, fille de Jean Magnus, électeur de Brandebourg ; l'ayant perdue le 3 mai 1514, il prit en secondes noces, le 9 octobre 1518, Sophie, fille de Bogislas, duc de Poméranie. Il lui était né de son premier mariage un fils et une fille ; le prince Christian avait près de vingt ans révolus : un autre fils venait de naître de la seconde union.

Frédéric vivait paisiblement au milieu de sa famille, lorsque les états du Jutland lui offrirent la couronne dont ils privaient son neveu. Nous avons vu plus haut qu'il accepta sans hésiter la proposition qui lui était faite, et qu'il prit les mesures qu'elle exigeait. Il pouvait craindre que les états ne s'adressassent à un autre prince, qui ne ferait aucune difficulté de se rendre à leurs vœux, et que sa famille ne perdît ainsi un trône auquel elle avait des droits. D'ailleurs, il ne pouvait avoir une vive affection pour un parent avec lequel il n'avait jamais vécu en bonne intelligence. A la vérité la convention de Bordisholm avait, en apparence, rétabli l'union entre eux; mais Christian, au lieu de songer à remplir les conditions qu'elle lui imposait, se hâta d'envoyer André Glob, prévôt ecclésiastique d'Odensé, à Segeberg, ville du Holstein, pour en enlever les archives des duchés et les transporter dans le château de Sönderborg, sous le prétexte qu'elles y seraient plus en sûreté. Toutefois cette translation s'étant faite sans le consentement de Frédéric, on est en droit d'en conclure que le motif de la conduite de Christian avait été de supprimer les titres que son oncle aurait eu le moyen de faire valoir à l'appui de ses réclamations, devant l'assemblée qui devait se tenir à Segeberg l'année suivante. En effet, Frédéric ayant, plus tard, ordonné des recherches sur ce sujet, Glob avoua qu'il avait brûlé une grande partie des papiers importants que contenaient les archives.

Ce dernier trait annonçait si manifestement les véritables intentions de Christian, que Frédéric avait jugé qu'il ne devait plus espérer de rien obtenir de lui par les voies de la justice et de la douceur. Il était donc entré en négociation avec les chefs des Jutlandais mécontents, avait conclu un traité d'alliance avec les Lubeckois, et fini par déclarer la guerre à son neveu.

Aussitôt qu'il eut appris le départ de Christian, il se hâta de gagner Viborg où les états de Jutland étaient réunis. Il y fut reconnu et proclamé roi de Danemark, et reçut en cette qualité les hommages et le serment des députés de la noblesse, du clergé et des communes. De son côté, il signa la capitulation que les états lui présentèrent. Elle augmentait le pouvoir de la noblesse à un point extraordinaire : un des articles donne aux nobles le droit de vie et de mort sur leurs paysans et celui de les condamner à la confiscation de leurs biens meubles, ainsi qu'à des amendes de quarante marcs. Jusqu'alors elles n'avaient été que de trois, de six ou de neuf marcs suivant l'usage des provinces; c'était même un droit qu'ils n'avaient acquis que successivement; maintenant ils faisaient un pas prodigieux vers l'indépendance. « La noblesse danoise, observe « Hvitfeld (*), n'avait jamais obtenu de « pareils avantages d'aucun de ses « rois; c'est à cette époque seulement « que son sort devint égal à celui de la « noblesse du duché de Slesvig. Celle « de Norvége et celle de Suède ne jouis- « sent pas de prérogatives pareilles. En « Allemagne, il n'y a même que les « barons et les comtes auxquels elles « appartiennent, en sorte que chez nous « les nobles ne différent d'eux que par « le titre. Que l'on se rappelle les droits « que la couronne pouvait autrefois « exercer sur les sujets de la noblesse, « et l'on conviendra que la mémoire « de ce roi (Frédéric Ier) doit être à « jamais immortelle et sacrée. »

Hvitfeld s'exprime ici en homme engoué des priviléges de son ordre. Une lettre écrite dans le temps même de la tenue de la diète, par un ecclésiastique danois, prouve que l'opinion d'un très-grand nombre de ses concitoyens n'était pas favorable à cette extension de la puissance des nobles au détriment des paysans. « Je me repens, dit cet « ecclésiastique, d'avoir concouru pour « ma part à la dernière révolution. La « nouvelle forme de gouvernement n'a « pas été établie comme je l'eusse sou- « haité. C'était bien en vain que l'on « se flattait d'avoir apporté quelque « remède aux maux de l'Etat, et de « goûter les fruits d'un heureux chan- « gement. On se plaint maintenant des « prélats et des nobles, bien plus hau- « tement que du temps de Christian II. « Plusieurs pensent même que ce prince « a été détrôné plutôt afin d'accroître « les intérêts particuliers des grands, « qu'afin de procurer le bien réel de « l'État. Et plût à Dieu que ces grands « eussent modéré un peu leurs droits « sur leurs paysans (si on peut appe- « ler cela des droits), jusqu'à ce que « le calme eût été bien rétabli ! Mais

(*) Historien danois né en 1547, mort en 1609. Ses talents lui valurent successivement la dignité de sénateur et celle de chancelier du royaume.

« en exerçant, à toute rigueur, ces « droits qu'ils s'attribuent, je ne sais « pas trop sur quel fondement ils ont « tellement attisé le feu déjà allumé, « qu'il y a tout lieu de craindre un « grand incendie. Enfin le plus grand « nombre est maintenant d'avis qu'il « eût mieux valu souffrir patiemment « la tyrannie d'un seul, que d'endurer « à la fois tant de tyrans dont il est « impossible d'assouvir l'insatiable cu- « pidité (*). »

Par la capitulation qu'il venait de signer, Frédéric s'engageait également à abroger les lois de Christian II : elles furent brûlées publiquement comme pernicieuses et contraires aux bonnes mœurs et louables coutumes. Enfin le roi promit de restituer à quelques nobles des titres et des terres dont ils avaient été dépouillés sous divers prétextes ; de rendre à l'Église de Lund l'île de Bornholm et le district d'Aarhuus que Christian lui avait ôtés, de rétablir l'évêché d'Odensé dont ce prince avait saisi les revenus.

Frédéric visita ensuite les villes du Jutland ; partout les habitants lui juraient fidélité : il faisait abattre les potences que son prédécesseur avait commandé d'y dresser pour forcer les peuples à se soumettre à des nouveautés qui leur déplaisaient. L'exemple donné par les Jutlandais fut suivi avec empressement par les Fioniens. Il avait abordé dans leur île avec un corps de six mille hommes : cette petite armée y fut renforcée de deux mille fantassins et de deux cents cavaliers que les Lubeckois lui envoyaient, conformément au dernier traité. Il avait jugé ces forces nécessaires pour continuer sa marche vers l'île de Seeland et la Scanie, parce qu'il prévoyait qu'il y éprouverait de la résistance. En effet, ayant adressé de Gottorp aux magistrats de Copenhague une lettre, qui les exhortait à le reconnaître pour roi, comme avaient fait les Jutlandais, les Fioniens, et la plus grande partie des habitants du Danemark, ils lui répondirent qu'ayant juré fidélité à Christian, ils ne pouvaient prêter un semblable serment à un autre, qu'ainsi il était inutile de les presser sur ce point ; ils ajoutèrent que la ville était occupée par une garnison considérable que Christian y avait laissée, et que quand même ils le voudraient, ils ne pourraient pas obtempérer à la demande de Frédéric.

Cette garnison était commandée par George Hoffmut ; le gouvernement de la ville et de la citadelle avait été confié par Christian à Henri Giöe : il promit à ces fidèles serviteurs, en les quittant, que dans trois mois il reviendrait avec des secours que lui fourniraient l'Empereur et les autres princes d'Allemagne ses amis. Cette assurance, que probablement il croyait, comme d'autres rois réduits à la même extrémité, pouvoir réaliser, parut sans doute très-hasardée à plusieurs de ses partisans, qui se détachèrent de lui aussitôt qu'ils le virent décidé à abandonner le Danemark : de ce nombre furent Lange Urne, évêque de Copenhague, et Magnus Giöe, maréchal du royaume.

Quand Frédéric eut réuni en Fionie ses forces de terre et de mer, il passa le grand-Belt et arriva très-heureusement en Seeland ; une escadre lubeckoise l'escorta dans ce trajet, et le débarquement s'opéra sans le moindre empêchement à Corsöer, sur la côte occidentale de l'île. L'armée s'empara de même sans obstacle de toutes les places de Seeland, les partisans de Christian se contentant de garder Copenhague et Callundborg. Frédéric s'étant fait prêter serment de fidélité par les principaux habitants des autres parties du pays, alla, le 10 juin, investir la capitale, qui, pour le temps, était très-bien fortifiée ; et d'un autre côté, l'escadre des Lubeckois, forte de dix-huit vaisseaux, mouilla sur la rade de cette ville.

Cependant Frédéric, qui attachait de l'importance à se rendre maître de Callundborg sans effusion de sang, parvint à gagner le gouverneur ; un dé-

(*) *Pauli Eliæ epistola* ad Mag. Laurentii Canon. Röskild, apud *Annales ecclesiasticæ Danicæ diplomat.*, t. II, p. 784.

tachement de ses soldats, introduit dans le château, en chassa ceux qui défendaient la place. Mais cet exemple ne produisit aucune impression sur la garnison de Copenhague : comme elle était plutôt bloquée qu'assiégée, le gouverneur apportait tous ses soins à introduire des vivres dans la ville : il y réussit souvent, au moyen de grands bateaux à rames, qui, ne tirant pas beaucoup d'eau, étaient poursuivis vainement par les vaisseaux lubeckois.

C'est ainsi qu'il cherchait à gagner du temps, dans l'espérance d'être bientôt secouru : elle n'était pas sans fondement, non plus que la rumeur qui courait du prochain retour de Christian. Le monarque fugitif n'avait effectivement rien négligé pour se mettre en état de rentrer en Danemark à la tête d'une armée formidable. Malheureusement pour lui, son beau-frère Charles-Quint n'était plus en Néerlande quand il y aborda ; il fut donc obligé de se borner à lui écrire en Espagne et de recevoir quelques secours bien peu efficaces dans une circonstance aussi critique, car ils ne consistaient qu'en lettres extradilatoires et comminatoires, adressées à Frédéric comme duc de Holstein, à la noblesse de Jutland, aux villes hanséatiques, et notamment à celle de Lubeck. Dans ces lettres, datées de Tolède, l'Empereur défendait à Frédéric, avec menaces, de prendre aucune part aux affaires de Danemark, de Suède et de Norvége, jusqu'à ce qu'elles fussent réglées et jugées ; il ordonnait aux Lubeckois de rompre avec ce prince, et parlait à peu près du même ton aux nobles jutlandais. Frédéric, les Lubeckois, quoiqu'ils fassent état de l'Empire, et encore plus les Jutlandais, qui n'en relevaient pas, ne tinrent aucun compte des lettres de Charles. Voyant qu'il ne pouvait rien obtenir de ce côté, Christian se tourna d'un autre pour se procurer de l'argent. Henri VIII, roi d'Angleterre, passait pour avoir hérité de grands trésors à la mort de son père, et pour les répandre libéralement. Christian passa donc en Angleterre avec son épouse, et sollicita vivement un emprunt, en offrant pour caution l'Islande qui ne s'était pas encore soustraite à son obéissance. Henri se montra peu disposé à écouter la proposition de Christian : cependant, pour lui donner une espece de consolation, il lui fit rendre tous les honneurs possibles, et renouvela même l'alliance entre l'Angleterre et le Danemark.

Cette tentative ayant échoué, Christian en essaya une autre en Allemagne : elle eut plus de succès. Il alla voir l'électeur de Brandebourg, son beau-frère, l'électeur de Saxe, son oncle, les ducs de Mecklenbourg, ses neveux ; il peignit à ces princes ses malheurs d'une manière si touchante, et la conduite de ses anciens sujets comme si odieuse et si coupable, que ses amis s'occupèrent sérieusement des moyens de le rétablir sur le trône. Les deux électeurs écrivirent d'abord en sa faveur aux états de Jutland, en offrant leur médiation s'ils voulaient entrer en négociation avec leur ancien souverain. Les états refusèrent naturellement d'écouter une proposition qui pouvait leur paraître étrange. Alors les deux électeurs firent une démarche attentatoire à l'indépendance de la nation danoise ; ils lui intentèrent une action devant la chambre impériale de Spire ; plusieurs universités d'Allemagne furent même consultées sur cette affaire, comme s'il eût été question d'un procès entre des particuliers soumis aux lois de l'Empire.

Les Jutlandais s'étant montrés sourds à toutes les décisions des jurisconsultes germaniques, les alliés de Christian lui permirent de lever des troupes dans leur pays, et même ils lui en fournirent, mais à condition qu'il les soudoierait. Leur rendez-vous fut marqué dans le Hadelen, petit pays à l'extrémité du territoire de l'archevêché de Brême, sur la mer du Nord. Une armée de 26,000 hommes fut ainsi mise sur pied et réunie. L'électeur de Brandebourg la commandait.

Sur ces entrefaites, Frédéric avait fait des progrès notables en Danemark. Il avait réussi à persuader aux états de

Scanie d'abandonner un roi qui les avait abandonnés ; argument qui est d'un poids réel dans les occurrences de ce genre ; et de ne pas rompre l'union avec les autres provinces, qui toutes l'avaient reconnu pour roi. Il était ensuite allé recevoir leur hommage et leur serment, et leur avait accordé les mêmes priviléges qu'à la noblesse du Jutland et des îles. La seule ville de Malmöe refusa de lui ouvrir ses portes ; il la fit investir.

Il était retourné au siége de Copenhague, lorsque la satisfaction que lui donnaient naturellement des commencements si heureux, fut troublée par les nouvelles qu'il reçut d'Allemagne. Ses inquiétudes étaient fondées, car si l'armée ennemie eût pu pénétrer immédiatement dans le Holstein, dont l'Elbe seulement la séparait, elle eût probablement changé l'aspect des affaires en Danemark, puisque la sienne, plus faible de moitié, avait tout le Holstein à couvrir et deux siéges à continuer. La conjoncture exigeait qu'il prît sans différer une résolution vigoureuse : il se détermina donc à laisser la conduite du siége de Copenhague à son fils aîné le prince Christian, et à Jean Rantzau, un de ses généraux, et vola au secours du Holstein. Il déploya une telle activité, en allant de maison en maison appeler nobles, bourgeois, paysans à la défense du pays, qu'en très-peu de temps il se vit à la tête d'une armée de 80,000 hommes, avec lesquels il alla camper dans la plaine nommée Grandé-Hedé (Bruyère de Grandé), et voisine de Segeberg, afin d'y attendre l'arrivée de l'ennemi. Toutefois le danger n'était pas si grand qu'il se l'était figuré. Les Hambourgeois, qui n'avaient aucun intérêt au triomphe de la cause de Christian, postèrent des vaisseaux sur l'Elbe, et par ce moyen empêchèrent ses soldats de passer ce fleuve. Funeste contre-temps pour le roi détrôné : il se vit bientôt hors d'état de payer cette armée de mercenaires avant qu'elle eût pu rien entreprendre ; cependant elle remonta le long de l'Elbe jusqu'à une distance de près de trente lieues vers le sud-est, et le passa même vis-à-vis de Perleberg, petite ville du Brandebourg. Là elle demanda la solde qui lui avait été promise ; ne la recevant pas, et voyant qu'elle n'avait ni argent, ni pillage à espérer, elle murmura, puis fit entendre des menaces, enfin se révolta. Christian justement effrayé se cacha, et les soldats, après avoir suffisamment exhalé leur ressentiment en invectives, en reproches et en malédictions, se débandèrent et disparurent en peu de temps (*).

Tandis que Frédéric faisait ses préparatifs pour défendre le Holstein contre Christian, celui-ci tentait par mer une diversion pour occuper son rival dans le Nord. Il envoyait au secours de Copenhague de gros vaisseaux de guerre chargés d'hommes et de munitions de guerre ; arrivés dans le Sund, après avoir pris quelques navires lubeckois, les circonstances favorisèrent d'abord leur entreprise, les généraux danois ayant vainement sollicité l'escadre lubeckoise qui bloquait la place par mer, d'attaquer ces vaisseaux ; ils lui avaient offert même de lui envoyer des soldats de renfort, et de l'indemniser de tous les dommages qu'elle pourrait souffrir dans un combat. Les Lubeckois se montrèrent sourds à cette demande, et, dès le lendemain, disparurent en faisant force de voiles jusqu'à ce qu'ils eussent gagné leurs ports. Les historiens danois ont considéré cette conduite incompréhensible comme l'effet d'une perfidie ou d'une terreur panique, car les Lubeckois avaient dix-huit vaisseaux à opposer à six tout au plus : elle causa naturellement une grande rumeur dans le camp danois, qui n'épargna pas aux fugitifs les épithètes de lâches et de traîtres. Les magistrats de Lubeck s'excusèrent depuis à ce sujet, auprès de Frédéric, par une lettre, dans laquelle ils alléguaient que leurs vaisseaux, simples navires marchands armés à la hâte, étaient hors d'état de se mesurer avec de gros vaisseaux de guerre bien équipés et montés par des équipages

(*) Holberg, t. II, p. 183.

aguerris ; néanmoins, après être convenus que les officiers avaient agi sans aucun ordre dans cette occasion, ils déclaraient que dorénavant ils ne les emploieraient plus.

Le lendemain de la disparition des Lubeckois, la petite escadre de Christian entra dans le port de Copenhague ; sa présence causa d'abord une joie très-vive, qui fut manifestée par des salves d'artillerie, des feux allumés de divers côtés, des guirlandes suspendues au clocher de la cathédrale. Mais ces transports cessèrent, lorsque la garnison reconnut l'insuffisance des secours que ces vaisseaux apportaient; on commençait à souffrir de la disette de vivres : on n'en avait qu'une petite quantité; la troupe n'avait pas touché de solde depuis huit mois, il ne lui restait plus d'espoir d'en recevoir du prince qu'elle servait. Enfin, les assiégés apprirent qu'ils n'avaient plus rien à attendre de l'armée d'Allemagne, en faveur de la cause qu'ils défendaient. Alors Henri Giöe, convaincu de l'impossibilité de tenir plus longtemps avec quelque apparence d'utilité, se montra disposé à écouter les propositions d'une capitulation honorable. Deux commissaires du roi furent admis dans la place. Après quelques pourparlers, Giöe consentit à rendre la ville, puis les conditions furent signées à Röskilde : la garnison avait la liberté de se retirer où elle voudrait ; les bourgeois conservaient leurs libertés, franchises et immunités; ils devaient être exemptés à l'avenir des impôts onéreux établis sous le règne précédent; la faculté de commercer et de naviguer partout où ils voudraient devait leur être rendue; tout ce qui avait pu être dit ou fait contre le roi Frédéric était mis en oubli. Ces articles, et d'autres de moindre conséquence, furent signés au nom du roi par le prince Christian, et contresignés par le comte Jean de Hoya. Le prince demanda aussitôt que l'on prêtât serment de fidélité au roi son père, et le 6 janvier 1524, jour de l'Épiphanie, la capitale du royaume ouvrit ses portes à Frédéric.

Christian lui expédia aussitôt un courrier pour lui annoncer cette agréable nouvelle; il la reçut à Nyborg en Fionie, la rigueur de la saison ne lui ayant pas permis de se rapprocher de Copenhague depuis qu'il avait licencié ses troupes et rétabli le calme dans le Holstein. Dès qu'il eut appris l'important événement dont son fils l'instruisait, il hâta sa marche, et, le 16 janvier, fit son entrée dans la capitale, à la grande satisfaction des habitants fatigués d'un siége si long. Il écrivit ensuite à la plupart des cours étrangères, et en particulier à celle de Rome, pour leur expliquer les véritables circonstances de cette grande et subite révolution, qui, de même que tous les événements du même genre, était partout le sujet d'une infinité de discours, de conjectures, de suppositions et de fables.

Avant l'arrivée du roi, Malmöe avait capitulé aux mêmes conditions que Copenhague, toutefois avec cette différence que trois personnes furent exceptées du pardon général, savoir : Hans Mikkelsen, bourgmestre de cette ville, lequel avait suivi Christian II; Nils Hulse, qui, accusé d'avoir soulevé les paysans contre Frédéric, fut conduit à Copenhague, jugé et décapité ; enfin Sigebrite, dont l'on est étonné de voir le nom figurer dans cette circonstance, puisqu'elle était partie avec le roi détrôné. Du reste, c'est la dernière fois qu'il est question de cette femme qui avait joué un rôle si affreux dans les affaires du Danemark.

La Suède devait naturellement attirer l'attention de Frédéric. On a vu que l'insurrection commencée par Gustave Vasa avait fait des progrès rapides; la nouvelle de la fuite de Christian avait donné une nouvelle force au parti de Gustave ; beaucoup de Suédois, qui jusqu'à ce moment n'osaient se déclarer pour lui, embrassèrent ouvertement sa cause. Nommé administrateur du royaume à Vadsténa, dès le 24 août 1521, il assiégeait Stockholm.

Norby était avec une partie de sa flotte devant Calmar, afin de défendre cette place, lorsqu'une dépêche du sénat de Danemark l'instruisit du départ du roi. Frappé de surprise, mais non ébranlé dans sa fidélité à son prince, il laissa soixante soldats dans le château de Calmar, avec l'ordre exprès d'y mettre le feu, ainsi qu'à la ville, s'ils remarquaient que l'ennemi devînt trop fort pour eux, et de gagner ensuite soit l'île de Gotland, soit le Danemark. Quant à lui, décidé à comprimer les progrès du soulèvement contre Christian, s'il en était temps encore, il fit voile pour Copenhague avec ses vaisseaux. Dès que les habitants de Calmar s'aperçurent qu'il s'éloignait, ils prévinrent le mouvement possible de la garnison en ouvrant aux Suédois la porte septentrionale de la ville ; bientôt le château fut forcé de se rendre; puis les troupes de Gustave passèrent dans l'île OEland, qui est devant Calmar, et s'en emparèrent.

On ne tarda pas à savoir à Stockholm la fuite de Christian, la prise de Calmar et la marche triomphante de Gustave. Cependant la garnison n'était pas découragée; elle proposa de capituler aux conditions suivantes : elle pourra sortir librement du royaume et remettre la place aux Lubeckois, et Gustave s'engagera à payer à ceux-ci les arrérages dus aux soldats. Gustave refusa ces conditions, et convoqua la diète à Strengnäs : il y fut élu roi le 6 juin 1523. Retourné à son camp devant Stockholm, il poussa le siége avec vigueur. La garnison réduite aux abois capitula le 21, sous la médiation de dix conseillers lubeckois : elle put sortir librement avec armes et bagages qu'elle pouvait emporter avec elle, et être conduite dans tel port d'Allemagne qu'elle souhaiterait, après avoir promis de n'exercer aucune hostilité contre la Suède pendant deux mois; elle fut obligée de laisser toutes les munitions et les vaisseaux de guerre, ainsi que les papiers appartenant au roi Christian et à l'amiral Norby.

Gustave confirma les priviléges des habitants, et honora son succès en montrant de la clémence envers des individus qui leur avaient causé du mal. Le 23 il fit son entrée solennelle à la grande satisfaction de tous les Suédois. Alors il ne resta plus aux partisans de Christian que quelques places en Finlande ; mais les troupes de Gustave ne tardèrent pas à les prendre.

Toutes ces choses s'étaient passées pendant que les Danois étaient encore occupés aux siéges de Copenhague et de Malmöe. Bien loin de pouvoir songer à faire des efforts pour se maintenir en Suède, il leur avait été impossible de défendre la province de Vigen ou de Bohus, dépendant de la Norvége, et la Blékingie, qui faisait partie du Danemark.

Norby, revenu dans l'île de Gotland, déclarait hautement que Christian lui en ayant confié le gouvernement, il était résolu de la lui conserver, et qu'il ferait la guerre à Frédéric et à Gustave, traités par lui d'usurpateurs. Mais c'était surtout aux Suédois et aux Lubeckois qu'il en voulait. Aidé par des corsaires auxquels il ouvrit les ports de l'île, et qui augmentèrent ses forces navales, il expédiait continuellement de petites escadres, qui croisaient dans la Baltique et faisaient des prises considérables.

Les Lubeckois et les habitants des autres villes hanséatiques, dont le commerce souffrait de grandes pertes, ne pouvaient entreprendre seuls et sans alliés de mettre un terme à ces déprédations qui leur étaient si dommageables. Ils envoyèrent donc à Gustave un magistrat de Lubeck, négociateur adroit et rusé, pour l'engager à s'emparer de Gotland et à réunir de nouveau cette île à la Suède. Quoique ce prince reconnût que nulle occasion plus favorable nepouvait se présenter pour effectuer un tel dessein, il ne voulut pas accepter la proposition des Hanséates. Il considéra que la guerre avait épuisé la Suède, que ce royaume était sans argent et chargé de dettes, et enfin le peuple accoutumé depuis longtemps à ne pas supporter le poids des subsides, même les plus légers. Il prévoyait d'ailleurs qu'une tentative sur Gotland pourrait occasionner une guerre avec le Danemark, dont cette île relevait depuis quelques siècles. Il fit donc une réponse évasive aux Hanséates.

La déchéance de Christian II n'avait pas été prononcée en Norvége; cependant on s'y attendait à une révolution. Frédéric y commença des négociations. Peu de temps après avoir été reconnu roi de Danemark, il employa Vincent Lunge et Nils Lykke, hommes distingués par leurs talents et leur expérience, nés en Danemark, mais exerçant des fonctions publiques en Norvége. Ils engagèrent d'abord les états à déclarer Christian déchu du trône qu'il avait abandonné, puis à se conformer à l'exemple donné par les Danois, en y plaçant Frédéric qui était fils d'un roi de Norvége, et qui se trouvait revêtu du titre d'héritier de ce royaume. Tout favorisait les démarches de ces plénipotentiaires; Frédéric fut donc élu, au mois d'août 1523, roi de Norvége, par les états assemblés à Bergen. L'année suivante, il signa une capitulation, dont voici les conditions les plus remarquables : la couronne de Norvége est élective, comme celle de Danemark; les priviléges de la noblesse et les coutumes existantes sont maintenus; le roi doit être couronné à Drontheim; les marchands hanséatiques ne jouiront plus de la faculté d'acheter des propriétés territoriales; le roi rachètera les îles Orcades et Shetland, aliénées par Christian Ier sans le consentement du sénat. Frédéric différa le couronnement sous divers prétextes, et ne se soucia pas, pour le moment, de discuter les articles de la capitulation. Christian conservait encore des partisans en Norvége; ses lois en faveur des paysans danois avaient produit une vive impression sur le peuple norvégien; le temps avait affaibli le souvenir de ses anciennes cruautés.

Aussitôt que Frédéric se vit paisible possesseur du Danemark et de la Norvége, il tourna ses regards vers la Suède, et invita, par une lettre, les états de ce pays à renouveler l'union de Calmar. Cette démarche qui, dit-on, avait été suggérée à Frédéric par Gustave Trollé, l'ancien archevêque d'Upsal, ne pouvait être considérée tout au plus, dans les conjonctures actuelles, que comme une formalité pour conserver à tout événement des prétentions qui ne pouvaient que flatter. Les états de Suède se montrèrent mécontents de la lettre; néanmoins Gustave, qui eût eu le droit de s'en offenser, ne voulant pas s'attirer un nouvel ennemi, dissimula son déplaisir, et favorisa même le siége de Malmöe par un petit corps de ses troupes. Frédéric profita de l'intervalle de calme qui suivit le succès de ses entreprises, pour recouvrer la province de Vigen et la Blékingie, et, au commencement de 1524, les fit réclamer par des ambassadeurs qu'il envoya au roi de Suède. Les états, alors assemblés à Vadsténa, prétendaient que ces deux provinces étaient légitimement acquises à leur pays, comme dédommagement d'une guerre dont les Danois avaient été les premiers auteurs. Ils finirent pourtant par consentir à une conférence, qui devait être tenue à Jönköping entre des commissaires des deux nations, pour le maintien de la bonne intelligence et de la paix.

Ce fut à cette époque que l'envoyé de Lubeck obtint enfin, à force d'intrigues et de manœuvres, à décider Gustave à tenter la conquête de Gotland. Il ne lui demandait qu'une armée de terre, s'engageant au nom des Lubeckois à fournir un nombre suffisant de vaisseaux. L'armée et la flotte s'étant réunies à Calmar, Gustave fit embarquer ses troupes, et comme il ne jugeait pas qu'il fût prudent pour lui de s'éloigner de Stockholm, il confia le commandement de l'expédition à Bernard de Mélen, gentilhomme allemand, qui, ayant servi sous Christian II, avait passé chez les Suédois et s'était élevé par ses services jusqu'à la dignité de sénateur de Suède.

Mélen, débarqué sans opposition avec 8,000 hommes, se rendit maître de toute l'île en huit jours, à la réserve de Visby et du château de Visborg. Norby, convaincu que ces deux places ne pouvaient faire une longue résistance, dépêcha au roi de Danemark Otton Ulfeld, pour lui dire qu'il était prêt de le reconnaître pour son souverain, s'il voulait lui confirmer le gouvernement de l'île. Par cette offre, qui n'avait pour but que de gagner du temps, Norby entra dans les vues de Frédéric, contrarié de ce que Gustave envahissait une contrée qui depuis longtemps dépendait du Danemark. Cependant, peu désireux de s'engager précipitamment dans une guerre, il essaya d'arriver à ses fins par la voie d'une négociation. Il écrivit aux magistrats de Lubeck, pour leur représenter que Gotland étant une province de Danemark, et que le gouverneur de cette île étant rentré dans le devoir, il ne pouvait se dispenser de le protéger; que du reste il s'engageait à faire cesser les pirateries dont ils s'étaient plaints, sans exiger d'eux aucune condition onéreuse. Ces considérations décidèrent aisément les Lubeckois, qui ne devinaient pas les motifs véritables de la conduite de Norby, à ordonner aux chefs de leur flotte de suspendre toute hostilité contre ce dernier.

Alors Norby agit si bien par ses émissaires sur l'esprit de Mélen, qu'il obtint de lui une trêve, ou du moins plus de lenteur dans les travaux du siège. Les historiens nous apprennent que ces deux militaires avaient contracté un attachement mutuel dans le temps où ils servaient ensemble sous les drapeaux de Christian II ; ils supposent même que Mélen put être gagné par des présents, et que Norby fut assez adroit pour lui faire espérer une part importante dans le gouvernement de Suède, s'il voulait le seconder dans l'exécution d'un projet qu'il roulait depuis longtemps dans sa pensée (*) : c'était d'épouser Christine Gyllenstierna, veuve de Sten-Sturé, administrateur du royaume de Suède. Il avait laissé deux fils, dont le nom était cher aux Suédois. Norby pensait donc que si un changement était encore possible en Suède, ce qui ne paraissait pas absolument improbable dans ce temps, il ne s'effectuerait, suivant toutes les vraisemblances, qu'à l'avantage de ces jeunes Sturé, pour peu qu'ils fussent secondés. C'est ce qu'il avait voulu faire entendre à cette femme illustre ; mais

(*) Dalin, l. c, 2ᵉ partie, t. I, p. 105.

elle ne l'avait pas écouté. Il fut plus heureux auprès de Mélen, qui agit en conséquence en traînant le siége en longueur.

Cependant la mésintelligence qui s'était élevée entre Frédéric et Gustave, au sujet des provinces de Vigen et de Blékingie, s'accrut par l'invasion des Suédois en Gotland. Cette île avait toujours été une pomme de discorde entre les deux royaumes ; chacun tenait également à la posséder. Frédéric envoya donc à Gustave des ambassadeurs qui le trouvèrent à Jönköping ; ils y furent joints par des députés des villes hanséatiques. Ils se plaignirent vivement au nom de leur roi de ce que, sans même lui déclarer la guerre, l'on avait assiégé une place qui lui appartenait. Les Lubeckois, qui n'avaient rien de plus à cœur que d'empêcher le retour de Christian II, s'efforcèrent de justifier une entreprise dont ils étaient les vrais auteurs; ils dirent que ce n'était pas à Frédéric, mais à Norby que les Suédois et eux avaient fait la guerre en attaquant Gotland. Après une longue discussion, les Hanséates, qui voulaient décidément prévenir une rupture, en montrèrent les dangers avec tant de force, qu'ils déterminèrent les Danois et les Suédois à consentir à un accommodement secret et à avoir à cet effet une entrevue, à laquelle les députés des villes venèdes seraient admis comme médiateurs.

A leur retour, les ambassadeurs danois ayant communiqué au roi et au sénat ce qui avait été fait à Jönköping, la diète, qui était alors rassemblée à Copenhague, ratifia l'accommodement passé avec Gustave : il fut réglé que l'entrevue aurait lieu à Malmöe ; que les deux rois y assisteraient en personne ; que l'affaire concernant le Vigen et la Blékingie, ainsi que celle de Gotland et les prétentions sur la Suède, y seraient terminées, et que si l'on ne pouvait s'accorder on prendrait pour arbitres les villes venèdes de Lubeck, Hambourg, Dantzig, Stralsund, Wismar et Rostock.

Les villes que l'on vient de nommer

renouvelèrent à cette diète leur alliance avec Frédéric, et lui promirent, comme par le passé, toute espèce de secours contre le roi détrôné. La crainte que les nouveaux préparatifs de ce prince leur inspiraient, et celle de voir encore troubler leur commerce par la guerre étaient les vrais motifs de leur zèle si actif pour le maintien de la paix dans le Nord; d'un autre côté, les conjonctures commandaient à Frédéric et à Gustave de ne pas s'attirer légèrement de nouveaux ennemis sur les bras.

A cette même diète fut célébré, le 10 août 1524, avec une grande pompe, le couronnement de Frédéric. Gustave Trollé, archevêque d'Upsal, fit la cérémonie. Peut-être Frédéric choisit-il ce prélat, réfugié en Danemark, pour laisser croire qu'il ne renonçait pas à ses prétentions sur la Suède; mais Vertot et d'autres historiens modernes ont avancé à tort que dans cette occasion il se fit couronner comme roi de ce pays. Les bailliages et les villes reçurent dans cette solennité la confirmation de leurs libertés et de leurs priviléges.

Au temps fixé pour l'entrevue des deux rois, Gustave vint à Malmöe. Frédéric, à qui cette ville appartenait, lui avait envoyé quatre sénateurs et six gentilshommes danois, pour demeurer en otage dans ses États; les villes hanséatiques s'étaient d'ailleurs rendues garantes du sauf-conduit qu'il avait exigé pour sa sûreté. Il était accompagné de Thuré Jönson Ros, grand maître du royaume, qui devait porter la parole en son nom, du maréchal Laurent Siggerson, et de Laurent Andersson, chancelier aulique. Les deux rois se rencontrèrent dans l'église de Malmöe, en se donnant respectivement beaucoup de marques d'honneur. Frédéric commença la conversation en disant que Christian étant l'ennemi commun des deux royaumes, il importait aux deux rois de lui résister pour assurer le bien de leurs États, et afin d'y parvenir au plus tôt, de faire cesser les différends qui s'étaient élevés entre eux. Il ajouta que Gustave ayant trouvé bon de travailler à rétablir la bonne intelligence, il avait de son côté songé à des moyens équitables pour produire ce résultat. Gustave répondit qu'il était prêt à accepter toutes les conditions raisonnables qui pouvaient tendre à amener la paix et l'amitié entre les deux pays.

Là-dessus les deux rois s'étant rendus à la maison de ville pour y continuer leur conférence, Frédéric prononça un discours qui manqua d'être interrompu dès les premiers mots; il rappela d'abord le traité de Calmar, qui avait stipulé l'union perpétuelle des trois royaumes, et fit entendre qu'elle pourrait être renouvelée; que cependant il n'exigerait pas que Gustave renonçât à une couronne qu'il avait acquise à un si haut prix, qu'il demandait seulement que ce prince reconnût en quelque sorte le roi de Danemark comme son supérieur, et comme le chef perpétuel de cette union des trois royaumes du Nord, de laquelle il pouvait tirer avantage pour accomplir ses projets en toute sûreté.

Gustave, que ces paroles faisaient frémir d'indignation, sut cependant se contenir, et répondit : « De même que « tous les hommes sages, j'aurais dé- « siré la continuation de l'union; mais « l'histoire des temps passés nous a « appris combien il était difficile de « réunir sous un même chef trois na- « tions d'humeur si différente; toute- « fois je m'étonne que le roi Frédéric « puisse proposer à la Suède qu'elle le « reconnaisse pour seigneur suzerain; « c'est-à-dire que volontairement, et « sans y avoir été contrainte par la « force des armes, elle se soumette à « une sujétion que le Danemark, avec « ses menaces, ses efforts et sa puis- « sance, n'est jamais parvenu à lui im- « poser. Du reste, j'ai promis aux « Suédois, comme leur roi légitime, « d'être le défenseur de la liberté et de « l'indépendance de la patrie ; je suis « donc prêt à être, à rang égal, l'ami et « l'allié du roi de Danemark, si cela « lui plaît; mais son sujet, jamais. »

Frédéric sentit qu'il était allé trop

loin, et en homme prudent n'insista pas ; il proposa donc une paix perpétuelle, en prenant pour base que chaque royaume conserverait ses limites telles qu'elles étaient avant la dernière rupture ; Gustave consentit à rendre le Vigen et la Blékingie ; mais quand il fut question de Gotland, la discussion devint très-vive, chaque parti soutenant avec beaucoup de chaleur et de nombreux arguments ses prétentions sur cette île. Thuré Jönson, au lieu de répondre pertinemment aux Danois, comme son devoir le demandait, parut embarrassé et balbutia, de sorte que le chancelier Laurent Andersson, et ensuite Gustave lui-même, furent obligés de réfuter les raisons de leurs adversaires. Les historiens danois et suédois sont d'accord pour expliquer la cause de la perplexité du grand maître. Naturellement il n'était pas orateur, et de plus il était très-intéressé. Il craignait donc, en parlant en faveur de son roi, de perdre les biens considérables qu'il possédait en Norvége et en Halland. Les auteurs suédois ajoutent que les Danois lui en avaient fait la peur (*).

Les députés des Hanséates craignant que les esprits, venant à s'échauffer, la conférence ne fût irrévocablement rompue, ce qui n'aurait pas été leur compte, mirent fin à la dispute et firent signer aux deux parties, le 1er septembre, une convention conçue en ces termes : Les plénipotentiaires des deux rois se réuniront à Lubeck, le jour de la Pentecôte 1525 ; la Blékingie et ses dépendances seront rendues au Danemark ; la Suède gardera le Vigen jusqu'à ce que le congrès ait décidé à qui il doit appartenir ; Gotland restera jusqu'au futur congrès à celui des deux rois dont les troupes posséderont la forteresse de Visborg le 1er septembre 1524 ; celui des deux rois auquel les lieux et les pays en contestation seront adjugés dans le prochain congrès de Lubeck, en aura dès lors la sûre et paisible possession ; celui à qui Gotland sera adjugée indemnisera les marchands lubeckois de toutes les pertes que les corsaires de cette île leur ont occasionnées ; celle des deux parties qui contreviendra au précédent article sera condamnée à payer 100,000 florins, savoir la moitié à la partie lésée, et l'autre moitié aux villes médiatrices ; les prisonniers des deux côtés seront rendus.

Ce fut en vertu de ce dernier article que les dames suédoises, menées prisonnières en Suède par Christian II, furent honorablement rendues : Cécile, mère de Gustave, et Émerance, sa sœur, étaient mortes de la peste.

Suivant les historiens suédois, Gustave s'en alla très-mécontent de cette convention ; mais les circonstances le forçaient à ne se brouiller à la fois ni avec le Danemark, ni avec les Lubeckois.

Les députés de Frédéric se trouvèrent à Lubeck au jour fixé, et y attendirent vainement ceux de Gustave. Suivant les historiens suédois, cette inexécution d'un traité conclu si récemment vint de ce que les deux plénipotentiaires de leur roi qui étaient partis par mer, furent arrêtés en chemin par un des corsaires de Norby, et ensuite contrariés par les vents qui ne leur permirent pas d'arriver à temps. Dès qu'ils furent débarqués près de Lubeck, ils firent connaître les causes de leur retardement ; n'ayant pas, au bout de sept semaines, vu revenir les commissaires danois, ils reprirent le chemin de Stockholm, après avoir publié une déclaration par laquelle ils se justifiaient aux dépens des Danois. Quoi qu'il en puisse être de ces faits dont l'exactitude n'est pas facile à démêler aujourd'hui, les choses restèrent dans le même état qu'avant le traité de Malmöe : chacun des monarques conserva ses prétentions sur les provinces contestées, et la crainte d'un ennemi commun maintint seule entre eux une apparence de concorde.

Cette crainte n'était pas sans fondement ; il restait au roi détrôné de grandes ressources dans la puissance de l'Empereur, son beau-frère, et des

(*) Holberg, t. II, p. 195-197 ; Dalin, 3e partie, t. I, p. 106-108.

autres princes ses alliés. Christian publiait et faisait répéter par ses partisans que Charles-Quint lui promettait de le reconduire lui-même dans ses États, avec toutes les forces de l'Empire, dès qu'il aurait terminé ses démêlés avec la France; et le gain de la fameuse bataille de Pavie, au mois de février 1525, pouvait donner de la vraisemblance à cette rumeur. Frédéric ne put donc voir qu'avec beaucoup de satisfaction les amis de Christian s'en tenir, dans de telles conjonctures, à reprendre la voie des négociations en sa faveur.

Les premières propositions vinrent de la part de Ferdinand, roi de Bohême et frère cadet de Charles-Quint; il invita Frédéric à faire décider par des négociations ses différends avec Christian; l'Empereur écrivit dans le même sens. Frédéric ne se refusa pas à soumettre l'affaire à des juges impartiaux. Ensuite Albert et Henri, ducs de Mecklenbourg, demandèrent l'un après l'autre un dédommagement en argent pour Christian. Frédéric avait rejeté cet expédient comme dangereux pour ses propres intérêts, puisqu'il n'aboutissait qu'à fournir à son ennemi les moyens de lever de nouvelles troupes. Néanmoins Henri ne se rebuta pas. Malgré le peu de succès de ses lettres au roi et au sénat de Danemark, il vint lui-même à Preetz, bourg du Holstein situé sur la petite rivière de Bornbeck, entre Kiel et Plön, et proposa divers accommodements à Frédéric. Les seuls que ce prince ne repoussa pas étaient d'acheter à Christian des seigneuries dans quelque pays étranger, ou de lui accorder une pension pour son entretien et celui de son fils; Frédéric ajoutait comme une condition indispensable, que ces princes donneraient des garanties suffisantes de ne le plus troubler dans la possession de ses royaumes.

Ce projet parut assez raisonnable à Henri pour être discuté dans un congrès qui se tiendrait à Lubeck; il y invita Albert et l'électeur de Saxe. Frédéric, qui n'était pas pressé de conclure, allégua que cette affaire intéressait également les états de Danemark, de Norvége, des duchés, le roi de Suède et les villes hanséatiques; qu'il était donc obligé de prendre préalablement leurs avis. Cette réponse renvoyait si loin la tenue du congrès, que l'Empereur et l'électeur de Brandebourg, ayant joint leurs instances à celles des autres alliés de Christian II, Frédéric et le sénat de Danemark ne purent éluder plus longtemps la demande du congrès : il fut tenu aussitôt après la Pentecôte. Deux évêques, le chancelier et trois autres sénateurs de Danemark y vinrent. Les historiens qui nous ont conservé les instructions données à ces délégués, ont pensé qu'il devait y en avoir d'autres plus secrètes qui prescrivaient aux plénipotentiaires de ne faire usage des propositions ostensibles que pour amuser Christian et ses alliés. Ils étaient autorisés à offrir la couronne de Danemark, après le décès de Frédéric, au prince Jean, fils de Christian. Ce prince Jean devait en attendant jouir d'une pension annuelle de quelques milliers de florins; il s'engageait à publier une amnistie sans réserve, à ne jamais rappeler son père dans le royaume, à ne jamais lui accorder la moindre part dans les affaires : celui-ci devait renoncer à tous ses droits, et jurer de ne faire aucune tentative pour les recouvrer; le fils de Frédéric devait garder les deux duchés.

On a dit que le sénat de Danemark n'avait jamais pu songer sérieusement à conclure un pareil traité, qui était trop contraire aux intérêts de Frédéric et de son fils; mais il faut considérer que le royaume était dans des alarmes continuelles : les habitants, obligés de se tenir sans relâche sous les armes, soupiraient après le moment qui les délivrerait d'une contrainte si pénible. Il n'est donc pas impossible que le sénat, bien plus puissant en réalité que le roi, ait recouru à un expédient qui ne lésait que celui-ci. Quoi qu'il en soit, on présume que Frédéric ayant mis en jeu des ressorts cachés, empêcha que rien ne fût conclu d'après un plan si contraire à ses intérêts ; on croit aussi que Christian II, ne se fiant pas assez aux promesses faites à son fils, refusa de donner des assurances suffisantes qu'il n'entreprendrait rien pour faire valoir ses propres prétentions.

Les choses restèrent donc dans le même état qu'auparavant ; les Danois et les habitants des duchés durent continuer à se tenir sur leurs gardes, et redoubler même de précautions contre un ennemi constamment occupé de ses projets d'invasion. Une guerre réelle ne leur aurait pas été plus onéreuse; la noblesse offrit le tiers de ses revenus au roi, à titre de don gratuit; Frédéric fit réparer et augmenter les fortifications de Copenhague, et renouvela ses alliances avec la France et l'Écosse.

Il aurait bien voulu se faire couronner comme roi de Norvége, afin de s'assurer par ce nouveau moyen de la fidélité des habitants, qui ne le reconnaissaient pour souverain que par un simple droit d'élection et n'avaient prêté serment qu'à son délégué. Ses vœux ne purent être remplis. Le sénat de Norvége demandait que cette cérémonie se fît dans l'église cathédrale de Drontheim ; et dans ces conjonctures critiques Frédéric ne pouvait s'absenter du Danemark.

Holberg remarque que, malgré le zèle manifesté par Charles-Quint pour son beau-frère, la bonne intelligence ne fut pas interrompue un seul moment entre les Danois et les Néerlandais : ceux-ci, quoique sujets de l'Empereur, ne cessaient pas de traverser librement le Sund. Ils paraissaient peu disposés à promettre leur appui au roi détrôné : ils préféraient de continuer à commercer librement avec ses anciens sujets, parce qu'ils en tiraient plus de profits que de se lancer dans des entreprises très-hasardeuses.

Revenons à Norby, qui, en se bornant à arborer le pavillon danois sur les forteresses de Gotland, s'était maintenu dans cette île ; Gustave avait pris l'engagement d'en retirer ses troupes, conformément à la convention de Malmöe. Prévoyant tout ce qu'il avait à redouter de l'union des trois puissances qui avaient signé cet acte, Norby résolut de les brouiller ensemble. Il fit répandre le bruit qu'il avait conclu avec Gustave un traité qui annulait celui de Malmöe. Il continua ses poursuites auprès de Christine Gyllenstierna, pour qu'elle entrât dans ses projets avec ses partisans; il entretint des correspondances avec les autres mécontents de Suède et de Danemark; enfin il employa tout l'hiver à des préparatifs d'un armement considérable par terre et par mer, sans que personne pût pénétrer ses véritables intentions ; et dès la fin de mars de l'année 1525 il envoya Otton Stissen, un de ses lieutenants, avec une escadre et un corps de fantassins pour s'emparer de Sölvitsborg et d'Ohus, petits ports et châteaux, le premier sur la côte de Blékingie, le second sur celle de Scanie, et soulever la population de ces deux provinces en faveur de Christian II. Tycho-Krabbè, qui de Helsingborg était accouru à sa rencontre avec ce qu'il avait pu rassembler de troupes de la province de Scanie, fut bientôt arrêté dans sa marche par Norby lui-même, qui avait suivi de près son lieutenant avec un renfort considérable. Krabbè ne pouvant tenir tête à un ennemi bien supérieur en nombre fut obligé de chercher, avec la plus grande partie de son monde, une retraite dans Malmöe.

Norby, maître du pays, prit Lands-Krona et les autres villes maritimes, fit soulever presque tous les paysans contre Frédéric, et en forma une armée de près de dix mille hommes; partout il se faisait rendre hommage au nom de Christian. Il répandit des lettres par lesquelles ce prince promettait toute protection à ses pauvres peuples. Il rejetait ses malheurs sur ce qu'il n'avait pas voulu souffrir qu'ils fussent les victimes de la tyrannie des nobles et des grands ; il les exhortait à suivre l'exemple des Scaniens et à soutenir les efforts de Norby.

Ces excitations produisirent leur effet; les paysans révoltés ravagèrent les terres, brûlèrent et saccagèrent les châteaux des nobles, qui ne trouvèrent de refuge que dans les murs de Malmöe. Frédéric, qui était alors au château de Gottorp, près de Slesvig, sa résidence ordinaire, ne fut pas plutôt instruit de ces tristes nouvelles, qu'il les fit connaître aux Lubeckois et aux villes venèdes. Il eut avec leurs députés une conférence à Segeberg, et il fut décidé qu'ils enverraient une flotte dans le Sund pour arrêter les progrès du mal. Jean Rantzau fut expédié à la hâte avec quelques cavaliers ; il devait en passant prendre des renforts en Seeland, puis s'embarquer pour Malmöe. Quel fut son étonnement quand les magistrats de Copenhague refusèrent de laisser entrer ses troupes dans cette capitale, et de lui prêter leur aide dans un tel moment de crise ! Parvenu à Malmöe, il y forma sa petite armée, qui ne se composait que de mille fantassins et de trois cents cavaliers. La place était mal pourvue; l'ennemi, avec des forces bien plus nombreuses, occupait une forte position près de Lund. Persuadés de la nécessité de l'attaquer sans délai, Rantzau et Krabbé exécutèrent ce dessein le 7 avril. Le combat ne dura pas longtemps ; les retranchements furent forcés, et les révoltés totalement défaits : ils perdirent 1,500 hommes, tant fantassins que cavaliers restés sur le champ de bataille, et 5,000 prisonniers; le reste prit la fuite. Lund fut emporté de force.

En recevant ces nouvelles, Norby, qui assiégeait Helsingborg, leva son camp et se jeta dans Landskrona avec ses troupes et les debris de l'armée battue ; bientôt il y fut investi par les vainqueurs qui s'étaient renforcés. Une armée de 12,000 paysans, commandée par Stissen, s'étant approchée pour secourir Norby, fut taillée en pièces près d'une petite forêt appelée Brunkoffte-Lund, et le général fait prisonnier. Ce second échec ruina les projets et les espérances de Norby ; les paysans se hâtèrent de mériter leur grâce en abandonnant son parti : lui-même, serré de près dans Landskrona, offrit de capituler. Rantzau et Krabbé, qui n'entrevoyaient aucun avantage à le pousser à bout, traitèrent avec lui. Ayant promis de remettre Gotland à Frédéric et de lui prêter serment de fidélité, il obtint un pardon général pour lui et pour les siens, le gouvernement de Sölvitsborg sa vie durant, une indemnité en argent pour ses officiers et ses soldats qui n'avaient pas reçu toute leur paye.

Dès que cet accord eut été signé, Otton Krumpen, au nom du roi, et Kordt Webbekuk, au nom des Lubeckois, partirent avec une escadre pour Gotland; Norby les accompagnait afin de faire la remise de l'île. Après le congrès de Segeberg, les Lubeckois, au lieu d'envoyer leur flotte dans le Sund, conformément à leur parole, pour couper toute retraite à Norby de ce côté-là, lui avaient enjoint d'essayer une descente en Gotland, dans l'espoir que l'absence du gouverneur leur faciliterait les moyens de surprendre cette île; mais la citadelle étant mieux pourvue qu'ils ne l'avaient conjecturé, ils ne tirèrent d'autre fruit de cette tentative que de convaincre les Danois, leurs alliés, qu'ils ne songeaient qu'à leurs propres intérêts. Dans l'occurrence présente, Norby s'étant efforcé d'arriver le premier au château de Visborg, Krumpen s'y opposa, de crainte que ce fût pour susciter quelque nouvel obstacle, et prit ses mesures pour que tout s'effectuât suivant ce qui avait été convenu. Norby fut donc obligé de livrer les forteresses aux officiers du roi. Ce prince céda les revenus de l'île, pour quatre ans, aux Lubeckois, à titre de dédommagement des pertes que les pirates de ce pays leur avaient causées et des frais de cette guerre; cet arrangement ne dura que deux ans ; alors ils obtinrent en échange les revenus de Bornholm pendant cinquante ans.

Comme il n'aurait pas été d'un bon exemple que la révolte des Scaniens restât impunie, ils furent condamnés à une amende. La tranquillité reparut bientôt; mais un repos absolu ne pouvait convenir à Norby. Il avait à peine pris possession de son gouvernement de Sölvitsborg, qu'il fit construire et radouber des vaisseaux, et recommença ses courses sur mer. Un de ses navires ayant été pris par les Suédois, et ses sollicitations pour se le faire rendre n'ayant produit aucun effet, il résolut de s'en venger : il écrivit à Frédéric pour l'engager à envahir la Suède, entreprise qu'il lui représentait comme très-facile. Bien loin d'écouter ses projets, le roi de Danemark en instruisit Gustave. Tous deux unirent leurs forces contre Norby, qui, réduit au désespoir, essaya de se soutenir contre ses adversaires, quoiqu'il n'eût que quatre vaisseaux et six yachts, avec environ 600 hommes et quelques petites places sur la côte de Scanie; mais il attendait des secours de Christian II. Cependant sa résistance ne pouvait être longue contre deux rois réunis. Les Danois lui prirent Sölvitsborg, Rodneby et Lyckö. Une petite escadre suédoise s'étant jointe à celle des Danois, Norby, qui ne put éviter le combat, fut complétement défait, perdit 400 hommes et sept navires. Il n'échappa qu'avec beaucoup de peine à ce désastre, et avec les débris de sa petite flotte gagna l'embouchure de la Narova en Moscovie : de là il se rendit avec quelques-uns de ses compagnons d'infortune à Moscou. Ses efforts pour entraîner dans une guerre contre la Suède le tzar, qui venait de renouveler son alliance avec Gustave, lui attirèrent une longue détention. Enfin sorti de prison en 1529, à la recommandation de Charles-Quint, il entra au service de ce beau-frère de son ancien souverain, et fut tué l'année suivante d'un coup de feu au siége de Florence. Recommandable par son inaltérable fidélité envers Christian II, il ternit par ses injustices et ses violences l'éclat de ses vertus et de ses belles et grandes qualités, tellement qu'il donna lieu de soupçonner que son ambition personnelle fût le principal mobile de l'attachement qu'il montra pour un roi malheureux.

Il avait, après la prise de Malmöe, contribué, par ses remontrances au roi, à sauver la vie à Otton Stissen, son ancien lieutenant, condamné à mort par un conseil de guerre.

Pendant plusieurs années, la tranquillité du Danemark ne fut pas troublée au dehors; mais les progrès de la réforme religieuse, qui se manifestèrent dès l'année 1527, causèrent dans l'intérieur du pays une vive agitation. Nous avons déjà parlé de la tentative faite par Christian II en 1520, pour introduire la nouvelle doctrine, et de son peu de succès (*); cependant, dès l'année suivante, un Danois contribua beaucoup à répandre les principes de la réformation. Ce fut Jean Tausen, né dans l'île de Fionie. Après avoir étudié la théologie à Cologne et fréquenté les leçons de Luther à Wittemberg, il fut nommé en 1521 professeur de théologie à Copenhague; mais bientôt il se retira dans le couvent d'Anderskov en Seeland. Pendant quelques années il ne travailla que secrètement à propager la réformation.

Elle fut de nouveau favorisée par ce même Christian II, qui, pour exterminer la noblesse de Suède, s'était fait l'exécuteur impitoyable d'une sentence de la cour de Rome. Toujours animé du désir d'humilier le clergé danois, il permit que les principes des novateurs fussent prêchés publiquement. Cependant, arrêté dès les premiers pas par les menaces du pape, par les représentations de l'Empereur, par la crainte de soulever des peuples mécontents, il ne s'occupa plus qu'à satisfaire l'Empereur, et à déguiser au pape et à son légat ce qu'il avait fait. L'inconstance qu'il montrait continuellement dans ses démarches arrêta donc les progrès de la réformation. Aucun personnage marquant n'en adopta les principes, effrayé que chacun devait être, de se voir poursuivi pour une action qui peu de jours avant aurait pu paraître agréable au roi. Toutefois, les hommes attachés à la pureté des dogmes de l'église de Rome tenaient les principes religieux de Christian pour très-suspects, et parmi

(*) Voyez p. 162.

les griefs allégués pour motiver sa déposition, un des principaux fut son attachement à l'hérésie.

Après sa fuite, la position du Danemark favorisa singulièrement la marche de la réformation. Les évêques, les sénateurs et le reste de la noblesse, tout occupés de la grande révolution qu'ils venaient d'opérer, n'étaient agités que de la seule crainte de voir rétablir, par l'aide d'une puissance étrangère, le roi détrôné. Il y avait pour eux nécessité absolue de maintenir à tout prix ce qu'ils avaient fait, ou bien ils devaient s'attendre à une ruine certaine. Ils n'ignoraient pas que Frédéric était notoirement enclin pour la doctrine prêchée par Luther, quoiqu'il ne la professât pas publiquement. La terreur bien fondée des vengeances de Christian, s'il revenait jamais au pouvoir, et s'il se mettait en tête d'établir la réforme, comme il en avait déjà montré l'envie, décida certainement les prélats à rester fidèlement attachés au souverain qu'ils avaient choisi. Ainsi ils fermèrent volontairement les yeux sur des innovations dont ils espéraient probablement arrêter le cours quand les circonstances seraient plus favorables.

Dans les premières années de son règne, Frédéric ne fit pas connaître sa façon de penser sur la religion. Cela n'aurait pas été à propos tant qu'il ne se voyait pas fermement assis sur le trône : les villes principales étaient encore dans les mains de son ennemi, et des soulèvements éclataient de divers côtés. Constamment guidé par la prudence, il se contentait de maintenir la paix entre les différents partis au sujet de la religion, et parlait en termes généraux des abus qui s'étaient glissés dans l'Église, et dont il serait à souhaiter qu'elle fût délivrée. Sur ces entrefaites, la réformation, qui n'était pas persécutée, s'étendait rapidement dans les duchés et dans le royaume. Le prince Christian, fils aîné du roi, avait passé plusieurs années de sa jeunesse à la cour de Joachim, électeur de Brandebourg, son oncle maternel. En 1521, il l'avait accompagné à la diète de Worms; il y vit Luther. La hardiesse et la candeur du réformateur ne purent que produire une vive impression sur un jeune prince de dix-huit ans. On a pensé que, revenu près de son père, il contribua beaucoup par ses discours à le détacher de la communion catholique. Il appela auprès de lui Pierre Svabe, ami de Luther. Ayant été nommé en 1524 gouverneur des duchés, il établit deux prédicateurs luthériens à Hadersleben, en Slesvig, lieu de sa résidence.

Tausen, enhardi sans doute par l'exemple du roi et de son fils, commença de nouveau à professer publiquement la doctrine de Luther. Alors le prieur de son couvent l'envoya dans un couvent de son ordre à Viborg en Jutland, où il fut renfermé; mais, à travers les barreaux de sa prison, il prêcha le peuple, qui s'assemblait en foule pour l'entendre. Bientôt sa renommée lui valut l'appui de plusieurs hommes puissants, et il fut mis en liberté. Sous leur protection, il continua ses sermons devant un auditoire de jour en jour plus nombreux. L'évêque alarmé voulut le faire arrêter; la multitude se souleva pour le défendre, barricada les rues, monta la garde devant les églises où il se faisait entendre, et finit par tenir le prélat lui-même bloqué dans son palais. Le roi fut obligé d'interposer son autorité pour arrêter les progrès de ce tumulte. Les historiens ajoutent que dès 1526 ce prince faisait publiquement profession du luthéranisme; cependant il n'avait pas encore rompu ouvertement avec l'Église romaine. Il accorda sa protection à Tausen, et lui donna le titre de son chapelain, et celui-ci resta en possession des chaires de Viborg.

Il est digne de remarque que, bien que déposé, Christian concourut, de son exil, à propager les nouvelles doctrines en Danemark; s'il les avait autrefois favorisées, la politique et non la conviction l'y avaient décidé; mais cinq ou six mois après sa chute, se trouvant au château de Schwrenitz, près de Wittemberg, chez l'électeur de Saxe, il eut la curiosité d'entendre Luther. Le réformateur vint au château et y prononça un sermon, avec ce ton de persuasion profonde qui lui était habituel, et qui remua profondément l'âme du monarque détrôné. Christian déclara que dès ce moment il supporterait avec résignation le malheur dont la main de Dieu l'avait justement frappé. Bien plus, Élisabeth, son épouse, reçut en 1524 la communion des mains d'André Osiander, premier pasteur de Nuremberg, et un des plus fameux réformateurs; elle était venue dans cette ville pour y voir Ferdinand son frère, roi de Bohême. La même année, Christian fit imprimer à Leipzig une version danoise du Nouveau Testament, la première qui ait été imprimée dans cette langue. Elle avait pour auteur Jean Mikkelsen, qui avait suivi le roi dans son exil. Porté en Danemark, ce livre y fut lu avec avidité, et devint un des moyens les plus efficaces que les ministres luthériens employèrent pour engager le peuple à rejeter les dogmes qu'il n'y trouvait pas clairement énoncés.

Le nombre des luthériens avait pris un tel accroissement que Frédéric put faire une démarche décisive en 1527. La diète était assemblée à Odensé. Il y adressa aux évêques un discours dans lequel il leur recommandait de veiller à ce que la parole de Dieu fût prêchée partout dans sa pureté primitive, et dégagée de toutes les superstitions et de toutes les fables que l'ignorance et l'intérêt des hommes y avaient mêlées; il leur déclara qu'en jurant, à son avénement au trône, de maintenir la doctrine de l'Église catholique, apostolique et romaine, il n'avait pas entendu soutenir tous les abus que les hommes y avaient introduits, abus si grossiers qu'ils étaient devenus un objet de risée pour le peuple même, abus qui scandalisaient les vrais chrétiens. Il représenta enfin aux prélats qu'en promettant de leur conserver leurs dignités et leurs prérogatives, ils s'étaient également engagés de leur côté à remplir fidèlement les devoirs de leur charge; puis il ajouta que la doctrine de Luther avait fait de si grands progrès dans le royaume, qu'il ne serait plus possible de la proscrire sans causer des troubles et des bouleversements; qu'il regardait comme très-convenable de permettre le libre exercice des deux religions dans ses États, jusqu'à la tenue d'un concile général qui était l'objet du vœu universel, et qu'alors il se conformerait, avec tous les princes chrétiens, à ce qui aurait été décidé.

Les évêques se récrièrent fortement contre cette proposition, qui, tout en leur laissant leur titre, menaçait de les priver de leur puissance et de leurs richesses. Plusieurs membres de la noblesse du premier rang les ayant soutenus, le roi éprouva de la difficulté à faire passer les résolutions suivantes : dorénavant il y aura liberté de conscience; le roi accorde sa protection aux luthériens, qui jusqu'alors n'avaient pas joui de celle des lois. Les prêtres et les religieux des deux sexes ont la permission de se marier; il est défendu aux évêques de faire venir de Rome le *pallium*; ils seront élus canoniquement par les chapitres; le roi seul confirmera leur nomination. Le clergé catholique ne sera pas troublé dans la possession de ses biens, à moins que ce ne soit en vertu d'une loi; il conserve ses revenus, et nommément la jouissance de la dîme, et l'exercice de sa juridiction; elle est cependant limitée dans quelques points.

Depuis la publication de ce décret, une foule d'habitants du pays que la crainte avait retenus jusqu'alors, se déclarèrent pour les doctrines de la réformation; beaucoup d'ecclésiastiques se marièrent; un grand nombre de moines et de religieuses quittèrent les couvents. Cependant aucune ville n'abolit, avant 1529, le culte catholique formellement. Malmöe donna la première cet exemple pour le remplacer par le service divin en langue vulgaire. Cette même année, le roi fit venir Tausen à Copenhague, à la grande satisfaction de la plupart des habitants. L'église de Saint-Nicolas lui fut

DANEMARK

La Bourse de Copenhague.

accordée pour prêcher en toute liberté. Les catholiques avaient été obligés de souffrir que les psaumes et les hymnes y fussent chantés en danois. A l'arrivée de Tausen, l'empressement de la foule redoubla ; ses prédications, trouvant des auditeurs favorablement disposés, achevaient de persuader ceux qui doutaient encore, et ranimaient le zèle et la foi de ceux qui étaient déjà convaincus.

Le roi approuva le changement opéré à Malmœ, à condition que les biens ecclésiastiques que l'on séculariserait seraient employés à fonder un gymnase dans cette ville. Le luthéranisme fut publiquement enseigné dans cette école, de laquelle sortirent la plupart des prédicateurs qui achevèrent, dans la suite, l'établissement des nouvelles doctrines en Danemark. Nicolas Martin y publia, en 1528, des cantiques spirituels à l'usage des Danois, et François Vormord, carme, une traduction des psaumes. Aussi Malmœ devint-il célèbre par là dans l'un et l'autre parti, et un écrivain catholique de ce temps appela-t-il cette ville l'asile de tous les hérétiques et la caverne des plus sacriléges apostats.

Ainsi la réformation faisait de tous côtés de si grands progrès dans le royaume, même dans les villes les plus considérables, qu'en 1529 un décret du roi permit de prêcher d'après les nouvelles doctrines, ainsi qu'on l'a vu plus haut. Les historiens danois observent que Frédéric ne contribua aux changements qui furent introduits, qu'en laissant les choses suivre leur cours, et en accordant à chacun une liberté entière de conscience.

En 1530, encouragés sans doute par la démarche des luthériens d'Allemagne, qui avaient présenté leur profession de foi à l'Empereur, dans la diète d'Augsbourg, d'où cette confession célèbre a pris son nom, les luthériens de Danemark, jaloux de se laver de toutes les imputations odieuses dont on s'efforçait d'entacher leur doctrine, décidèrent, avec l'agrément du roi, de faire un acte solennel du même genre. Un colloque fut indiqué à Copenhague, entre les théologiens les plus habiles des deux partis. Les catholiques n'en trouvant point parmi eux qu'ils jugeassent assez forts pour soutenir convenablement la dispute, firent venir de Pologne le docteur Stagefyr, auquel ils adjoignirent Paul Eliason : celui-ci, qui, par suite du mauvais succès des tentatives de Martin Reinhard, avait renoncé aux idées nouvelles, était devenu un zélé défenseur de l'Église romaine.

Les luthériens, avant l'époque fixée pour le colloque, qui devait s'ouvrir devant la diète le 8 septembre, présentèrent au roi leur confession de foi en quarante-trois articles, conforme pour le fond à celle d'Augsbourg. Les catholiques y opposèrent une requête au roi, dans laquelle, lui rappelant les engagements qu'il avait pris à son sacre, ils signalèrent vingt-quatre articles erronés et hérétiques dans la profession de foi des luthériens. On doit convenir que quelques-uns de ces articles sont cités ou plutôt parodiés d'une manière contraire à l'impartialité. Tausen y répliqua : en repoussant cette rédaction erronée, il s'efforça de démontrer la vérité des propositions réellement enseignées par ses confrères. Rien semblait ne plus devoir retarder l'ouverture du colloque que tout le monde attendait impatiemment, lorsqu'un incident, ou fortuit ou ménagé par des vues secrètes, empêcha qu'il n'eût lieu ; on ne put s'accorder sur la langue dont il y serait fait usage, et sur l'autorité que l'on reconnaîtrait. Les évêques et les docteurs catholiques exigeaient que l'on se servît de la langue latine : les luthériens insistaient sur l'emploi de la langue danoise, afin que tous les auditeurs pussent comprendre ce qui serait dit de part et d'autre ; ils demandaient de plus que toutes les questions fussent résolues seulement d'après le texte de l'Évangile, sans qu'il fût permis de recourir aux paroles des Pères de l'Église ou des papes. Ils opposèrent à la requête des évêques une plainte en douze points. Chacun étant resté ferme dans son opinion, le roi prononça que le clergé catholique ayant empêché la tenue du colloque, les luthériens continueraient de jouir de la liberté que la diète d'Odensé leur avait accordée. En même temps il prit des mesures pour que la doctrine de la réformation fût enseignée dans Copenhague plus solennellement et plus fréquemment qu'elle ne l'avait encore été. Les évêques se plaignirent hautement de cette conduite dans un écrit qu'ils publièrent peu de temps après. Ils y alléguèrent des griefs relatifs à la crainte que leur avait inspirée pour leur sûreté la populace malintentionnée qui entourait le lieu désigné pour le colloque; ils réfutaient par le même écrit la profession de foi des luthériens, ce qu'ils n'avaient pu faire précédemment, la crainte les ayant alors forcés de garder le silence. Le parti du roi était pris : ces plaintes, bien ou mal fondées, ne l'arrêtaient pas. Il avait pris part à la ligue de Schmalkalden, formée en 1530 par les princes luthériens d'Allemagne pour leur défense commune; il n'était donc pas à présumer qu'il changeât sa marche. La protection ouverte qu'il accordait à la réformation influait puissamment sur l'esprit du peuple. Les couvents étaient de plus en plus abandonnés; une partie fut convertie en hôpitaux. Mais, comme il arrive fréquemment dans les événements de ce genre, des violences se mêlaient à tout ce qui se faisait. Ronnov, évêque de Röskild, qui avait promis et donné caution d'être tolérant, persécutait les luthériens quand il l'osait. A son exemple, d'autres prélats se permettaient souvent des actes d'oppression; de leur côté, les luthériens ne montraient pas plus de modération. Aux fêtes de Noël, en 1531, il s'éleva un terrible tumulte dans la ville de Copenhague; des artisans se précipitèrent avec emportement dans la cathédrale, insultèrent les catholiques, brisèrent les images des saints, et déchirèrent les tableaux. Le magistrat eut beaucoup de peine à sauver le maître-autel de la brutalité de ces furieux, et le roi fut obligé d'ordonner la clôture de cette église. En Jutland, il éclata aussi des troubles. Les paysans se plaignaient des vexations de leurs évêques; ils leur reprochaient de les laisser privés de tout secours spirituel pendant plusieurs semaines de suite. On doit convenir que ce désordre et d'autres semblables allaient en effet très-loin; les désordres et l'ignorance de plusieurs ecclésiastiques étaient, comme dans d'autres pays, les causes principales du zèle ardent que le peuple montrait pour les nouveautés qui promettaient de mettre un terme aux abus.

Tel était l'état des esprits en Danemark à la fin de 1531. Bientôt arrivèrent des événements qui les occupèrent d'une autre manière. L'inaction apparente de Christian II, après le peu de succès des conférences de Lubeck, n'avait trompé ni Frédéric ni Gustave. Tous deux étaient persuadés que le monarque détrôné songeait sans cesse à son rétablissement, et n'attendait qu'une occasion favorable pour effectuer ses projets. Depuis la convention de Malmöe, aucun des deux rois ne s'était occupé d'en exécuter les conditions. Les Suédois, loin de songer à rendre la province de Vigen, en faisaient fortifier les places. Gustave se plaignait de ce que des Suédois proscrits, et entre autres Gustave Trollé, son ennemi déclaré, trouvaient un asile et de l'appui en Norvége et en Danemark. On avait appris que Ferdinand, roi des Romains et beau-frère de Christian II, songeait à le replacer sur le trône. Frédéric recevait des avis qu'un officier de Ferdinand avait, à la faveur d'un déguisement, parcouru le Danemark, levé des plans de places fortes, et sondé les dispositions des peuples envers leur ancien souverain. On disait que ce même officier était passé en Suède, pour dissuader Gustave de prendre part à la guerre qui devait être faite aux Danois. Réfléchissant à ces nouvelles, Frédéric envoya en 1528 deux députés à Gustave qui parcourait les frontières de son royaume; ils étaient chargés de lui communiquer ces renseignements et de lui proposer un renouvellement d'al-

DANEMARK

liance. Gustave s'y montra disposé, et demanda qu'on ne donnât plus asile à ses ennemis. La promesse lui en fut faite immédiatement, et une conférence indiquée à Lödese. Gustave y vint; Frédéric n'y parut pas, et s'excusa sur ce que les circonstances exigeaient sa présence dans les duchés. Cinq députés danois le représentèrent. Ayant demandé la restitution de la province de Vigen, Gustave répondit qu'il fallait d'abord régler ce qui concernait l'île de Gotland. La discussion de ces deux points fut remise à un autre temps; puis on en vint au traité d'alliance défensive. Il stipulait que si l'un des deux rois était attaqué par Christian II, l'autre lui fournirait tout de suite un secours de 600 fantassins et de 300 cavaliers, ou plus si la circonstance le demandait; si l'attaque venait d'un autre ennemi, celui des deux rois qu'elle ne concernerait pas serait seulement tenu à ne fournir à l'ennemi aucune espèce de secours et à ne le recevoir dans aucun de ses ports. Peu de temps après la conclusion de ce traité, Gustave Trollé, Magnus, évêque de Skara, Thuré Jönson, et autres ennemis de Gustave, reçurent l'ordre de sortir de Danemark.

Cette même année, Frédéric signa un autre traité d'alliance avec l'électeur de Saxe et avec le landgrave de Hesse-Cassel, tous deux ennemis de la maison d'Autriche.

L'année suivante (1529), comme la Norvége continuait à donner de l'inquiétude à Frédéric, il y envoya son fils Christian, qui était accompagné de son épouse, de plusieurs sénateurs, de nobles et d'un corps de troupes. Cette visite avait pour but de le faire reconnaître comme prince héréditaire. Les Norvégiens s'y refusèrent, sous le prétexte que leur pays était un royaume électif, et de plus tellement uni avec le Danemark que l'un et l'autre ne devaient plus avoir à l'avenir qu'un seul et même roi. Cependant le séjour de Christian produisit un bien, qui fut de rétablir le bon ordre par différentes mesures très-sages.

Des menées parmi les ecclésiastiques et plusieurs membres de la noblesse portaient Frédéric à redoubler de vigilance pour maintenir la tranquillité dans ses États et la paix avec ses voisins. Des troubles avaient éclaté en Suède en 1529; les recherches du gouvernement firent découvrir qu'ils avaient été excités et fomentés par les émissaires des mécontents précédemment réfugiés sur les terres de Danemark. La venue du prince Christian en Norvége à cette même époque ne laissa pas que de causer à Gustave quelques soupçons d'intelligences secrètes entre les Danois et les brouillons de son pays. Thuré Jönson avait mandé à ses partisans que Frédéric lui donnerait le Vigen en fief. Quoique ce fût un hâbleur fieffé, Gustave, entouré d'ennemis cachés, n'avait pu se défendre de concevoir des inquiétudes; il prit les mesures convenables pour défendre ses frontières, et adressa par écrit des plaintes à Frédéric.

Les explications qui résultèrent de la correspondance des deux rois et des communications orales faites à leurs envoyés respectifs amenèrent de la part de Frédéric la demande de régler définitivement les points qui restaient en litige. Une conférence fut tenue en 1530 à Varberg, ville maritime du Halland; les commissaires des deux royaumes tombèrent très-promptement d'accord, et signèrent, le 29 juillet, un traité qui, après avoir renouvelé les anciennes liaisons, laisse le Vigen à la Suède pour six ans; ce terme échu, elle devait le rendre à la Norvége dans le même état où il se trouvait en 1530. Les 50,000 florins que les deux rois réclamaient l'un de l'autre, et les autres demandes du même genre étaient mises de côté. Cependant les droits de la Suède sur l'île de Gotland sont maintenus. Les nobles de Suède qui avaient des biens en Danemark, les recouvreront; il en sera de même pour les nobles de Danemark qui ont des biens en Suède. S'il est trop difficile à l'un des deux rois d'envoyer au secours de l'autre le nombre de cavaliers stipulé par le recez de Lödese, il pourra les remplacer par des navires ou par des fantassins.

Cette convention produisit pour les deux royaumes un très-bon effet chez les autres puissances. Les Lubeckois, bien qu'ils réclamassent le payement des sommes que Gustave leur devait, l'avertirent des préparatifs de guerre que Christian II faisait en Néerlande.

Ce prince, instruit des divisions que les disputes sur la religion entretenaient dans les trois royaumes dont il avait perdu les trônes, jugea que le moment favorable pour les reconquérir était revenu. Depuis sa fuite, il avait séjourné en divers lieux de l'Europe occidentale, et principalement à Anvers. Au congrès de Cambrai, en 1529, Marguerite d'Autriche, tante de Charles-Quint et de l'épouse de Christian, fit entrevoir à ce dernier la perspective de porter de nouveau la couronne, s'il rentrait dans le giron de l'Église romaine. Une demande à cet effet fut adressée à Clément VII, qui se déclara prêt, par considération pour l'Empereur, à accorder l'absolution à Christian, à condition qu'après avoir abjuré l'hérésie à genoux devant le légat cardinal Laurent Compeggi, dans une église cathédrale, en présence de l'Empereur et du public, il sollicitât le pardon qu'il obtiendrait alors quant à l'hérésie; mais pour ce qui concernait le péché qu'il avait commis en faisant condamner à mort et exécuter des évêques, il ne devait en être absous qu'après avoir promis par serment que, dans le délai de six mois, il viendrait lui-même à Rome implorer, dans l'église de Saint-Pierre, le pardon du pape et des cardinaux, et qu'une année après son rétablissement sur le trône de Suède, il bâtirait une maison de charité, ayant au moins un revenu de 4,000 ducats. Sans doute ces conditions parurent trop humiliantes à Christian : il se contenta de se confesser à un prêtre catholique.

Cette démarche suffit aux partisans de la communion romaine en Suède et en Norvége pour vouer leurs services à Christian. Il avait obtenu de son beau-frère Charles-Quint quelques secours d'argent. Ces sommes, jointes à celles que les mécontents de Norvége lui avaient envoyées en secret, l'avaient mis en état de lever des troupes en Néerlande et dans les contrées voisines. Ayant réussi à réconcilier des comtes d'Oost-Frise, qui se faisaient une guerre assez vive, ils permirent à leurs troupes d'entrer à son service. Cette armée naissante fut grossie de plusieurs Danois, Suédois et Norvégiens, peu satisfaits des changements survenus dans leur pays. Parmi ceux-ci figuraient des hommes fameux par les rôles qu'ils avaient joués, et qui se figuraient que leur nom et leur crédit pourraient être aussi importants qu'un corps de soldats pour le roi fugitif; du moins ils s'efforçaient de le persuader à la petite cour de Christian. C'étaient Gustave Trollé, ancien archevêque d'Upsal, Magnus, évêque de Skara, Thuré Jönson, Olaus, archevêque de Lund, Magnus, évêque de Hammer (*), et Jean Reff, évêque d'Opslo. Les trois Suédois, après avoir été expulsés de leur pays et de Danemark, se lassèrent du repos qu'on leur laissait en Mecklenbourg, et rentrèrent au service de leur ancien souverain. Réunis aux autres fugitifs, ils mirent tout en œuvre pour amener son rétablissement, espérant bien qu'il en résulterait pour eux de regagner leurs honneurs et leurs dignités. Ils adressèrent à leurs amis dans les trois royaumes les lettres les plus pressantes pour les exciter à s'associer à leur projet. Le prétexte de la religion n'y était pas oublié, quoique l'on fût généralement persuadé que l'on ne devait pas faire grand fond sur les sentiments de Christian en matière de foi. Mais les meneurs de l'intrigue le représentèrent comme sincèrement converti et repentant; ils s'efforcèrent même de le faire regarder comme un libérateur généreux, qui, ému des maux d'un peuple opprimé, voulait absolument

(*) Hammer fut au moyen âge une ville considérable et située dans le Hedemark, sur une baie du lac Miösen. Elle a été entièrement détruite; on ne voit à sa place qu'une grande métairie.

briser le joug sous lequel il gémissait ; ils finissaient par annoncer que plusieurs souverains avaient embrassé sa cause, et lui fourniraient des secours considérables.

Ces exhortations produisirent peu d'effet en Danemark et en Suède. Haï et redouté dans le premier de ces pays, Christian était exécré dans le second ; d'ailleurs les doctrines du luthéranisme avaient fait de trop grands progrès dans l'un et dans l'autre. Beaucoup de lettres furent communiquées à Frédéric et à Gustave, dont la vigilance inspirait des craintes à ceux dont l'opinion aurait pu être incertaine. Il n'en fut pas de même en Norvége, où l'on avait moins d'éloignement pour le roi détrôné que pour la nouvelle profession de foi. L'archevêque de Drontheim et la plupart des évêques entretenaient ces dispositions avec d'autant plus de soin, que l'exemple des deux autres royaumes leur montrait la ruine de leur autorité comme imminente.

Afin de profiter d'un état de choses si favorable, Christian chargea Gustave Trollé d'aller en Norvége. Le succès répondit aux espérances et aux efforts du prélat. Le 23 août 1531, les évêques norvégiens s'engagèrent, par un acte signé à Hammer, à aider le prince dans son entreprise, promettant de lui abandonner l'argenterie des églises, à condition qu'après sa restauration il leur en bonifierait la valeur en fonds de terre. Avec cet argent, qui fut converti en pièces de monnaie portant la lettre initiale du nom de Christian, et au revers les armes de Norvége, avec 40,000 florins que Charles-Quint lui paya en secret, et avec plusieurs sommes que lui avancèrent de riches bourgeois d'Allemagne et de Néerlande, Christian leva une armée, composée de 10,000 hommes principalement Frisons et Brabançons qui s'enrôlèrent volontairement. Les villes de Campen, d'Enckhuysen, d'Amsterdam en Néerlande, fournirent sans difficulté des vaisseaux de transport, pour être délivrées plus promptement de tous ces soldats mercenaires rassemblés dans leurs murs ou dans leurs environs, et dont la licence leur était devenue à charge.

Cette armée était assez nombreuse pour causer des inquiétudes fondées aux ennemis de Christian ; Frédéric implora le secours de ses alliés : Lubeck, fidèle à ses traités et à ses intérêts, lui envoya quelques vaisseaux ; mais Gustave, qui croyait avec raison avoir autant à craindre pour ses États que Frédéric pour les siens, ne put se priver d'une partie des troupes peu considérables qu'il avait sur pied. Tous deux attendaient avec une certaine anxiété l'effet de l'armement qui les menaçait.

Ce fut de Medenblik, port du Zuyderzée, que la flotte fit voile le 26 octobre : elle consistait en vingt-cinq bâtiments de guerre. Christian se fit accompagner de Thuré Jönson et de l'évêque de Skara. Bientôt il éprouva que la saison était trop avancée pour naviguer avec sûreté dans la mer du Nord. Arrivée en vue de Varberg, sur la côte du Halland, sa flotte, assaillie par de furieux coups de vent d'est, fut dispersée ; dix vaisseaux chargés de munitions périrent ; d'autres furent jetés sur les côtes. Christian put, avec les onze qui lui restaient, aborder, non sans peine, à Hetteras le 5 novembre. Arrivé à Opslo, il publia un manifeste, par lequel il annonçait aux Norvégiens qu'il venait reprendre possession des États dont il avait été injustement expulsé. Il promit par écrit aux évêques de poursuivre les fauteurs du luthéranisme, et de protéger la doctrine de l'Église catholique ; en même temps il annonça qu'il accordait un pardon général et absolu à tous ceux de ses sujets qui, reconnaissant leur faute, mériteraient leur grâce en se joignant à lui ; il s'engageait à conserver aux Norvégiens leurs priviléges et leurs franchises ; il convoqua pour le 30 novembre, à Opslo, une assemblée des évêques, de plusieurs nobles, des notables de la bourgeoisie et de paysans propriétaires : pour lui rendre hommage, les membres de la noblesse et du clergé devaient s'y rendre en personne, sous peine de perdre leurs biens et la vie.

Gustave Trollé et l'archevêque de Drontheim, auxquels il avait écrit en particulier de faire déclarer le peuple contre Frédéric et de s'assurer des personnes connues pour lui être dévouées, s'acquittèrent si bien de leur commission, qu'au jour fixé un grand nombre d'ecclésiastiques de tous les rangs, de nobles, de magistrats, de bourgeois, enfin de Norvégiens de toutes les classes, se trouvèrent réunis à Opslo. L'assemblée reconnut Christian pour son souverain légitime, et assura la succession au prince Jean son fils. Le sénat établit sur le royaume une imposition considérable, pour faire face aux dépenses; enfin il écrit au roi et au sénat de Danemark pour les instruire de ce qui venait d'être fait, les exhorte et les prie de ne pas s'opposer à ce que Christian soit remis paisiblement en possession de ses royaumes, et finit par cette phrase : « Ayant « résolu de retourner sous l'obéissance « de Christian, et ne pouvant servir « deux maîtres, nous espérons que le « bon seigneur et puissant prince, « le roi Frédéric, ni vous ne nous « voudrez du mal, si nous renonçons « au serment de fidélité envers sa « grâce, comme nous le faisons par la « présente. » Cette bonhomie est réellement singulière.

Le sénat de Norvége ne hasarda pas une démarche semblable en Suède; mais les bannis de ce royaume y envoyèrent des circulaires et cherchèrent à ébranler la fidélité des soldats de Gustave. Tous les mécontents accoururent sur la frontière, croyant que le moment de faire triompher leur parti était arrivé.

Un danger commun rapprocha Gustave de Frédéric, et tous deux agirent de concert pour s'opposer à Christian : ils levèrent de nouvelles troupes, et profitèrent des offres de secours que leur firent les villes hanséatiques : elles conservaient leur animosité contre Christian, qui avait favorisé à leurs dépens les villes de Néerlande.

Tout semblait en Norvége remplir les vœux de Christian; il n'y restait plus à Frédéric que le fort d'Aggershuus, citadelle d'Opslo, celui de Bergen et celui de Bohus; mais tous trois étaient défendus par des hommes braves et fidèles.

N'ayant pu s'emparer par un coup de main du fort d'Aggershuus, où commandait Magnus Gyllenstierne, Christian voulut marcher contre Bohus; entré dans le Vigen, avec Thuré Jönson, celui-ci s'empara de plusieurs places et s'avança vers la frontière de Suède. Christian avait établi son camp près de Konghell, ville dont le fort de Bohus est la citadelle. Ses tentatives pour s'en emparer de force et pour séduire Olaüs Bilde qui le commandait, furent inutiles; ensuite trois mille Suédois se présentèrent pour le combattre. Irrité de cet obstacle inattendu, il accabla de reproches Thuré Jönson, qui lui avait représenté la conquête de la Suède comme facile. Le lendemain, la tête de ce transfuge fut trouvée séparée de son corps dans une rue de la ville. Le soupçon de ce meurtre tomba sur Christian, et le souvenir de ses cruautés précédentes se réveilla dans les esprits. Cependant ayant tourné ses pas d'un autre côté, ses troupes repoussèrent les Suédois dans un défilé et s'ouvrirent une route pour rentrer en Norvége.

Revenu à Opslo, Christian n'épargna rien pour corrompre Gyllenstierne, ni celui-ci de son côté pour amuser et tromper l'ancien roi. Il lui répondait : « Je sais que vous êtes fils de roi, « et que vous avez régné sur les trois « royaumes; comme tel je vous dois « du respect. Je ne puis empêcher « qu'avec les troupes qui sont sous vos « ordres vous ne preniez le fort, sur- « tout à présent en hiver que la mer « est gelée; mais, je vous en prie, « n'exposez pas votre réputation en « voulant qu'il se rende trop prompte- « ment. Attendez seulement que j'aie « eu le temps d'écrire au roi Frédéric, « et de recevoir ses ordres; s'il ne m'en « arrive pas avant le mois de mars, « je vous remettrai la place. »

Il semble qu'un pareil artifice n'eût dû produire aucun effet sur un prince aussi soupçonneux et aussi défiant que Christian; mais on a déjà pu remarquer que dans plus d'une occasion il était comme frappé d'aveuglement ; cette fois cela alla si loin, qu'il conclut avec Gyllenstierne une trêve qui devait durer jusqu'à ce que Frédéric se fût expliqué. Persuadé que par ce moyen il avait mis dans ses intérêts un homme si considéré, il vivait, on peut le dire, en bonne intelligence avec lui ; mais Gyllenstierne, pénétré de l'importance de la place qu'il défendait pour assurer à son possesseur la domination de la Norvége méridionale, s'était hâté d'expédier à Frédéric un exprès pour l'instruire des évenements et lui demander de prompts et efficaces secours. Un yacht, qui portait des munitions et des hommes, fut envoyé à Gyllenstierne par le gouverneur de Krogen, aujourd'hui Cronenborg ; arrêté par les glaces en approchant de terre, le capitaine fut obligé de débarquer son monde et sa cargaison à une certaine distance du château d'Aggershuus, où il n'arriva qu'après une marche difficile à travers les montagnes. Il ne put y introduire qu'une partie de ses hommes et des munitions, mais cela suffit à Gyllenstierne pour tenir bon en attendant de plus gros renforts.

Christian reconnut alors qu'il s'était abusé : il poussa le siége avec plus de vigueur ; il était trop tard.

Frédéric avait, dès les premiers avis du débarquement de Christian, ordonné de faire dans le Danemark et les duchés des levées d'hommes, d'équiper des vaisseaux, de rassembler des munitions et des vivres ; mais ce qu'il commandait ne s'effectuait trop souvent qu'avec lenteur et irrésolution, parce que le sénat, plus maître que lui, ne secondait pas son activité ; enfin le manque d'argent retarda fréquemment ses préparatifs. Son expédition ne fut pas prête avant le printemps de 1532. Les villes de Lubeck, de Rostock et de Stralsund lui fournirent des troupes et des vaisseaux. Des soldats lui étaient arrivés de divers points de l'Allemagne.

Aussitôt que la navigation fut libre, des vaisseaux danois et lubeckois apportèrent des secours de tout genre à la garnison d'Aggershuus, puis s'emparèrent de six navires néerlandais appartenant à Christian, et revinrent avec leur prise à Copenhague. Au mois de mai, la grande expédition mit à la voile. Le commandement général en était confié à Canut Gyllenstierne, évêque d'Odensé, luthérien secret, et frère du défenseur d'Aggershuus. Il avait les pouvoirs les plus étendus pour faire la guerre, conclure la paix, accorder le pardon. Éric Gyllenstierne, son autre frère, commandait l'infanterie danoise, Heidenstrup, les auxiliaires allemands.

L'armée danoise débarqua sans opposition près d'Opslo ; Christian ne vit d'autre parti à prendre que de brûler son camp et de se jeter dans la ville avec le reste de ses troupes. Le 9 mai, le siége commença ; les Danois mirent le feu aux vaisseaux mouillés devant Opslo et aux magasins bâtis sur le rivage. A ce triste aspect, les habitants éclatèrent en plaintes contre Christian ; dans le même moment, ses soldats mécontents se dispersaient. Dépourvu d'argent et de vivres, il ne pouvait faire une longue résistance. Le 12 mai, il adressa cette lettre à Canut Gyllenstierne et aux autres généraux : « J'ai toujours désiré la paix, je sou- « haite encore de prévenir une plus « grande effusion de sang ; je vous prie « donc d'envoyer d'un côté du port « des commissaires munis des pou- « voirs nécessaires pour traiter des « conditions d'un accommodement. » Les généraux danois lui répondirent sur-le-champ : « Si Dieu, par sa grâce, « a changé votre naturel au point « d'être si impatient de faire cesser « l'effusion du sang que vous le dites, « nous n'y sommes pas moins dispo- « sés, et nous enverrons au lieu et au « jour fixés des commissaires pour en- « tendre ce que les vôtres auront à « proposer. »

Tout ayant été réglé pour cette conférence sous les murs d'Opslo, les plénipotentiaires de Christian demandèrent d'abord qu'il fût rétabli dans ses royaumes, dont il avait été injustement chassé ; Magnus Gyllenstierne et les autres généraux danois répondirent qu'il leur était impossible d'écouter des propositions aussi étranges, n'étant venus que pour reprendre les États du roi leur souverain, et non pour les donner ou les céder. Alors les commissaires de Christian ayant fait semblant de délibérer, se bornèrent à réclamer pour lui le royaume de Norvége, dans l'espérance qu'ils lui accorderaient la couronne de Danemark après la mort de son oncle. Ils reçurent une réponse exactement conforme à la première, ce qui les réduisit à prier les Danois de leur dire quel moyen ils avaient à indiquer pour rétablir la paix, puisqu'ils rejetaient ceux qui leur étaient présentés. Les Danois témoignèrent alors qu'ils souhaitaient de s'en entretenir avec Christian lui-même.

La détresse de ce prince était si grande, qu'il vint, du ton le plus humble et le plus pressant, conjurer, au nom de Dieu, les commissaires danois de lui conseiller ce qu'il devait faire. Ils l'engagèrent à se rendre en personne auprès du roi Frédéric, ne doutant pas, ajoutèrent-ils, qu'il ne le reçût avec tous les égards convenables et ne le traitât comme un prince son proche parent.

Christian demanda jusqu'au lendemain pour réfléchir, et alors envoya par écrit les propositions suivantes : « Je demande qu'il me soit accordé un « sauf-conduit, et que dans le cas où « je ne pourrais pas m'accommoder « avec mon oncle, j'aie la faculté de « me retirer librement en Norvége ou « ailleurs avec mes gens. Les Norvé-« giens qui ont pris mon parti ne se-« ront ni recherchés ni inquiétés à ce « sujet. La Norvége méridionale, qui « m'a reconnu comme son roi, restera « sous mon obéissance, comme elle y « était quand votre flotte est arrivée « devant Opslo ; et cela jusqu'à ce « qu'un accord final ait été conclu avec « le roi Frédéric. Toutes les conces-« sions que j'ai accordées en Norvége « auront leur plein et entier effet. Si « dans l'intervalle Dieu dispose de « mon oncle, et si le peuple et le sénat « de Danemark veulent alors me re-« prendre pour roi, il ne sera opposé « aucun empêchement à leur choix. « Dans le cas où ils ne m'accepteraient « pas, mon sauf-conduit n'en sera pas « moins valable. » Cet écrit se terminait par la proposition de quelques formalités à observer s'ils le rejetaient, et qui feraient foi qu'eux seuls étaient responsables de tous les malheurs qui résulteraient de leur refus. Enfin Christian les priait de penser à Dieu, père de miséricorde et de paix, auquel il se recommandait (*).

Les historiens ont fait observer que le style de ce document montre à quelle extrémité Christian était réduit, et que, dans des circonstances semblables, les hommes de son caractère réclament les lois de la religion et de l'humanité.

Les plénipotentiaires de Frédéric n'ayant pas répondu tout de suite aux propositions de Christian, celui-ci s'en plaignit dans une note du 16 mai, et demanda une réponse ; ils lui en firent une le lendemain. Elle portait qu'il pouvait se tenir assuré d'être traité chrétiennement et convenablement s'il voulait aller traiter avec son oncle ; que ses troupes auraient le passage pour se retirer où elles voudraient ; qu'à l'égard des Norvégiens, le roi Frédéric avait assez fait connaître par les lettres qu'il leur avait adressées, ses dispositions de les recevoir en grâce ; enfin que cette déclaration était définitive. Cette lettre était accompagnée de plusieurs autres datées de Copenhague, et par lesquelles le roi s'excuse de ce que l'hiver l'a empêché de pouvoir plus tôt secourir la Norvége, et assurer les habitants de sa protection et du maintien de leurs priviléges. Alors plusieurs paysans abandonnèrent Christian ; tous ceux qui prirent ce parti reçurent des certificats de sauve-garde.

En même temps les généraux de Frédéric se disposèrent à attaquer Christian avec vigueur, dans le cas où il s'obstinerait à tenir dans Opslo. Comme ils n'avaient pu amener avec eux

(*) Holberg, l. c, p. 257.

que de l'infanterie, ils firent demander de la cavalerie à l'officier suédois qui commandait dans le Vigen. Il restait encore à Christian 2,000 fantassins, sans compter les Norvégiens et un petit nombre de cavaliers : c'en était assez dans ce temps-là pour défendre une place médiocrement fortifiée, surtout dans un pays où la saison favorable pour un siège est très-courte. D'ailleurs les généraux danois n'étaient pas suffisamment pourvus de vivres, de munitions, ni d'argent ; et déjà les maladies leur enlevaient beaucoup de monde qu'il fallait remplacer. Ils expédièrent donc à Frédéric deux officiers pour presser l'envoi de tout ce qui leur était nécessaire, lui exposer l'état des choses et lui demander ses dernières instructions sur la manière dont ils devaient se conduire avec l'ennemi.

Dans cet intervalle, les partisans de Christian firent courir le bruit qu'un secours considérable lui arriverait prochainement d'Écosse et de Néerlande ; mais cette nouvelle ne produisit aucune impression dans le camp danois, quoiqu'elle fût appuyée du témoignage de plusieurs lettres. Cette ruse et beaucoup d'autres employées pour tromper les généraux danois, et même des artifices tentés pour s'emparer de leurs personnes, ayant manqué leur effet, Christian se vit contraint à la nécessité de souscrire à la seule condition qui lui avait été offerte ; voici ce dont on convint : « Puisque le roi Christian « consent à cesser toute hostilité et à « se rendre auprès du roi Frédéric, les « généraux s'engagent, sur leur hon- « neur et leur foi, à lui délivrer un « sauf-conduit pour lui et deux cents « personnes de sa suite, à en observer « strictement les conditions, tant à « bord des vaisseaux pendant la route « que pendant son séjour en Dane- « mark, pourvu qu'il ne fasse et ne dise « rien, soit par lui-même, soit par ses « agents, qui puisse nuire au roi Fré- « déric. » Les généraux danois s'engagent de plus « à solliciter leur souverain, à leur arrivée auprès de lui, de traiter Christian II favorablement et de terminer heureusement et promptement leurs différends ; le royaume sera laissé au roi Frédéric dans l'état où il était avant la dernière invasion ; ce monarque accordera un pardon général aux rebelles et conservera aux états leurs franchises, immunités et priviléges ; les troupes du roi Christian pourront se retirer librement et paisiblement en Norvége ; si Dieu retire à lui le roi Frédéric, le sénat et le peuple de Danemark pourront volontairement élire de nouveau Christian pour leur roi. » Cette singulière convention, dont nous donnons l'abrégé, était passée au nom des principaux officiers de l'armée et des députés des villes hanséatiques. Le sauf-conduit fut rédigé en conséquence, et expédié au nom des mêmes personnages (*).

Avant qu'il eût été revêtu de leurs sceaux, les deux officiers qui avaient été expédiés en Danemark revinrent de ce pays. Ils étaient porteurs d'un ordre exprès de Frédéric, de ne rien conclure de définitif avec Christian s'il persistait à demander la Norvége ; ce qui ne pouvait lui être accordé. Bientôt arriva un secrétaire de Frédéric avec des dépêches qui confirmaient la précédente, et de plus exigeaient de contraindre Christian à se rendre à discrétion. Canut Gyllenstierne se persuada que son honneur était intéressé à ce que la convention subsistât ; son avis entraîna celui des autres généraux, et tous scellèrent le sauf-conduit. Eurent-ils la précaution d'avertir Christian de ce que leur souverain leur ordonnait ? on l'ignore. Ils devaient l'instruire de ce changement essentiel dans l'état des choses, car ses vivres étaient épuisés, et il ne se trouvait réduit à cette extrémité que parce qu'il avait cru, sur leur parole, qu'il était fondé à compter sur leurs promesses. Mais peut-être Christian, averti, se figura-t-il que sa présence produirait quelque effet sur son oncle et sur les Danois, et dans la triste position où il se trouvait supposa-t-il

(*) Holberg l'a inséré en entier, l. c., p. 259.

que, tel parti qu'il prît, son sort ne pouvait empirer.

Avant que de s'embarquer, il écrivit à son oncle une lettre de ce style humble et dévot, qui était chez lui le symptôme le plus sûr de la crainte et du désespoir : il se représentait comme le fils égaré qui revient à son père, comme un fils regénéré. Du reste, il s'intitule dans cette lettre roi de Danemark, de Suède et de Norvége, et donne à Frédéric le titre de roi de Danemark et de roi de Norvége élu. En même temps il expédia en Néerlande son confident, avec la lettre d'hommage que les Norvégiens lui avaient adressée, ainsi qu'à son fils, et ce même confident devait la remettre à la diète de Ratisbonne, afin qu'elle fût connue de l'Empereur et de la nation allemande. Cela semble peu d'accord avec le ton mystique de la lettre à son oncle, et montre que ce prince était fidèle à ses habitudes d'astuce et de dissimulation.

Enfin, le 8 juillet, Christian s'embarqua. Lorsque Frédéric apprit son arrivée dans le port de Copenhague et les conditions auxquelles les généraux danois avaient traité avec lui, il les désavoua hautement, puisqu'elles étaient contraires à leurs instructions, et qu'ils avaient laissé échapper l'occasion de terminer la guerre : il convoqua le sénat pour délibérer sur ce qu'il y avait à faire. Quelques sénateurs pensèrent que la convention et le sauf-conduit devaient être respectés ; le plus grand nombre prononça que l'un et l'autre étaient nuls comme ayant été rédigés contre les intentions et les ordres exprès du roi, qui d'ailleurs n'y avait pas apposé le sceau de l'État. Canut Gyllenstierne fut appelé devant l'assemblée pour rendre compte de sa conduite. Très-embarrassé de répondre, parce qu'il s'aperçut qu'il lui serait très-difficile de la justifier, il ne trouva d'autre moyen de se tirer de péril que d'accuser Christian d'avoir lui-même violé le sauf-conduit par diverses infractions, telles que d'avoir envoyé à l'Empereur le document relatif à l'hommage des habitants de la Norvége, et que de plus, pendant la traversée, les personnes de sa suite ne s'étaient pas comportées comme elles devaient. Ces inculpations n'étaient de nulle importance ; mais le sénat leur en attribua une immense, afin de mettre à profit une circonstance après laquelle il soupirait depuis longtemps : il craignait que le royaume ne pût jamais jouir de la paix tant que Christian serait en liberté. La noblesse danoise, celle du Holstein, les députés des villes hanséatiques de la Vénédie insistèrent pour que Christian fût arrêté ; leurs sollicitations étaient appuyées par le roi et la noblesse de Suède. La résolution de s'assurer de sa personne fut prise. Depuis cinq jours qu'il était entré dans le port de Copenhague, il attendait avec inquiétude qu'on lui fît connaître son sort. Des sénateurs étaient venus à bord du vaisseau qui le portait, pour lui cacher la véritable cause du délai, ils alléguèrent l'absence du roi Frédéric, qui était à Flensborg. Le sixième jour on annonce à Christian qu'il aura une entrevue avec ce prince dans cette ville. En même temps un des officiers de la flotte, qui avait des instructions secrètes, met à la voile avec quelques vaisseaux. Quand on est en vue de Flensborg, Christian, s'étant aperçu que l'on continue à faire route, comprend qu'il faut renoncer à toute espérance de liberté. Il pleure amèrement, et exhale ses plaintes d'être traité ainsi, malgré les engagements solennels que l'on avait pris avec lui. Il fut conduit au château de Sönderborg, dans l'île d'Alsen.

Ce fut là que ce prince passa douze ans dans une dure captivité ; on l'enferma dans un donjon dont la porte fut aussitôt murée ; une seule fenêtre grillée éclairait ce triste séjour ; un trou pratiqué dans le mur servait à faire passer la nourriture que l'on donnait au prisonnier : il n'avait pour toute compagnie qu'un nain, venu de Norvége avec lui. Un gentilhomme du Slesvig fut chargé de garder soigneusement le château avec deux compagnies de cavalerie. On appréhendait

tellement les suites désastreuses qui probablement résulteraient de son évasion, que Frédéric et son successeur furent obligés de promettre, par un acte en forme de serment, à la noblesse de Danemark, de Suède et de Holstein, de ne lui rendre jamais sa liberté.

Aussitôt que le bruit de l'emprisonnement de Christian se répandit, ses fautes et ses actions cruelles furent oubliées, et il devint un objet de compassion. Ses partisans profitèrent de ce changement dans l'opinion publique pour essayer de rendre odieux le roi de Danemark et son gouvernement. Ils firent imprimer une copie de la convention et du sauf-conduit; des reproches furent hautement adressés à Frédéric et au sénat danois. Plus tard une enquête eut lieu; il en résulta que tout le tort de cette affaire devait être imputé à Canut Gyllenstierne et à Christian lui-même, premier infracteur de l'accord dont il se plaignait que les clauses avaient été violées.

Presque au même moment où le sort de Christian avait subi un changement si déplorable pour lui, le prince Jean, le seul fils qui lui restât et qui donnait les plus belles espérances, cessait de vivre. Il était né le 21 février 1523, après la déposition de son père. Élevé en Néerlande, par les soins du célèbre Corneille Agrippa, il fit de grands progrès dans les lettres. Il mourut à Ratisbonne le 1er juillet 1532.

Élisabeth, épouse de Christian, partagea fidèlement ses disgrâces tant qu'elle vécut, et montra toujours les vertus qui l'avaient fait chérir des Danois. Sa douceur, sa soumission, sa patience ne se démentirent jamais. Les états de Danemark lui offrirent des conditions très-avantageuses pour l'engager à rester dans le royaume; elle répondit constamment qu'elle aimait mieux vivre avec son époux dans l'exil que de régner sans lui; elle était décédée le 19 janvier 1526 dans un château voisin de Gand.

Peut-être sera-t-on surpris de ce que ni l'Empereur ni les autres princes, parents ou amis de Christian, n'aient élevé aucune réclamation sur le traitement rigoureux infligé à ce monarque déchu; mais Charles-Quint, distrait par d'autres soins, ne se souciait pas de soutenir, sans avantage pour lui-même, son beau-frère, qu'il n'aimait, ni n'estimait. L'intérêt politique l'emporta chez lui sur les liens de la parenté. Loin de lui accorder seulement des plaintes ou des recommandations, il écrivit à Frédéric pour se justifier d'avoir pris part à la dernière entreprise du roi détrôné. L'archiduchesse Marie, sa sœur, veuve du roi de Hongrie et gouvernante de Néerlande, fit également assurer le roi de Danemark que la dernière tentative avait été formée et exécutée à son insu par des particuliers; elle craignait, avec raison, le ressentiment des Danois, qui étaient près de conclure avec les Hanséates un traité dont les clauses fermaient aux Néerlandais, leurs rivaux dans le commerce, l'entrée de la Baltique. Fort heureusement pour ceux-ci, les excuses et les prières de Marie, ses réflexions sur les dangers d'un acte de vengeance dont les Hanséates auraient tout le profit, l'anéantissement du parti de Christian, enfin la mauvaise santé de Frédéric qui lui faisait désirer le repos, empêchèrent que le traité eût lieu. Le roi se réconcilia même avec Marie, qui s'engagea formellement à refuser toute espèce de secours à Christian et à ses partisans, et à ne pas permettre aux navires néerlandais de faire voile pour la Norvége jusqu'à ce que ce royaume eût fait sa soumission. Le traité de réconciliation fut signé à Copenhague en présence des députés du roi de Suède et de ceux des Hanséates; la nouvelle de cet accord, qui contraria beaucoup ceux-ci, causa la joie la plus vive en Néerlande.

Il ne restait plus à Frédéric que de soumettre les rebelles de Norvége. Dès qu'ils furent instruits de la captivité de Christian, ils regrettèrent ce qu'ils avaient fait, en rejetant la cause sur la violence, et en demandèrent pardon. Naturellement équitable et clément, le roi envoya en Norvége deux commissaires; ses troupes occupaient le pays et les Norvégiens n'étaient pas sous les armes; une amnistie complète leur fut accordée. Les états du royaume s'assemblèrent à Drontheim en 1533; un nouveau serment de fidélité fut prêté à Frédéric. Les états furent maintenus dans leurs droits et priviléges : ils jurèrent de ne déférer la couronne dorénavant qu'au prince élu en Danemark. L'archevêque de Drontheim, les évêques de Hammer et d'Opslo, qui avaient été les principaux auteurs de la défection, furent condamnés à de grosses amendes. Gustave Vasa venait de restituer le Vigen; ainsi la Norvége était rentrée dans ses anciennes limites. Mais l'invasion de Christian avait augmenté les malheurs de ce royaume si peu favorisé de la nature et déjà affaibli par des calamités antérieures. Abandonnés par celui qui s'était annoncé comme leur protecteur, observés d'un œil jaloux par le monarque suédois dont ils avaient accueilli les adversaires, force fut aux Norvégiens de recourir à la résignation, leur seul refuge.

Frédéric ne jouit pas longtemps de la tranquillité intérieure et extérieure qu'il avait eu le bonheur de rendre à ses États. Miné par une maladie de langueur, il mourut le 3 avril 1533 au château de Gottorp, sa résidence habituelle, dans la soixante-deuxième année de son âge et la dixième de son règne. On ne peut qu'adopter l'opinion de Hvitfeld, qui l'appelle un prince sage, bon et vertueux. Par sa prudence il sut affermir un trône chancelant, et fit avorter les entreprises d'ennemis puissants et nombreux. Le corps de Frédéric fut déposé dans la cathédrale de Slesvig.

Ce roi eut pour chancelier Ditlef de Reventlau, qui jouissait de toute sa confiance. On dit que lorsque Frédéric n'était que duc, Ditlef lui prédit qu'il porterait un jour la couronne; le savoir de cet homme, appartenant à une famille ancienne et illustre, le fit accuser de magie; imputation si commune dans les périodes d'ignorance, et qui devait commencer à devenir moins banale dans celle dont nous nous occupons.

Frédéric eut de son premier mariage Christian qui lui succéda, et Dorothée qui épousa, en 1525, Albert, margrave de Brandebourg et premier duc de Prusse.

De sa seconde union naquirent Jean, mort en 1580 sans postérité; Adolphe, qui devint la tige des ducs de Holstein Gottorp; Frédéric, mort sans enfant; Élisabeth, épouse de Magnus, duc de Mecklenbourg, et en secondes noces d'Ulric, aussi duc de Mecklenbourg; Anne, qui ne fut pas mariée; Dorothée, épouse de Christophe, duc de Mecklenbourg.

INTERRÈGNE.

« On aurait pensé, dit Holberg (*), que la captivité de Christian II et la mort du prince Jean son fils auraient dû rendre au Danemark la tranquillité qui lui était si nécessaire. À la vérité les états n'avaient pas désigné et élu le prince qu'ils destinaient pour successeur à Frédéric; cependant ils s'étaient du moins engagés à déférer la couronne à l'un de ses fils. D'après l'usage en vigueur depuis longtemps pour la succession à la couronne, et qui avait en quelque sorte force de loi, il semblait qu'elle devait être dévolue à l'aîné des fils du roi; or le prince Christian était d'un âge et d'un caractère qui ne pouvaient laisser aucun prétexte à l'irrésolution, puisque celui de ses frères qui le suivait immédiatement n'avait encore qu'à peu près douze ans.

« Les choses prirent cependant un cours si contraire à ces apparences, que depuis le règne malheureux de Christophe II, sous lequel le royaume devint la proie des tyrans étrangers, il ne s'était pas trouvé dans une situation plus déplorable que celle où on va le voir réduit. »

(*) L. c., p. 275.

Immédiatement après la mort de son père, Christian convoqua les états de Slesvig et de Holstein à Kiel, pour lui rendre foi et hommage, et annonça le décès du roi au sénat de Danemark, auquel il se proposa pour candidat du trône. Mais ce prince, doué d'ailleurs d'excellentes qualités, s'était aliéné l'esprit des évêques, parce que dans ses duchés il avait introduit complétement la réforme de Luther, et que généralement on lui attribuait le changement de religion de son père. Ils employèrent donc tous leurs efforts pour éloigner du trône un prince qui leur était justement suspect ; ils lui préféraient le prince Jean, son frère, prétendant qu'il avait plus de droits au trône comme étant né pendant que son père l'occupait ; en réalité, ils espéraient que durant sa minorité ils pourraient extirper le luthéranisme.

Instruit des menées de ses adversaires, Christian chargea ses députés au sénat de Danemark de presser la convocation d'une diète d'élection. Ils furent reçus avec beaucoup de froideur, et on ne se pressa pas de leur faire une réponse. Toutefois le sénat n'ayant pu se dispenser de convoquer une diète d'élection à Copenhague, il se dédommagea de cette contrainte en n'invitant pas Christian à y assister : les évêques redoutaient trop l'impression que devait produire la présence d'un prince affable, modeste, et qui par ses actions et ses services avait gagné l'affection de beaucoup de Danois.

Sur ces entrefaites, les états convoqués à Kiel prêtèrent serment de fidélité aux trois fils de Frédéric, et reconnurent Christian comme seul chargé de l'administration des duchés pendant la minorité de ses frères.

La diète de Danemark s'ouvrit à Copenhague le 24 juin 1533. Comme elle décida qu'elle s'occuperait d'abord des affaires de l'intérieur, les évêques exigèrent qu'avant de procéder à l'élection d'un roi on examinât ce qui concernait la religion. Ils déclamèrent avec véhémence contre les innovations introduites pendant le dernier règne, et conclurent par des exhortations pressantes à se hâter de rentrer dans le giron de l'Église romaine. Ils attaquèrent le recez d'Odensé de 1527, et insistèrent avec force pour qu'il fût annulé. Comme leur parti formait la majorité, les nobles se contentèrent de les inviter à attendre que l'élection du roi fût terminée, et leur prêchèrent la modération. Ils leur représentèrent le danger auquel ils exposaient la patrie, en la déchirant par des dissensions intestines, tandis que des ennemis la menaçaient au dehors. Ces remontrances ne calmèrent point le clergé ; par ses emportements il intimida les sénateurs laïques : ceux-ci crurent devoir céder quelque chose, pour conserver au moins le libre exercice du luthéranisme, en attendant des circonstances plus favorables. La diète rendit donc un décret connu sous le nom de *correction du recez d'Odensé*. Il garantissait aux évêques, aux églises et aux couvents la possession de leurs droits, biens et revenus, ordonnait la restitution de ceux qui leur avaient été indûment enlevés, notamment de ceux de la cathédrale et des maisons chapitrales de Viborg ; permettait de recevoir de nouveau des novices dans les couvents supprimés ; confirmait au reste la liberté de conscience accordée en 1527 aux luthériens.

Les affaires de la religion réglées ainsi au gré des catholiques, ils permirent que sous des auspices si favorables pour eux l'on procédât à l'élection d'un roi. Le sénat qui, depuis l'union de Calmar, s'était emparé de la plus grande partie de l'autorité, n'eut pas beaucoup de peine cette fois à s'arroger le droit de traiter seul de l'élection d'un roi, droit qui emportait en effet celui d'en décider ; mais les sénateurs ecclésiastiques et catholiques ayant dans cette affaire importante un intérêt entièrement opposé à celui des laïques luthériens, les deux partis comprirent, tout de suite, que du choix qu'ils allaient faire dépendait tout leur avenir. Les premiers se déclarèrent ouvertement pour le prince Jean, les seconds pour le prince Christian. Les arguments allégués par ces derniers étaient les plus raisonnables, étant fondés sur ce que le salut de l'État exigeait impérieusement que l'on se donnât un roi qui pût combattre au dedans et au dehors les dangers dont on était menacé. Ils disaient avec vérité que lui seul, par la valeur et la prudence dont il avait montré tant de preuves, pouvait contenir dans la crainte et les partisans secrets du roi captif, qui ne perdaient pas de vue son rétablissement, et les factieux toujours nombreux dans un pays où il y a des chances de troubles, enfin des voisins redoutables par leur audace, leur haine et leurs intrigues. Les débats furent très-vifs; chaque parti persista dans son opinion, et pour se renforcer fit venir des provinces le plus qu'il put de ses adhérents.

Comme la division des esprits, bien loin de diminuer, allait toujours croissant, et que chaque jour ils s'échauffaient davantage, les évêques craignirent qu'un soulèvement de la bourgeoisie de Copenhague ne fît tourner à leur préjudice cette longue contestation. Ils recoururent en conséquence à un moyen de gagner du temps sans rien perdre de leur position favorable. Ils représentèrent que, conformément à l'union de Calmar, les états de Norvége auraient dû être invités à concourir à l'élection d'un roi. Ce fut un prétexte plausible de demander l'ajournement de ce choix. Le catholicisme ayant conservé beaucoup plus de partisans en Norvége qu'en Danemark, les évêques espéraient que le concours des députés de ce royaume ne pourrait que leur être profitable. Quoique le parti luthérien reconnût combien cette proposition était dangereuse pour lui, force lui fut de souscrire à une décision du sénat portant que le trône resterait vacant jusqu'à ce que le choix du prince qui devait l'occuper eût été fait par les sénateurs de Danemark et de Norvége, réunis en diète le 24 juin 1535. Durant cet intervalle, le sénat devait exercer l'autorité suprême dans toute son étendue.

Magnus Giöe, Eric Banner, et d'autres sénateurs du parti luthérien, après avoir combattu en vain la résolution adoptée, se retirèrent très-mécontents, en disant que la diète avait été convoquée pour élire un roi, et qu'il n'était pas avantageux au pays de se trouver sans chef, mais que les évêques avaient plus songé à leur intérêt qu'au bien de l'État, et par conséquent avaient contrecarré les bonnes intentions du sénat. Ils finirent par protester contre le décret, dont ils prévoyaient les suites funestes. Ils représentèrent inutilement qu'on était à la veille d'une guerre, et que différer, dans de telles conjonctures, c'était inviter l'ennemi à tout oser, et se mettre soi-même hors d'état de se défendre. Le parti opposé répondit que les mesures les plus propres à prévenir ce danger seraient prises. Entre autres précautions auxquelles la régence recourut, elle exhorta les magistrats de Copenhague et de Malmöe à maintenir la bourgeoisie dans l'union et l'obéissance, et à veiller strictement à la conservation de la tranquillité. Ils le promirent par serment prêté entre les mains du sénat. La suite montra comment ils tinrent parole (*).

Les évêques et leurs partisans, restés les maîtres dans le sénat, regardèrent l'élection du prince Jean comme assurée, et réglèrent la manière dont il devait être élevé et instruit dans les doctrines du catholicisme. Ensuite ils donnèrent audience aux ambassadeurs de Christian, qui, au nom de ce prince, offrirent, quelque parti que pût prendre le sénat relativement à l'élection, de travailler, de concert avec les Danois, à conclure un traité de paix et d'alliance avec l'archiduchesse Marie, gouvernante de Néerlande, alliance également nécessaire au royaume et aux duchés dans les circonstances présentes. Le sénat ne put refuser des éloges et son consentement à une proposition si sage et accompagnée de

(*) Holberg, l. c., p. 279.

tant de modération. Il fut convenu qu'une ambassade serait envoyée à Marie pour traiter avec elle au nom du royaume et des duchés.

Les députés de Lubeck furent ensuite entendus; ils avaient à leur tête George Wullenweber, homme hardi et remuant, qui commença son discours par rappeler au sénat les services éminents que la république avait rendus au roi Frédéric, et dont elle n'avait obtenu, pour toute récompense, qu'une confirmation de ses anciens priviléges. Le Danemark avait promis d'interdire l'entrée de la Baltique aux pirates et surtout aux Néerlandais; cet engagement n'avait pas été tenu, ils passaient le Sund en plus grand nombre que jamais, et s'enrichissaient aux dépens des Lubeckois, auxquels on avait fait espérer un traité d'alliance. Ces plaintes furent suivies de menaces qui causèrent un grand embarras au sénat. Il ne voulait ni s'exposer au ressentiment des Lubeckois, gouvernés par des chefs ambitieux, ni à celui de la gouvernante de Néerlande et de ses puissants alliés. Cette situation fâcheuse était une bien juste punition des torts de ce sénat, qui avait sacrifié la sûreté de l'État à ses intérêts particuliers. Après quelques jours d'irrésolution, il répondit que le Danemark n'ayant pas encore élu de roi, ne pouvait contracter d'alliance; il ajouta qu'il lui répugnait de gêner la liberté du commerce, laquelle appartenait de droit à toutes les nations; qu'ayant proposé une alliance à la gouvernante de Néerlande, il n'était convenable sous aucun rapport qu'il prît ce temps pour l'attaquer. Irrité de ce discours, Wullenweber se récria contre l'ingratitude du Danemark; puis, voyant l'inutilité de ses plaintes, il sortit.

Cependant les évêques poursuivaient leurs projets contre les luthériens. Le 15 juillet, ils accusèrent Tausen devant le sénat et la cour de justice de Copenhague, de s'être emparé par la violence des églises de cette ville, de s'être exprimé en termes injurieux sur le compte de son évêque

14e *Livraison.* (DANEMARK.)

et d'avoir prêché contre l'eucharistie. Tausen eut beau plaider sa cause avec courage; elle était perdue d'avance : toutefois, la crainte de soulever le peuple par une sentence trop rigoureuse atténua celle qui aurait été portée contre lui comme ayant fait acte d'hérésie. Il fut banni de Séeland et de Scanie : toute prédication, toute publication d'écrits quelconques lui fut interdite; il devait, s'il se retirait en Fionie ou en Jutland, n'y rien entreprendre au préjudice du clergé catholique.

Aussitôt que ce jugement fut publié, un tumulte effroyable éclata dans Copenhague; en un instant, une foule immense remplit la place de l'hôtel de ville, demandant à grands cris qu'on lui montrât Tausen, et menaçant d'enfoncer les portes si on ne la satisfaisait pas à l'instant. Une partie des sénateurs vint inutilement essayer de calmer la fureur de la multitude. L'aspect menaçant des suites que pourrait avoir cette émeute décida le sénat à promettre à la bourgeoisie que Tausen lui allait être rendu. Il sortit en effet, et fut reconduit chez lui en triomphe. Ronnov, évêque de Fionie, aurait été massacré en retournant à son palais, si Tausen n'eût apaisé la populace. Touché de cet acte de générosité, le prélat tendit la main à Tausen en rentrant, et le remercia à haute voix. Ensuite Magnus Giöe, Éric Banner, Canut Gyllenstierne, et d'autres membres de la noblesse qui étaient favorables au luthérianisme, déterminèrent les évêques à rendre à Tausen une église et la permission d'y prêcher; et lui, de son côté, s'engagea par écrit à ne pas attaquer le clergé catholique dans ses sermons.

Les autres évêques, retournés dans leurs diocèses, travaillèrent à y étouffer les germes du luthérianisme. L'archevêque de Lund, entre autres, poursuivit les magistrats de Malmöe, et menaça de l'excommunication cette ville, ainsi que celles qui refuseraient de rentrer dans le sein de l'Église orthodoxe. Son exemple fut imité par tous ses suffragants. Mais ce fut à ces mesures que la persécution religieuse se borna dans toutes les provinces du royaume. Toutefois, elle parut insupportable à ces hommes du Nord, dont les yeux n'avaient pas été frappés par les rigueurs sanguinaires que l'intolérance avait exercées dans des pays plus méridionaux.

Tous les opprimés tournaient les yeux vers le duc Christian, comme vers leur unique libérateur. Mais Giöe et Banner, empressés de faire cesser ce triste état de choses, vinrent trouver ce prince, et le prier instamment de se mettre à la tête des luthériens, lui assurant que, s'il se montrait en Jutland, toutes les villes et toutes les forteresses lui ouvriraient leurs portes. Bien loin de se laisser éblouir par ces promesses si flatteuses, Christian répondit qu'une élection faite conformément aux lois pouvait seule lui donner des droits véritables à la couronne, et qu'il ne voulait point que son exemple servît à autoriser les entreprises des ambitieux, qui, sans titre et sans mérite, voudraient se faire un parti dans le royaume. Les deux sénateurs se retirèrent saisis d'admiration pour tant de grandeur d'âme.

Ce fut dans ce moment où le Danemark, déchiré par des factions, était hors d'état de résister à un ennemi étranger, que Wullenweber résolut de se venger des griefs qu'il prétendait avoir contre la diète de 1533, et contre le sénat qui exerçait l'autorité suprême; il conçut en même temps le projet de rendre la ville de Lubeck l'arbitre de toute la Scandinavie, et par là de la mer Baltique. Il fut secondé dans son dessein par Marc Meyer, qui, de maréchal-ferrant, s'était élevé au rang de commandant des forces navales de la république; de même que Wullenweber, il était doué de grands talents et de beaucoup de hardiesse. Wullenweber avait d'abord eu la pensée de porter, par un coup d'État, le duc Christian sur le trône de Danemark. Pour l'exécution de cette entreprise, il s'associa Ambroise Bogbinder et George Kocke, surnommé Mynter, tous deux Allemands, mais établis depuis longtemps en Danemark; le premier bourgmestre de Copenhague, le second de Malmöe. Cette tentative échoua contre le refus bien prononcé de Christian. Ce prince conclut même, le 5 décembre 1533, à Rendsbourg, une union intime avec le Danemark, laquelle devait être valable aussi longtemps que la maison d'Oldenbourg occuperait le trône, et accéda au traité d'alliance que le sénat avait conclu à Gand, pour trente ans, avec le gouvernement de Néerlande, et qui avait été ratifié à Odensé le 21 septembre. Par ce traité, tous les négociants néerlandais obtinrent la faculté de passer le Sund; des secours réciproques furent stipulés en cas de guerre; et un subside annuel de six mille florins fut accordé au duc, à condition qu'il fournirait à la régente un certain nombre de soldats, lorsqu'il en serait requis.

Cependant le sénat, instruit vaguement des trames ourdies par les ennemis du royaume, craignit de n'être pas le maître de l'élection, s'il ne se renforçait point par de nouvelles alliances, afin de prévenir des contrariétés possibles. Il résolut d'en proposer une à Gustave, et trois ministres furent envoyés à ce prince.

Le refus de Christian avait déterminé Wullenweber et Meyer à modifier leur plan. Ce dernier avait été précédemment envoyé dans le Sund avec la flotte de Lubeck, afin de fermer aux navires anglais et néerlandais l'entrée de la Baltique. Pris par les Anglais, il fut d'abord traité de pirate par Henri VIII, qui ordonna sa mort. Au moment où l'on attendait l'exécution de cette sentence, on apprit avec étonnement que le roi l'appelait à sa cour; il le créa chevalier, le combla de présents et d'honneurs, lui accorda une pension, et lui rendit ses vaisseaux. Quoique l'on connût bien l'humeur capricieuse de Henri, chacun se perdit en conjectures sur le changement soudain de sa conduite dans l'occurrence actuelle. Enfin, en 1534, on eut l'explication de l'énigme. De retour à Lubeck, Meyer, réuni à son

DANEMARK.

Nouvelle Église N.-Dame à Copenhague.

ami Wullewenber, opéra une révolution dans le gouvernement de la république. Ces deux démagogues expulsèrent du sénat tous les catholiques, et s'érigèrent en chefs de cette ville impériale. Ils convinrent alors avec Henri VIII de le placer sur le trône de Danemark, et Svanté-Sturé sur celui de Suède. Ils employèrent l'argent que leur fournit le roi d'Angleterre à mettre sur pied une armée par laquelle ils espéraient faire la conquête du Danemark, non pas pour Henri, mais pour leur république. Afin de cacher leurs vues secrètes, ils s'adressèrent aux amis du roi captif, et feignirent de vouloir lui rendre sa couronne.

Au commencement de 1534, les ambassadeurs danois, envoyés en Suède, en revinrent avec un traité d'alliance que Gustave avait signé. Les ministres danois et ceux de ce prince s'étaient communiqué ce qu'ils avaient pu apprendre des desseins des Lubeckois; Gustave savait qu'ils avaient ourdi des conspirations contre lui, au milieu même de Stockholm, dont ils avaient voulu faire une ville hanséatique, en corrompant un comte de Hoya, beau-frère du roi, et que ce prince avait comblé de bienfaits. Ce complot ayant été découvert, ils avaient tenté de lui susciter un nouvel ennemi dans la personne de Svanté-Sturé. Ce dernier avait refusé de s'associer à des projets contraires à ses serments.

On devait s'attendre à une guerre de la république de Lubeck avec tous les ennemis qu'elle s'était faits, ou à une paix générale avec eux pour calmer leur irritation. Sa conduite causa une surprise universelle. Le désir d'exclure les Néerlandais de la Baltique l'avait excitée à se brouiller avec les royaumes du Nord; tout à coup elle consent à ce qu'ils envoient dans la Baltique tel nombre de navires qu'ils voudront. A la vérité, elle n'accorda cette faculté que pour quatre ans, durant lesquels elle espérait bien mettre tellement les Danois dans sa dépendance, que le Sund ne s'ouvrirait, ni ne se fermerait plus à l'avenir que lorsqu'elle le trouverait bon. Wullen-weber et Meyer conclurent cette convention à Hambourg, au nom de Lubeck et de toutes les villes hanséatiques, avec les plénipotentiaires de la gouvernante de Néerlande. Le duc Christian et les Danois ne furent point compris dans ce traité, comme ils auraient dû l'être. Cette omission était inexcusable de la part des Néerlandais, surtout à l'égard de Christian, qui, dans tout le cours de la négociation, avait pris fortement à cœur leurs intérêts, et, par là, s'était attiré la haine des Lubeckois. Quant au sénat de Danemark, on prit pour prétexte qu'il avait négligé d'envoyer des députés à Hambourg. Peut-être les Lubeckois, qui étaient généralement redoutés, et qui cédaient beaucoup, stipulèrent-ils que la Néerlande leur sacrifiât ses alliés. Cela n'est pas sans exemple dans l'histoire de la diplomatie européenne.

L'idée fixe des deux démagogues lubeckois était de faire la conquête du Danemark; il ne s'agissait plus que de trouver un chef capable de conduire une entreprise si audacieuse. Après quelque incertitude, le choix tomba sur un homme qui n'aspirait qu'à la gloire militaire. Brave, connaissant la guerre, et d'autant plus entreprenant qu'il était pauvre; d'ailleurs simple, plein de candeur, et ce qui probablement contribua en grande partie à lui concilier les Lubeckois, savant jusqu'à lire Homère dans sa langue : c'était Christophe, comte d'Oldenbourg, cadet de sa maison, descendant de Thierry le Fortuné et d'Hedvige de Slesvig-Holstein, au même degré que le duc Christian et que le roi Christian II. Les Lubeckois l'intéressèrent à leur entreprise en la lui peignant comme digne de sa générosité, puisqu'il s'agissait de délivrer un roi prisonnier auquel il tenait par les liens du sang, et de protéger la religion réformée qu'il professait, quoique chanoine de Brême et de Cologne. Ils lui exposèrent aussi leurs justes motifs de vengeance contre les Danois, dont l'ingratitude les mettait dans le cas de se voir privés d'un commerce qui faisait leur plus grande ressource, et auquel leur existence tenait en quelque sorte. Enfin ils lui représentèrent l'état précaire du Danemark déchiré par des troubles intestins, et regardé au moins avec indifférence par les plus grands souverains de l'Europe, tous amis du roi détrôné.

Le comte, ébloui par l'espérance d'acquérir ou une souveraineté ou des richesses considérables, partit aussitôt pour lever des troupes en Allemagne, et ne tarda pas à ramener 4,000 soldats d'infanterie à Lubeck. Les armements maritimes furent bientôt prêts. Alors Christophe écrivit au duc Christian pour lui demander qu'il eût à mettre en liberté le roi captif; il lui remontrait qu'il eût dû s'acquitter plus tôt de ce devoir envers son cousin germain; ajoutant que, s'ils s'y refusait, il se trouverait des hommes assez généreux pour prendre en main la défense de l'opprimé. Le duc répondit avec beaucoup de calme que le roi détrôné avait été, comme convaincu de tyrannie, emprisonné, d'après une résolution prise en commun par le Danemark, la Suède et les villes hanséatiques, à la connaissance de toute l'Europe, et qu'il était gardé dans le château de Sönderborg, conformément aux clauses d'un traité solennel qui ne permettait à aucune des parties contractantes de le relâcher sans le consentement des autres. « Je n'ai aucun droit, poursuivait-il, d'enfreindre cette convention; « adressez-vous au sénat de Danemark « et au roi de Suède, aussi bien qu'à « moi, si vous désirez obtenir son élar-« gissement. » Une lettre menaçante du comte ne tarda pas à suivre cette réponse; Christophe déclarait qu'il irait chercher le roi captif partout où il serait, sans consulter les Danois ni les Suédois avec lesquels il n'avait rien à démêler, et que les villes hanséatiques l'y autorisaient; en même temps il annonça par écrit son dessein au sénat de Danemark, en lui promettant qu'il ne négligerait rien pour engager Christian II à oublier les injures qui lui avaient été faites, et à gouverner selon les lois de la modération et de l'équité lorsqu'il serait rétabli sur le trône (*).

Le sénat de Danemark était devenu très-désagréable au peuple, en prohibant la sortie de certaines denrées et ordonnant la levée d'impôts onéreux. Rien n'était plus propre à achever de rendre son gouvernement odieux et à étendre les causes de mécontentement. Christophe comptait que ces circonstances favoriseraient ses projets.

Après avoir envoyé au sénat la lettre qu'il regardait comme une déclaration de guerre, il entra brusquement en Holstein avec son armée, et ne rencontrant d'abord aucune opposition, il s'empara sans peine de plusieurs places, ravagea impitoyablement la campagne et jeta ainsi la terreur et la consternation dans tout le pays. Pendant que le siége de Segeberg l'arrêtait, le duc Christian assemblait des troupes à la hâte, et réclamait des Danois les secours promis par le dernier traité d'union. Le sénat, effrayé de la seule idée du rétablissement de Christian II, se dépêcha d'envoyer les soldats qui étaient demandés. Il ne put les réunir qu'en dégarnissant Copenhague, Malmöe et presque toutes les forteresses du royaume; mais lorsque cette armée arrivait dans les duchés, Christophe, content du succès de sa courte invasion, revint chargé de butin dans Lubeck, où tout était prêt pour l'expédition projetée.

Vingt et un vaisseaux de guerre bien pourvus de matelots, de soldats, de vivres, d'artillerie et de toutes sortes de munitions, partirent sous son commandement. Des frégates rompirent les communications des îles entre elles et avec le continent. Les sénateurs, dispersés sur divers points, ne savaient ni où ni comment se réunir. Le Danemark était réellement sans gouvernement. Les sénateurs restés à Copenhague apprirent tout à coup, le 25 juin 1554, que la flotte lubeckoise paraissait dans le Sund. Aussitôt ils ordonnèrent à Axell Giöe de se jeter dans Copenhague avec les milices qu'il pour-

(*) Holberg, l. c., p. 193.

rait rassembler; il était trop tard. Les Lubeckois, favorisés par le vent, jetèrent l'ancre à quatre lieues de la capitale. Christophe, Wullenweber et Meyer débarquèrent, marchèrent sur Röskild, et y firent prêter serment à Christian II. Aussitôt que George Mynter, bourgmestre de Malmöe, eut appris leurs succès, il vint les recevoir, et les instruisit de l'état du royaume et des dispositions favorables des bourgeois de Copenhague et de Malmöe, ce qui leur inspira une plus grande confiance pour la poursuite de leurs projets.

Cependant le duc Christian n'avait pas négligé de profiter de la retraite du comte d'Oldenbourg et du secours envoyé par le Danemark. Le général Jean Rantzau, détaché à la poursuite de Christophe, avait repris les places qui s'étaient rendues à celui-ci; le duc l'ayant rejoint, marcha sur Travemunde, petite ville située à l'embouchure de la Trave, s'en rendit maître, et le devint ainsi de la navigation de Lubeck; puis il entra sur le territoire de cette ville, s'y réunit à un corps de troupes qui lui venait de Saxe, et assiégea la capitale, repoussa deux fois avec une grande perte des sorties essayées par les habitants, et les serra de très-près. Leur seule consolation dans une position si fâcheuse était d'apprendre le succès de leurs compatriotes en Danemark.

Il était complet; tandis qu'ils tenaient la flotte danoise bloquée dans Copenhague, leurs vaisseaux, maîtres du Sund, ne permettaient le passage de ce détroit qu'à leurs amis, et interceptaient ceux des Norvégiens. Ceux-ci ne sachant rien de ce qui se passait, envoyaient leurs députés à la diète convoquée à Copenhague l'année précédente.

Alors reparut Gustave Trollé, qui prenait toujours le titre d'archevêque d'Upsal. Resté caché à Lubeck depuis la captivité de Christian II, il n'eut pas plutôt eu connaissance de l'entreprise du comte d'Oldenbourg, qu'il le suivit en Danemark. Le comte, pour le récompenser de sa fidélité envers son ancien souverain, déposa **Ronnov**, évêque de Röskild, et de sa propre autorité lui donna Trollé pour successeur. A cette nouvelle, Ronnov, indigné, assemble les habitants de Copenhague, et les exhorte à opposer une vigoureuse résistance à Christophe. Les magistrats et les principaux bourgeois étaient déjà gagnés par les Lubeckois : ils soulèvent la multitude contre Ronnov; le prélat s'évade; les autres sénateurs également effrayés disparaissent, et échappent ainsi à la fureur de la populace.

Christophe, après avoir fortifié Röskild à l'ouest, et Kiöge, petite ville maritime au sud de Copenhague, fut rejoint dans son camp par quelques paysans, marcha vers la capitale, et fit sommer les habitants de se soumettre à Christian II. Ils répondirent que préalablement ils voulaient le voir remis en liberté. Jean Urne, commandant de la citadelle, avait eu part à cette réponse. Comme le parti lubeckois redoutait sa fidélité et le pouvoir que son poste lui donnait, il n'épargna ni ruses ni machinations pour le surprendre; mais sa prudence avait pourvu à tout : les bourgeois n'osèrent ouvrir leurs portes. Cependant le comte les pressa si vivement que, le 16 juillet, ils capitulèrent. Le comte leur promit le maintien de leurs droits et de leurs privilèges, la propriété du territoire qui les entourait dans un rayon de deux lieues, enfin le libre exercice du luthéranisme, et fit son entrée au milieu des cris de joie de la multitude. Jean Urne se défendit vaillamment jusqu'au 25, jour auquel le comte se vit maître des fortifications, de la flotte, d'une nombreuse artillerie, des principaux arsenaux et magasins du royaume. Ainsi que cela se pratique ordinairement, l'administration de la ville fut donnée aux créatures des conjurés, gens capables de tout oser, et qui, dans toutes les émeutes, s'étaient fait remarquer par leur emportement.

Encouragé par un si grand succès, le comte d'Oldenbourg invita par des lettres circulaires tous les ordres du royaume à se réunir en diète à Ringsted en Seeland. La crainte de son ressentiment et l'amour de la nouveauté y conduisirent quelques députés des villes et des communes ; le comte leur fit prêter un serment de fidélité à Christian II, ce qui sembla ne pas leur coûter beaucoup. La plupart des nobles, au contraire, ne se présentèrent pas, ce qui courrouça tellement Christophe, qu'il envoya dans les campagnes des détachements de soldats, suivis des paysans soulevés; les châteaux et les biens de la noblesse furent brûlés et saccagés. Effrayés de ces ravages, les nobles suivirent l'exemple de l'évêque Ronnov, et prêtèrent en tremblant le serment d'être fidèles au roi détrôné. Christophe, pour récompenser ce prélat si variable dans sa conduite politique, lui rendit l'évêché de Röskild, et promit en échange à Trollé celui de Fionie, quand cette île aurait été conquise.

Celles de Laaland et de Falster avaient proclamé Christian II pour leur légitime souverain. Les membres du sénat assemblé en Jutland tombent dans un abattement extrême en apprenant toutes ces fâcheuses nouvelles. Craignant pour Malmöe et pour la Scanie, ils exhortent la bourgeoisie de cette ville à lui rester fidèle, lui faisant espérer que le duc sera bientôt élu roi, et alors vengera et délivrera le Danemark de ses ennemis. Ils la rassurent sur la crainte d'être troublée dans l'exercice de sa religion. La bourgeoisie assure le sénat de son entier dévouement; mais à peine cette réponse est-elle arrivée en Jutland, que, séduits par des magistrats vendus aux Lubeckois, ces mêmes bourgeois saisissent par trahison Magnus Gyllenstierne, leur gouverneur, rasent la citadelle, arrêtent deux autres sénateurs et tous les jeunes nobles qui se trouvent dans leur ville, et mandent au maréchal du royaume que l'intérêt du luthéranisme opprimé avait exigé qu'ils prissent ces précautions contre ses ennemis.

Ravi de joie, le comte d'Oldenbourg se hâte de profiter des circonstances; il écrit aux principaux personnages de Scanie qu'ils aient à venir de bonne grâce prêter serment à Christian II, qui sera pour eux un prince clément et miséricordieux; que s'ils refusent ou diffèrent, leur ruine est inévitable. Les chefs de la noblesse reconnaissent que la soumission est leur seule ressource, les Lubeckois étant les maîtres du Sund. Ils envoient donc à Copenhague quatre députés chargés de demander du moins, pour prix de leur prompte soumission, la sûreté de leurs personnes et de leurs biens. Mais le comte exige que ces députés prêtent hommage à Christian II, en leur nom et en celui de leurs commettants et de tous les habitants de la Scanie. Bientôt il arrive à Malmöe, assemble les états de la province sur une colline voisine de Lund, où, depuis un temps immémorial, les rois de Danemark recevaient l'hommage de cette partie de leurs États. Il y vient accompagné d'un fort détachement de ses troupes et d'un nombreux cortége de la bourgeoisie de Malmöe, appareil qui prête à ses discours une grande efficacité. Aussi, quand, après avoir recommandé Christian II à cette assemblée, il lui demande si elle ne veut pas, à l'exemple des Séelandais, l'élire roi, des cris d'applaudissement s'élèvent de tous côtés. Il félicite ses auditeurs du retour de l'ordre et de la paix qui sera une suite de leur docilité, puis ramène les sénateurs dans Malmöe, où il ne s'occupe plus que de réjouissances publiques, et de distributions de grâces qui lui coûtent peu, soit à ces sénateurs qu'il a le désir de gagner, soit aux bourgeois de Malmöe, bien dignes de sa reconnaissance.

Il travaillait si sérieusement et si puissamment à rétablir le roi détrôné, que l'on ne pouvait se persuader, dans le reste du Danemark et en Norvége, qu'il n'en eût pas l'intention. Les Norvégiens s'assemblèrent pour délibérer sur ce qu'ils devaient faire; mais, instruits par plus d'un événement que, lorsque la couronne était disputée, leur sort ordinaire était de se voir abandonnés par le vaincu, et punis par le vainqueur, ils prirent le parti d'attendre l'issue des événements, et de rester spectateurs oisifs des troubles qui agitaient leurs voisins.

En Danemark, au contraire, les esprits s'échauffaient de plus en plus. Une grande partie du peuple en Scanie et en Seeland souhaitait sincèrement le retour de Christian au trône. Les évêques et la noblesse se retiraient furtivement en Jutland, province qui lui était le plus opposée. On y vit arriver l'évêque Ronnov, toujours inconstant, et le duc Jean, frère puîné du duc Christian, qui ne se trouvaient plus en sûreté en Fionie. Rosencrantz, son gouverneur, le déguisa en paysan pour le soustraire aux poursuites du comte d'Oldenbourg, qui peut-être aurait voulu s'assurer de la personne d'un prince à qui une partie des Danois avait manifesté l'intention de décerner la couronne.

Suite presque immanquable de l'anarchie, la licence extrême qui désolait la Scanie et la Seeland se répandit dans les îles situées au sud de cette dernière : elle y seconda, par des complots ou des violences ouvertes, les armes du comte, qui s'en rendit ainsi maître sans beaucoup de résistance ; Langenland fut ensuite conquise sans grande difficulté : la Fionie, investie des deux côtés et dégarnie de troupes, ne pouvait manquer de devenir bientôt sa proie. Il se prépara donc à y passer, espérant qu'il s'en emparerait facilement, et qu'alors, n'ayant qu'un pas à faire pour entrer dans le Jutland, il ne tarderait pas à voir le royaume entier prêt à recevoir de lui la loi et le souverain qu'il voudrait lui donner.

Cependant les sénateurs assemblés à Rye, près de Skanderborg, petite ville voisine d'Aarhuus dans la presqu'île, frappés de l'imminence du danger qu'ils couraient, songèrent enfin à prendre des mesures vigoureuses pour arrêter la marche du comte d'Oldenbourg. Malgré l'évidence des faits, les évêques, aveuglés par l'esprit de faction et par un faux zèle, avaient encore osé s'obstiner à vouloir remettre les rênes de l'État entre ses mains.

Maintenant ils ne pouvaient plus se dissimuler les résultats lamentables de leurs conseils. Magnus Giöe représenta vivement au sénat que la révolte de Seeland et de la Scanie, et des villes de Copenhague et de Malmöe, aurait été prévenue si l'on eût déféré la couronne au duc Christian. « Il n'est pas « moins évident, ajouta-t-il, que si « l'on tarde encore à recourir à cet « unique libérateur, le feu de la ré- « bellion gagnera la Fionie et enfin le « Jutland. Alors les Lubeckois se joi- « gnant aux factieux, restera-t-il quel- « que espoir de salut pour un royaume « devenu la proie d'une populace avide « et furieuse, ou d'un roi sanguinaire « et implacable dans sa vengeance ? » Giöe finit par exhorter les sénateurs à demander un prompt secours au duc Christian, et à se bien persuader que de la résolution qu'ils allaient prendre dépendait le sort de la patrie. Ce discours fut vivement applaudi par les laïques ; mais quand on alla aux voix, les prélats, persistant à alléguer le prétexte de la religion, refusèrent leur suffrage à un prince hérétique. Cet entêtement occasionna de longs et violents débats. Un très-grand nombre de curieux de toutes les classes, réunis aux portes de la salle, attendait avec une extrême impatience le résultat de la délibération. Le retardement prolongé ayant fait soupçonner ce qui se passait dans l'assemblée, la foule se précipite tumultueusement dans la salle ; instruite du refus des évêques, elle s'écrie hardiment : « Le duc Christian doit être « élu ; il ne faut pas attendre d'être « accablé par l'ennemi pour se donner « un chef ; le sort déplorable de la « Scanie et de la Seeland prouve in- « vinciblement le danger des délais ; « on n'a eu que trop d'égards au refus « obstiné des évêques ; la moitié du « royaume a été perdue par complai- « sance pour eux ; il faut absolument « sauver ce qui en reste : ceux qui « s'opposent à un dessein si juste « pourront bien porter la peine de « leur entêtement. »

En entendant ces paroles menaçantes, les prélats se regardèrent les uns les autres pendant quelques moments, sans proférer une parole, et d'un air craintif, comme s'ils se fussent accusés mutuellement de n'oser répondre. Enfin ils balbutièrent quelques excuses fondées sur la pureté de leur zèle et la droiture de leurs intentions, et ajoutèrent que la noblesse étant décidée à élire le duc Christian, elle en rendrait compte devant Dieu; que quant à eux ils ne s'opposeraient pas davantage à cette détermination, à condition, toutefois, que les droits et les priviléges du sénat seraient confirmés par le nouveau roi, et qu'il ne se montrerait pas ennemi de la religion.

Aussitôt Christian fut proclamé roi par le sénat, le 14 juillet, aux acclamations de tous les assistants. La noblesse de Fionie et Canut Gyllenstierne, évêque d'Odensé, n'eurent pas plutôt appris cette élection, qu'ils s'assemblèrent à Hellisöe, village de leur île, et adhérèrent à ce qui venait d'être fait en Jutland. Une députation du sénat de cette presqu'île et de la noblesse de Fionie partit bientôt pour annoncer à Christian la nouvelle de son élection. Arrivée sur la frontière du Holstein, elle écrivit au duc pour le prier de fixer le jour et le lieu qu'il fixerait pour les entendre. Instruit d'avance du sujet de leur mission, il quitta son camp devant Lubeck et alla les recevoir au couvent de Preetz, situé entre Kiel et Ploen: il exprima convenablement sa reconnaissance du choix que l'on avait fait de lui, et délivra en même temps aux députés un acte par lequel il s'engageait à confirmer les priviléges du sénat. Puis il fut convenu de part et d'autre que l'on se réunirait le 18 août suivant à Horsens, en Jutland, pour se lier plus étroitement par des serments réciproques.

Ces préliminaires réglés, Christian regagne promptement son camp de Lubeck, ordonne tout pour la continuation du siége, et revient aussitôt à Horsens où les états de Jutland et de Fionie étaient assemblés; il est de nouveau proclamé roi, et on lui prête serment à genoux dans une plaine voisine; de son côté, il s'engage provisoirement à confirmer les priviléges et les droits de chaque ordre du royaume, conformément à la capitulation de Frédéric Ier. Il est convenu qu'il pourra cependant y apporter les changements qui seront jugés nécessaires et que le sénat approuvera; de plus, que, jusqu'au moment où les circonstances permettront de prendre de nouvelles décisions dans une diète solennelle, les évêques et les autres ecclésiastiques jouiront entièrement de leurs biens, de leurs revenus, de leurs immunités, soit qu'ils restent catholiques, soit qu'ils embrassent la réforme; la noblesse conservera pareillement ses droits; chacun exercera librement sa religion sans pouvoir être inquiété. Enfin on se fit mutuellement toutes les promesses qu'exigeait la position critique de l'État.

Aussitôt que Christian eut été, conformément aux lois, revêtu du pouvoir royal, il écrivit à Gustave pour réclamer le secours promis par le dernier traité. Indépendamment de l'estime réciproque qui unissait les deux princes, ils étaient encore liés l'un à l'autre par le mariage qu'ils avaient contracté chacun avec une fille du duc de Saxe-Lauenbourg. D'ailleurs Gustave avait des motifs très-forts de souhaiter l'abaissement des Lubeckois et la continuation de la captivité de Christian II. Il fit donc une réponse favorable à la demande de son beau-frère, et se tint prêt à opérer une puissante diversion en Scanie.

Christian sollicita aussi de la gouvernante de Néerlande le secours que, d'après le traité de Gand, elle devait fournir au Danemark; mais les Lubeckois ayant réussi à persuader à cette princesse que leur unique but, en portant la guerre chez les Danois, était de rétablir Christian sur le trône, Marie, belle-sœur de ce malheureux roi, avait bien changé de façon de penser. Elle venait de marier l'aînée des filles de Christian à Frédéric, comte, et depuis électeur palatin; et la cadette à François Sforze, duc de Milan. Elle espérait faire passer aux deux gendres le droit de leur beau-père sur les royaumes qu'il avait possédés. Cette attente ne pouvait paraître chimérique dans un moment où le Danemark était conquis à moitié; et on se disait avec confiance que la puissance de la maison d'Autriche était suffisante pour faire le reste. Marie se borna donc à leurrer Christian de belles promesses.

L'ouvrage de la noblesse du Jutland et de Fionie faillit bientôt d'être détruit par un soulèvement des bourgeois et des paysans de ces deux provinces. Ils commettaient des ravages affreux. Christian, à la tête d'un corps de cavalerie, se transporta en Fionie, défit une troupe des rebelles; les autres, effrayés, se dispersèrent. Tout le pays se soumit, à la réserve d'Odensé et de Svendborg; ces deux villes, emportées d'assaut, furent livrées au pillage; triste résultat de ce qu'elles considéraient comme une preuve de leur fidélité à leur ancien souverain, et de leur zèle pour leur religion.

A peine Christian a quitté l'île, mal soumise, que le comte d'Oldenbourg y arrive avec une petite armée; les habitants le secondent; il reprend Nyborg, et, en peu de temps, toute la Fionie lui obéit de nouveau. Résolu à tenter la conquête du Jutland, il usa de précaution pour porter la guerre dans un pays vaste, défendu par une noblesse fière et valeureuse, et que son nouveau roi pouvait facilement secourir. Il se décida donc à n'y envoyer d'abord qu'un détachement, dont il confia la conduite à un certain capitaine Clément, qui avait servi sur mer du temps de Christian II, et à d'autres aventuriers de même espèce, gens vieillis dans le métier de pirates. Clément débarqua sur le rivage du Liimfiord, dans le Jutland septentrional, et somma Aalborg, une des meilleures villes de la province, de reconnaître Christian II; les bourgeois se hâtèrent de se rendre; la citadelle fut emportée de force. Clément parcourut de là tout le Vend-Syssel, où les bras nombreux du Liimfiord donnaient accès à ses vaisseaux. Partout la terreur le précédait; l'attrait de la licence et la haine vouée à la noblesse et au clergé grossissaient sa troupe.

Dans ces moments d'alarmes, les nobles, abandonnant leurs châteaux, se rendirent de concert à Randers avec tous les cavaliers qu'ils purent armer; les évêques y envoyèrent leurs vassaux et leurs serviteurs. Ayant ainsi réuni une troupe de trois cents hommes de cavalerie, ils marchèrent contre Aalborg, ayant à leur tête Holger (Ogier) Rosencrantz et Éric Banner, et ne craignirent pas de soutenir l'attaque de Clément, qui commandait six mille paysans : ils furent complétement défaits et perdirent beaucoup de monde, parce qu'ils combattirent dans un terrain fangeux où les chevaux s'embourbaient dès les premiers pas; une partie put s'échapper par la fuite; Rosencrantz périt dans cette fatale journée.

Instruits de ce succès, les paysans du diocèse de Viborg et la moitié de ceux du diocèse de Ribé se soulevèrent, et Clément s'avança vers Randers, dans l'espérance de se rendre bientôt maître de cette ville, où le reste de la noblesse de Jutland s'était réfugié; mais il manquait d'artillerie, et l'approche d'un secours envoyé par le roi l'obligea de reprendre précipitamment le chemin d'Aalborg.

Christian, pressé de secourir le Danemark, avait conclu pour le Holstein, avec le gouvernement de Lubeck, une sorte de suspension d'armes, qui lui permit de s'avancer dans le Jutland avec ses troupes. Réunies à celles qu'il y avait déjà envoyées, aux milices et à la noblesse, elles formèrent une armée considérable, que Jean Rantzau et Éric Banner commandèrent sous les ordres du roi. Elles assiégèrent Aalborg : vaillamment défendue par Clément, que secondaient mal les bourgeois et les paysans revenus de l'ivresse de leur folle confiance, cette ville fut prise d'assaut le 16 décembre. Tous les hommes trouvés sous les armes furent passés au fil de l'épée; deux mille paysans y perdirent la vie : le reste se dispersa dans le Vend-Syssel. Clément, arrêté par un paysan au moment où il s'enfuyait à cheval, fut envoyé prisonnier à Colding, puis décapité en 1536 comme déserteur du service de Danemark, dans lequel il avait été sous le règne de Frédéric, et comme un brigand qui avait violé toutes les lois de la guerre. Un de ses lieutenants, surpris dans une petite ville, fut puni du même supplice.

Les paysans rebelles furent ensuite traduits devant la cour de justice comme ayant enfreint le serment prêté au roi. Ils signèrent un aveu de leur faute, par lequel ils reconnaissaient qu'ils avaient mérité la mort et la perte de leurs biens; le roi ne les reçut en grâce et ne leur rendit leurs terres que jusqu'alors ils avaient possédées librement, qu'avec une réduction de leurs droits. Depuis cette époque, le nombre des paysans propriétaires diminua beaucoup dans le Jutland, et presque tous se trouvèrent tellement dépendants de la noblesse, que leur condition se rapprocha extrêmement du servage.

Le comte d'Oldenbourg, effrayé de la facilité avec laquelle le roi avait soumis le Jutland, craignit les suites de ce succès, et demanda une conférence à Colding; Christian, qui voyait avec une douleur profonde le déplorable état du royaume, y consentit. Il offrit au comte de grosses sommes d'argent s'il voulait se désister de ses projets et quitter le pays. Christophe, infatué, rejeta les propositions du roi et ne voulut traiter qu'à condition que ce prince se contenterait du Jutland, et céderait à Christian II la Scanie, les îles et la Norvége. Le roi repoussa ce projet de démembrement, et la conférence fut rompue.

Retourné en Seeland, le comte convoqua une diète à Copenhague. La plus grande partie des nobles de cette île et de Scanie s'y rendit; il commença par leur exposer qu'il manquait d'argent, et ne craignit pas de leur demander leur argenterie, ainsi que les colliers, les bracelets et les autres joyaux de leurs femmes et de leurs filles, tâchant de leur persuader que leur propre salut dépendait de leur acquiescement à le satisfaire, puisque,

s'ils lui refusaient cette contribution, seule ressource qui lui restât, il ne lui serait plus possible de contenir son armée, qui alors se livrerait au pillage de leurs biens et à tous les désordres imaginables. D'autant plus épouvantés de cette menace qu'ils avaient récemment éprouvé la férocité de la soldatesque, les nobles promirent au comte une somme considérable d'argent, s'excusant en même temps de ce qu'ils ne pouvaient ôter à leurs femmes des objets sur lesquels ils n'avaient aucun droit.

L'assemblée était encore occupée de cette affaire lorsque Bogbinder, bourgmestre de Copenhague, et Mynter, bourgmestre de Malmöe, escortés de plusieurs magistrats et d'une foule de bourgeois, entrent brusquement, et d'un ton irrité dénoncent au comte les sénateurs du royaume et la noblesse, comme les premiers auteurs des maux de l'État, pour avoir déposé, persécuté et enfermé Christian II, dont tout le crime était d'avoir traité le peuple avec équité; ils concluent en donnant assez clairement à entendre que le sang de ces tyrans peut seul expier leur crime. Le comte est assez humain pour reculer devant cette proposition cruelle, et répond qu'ayant promis sa protection à la noblesse, il les invite à modérer leur ressentiment et à s'en retourner tranquillement chez eux : ils obéissent en frémissant.

Les sénateurs et les nobles épouvantés n'osaient sortir de crainte d'être assaillis ; le comte, pour les rassurer, leur promit de les protéger, et ils purent gagner leurs terres. Mais bientôt arrivent deux nouvelles qui raniment l'animosité du peuple et irritent contre eux le comte d'Oldenbourg : la première est la défaite et le châtiment des paysans de Jutland; la seconde, l'approche d'une armée suédoise envoyée par Gustave en Scanie à l'instigation de la noblesse de cette province. Alors paysans et soldats se jettent avec une nouvelle fureur sur les châteaux et les terres des nobles, et se voyant en quelque sorte autorisés par l'inaction et le silence de leurs chefs, étendent partout le pillage et la destruction. « Ces événements prouvent évidemment, suivant la remarque de Holberg, que cette guerre était celle des paysans contre la noblesse, et que dans tout le royaume le peuple inclinait vers le monarque détrôné. »

Cette armée suédoise, commandée par Jean Turson Ros, s'était arrêtée quelque temps devant Halmstad, capitale du Halland, laquelle avait fait une résistance opiniâtre; Varberg, autre place de la même province, ne put être prise, et on convint d'un armistice jusqu'à Pâques de l'année suivante.

C'était, observe encore Holberg, un fait remarquable dans l'histoire du Nord, de voir un roi de Suède entrer en campagne pour secourir un roi de Danemark élu. Ce commencement d'une nouvelle révolution alarma le comte d'Oldenbourg. Jusqu'alors il avait joué le rôle de maître en Danemark; maintenant son étoile pâlissait, son parti s'affaiblissait. Plusieurs causes y avaient contribué. Le Danemark avait un roi qui, par ses succès et son activité, avait donné un grand renom à ses armes. Aidé de vieilles troupes expérimentées, il avait pour lui les habitants du Jutland, qui, notamment les nobles, s'étaient levés comme un seul homme pour lui. Le comte, au contraire, qui, à la vérité, avait entre les mains la Scanie et toutes les îles danoises, était tellement haï de la noblesse, que, quoique par crainte du peuple et des soldats étrangers elle se fût rangée sous ses drapeaux, il était obligé d'avoir sans cesse l'œil ouvert sur elle, parce qu'il connaissait ses secrets sentiments pour lui.

Il fit donc passer promptement un renfort considérable en Scanie, sous la conduite de Meyer et du comte de Hoya, et ordonna aux gouverneurs de Malmöe et de Landskrona d'y joindre des détachements de leurs garnisons. Cette petite armée arriva trop tard pour disputer aux Suédois l'entrée de la Scanie. Alors elle revint précipitamment sur ses pas, et tout le monde se tourna contre le comte d'Oldenbourg et les Lubeckois; cependant un nouveau renfort contint les Scaniens par la force, plaça des garnisons dans toutes les villes, et pilla celle de Lund ; George Mynter fit prisonnier l'archevêque Torben Bilde et le conduisit au comte, qui envoya le prélat prisonnier à Landskrona, mesure qui lui aliéna le clergé. Ensuite il expédia l'ordre à la noblesse de former un corps de cinq cents cavaliers, pour se joindre à Meyer. Ces cinq cents nobles craignant d'être arrêtés, avertis d'ailleurs par des avis secrets et instruits par l'exemple du traitement éprouvé par l'archevêque, enfin las de la tyrannie des étrangers, se réunirent sous la conduite d'Axel Brahe et de Christophe Hvitfeld; après quelques moments d'irrésolution ils se rendirent dans le camp des Suédois : de là, ils mandèrent au comte qu'ils renonçaient au serment qu'il leur avait extorqué, lui reprochèrent, dans leur lettre, d'être venu porter la guerre en Danemark sans l'avoir déclarée; enfin de leur avoir promis sa protection, et de les avoir abandonnés à la fureur de leurs ennemis. L'armée suédoise renforcée marcha sur Varberg en 1535 ; la garnison apprenant que tout ce que l'on exigeait d'elle était de reconnaître Christian III pour son souverain légitime, ouvrit les portes de la ville, de concert avec les habitants.

Meyer ne pouvant tenir contre les Suédois, surtout depuis que le corps des Scaniens les avait rejoints, se retira vers Helsingborg ; ayant essuyé une défaite complète le 14 janvier, il comptait se réfugier dans la citadelle. Tycho-Krabbe, gentilhomme scanien, lui en refusa l'entrée. Les Lubeckois, attaqués à la fois par l'armée suédoise et par la garnison du fort, furent poursuivis et massacrés. Mynter fut du très-petit nombre de ceux qui échappèrent en s'enfuyant par mer; les autres chefs et Meyer tombèrent entre les mains de l'ennemi. Les Danois et les Suédois se disputèrent la personne de Meyer ; enfin ils convinrent qu'il serait gardé à Varberg jusqu'à ce que les deux rois eussent décidé à qui il resterait. Traité avec ménagement par

Trurdd Ulfstan, gouverneur de la place, il ne profite de cette bonté que pour corrompre les habitants et quelques soldats allemands de la garnison du fort : il y introduit les conjurés par son appartement; le 9 mars, les soldats sont égorgés, il se rend maître des portes, la ville se révolte; le gouverneur n'échappe que par une fuite précipitée, laissant au pouvoir des traîtres sa femme, ses enfants et beaucoup de richesses apportées dans le château pour y être en sûreté. Le comte d'Oldenbourg, dès qu'il eut appris le succès de Meyer, lui envoya tout ce qui lui était nécessaire pour tenir dans Varberg.

Averti des événements arrivés en Scanie, le roi fit passer dans cette province un renfort considérable qui mit l'armée victorieuse en état d'assiéger à la fois Malmöe et Landskrona. Ces deux places, munies de fortes garnisons et secourues sans cesse du côté de la mer par la flotte lubeckoise, firent une vigoureuse résistance.

En Seeland, le comte d'Oldenbourg, occupé à former une nouvelle armée et à lever l'argent nécessaire pour l'entretenir, avait assemblé la noblesse et le peuple. La noblesse épuisée ne répondait à la demande de nouveaux subsides que par des plaintes amères et des refus qui aigrissaient le ressentiment du peuple. Anne Moenstrup, dame aussi distinguée par sa naissance que par ses vertus, ayant dit que l'on ne réussirait jamais par de tels moyens à rétablir le roi détrôné, fut assassinée par des bourgeois de Copenhague; deux des femmes de sa suite auraient partagé son triste sort, si des gens du comte ne les eussent pas conduites en lieu de sûreté. Ce crime alors impuni subit plus tard son juste châtiment. Enfin la noblesse de Seeland, contrainte de céder à la force, fournit de l'argent, le peuple un homme sur dix, et le comte eut une armée.

Cependant le roi, retenu sur le rivage du petit Belt, attendait impatiemment que l'aide d'une flotte lui permît de passer avec ses soldats dans les îles voisines; ses démarches pour se procurer des vaisseaux chez des puissances amies avaient échoué. Il résolut donc de tenter le trajet de Jutland en Fionie avec des navires marchands frétés dans les ports du Slesvig, cette courte traversée pouvant s'effectuer sans le secours d'une flotte.

Sur ces entrefaites, il chargea des députés qui allaient en Suède pour y presser l'envoi d'une escadre, de passer par la Norvége pour parler au sénat de son élection. Les excuses faites à ce corps, de ce que le Danemark avait été forcé par les circonstances d'élire un roi sans le concours des Norvégiens, furent bien accueillies; l'autre point rencontra beaucoup d'obstacles. L'archevêque de Drontheim et les autres prélats penchaient secrètement pour le roi détrôné, et à son défaut préféraient le comte palatin son gendre. Les sénateurs laïques, au contraire, et la plupart des habitants de la Norvége méridionale favorisaient les intérêts de Christian III ; aussi refusèrent-ils de venir à l'assemblée générale convoquée par l'archevêque. Alors Vincent Lunge, un des députés qui par ses dignités et par sa fortune conservait une grande influence dans le pays, donna une autre tournure aux affaires. Les sénateurs des provinces méridionales délibérèrent séparément à Opslo, dressèrent en 1535 un acte, dans lequel, après avoir blâmé la conduite des villes hanséatiques envers le Danemark, ils déclaraient vouloir prêter hommage au prince élu dans ce pays, à condition qu'il maintiendrait les lois et les priviléges de la Norvége. L'archevêque, qui se regardait comme le premier personnage de l'État, improuva cette conduite, comme attentatoire à sa dignité.

Cependant, la noblesse de Scanie poussait toujours avec vigueur les siéges de Malmöe et de Landskrona, sous la conduite de Tycho-Krabbe, et en même temps ne négligeait aucun moyen de soulever le peuple contre le comte d'Oldenbourg. Celui-ci, déjà exaspéré par sa position fâcheuse, et par la crainte que la noblesse de Seeland ne se révoltât contre lui, fit arrêter tous

DANEMARK

ceux de ses membres qui se trouvaient à Copenhague, et commanda que l'on s'assurât des autres. Ceux-ci cherchèrent à s'échapper : de ce nombre fut l'évêque Ronnov, qui, se défiant avec raison de l'amitié du comte, courut se jeter aux pieds du roi en Jutland. Ses châteaux, et notamment celui de Drageshölm, devinrent les asiles de plusieurs fugitifs. Le comte de Hoya les y assiégea inutilement : ce fut la seule place de Seeland qui résista aux armes du comte; la ville et le fort de Callundborg furent obligés de leur céder.

Christian ayant rassemblé une quantité suffisante de navires de transport, effectua très-heureusement une descente en Fionie. L'ennemi, qui n'en fut instruit que lorsqu'il n'était plus temps de s'y opposer, se hâta de retirer les garnisons de toutes les places de l'île, de réunir les milices des rebelles, et d'en former une armée capable de s'opposer à celle du roi : elles se rencontrèrent entre Middelfart et Odensé. Les Allemands ne soutinrent pas longtemps le choc des troupes royalistes, et s'enfuirent vers Assens; les Danois révoltés résistèrent mieux, mais finirent par se disperser dans toute l'île. Le vainqueur marcha tout de suite sur Assens : les Allemands s'y défendirent si opiniâtrément, que les Lubeckois eurent le temps d'y envoyer du secours.

Voyant leurs ambitieux projets près d'échouer, ils armèrent deux flottes, firent de nouvelles levées de soldats, et choisirent un général dont le nom pût donner plus de réputation à leurs armes : c'était Albert le Beau, duc de Mecklenbourg, qui avait épousé une princesse de Brandebourg, nièce de Christian II ; en conséquence il se flatta de l'espoir d'occuper son trône. A l'exemple du comte d'Oldenbourg, il publia un manifeste, annonçant qu'il venait délivrer le roi captif, et fit voile pour Copenhague. Voilà donc un troisième concurrent qui se présente pour combattre Christian III. Les Lubeckois avaient compté qu'il serait suivi de ses propres troupes ; mais, à l'exception d'une compagnie de fantassins et de quarante cavaliers, et comme s'il se fût agi d'une partie de chasse, ses vaisseaux ne furent chargés que de chiens courants, de toiles et de filets.

Son arrivée causa au peuple et au soldat une joie qui fut de courte durée, et une jalousie extrême au comte d'Oldenbourg. Ce dernier refusa obstinément d'obéir aux ordres du duc, et de dégager ses propres troupes du serment qu'elles lui avaient prêté. Wullenweber ne négligea rien pour prévenir les mauvais effets de cette mésintelligence : il offrit au comte l'évêché de Röskild avec les vastes domaines qui en dépendaient, s'il consentait à abdiquer son commandement. Un siège épiscopal eût paru autrefois une grande fortune au comte, qui, ainsi que nous l'avons dit précédemment, s'était consacré d'abord à l'état ecclésiastique; mais l'espoir de parvenir au trône lui faisait regarder toute autre condition avec dédain. Wullenweber fut donc contraint de partager le commandement entre ces deux personnages : par là il les offensa tous les deux et leur donna un intérêt tout différent de celui de la cause commune.

Le tort fait au roi de Danemark par les deux flottes lubeckoises avait plus que compensé le bien qui pouvait résulter pour lui de ces dissensions entre ses ennemis. Une de ces flottes, qui avait mouillé dans le Sund, en était devenue la maîtresse à un tel point, qu'aucun navire ne pouvait y passer que par sa permission et en payant le tribut ordinaire : elle saisissait ceux des Danois et des Suédois. Une flotte de soixante-dix navires marchands néerlandais fut d'abord obligée d'acquitter une somme considérable, et ensuite livrée au pillage. Des recettes aussi lucratives pouvaient mettre les Lubeckois en état de soutenir aisément cette guerre. Les sénateurs de Scanie, que ce triste spectacle affligeait tous les jours, écrivirent au roi pour lui exposer la nécessité de chasser l'ennemi d'un poste si avantageux. Christian en était persuadé, mais pouvait-il sans vaisseaux passer en Seeland ?

Ceux des Lubeckois occupaient le grand Belt qui sépare cette île de la Fionie, où ils transportaient des troupes de terre d'Allemagne, et où l'ennemi tenait encore quelques villes, notamment Nyborg. Christian n'avait pu encore les réduire, et bientôt il eut à combattre une nouvelle armée commandée par le comte de Hoya, que Christophe et Albert avaient envoyée en Fionie. Une autre était arrivée immédiatement de Lubeck, sous les ordres d'un comte de Tecklenbourg. Ces chefs s'étant joints, appelèrent à eux toutes les garnisons de l'île, et marchèrent contre celle du roi ; Odensé, qui se trouva sur leur chemin, fut pillé, et ils allèrent camper entre Assens et Middelfart, position qui les mettait à même de couper les vivres à l'armée royale, et leur offrait la ressource de se jeter dans Assens en cas de défaite.

Gustave Trollé, dont nous avons eu si souvent l'occasion de parler, figurait comme un des chefs de l'armée lubeckoise. D'accord avec les comtes de Hoya et de Tecklenbourg, il fut résolu d'attaquer celle du roi le 11 juin à la pointe du jour, tandis que la garnison d'Assens attirerait son attention par une sortie. Ce projet très-bien conçu étant venu à la connaissance d'un prêtre danois, celui-ci se hâta de le révéler à Jean Rantzau, général de l'armée royale. Aussitôt Rantzau fait mettre le feu à son camp, pour ôter à la garnison d'Assens toute envie de s'approcher de lui, puis surprend l'armée ennemie. Elle essaye vainement de se retrancher sur le sommet de l'Oxenbierg, colline sur laquelle elle est campée : elle n'en a pas le temps ; le désordre se met dans sa cavalerie, l'infanterie commence à plier et fait retraite dans la plus grande confusion ; dix-sept cents prisonniers, dont plus de quatre cents gentilshommes des meilleures maisons d'Allemagne, et toute l'artillerie tombèrent au pouvoir des vainqueurs. Le nombre des hommes tués fut bien plus considérable : les deux comtes se trouvaient parmi eux. Trollé, ce perturbateur de la paix du Nord, fut percé de coups, pris et transporté à Gottorp, où peu de jours après il termina sa vie toujours agitée et turbulente.

Albert de Mecklenbourg, qui s'était approché secrètement du lieu de l'action, fut témoin de la déroute ; rassemblant quelques fuyards, il repassa précipitamment en Seeland ; les autres imitèrent son exemple, et la Fionie fut ainsi délivrée en un jour de ses ennemis. Par malheur, elle eut beaucoup à souffrir de la licence des soldats de l'armée royale ; cependant les chefs réussirent à rétablir le bon ordre, et ceux des rebelles furent livrés au supplice.

Les armements maritimes qui s'étaient faits pour Christian en Suède, en Prusse et dans les ports de Jutland, avaient fini par procurer une grande flotte, qui s'approcha de Fionie pour seconder les opérations du vainqueur : elle était composée de onze vaisseaux danois, autant de suédois, et de dix prussiens. Il s'y en joignit bientôt un plus grand nombre, que Claude Bilde, Henri Rosencrantz et autres seigneurs danois avaient équipés à leurs frais. Pierre Skram, Danois, les commandait en chef ; Éric Flemming et Jean Freen étaient à la tête des escadres suédoise et prussienne. Aussitôt que ces vaisseaux se furent réunis sous l'île de Gotland, ils firent voile vers Bornholm où ils découvrirent la flotte lubeckoise qui, jointe à celles de Stralsund et de Rostock, égalait celle du roi en nombre et en force. Le combat, commencé avec vigueur par les deux amiraux, allait devenir général ; une tempête furieuse l'interrompit. Les Danois gagnèrent un des ports de Bornholm.

Pendant que les Lubeckois rentraient dans le Sund, avec leur vaisseau amiral très-maltraité, Skram fit voile vers l'embouchure de la Trave, y enleva un gros vaisseau de Lubeck ; puis tournant au nord, suivant les ordres du roi, vint mouiller à la vue de Fionie. Il y prit une partie de la flotte lubeckoise et en dispersa une autre ; le reste fut brûlé par les Hanséates eux-mêmes. Skram, maître de ces parages,

DANEMARK

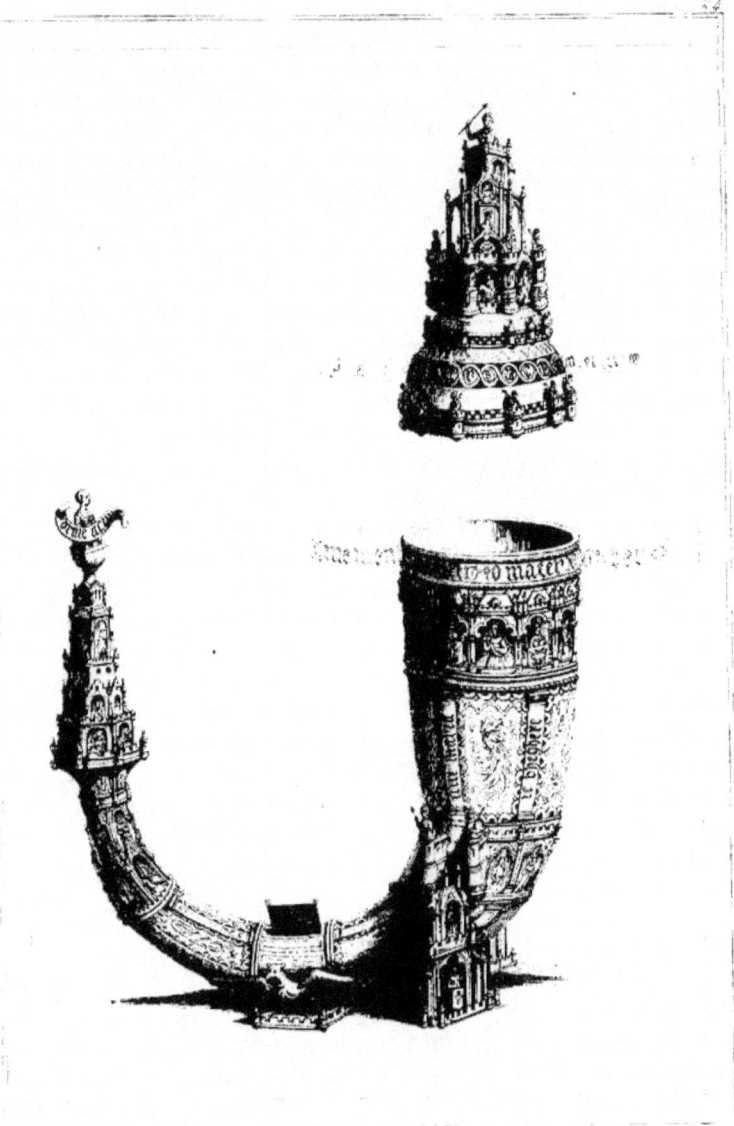

Corne ancienne, du Musée de Danemark

visita les îles de Laaland, Falster et Moen, dont les habitants avaient secondé la rébellion, leur imposa une contribution, les força de fournir sa flotte de vivres, entra dans le Belt, soumit Tranekiär et Corsör, et s'avança vers Copenhague.

Christian, qui était encore en Fionie, assembla les députés de la bourgeoisie et des paysans à Odensé, leur adressa des reproches très-modérés sur leur conduite précédente, et leur promit un pardon complet, l'oubli du passé et la conservation de leurs priviléges. Touchés de cette clémence, ils lui prêtèrent serment à l'envi. On sait que la noblesse l'avait élu roi dès l'année précédente; depuis elle l'avait servi fidèlement dans son armée.

Tout étant terminé en Fionie, le roi fit transporter ses troupes en Seeland : il y passa ensuite; Skram protégea la traversée et le débarquement de l'armée; l'ennemi n'osa s'y opposer, de sorte que Christian put traverser librement presque toute l'île et aller camper à Kiöge, au sud de Copenhague. Quand il eut avis que Skram était dans le Sund avec ses vaisseaux et un renfort arrivé de Norvége, il s'approcha de la capitale, et le 24 juillet établit son quartier à Sörslöv, précisément sur la colline choisie par son père douze ans auparavant.

« Ainsi commença le siége de Copenhague, qui, par sa longue durée et la vigueur avec laquelle la place fut attaquée et défendue, est un des plus célèbres de ce siècle. La ville était mieux fortifiée et mieux approvisionnée, sous tous les rapports, qu'en 1524 : les Lubeckois y avaient l'élite de leurs troupes commandées par Albert, duc de Mecklenbourg, et Christophe, comte d'Oldenbourg; ils étaient secondés par la bourgeoisie qui s'était unanimement jointe à eux, soit par affection pour le roi détrôné, soit par désespoir, leur conduite violente envers le sénat leur persuadant qu'ils n'avaient nulle grâce à attendre du vainqueur. Ainsi tout ce qui pouvait exciter et soutenir la bravoure et la constance, animer les deux partis à attaquer et à se défendre avec une valeur opiniâtre, se trouvait réuni dans cette circonstance. Plus le roi avait de difficultés à surmonter, plus il devait s'efforcer de les vaincre, s'il ne voulait perdre à la fois sa gloire et son trône. D'un côté, les chefs d'une république puissante et encore plus ambitieuse, et de l'autre des aventuriers qui venaient de toucher au moment de l'entière conquête d'un royaume. La garnison et la bourgeoisie étaient d'ailleurs encouragées par l'assurance qu'on leur donnait que de grands et prompts secours leur arriveraient soit de la part des Lubeckois, soit de la gouvernante de Néerlande.

« Dès les premiers jours d'août, Copenhague avait été investi; les assiégeants poussaient vigoureusement leurs travaux, malgré les sorties fréquentes des assiégés : craignant ensuite de s'épuiser à force d'être repoussés, ceux-ci firent du haut des remparts un feu continuel plus nuisible à leurs adversaires; mais le camp fut bientôt mis hors d'insulte et la place entièrement bloquée du côté de terre (*). »

Alors le roi put détacher de son armée divers corps, qui allèrent réduire Nyköbing dans l'île de Falster, Callundborg et Elseneur en Seeland; quelques régiments passèrent le Sund pour renforcer la noblesse de Scanie, qui continuait à bloquer Malmöe et Landskrona. Christian, qui vint lui-même dans cette province, fut affligé du triste état où l'anarchie, la révolte et la guerre l'avaient réduite. Il fut salué roi le 18 août, aux acclamations des états convoqués à Lund. Il témoigna publiquement sa reconnaissance aux troupes suédoises, qui lui rendirent les plus grands honneurs, et eut avec leurs chefs divers entretiens qui lui firent prendre la résolution de rendre une visite à Gustave dans sa capitale : il cacha son dessein jusqu'à la veille du jour où il voulait l'effectuer. Quand il l'eut fait connaître, les sénateurs essayèrent de l'en détourner, en lui représentant les inconvénients et les dangers qui

(*) Holberg, l. c., p. 323.

pouvaient en résulter. Inébranlable dans sa résolution, Christian partit, accompagné de son général Melchior Rantzau et de six autres personnes seulement. Malgré la diligence qu'il fit, Gustave était prévenu de sa prochaine arrivée. Christian entra dans Stockholm le 7 septembre.

La différence que présentent les récits de plusieurs historiens danois et suédois, au sujet de l'entrevue des deux monarques, ne permet pas de parler avec beaucoup de certitude des circonstances qui l'accompagnèrent. Les Danois qui étaient avec Christian, accoutumés à sa candeur et à ses manières affables, furent choqués de l'air de fierté, de réserve et de défiance avec lequel Gustave reçut son beau-frère. Peut-être, ajoutent ces auteurs, que Christian s'attendait à plus de cordialité de la part de Gustave; ils assurent, du moins, qu'il se repentit bientôt d'avoir négligé les avis de son sénat, et qu'il craignit d'être trahi. Un prince tel que Gustave était incapable d'une telle perfidie. Holberg n'y croit pas (*); son récit s'accorde, presque sur tous les points, avec celui de Dalin (**).

Suivant ce dernier, Christian fut reçu avec toutes les marques possibles de satisfaction, d'amitié et d'égards. Après avoir remercié son beau-frère des secours qu'il lui avait donnés dans la guerre actuelle, il l'instruisit des secrets desseins de l'Empereur contre les couronnes du Nord, desseins qui semblaient favoriser les prétentions des gendres de Christian II, mais qui, dans la réalité, tendaient à ranger les pays du Nord et la mer Baltique sous la puissance de Charles-Quint; Christian en avait été instruit par ses amis d'Allemagne. Placés dans la même position, les deux rois n'eurent pas de peine à s'entendre sur les mesures qu'ils avaient à prendre pour leur sûreté respective. Ils renouvelèrent leurs engagements réciproques de ne pas signer de paix séparée avec les Lubeckois, de se communiquer ce qu'ils pourraient apprendre des menées secrètes de leurs ennemis tant intérieurs qu'extérieurs, et de s'opposer de concert à toute entreprise des gendres du roi détrôné, ajoutant que ce serait le seul moyen de régner en sûreté et en paix. Ils déterminèrent la quantité de troupes de terre et de vaisseaux de guerre qu'ils se fourniraient mutuellement en cas de besoin; et Gustave prêta au roi de Danemark une somme considérable, pour sûreté de laquelle et d'autres prêts antérieurs Christian lui engagea Varberg en Halland, le Vigen et Aggershuus en Norvége; ce qui peut paraître singulier, puisqu'il n'était pas encore élu roi dans ce pays. Christian avertit son beau-frère, ainsi qu'il l'avait déjà fait par écrit, d'un complot des Lubeckois de le faire périr par la main d'un de ses sujets : révélation qui donna au moins beaucoup à penser à Gustave; ensuite celui-ci conseilla à son beau-frère de restreindre à son exemple le pouvoir et les revenus du clergé, lorsque les circonstances le permettraient, ajoutant que ce serait le seul moyen de régner en sûreté et en paix. Christian promit à Gustave de lui rendre tous les biens héréditaires de la maison de Vasa, situés en Halland, qui avaient été confisqués du temps de Christian II, ainsi que les propriétés des autres Suédois qui se trouvaient en Danemark, conformément à la teneur de la convention.

Les deux rois se séparèrent au bout de huit à dix jours, en se donnant toutes sortes de témoignages d'amitié, et Christian fut reconduit d'une manière honorable jusqu'à la frontière.

« Quelques-uns, ajoute Dalin, ont prétendu que Christian hâta son départ de Stockholm, parce qu'il redoutait un acte de violence; mais ce conte provient soit d'une méchante intention, soit d'un esprit par trop crédule. S'il y eut de la sincérité alors dans les discours et au départ, ce fut chez Gustave; la tromperie lui était étrangère : cela se voit par tous ses actes. Il est

---

(*) Holberg, l. c., p. 127 et 128. Il nomme les auteurs qui ont tâché d'accréditer ces bruits.

(**) Dalin, l. c. p. 285 et 288, t. III, première partie.

possible que Christian ait trouvé son beau-frère peu disposé à céder sur certains points, et que la reine Catherine ait prêté une importance politique à des querelles d'intérieur, etc. » Quoi qu'il en soit de ces bruits que les ennemis de Gustave prirent soin d'accréditer, les deux princes se séparèrent avec tous les dehors d'une estime mutuelle, et s'ils ne purent s'entendre sur les questions particulières qui intéressaient les deux couronnes, du moins ils comprirent la nécessité d'une alliance sincère en présence des dispositions hostiles de Charles V (*).

Christian, délivré de toute inquiétude du côté de la Suède, pressait vivement le siége de Copenhague, lorsqu'il apprit la reddition de Varberg. Meyer, qui défendait cette place, une des plus importantes de la Scanie, se réfugia dans la citadelle, où il résista jusqu'au printemps. Enfin, ayant épuisé ses vivres et ses munitions, ce hardi aventurier capitula. Un colonel allemand qui dirigeait les travaux du siége, prit sur lui de lui accorder la vie et la liberté; mais, au mépris de cette convention, Meyer fut arrêté et conduit au camp devant Copenhague. Cette première violation de la parole donnée annonçait trop clairement qu'il s'agissait de vengeance et non de justice; on lui reprocha sa conduite antérieure, et on le mit à la question. Ses révélations, s'il faut en croire les historiens danois, offraient des particularités assez étranges sur les projets ultérieurs de la régence de Lubeck. Déçue dans ses espérances ambitieuses, et craignant d'avoir fait en pure perte tant de sacrifices, elle avait tenté d'opposer l'Angleterre au Danemark par l'offre des villes de Varberg, Landskrona et Malmö. Ces places auraient assuré des avantages commerciaux à Henri VIII dans le Kattégat et le Sund; et, en retour, le monarque anglais se serait engagé à défrayer les Lubeckois de tout ce que leur avait coûté cette guerre ruineuse. L'échec de Varberg mit à néant ce projet dont la réussite eût changé la face du Nord. Meyer, son frère et quelques-uns de ses complices furent conduits à Elseneur, où ils périrent dans les supplices. La soumission de Landskrona, qui eut lieu peu de temps après, semblait devoir entraîner celle de Copenhague et de Malmö; cependant les bourgeois de ces deux dernières villes ne pouvaient se résoudre à renoncer aux priviléges que l'Hanse leur promettait s'ils restaient fidèles au comte d'Oldenbourg; ils redoutaient en outre les vengeances du sénat et de la noblesse; et, malgré la promesse de Christian, ils préféraient une guerre ouverte aux éventualités d'une capitulation dont la garantie reposait uniquement sur le caractère de leur futur souverain. Les hommes les plus énergiques, c'est-à-dire les plus compromis, n'ont d'autre ressource dans les circonstances extrêmes que d'effrayer ceux qui hésitent par des mesures plus terribles encore que tout ce que la faiblesse pourrait avoir à redouter. On menaça du dernier supplice quiconque parlerait de se rendre et de reconnaître Christian III.

Sur ces entrefaites, une flotte de dix-huit voiles, destinée à ravitailler Copenhague, vint croiser à la hauteur de l'île d'Amack; l'amiral danois Skram, blessé à la jambe, se vit hors d'état de poursuivre ses avantages, et l'officier qui le remplaça alla donner sur un écueil, d'où l'on ne parvint à le dégager qu'avec la plus grande peine. Les bâtiments lubeckois, à la faveur de cet accident, passèrent à travers la flotte ennemie, et entrèrent heureusement dans le port de Copenhague. La saison était déjà avancée; la flotte danoise désarma et se mit à l'abri dans la rade de Landskrona, ne laissant que quelques vaisseaux pour continuer le blocus, dont le roi laissa la direction à Detlef Broctorff.

Christian se hâta de passer dans le

(*) A partir de cette feuille, l'*Histoire de Danemark*, interrompue par l'état de santé de M. Eyriès, sera continuée par M. Chopin, auteur de l'*Histoire de Russie*, qui fait partie de la collection de l'Univers.

Holstein. Il avait reçu l'avis que cette province était menacée par le comte Palatin, soutenu par la gouvernante des Pays-Bas et par plusieurs princes d'Allemagne. Lykke, gentilhomme danois, était venu l'avertir de la part de François Ier que les magistrats de Lubeck avaient fait offrir à ce prince la couronne de Danemark, et qu'il eût à se tenir en garde contre ses ennemis, et en particulier contre les entreprises de Frédéric.

Plusieurs princes protestants firent à Christian des ouvertures qui indiquaient une tendance à se ménager au besoin des secours extérieurs contre la puissance exorbitante de la maison d'Autriche. Le roi ne crut pas devoir négliger l'occasion de donner plus de poids à sa politique particulière en l'associant aux grands intérêts de l'époque ; il envoya donc à Lunébourg des ministres pour conclure une alliance avec François Ier, et demanda à entrer dans l'union de Schmalkalden (1535). L'année suivante, dès le début de la campagne, plusieurs places qui tenaient encore dans les îles de Falster et de Laland, de même que les châteaux de Kronenborg et Kallundborg se rendirent aux armes de Christian ; de sorte qu'il ne restait plus à soumettre que Malmö et Copenhague.

La révolution qui s'était faite à Lubeck, où les anciens magistrats avaient recouvré l'autorité, contribua, non moins peut-être que les succès du roi, au rétablissement de la paix. Christian, las d'une lutte si longtemps prolongée, ne demandait pas mieux que de se prêter à un arrangement honorable ; l'électeur de Saxe, le duc de Brunswick, le landgrave de Hesse, les villes de Hambourg, de Brême et quelques autres, firent à la régence de Lubeck des représentations qui furent écoutées, et il ne s'agit plus que de concilier tant de prétentions et d'intérêts opposés.

Copenhague et Malmö, dont les députés furent admis à ce congrès, insistaient sur le rétablissement de Christian II ; clause impossible à admettre, puisqu'elle faisait à elle seule tout le nœud de la guerre.

Au premier abord, il peut paraître étrange que le roi détrôné, dont le nom était associé à tant de mesures arbitraires et cruelles, ait pu rallier à des intérêts si compromis ceux d'une révolution populaire. Cependant l'examen attentif des faits qui ont marqué la période précédente explique naturellement cette singularité. Le prince déchu s'était surtout montré rigoureux envers la noblesse ; s'il eût ressaisi le pouvoir, il aurait sans doute accordé des priviléges importants à la bourgeoisie, tandis que Christian III devait trop à l'aristocratie pour qu'on le crût disposé à la dépouiller, après sa victoire, d'avantages qu'elle regardait comme inhérents à ses droits.

Enfin, après de longs débats, le roi signa à Hambourg un traité de paix (14 février 1536) dont nous citerons les dispositions essentielles :

Les hostilités entre le Danemark et Lubeck cesseront ; les franchises accordées à cette ville sous les trois derniers règnes lui demeurent assurés. Le duc Albert et le comte Christophe seront compris dans le traité s'ils consentent à sortir du royaume, en abandonnant tout ce qu'ils y posséderaient encore. Les villes de Wismar, Rostock et Stralsund, déclareront, dans un délai de six semaines, s'il leur convient d'être comprises dans le traité : une amnistie pleine et entière sera accordée aux bourgeois de Copenhague et de Malmö, après leur soumission volontaire. Les Lubeckois n'assisteront ni directement ni indirectement les ennemis du roi, et rappelleront leurs troupes dans le cas où le duc et le comte rejetteraient les conditions du présent traité. Le roi de Suède et le duc de Prusse participeront, en ce qui les concerne, aux bénéfices et aux charges des clauses consenties. Les bâtiments marchands de Lubeck seront soumis aux mêmes droits que par le passé. Quant à Christian II, les médiateurs s'occuperont ultérieurement de régler son sort de manière à concilier, autant que possible, toutes les convenances.

Par un article séparé, le roi accordait pour cinquante années l'île de Bornholm aux Lubeckois, comme dédommagement des sacrifices où les avait entraînés leur alliance avec Frédéric.

Le plus difficile restait à faire : il s'agissait de faire agréer ces conditions aux deux villes rebelles. Bernard de Melen fut envoyé à Copenhague pour les appuyer, et déclarer qu'en cas de refus, Lubeck retirerait ses troupes, et laisserait les insurgés à leurs propres ressources.

Le duc et le comte, après s'être promis de grands avantages de cette guerre, ne pouvaient se résoudre à accepter un arrangement, qui, en détruisant leurs espérances ambitieuses, compromettait leur réputation militaire. L'envoyé de la gouvernante des Pays-Bas entrait dans leurs vues, et annonçait l'arrivée prochaine du palatin avec une flotte considérable. Enfin, les deux chefs prirent à leur solde les troupes que Bernard de Melen venait de licencier. Stralsund se rangea également du parti de la paix ; mais l'opiniâtreté du duc de Mecklenbourg empêcha Wismar et Rostock de suivre cet exemple. La flotte danoise établit une croisière pour intercepter les secours que ces villes essayaient de jeter dans Copenhague, et captura plusieurs bâtiments.

Les premières nouvelles que Gustave reçut du traité conclu entre le Danemark et Lubeck lui firent craindre d'abord que Christian n'eût fait bon marché des intérêts de la Suède ; dans un premier moment d'irritation, il donna ordre de rappeler les troupes suédoises qu'il avait mises à la disposition de son beau-frère ; mais, mieux informé des difficultés et des retards qui avaient entravé les négociations, il s'empressa d'entrer dans le traité, et resserra même son alliance avec Christian, en acceptant la médiation de ce prince pour régler les différends qu'il avait avec plusieurs villes de la Hanse.

Le roi était retourné à son camp devant Copenhague lorsqu'il reçut un message de George Mynter, qui dirigeait la défense de Malmö. Cet homme, prévoyant l'issue prochaine d'une lutte si inégale, demandait un sauf-conduit pour aller traiter lui-même avec Christian de la reddition de la place. Cette offre fut favorablement accueillie, et Mynter vint implorer le pardon du prince. Il sut présenter la révolte des habitants de Malmö comme une conséquence de l'intolérance des évêques, en écartant de la question tout autre motif ; enfin, il révéla tout le plan du comte d'Oldenbourg, qui reposait surtout sur les sympathies protestantes des classes moyennes. Cet avis, dont le roi tira de grands avantages, ne fut peut-être pas sans influence sur les mesures qui frappèrent plus tard le haut clergé danois. Mynter obtint donc pour Malmö la promesse d'une capitulation honorable ; et pendant que ses agents préparaient les esprits à ce résultat, il se rendit à Copenhague dans l'espoir de convaincre la ville rebelle de l'inutilité et des dangers d'une plus longue résistance. Mais son crédit et toute son habileté échouèrent devant la résolution du comte. Telle était sa confiance dans le secours qu'il attendait des Pays-Bas, que ni la détermination de Lubeck, ni les avantages et les priviléges dont le roi venait d'acheter la soumission de Malmö, ne purent faire fléchir son ambitieuse obstination. On eût dit même que ses prétentions croissaient comme sa mauvaise fortune ; il demanda la main de Christine, la plus jeune des filles de Christian II, laissée veuve par la mort du duc de Milan, se flattant que cette combinaison concilierait ses projets avec les vues de la cour impériale ; mais on ne daigna pas même répondre à ses avances ; la gouvernante se borna à expliquer le retard du secours promis par la grandeur des préparatifs, et laissa à la renommée le soin d'instruire le comte que le but de cet armement ne regardait que l'électeur palatin, qui venait d'épouser l'aînée des filles du roi détrôné. Charles V fit sommer

Christian III de restituer la couronne de Danemark à son neveu, auquel l'héritière la plus directe du vieux roi avait transporté ses droits; enfin, le langage des envoyés de l'empereur ressemblait plutôt à l'injonction d'un maître qu'à une négociation. Ces ambassadeurs attendirent à Hambourg la réponse de Christian. Ce prince chargea son conseil du Holstein de leur représenter que les droits sur lesquels on s'appuyait étaient nuls dans un pays où le roi est électif; qu'il reconnaîtrait toujours l'autorité de l'empereur en ce qui regardait le Holstein; mais que, comme roi de Danemark, il saurait conserver intacte une autorité qu'il n'avait jamais briguée, et dont le suffrage national l'avait investi. Cette défense de la conduite du monarque fut encore appuyée par un exposé de ses propres griefs; les conseillers énumérèrent tous les faits qui constataient les dispositions hostiles de l'Empire depuis la mort de Christian Ier, et ils insistèrent particulièrement sur le traité d'alliance conclu entre le Danemark et les Pays-Bas, traité qui n'avait pas été détruit, et dont cependant la violation était flagrante.

Charles V, voyant qu'il n'avait pu réussir à intimider Christian, partit pour son expédition d'Afrique, tandis qu'on complétait en Hollande l'armement destiné contre le Danemark.

Le roi n'ignorait point que la flotte hollandaise pouvait débloquer Copenhague, inquiéter les côtes, intercepter les communications, et imprimer une tout autre direction aux affaires. Il conçut un projet dont l'événement justifia la hardiesse. Laissant la conduite du siége au général Felten, il se rendit dans le Holstein, et s'étant attaché Ménard de Ham, il lui donna l'ordre de tenter une expédition dans l'Ost-Frise. Après avoir ravagé le pays, Ménard, secondé par le duc de Gueldres, menaça Groningue, qui se hâta de demander du secours à Marie. La gouvernante n'avait d'autres troupes disponibles que celles qui devaient accompagner le palatin en Danemark; elles marchèrent, sous la conduite de Schenk, au secours de Groningue qu'elles délivrèrent; mais cette diversion et le siége de Dam, que prolongea la belle défense de Ménard, donnèrent le temps aux assiégeants de réduire Copenhague.

Christian eut d'abord recours à un subterfuge qui fut sur le point de lui livrer la ville. Il prit à son service un assez grand nombre de bâtiments que la pêche avait attirés dans le Sund; lorsqu'ils furent à la hauteur de Copenhague, la flotte danoise feignit de les attaquer. Les assiégés crurent d'abord que c'était le secours qu'ils attendaient, et ils s'apprêtaient à ouvrir un passage à ceux qu'ils regardaient comme des libérateurs, lorsque, s'apercevant du stratagème, ils n'eurent que le temps de refermer le port. Le roi résolut alors de prendre les assiégés par famine; il fit occuper l'île d'Amack, d'où la ville tirait quelques subsistances, et dès lors la position des rebelles devint si précaire, que les bourgeois s'assemblèrent pour délibérer sur les moyens de remédier à un fléau contre lequel le courage ne pouvait rien. Les officiers de la garnison, excités par Bogbinder, un des chefs de la rébellion, tombèrent sur ces malheureux, et en laissèrent deux cents sur la place. Les soldats se jetèrent ensuite dans quelques maisons, où ils se conduisirent comme dans une ville prise d'assaut.

Bientôt la famine sévit à Copenhague d'une manière si terrible, que lorsque les maladies eurent décimé cette population exténuée, et qu'on y fut réduit à se disputer les aliments les plus vils, il fallut bien capituler. Le roi, irrité d'une résistance si opiniâtre, exigea d'abord que les rebelles se rendissent à discrétion; mais, comme il entrait dans ses plans, plus encore qu'il n'était dans son caractère, de se montrer clément, il leur accorda la capitulation suivante: Il était permis au duc Albert de Mecklenbourg de se retirer dans ses États avec sa famille et les personnes attachées à sa maison; le roi mettait à sa disposition le nombre de vaisseaux nécessaire; l'électeur de Mayence et le landgrave de Hesse, le premier pour le duc, le second pour Christian, régleraient comme arbitres la nature et la quotité des dédommagements auxquels le Danemark avait droit; les mêmes conditions étaient imposées au comte, moins les dédommagements qu'il n'aurait pu garantir; en outre, il s'engageait sous serment à ne plus remettre le pied en Danemark, et à ne jamais porter les armes contre les sujets et alliés du roi; les troupes étrangères sortiraient librement et avec les honneurs de la guerre, sous la condition qu'elles ne pourraient, avant quatre mois, accepter aucun service contre Christian et ses alliés; quant aux bourgeois, il leur était accordé une amnistie entière. Mynter et Bogbinder obtinrent également leur grâce; mais ils devaient rester au service du roi, qui comptait utiliser leurs talents et la connaissance qu'ils avaient de toutes les intrigues des évêques.

Lorsque la capitulation fut dressée, le duc et le comte, la tête découverte et un bâton blanc à la main, comparurent devant Christian III, et attendirent à genoux le pardon de leur conduite passée. Le roi traita le duc avec ménagement; mais il crut devoir reprocher au comte tous les malheurs qu'avait causés son ambition. Les députés de la ville se présentèrent ensuite, et reçurent un accueil qui dépassait leurs espérances.

Lorsqu'il fit son entrée dans la ville, Christian fut frappé de la désolation dont tous les quartiers offraient le spectacle; en se reportant aux causes de tant de désastres, il s'affermit encore dans la résolution d'ôter définitivement au clergé catholique les moyens et jusqu'à l'espoir de troubler la paix.

Les motifs qui décidèrent Christian à cette grande mesure sont faciles à apprécier. Dans les villes de commerce, le protestantisme était la religion de la majorité; le reconnaître comme religion de l'État, c'était se rapprocher de la Suède, qui aurait pu profiter des embarras du Danemark pour reprendre la Scanie, le Halland et le Blekingen, et compléter ainsi ses frontières naturelles; en conservant les évêques, le roi ne pouvait douter qu'ils saisiraient toutes les occasions de rétablir un ordre politique favorable à l'orthodoxie, et de servir l'empereur au détriment des intérêts du Danemark; la suppression de l'épiscopat, au contraire, donnait au roi l'appui des princes protestants de l'Allemagne. Si l'on ajoute à ces considérations, que les principes de Christian étaient tout en faveur de la réformation, et surtout qu'après une guerre longue et onéreuse les biens des évêques offraient une ressource aussi large que facile, on comprendra sans peine qu'un prince qui avait tant de motifs de mécontentement légitime contre les prélats, n'ait point cru devoir reculer devant ce coup d'État. La noblesse, dont les membres les plus considérables, tels que le grand maître Giö, le grand maréchal Krabbe, les sénateurs Brahe, Rosenkrantz, Guldenstierna, etc., étaient partisans d'une mesure qui abaissait le clergé, ne prévit pas qu'en ouvrant cette voie à l'arbitraire, elle se dépouillait elle-même de ses garanties. Quant à la bourgeoisie, elle aimait mieux voir l'autorité royale se fortifier que de se trouver, comme par le passé, exposée aux exigences d'une double fiscalité.

Lorsque Christian eut la certitude qu'il ne rencontrerait aucun obstacle sérieux, il convoqua dans le plus grand secret une assemblée où l'on arrêta la résolution « d'abolir le pouvoir
« temporel des évêques, de consacrer
« leurs revenus aux besoins publics,
« de ne plus souffrir qu'ils eussent
« aucune autorité dans l'Église ni dans
« l'État, et, si un concile général en
« ordonnait autrement, de ne permet-
« tre qu'ils ne fussent rétablis que du
« consentement du roi, du sénat et
« des états du royaume; de rester at-
« taché à la religion protestante, et
« d'en faire triompher les intérêts;
« enfin, de soutenir le roi de ses biens
« et de sa personne s'il était attaqué,

« soit pour cause de religion, soit par « quelque autre motif. » (Mallet, liv. VIII.)

Les évêques étaient loin de s'attendre au coup qui les menaçait ; les ennemis déclarés de Christian et les villes rebelles avaient éprouvé sa clémence ; le crédit et les richesses de ces prélats ne pouvaient leur paraître un motif suffisant pour les exclure d'une amnistie générale. Telle était leur sécurité, que l'archevêque de Lunden, primat du royaume, et l'évêque de Roschild, venaient de se rendre à Copenhague pour offrir leurs hommages au roi : le premier fut arrêté immédiatement ; le second, qui était parvenu à s'échapper, fut découvert et saisi quelque temps après ; tous les autres évêques subirent le même traitement. On les enferma dans divers châteaux, et les paysans de l'île d'Amack, faisant allusion au délassement favori du duc de Mecklenbourg, disaient qu'après la chasse aux lièvres était venue la chasse aux évêques.

Une détermination aussi hardie ne pouvait qu'avoir un grand retentissement ; en Danemark, elle fut généralement approuvée ; dans le restant de l'Europe, elle fut jugée diversement selon la divergence des principes religieux et des intérêts. Toute la question se réduisait à savoir jusqu'à quel point la raison d'État pouvait justifier une mesure injuste en elle-même, et si la surprise dont le roi avait cru devoir user n'excluait pas l'idée du droit.

Christian jugea lui-même qu'il était temps de sanctionner cette sorte d'usurpation sur les priviléges de la constitution du royaume, par le consentement des états ; mais dans l'assemblée qui fut convoquée à Copenhague, l'ordre du clergé, c'est-à-dire le plus intéressé aux débats, loin d'être appelé à délibérer, n'eut pas même la faculté de se défendre.

Les états assemblés, Christian, entouré des sénateurs laïques, représenta que dans les troubles auxquels avait mis fin la capitulation de Copenhague, le nombre des coupables était si grand, qu'il aimait mieux oublier les torts que d'entreprendre de les punir ; qu'il exhortait les nobles et la bourgeoisie à se pardonner leurs griefs réciproques ; mais qu'il devait à la justice, comme il était de sa prudence d'atteindre les principaux auteurs du désordre, non comme individus, mais comme représentant une opposition systématique à l'exercice de l'autorité royale et à celui des croyances de l'immense majorité de ses sujets. A l'appui de cette accusation contre le clergé, on fit lecture de différentes pièces dont la date aurait pu excuser quelques-unes, puisqu'elles remontaient à l'expédition de Christian II en Norvége et à l'interrègne. L'accusation pouvait se réduire à ces termes : Les évêques n'avaient rien négligé pour arrêter les progrès du protestantisme, et pour entraver l'élection du roi. Pas une voix ne s'éleva pour les défendre. Alors le secrétaire déclara au nom du roi et du sénat qu'il paraissait conforme à la justice de ruiner à jamais la tyrannie du clergé, et d'abolir le culte public de l'église catholique, de favoriser les progrès du protestantisme, et de faire servir les biens du clergé à l'extinction des dettes de l'État, au soulagement des pauvres, à l'entretien du clergé protestant et à celui de l'université et des autres écoles. L'assemblée approuva à l'unanimité, et signa ce décret, qui fut dressé sous le titre de *Recez des états généraux*. Il était manifeste que cette modification profonde dans la constitution des états donnait à la couronne une prépondérance qui devait amener une réaction énergique de la part de l'aristocratie, ou introduire le despotisme pur et simple par la ruine du principe électif. En effet, les *surintendants* ou nouveaux évêques, car ils conservèrent ce dernier titre, devaient être nommés par le roi et le sénat ; la modicité de leur traitement et leur mission purement spirituelle leur interdisaient toute participation aux affaires. La puissance royale héritant de toutes les richesses du clergé, se trouvait dès lors sans contre-poids, et tendait naturellement à absorber les priviléges de la noblesse. Quant à la bourgeoisie, elle venait de succomber dans la lutte qu'elle avait engagée contre la couronne; qu'eût-elle pu espérer dans la situation nouvelle qu'elle s'était faite? La liberté, turbulente il est vrai, mais vitale et féconde, résultait de la pondération des divers ordres; la suppression violente de l'un d'eux entraîna la chute des autres. Le recez fut le père de la constitution de Schuhmaker, et, à partir de cette seconde usurpation, l'importance politique du Danemark s'effaça graduellement.

Le principe monarchique, sans cesse ébranlé par l'élection, avait sans doute besoin d'être affermi; mais on alla trop loin, comme il arrive d'ordinaire après les grandes crises, par un effet de cette tendance naturelle des esprits à attribuer à une seule cause la bonne comme la mauvaise fortune.

Christian se trouvait dans la situation la plus favorable pour innover; ce qu'il proposait, il pouvait l'imposer comme vainqueur, et de plus, en agissant pour lui-même, il semblait n'avoir en vue que l'intérêt général. Cependant il ménagea la noblesse; il confirma les priviléges qu'elle tenait de Frédéric, tels que le droit de vie et de mort sur ses vassaux, la haute juridiction dans les causes qui ne dépassaient pas quarante marcs, etc. Le grand maître, le chancelier et le grand maréchal, devaient être Danois d'extraction, et le roi était tenu de les consulter, ainsi que les autres sénateurs, sur les affaires d'une utilité générale. Quiconque avait quelque grief contre le roi s'adressait aux grands officiers de la couronne; la cause était plaidée contradictoirement devant les sénateurs et quelques délégués de la noblesse, et jugée conformément aux lois du royaume.

Pour prévenir le retour des troubles occasionnés par la vacance du trône, on désigna pour héritier de la couronne le duc Frédéric ou, à son défaut, le plus âgé de ses frères; enfin, si la lignée du roi venait à s'éteindre avant lui, on devait s'occuper immédiatement de lui désigner un successeur.

Depuis longtemps l'ordre des paysans n'était représenté aux états que pour la forme; d'un autre côté, les priviléges accordés à la bourgeoisie ne touchaient qu'indirectement aux droits politiques; ainsi l'action de la noblesse s'était substituée à celle des autres ordres; c'était elle qui disposait de toutes les charges publiques et des emplois de quelque importance; son influence se faisait même sentir dans les choix qui dépendaient du roi; il fallut être noble pour acquérir des biens fonciers. Tant de priviléges devaient porter la noblesse à limiter l'influence de la couronne; mais en usurpant les droits de la bourgeoisie et des paysans, elle ne prévit pas que son triomphe ne serait que momentané, et que les rois n'auraient qu'à se faire populaires pour consommer sa ruine, et mettre ensuite leur volonté unique à la place d'une constitution faussée.

On consulta Luther sur la conduite qu'il convenait de tenir avec les évêques détenus. Le réformateur entra dans les vues de Christian, en ne conseillant la rigueur qu'autant qu'elle serait nécessaire. La plupart des prélats furent remis en liberté; on leur rendit leurs biens patrimoniaux; ils s'accommodèrent de cette compensation humiliante. Un seul, Ronnow, évêque de Roschild, refusa avec fermeté de signer la promesse de ne jamais s'opposer au triomphe de la religion nouvelle; il mourut dans sa prison à Copenhague, dédaignant de descendre à un état mixte que ne pouvaient avouer ni Rome ni Luther.

Christian était à peine affermi sur le trône, qu'il s'occupa de dresser un traité d'alliance avec la Suède; mais Gustave ne voulut point le signer, parce que la possession de quelques districts dans le Norland, alors en litige entre les deux couronnes, y était attribuée au Danemark. Un coup d'œil sur la carte suffit pour expliquer le refus du roi de Suède, dont le territoire se trouvait investi au sud et à l'ouest par les terres de la domination danoise. En cas de guerre, le Norland ouvrait aux Suédois le district de Drontheim, en Norvége.

Le conseil de la gouvernante des Pays-Bas éluda les propositions d'alliance que lui firent les agents de Christian. Il fallait du temps et des revers souvent répétés pour faire renoncer l'Autriche au projet de placer l'électeur palatin sur le trône de Danemark.

Après des troubles graves, les choses s'acheminaient en Norvége vers une conclusion pacifique. Les districts méridionaux, qui d'abord avaient accueilli favorablement la demande de reconnaître Christian III, s'étaient associés à la résistance de la Norvége septentrionale où le principe catholique dominait encore. La demande d'un subside qui préjugeait la question de souveraineté dans le sens le plus défavorable, excita une irritation générale dont les agents de Marie et les évêques essayèrent de profiter. Les états étaient assemblés à Drontheim ; le peuple entra en tumulte dans le palais de l'archevêque, demandant sa protection contre les sénateurs favorables à l'élection. Le prélat fit arrêter immédiatement, pour être jugés comme ennemis de la patrie, les évêques et les sénateurs du parti de Christian III. Le commandant de Bergen venait d'être assassiné par un des domestiques de l'archevêque ; un sénateur fut mis en pièces par la populace ; l'évêque d'Opslo et les autres envoyés du roi furent chargés de fers et enfermés dans le château de Munckholm.

Ces violences, qui semblaient constater l'impuissance du prince à l'instant même où il demandait des sacrifices qu'on n'eût accordés qu'avec répugnance à un pouvoir solidement établi, encouragèrent les défections ; la Norvége n'attendait plus que les flottes néerlandaises pour se mettre en état d'hostilité ouverte, lorsque la nouvelle de la capitulation de Copenhague et des circonstances qui l'avaient précédée, fit tout à coup succéder l'hésitation et la crainte à une confiance aveugle. L'archevêque remit en liberté les envoyés danois, et ne rougit pas d'employer leur entremise pour se faire pardonner sa conduite. Cependant il jugea prudent de tout préparer pour s'enfuir. Les députés, à leur retour, trouvèrent les esprits si bien disposés, que c'était à qui s'empresserait d'adhérer à l'élection.

Christian aima mieux user de clémence que de sévir ; mais, en ce qui regardait l'archevêque, il resta inflexible. Une expédition partit au printemps de l'année suivante pour Drontheim ; le prélat n'avait point osé courir les risques d'une lutte inégale ; il s'était embarqué avec toutes ses richesses et celles de son église, laissant une garnison dans le château de Munckholm pour garder l'entrée du port. Tandis qu'il échappait à la flotte danoise pour se rendre en Hollande, le château fut investi et capitula après une défense de quelques jours.

Il est probable que cette expédition n'avait pas seulement pour but de détruire d'un même coup l'influence de l'Empire et le parti de l'archevêque. La résistance de la Norvége, comprimée par la force, changeait la nature des droits du souverain danois sur ce pays. Les Norvégiens ne pouvaient réclamer dans leur plénitude des priviléges, résultat d'un accord préexistant qu'ils venaient de violer. D'un autre côté, la constitution de la Norvége établissait l'hérédité de la couronne qui, en Danemark, n'était qu'élective ; il y avait donc conflit entre ces deux principes dans la constitution de l'union. Le roi avait intérêt à n'y rien changer, puisque, dans le cas le plus défavorable, la Norvége héréditaire lui offrait un point d'appui ; la noblesse danoise, au contraire, ne pouvait voir d'un œil indifférent le droit important d'élection, source de ses empiétements successifs, compromis par les lois d'un peuple uni, mais subordonné. Elle profita donc de l'occasion qui s'offrait pour assimiler les droits de la Norvége aux siens, mais en lui retirant l'indépendance dont elle avait joui, et en ne conférant qu'à des Danois ou à des Norvégiens soumis à son influence les emplois et les charges publiques. Selon quelques historiens, le roi ne souscrivit à cette mesure qu'avec regret. Il n'en est pas moins incontestable que le système électif, ainsi complété, simplifiait la question, et devait amener tôt ou tard la prépondérance de la noblesse ou celle du principe monarchique.

Jusqu'au seizième siècle, l'Église avait dominé les rapports politiques, sinon dans toutes les questions, du moins dans l'ensemble des rapports sociaux ; mais, lorsque le droit de libre examen se fut introduit dans les choses saintes, les transactions internationales, réduites à des proportions mesquines, signalèrent, plus peut-être qu'à aucune autre époque, l'absence des principes et la tendance égoïste des intérêts.

Les alliances, formées uniquement en vue d'un intérêt immédiat, ne représentaient que la convenance du moment ; une nouvelle combinaison, une nouvelle phase politique en renversait toute l'économie. C'est ainsi que le roi de France, qui s'était borné, en ce qui regardait Christian, à des protestations amicales, essaya de le faire entrer dans la ligue qu'il avait formée contre Charles V avec l'Angleterre et l'Écosse. La cour de Copenhague, sans repousser ces ouvertures, se tint dans une prudente réserve, et elle négociait en même temps avec la gouvernante ; ce qui revenait à se rapprocher de l'empereur. Marie, sollicitée par les villes de la Hanse, dont le commerce souffrait de cet état de choses, conclut avec Christian une trêve de trois ans ; mais c'était uniquement pour masquer ses projets sur l'électeur Frédéric. Ce prince, qui ne voulut pas être compris dans le traité pour se réserver toute liberté d'agir, prit à son service un officier nommé Ubelacher, qui devait d'abord lever des troupes en Westphalie et dans les provinces voisines, faire une invasion dans le pays de Bergen, qui dépendait du duché de Gueldres, et se réunir ensuite à l'électeur pour attaquer brusquement le Danemark. La défaite totale des troupes de cet aventurier par le duc de Clèves, et les révélations qu'il fit dans les tortures, dévoilèrent tout le plan du palatin, et mirent au grand jour la mauvaise foi de la gouvernante qui avait fait les frais de l'expédition.

Le couronnement de Christian eut lieu la même année (12 août 1537) ; il eut cela de remarquable, que le soin de sacrer le roi fut commis à Bugenhag, disciple de Luther et pasteur à Wittenberg. Cette solennité, d'où l'on écarta tout ce qui tenait au rite catholique, annonçait à l'Europe le triomphe définitif du protestantisme dans ces mêmes pays où, sept siècles auparavant, les missionnaires chrétiens avaient semé les premiers germes de la civilisation du Nord. Bugenhag fut également chargé de choisir les surintendants appelés à remplacer les sept évêques déposés. Il rédigea un formulaire de foi à l'usage de tous les réformés du royaume, et qui fut approuvé par Luther et les docteurs les plus célèbres de l'université de Wittenberg.

« Les ordres mendiants furent supprimés. Ces religieux se réfugièrent dans des pays catholiques, ou quittèrent l'habit pour rentrer dans la vie civile ; quelques-uns embrassèrent le protestantisme, et devinrent ministres du nouveau culte. Cependant, à l'intercession de Luther, le roi conserva les chapitres de chanoines pour récompenser au moyen de ces prébendes le mérite et la science. Ces chapitres connurent des causes matrimoniales, et, pour renfermer dans le spirituel les fonctions des surintendants ou nouveaux évêques, on établit dans chaque diocèse un grand bailli, qui fut chargé de l'administration des revenus des églises, des hôpitaux, des écoles, etc. » (Mallet, liv. VIII.) La fin de cette année fut marquée par la paix conclue entre le Danemark et les villes de Wismar et Rostock. Cet accord complétant la pacification des villes libres de la Baltique, le roi promit de leur rendre leurs anciens priviléges de commerce, à condition toutefois qu'elles en produiraient les titres, et termina, en qualité d'arbitre, les différends qui existaient encore entre la Suède et Lubeck.

Les guerres, dont la religion était plutôt le prétexte que le motif, avaient imprimé dans toute l'Europe une activité extraordinaire aux rapports internationaux; les traités, sans cesse remaniés ou rompus, ne pouvaient être considérés que comme des trêves, à la faveur desquelles les parties contractantes espéraient masquer leurs projets ultérieurs. Toutefois, au sein de ce conflit des puissances prépondérantes, on voit poindre l'époque où un système d'équilibre, né de l'épuisement et de la lassitude, tendrait à concilier les droits et les intérêts rivaux. François Ier pressentait que les religionnaires d'Allemagne ne résisteraient au pouvoir exorbitant de Charles V qu'autant qu'ils feraient cause commune avec le Nord. Les projets de l'empereur, constamment hostiles à Christian III, ouvraient une voie facile aux négociations du roi de France. Ce monarque sollicita le roi danois de se rendre à Brunswick pour s'y entendre avec les princes protestants. Christian parut à cette assemblée avec une suite brillante; on remarquait à ce congrès les ducs de Lunébourg, l'électeur de Saxe, le landgrave de Hesse, etc. Mélanchton avait la tâche difficile de concilier les points religieux avec tant de prétentions politiques diverses. Déjà les conditions de l'alliance étaient réglées (1538); on était convenu que les princes protestants s'entr'aideraient pour ce qui toucherait d'abord l'intérêt commun, c'est-à-dire la réforme de Luther, et ensuite la sécurité politique, sans laquelle tous les engagements deviendraient précaires. François, alors occupé en Italie, ne put accéder à ce traité. Après avoir stimulé le zèle de ses alliés, il cédait aux instances du pape Paul III, et venait de conclure une alliance avec l'empereur. Ces deux rivaux, aussi peu sincères l'un que l'autre, avaient eu une entrevue à Aigues-Mortes. La défection de François, quelque soin qu'il prît pour la colorer, rendit Christian peu scrupuleux sur ses engagements.

A son retour, le roi fut reçu avec pompe par les Hambourgeois, dont il reçut l'hommage comme souverain du Holstein, et auxquels il accorda la confirmation de leurs priviléges.

Nous ne parlerons pas des nouvelles tentatives du duc et du comte pour troubler le Danemark, et que la vigilance de Christian fit échouer. Les menées de l'empereur et du palatin nécessitaient des préparatifs qui ne permettaient pas de les tenir longtemps secrètes. Tandis qu'on levait des troupes dans l'archevêché de Brême, le duché de Brunswick et l'électorat de Mayence, et que le grand maître de Livonie se préparait à attaquer le duc de Prusse, la gouvernante ordonnait d'arrêter tous les vaisseaux étrangers ou flamands qui se trouvaient dans ses ports. Le roi et le duc de Prusse usèrent de représailles, de sorte que les navires destinés à l'approvisionnement et à l'équipement de la flotte qui devait agir contre le Danemark en même temps que l'armée d'Allemagne, furent renfermés dans la Baltique. D'un autre côté, les Hambourgeois fermèrent l'Elbe : le duc de Lunébourg, las des vexations que les troupes de l'expédition commettaient sur ses domaines, obligea ces mercenaires indisciplinés à rentrer dans le pays de Brême, où ils se débandèrent. Le palatin, voyant que tous ses efforts étaient infructueux, et n'ayant aucun secours à attendre de Charles V, dont toutes les forces suffisaient à peine à contenir les Turcs, essaya d'obtenir par les négociations quelques dédommagements à sa mauvaise fortune. Christian était moins disposé que jamais à les lui accorder. Le palatin se vit donc réduit à aller implorer la protection du roi d'Angleterre, qui se borna à lui faire un bon accueil.

On ne peut qu'admirer la profondeur de vues de Charles V, quand on le voit, au milieu de tant de soins et de périls, suivre avec persévérance l'idée de donner au palatin, sinon le trône de Danemark, du moins un établissement considérable dans ce royaume. Il redoutait l'accord de la Suède et du Danemark, et il voulait à tout prix introduire un pouvoir à sa discrétion soit en Norvége, soit dans le Jutland, soit même dans la Scanie, pour en faire le point d'appui de sa politique dans le nord de l'Europe. Les grands événements du dix-septième siècle prouvent qu'il avait sainement apprécié le développement ultérieur de la lutte religieuse. Ce projet, que quelques historiens ont traité de chimérique, parce qu'ils n'ont considéré que le résultat, réunissait cependant les conditions essentielles d'une réussite probable; tels étaient les sympathies catholiques de la Norvége, l'état mixte du Holstein, à la fois fief de l'Empire et partie intégrante de la monarchie danoise, la question de prépondérance dans le Nord, question décidée en faveur du Danemark par l'union de Calmar, mais qui se présentait avec des conditions nouvelles depuis l'élection de Gustave, et enfin les intérêts de la ligue hanséatique, dont la politique, mobile comme celle de toutes les puissances mercantiles, ne demandait qu'à désunir la Suède et le Danemark, appuyant tantôt le vieux roi, tantôt Christian ou Gustave, selon le chiffre de ses avantages commerciaux. La conduite des deux rois pendant leur règne, qui fut également orageux, indique suffisamment que la guerre était au fond de toutes les questions, et qu'un péril commun pouvait seul maintenir leur alliance. Gustave se montra réservé jusqu'à la méfiance, n'admettant la bonne foi dans son beau-frère que lorsque celui-ci n'aurait eu aucun intérêt à le tromper. Christian, moins renfermé en apparence, conservait en secret les prétentions d'un roi de l'union; l'impression que produisit à la cour de Danemark le pacte de succession, qui, en consacrant le principe d'hérédité au trône dans la famille des Vasa, consommait l'indépendance de la Suède, le prouve suffisamment. Charles V pouvait donc se flatter que tôt ou tard une alliance si précaire serait rompue; mais la guerre fut mal conduite, et les succès de Soliman II en Hongrie, bien plus que la ligue de Schmalkalden, paralysèrent les moyens d'action de l'empereur dans les affaires de la Scandinavie.

Tout occupé qu'était Charles V, on n'en craignait pas moins que sa politique, si persévérante dans le but et si variée dans les moyens, ne donnât tout à coup un nouvel aspect à la question danoise. Le palatin menaçait toujours en sollicitant; quelquefois il semblait se borner à réclamer la dot de sa femme comme fille d'un roi de Danemark; puis, comme conséquence de ce droit, il demandait une concession territoriale. Le landgrave de Hesse conseillait à Christian de traiter avec ce prince, ne fût-ce que pour l'amener à définir nettement ses prétentions; il le comparait à un faucon que Charles, en habile oiseleur, était toujours prêt à lancer sur sa proie. L'attitude équivoque de la Suède, le terme prochain de la trêve avec les Pays-Bas, et l'épuisement du royaume, déterminèrent Christian à ôter à l'empereur tout prétexte plausible de renouveler ses agressions. Il envoya à ce prince des ambassadeurs pour tenter des voies d'accommodement; tout ce qu'ils purent obtenir, c'est que la trêve serait prolongée d'un an; cependant on convint qu'on se réunirait à Cologne pour y traiter définitivement des prétentions du palatin, en présence des ministres de Charles et de ceux de l'électeur de Saxe et du landgrave de Hesse (1539). Les ministres du roi ne parurent point à cette assemblée, et cet incident, qui confirme ce que nous avons dit du caractère de Christian, suspendit et faillit rompre les négociations. Elles furent renouées à Ratisbonne l'année suivante; mais l'espoir qu'avait alors l'empereur de brouiller les deux beaux-frères, le rendit plus exigeant, et l'on se sépara sans rien conclure.

Christian, qui allait toujours au

plus pressé, se tourna immédiatement du côté de la Suède, mais en se ménageant en même temps l'alliance de François Ier.

Les circonstances étaient favorables; ce prince, si souvent joué par son habile rival, n'avait plus de ménagement à garder avec un fourbe couronné qui venait de faire assassiner en pleine trêve ses ambassadeurs.

Le traité de Fontainebleau (29 novembre 1541) est surtout remarquable en ce qu'il prépara les relations amicales qui subsistèrent si longtemps entre la France et la Suède. Christian avait essayé de faire entrer dans ce traité son beau-frère et ses alliés protestants. La France s'y refusa d'abord; mais quelque temps après elle fit elle-même des ouvertures à Gustave, qui les accueillit avec empressement. On verra plus tard le parti que Richelieu sut tirer de l'alliance suédoise.

Pour en revenir au traité de Fontainebleau, il y était stipulé que les deux rois s'assisteraient réciproquement en cas de besoin; que, le cas échéant, François mettrait à la disposition du prince danois deux mille hommes de pied et douze vaisseaux; que Christian ne serait tenu qu'à la moitié de ce secours; mais qu'il s'engageait à fermer le Sund aux ennemis de la France. Cet accord devait subsister entre les deux princes leur vie durant, et dix ans après leur mort.

Le traité de Brömsebro, où les deux beaux-frères eurent une entrevue, indique fidèlement les rapports et les intérêts des deux pays à cette époque; aussi fut-il plutôt considéré par les esprits sérieux comme une trêve que comme l'expression d'une paix solide.

Il résultait, en substance, des vingt-six articles dont se composait ce traité, qu'il y aurait alliance défensive et union sincère entre les deux couronnes pendant cinquante années; que chacun des deux princes fournirait à son allié, en cas d'attaque, un secours d'hommes et de vaisseaux, selon l'imminence du péril; que la guerre, aussi bien que la paix et les alliances, ne se ferait que d'un commun accord; que si l'une des deux parties contractantes voulait se soustraire à cet engagement, elle serait contrainte de s'y conformer par les sujets de sa nation, et qu'à l'avenir, à leur avénement au trône, les rois de Suède et de Danemark s'engageraient par serment à observer le traité; que des arbitres choisis par les deux parties jugeraient souverainement des démêlés ou contestations qui pourraient s'élever entre elles, et que la condamnation entraînerait l'obligation de réparer le dommage et de payer une amende de cent mille florins. Tout ce luxe de précautions était annulé par l'article XXII, qui réservait les questions majeures, c'est-à-dire les prétentions de la Suède sur l'île de Gotland, et celles que le roi et la couronne de Danemark auraient à faire valoir contre le roi et la couronne de Suède.

Il n'est guère possible de supposer que les conséquences d'une pareille clause, qui détruisait toute l'économie du traité, aient pu échapper à la sagacité de deux princes tels que Gustave et Christian : il est plus probable, selon nous, que, tout disposés qu'ils étaient à profiter des avantages immédiats de l'alliance, ils convinrent entre eux de réserver des points qui touchaient au point d'honneur national encore plus qu'à des intérêts matériels, et que, sans renoncer à leurs prétentions respectives, ils crurent prudent de laisser à d'autres le soin d'en décider.

En effet, la séparation de la Suède était trop récente pour que la noblesse danoise pût se résigner à la regarder comme définitive. Malgré la puissance du fait, cette renonciation, puisqu'elle était jugée nécessaire, ne pouvait être regardée que comme une concession; mais cette concession était-elle compensée du moins par l'abandon des prétentions de la Suède sur l'île de Gotland ? Aucunement. Or, toutes les autres clauses du traité obligeant également les deux parties, l'article XXII ne pouvait formuler que des réserves, à moins d'être onéreux pour le Danemark. Tout ce que l'on peut dire, c'est que, dans un tel état de choses, le traité lui-même était inutile.

Cependant la guerre continuait entre Charles V et François Ier. Lié par le traité de Fontainebleau, Christian n'avait pu se dispenser d'envoyer à son allié quelques troupes qui ravagèrent le Brabant. L'empereur, pressé par les Turcs, ne pouvait faire face en même temps au rival constant de sa puissance. Craignant que le Danemark ne profitât de l'occasion pour l'accabler, il entama dès négociations avec la cour de Copenhague, mais uniquement pour gagner du temps. Le roi, las d'être joué, préféra les chances d'une guerre ouverte à des délais dont rien ne faisait prévoir le terme. Il fit fermer le Sund et séquestrer les navires de l'empereur et de ses alliés, qui usèrent de représailles.

Le palatin Frédéric, soit qu'il n'eût pas abandonné tout espoir, soit qu'il se regardât comme obligé de figurer dans tous les troubles du Nord, parut encore sur la scène politique; mais, pour cette fois, ce fut vers la Suède qu'il dirigea son ambitieuse activité. A cette époque, Gustave luttait avec peine contre la dernière et la plus sérieuse des révoltes qui agitèrent son règne. Nils Dacke, paysan du Småland, faisait une guerre d'extermination aux nobles, aux employés, et surtout aux prêtres protestants. Il avait des partisans dans les hameaux; tantôt il se trouvait à la tête d'un corps de dix mille hommes, tantôt tout son monde se dispersait. Plus d'une fois il résista aux troupes royales. Cet homme, d'une énergie remarquable, et dont le génie militaire fit plus d'une fois trembler Gustave sur son trône, se vit l'objet des prévenances de l'empereur et du palatin; ce dernier lui conféra des lettres de noblesse : étrange prétention d'un prince toujours malheureux dans ses projets, et qui ne comprit point qu'un titre n'ajouterait rien à la fortune de Dacke s'il réussissait, et que, dans le cas contraire, cette vaine distinction n'atténuerait pas sa disgrâce. Selon quelques auteurs, Frédéric lui avait offert le Småland dans le cas où il réussirait à le mettre sur le trône. La mort de ce hardi partisan, qui, selon l'opinion la plus commune, périt d'un coup de flèche, mit fin aux inquiétudes de Gustave et aux espérances du palatin. Cette tentative eut pour effet de rapprocher les deux beaux-frères. Christian résolut de pousser la guerre avec vigueur; il obtint un subside de la noblesse, leva des troupes, et, après avoir obtenu dans la même diète que son fils Frédéric serait déclaré son successeur, il pressa l'armement d'une grosse flotte destinée à ravager les côtes et à ruiner le commerce des Pays-Bas. La tempête et les dispositions hostiles des habitants de la Zélande forcèrent l'amiral danois Gyldenstierna à rentrer dans les ports du royaume. Christian n'obtint que peu de secours de la ligue de Schmalkalden; on lui objecta que la guerre actuelle était étrangère aux intérêts protestants, ce qui était non-seulement faux, mais contraire de tous points à l'esprit des traités.

La flotte française eut un sort plus malheureux encore; assaillie par une violente bourrasque, elle fut jetée sur les côtes de Norvége. Sur le continent, la fortune n'était pas moins favorable à Charles V; le duc de Clèves lui cédait la Gueldres; Henri VIII se réconciliait avec lui, et se déclarait contre la France. Cependant la guerre entre l'empereur et Christian atteignait surtout le commerce, et nuisait à tous deux, sans profiter à personne. On convint de part et d'autre de renouer les négociations, et la paix de Spire sortit de ces préliminaires (1543). Charles V ne figure dans ce traité qu'en qualité de souverain des Pays-Bas; il réservait donc ses droits comme empereur. Au fond, ce prince ne s'engageait qu'à ne plus troubler à l'avenir le Danemark, et à laisser Christian en possession paisible du trône; en retour de cette concession, le roi s'engageait à rompre toutes ses alliances avec les ennemis de l'empereur, et notamment avec François Ier. Le roi captif devait être traité avec moins de rigueur, et ses filles recevoir une dot convenable. Henri VIII, alors en guerre avec les Écossais, fut compris dans cette paix; de sorte que Christian se vit engagé dans une politique toute nouvelle. Malgré l'épuisement de ses finances, il est difficile d'expliquer d'une manière honorable pour le caractère de ce prince une infraction si formelle à des engagements récents. L'électeur palatin et le duc de Lorraine avaient refusé d'être compris dans la paix de Spire; ils firent encore quelques tentatives contre Christian, mais elles méritent à peine d'être mentionnées.

Les Dithmarses, qui avaient toujours favorisé les ennemis du roi, cessèrent de se montrer hostiles dès qu'ils ne se virent plus soutenus; les troupes mercenaires furent congédiées, et Christian put tourner sa sollicitude sur l'administration intérieure. La captivité du vieux roi fut adoucie; on lui permit les délassements de la chasse et de la pêche, ce qui dut lui prouver qu'on avait cessé de le craindre. Il dut renoncer à ses prétentions sur le Danemark et les duchés. Cependant toute communication avec des étrangers lui fut interdite. Quant à ses filles, on régla leur dotation. Le dernier des rois de l'union, celui qui avait écrasé sous son sceptre tant de résistances, en était réduit à se contenter de ces conditions.

Le parti protestant était aux abois; Charles V, après avoir affaibli les religionnaires par des levées et des subsides, sous prétexte de la guerre contre les Turcs, venait de gagner la bataille de Mühlberg; la ligue de Schmalkalden était dissoute; les princes luthériens n'espéraient plus que dans le roi de Danemark; Christian, qui, selon sa fortune, s'était engagé avec tous les partis, avait la ressource de paraître fidèle à quelque traité, tout en violant les autres. Cette fois, le danger de ses coreligionnaires le toucha peu; il resta l'allié de Charles V. Si quelque motif peut le justifier, c'est que les princes qui l'accusaient de manquer de foi ne s'étaient pas conduits à son égard avec plus de désintéressement et de loyauté.

Au reste, comme les traités présupposent un désaccord ayant ses racines dans un passé qui s'est réglé sur ses nécessités propres et sur ses convenances, il est rare qu'ils changent d'une manière notable les tendances politiques des États, sans en altérer profondément la constitution et les bases; dans ce dernier cas, la politique, expression d'un nouvel ordre de choses, n'étant plus celle de l'État qui a contracté, il est naturel qu'on essaye de se soustraire à des charges dont on n'a plus les avantages, et d'utiliser ses nouveaux moyens d'action. Si un traité laisse les parties contractantes dans la même situation, ce n'est plus qu'une trêve; la collision, d'un moment à l'autre, pourra renaître des mêmes causes. La morale politique est trop complexe pour se régler sur des principes immuables; les États se conservent par les mêmes moyens qui ont fait leur grandeur, la duplicité et la violence.

Pour excuser Christian III, on a allégué que les confédérés de Schmalkalden avaient consenti à la paix de Spire, et que, depuis, la fortune leur étant devenue contraire, ils ne pouvaient invoquer le traité de Brunswick. Mais entre la paix de Spire et la défaite de Mühlberg, l'influence de l'empereur avait tellement grandi, que le roi, dont les États étaient intacts, ne pouvait sans déloyauté acheter la neutralité de Charles V au prix de la ruine de ses alliés politiques et religieux. Il le comprit tellement, qu'il fit passer, à titre de prêt, à l'électeur de Saxe et au landgrave de Hesse une somme de 20,000 écus, en compensation du secours demandé. C'était tout simplement éluder les deux traités.

On a vu que le duché de Holstein était souvent un point de litige nonseulement en ce qui touchait l'Empire et le Danemark, mais par les discordes qu'il suscitait comme apanage des princes du sang. Ces difficultés ne pouvaient que s'accroître en raison du nombre des ayants droit. Charles V prétendait que le duché serait imposé à l'égal des autres électorats; il revendiquait même le droit de suzeraineté sur le Sleswig. Ces demandes masquaient le point important, la consécration de la dépendance du Holstein, ce qui entraînait celle du droit d'investiture, dont l'évêque de Lubeck était en possession. Ce prélat, dans l'exercice de ce pouvoir délégué, était considéré abstractivement comme le représentant de l'Empire, tandis que le plus souvent il n'était qu'un subordonné des ducs. Cette situation n'était, au reste, qu'une conséquence naturelle de la nature mixte du duché.

Si les ducs ne consentaient qu'avec peine à recevoir l'investiture d'un évêque, ils étaient encore moins disposés à la tenir de l'empereur lui-même, ce qui aurait fait ressortir trop nettement leur dépendance politique.

Le roi avait trois frères : Adolphe, Jean et Frédéric. Ce dernier, qui fut évêque de Brême, renonça à ses droits en faveur de ses aînés. Christian gouverna longtemps les deux duchés comme chef de la famille et tuteur; c'est en cette qualité qu'il confirma les priviléges des états, en 1543. On s'occupa enfin du partage en 1544; mais il ne fut consommé qu'en 1547, du moins en ce qui regardait le Holstein; quant au Sleswig, la diète de Colding rencontra tant d'aigreur et de prétentions, qu'on crut un moment à une rupture ouverte. On se sépara sans avoir rien conclu. L'affaire du Holstein étant réglée, on convint que, sans préjudice des droits futurs de l'évêque de Lubeck, le roi, Adolphe et Jean recevraient l'investiture de l'empereur, mais qu'ils auraient la faculté de se faire représenter (1548). La même année, Frédéric, déjà reconnu par les états de Danemark comme héritier de la couronne, fut reconnu également par la Norwége. Auguste, duc de Saxe, épousa Anne, fille de Christian.

Dans la sécurité dont jouissait le Danemark, les cours étrangères recherchèrent son alliance; le cabinet de Copenhague, sollicité surtout par l'Écosse, essaya de rentrer en possession des Orcades; ces îles avaient été engagées sous Christian Ier pour une modique somme qu'on offrait de rembourser; mais cette négociation n'eut pas de suite.

Le danger commun qui avait momentanément rapproché le Danemark de la Suède n'existait plus; le pacte de succession avait substitué en Suède le principe héréditaire à l'ancien principe électif; ce grand changement annulait définitivement tout espoir de faire revivre les prétentions de l'union. Une manifestation, futile en apparence, fut l'indice d'une rivalité mal éteinte. Christian, obtempérant à l'avis de son grand chancelier, mit dans son écu les trois couronnes qui, depuis Marguerite, étaient les armes de Suède. Les Suédois en prirent de l'ombrage, et rapprochèrent cette circonstance de l'article XXII du traité de Brömsebro. Tant que vécurent les deux rois, la guerre n'éclata point, mais le feu couvait sous la cendre.

Le protestantisme s'établit dans les pays de la domination danoise avec des difficultés d'autant plus grandes, qu'ils étaient moins voisins de l'Allemagne, d'où rayonnait l'esprit de la réforme. C'est ainsi que la Norwége conserva longtemps encore des sympathies catholiques, et qu'il fallut en Islande imposer de force le nouveau culte. En 1539, le roi avait chargé quelques ecclésiastiques de préparer la réforme dans cette île où le christianisme régnait sans y avoir complétement effacé l'influence des traditions païennes. Le sang coula, et l'on accusa l'évêque de Skalholt d'avoir fait massacrer un bailli du roi. Christian envoya deux vaisseaux de guerre pour convertir d'une manière plus expéditive les consciences rebelles; l'évêque fut remplacé par un luthérien, qui dut à son tour chercher un asile en Danemark. L'évêque de Holum, zélé catholique, soutenait le peuple dans sa résistance, et dans cette île éloignée, où se conservait dans la mémoire du peuple l'époque mythologique et héroïque des Scandinaves, des hommes s'égorgeaient, moins sans doute pour décider s'il fallait conserver le pape infaillible, ou accepter le libre examen avec Luther, que parce que la tyrannie n'est jamais plus révoltante et plus absurde que lorsqu'elle attaque la liberté humaine dans ce qu'elle a de plus saint, dans le droit imprescriptible de croire et de prier. Enfin cette lutte se termina à l'avantage du pouvoir, en 1551. En même temps que les Islandais prêtaient foi et hommage à la couronne de Danemark pour eux et leurs descendants, ils reconnaissaient Frédéric pour successeur, et renonçaient au catholicisme.

Les dernières années du règne de Christian III furent paisibles. Il introduisit dans les lois du royaume les modifications rendues nécessaires par les changements récents; il fit beaucoup pour la réorganisation de l'université de Copenhague. On peut dire de ce prince que ses défauts, qui étaient ceux de son époque, le servirent mieux que ses qualités naturelles. Il était affable avec ceux qui l'entouraient; mais ses faveurs, comme sa sévérité, étaient calculées. La fortune l'avait si souvent éprouvé que, toujours méfiant du présent, il l'étudiait comme un problème dont les données renferment toutes les solutions de l'avenir.

Il mourut le 1ᵉʳ janvier 1559, à l'âge de cinquante-six ans, et après en avoir régné vingt-quatre. Il eut de sa femme Dorothée de Saxe-Lauenbourg cinq enfants: 1° Anne, mariée au duc de Saxe Auguste; 2° Frédéric, qui lui succéda; 3° Magnus, qui eut le singulier honneur d'être fiancé à deux nièces du tsar Jean IV, surnommé le Terrible; 4° Jean, dit *le Jeune*, duc de Sleswig-Holstein; 5° enfin Dorothée, qui épousa Guillaume, duc de Lunebourg, tige des ducs et électeurs de Hanovre.

FRÉDÉRIC II.

1559-1588. L'année de l'avénement de Frédéric II fut signalée par la mort de Christian II. Ce vieux prince venait de suivre dans la tombe le parent qui l'avait retenu vingt-sept ans captif. Le jeune roi était entouré de cet espoir que le peuple confond souvent avec l'amour, et qui dure autant que l'illusion. Les nobles auxquels son père avait dû le trône épiaient dans ses premiers actes les tendances et l'esprit du nouveau règne. La jeunesse de Frédéric avait été studieuse et active. Dès qu'il eut vingt ans accomplis, son père lui avait confié le gouvernement de la Scanie pour le former de bonne heure au maniement des affaires, et l'année qui précéda celle de sa mort, après l'abdication de Charles V, il l'avait envoyé à la cour d'Autriche pour assister au couronnement de Ferdinand. La réunion momentanée sous un même sceptre de l'Empire et de l'Espagne, et les luttes contre la France, avaient tempéré la gravité germanique par un mélange chevaleresque. Frédéric, qui se trouvait à son retour maître d'un royaume paisible, chercha l'occasion de signaler le commencement de son règne par quelque action d'éclat. Ce désir de guerroyer tomba, faute de mieux, sur les Dithmarses, petite peuplade dont le territoire s'étend le long de la mer du Nord entre les embouchures de l'Eyder et de l'Elbe. Des digues les défendaient contre les envahissements de la mer et les attaques de leurs voisins. A plusieurs reprises, les ducs de Holstein avaient tenté cette conquête; mais le courage des Dithmarses et surtout la difficulté des communications avaient fait échouer ces entreprises. Depuis la malheureuse expédition du roi Jean et du duc Frédéric, son frère; la Dithmarsie croyait avoir assuré son indépendance, et Christian III semblait l'avoir reconnue en comprenant cet État dans la paix conclue avec Lubeck, en 1536.

Selon quelques auteurs, le duc de Holstein-Gottorp avait eu le premier l'idée de compléter ses frontières par cette conquête; mais Henri Rantzow, gouverneur de Segeborg, ville appartenant au roi, en avertit Frédéric. Ce prince aurait saisi l'occasion de se signaler, et de surveiller en même temps les démarches du duc. Quoi qu'il en soit, il fut convenu que l'expédition se ferait en commun, et que les deux autres princes de Holstein y participeraient. Les forts et les villes des ennemis furent tour à tour attaqués et emportés. La sécheresse de la saison permit à la cavalerie d'agir sur un terrain ordinairement inondé. Les Dithmarses se défendirent avec une bravoure qui rappelait celle des anciens Cimbres; leurs femmes combattaient à leurs côtés, préférant la mort à la servitude. Heyde, chef-lieu de tout le canton, balança si longtemps la victoire, que le général Rantzow ne put en déloger l'ennemi qu'après y avoir mis le feu. D'après les détails de la relation de cette campagne, l'armée danoise égalait en nombre la presque totalité de la population des Dithmarses; nous réduirons donc à sa juste valeur la gloire du succès. Tous ceux qui avaient échappé au fer des Danois prêtèrent serment de fidélité au roi et aux princes, qui se partagèrent le territoire conquis, conformément aux conventions qui avaient été arrêtées d'avance; quelques années plus tard, Maximilien réunit la Dithmarsie au duché de Holstein, et en confirma le partage.

Frédéric rentra triomphant dans sa capitale, où se fit en grande pompe la solennité du couronnement. La capitulation que le roi accepta des états donne une idée des priviléges de la noblesse à cette époque. Si l'on considère la nullité de l'ordre de la bourgeoisie et de celui des paysans, on conclura naturellement que depuis la suppression du haut clergé les tendances de la constitution danoise devenaient de plus en plus aristocratiques.

Deux idées dominent le texte de cette capitulation; la première interdit au roi d'adjoindre au corps de la noblesse aucun individu qui ne serait point libre; la seconde lui prescrit de n'entreprendre la guerre qu'après avoir consulté le sénat, de ne conférer à aucun étranger la dignité sénatoriale, de ne jamais porter atteinte à la liberté d'un gentilhomme; enfin, de reconnaître le droit de libre élection comme la base de la constitution du royaume. En d'autres termes, les exigences des nobles pouvaient se résumer ainsi : Le roi ne pourra modifier ni les priviléges ni l'esprit de la noblesse, et son élection dépendra de la noblesse ainsi constituée.

Nous ne nous étendrons pas sur les difficultés qui s'élevèrent, dès la première année du règne de Frédéric, au sujet de Hambourg; nous nous bornerons à en indiquer sommairement les causes. La prospérité croissante de cette ville lui avait fait entrevoir la possibilité de se soustraire à la domination du Holstein. L'empereur encourageait cette disposition, et affectait de traiter avec Hambourg comme avec une ville impériale, dont le contingent à la diète eût été indépendant de celui du Holstein. Le roi et les ducs réclamèrent; mais cette prétention des Hambourgeois, aussi bien que celle de battre monnaie, ne reçurent une solution que plus tard.

A cette époque, la Livonie se trouvait ravagée par les Tauriens et par les Russes; la puissance de l'Ordre touchait à son déclin; le grand maître cherchait partout des appuis, et signalait le danger de laisser envahir cette province, soit par les Tatares, soit par les Russes. Jean IV jetait les fondements de la puissance russe, et convoitait les provinces orientales de la Baltique. Après avoir conclu la paix avec Gustave Vasa, il se jeta sur la Livonie, prit Narva et Dorpat, et fit un grand nombre de prisonniers. Revel implora le secours du Danemark. Christian III saisit l'occasion de donner à son fils Magnus un établissement à la place de la part qu'il aurait eue à revendiquer dans les duchés. L'évêque d'Oesel consentit à lui céder cette île et la province de Wick moyennant une somme convenue; mais le roi mourut avant la conclusion définitive de ce marché. Frédéric aima mieux acheter pour son frère l'île d'Oesel, à laquelle il joignit le diocèse de Courlande, que de lui assigner un domaine

16ᵉ *Livraison.* (DANEMARK.) 16

dans le Holstein. La politique l'engageait en outre à mettre le Danemark à portée de profiter des changements que l'état de la Livonie faisait regarder comme prochains.

Jean IV était peu flatté de voir un prince danois s'établir dans une province voisine du théâtre de la guerre. Ferdinand et Frédéric le sollicitèrent en vain de mettre un terme à cette lutte d'extermination. La nouvelle de l'arrivée de Magnus fut donc reçue avec joie par les Livoniens et les Esthoniens ; on accueillait dans ce jeune prince, moins un souverain isolé, que le frère d'un monarque capable de balancer l'influence des Russes, et dont l'autorité, dans le cas où sa protection eût caché des projets de conquête, paraissait mille fois préférable aux violences et aux cruautés d'un peuple qui guerroyait à la manière des Mongols, brûlant les villes, ravageant les terres, et emmenant en esclavage, sans distinction d'âge ni de sexe, tout ce qui avait échappé à la fureur du soldat. L'évêque de Revel se soumit avec tout son diocèse au prince danois ; le gouverneur de Sonnenbourg suivit cet exemple ; mais Magnus, d'un caractère vain et léger, tranchait du souverain avant d'avoir affermi sa puissance, et dissipait en prodigalités les sommes qu'il tenait du roi son frère.

Kettler, le dernier grand maître, prévoyant que, quelle que fût l'issue du conflit de tant d'intérêts, l'Ordre allait cesser d'exister, cherchait à se ménager une compensation, et interrogeait tour à tour les intentions de la Suède, de la Pologne et du Danemark. Aux ouvertures qu'il fit à Magnus, ce dernier se borna à répondre qu'il pouvait compter sur la bienveillance du roi son frère, qui n'avait rien plus à cœur que de défendre les chevaliers teutoniques et les Livoniens contre leurs ennemis.

Jean poursuivait ses avantages et ruinait le pays ; Magnus convoquait la noblesse à Pernau pour délibérer sur les mesures à prendre, lorsque l'approche des Russes rompit l'assemblée, ne laissant au prince danois que le temps de se réfugier dans l'île d'Oesel. Kettler eut bientôt jugé de ce qu'il pouvait attendre de Magnus ; il se tourna du côté de Sigismond, et reçut en échange de la Livonie les duchés de Courlande et de Sémigale qui relèveraient de la couronne de Pologne. Les chevaliers n'obtinrent dans cette transaction que la confirmation de leurs priviléges et le libre exercice de la religion protestante. Dans le même temps, Revel, menacée par les Russes, se donna à la Suède avec quelques districts de l'Esthonie. Éric XIV accepta cette offre, défendit la ville avec succès, et jeta ainsi les fondements de la domination suédoise sur la côte méridionale de la Baltique.

Frédéric, mécontent de la conduite de Magnus, envoya des ambassadeurs à Moscou pour tâcher d'obtenir du tsar qu'il n'inquiétât plus son frère dans la portion de la Livonie qu'il avait acquise. Jean, menacé par les Tauriens, eut l'air d'accorder, par considération pour le roi de Danemark, une trêve de deux ans, qui lui était devenue nécessaire ; il voyait d'ailleurs avec satisfaction les efforts que faisait Frédéric pour introduire dans la Courlande le protestantisme, qu'il regardait comme un obstacle pour la Pologne catholique (1561).

Les relations du Danemark avec l'Écosse, l'Angleterre et la France, ne furent troublées ni par le refus des Écossais de céder les Orcades, ni par quelques contestations au sujet des droits du Sund. Charles IX envoya solennellement à Frédéric l'ordre de Saint-Michel, et les ambassadeurs renouvelèrent les anciens traités. Quant aux efforts de l'empereur Ferdinand pour ramener le roi à l'unité catholique, ils échouèrent complétement. Le monarque danois refusa même de se faire représenter au concile de Trente. Comme les intérêts politiques dominaient la question religieuse, il fallait, pour la résoudre, moins des arguments que des armées.

Les motifs qui avaient cimenté l'alliance du Danemark et de la Suède n'existaient plus, tandis que ceux qui à diverses reprises, avaient été sur le point de brouiller Gustave et Christian, se présentaient à leurs successeurs avec d'autant plus de force, qu'ils étaient dégagés de toute influence étrangère. Éric avait à sa disposition de grandes ressources financières entassées par la prévoyance du vieux roi; le commerce, l'exploitation des mines, l'industrie, l'agriculture, tout en Suède était en progrès. Le Danemark se trouvait dans des circonstances également favorables; la noblesse des deux pays, quoique placée dans des conditions différentes, aspirait à une rupture prochaine. La noblesse suédoise, sévèrement traitée par Gustave, n'avait consenti au pacte de succession que pour prévenir le retour de l'union des trois royaumes; mais, ce danger écarté, elle voyait avec jalousie l'aristocratie danoise investie du droit d'élection, et en possession des plus grands priviléges. D'un autre côté, les Danois, maîtres des détroits, de la Norvége et de la Scanie, considéraient comme une menace l'accroissement de la Suède, surtout à une époque où l'attention de l'Europe politique commençait à se porter sur la Livonie et l'Esthonie. Outre ces motifs qui appartenaient à la situation, le caractère personnel des deux jeunes rois ne permettait guère de supposer que leur accord serait sincère et stable. Cependant (1562) ces dispositions hostiles furent déguisées de part et d'autre; on convint de renouveler l'alliance sur les bases du traité de Brömsebro, et l'on écarta de concert tout ce qui aurait pu soulever des difficultés sérieuses. Cette bienveillance apparente ne cachait qu'imparfaitement le désir de pénétrer les intentions rivales. Le traité fut signé; mais, comme il ne donnait aucune solution sur les points en litige, il ne présentait aucune condition de durée.

Éric s'était bercé de l'espoir d'épouser Élisabeth d'Angleterre; cette passion romanesque semblait s'être accrue par les difficultés. Tout à coup, soit dépit, soit que les conseils de sa famille l'aient détourné de cette poursuite, il fit demander la main de la fille de Philippe, landgrave de Hesse. Parmi les Suédois qu'il envoya à Cassel pour conclure ce mariage, se trouvait un seigneur connu par sa haine contre le Danemark; ces ambassadeurs passèrent par Copenhague, où ils furent retenus sous différents prétextes. Outrés de ces délais, ils résolurent de passer outre, et d'opposer la force à la violence. On les désarma, et ils durent attendre qu'on eût référé de leur conduite à leur cour. En même temps, Uhlefeld fut envoyé en toute hâte à Stockholm, mais avec une mission toute différente. Il devait prendre une connaissance exacte des dispositions et des ressources de la Suède, et repartir avant que la nouvelle de l'arrestation des ambassadeurs eût pu parvenir à la cour d'Éric. A son retour, il annonça que le Danemark n'avait qu'à se préparer à la guerre, à moins que l'on ne se hâtât de donner satisfaction aux Suédois au sujet de l'île de Gotland, et que l'on ne fît disparaître les trois couronnes des armes du royaume. Il ajouta que le chef des ambassadeurs ne cessait d'exciter Éric contre le Danemark, et qu'à la veille d'une rupture il serait imprudent de rendre la liberté à un homme encore aigri par une injure récente. On suivit cet avis, qui était une violation flagrante du droit le moins contesté. Éric, en même temps qu'il demandait réparation de cette offense, envoyait une flotte pour prendre à Rostock la princesse de Hesse, sa fiancée; quelques vaisseaux danois la rencontrèrent à la hauteur de l'île de Bornholm. Un engagement eut lieu, dans lequel les Danois, inférieurs en nombre, eurent le dessous. Les prisonniers furent conduits à Stockholm, et exposés aux insultes de la populace. Des deux côtés, ces traitements, indices de la haine nationale, présageaient des luttes plus sérieuses. Les Lubeckois, mécontents des entraves que la politique de Gustave avait mises à leur commerce, se déclarèrent pour Frédéric, qui s'empressa de confirmer leurs priviléges. Les cours étrangères,

16.

et surtout les princes protestants, interposèrent leurs bons offices pour prévenir la guerre qui menaçait le Nord; mais leurs efforts furent inutiles; et un incident qui dut blesser l'orgueil d'Éric fit évanouir tout espoir d'un rapprochement. Un officier danois, gouverneur de l'île de Gotland, intercepta une lettre que le roi de Suède adressait à Élisabeth. Il s'excusait d'avoir recherché Christine, fille du landgrave, et priait la reine de ne pas prendre cette demande au sérieux. Frédéric aurait pu tirer parti de cette lettre dans un intérêt pacifique; il n'eut rien de plus pressé que de la communiquer au landgrave. Philippe, indigné de ce que son alliance était regardée comme un pis-aller, et n'ignorant pas qu'Éric avait récemment brigué la main de Marie d'Écosse, congédia les ambassadeurs de Suède, et choisit peu de temps après pour gendre le duc de Holstein, Adolphe. Après de tels procédés, une déclaration de guerre n'était plus qu'une formalité : cependant elle eut lieu. Frédéric prit l'initiative, et compléta par cette démarche son rôle d'agresseur. Les principaux griefs étaient que la Suède s'était appropriée sans aucun droit les armes de Danemark et de Norvége; qu'Éric s'était montré hostile à l'établissement de Magnus dans la Livonie, et que tout récemment il avait attaqué sa flotte sans déclaration préalable. Il fit répandre en même temps en Suède un manifeste, où il essayait de justifier sa conduite, et engageait la noblesse suédoise à ne pas négliger l'occasion qui se présentait de faire revivre l'union de Calmar, si favorable à ses priviléges. De part et d'autre, on fit des préparatifs formidables. Lubeck, qui s'était déclaré pour le Danemark, équipa une flotte. Heureusement pour la Suède, la prévoyance de Gustave avait créé une marine puissante; la mer devait être le principal théâtre de cette lutte, où les Suédois et les Danois eurent tour à tour l'avantage. Sur terre, les succès furent également balancés.

La campagne s'ouvrit par le siège et la prise d'Elfsborg, place alors importante, non par sa force, mais par sa position qui en faisait la clef des communications entre les provinces danoises limitrophes de la Suède et la Norvége méridionale.

Il y eut entre les deux flottes, dans les parages de l'île d'Oeland, un engagement sérieux, à la suite duquel les Suédois rentrèrent dans leurs ports. Éric essaya inutilement de reprendre Elfsborg, et essuya un nouvel échec à Markeröd, dans le Småland. Au reste, ces faits d'armes n'avaient rien de décisif, et des deux côtés on semblait moins disposé à terminer la guerre par quelque bataille, qu'à ravager le territoire ennemi. Cependant un grand combat naval eut lieu l'année suivante (1564). Dans l'action, qui dura deux jours, le vaisseau amiral suédois *le Makalös (l'Incomparable)*, qui portait 225 canons, sauta à l'instant où les Danois et les Lubeckois venaient de s'en emparer. Cet échec ne découragea point les Suédois, qui eurent bientôt réparé leurs pertes.

Les affaires de Suède manquaient d'une direction intelligente : Éric n'était aimé ni de ses frères ni de la noblesse. Le duc Jean avait épousé la princesse Catherine Jagellon, sœur de Sigismond II, roi de Pologne. Le caractère ombrageux d'Éric, et quelques démarches que le duc avait faites en faveur de son beau-frère, furent sur le point d'amener une rupture entre les fils de Gustave. Il n'est guère douteux que Jean, cédant à l'influence de Catherine, n'ait eu l'idée de se déclarer indépendant, non-seulement en Finlande, mais dans la partie de la Livonie que Sigismond lui avait cédée comme garantie d'un prêt considérable. Quoi qu'il en soit, Jean reçut l'ordre de venir à Stockholm pour y rendre compte de sa conduite; mais il retint en Finlande les envoyés du roi; et, informé que les états l'avaient condamné comme coupable de haute trahison, il s'enferma dans Abo, où il se vit bientôt réduit à capituler. Il fut enfermé dans le château de Gripsholm; sa jeune et belle femme l'accompagnait. On lui offrit la liberté et un traitement convenable, si elle voulait se séparer de son mari. Pour toute réponse, elle montra son anneau nuptial où était gravée cette devise latine : *Nil nisi mors*, et elle partagea la captivité de Jean. Depuis ce moment, Éric devint de plus en plus soupçonneux; il cessa d'appeler la noblesse aux diètes; en un mot, tout semblait présager une catastrophe prochaine.

La guerre continuait avec des succès divers : le général Rantzow défit les Suédois près de Jönköping; Éric se jeta dans le Blekingen, et brûla la ville de Rodneby; une grande partie de la Scanie fut impitoyablement ravagée; les Danois accoururent pour disputer ces ruines à l'ennemi; ils poussèrent même jusqu'à Calmar, dont la saison avancée ne leur permit pas de faire le siége. Dès que la mer fut libre, une flotte suédoise de cinquante voiles rencontra et défit une escadre danoise, dont les débris se réfugièrent sous le canon de Copenhague. Horn les poursuivit jusqu'au Sund, perçut le droit de passage des navires neutres, et fit un assez grand nombre de prises. Les flottes du Danemark et de Lubeck parvinrent à se réunir; mais dans les combats qui se livrèrent, les Suédois conservèrent un avantage marqué. Le Nord était intéressé à cette lutte, dont il n'était donné à personne de prévoir l'issue; plusieurs princes offrirent leur médiation. Charles IX, roi de France, essaya de réconcilier les cours rivales en les comprenant dans le traité de Troyes, et envoya à cet effet Charles Dancé pour préparer les négociations; mais tous ces efforts échouèrent devant l'obstination d'Éric, qui n'exigeait rien moins que ce qu'il eût pu attendre d'une victoire. Les hostilités se renouvelèrent donc avec un redoublement de haine et de cruauté. Les Danois ravagèrent la Vestro-Gothie, et l'ennemi se jeta dans le Halland, où il emporta d'assaut la ville de Varberg. Parmi les prisonniers qui échappèrent au massacre de la garnison et des habitants de Varberg, se trouvait Pontus de la Gardie, gentilhomme languedocien, qui prit ensuite du service en Suède, et dont les descendants se distinguèrent avec tant d'éclat dans leur patrie d'adoption.

Daniel Rantzow, qui commandait l'armée danoise, faisait les plus grands efforts pour reprendre Varberg, lorsqu'il apprit que les Suédois s'étaient portés en force dans le Halland pour couper ses communications avec la Scanie. Ce général abandonna le siège, et pressa sa retraite; mais, trouvant les ports détruits, il vit bien qu'il ne pourrait échapper à une perte certaine que par une victoire. Il n'avait avec lui que 5,000 hommes, tandis que l'ennemi était deux fois plus nombreux. Le Danois fit occuper à sa petite troupe une position avantageuse, et attendit résolûment l'attaque. Après une lutte acharnée, la victoire resta aux Danois. Cependant Rantzow, trop faible pour profiter de cet avantage, se retira précipitamment.

Éric, à la nouvelle d'un échec si peu attendu, déploya une sévérité excessive; il cassa et fit mettre à mort plusieurs officiers, comme si l'obligation de le servir entraînait celle de vaincre. Indignés de ce traitement, un grand nombre d'étrangers quittèrent l'armée et la Suède. De son côté, Frédéric devint plus exigeant, et les Suédois repoussèrent les conditions qu'il mettait à la paix. Ils tiraient des secours des villes hanséatiques, et leur armée se recrutait de volontaires étrangers. Pontus de la Gardie enrôla en France 6,000 soldats, cavalerie et infanterie; ils firent avec succès des courses en Scanie et en Norvége; mais ils échouèrent au siège de Bohus. La même année (1566), l'amiral Horn parut sur les côtes de l'île de Séland avec une flotte considérable, et établit des croisières dans les parages les plus fréquentés de la Baltique. Les escadres de Danemark et de Lubeck, quoique de beaucoup inférieures, rencontrèrent l'ennemi à la hauteur de l'île d'Oeland. Le combat, longtemps prolongé, laissait la victoire indécise, lorsqu'une violente tempête dispersa les vaisseaux, rejetant la flotte de Horn vers la pleine mer, tandis que celle des Danois alla se briser contre les écueils de Gotland. Seize vaisseaux de haut bord y périrent avec environ 6,000 hommes; les bâtiments montés par les deux amiraux danois eurent le même sort.

Les Danois portèrent le ravage dans l'Ostrogothie, où ils brûlèrent quelques villes, et les Suédois soumirent la Norvége à de cruelles représailles: c'était massacre pour massacre, ruines pour ruines; des deux côtés, l'irritation semblait s'accroître de ces revers et de ces succès alternatifs. Rantzow, qui s'était avancé jusqu'au cœur de la Suède, fut sur le point d'être enveloppé; il sortit de cette position presque désespérée, grâce à l'ineptie d'Éric; il battit les ennemis malgré leur supériorité numérique, fit prisonniers leurs généraux, et ramena les restes de son armée en Scanie, au moment où on le regardait comme perdu. Pour perpétuer la mémoire de ce fait d'armes, le roi fit frapper une médaille (1568). Aux calamités qu'entraînait la guerre, se joignaient en Suède tous les mécontentements et les difficultés qui naissent d'une direction vicieuse. Les emportements d'Éric XIV allaient jusqu'à la démence; ses frères coloraient leur ambition sous le prétexte du bien public; la famille des Sture, victime de la haine du monarque, tenait à toutes les grandes maisons du royaume, qu'elle animait de ses ressentiments; le favori Göran Pehrsson avait organisé une police odieuse qui encourageait les délations; les causes jugées par le tribunal suprême s'accroissaient dans une effrayante proportion; bientôt le caprice seul d'un roi aliéné décida du sort des coupables. Pour donner une idée de l'esprit qui présidait à ces procédures, il suffira de dire qu'en 1566, époque où Éric passait plus généralement pour bizarre que pour insensé, il fit condamner à mort un palefrenier pour avoir peint sur une porte les armes de Suède et du roi, les trois couronnes renversées; deux gardes de la tente du roi subirent la même peine comme convaincus d'avoir disposé trois bâtons en forme de croix dans un but présumé de sorcellerie. Dans la guerre contre le Danemark, il donna quelquefois l'exemple d'une lâcheté qui n'était point dans son caractère; il grossissait ses avantages, et présentait au peuple ses défaites comme des triomphes. Après qu'il eut fait exécuter les Sture, poignardé l'un d'eux de sa main, et laissé massacrer à ses yeux Burrhéus, son ancien gouverneur, il entra dans une mélancolie profonde; soit remords, soit effet de sa maladie, il erra durant plusieurs jours dans un état digne de pitié. Ensuite il parut rentrer en lui-même, remit au sénat les rênes du gouvernement, et rendit la liberté au duc Jean, son frère; mais bientôt il rappela Göran Pehrsson, et se livra de nouveau à tous les emportements d'une folie sombre et sanguinaire. Par une singularité étrange, les lettres d'Éric, pendant sa démence, sont d'une rédaction lucide; et cependant, quoiqu'il fût entièrement libre, il se croyait prisonnier. Tantôt il se regardait comme le sujet du duc Jean, tantôt il reprenait l'exercice du pouvoir royal, dirigeant la guerre contre le Danemark, et obligeant ses frères à servir sous ses ordres, moins pour profiter de leur concours que pour être à portée de les surveiller. La dernière année de son règne, il fit célébrer son mariage avec Catherine Månsdotter, sa concubine, qui venait de lui donner un fils.

Quand le mécontentement est général, les intérêts secondaires se rallient instinctivement aux intérêts les plus élevés. Les ducs, toujours suspects à un prince insensé, n'eurent d'autre ressource que la révolte ouverte; ils se liguèrent, sûrs de l'appui du plus grand nombre. Leur parti eut bientôt rallié la partie la plus saine de la noblesse; les châteaux et les places fortes s'ouvrirent à leur approche; l'armée d'Éric, battue en plusieurs rencontres, était tombée dans le découragement; enfin le roi, réduit à se renfermer dans Stockholm, fut contraint de capituler. Il eut la douleur de voir monter sur le trône ce même duc de Finlande qu'il avait privé de la liberté ; et, plus à plaindre que ce dernier, il passa du trône dans toutes les rigueurs de l'esclavage.

Éric, avant son abdication, avait fait demander du secours à Frédéric, moyennant des conditions avantageuses ; le duc Jean sollicitait en même temps du Danemark une trêve, qui fut accordée pour six mois. L'événement prouva qu'une suspension d'hostilités dans un moment où la Suède, épuisée d'hommes et de ressources, ne se soutenait plus que par la prépondérance de sa marine, était un acte impolitique. Mais, en réfléchissant aux conséquences probables d'une guerre civile, on comprend que le cabinet de Copenhague crut obtenir une paix plus avantageuse d'un ennemi affaibli par la discorde, que si on le forçait à réunir ses forces contre l'étranger. Jean, élu roi par les états de Suède, parut d'abord persister dans ces dispositions pacifiques. Des plénipotentiaires de Lubeck se joignirent aux ministres de Danemark et de Suède, et, dans un congrès tenu à Roschild, on conclut un traité de paix perpétuelle dont voici les principaux articles :

Le roi de Suède cessera de porter dans son écusson les armes de Danemark et de Norvége ;

Les deux rois auront la faculté d'ajouter les trois couronnes à leur écu, mais sans prétendre s'arroger aucun droit sur les États l'un de l'autre.

La Suède renonce à toutes ses prétentions sur la Norvége, le Halland, la Scanie, le Blekingen et l'île de Gotland.

De son côté, le roi de Danemark se désiste de toute prétention sur la Suède.

La Suède restituera au Danemark le Jemtland, le Heriédal et la forteresse de Varberg ; et le Danemark rendra à la Suède la place d'Elfsborg.

Le prince Magnus gardera Sonnenbourg, l'île d'Oesel, le diocèse de Rével et de Courlande.

La Suède s'engageait en outre à payer une somme, que détermineraient ultérieurement des arbitres, comme dédommagement des frais de la guerre.

Frédéric ratifia immédiatement ce traité ; mais le roi Jean, qui n'avait voulu que gagner du temps, se récria sur ces conditions, et prétendit que les ministres, en les signant, avaient outre-passé leurs pouvoirs. Aussitôt, sans essayer de renouer les négociations, il mit ses frontières en état de défense, et demanda du secours au roi de Pologne.

L'année suivante, dès que la navigation de la Baltique fut libre, Munck, amiral danois, rallia une escadre lubeckoise, et, après avoir capturé plusieurs vaisseaux marchands, il alla s'emparer du port de Revel, qui faisait un commerce considérable avec la Suède. Cette expédition le rendit maître d'un grand nombre de navires richement chargés qu'il conduisit heureusement dans les ports de la domination danoise (1569). Frédéric ouvrit la campagne par le siége de Varberg ; la place fut emportée après une belle défense ; Daniel Rantzow tomba devant cette place. Le duc Charles conduisit une armée suédoise en Scanie, et le général Dohna, qui avait succédé à Rantzow, marcha sur le Småland ; c'était une de ces guerres d'extermination qui expliquent surabondamment la ténacité des haines nationales. Aucun événement de quelque importance ne signala la fin de l'année ; enfin, les négociations furent reprises, et Dancé, ministre de France, profita d'un moment de lassitude pour ramener les esprits à un rapprochement. Au mois de juillet 1570, un congrès s'ouvrit à Stettin. L'empereur Maximilien II, le roi de France Charles IX, Auguste, électeur de Saxe, et Sigismond II, roi de Pologne, s'y firent représenter comme conciliateurs, à l'exception toutefois de Sigismond qui, engagé dans la guerre de Livonie, aurait désiré que les Suédois restassent occupés en Danemark.

Les plénipotentiaires danois et suédois émirent des prétentions que les médiateurs ne parvinrent à accorder qu'en déclarant que celle des deux parties qui déclinerait les clauses consenties, se mettrait, par ce fait seul, en état d'hostilité avec les puissances médiatrices. Les Danois voulaient que le traité de Roschild servît de base à celui de Stettin; les Suédois demandaient qu'on traitât sur des bases nouvelles, et se refusaient à payer aucune espèce de dédommagement pour les frais de la guerre. Après de longs débats, on arrêta enfin les conditions suivantes :

Les deux rois et les deux peuples (de Danemark et de Suède) contractent une paix perpétuelle, et se protégeront mutuellement contre toute sorte de violences.

La contestation au sujet des armoiries, qui a été le principal motif de la guerre, sera vidée, de telle sorte que chaque roi pourra porter les trois couronnes dans ses armes, mais sans que cette faculté implique aucun droit d'empiétement sur le territoire de l'autre. Si quelque difficulté s'élevait encore à ce sujet, on en remettrait la décision à des arbitres.

Le roi de Danemark renonce à toutes ses prétentions sur la Suède, et le roi de Suède à celles qu'il aurait pu conserver sur la Scanie, le Halland, le Blekingen et l'île de Gotland.

Les limites des deux États resteront les mêmes que sous les rois Christian III et Gustave Vasa.

Les sujets du roi de Danemark qui se seront établis en Suède, comme les Suédois fixés en Danemark, pourront rentrer dans leur patrie, sans y être inquiétés ni dans leurs personnes ni dans la jouissance de leurs biens.

Le roi de Suède rendra au Danemark les districts norvégiens de Jemtland et Heriédal, ainsi que les vaisseaux et les canons qu'il aurait pris pendant la guerre.

La place et le district d'Elfsborg, que le roi de Danemark restituera à la Suède, représentant une valeur plus considérable que tout ce que le Danemark aura recouvré, le roi de Suède sera tenu de payer une somme de cent cinquante mille thalers, tant pour le rachat de cette place qu'à titre d'indemnité pour la trêve que lui a accordée, à son grand préjudice, le roi de Danemark.

Les prisonniers de guerre seront rendus sans rançon. Quant aux différends auxquels a donné lieu l'établissement du prince Magnus dans la Courlande et la Livonie, l'Empereur et l'Empire en décideront comme arbitres.

La Suède payera à la régence de Lubeck une somme de 775,000 thalers pour la désintéresser de toutes ses réclamations.

[Nous renvoyons le lecteur pour ce qui concerne les affaires de Livonie et l'étrange destinée de Magnus, au règne de Jean le Terrible (*Histoire de Russie*, par Chopin; *Univers*)].

La mort de la reine douairière, Dorothée de Saxe, mère du roi, dont les domaines situés dans les duchés devaient retourner à ses fils, et notamment au duc Jean, fut l'occasion de quelques difficultés touchant la transmission et le mode d'investiture. Ces différends ne furent levés qu'en 1580. L'année qui suivit la paix de Stettin (1571), Frédéric épousa la princesse Sophie de Mecklenbourg, qui lui donna d'abord deux filles, Élisabeth et Anne, et trois ans après la naissance de cette dernière, le prince Christian, qui régna sous le nom de Christian IV. Les sénateurs le désignèrent pour successeur au trône en 1580, et la noblesse confirma cette élection; toutefois le sénat se prononça sous la réserve que cet acte spontané ne porterait aucun préjudice à ses droits. La cérémonie de l'élection n'eut lieu que quelques années plus tard. Le jeune prince alla recevoir l'hommage de ses futurs sujets dans les villes de Lunden, Ringstedt, Odensée et Viborg. Cette coutume subsistait au milieu des ruines des institutions; mais ce n'était plus qu'une vaine formalité depuis que le sénat avait usurpé tous les privilèges des autres ordres. L'église de Suède se trouvait dans un état de confusion déplorable; l'ignorance des prêtres, le dénûment où l'avidité de la noblesse les avait réduits, tout semblait favoriser les projets catholiques du roi Jean. Les vues conciliatrices de Maximilien et les efforts de quelques protestants éclairés préparaient depuis longtemps les esprits au rapprochement des deux religions. On savait à quoi s'en tenir sur les abus fiscaux du clergé romain, et l'on venait de faire l'expérience de ceux de la nouvelle religion. Le peuple n'aurait peut-être pas été éloigné de revenir à ses croyances, sauf quelques modifications; mais les nobles qui percevaient une partie de la dîme, et qui s'enrichissaient du produit des amendes, se tenaient en garde contre les empiétements des jésuites. Ils craignaient que de concession en concession, on n'en revînt au papisme, ou que le protestantisme, encore mal affermi, ne résistât qu'avec peine à l'influence d'une cour catholique. Plus tard, et depuis la mort de Catherine (1583), Jean renonça au catholicisme.

Le roi de Danemark résolut de se tenir éloigné de toute innovation; il resta dans les meilleurs termes avec l'électeur de Saxe et les autres princes luthériens de l'Allemagne; non-seulement il ferma l'oreille à toutes les insinuations des agents de Maximilien en ce qui concernait les affaires de religion, mais il repoussa, comme contraires à la pureté du dogme, plusieurs points adoptés par les calvinistes, et qui avaient trouvé faveur à l'Université de Copenhague. Il rejeta même le *Formulaire de concorde* qui avait été adopté par tous les luthériens d'Allemagne; mais, après son règne, ce livre fut généralement reconnu en Danemark et en Norvége comme le symbole des luthériens.

La mort de Magnus appela l'attention du roi sur la Livonie. En effet, les possessions de ce malheureux prince étaient un fief du Danemark. Il était plus facile de revendiquer des droits sur ces provinces que d'y faire acte de souveraineté. La position de l'île d'Oesel l'avait soustraite aux hasards de la guerre; mais les districts de Wick et de Pilten, en Courlande, devinrent le théâtre d'une lutte opiniâtre entre les Danois et les Polonais. Enfin, les deux rois soumirent leurs différends à l'arbitrage du duc de Prusse. Il fut convenu que le Danemark ne se réserverait que l'île d'Oesel, et céderait ses possessions de Courlande au roi de Pologne, qui donnerait en retour une somme de 30,000 thalers.

La paix dont jouit Frédéric II pendant les dernières années de son règne ne fut point seulement l'œuvre de sa prudence. L'empereur était occupé de la guerre avec les Turcs, et ses discussions avec le corps évangélique menaçaient de mettre l'Europe en feu. Quant à la Suède, le roi Jean, mal avec la noblesse, et toujours à la veille de rompre avec le prince Charles, n'aurait pu, au milieu de tant d'embarras, soutenir le poids d'une guerre avec le Danemark. Nous avons vu, en outre, qu'en abandonnant les provinces de Wick et de Pilten, le roi de Danemark évitait tout sujet de rupture avec la Pologne, la Russie, la Suède et le duché de Prusse. Ce prince fut enlevé après une courte maladie dans la cinquante-quatrième année de son âge et la trentième de son règne. Il encouragea les sciences, non-seulement dans ses États, mais même en Allemagne. Tycho-Brahé reçut de lui l'île de Hveen, dans le Sund, où cet astronome établit l'observatoire d'Uraniborg. Parmi les écrivains qui fleurirent sous ce règne, il est juste de distinguer Henri Rantzow, qui nous a transmis des ouvrages remarquables pour l'époque sur l'astrologie, la médecine et l'histoire.

La plupart des historiens ont fait l'éloge de Frédéric II; de Thou l'appelle un *prince magnanime et d'un esprit judicieux*. Quelques fondations utiles, l'érection de palais somptueux ne nous paraissent point motiver un éloge si formel; c'est surtout sur le trône que la magnanimité doit se prouver par des actes inséparables de la grandeur et de la prospérité des peuples.

Ne pourrait-on pas, sans être taxé de sévérité, trouver au moins bizarre la devise de ce prince : *Dieu seul est mon espoir et Vildbrat est fidèle*, quand on sait que ce Vildbrat était le chien favori du monarque?

Frédéric eut de Sophie de Mecklenbourg trois fils : Christian, qui lui succéda; Ulrich, qui devint évêque de Schwérin en 1590, et de Sleswig en 1602; Jean, qui mourut à Moscou, où il devait épouser Xénie, fille du tsar Boris Godounof; et quatre filles : Élisabeth, mariée, en 1590, au duc de Brunswick Lunébourg; Anne, qui épousa, en 1589, Jacques VI d'Écosse, plus tard roi d'Angleterre sous le nom de Jacques Ier; Augusta, mariée, en 1596, au duc de Holstein Gottorp, et Hedwige, qui épousa, en 1602, Christian, électeur de Saxe.

CHRISTIAN IV.

L'aristocratie danoise, au moment où Frédéric II succombait prématurément, n'était divisée par aucune de ces tendances rivales qui, à la faveur des minorités, luttent contre un pouvoir dont l'action s'arrête, et dont la force n'est plus qu'un principe.

Nous avons vu le sénat maître de l'élection, et tuteur de la puissance royale. On eût dit que le trône n'avait été conservé que pour jeter plus de lustre sur ce corps ambitieux et jaloux. Il s'occupa immédiatement de composer un conseil de régence, et repoussa les prétentions du duc de Sunderborg, frère du roi défunt, aussi bien que celles de la reine mère, dont les droits furent limités à ce qui regardait le Holstein, fief mouvant de l'Empire.

Les membres du conseil de tutelle furent choisis exclusivement parmi les sénateurs; c'étaient le grand chancelier Kaas, le grand amiral Munck, Rosenkrantz et Walkendorff. Cependant leur pouvoir, qui remplaçait celui du roi, avait les mêmes bornes, et l'action des tribunaux inférieurs était maintenue dans son indépendance. Ces précautions étaient un avertissement aux nouveaux administrateurs de conserver intacts les priviléges du sénat : comme pour témoigner de leur déférence à ses volontés, ils repoussèrent avec hauteur les réclamations de la noblesse, blessée dans quelques-uns de ses droits par une oligarchie tyrannique. Ce qui indique plus évidemment peut-être l'omnipotence sénatoriale et son action particulière sur les régents, c'est la conduite des représentants du sénat danois dans le Holstein. La mort de Frédéric et celle du comte Adolphe laissaient le duché sans chefs. Les états du duché crurent cette occasion favorable pour revendiquer le droit d'élection, droit que leur avait concédé Christian Ier, mais qu'ils n'avaient jamais exercé. Le sénateur Rantzow et Rammel, gouverneur du prince mineur, quoique délégués pour appuyer les droits de Christian, cédèrent à cette prétention, non par faiblesse ni par prudence, comme l'ont pensé plusieurs historiens, mais parce que le principe électif reconnu dans le duché mettait les rois de Danemark dans une dépendance plus étroite de la haute aristocratie. Philippe, fils aîné du duc Adolphe, qui avait d'abord refusé de se soumettre à l'élection, et qui réclamait, à titre d'héritage, sa part de souveraineté, fut obligé de subir les conditions des états, lorsqu'il se vit menacé d'être exclu de la succession. L'investiture de Hambourg offrit quelques difficultés auxquelles nous ne nous arrêterons pas. Cette ville, enclavée dans le Holstein, voyait son commerce décroître rapidement, et elle saisissait toutes les occasions de revendiquer ou d'étendre ses priviléges; mais son influence diminuait comme sa prospérité, et elle n'avait plus qu'à se résigner, n'étant plus en état de se faire craindre. Cette situation, qui était celle de toute la ligue hanséatique, tenait à des causes générales qui se présentent d'elles-mêmes, et que nous nous abstiendrons d'énumérer.

Christian alla recevoir à Opslo l'hommage des Norvégiens. Après la cérémonie, on lui remit un mémoire qui contenait les doléances des divers ordres ; les régents promirent d'y faire droit, et s'en occupèrent en effet assez pour nourrir les espérances que fait toujours naître un nouveau règne ; trop peu pour élever la Norvége à cet état de prospérité qui touche de si près à l'indépendance. On promit de ne nommer leur chancelier que parmi un certain nombre de nobles qu'ils désigneraient eux-mêmes, et de n'accorder désormais qu'à des Norvégiens les grands fiefs de cette couronne, faveur qu'on aurait pu regarder comme exceptionnelle depuis les différends des deux royaumes sous Christian III (1591).

Christian montrait une intelligence précoce, et qui semblait se tourner vers les objets sérieux. Il témoignait à Tycho-Brahé une estime particulière; les faveurs dont il le combla excitèrent plus tard la jalousie des courtisans, qui parvinrent à le perdre dans l'esprit du monarque. Ce savant, une des lumières du seizième siècle, n'était pas exempt des préjugés de son époque; il avait foi dans l'astrologie; et lorsqu'on pense aux bizarreries de l'empereur Rodolphe II, qui lui avait offert un asile, et sur lequel Tycho-Brahé exerça une espèce de fascination, on est tenté de féliciter Christian d'avoir réglé sa politique et sa conduite sur les rapports du monde positif, et non sur les prétendues influences des corps célestes. Au reste, si le monarque honora le savant, le savant ne fut pas inutile au monarque; les encouragements que le jeune Christian accordait aux arts libéraux lui concilièrent l'estime de Rodolphe, qui lui accorda une dispense d'âge pour qu'il pût entrer immédiatement en possession du Holstein. Cette faveur, qui contrariait les vues du sénat, et à laquelle, dit-on, le crédit de Tycho-Brahé ne fut pas étranger, précipita sans doute la disgrâce de l'astronome. La majorité du roi avait été fixée à vingt ans ; ce fut précisément lorsqu'il eut atteint cet âge que les conseillers, et surtout le grand trésorier Walkendorff, forcèrent Tycho-Brahé à quitter son observatoire de Hveen pour aller s'établir à Prague. Il fut reçu avec empressement par Rodolphe, prince qui aimait par-dessus tout l'alchimie, l'astrologie et l'équitation, passions, disent les annalistes allemands, dont une seule suffirait pour faire un mauvais empereur.

Le Danemark jouissait d'une paix profonde, et que les historiens attribuent à la sagesse du gouvernement de Christian IV. Nous y voyons plutôt un indice de décadence. La prépondérance du Nord était une question qui se débattait entre la Russie et la Suède ; le calvinisme agitait toute l'Allemagne, où fermentait le levain des guerres religieuses. L'Angleterre disputait à l'Espagne et à la Hollande l'empire des mers. Le repos dans ces graves circonstances signalait déjà une influence déchue, à laquelle la guerre de Trente Ans devait bientôt porter le dernier coup.

Dans un voyage que Christian avait fait en Allemagne, il eut occasion de voir la princesse Anne Catherine de Brandebourg; il l'épousa à Hadersleben, en Jutland (1597). Deux années après, il équipa une flotte, fit le tour de la Norvége, et s'avança jusqu'aux parages de la mer Blanche. Les Russes et les Suédois, dans leurs luttes en Finlande, avaient souvent empiété sur la Laponie norvégienne ; ils levaient des tributs sur ces peuplades qui ne savaient plus à quel maître elles étaient tenues d'obéir. Le roi demanda des explications à la Suède, qui se montra peu empressée de justifier sa conduite.

Pendant la minorité du roi, plusieurs changements avaient eu lieu dans le personnel de la régence ; Christian, émancipé par l'empereur, avait déjà pris possession du Holstein, ce qui n'empêcha point qu'il dût attendre le temps prescrit pour être couronné roi de Danemark. Ce fut en 1596 qu'eut lieu cette solennité, dont l'éclat fut encore relevé par le mariage de la princesse Augusta, sœur du roi, avec le duc Jean-Adolphe de Holstein Gottorp. Christian nomma aux grandes charges du royaume, dont quelques-unes étaient vacantes par la mort des titulaires. Christophe Walkendorff fut fait grand maître, Christian Früs grand chancelier, Pierre Munck grand maréchal; il créa de plus huit sénateurs, ce qui en portait le nombre à vingt et un.

Nous rapporterons ici la capitulation imposée au roi par les sénateurs. Cette pièce indique plus fidèlement que tous les commentaires historiques les causes de la révolution monarchique qui changea la constitution du Danemark sous le règne suivant. Nous emprunterons, en l'abrégeant, la traduction de Mallet, qui a rangé dans un ordre méthodique les quarante-huit articles dont se compose cette capitulation:

« Nous, Chrétien IV, etc., déclarons par les présentes que les sénateurs de Danemark nous ayant élu du vivant de notre bien-aimé père Frédéric II, de glorieuse mémoire, et nous ayant désigné pour être après lui seigneur et roi des royaumes de Danemark et de Norvége, avec l'adhésion de la noblesse, des habitants des villes, des paysans, qui nous ont prêté foi et hommage; nous conformant en outre à l'usage qui prescrit au roi, en recevant la couronne, de s'engager avec les sénateurs représentant la noblesse et les autres états, par des lettres scellées de son sceau, et confirmées par serment, et de promettre à tous et à chacun en particulier de faire droit et justice, conformément à la loi, et de confirmer leurs libertés et leurs priviléges; à ces causes, en présence de nos sénateurs, et au nom de la sainte Trinité, nous avons promis l'exécution des articles suivants:

« Le roi s'engage à maintenir et à défendre la religion protestante dans ses États, et à faire observer une bonne et stricte justice.

« La suprême autorité résidant particulièrement dans la personne du roi, qui ne pourrait l'exercer par lui-même, le grand maître, le grand chancelier et le grand maréchal l'assisteront dans le gouvernement de l'État et l'expédition des affaires publiques.

« Le roi ne pourra faire la guerre que du consentement des sénateurs.

« Les sénateurs, la noblesse et tous les habitants du royaume, sont tenus de se soumettre à la juridiction du roi et du sénat, comme, de son côté, le roi devra faire justice à tout sénateur, et veiller à l'exécution des jugements émanés du sénat.

« Si un individu, noble ou roturier, avait quelque grief contre le roi, il sera libre d'en informer le grand maître, le grand chancelier ou le grand maréchal, qui feront au roi les représentations nécessaires; et dans le cas où cette intervention serait de nul effet, le plaignant pourra plaider sa cause devant les sénateurs et quelques membres de la noblesse, et il sera statué conformément aux lois du pays.

« Si un homme bien famé est accusé et calomnié devant le roi, l'accusateur devra porter sa plainte devant le roi et le sénat en présence de l'accusé; à défaut de preuves, la dénonciation réputée calomnieuse sera punie selon les lois.

« Des fiefs de la couronne seront conférés par le roi aux sénateurs pour qu'ils puissent soutenir dignement leur rang.

« Nul étranger ne pourra ni siéger au sénat ni obtenir aucun fief de la couronne.

« La noblesse danoise possédera librement et à perpétuité ses terres et ses vassaux. Sa juridiction et ses franchises seront les mêmes que celles du roi dans les domaines de la couronne. Elle jouira de tous ses autres priviléges, comme droit de chasse, de pêche, patronage, etc., sans aucune diminution ni restriction.

« Le roi n'exigera de la noblesse que les impôts et contributions consentis par le sénat.

« La noblesse sera libre de faire le commerce avec les marchands étrangers, et le roi ne pourra interdire l'exportation d'aucune denrée sans le consentement du sénat.

« Le roi ne pourra ni par lui-même ni par l'intervention de tiers acquérir des terres nobles, ni se les approprier à titre d'hypothèques ; et de leur côté, les sénateurs n'auront point la faculté d'acheter aucun bien appartenant à un paysan libre, sans la permission formelle du roi.

« Le roi ne pourra conférer la noblesse à un roturier sans le consentement unanime du sénat, si ce n'est en temps de guerre, et pour récompenser quelque action d'éclat.

« Si un individu anobli, et possédant des terres nobles, ne laisse à sa mort que des héritiers roturiers, ses terres ne passeront ni à ses héritiers ni à la couronne, mais les héritiers seront tenus de les vendre dans l'espace d'un an et un jour à un acquéreur noble.

« Les officiers du roi n'arrêteront ou n'emprisonneront aucun gentilhomme avant jugement, sauf le cas de flagrant délit.

« Les officiers du roi ne pourront défier un gentilhomme ; ils seront tenus de se pourvoir en justice pour obtenir satisfaction. Toute lettre de défi doit être envoyée ouverte, et scellée par deux gentilshommes. La personne, ainsi provoquée, sera tenue de suivre ceux qui lui auront signifié le cartel, un jour et une nuit après cette signification.

« Nul gentilhomme ne sera dépossédé de ses biens ni des fiefs qu'il tient de la couronne, qu'après avoir été juridiquement convaincu de trahison envers le roi et le royaume.

« Le roi ne pourra accorder à des étrangers aucun privilége, aucun monopole, dont l'exercice se rattacherait aux intérêts généraux du royaume.

« Il maintiendra toutes les libertés, grâces et concessions accordées par ses prédécesseurs.

« Les baillis ou gouverneurs et leurs officiers ne pourront, à la sollicitation du roi, soustraire aucune cause à la juridiction compétente ; le rapport des jurés ne sera admis que dans les procès sur les limites.

« Les terres que le roi aurait acquises par les armes ou par des traités seront annexées à la couronne de Danemark.

« Si quelque province danoise, ce qu'à Dieu ne plaise, était conquise par l'ennemi, et reprise ensuite sur lui, les habitants de cette province seraient réintégrés dans tous leurs droits et possessions.

« Le roi ne négligera rien pour recouvrer les îles de Shetland et les Orcades.

« Il donnera tous ses soins à l'agrandissement et à la prospérité du royaume.

« Le Danemark demeurera un royaume libre et électif.

« Le roi, sur sa foi et son honneur, jure d'observer collectivement et séparément, dans leur esprit et leur teneur, tous les articles ci-dessus énoncés. »

Les vices de cette capitulation, qu'on pourrait appeler *la Charte du sénat de Danemark*, ne se révélèrent que plus tard. La longue minorité du roi l'avait discipliné, pour ainsi dire, à toutes les exigences de l'aristocratie. Les grands eux-mêmes n'avaient aucun intérêt à changer un état de choses qui leur était si favorable; aussi la paix du royaume ne fut-elle pas sérieusement menacée. Cependant quelques différends s'élevèrent entre le Danemark et l'Angleterre au sujet du droit de pêche : la mort d'Élisabeth (1603) empêcha d'y donner suite.

Des contestations assez vives sur les limites de la Laponie suédoise auraient peut-être amené une rupture entre les deux royaumes scandinaves, si le poids de deux couronnes n'eût imposé à Sigismond la patience et la modération. Ce monarque, pour ménager le Danemark, consentit même à accorder à l'électeur de Brandebourg, beau-père de Christian, l'investiture du duché de Prusse.

Malgré les efforts de la Suède, la politique danoise se rapprochait de celle de la Russie. Le tsar Boris Godounof envoya des ambassadeurs pour négocier le mariage de sa fille Xénie avec le duc Jean, second frère du roi, qui faisait alors la guerre dans les Pays-Bas sous les drapeaux de l'Espagne. Christian, que le sort de Magnus aurait pu faire hésiter, consentit à cette alliance, et le duc partit pour Moscou. Une fièvre nerveuse l'enleva dans la fleur de l'âge, au milieu des fêtes et des préparatifs de son hymen.

Le roi se préparait à la guerre, tout en mettant à profit les loisirs de la paix. Il mettait en état de défense les places fortes qui couvraient ses frontières, quoique des refus de subsides aient souvent ralenti son zèle. Il veillait à l'observation de la justice par un sentiment de droiture, et pour contre-balancer par le contrôle royal l'influence toujours croissante du sénat. Le commerce, l'exploitation des salines, la facilité des transactions, étaient l'objet de sa sollicitude. Il n'est point douteux que l'état de servage des paysans et l'abaissement de l'ordre de la bourgeoisie n'aient fourni à la noblesse des occasions fréquentes d'abuser de ses priviléges. « Le Danemark, dit Tycho-Brahé dans une élégie latine, sympathise avec ma disgrâce, et gémit sur ses propres maux. (*Dania*)... *condolet, et propriis ingemit ipsa malis.* » En effet, plusieurs tentatives, et notamment celle que fit Christian pour assurer à ses sujets les avantages du commerce maritime qu'exploitaient les villes de la Hanse, échouèrent par le mauvais vouloir des nobles. La fondation d'un arsenal compléta la défense de Copenhague; il fit élever près de cette capitale la résidence de Rosenborg, qui est aujourd'hui dans l'enceinte de la ville, et fonda sur la frontière de la Scanie la ville de Christianstadt. La codification raisonnée des lois de Norvége et l'ordonnance ecclésiastique sont regardées comme un des monuments les plus utiles de ce règne (1604-1607).

On a vu par ce qui précède que le Danemark, malgré les vices de sa constitution, jouissait d'une tranquillité profonde. Le peuple, qui porte en grande partie le poids de la guerre et de l'ambition de ses maîtres, ignore souvent que ces périodes de calme sont les avant-coureurs de son abaissement. La paix n'est désirable et utile que lorsqu'elle vient couronner des institutions fortes. Dans le cas contraire, elle énerve et fausse le sens national, et fonde sur une base fragile la prospérité matérielle. Les dissensions intestines, les guerres de principes, peuvent ébranler les États; mais, au sortir de ces crises, le repos conserve quelque chose de puissant et de digne, qui passe dans la vie publique, et protége le présent de toutes les gloires du passé. La Suède, déchirée par les querelles des fils de Gustave Vasa, dut peut-être son salut à l'énergie de leurs vices. C'est au milieu du supplice des nobles, des intrigues de la papauté, des désordres nés du choc des intérêts suédois et polonais, que se préparait la grandeur de la Suède, personnifiée dans Gustave-Adolphe.

Sigismond voyait le sceptre paternel lui échapper pour passer dans les mains de Charles, son oncle. Ce dernier, qui frappa sans hésiter tant de têtes illustres, reculait devant la puissance d'un principe; son caractère entier et fougueux lui faisait haïr Sigismond, prince plus polonais que suédois, et que ses croyances catholiques excluaient du trône, d'après le pacte de succession. La guerre de Livonie avait formé des officiers expérimentés, et les ressources de cette contrée fertile permettaient à la Suède de consacrer aux armes des bras que réclamait naguère l'agriculture.

Christian ne pouvait voir, sans en être alarmé, les progrès d'une puissance rivale, et dont la marine devenait menaçante. Le moment lui paraissait favorable, et les empiétements de la Suède en Laponie offraient un prétexte plausible de rupture. Le roi convoqua les états à Odensée, et fit valoir inutilement ces motifs; le sénat et la noblesse n'étaient pas disposés à faire les sacrifices qu'aurait exigés la guerre. Christian, forcé de renoncer au projet d'attaquer la Suède, envoya quelques vaisseaux à la recherche des anciens établissements islandais dans le Groënland. Soit incapacité des officiers qui commandaient l'expédition, soit que les dispositions hostiles des naturels aient présenté trop d'obstacles à une exploration difficile, cette tentative et quelques autres qui la suivirent restèrent sans succès.

Le roi était impatient des entraves où le retenaient les sénateurs; faute d'aliment, son activité se portait sur ses relations extérieures; c'est ainsi qu'il alla lui-même soutenir les prétentions du duc de Brunswick, engagé dans une lutte malheureuse contre ses États héréditaires. La même année (1606), il alla visiter le roi Jacques Ier, dans le but présumé de se concerter avec ce monarque sur les intérêts protestants, menacés de plus en plus par l'Espagne et l'Autriche. Si Christian ne demandait que l'occasion d'agir, Jacques éloignait avec un soin égal tout ce qui aurait pu troubler son repos et ses plaisirs, de sorte que l'entrevue des deux beaux-frères n'eut aucune influence appréciable sur la politique générale.

La noblesse avait reconnu pour successeur Christian, fils du roi, et que la mort enleva quelque temps après.

L'année suivante (1609) fut marquée par la peste qui ravagea le Danemark, et particulièrement le Jutland. C'est au milieu de ce deuil public que naquit le prince Frédéric, qui régna depuis sous le nom de Frédéric III. A la même époque, mourut le chancelier Hvitfeld, compilateur judicieux et savant du vaste recueil ayant pour titre *Chronique de Danemark*.

Charles IX, roi de Suède, marquait la fin de son règne par des actes où dominent tour à tour le désir de rester en paix avec le Danemark, et l'intention de provoquer une rupture. Il accordait des priviléges pour la pêche et le commerce à la ville de Gotheborg, s'arrogeait des droits exclusifs sur les ports de la Livonie, et prélevait des tributs arbitraires sur quelques peuplades de la Laponie norvégienne (1611). Pour cette fois, le sénat de Danemark, qui avait toujours à cœur la question des trois couronnes, et celle de l'île de Gotland, entra dans les idées du roi. Les contingents militaires furent mis sur un pied respectable; on éleva les droits du Sund pour suppléer à l'insuffisance des subsides, et la marine reçut les accroissements que réclamaient les circonstances.

Tandis que 12,000 Norvégiens gardaient les frontières, l'armée principale, composée de 12,000 Danois et de 4,000 étrangers, s'apprêta à pénétrer dans la Suède méridionale. Une forte colonne se porta sur le Halland, tandis que Christian, après avoir longtemps attendu une réponse à sa déclaration de guerre, marcha sur Brömsebro, et alla investir Calmar. Ce fut devant cette place qu'il reçut la déclaration de guerre de Charles. Ce roi opposait ses propres griefs à ceux de Christian. Quant à la Laponie, les limites n'avaient jamais été tracées avec assez de précision pour que, des deux côtés, les prétentions ne pussent être attaquées et justifiables. Si la navigation de la Baltique avait été troublée par les Suédois, c'était, selon le roi de Suède, parce que sous la garantie de l'alliance on avait envoyé des secours à ses ennemis. Après cette justification, il accusait Christian de porter dans son écu les trois couronnes, d'avoir accueilli dans ses États des mécontents, obligés de quitter la Suède pour se soustraire à l'action des lois; il réclamait le château de Sonnenborg dans l'île d'Oesel, et semblait particulièrement blessé de ce que les réclamations du roi de Danemark eussent été adressées aux états de Suède, ce qui était injurieux aux droits d'un prince régnant, surtout dans un royaume héréditaire.

L'armée suédoise, forte de 24,000 hommes, suivit de près cette déclaration. Christian, craignant de ne pouvoir résister à des forces supérieures, pressa le siége; la ville se rendit; mais la citadelle, où s'étaient retirées la bourgeoisie et la garnison, opposa une résistance sérieuse. Sur ces entrefaites, l'armée suédoise étant venue camper à peu de distance de Calmar, Christian envoya l'ordre à Séhested, qui commandait le second corps, d'abandonner le Halland, et de marcher en toute hâte à son secours; lui-même se rendit à Copenhague pour chercher de nouveaux renforts, laissant au duc George de Lunébourg et aux deux Rantzow le soin de se maintenir dans Calmar et de réduire la citadelle. La situation de ces chefs était critique; ils attaquèrent avec résolution les Suédois. On combattit avec acharnement, mais sans avantage marqué, et les deux partis s'attribuèrent la victoire.

Gustave-Adolphe s'était emparé par surprise de la ville de Christianstadt, dont les ruines furent reprises par les Danois quelque temps après. Quant à la citadelle de Calmar, elle fut secourue et approvisionnée; mais l'approche du corps de Séhested compensa pour les Danois ce désavantage. Charles se vit sur le point de reprendre la ville; mais il dut se retirer avec une perte considérable. On se battait encore lorsque le général arriva et décida la victoire. La capitulation de la citadelle couronna cet avantage. Les historiens danois soutiennent que le commandant de la place, Some, n'ayant plus de poudre, fut obligé de se rendre; les Suédois, au contraire, prétendent que cet officier, qui avait été maltraité par Charles, jeta ses munitions à la mer, et passa à l'ennemi. Ils ajoutent que le roi de Suède se montra tellement irrité de cette trahison, qu'il défia en combat singulier le monarque danois. Nous rapportons ici cette lettre, moins parce qu'elle est conforme aux mœurs du temps, que parce qu'elle donne une idée du caractère emporté de Charles.

« Tu as manqué à l'honneur et aux
« devoirs d'un roi chrétien, en violant
« le traité de Stettin, en assiégeant
« Calmar, en prenant la citadelle par
« trahison. Tu rendras compte devant
« le Juge suprême du sang que tu as
« fait verser. Jusqu'ici tu as rejeté
« tous les moyens de réconciliation
« que nous avons bien voulu t'offrir;
« aujourd'hui que nous sommes près
« l'un de l'autre, nous te proposons
« un expédient qui mettra fin à nos
« différends. Présente-toi donc, sui-
« vant l'ancienne et noble coutume

« des Goths, et viens combattre avec
« nous en plein champ, avec deux de
« tes serviteurs, gens de guerre et d'un
« sang noble. Nous nous y rendrons
« aussi, nous troisième, sans cuirasse
« et sans autre arme que le casque et
« l'épée. Si tu manques au rendez-
« vous, nous te tenons pour un roi
« sans honneur et pour un soldat in-
« digne. »

Charles, en écrivant un tel cartel, avait du moins une excuse dans son âge et dans l'irascibilité de son tempérament; mais Christian, en lui répondant sur le même ton, autorisait à croire que quelques-uns des reproches qu'on lui adressait étaient fondés. « Malade de
« cerveau et infirme, lui répondit-il
« entre autres sarcasmes injurieux, tu
« es plus fait pour rester auprès de
« ton médecin et de ton feu que pour
« te mesurer avec nous. » Si les princes ne se battirent pas en combat singulier, les deux armées, qui semblaient animées de toute la haine de leurs chefs, luttèrent avec acharnement, les Suédois pour conserver leur position, les Danois pour les en déloger. Des deux côtés, la perte fut considérable; mais bientôt la saison avancée, les maladies et la difficulté d'assurer les approvisionnements, contraignirent les armées à prendre leurs quartiers d'hiver. Christian confia à l'Écossais Sinclair la défense de Calmar, et conduisit la flotte à Copenhague.

Pendant que Gustave-Adolphe s'emparait de l'île d'Oeland, et que la flotte danoise capturait sept vaisseaux de guerre, Charles IX terminait sa carrière (18 octobre 1611), à l'âge de soixante ans. Ce prince, qui avait de grands défauts et des qualités plus grandes encore, avait laissé au sénat, par son testament, le soin de choisir entre le duc Jean, son neveu, et Gustave-Adolphe. Les deux jeunes princes avaient été élevés ensemble, et soit que le titre de fils du dernier roi ait familiarisé le duc Jean avec l'idée de voir Gustave sur le trône, soit plutôt que l'ascendant d'un mérite précoce ait décidé la question à une époque où la Suède avait tant besoin d'un chef habile et brave, les scrupules de Charles ne compliquèrent point la question si grave de la succession. Après un interrègne de deux mois, la reine et le duc abandonnèrent la régence, et Gustave prit le titre de son père : *Roi élu et prince héréditaire de Suède, des Goths et des Vendes*. Il entrait dans sa dix-huitième année.

L'hiver sévissait encore, lorsque les Suédois ouvrirent la campagne par une invasion dans le Halland ; de son côté, l'armée danoise, pénétrant dans la Gothie, fit une pointe jusqu'à Vexiö, qu'elle réduisit en cendres. Gustave-Adolphe ravagea la Scanie, et alla investir Helsingborg.

C'est là que ce jeune prince, surpris par le général Rantzow, dut son salut au dévouement d'un officier, nommé Banar. Cet échec fut suivi de la prise de Scara par Christian, qui, enveloppé à son tour, perdit une grande partie de ses troupes, et se replia en toute hâte sur Wardberg (1612).

Bientôt les flottes purent prendre la mer ; mais la supériorité de la marine danoise fit d'abord éviter aux Suédois tout engagement sérieux.

Christian n'avait rien négligé pour réparer ses pertes ; son armée, où se trouvaient beaucoup de mercenaires étrangers, était belle et nombreuse. Il alla mettre le siége devant Elfsborg, qui capitula après une vive résistance. Les Danois trouvèrent dans le port six vaisseaux de guerre, de l'artillerie et des munitions.

La guerre continuait avec des succès variés, mais dont le résultat était à l'avantage des Danois. Christian alla prendre le commandement de la flotte, tandis que Rantzow, s'ouvrant un chemin dans l'intérieur de la Suède, brûlait les villes de Westerswick et de Süderköping, et ramenait sous Calmar son armée harassée et mécontente. La flotte danoise, forte de trente voiles, se contenta d'une démonstration qui alarma Stockholm, et rentra dans Copenhague. Gustave-Adolphe se trouvait dans une position critique. Jönköping était menacée par l'armée danoise, et le génie militaire du jeune roi de Suède, mal servi et mal obéi, ne pouvait faire face à tous les périls. De son côté, Christian ne se dissimulait point que les dispositions de sa noblesse tournaient à la paix ; elle semblait craindre que l'exercice du commandement militaire, si la lutte se prolongeait, n'offrît au roi l'occasion de réduire les priviléges du sénat.

Les influences étrangères contribuaient aussi à faire espérer une réconciliation prochaine. Jacques Ier s'y employa surtout, et offrit sa médiation. Enfin, la paix fut signée à Knöröd, malgré les hésitations de Christian, qui céda enfin, craignant que les Hollandais et les villes de la Hanse, dans le mécontentement qu'ils éprouvaient de la surtaxe des droits du Sund, ne fissent cause commune avec la Suède.

Le grand chancelier Früs, pour le Danemark, assisté des sénateurs Persberg, Brahé et Brok ; pour la Suède, le chancelier Oxenstierna, depuis si célèbre, le maréchal Horn et les sénateurs Bielke et Stenbock, arrêtèrent, en présence des ministres anglais, les articles d'une paix définitive (1613). La Suède renonçait à ses prétentions sur la place de Sonnenborg, dans l'île d'Oesel, et à toute domination sur les Lapons des côtes depuis Tetesfiord jusqu'à Waranger, en Norvége, et restitua le Yemtland et le Hériédal. Le Danemark rendit Calmar et l'île d'Oeland : la citadelle d'Elfsborg restait entre ses mains jusqu'à l'acquittement, en six années, d'un million d'écus.

C'était, dit Geier, la seconde fois que la Suède rachetait des Danois la ville d'Elfsborg, la seule qu'ils possédassent sur la mer du Nord. Quant au différend sur les trois couronnes, l'un et l'autre État pouvait écarteler les trois couronnes dans ses armoiries. Le libre passage du Sund et une entière franchise de commerce étaient garantis aux Suédois, qui promettaient aux Danois des avantages réciproques. Chacun conservait les vaisseaux, l'artillerie, les munitions de guerre dont il s'était emparé; mais les prisonniers étaient renvoyés sans rançon. Pour tout le reste, le traité de Stettin restait en vigueur.

Délivré de toute appréhension du côté de la Suède, Christian put contenir les prétentions de la ligue hanséatique. Bientôt après, il fit un voyage en Angleterre, et, à son retour, il épousa morganatiquement Christine Munck, fille d'un gentilhomme jutlandais, pour éviter sans doute les démêlés que les enfants d'un second lit auraient pu avoir avec ceux que lui avait donnés Catherine de Brandebourg, morte en 1612.

Quelques années auparavant, Christian, de concert avec le duc de Holstein, avait obtenu de l'empereur Rodolphe que l'investiture du duché serait transmissible dans la maison royale, à titre héréditaire. Cet acte fut tenu secret, dans la crainte que la noblesse, jalouse du droit d'élection, n'y mît obstacle, en faisant cause commune avec le sénat de Danemark. La mort du duc Adolphe (1616) offrait pour la première fois l'occasion d'exécuter la nouvelle loi que Christian avait également étendue au duché de Sleswig. On ne peut que blâmer un empiétement de cette nature, qui n'avait pas même le mérite des injustices courageuses, et qui, dans d'autres circonstances, aurait pu soulever tout le corps de la noblesse contre une usurpation si flagrante.

Les états furent réunis à Colding. La noblesse était non moins irritée que surprise; le décret sur lequel s'appuyait Christian avait été confirmé par l'empereur Mathias, conformément aux constitutions germaniques. Toutefois, pour donner plus de poids à ses prétentions, le roi avait sous la main un corps d'armée tout prêt à agir. Prise au dépourvu, la noblesse céda et prêta serment à Christian et au duc Frédéric, fils d'Adolphe.

Plusieurs années s'étaient écoulées sans aucun événement important, car l'expédition destinée à chercher un passage aux Indes par les mers du nord-ouest n'eut point de succès, non plus que celle qui devait établir, à l'aide des Hollandais, des relations de commerce avec l'île de Ceylan. Tant d'efforts et de sacrifices n'aboutirent qu'à l'établissement du comptoir de Tranquebar (1618).

Nous touchons à l'époque où la fermentation de l'Allemagne devait allumer le vaste incendie que l'histoire a nommé la guerre de Trente Ans. Les catholiques et les religionnaires s'observaient encore; mais trop d'efforts avaient été inutilement tentés dans le but de concilier des intérêts si opposés, pour qu'on pût espérer un dénoûment pacifique. La politique et l'intérêt, d'une part; de l'autre, la conviction ou la honte de se rétracter; en un mot, les motifs les plus puissants qui aient prise sur la volonté de l'homme, allaient recourir à la force, cette dernière raison des querelles passionnées. La seule condition qui pût établir quelque équilibre entre le parti de l'Empire et les princes protestants, c'était l'intervention étrangère. Les intérêts de la France dans la question religieuse n'étaient favorables à la réforme que sous le point de vue politique; ils cessaient de devenir sympathiques, si l'Allemagne, dans son unité, se constituait sous la bannière de Luther. L'Angleterre, plus touchée de la question antipapiste que de l'issue politique du conflit, ne pouvait se montrer un auxiliaire bien zélé dans une lutte dont le résultat changerait les limites comme les influences des puissances continentales. Restait le Nord, où l'esprit de la réforme s'était conservé pur de tout mélange de sectes. La Suède était engagée dans une guerre ruineuse avec la Pologne et la Russie. La paix récente de Knörö avait été conclue à l'avantage du Danemark; c'était donc vers Christian que devaient se tourner les négociations des catholiques et l'espoir des protestants. L'Espagne et la Hollande sollicitaient son alliance; la prudence le faisait hésiter; mais le désir de signaler ses talents militaires sur un grand théâtre, la perspective flatteuse d'exercer une prépondérance marquée dans le Nord, comme protecteur de la réforme, et l'espoir d'obtenir pour le second de ses fils quelque riche évêché, tel que ceux de Brême, d'Osnabrück ou de Werden, tentaient son esprit naturellement ambitieux et entreprenant. Mais, pour jouer un tel rôle, il fallait, outre des alliances sûres, une armée et une flotte considérables. La guerre contre la Suède avait épuisé les ressources du royaume ; dans tous les cas, il fallait être prêt à tout événement ; en un mot, il fallait de nouveaux subsides, et le sénat était peu disposé à en accorder. Ce corps, plus soucieux de ses privilèges que de la gloire du monarque, conseilla d'abord un système de neutralité et d'observation ; puis, dominé lui-même par l'esprit général de l'époque, il finit par céder. La liquidation de la dette de la Suède, empressée de rentrer dans la possession d'Elfsborg, grossit le trésor et facilita les armements. La loyauté de Gustave-Adolphe et cette vertu secrète des grandes âmes qui ennoblit jusqu'aux ambitions rivales, avaient produit leur effet sur Christian, et la politique prêtait à ces impressions une nouvelle force. Sigismond conservait toujours des prétentions sur la Suède, et ses intrigues s'y ménageaient un parti qui pouvait devenir menaçant ; mais si le Danemark avait à espérer quelques avantages des embarras de la Suède, la dernière guerre avait prouvé qu'ils seraient au moins balancés par les sacrifices ; d'un autre côté, la prépondérance de l'Autriche aurait bientôt triomphé des protestants de l'Allemagne, si le Nord eût neutralisé ses forces en dehors de la lutte. Sigismond, influencé par les jésuites, entrait dans les vues du cabinet impérial ; il essaya, mais inutilement, de brouiller Christian avec Gustave. Les deux monarques eurent une entrevue qui leur épargna les délais attachés aux négociations. L'année précédente (1617), Gustave avait signé avec la Russie la paix de Stolbowa, qui lui assurait l'Ingrie et quelques fortes positions contre les Polonais ; une trêve de deux années avec la Pologne lui permettait de porter sa sollicitude sur les affaires générales et sur l'administration de ses nouvelles conquêtes. On ignore quelles furent les déterminations que l'on prit dans cette conférence ; il est probable que Christian et Gustave s'occupèrent surtout de certaines éventualités qui auraient menacé les intérêts communs, telles que la ruine du protestantisme et un accroissement trop considérable de puissance dans la maison d'Autriche.

La Bohême venait de jeter le gant à l'Empire, en conférant la couronne à l'électeur palatin, chef de l'union protestante. Cependant le parti catholique était l'agresseur : les états ecclésiastiques de Bohême avaient fait abattre plusieurs temples dans leurs domaines particuliers, prétendant que les lettres patentes de Rodolphe II ne regardaient que les terres de la couronne. De là des résistances, que suivit la défénestration de Prague. Le caractère de Mathias laissait encore quelque espoir de pacifier la Bohême, lorsque l'avénement de Ferdinand II vint compliquer encore les embarras de la situation (1619). Les succès du comte de la Tour firent trembler un moment les catholiques. Avec un peu plus de diligence, il pouvait s'emparer de Vienne. Cependant Ferdinand fut solennellement déposé comme roi de Bohême, et Frédéric eut la hardiesse d'accepter cette couronne. L'électeur avait compté sur une coopération qui lui manqua. Le roi d'Angleterre se borna à des vœux et à des conseils. Quant à Christian, non-seulement il ne promit aucun secours à ses coreligionnaires, mais il alla jusqu'à offrir son intervention pour réconcilier Ferdinand et Frédéric (1620). Le roi Jacques sortit enfin de sa léthargie ; il envoya quelques milliers de soldats dans le cercle de la basse Saxe pour soutenir son gendre. La politique de Louis XIII paralysa ce secours. Le nouveau roi, battu sous les murs de sa capitale, se vit forcé de fuir en Hollande.

Ferdinand craignait de laisser à la résistance le temps de s'organiser. Aux uns, il promettait qu'il ne sévi-

17.

rait contre les protestants que lorsqu'il les rencontrerait sous le drapeau de la révolte; aux autres, il montrait comme récompense de leur neutralité les dépouilles des révoltés. Après avoir inutilement tenté de détacher Christian de l'alliance suédoise, il ne négligea rien pour rallumer la guerre entre Gustave et Sigismond; puis, pour occuper le roi de Danemark, il concéda à Ernest, comte de Schauenbourg, le titre de prince de Holstein.

Les droits du comte étaient aliénés de plein droit par la renonciation formelle de ses ancêtres; mais le rescrit impérial était un titre qui semblait devoir raviver d'anciennes querelles.

Christian sentit le péril, et le prévint. Après avoir fait vainement des représentations à Ferdinand et à Ernest, il envahit les domaines de celui-ci, et cet acte de vigueur trancha la question de droit par le fait. Peu de temps après, il bâtit en face de Hambourg la ville de Glückstadt, qui commandait le cours de l'Elbe, interdit aux Hambourgeois le commerce du Jutland et des îles du Nord-Ouest, et fonda une compagnie avec privilége exclusif de négocier avec l'Islande, la Laponie, les îles de Shetland et de Ferroe. Cette mesure, contraire aux priviléges de Hambourg, avait été provoquée par un arrêté de la chambre impériale de Spire, qui la déclarait ville libre et immédiate de l'Empire. Christian obtint que l'effet en fût suspendu jusqu'à décision ultérieure. C'était toujours le même système sous l'influence des mêmes motifs. Les années suivantes furent marquées par la nomination de Frédéric, frère du roi, à l'évêché d'Osnabrück, par la fondation de la ville de Christiania en Norvége, qui s'éleva sur l'emplacement de l'ancienne capitale Opslo, récemment incendiée, et par un accord entre Christian et le duc de Holstein Gottorp, en vertu duquel ils s'engageaient à se secourir mutuellement dès que les circonstances le rendraient nécessaire (1623-1624).

Toute l'Allemagne tremblait devant le despotisme sombre de Ferdinand; on l'avait vu proscrire l'électeur palatin, au mépris des droits du corps électoral, et dans une question qui ne regardait que la maison d'Autriche. Les succès des Espagnols dans le Palatinat liaient en un vaste système toutes les forces comme toutes les influences des catholiques, et le traité de Mayence avait dissous l'union protestante. Aux efforts malheureux de Mansfeld, l'empereur avait répondu par des exécutions sanglantes à Prague et à Lintz. Le duc de Brunswick et le margrave de Baden-Dourlach, battus à Hoëchst et à Wimpfen, livrent la Souabe à Tilly (1622).

On lutte moins pour vaincre que pour exterminer; c'est qu'en effet deux principes irréconciliables sont en présence; ils ne s'arrêteront qu'épuisés. La dignité électorale est transportée au duc de Bavière; Tilly confirme cette spoliation par une double victoire. Les fiefs, les principautés, deviennent le prix du dévouement à la cause des catholiques, personnifiée par Ferdinand; le duc de Saxe retire sa protestation au sujet de la transmission du Palatinat; partout l'Église rentre dans les biens qu'elle avait perdus; mais le pouvoir politique qu'elle appuie effraye l'Europe; les rois de France, d'Angleterre, de Danemark, le duc de Savoie, les républiques de Venise et de Hollande, s'engagent par le traité de Paris (août 1624) à rétablir le palatin et à conserver aux Grisons la Valteline.

Il s'agissait surtout de donner à la résistance du parti protestant une force d'organisation qui lui manquait. Il fallait un chef assez puissant pour profiter des avantages de la fortune, et pour réparer les désastres imprévus. Sans doute, Spinola, Tilly, Wallenstein et Pappenheim furent de grands capitaines; mais les moyens dont ils disposaient durent assurer leur supériorité sur le palatin, comme sur Mansfeld et le duc de Brunswick, dont les victoires mêmes épuisaient les ressources, et qu'un revers réduisait à la dernière extrémité. La France, qui avait ses vues sur les provinces rhénanes, pouvait être regardée comme un auxiliaire sérieux ; mais les protestants auraient craint de se mettre à sa merci. Le roi de Danemark réunissait les conditions les plus favorables à un chef de l'union. Intéressé, comme duc de Holstein, aux priviléges de l'électorat ; maître d'une marine puissante et d'une armée facile à recruter, ses droits, comme ses espérances, le désignaient à la fois comme défenseur et protecteur. Si la fortune ouvrait une carrière trop vaste à son ambition, on savait que la Suède s'opposerait infailliblement à ses progrès.

Christian hésitait cependant devant une tâche si difficile et si périlleuse ; mais, lorsqu'on lui eut fait entendre qu'on s'adresserait à Gustave-Adolphe, auquel on avait déjà fait quelques ouvertures, le roi de Danemark ne vit plus que la gloire du succès. L'envoyé français, le baron des Hayes, n'avait rien négligé pour le porter à cette détermination, et sur les plaintes qui arrivaient de tous côtés à Christian, au sujet des déprédations des bandes de Tilly dans la basse Saxe, il partit pour Lauenbourg, et accepta la dignité de capitaine général du cercle. L'empereur essaya de conjurer ce nouveau péril ; il écrivit au roi qu'il serait fait droit à ses réclamations, et qu'il accorderait aux protestants soumis ce qu'il ne pouvait que refuser à des sujets rebelles. Tilly s'expliqua dans le même sens ; mais sa conduite donnait un démenti trop direct à ces protestations, et la politique de Ferdinand était trop connue pour que les princes protestants s'y laissassent prendre.

En présence des forces de la maison d'Autriche, de l'hésitation et du mauvais vouloir de la haute Saxe, le seul appui de la Hollande ne pouvait donner au roi l'espoir de soutenir une lutte si inégale. Ni Charles Ier, occupé de ses querelles avec le parlement, ni Louis XIII, que retenaient des intérêts plus pressants, ne soutinrent d'une manière efficace le parti qui avait compté sur leur coopération. L'électeur de Brandebourg se tenait dans une réserve suspecte ; mais la question politique, compliquée de tant d'intérêts, en était arrivée à ce point de maturité, où une crise était imminente.

Une partie de l'armée espagnole, après la prise de Bréda, avait fait sa jonction avec le corps que Tilly organisait sur le Weser. Christian passa ses troupes en revue dans le Holstein. Elles présentaient un effectif d'environ 25,000 hommes, cavalerie et infanterie, parmi lesquels figuraient un assez grand nombre d'étrangers. Le roi ayant reçu le contingent du cercle, c'est-à-dire 7 à 8,000 hommes, passa l'Elbe, et prit position près de Hameln, sur le bord du Weser. Ce fut là que Christian, comme il visitait à cheval quelques postes, fit une chute, et roula dans un fossé profond, d'où on ne le tira qu'avec peine. Sa vie fut en danger pendant plusieurs jours ; les chefs danois crurent prudent de mettre en état de défense les villes voisines, et se retirèrent sur Werden. Tilly les suivit de près ; il reprit Hameln, Menden et Stoltznau ; mais sa cavalerie essuya un échec au passage de Rohberg, et il perdit beaucoup de monde au siége de Nienbourg ; dans une autre rencontre, il battit un corps de Danois, et fit prisonnier le duc de Saxe-Altenbourg.

Tandis que le général de Maximilien était aux prises avec le roi de Danemark, Ferdinand confiait à Wallenstein le commandement de l'armée impériale pour appuyer celle de la ligue catholique. En peu de mois, ce grand capitaine eut complété ses cadres, assuré ses ressources, et tracé un plan de campagne. Il marcha vers le Nord, qui était le théâtre de la guerre, levant des contributions, et pillant amis et ennemis. Goettingen, Eimbeck, Halle, Dessau, tombèrent successivement en son pouvoir. Cependant Mansfeld, faisant ressource de tout, traversait la Westphalie avec une armée improvisée, composée d'Allemands, de Français et d'un corps de troupes anglaises que Charles avait enfin envoyé au secours des protestants. Le duc Christian amenait en même temps quelques renforts au roi.

Tandis que ce prince garderait la ligne du Weser pour conserver la basse Saxe, deux corps d'armée devaient opérer une double diversion, le premier dans la Silésie, sous les ordres de Mansfeld; le second dans les évêchés et la Westphalie, sous les ducs de Brunswick et de Weimar. Déjà Mansfeld, après quelques avantages, essayait d'emporter Dessau, lorsque Wallenstein le surprit et remporta sur lui une victoire complète. Avec quelques débris de son armée, le général vaincu se retira dans le Brandebourg; quelques mois après, il menaçait, à la tête d'une nouvelle armée, la capitale de l'Autriche.

Le roi de Danemark obtenait en Westphalie quelques avantages faciles qui l'obligeaient à disséminer ses forces. Tilly, qui attendait l'occasion de frapper un coup décisif, prenait Münden, et forçait le landgrave de Hesse-Cassel à se séparer du parti protestant. Cette défection n'était pas la seule; les ducs de Lunebourg venaient de se déclarer pour l'empereur. Les chefs les plus énergiques avaient succombé ou étaient réduits à l'impuissance (1626); jamais, depuis le commencement de la guerre, la lutte n'avait été si inégale. Cependant la fortune offrit à Christian l'occasion de battre Tilly. Ce général, réduit à une armée bien inférieure à celle du roi, était atteint d'une maladie grave, et attendait avec anxiété un renfort que Wallenstein lui envoyait de la Silésie. Le roi redoutait les affaires décisives; au lieu d'attaquer l'ennemi, il alla lever des contributions jusque sur les frontières de la Thuringe. A son retour, le renfort était arrivé, et Tilly, rétabli, vint le forcer à livrer bataille près du village de Lutter. Le roi montra dans cette journée du courage et de l'habileté. Deux fois il fut sur le point de vaincre; mais sa cavalerie le seconda mal; l'infanterie danoise, après avoir repoussé pendant huit heures tous les efforts d'une armée habituée à vaincre, fut enfin rompue par une charge de cavalerie, sous les ordres du duc George de Lunebourg.

Les Danois, outre un grand nombre de prisonniers, laissèrent sur le champ de bataille 5 à 6,000 morts; échec irréparable, qui porta un coup funeste au parti protestant.

Tilly savait vaincre et profiter de ses avantages; Hoya, Werden, Rotenbourg, Hanovre, lui ouvrirent leurs portes.

Les états de basse Saxe, intimidés par l'ascendant de Tilly, désespéraient de leur cause; le duc de Brunswick se hâta d'obtenir par un accommodement ce qu'il n'espérait plus d'imposer par les armes. Les Danois durent sortir de toutes les places de son duché, à l'exception de Wolfenbüttel. Les villes impériales de Goslar, de Mühlhausen, de Lubeck, les chapitres de Magdebourg et de Halberstadt, les ducs de Saxe-Lauenbourg et de Poméranie, se soumirent et désarmèrent; leur exemple fut bientôt suivi par les ducs de Mecklembourg, de Schwerin et de Gustrow. Mais le roi s'empara des villes qui étaient à sa convenance, et prévint Tilly. L'électeur de Brandebourg, isolé par toutes ces défections, consentit à reconnaître le chef de la ligue catholique comme électeur palatin.

Le roi ne pouvait se dissimuler le danger qui le menaçait; il pensait dès lors lui-même aux moyens de se réconcilier avec Ferdinand; mais, pour obtenir une paix honorable, il levait des troupes dans ses États, et obtenait quelques secours de l'Angleterre et de la France. A l'ouverture de la campagne, son armée était d'environ 40,000 hommes; les forces réunies de Wallenstein et de Tilly doublaient au moins ce nombre, et, sans parler du génie militaire de leurs chefs, elles joignaient à l'avantage d'une organisation mieux entendue celui qui naît de la confiance et de l'ensemble.

Le siége de Nordheim et celui de Wolfenbüttel coûtèrent cher à Tilly; mais la première de ces places le rendit maître du cours de l'Elbe; dès lors l'électeur de Brandebourg n'eut plus qu'à se déclarer pour l'empereur. Wallenstein s'approchait à grandes journées. Le roi en était réduit à défendre ses propres États. Dans cette extrémité, il voulut savoir quelles conditions l'empereur mettrait à la paix. Elles étaient telles, que Christian eût mieux aimé succomber avec honneur que de s'y soumettre. Entre autres exigences moins humiliantes, il devait abandonner à l'empereur le duché de Holstein, la forteresse de Glückstadt, et payer les frais de la guerre.

Bientôt les Impériaux entrèrent dans le Holstein, et Pappenheim mit le siége devant Wolfenbuttel. Les Impériaux ne rencontraient plus de résistance sérieuse; partout où Tilly avait vaincu, Wallenstein amenait ses bandes, comme pour consommer cette œuvre de pillage et de dévastation. Christian ne se trouvait plus en sûreté dans le Jutland; il passa dans l'île de Funen; les places qui tenaient encore pour le roi capitulaient l'une après l'autre. A la suite des engagements partiels qui se succédaient, car la guerre proprement dite pouvait être considérée comme finie, les Impériaux incorporaient dans leur armée les soldats mercenaires du parti vaincu. Ces milices, habituées à se battre pour une paye, ne demandaient pas mieux que de s'attacher aux Impériaux. De tous les secours étrangers qui étaient parvenus au roi, le plus utile fut un corps de 6,000 Anglais et Écossais, à la tête desquels le colonel Morgan défendit le pays de Brême.

Presque tout le nord de l'Allemagne était pacifié ou conquis; mais la retraite de l'armée impériale pouvait tout remettre en question. Le génie de Wallenstein conçut un plan vaste, et qu'il eût probablement exécuté, si une influence d'un ordre plus élevé que la sienne n'était venue donner aux événements une face nouvelle. Il avait eu l'adresse de persuader à Tilly de passer l'Elbe pour observer les mouvements des Hollandais; les troupes qu'il commandait, et dont le réseau enlaçait le Brandebourg, le Mecklembourg, le Holstein et le Sleswig, le mettaient à même de terminer seul la guerre contre le Danemark, gloire qui semblait due à Tilly.

Le système de Wallenstein, *nourrir la guerre par la guerre*, pouvait être justifié par la nécessité, mais seulement dans la période active de la lutte; après la victoire, il était contraire à toute organisation, détruisait les ressources des provinces, et faisait hésiter les vaincus entre les charges de la soumission et les dangers du désespoir. Une autre conséquence de ce système, c'est qu'il rendait le général maître absolu de ses troupes et indépendant du pouvoir qui le faisait agir. Mansfeld et Christian de Brunswick avaient donné ce funeste exemple, et, en principe, l'usage des enrôlements étrangers conduisait fatalement à ce résultat. Mais le pillage et l'oppression organisés militairement et sur une grande échelle, c'est ce qui ne s'était vu que dans les invasions des barbares: protestants et catholiques semblaient renier dans cette lutte impie le génie du christianisme. Quelques années plus tard, la modération de Gustave-Adolphe fut un sujet d'étonnement pour l'Allemagne, et lui soumit peut-être autant de provinces que le glaive.

L'instinct despotique de Ferdinand flottait entre le désir d'écraser toutes les résistances en anéantissant toutes les ressources, et la crainte qu'un homme, habitué à tout oser, ne renversât d'un coup d'épée la couronne des Césars. A vrai dire, Wallenstein régnait dans son camp; il nommait lui-même les officiers et les colonels; prodigue de faveurs et d'argent, renouvelant sans scrupule ses ressources par des impositions arbitraires, il semblait prendre à tâche d'effacer les souverains en magnificence. Il entretenait à grands frais des agents à Vienne pour soutenir son crédit à la cour et ruiner l'influence de ses ennemis. Ferdinand, en nommant Wallenstein duc de Friedland, semble avoir eu le dessein de classer cette ambition extraordinaire. Dans l'intérêt de sa fortune, le général eut tort d'accepter un de ces titres que la guerre donnait et retirait tour à tour. Un duc de Friedland ne représentait qu'un courtisan récompensé; le général Wallenstein était l'expression de toute une époque. La concession du Mecklembourg, qu'il exigea comme compensation et garantie des sommes qu'il avait avancées à l'empereur, était une prétention bien autrement profonde. Placé sur les limites de l'Allemagne, appuyé à la Baltique, il pouvait, selon les circonstances, fonder sa grandeur en Allemagne, ou, si l'empereur lui devenait contraire, donner la main à la Suède et au Danemark, et renverser tout l'édifice de l'Allemagne catholique. Cet homme, si magnifiquement doué, manquait de foi; la grandeur individuelle est peu de chose lorsqu'elle s'isole dans l'égoïsme ; les hommes s'attachent à la prospérité ; mais le dévouement et les sacrifices ne suivent que les nobles infortunes.

La possession de Stralsund était nécessaire au duc de Friedland. Ce port pouvait protéger la marine qu'il méditait de fonder sur la Baltique ; mais les magistrats refusèrent avec fermeté de livrer la ville, et même d'accorder un libre passage aux Impériaux. Christian encouragea cette résistance par des secours en hommes et en vaisseaux. Gustave n'était pas moins intéressé à faire respecter la neutralité de Stralsund. Une place de commerce devenait le nœud qui rattachait à la cause protestante le plus noble et le plus dangereux adversaire du catholicisme et de l'ambition de la maison d'Autriche.

Wallenstein considérait ce refus comme un affront. Sans marine pour faire le blocus d'un port fortifié, il s'irrita de l'obstacle, et fit dire aux assiégés qu'il prendrait leur ville, *fût-elle suspendue au ciel par des chaînes de fer*. Stralsund résista, et 12,000 Impériaux tombèrent devant ses murailles. Ferdinand avait désapprouvé l'opiniâtreté de son général ; mais Wallenstein, qui savait que le caractère de l'empereur était inflexible comme le principe catholique lui-même, couvrit sa désobéissance d'un voile spécieux : il lui représenta que l'armée chargée de faire triompher les intérêts de l'Église ne pouvait rétrograder sans porter un grave préjudice à la cause. Jamais, dans un acte si voisin de la révolte ouverte, on ne s'était montré courtisan plus délié.

Christian, soit impossibilité de secourir de nouveau Stralsund, soit plutôt que les avances du duc de Mecklembourg lui eussent donné l'espoir de conclure une paix honorable, se retirait de la lutte ; et, en effet, il obtint des conditions inespérées. Le guerrier qui dépossédait les anciens ducs de Mecklembourg recevait en même temps la dignité de grand amiral de la Baltique. Or, le grand amiral n'avait pas de flotte, et les tentatives qu'il avait faites pour détruire la marine du Danemark avaient tourné à sa confusion. A l'instant où un nouvel ennemi se montrait, il fallait donc désintéresser Christian, établir avec ce prince des rapports de bon voisinage ; une fois que les ressources maritimes de son allié auraient permis à Wallenstein de prendre les Suédois corps à corps, les trois couronnes royales du Nord n'eussent été bientôt que les vassales de la couronne ducale. Christian connaissait le côté faible du vainqueur ; chaque jour Wallenstein pouvait se convaincre qu'on n'improvise point une marine. Les paysans des côtes, la population des îles se soulevaient contre les Impériaux ; se confiant à leurs mers natales, ils interceptaient les convois, et ces succès ranimaient leur confiance et leur espoir. Quelques faits d'armes témoignaient que le roi de Danemark pouvait encore être redoutable. Dans la province d'Angelen, ancienne patrie des Angles, les Impériaux avaient été massacrés ; une escadre danoise avait jeté du secours dans Glückstadt et dans Krempe. Cette dernière place se rendit après sept mois de siége ; mais Glückstadt tint jusqu'à la paix, et plus d'une fois les sorties des assiégés furent fatales aux Impériaux. La ville de Stade, vigoureusement défendue par Morgan et ses Écossais, tint longtemps les Autrichiens en échec ; elle ne capitula qu'à la dernière extrémité et à des conditions acceptables.

Le roi de Suède, quelque temps

avant de secourir Stralsund, avait conclu le traité de Copenhague (1628). Christian et ce prince s'engageaient à défendre réciproquement leurs États et à maintenir la liberté de la Baltique. Gustave, occupé de la guerre de Pologne, payait d'ailleurs sa dette à la cause protestante en combattant Sigismond.

L'Allemagne était couverte de sang et de ruines; la paix apparaissait à tous comme une nécessité. Déjà des indices d'un rapprochement avaient trahi la lassitude des parties belligérantes; Ferdinand, occupé des troubles qu'occasionnait en Italie la succession de Mantoue, semblait disposé à négocier; le duc de Holstein-Gottorp avait proposé sa médiation; mais le roi ne l'avait acceptée qu'avec répugnance. Le sénat danois prit sur lui de demander la paix à l'empereur; à la suite de cette démarche, Wallenstein et Tilly reçurent des pleins pouvoirs pour traiter. Ce ne fut que lorsque les Impériaux eurent levé le siége de Stralsund que les négociations furent renouées sérieusement. Après quelques difficultés de formes, on débattit les articles du traité de Lubeck. De part et d'autre, les prétentions parurent si exagérées, que les conférences demeurèrent suspendues. Christian, impatient de ces lenteurs, et blessé de l'orgueil de Wallenstein, attaqua les Impériaux dans le Sleswig et le Holstein, les défit et assiégea Gottorp. Dès l'ouverture du congrès, les envoyés suédois qui s'étaient présentés pour participer au congrès, furent éconduits de la manière la plus blessante. La suite prouva que ce manque d'égards était une haute imprudence. On a reproché à Christian d'avoir manqué au traité de Copenhague en n'insistant pas sur la participation de la Suède dans un traité qui regardait spécialement le Nord. On serait tout aussi fondé à demander pourquoi Gustave-Adolphe ne secourut son allié qu'indirectement, et lorsque la Suède fut sérieusement menacée.

Quand les traités ne sont basés que sur des convenances, la nécessité, qui est le dernier terme des convenances, les modifie ou les annule. Au reste, il paraît que les deux monarques, dans une entrevue qu'ils eurent à Markeröd, immédiatement après l'affront fait aux envoyés suédois, se donnèrent des explications satisfaisantes, et que les marques d'estime qu'ils se témoignèrent ne furent pas sans influence sur les conclusions de la paix de Lubeck. Ce traité portait en substance :

Qu'il y aurait à l'avenir une paix sincère entre l'empereur et le roi de Danemark;

Que le roi ne s'immiscerait dorénavant dans les affaires de l'Empire que comme duc de Holstein;

Qu'il renoncerait pour lui et ses fils à toute prétention sur les archevêchés et évêchés de l'Empire;

Que, de son côté, l'empereur ne se mêlerait sous aucun prétexte des affaires du Danemark;

Qu'on s'en remettrait à des arbitres pour la solution des différends qui pourraient s'élever;

Que ni l'Empire ni le Danemark ne pourraient émettre aucune prétention de dédommagement pour les frais de la guerre;

Que l'empereur restituerait au roi de Danemark toutes ses conquêtes, ne réservant que ses droits sur les provinces qui sont des fiefs de l'Empire;

Que les prisonniers seraient rendus sans rançon;

Que l'on réserverait une place dans le présent traité aux couronnes d'Espagne et de Pologne, à l'infante des Pays-Bas, à tous les États de la maison d'Autriche, à l'électeur de Bavière et à tous les autres électeurs ou États de l'Empire, de même qu'aux couronnes de France, de la Grande-Bretagne et de Suède, et aux états généraux des Provinces-Unies, afin que ces puissances fussent comprises dans le traité, si elles le désiraient.

Par un article spécial, le roi de Danemark s'engageait à restituer au duc de Holstein-Gottorp toutes les places et dépendances que la guerre avait mises en son pouvoir, et à n'exercer aucune vengeance contre aucun État de l'Empire, à l'occasion de griefs antérieurs à la conclusion du traité de Lubeck.

Cette clause explique, par les précautions du duc de Holstein-Gottorp, sa participation aux hostilités récemment dirigées contre le chef de sa maison.

Le roi n'était pas en position d'obtenir des conditions favorables pour l'électeur palatin; cependant, pour ne point paraître avoir négligé le point qui était comme le nœud de la guerre, il obtint qu'il en serait fait mention, mais en termes généraux, qui laissaient à l'empereur une entière liberté d'action. Quant aux dûcs de Mecklembourg, la question intéressait trop directement Wallenstein pour qu'il fût possible d'aborder ce point sans rompre les négociations.

Loin d'adresser des reproches à Christian, il faudrait au contraire lui faire un mérite d'avoir réparé par quelques traits de plume des désastres qui l'avaient mis à deux doigts de sa ruine, s'il n'était évident qu'il dut tous ses avantages à un concours de circonstances presque toutes indépendantes de sa volonté.

Quelques historiens ont avancé que Christian était un grand capitaine, mais que la fortune lui avait manqué. Il aimait la guerre, et la connaissait; mais dans le siècle des Tilly, des Wallenstein, des Pappenheim, des Gustave-Adolphe, des Bernhard de Weimar, des Mansfeld, la capacité s'effaçait devant le génie.

Ferdinand aurait pu profiter de la paix de Lubeck pour faire à l'Allemagne protestante quelques concessions; la guerre qu'il soutenait en Italie lui était onéreuse; le repos était une nécessité pour les deux partis. D'un autre côté, la paix, telle qu'elle eût pu sortir des circonstances, n'aurait eu que le caractère d'une trêve : la diplomatie peut régler les intérêts qui découlent des principes; son action s'arrête sur les principes eux-mêmes. La ligue insistait plus que jamais sur la restitution des biens du clergé; l'empereur nomma des commissaires pour exécuter cette mesure impolitique. Un tel abus de pouvoir effraya jusqu'aux électeurs catholiques : la ruine des constitutions germaniques était imminente. Ferdinand recula devant ce mécontentement général; les intrigues de Richelieu l'amenèrent à ôter le commandement à Wallenstein, à qui l'Allemagne attribuait l'épuisement de ses ressources, et qu'elle redoutait comme l'instrument fatal de la tyrannie. Un moine, le père Joseph, formé à l'école du cardinal, obtint ce succès; ce qui fit dire depuis à l'empereur : *Ce moine m'a désarmé avec son rosaire; il a trouvé moyen de faire entrer dans son capuchon six couronnes d'électeur.* En apprenant sa destitution, le duc de Friedland s'était écrié : « L'empereur est trahi, mais je lui pardonne. » Il rentra dans la vie privée avec une soumission apparente, et il y étala un luxe qui donnait la mesure de son ambition. L'armée semblait avoir été frappée dans la personne de son chef. « L'empereur, disaient les soldats, vient de destituer la victoire. »

Tilly passa du service de la ligue à celui de Ferdinand, et remplaça Wallenstein comme généralissime. Les forces disponibles du parti catholique entretenaient la sécurité de la cour de Vienne. On se flattait qu'un pays comme la Suède aurait bientôt épuisé ses ressources dans une lutte si inégale, et que les états refuseraient des subsides. Malgré tout le génie de Gustave-Adolphe, il est probable que si la guerre eût été transportée dans son royaume, il n'eût point trouvé dans un système défensif ces inspirations soudaines qui ont fait sa gloire. Il écrivait lui-même à son chancelier Axel Oxenstierna : *Les Suédois ne sont jamais plus faibles que lorsqu'on les attaque chez eux.* En apprenant que Gustave s'était déclaré contre l'Empire, Ferdinand s'était contenté de dire : « Nous avons un petit ennemi de plus. » Certes, le roi de Suède avait de graves motifs de mécontentement contre Ferdinand. Ce prince avait donné des secours à Sigismond;

les envoyés de Gustave avaient été insultés à la face de l'Europe au congrès de Lubeck ; cependant le projet d'entrer en lice contre le souverain le plus puissant de l'Europe était dans Gustave-Adolphe une résolution qui ne faisait pas moins d'honneur à sa haute raison qu'à son courage. Le triomphe du catholicisme allait entraîner la ruine des libertés dans toute l'Europe. Il devait donc compter non-seulement sur les sympathies des princes protestants, mais sur une coopération sérieuse. Charnassé, l'envoyé français, était parvenu à faire signer au roi de Pologne une trêve de six ans ; c'était un gage donné à la Suède par la politique de Richelieu ; mais jusqu'à quel point le cardinal protégerait-il les armes d'un roi zélé luthérien ? Gustave-Adolphe avait pénétré les vues de ce grand homme d'État, qui poursuivait l'agrandissement de la France à la faveur de l'équilibre des forces belligérantes. Les vues du cardinal étaient surtout alarmantes pour la maison d'Autriche ; d'un autre côté, c'était beaucoup, dans l'état désespéré où se trouvaient les protestants, que de leur assurer simplement le droit d'exister. La raison d'État suffisait donc pour déterminer Gustave-Adolphe ; mais ce qui donne à sa résolution un caractère plus élevé, c'est l'inspiration religieuse qui la domine ; c'est le pressentiment qu'il tombera au sein même de son triomphe.

Il n'entre pas dans notre cadre de retracer toutes les phases de cette période de la guerre de Trente Ans ; mais l'histoire de cette grande lutte est à cette époque celle de tous les États de l'Europe ; elle se lie d'une manière si intime aux destinées du Danemark, que nous ne pourrions en omettre les circonstances principales sans nuire à l'intelligence de notre sujet.

En effet, quelle que pût être l'issue de la guerre, l'indépendance du Danemark était menacée. Ferdinand, vainqueur, n'eût pas été arrêté par la paix de Lubeck ; Gustave, dictant des conditions à l'Allemagne, et devenu maître de la Baltique, était peut-être plus dangereux encore. Une seule chance était favorable à la politique danoise ; c'était celle où, la victoire restant indécise, ni l'Empire ni la Suède n'auraient eu le loisir de s'occuper des intérêts neutres. Par bonheur pour Christian, le cardinal de Richelieu tendait à ce dernier résultat.

Gustave-Adolphe venait de débarquer en Poméranie ; le duc Bogislas lui ouvrit, quoique à regret, les portes de Stettin. Cette nouvelle fit peu d'impression à Vienne. *Ce roi de neige*, disaient les Allemands, *ne peut manquer de fondre à notre température*. Gustave-Adolphe, auquel on affectait de refuser le titre de roi, répondit à ces sarcasmes par des victoires. Après avoir ruiné l'armée de Torquato Conti, et menacé le Brandebourg, il acheva la conquête de la Poméranie, où Tilly n'osa attaquer son camp. La prise de Francfort-sur-l'Oder par le héros suédois donna une haute idée de ses conceptions stratégiques. L'électeur de Saxe, Jean-George, crut l'occasion favorable pour faire révoquer l'édit de restitution ; il convoqua à cet effet les princes protestants à Leipzig, où ils prirent la résolution d'appuyer leur réclamation par les armes. Peu de temps après, le traité de Berwald établit les conditions d'une alliance entre la France et la Suède ; les concessions de Gustave-Adolphe à la politique de Richelieu le désignèrent dès lors comme le chef réel de l'union, quoique la vanité et la crainte empêchassent encore les princes protestants de le reconnaître comme tel. Les généraux de l'empereur étaient pressés de frapper les esprits par quelque grand succès. Le sac de Magdebourg, où la férocité des Impériaux se surpassa elle-même, fit ressortir avec un éclat plus pur la justice et la modération des armées suédoises. Tandis que Gustave-Adolphe, après avoir triomphé des répugnances de l'électeur de Brandebourg, sollicitait vainement l'electeur de Saxe de lui livrer un passage dans ses États pour voler au secours de Magdebourg, il apprit le désastre de cette ville. Les princes protestants, frappés de terreur, renonçaient l'un après l'autre au pacte de Leipzig; mais le landgrave de Hesse-Cassel résista avec fermeté, et conclut une alliance offensive et défensive avec Gustave. L'arrogance de Tilly força bientôt l'électeur de Saxe à se jeter dans les bras du roi. Le feld-maréchal marcha sur Leipzig, et s'en empara; les Saxons, réunis aux Suédois, s'avancèrent contre les Impériaux, et leur livrèrent la bataille de Leipzig, qui flétrit la gloire de Tilly, et mit le comble à celle de Gustave-Adolphe.

Le roi de Suède aurait pu marcher sur Vienne, et dicter la paix au centre même de la puissance autrichienne; il aima mieux attaquer et affaiblir l'un après l'autre tous les États de la ligue; il se porta d'abord sur la Franconie, abandonnant à l'électeur la tâche facile de défendre la Saxe.

Il ne faut point perdre de vue que la guerre de Trente Ans était surtout une lutte d'influences politiques; ce caractère lui est tellement propre, que le système d'équilibre en est sorti savamment et péniblement élaboré dans les traités d'Osnabrück et de Munster. C'est pour cette raison qu'on voit si souvent à cette époque la victoire amener des défections, tandis que les défaites resserrent et sanctionnent les alliances. Ces dispositions étaient particulièrement sensibles dans la conduite des puissances de premier ordre; toutes espéraient s'attribuer les principaux avantages que la guerre accorderait à leur parti, tandis que les petits princes, plus préoccupés de la crainte de perdre que du désir d'acquérir, s'attachaient à la fortune du roi de Suède avec une confiance que justifiaient d'ailleurs sa justice et sa modération. Quand le sort des armes était décidément contraire à la cause des protestants, les petits princes cédaient les premiers, et trouvaient une excuse dans leur impuissance; quant aux grands électeurs, ils se montraient alors d'autant moins disposés à traiter, que leurs prétentions étaient plus élevées. L'influence du roi de Suède, au milieu de tant d'intérêts divers, était facilement admise en ce qui concernait les intérêts purement allemands; elle se heurtait à chaque pas contre des prétentions de toute sorte, dès qu'elle apparaissait comme représentant des intérêts politiques séparés, fût-ce dans la mesure légitime des succès et des sacrifices. Le génie de Gustave domina toutes ces fluctuations, non-seulement parce qu'il fut le premier capitaine de son siècle, mais parce qu'il était au-dessus de ses ennemis et de ses alliés par la moralité et la religiosité d'un principe dont il se considérait comme l'instrument providentiel. Bientôt le Palatinat est affranchi; Mayence, Wurtzbourg, Bamberg, s'étonnent de la modération du héros luthérien, qui entre en vainqueur dans la capitale de l'électeur de Bavière.

Gustave-Adolphe triomphe sur tous les points. Un danger commun révèle tout ce qu'il y a de factice dans l'alliance du Saint-Siége et de l'Empire. Ferdinand implore le pape, et n'en obtient que des processions et des messes. Les catholiques cherchent un homme capable de balancer la fortune prodigieuse du roi de Suède; enfin, l'orgueil s'humilie devant la nécessité, Wallenstein est réintégré dans le commandement; mais les conditions qu'il impose, et que Ferdinand est réduit à accepter, semblent être une menace plutôt qu'un appui.

Christian suivait d'un œil inquiet la marche des événements. En voyant la Suède entrer en lutte, il s'était flatté que Gustave et l'empereur s'affaibliraient mutuellement, et que la neutralité du Danemark, en lui permettant de réparer ses désastres, lui assurerait quelques avantages à la conclusion de la paix. En effet, sa coopération armée en faveur de l'un ou de l'autre des deux partis eût été décisive; mais il craignait l'ascendant de la Suède encore plus que le triomphe de l'Autriche; il se réglait donc, mais avec une réserve circonspecte, sur la ligne politique de la France; car s'il se rapprochait de Richelieu quant au système d'équilibre, il s'éloignait du cardinal en ce que Gustave, par cela seul qu'il contre-balançait la puissance de l'Autriche, ne pouvait se maintenir dans cette position sans prendre pied dans le nord de l'Allemagne, au grand détriment de l'influence et des intérêts danois.

Richelieu trouvait aussi que le héros du Nord allait trop vite; il s'était engagé, par un traité latéral avec Maximilien, à lui conserver le Palatinat, même contre le vœu de l'Autriche. L'électeur de Bavière voulait que cette garantie s'étendît à la Suède; prétention qui échoua devant la fermeté de Gustave-Adolphe, malgré toutes les intrigues de la France.

La défaite et la mort de Tilly ouvrirent au roi de Suède la capitale de la Bavière. L'électeur, renfermé dans Ratisbonne, attendait son salut de ce même Wallenstein, dont il avait naguère provoqué la destitution. D'un autre côté, l'électeur de Saxe chassait devant lui les Impériaux, et entrait vainqueur dans Prague. Wallenstein avait frappé l'Allemagne de son glaive, et il en était sorti une armée; mais on eût dit que son génie perdait de sa force à mesure qu'il s'isolait dans des vues de grandeur personnelle. Préférant tout à l'inaction, il avait essayé d'amener Gustave-Adolphe à épouser son ressentiment contre l'empereur; le roi avait résisté, soit qu'il doutât de la sincérité de cette offre, soit qu'il jugeât également impossible de commander ou d'obéir à un tel homme. Wallenstein s'était tourné vers l'électeur de Saxe, dans la certitude qu'avec cet appui il tiendrait en respect et l'empereur et les Suédois. L'inaction du duc de Friedland ne peut s'expliquer que par l'excès de son ambition. Après avoir paralysé les mouvements de Jean-George, il se porta vers la Saxe pour forcer l'électeur de se mettre à sa merci, et il semblait jouir de l'inquiétude de Maximilien, qui ne cessait d'implorer le secours de Ferdinand et celui du nouveau généralissime. Enfin, la jonction des troupes impériales avec l'armée bavaroise eut lieu à Égra, après que l'électeur eut consenti à faire publiquement l'aveu de ses torts et à reconnaître l'autorité suprême de Wallenstein.

La position de Gustave était devenue critique; il appela de tous côtés des renforts et se jeta dans Nuremberg. Les armées restèrent longtemps en présence, Wallenstein refusant de livrer une bataille décisive, et Gustave faisant des efforts inutiles pour forcer le camp retranché de l'ennemi. Les deux armées, décimées par les maladies contagieuses, s'éloignèrent; celle de Wallenstein prit la route de la Saxe, tandis que Gustave dirigea une partie de ses forces sur la Bavière, et l'autre sur la Franconie.

Le roi ne comptait que faiblement sur la fidélité de Jean-George. Il connaissait la jalousie de ce prince, et sa vénération instinctive pour la personne de l'empereur. La ruine de la Saxe, arrêtée systématiquement dans les plans de Wallenstein, pouvait offrir à l'électeur un motif plausible de défection. Gustave-Adolphe résolut de prévenir ce danger; au lieu d'achever la conquête de la Bavière, il se porta au secours d'un allié douteux. Cette détermination amena la bataille de Lützen, où le héros suédois perdit la vie, sans avoir eu la dernière satisfaction de contempler le triomphe des siens. Longtemps encore après lui, dura l'impulsion qu'il avait donnée aux affaires de l'Europe; il y eut de beaux faits d'armes, de nobles dévouements; mais tout se réduisit à une lutte d'intérêts et de prépondérance. Dieu, en frappant Gustave-Adolphe avant peut-être que l'ambition eût terni sa gloire, donnait aux princes rivaux le plus grave des enseignements. Il mit les lauriers de Lützen sur une tombe, comme pour montrer à tous le néant des grandeurs de l'humanité, et pour dompter les passions âpres de l'époque par l'exemple de cette mort illustre.

Tandis que les grandes questions européennes se débattaient en Allemagne, Christian conservait sa neutralité, et ne négligeait rien pour la rendre respectable. Ses démêlés avec Hambourg, au sujet de la ville de Gluckstadt, qui commandait le cours de l'Elbe, lui fournirent l'occasion d'armer ses flottes; l'établissement de la ville de Christianprüs dans le golfe de Kiel avait donné de l'ombrage au duc de Holstein-Gottorp, et le roi avait saisi ce prétexte pour tenir prêt à tout événement un corps de troupes dans ses États de Holstein. Ces armements avaient alarmé l'empereur et Gustave-Adolphe; l'un et l'autre avaient inutilement tenté de faire décider Christian en leur faveur. Le roi, en résistant à ces offres, avait offert sa médiation; mais le roi de Suède déclina constamment cette proposition. Après la journée de Lützen, le cabinet de Copenhague renouvela les négociations; l'issue des conférences de Breslau prouva que la question était loin d'être mûre pour un résultat pacifique.

Les intérêts suédois étaient soutenus en Allemagne par Axel-Oxenstierna, l'ami et le confident de Gustave-Adolphe. Ce grand homme d'État, pour reconnaître les dispositions et les forces du parti protestant, venait de réunir le congrès de Heilbronn. Christian, comme membre du cercle de basse Saxe, fut invité à s'y faire représenter, ainsi que le duc de Holstein-Gottorp; mais ils refusèrent l'un et l'autre, et cette communauté d'intérêts les rapprocha momentanément. L'assemblée de Francfort eut lieu également sans que le Danemark y prît aucune part; elle se sépara sous l'influence du désastre de Nordlingen, qui mit les Suédois à deux doigts de leur perte (1634).

Ce fut dans ces circonstances que l'archevêché de Brême passa au prince Frédéric, fils de Christian, malgré la volonté de l'empereur, que la défection de l'électeur de Saxe et l'affaiblissement des Suédois rendaient plus exigeant que jamais. Le prince Ulric était mort, depuis quelques années, au service de l'électeur de Saxe; un coup de feu, parti d'une main inconnue, avait terminé une carrière qui s'ouvrait avec honneur et éclat; son frère aîné, Christian, épousa (1635) Madeleine Sybille, fille de Jean-George. Les fêtes qui eurent lieu à cette occasion furent célébrées avec une grande pompe, et l'inutilité de ces dépenses fut rendue encore plus sensible par les désastres que causèrent dans la même année, dans le Jutland et sur les bords de l'Elbe, des inondations extraordinaires. On assure que l'île de Nostrand fut momentanément submergée.

La paix de Prague avait nettement dessiné la situation du parti protestant; les alliés tièdes ou douteux étaient passés à l'empereur; mais de grands capitaines s'étaient formés à l'école de Gustave-Adolphe, et Oxenstierna, génie à la fois profond et souple, suffisait à tout. La France s'était enfin déclarée contre l'Autriche, et Baner réparait, à force de victoires, la défaite de Nordlingen.

Depuis que le meurtre de Wallenstein avait révélé les perplexités de l'empereur et les projets hardis de l'aventurier qui avait imposé à l'Allemagne une dictature militaire, le roi de Hongrie, Ferdinand, dont Gallas était le conseil, balança la fortune de la Suède. Moins exclusif que son père, il jugeait plus sainement les tendances et les besoins réels de cette époque si agitée; et, comme tous les hommes d'action, il apportait dans l'exercice du commandement et le maniement des affaires cette force d'initiative et cette confiance qui sont rarement le partage des esprits spéculatifs. Il avait débuté par la prise de Ratisbonne, que suivit bientôt la journée de Nordlingen. C'en était fait peut-être de la cause protestante, si la France n'eût jeté son épée dans la balance. Dès lors tout changea de face, et l'on put prévoir, en suivant pas à pas la politique de Richelieu, qu'une transaction religieuse et politique serait arrachée à la lassitude des partis. La paix de Prague semblait un acheminement vers une pacification définitive; mais les prétentions de l'empereur et celles de l'électeur, qui ne statuaient rien d'acceptable sur l'édit de restitution, non plus que sur les intérêts du duc Bernhard de Weimar et des Suédois, ressemblaient moins à une transaction entre deux puissances égales qu'à des conditions imposées par un parti victorieux. La bataille de Wittstock prouva aux Saxons et aux Impériaux qu'un traité n'a de force qu'autant qu'il concilie des intérêts dont la légitimité peut encore s'appuyer sur les armes. Qu'était-ce qu'une indemnité de deux millions de florins, comptés sur ce sol protestant encore teint du sang de Gustave-Adolphe?

Le duc de Saxe-Weimar, isolé dans le conflit de tant d'exigences rivales, résolut de tracer sa part avec son glaive. Richelieu ne voyait en lui qu'un instrument; mais le duc, après avoir conquis l'Alsace avec une armée à la solde de la France, se préparait à secouer un joug qui pesait à son courage, lorsqu'une épidémie l'enleva au milieu de ses projets ambitieux.

La mort de Ferdinand II, remplacé sur le trône impérial par le roi de Hongrie, ne pouvait changer d'une manière sensible les vues du cabinet de Vienne. Si le présent tient au passé par mille liens intimes, il le modifie sans cesse. Depuis l'avénement de Ferdinand III, le principe religieux, si souvent compromis par la puissance des faits, tend moins à s'étendre qu'à se conserver; des intérêts appréciables dominent plus franchement la scène politique, et les symboles de foi se glissent timidement à la suite des questions matérielles.

L'intervention de la France, qui sacrifiait ses sympathies catholiques à la crainte que lui inspirait la maison d'Autriche, contribua surtout à donner aux faits subséquents le caractère politique.

Tantôt défait, plus souvent vainqueur, Baner soutenait l'honneur des armes suédoises. Plus d'une fois, à l'instant même où on le croyait perdu, on l'avait vu reprendre tous ses avantages. C'est ainsi qu'après avoir échoué en Bohême, il parut tout à coup, et au milieu de l'hiver, devant Ratisbonne, et jeta la consternation parmi les membres de la diète. Un dégel inattendu sauva la ville et peut-être l'empereur (1641).

L'activité de cette époque dévorait les hommes: Baner meurt à Halberstadt; mais Torstenson le remplace. Après avoir fait trembler la capitale de l'Autriche, il bat l'archiduc et Piccolomini à Leipzig; bientôt il remonte vers l'Oder, reparaît en Moravie, délivre Olmütz, et attend vainement dans la Thuringe les secours promis par Guébriant. Une nouvelle gloire, le duc d'Enghien, se levait sur le théâtre de la guerre; mais l'homme de génie qui avait appuyé la France à la frontière du Rhin, Richelieu, venait de descendre dans la tombe, et, l'année suivante (1643), Louis XIII le suivait, laissant le trône à un enfant de cinq ans. Le génie délié de Mazarin suffit aux exigences de cette position difficile.

Les succès de Condé et de Turenne effacèrent bientôt le désastre de Tuttlingen, où l'armée française, surprise dans ses quartiers d'hiver par les Impériaux réunis aux Bavarois, fut défaite sans combattre.

La conduite du roi de Danemark, durant ces événements, révélait des intentions hostiles à la Suède. La régence de Suède, menacée dans ses intérêts commerciaux, s'était rapprochée des Hollandais, qui souffraient également de l'exagération des droits du Sund. Christian IV, pour détourner le péril, consentit à quelques réductions, mais sans en transporter le bénéfice à la Suède. La fuite de la reine douairière Éléonore, veuve de Gustave-Adolphe, ne pouvait qu'augmenter la mésintelligence qui existait entre les Danois et les Suédois. Cette princesse, d'un esprit faible, et dont la douleur avait pris un caractère d'exaltation, s'était réfugiée dans l'île de Falster (1640).

Gustave-Adolphe et Oxenstierna avaient prévu que la guerre d'Allemagne amènerait tôt ou tard une rupture avec le Danemark. En effet, la saine politique ne permettait pas à Christian de laisser les Suédois s'établir au nord de l'Allemagne, et, dans le cas où la fortune se serait déclarée contre eux, il ne devait pas laisser échapper l'occasion de réduire à l'impuissance un rival toujours menaçant.

Ces dispositions hostiles du Danemark se trahissaient par un ensemble de mesures dont la portée ne pouvait échapper à la sollicitude ombrageuse de la régence. Christian avait constamment montré une certaine prédilection pour l'Espagne, dont l'alliance lui paraissait utile pour contre-balancer l'influence des Hollandais. Il avait envoyé son fils naturel Guldenlöw près du cardinal infant, qui le prit à son service, et pour lequel on fit ostensiblement quelques levées à Hambourg et dans le Holstein; une ambassade danoise, envoyée depuis à Madrid, préoccupait également les Suédois; enfin, le système de neutralité armée que Christian conseillait aux États du cercle de la basse Saxe, était une preuve non équivoque de la partialité que cachait le roi sous le manteau du médiateur.

Malgré ces avances, l'empereur essayait de soustraire Hambourg à la domination danoise, en accordant à cette ville le titre et les droits de ville impériale, et en contestant au roi et au duc de Holstein-Gottorp la part d'héritage qui leur était dévolue après la mort du dernier comte de Schauenbourg. Le roi et le duc ne s'en mirent pas moins en possession de ces domaines. Les villes d'Altona, Uttersen et Sumaberg, échurent à Christian, qui partagea en outre avec le duc un droit de péage à Hambourg et l'hôtel de Schauenbourg.

Sous le prétexte de s'opposer aux prétentions des Hambourgeois, Christian, tirant avantage de ses nouvelles possessions, avait fait des armements assez considérables sur les bords de l'Elbe. Dans cette attitude menaçante, il attendait l'issue des conférences de Munster et d'Osnabrück, dont l'activité ou les retards étaient une image fidèle des vicissitudes de la guerre.

La régence de Suède jugea qu'il était temps d'agir; mais elle mit dans ses mesures autant de secret que de vigueur.

Christian était loin de soupçonner le danger qui le menaçait. Il avait marié le second de ses fils, Frédéric, archevêque de Brême, à la princesse Sophie-Amélie de Brunswick-Lunébourg. Quant aux filles de son second mariage, il les avait établies en Danemark.

Nous empruntons à l'histoire de Geïer la lettre suivante, dans laquelle Oxenstierna explique les motifs et le plan de la guerre contre Christian :

« Il faut que nous vous fassions connaître notre position et les intrigues de nos voisins, qui sont de nature à nous obliger de changer nos plans. Nous avons souvent remarqué que le Danemark, pendant la guerre d'Allemagne, avait toujours l'œil fixé sur les événements, dans l'espoir que, si nos succès se changeaient en revers, il en profiterait pour pénétrer dans nos provinces, et nous dicter des lois. Aujourd'hui que vos victoires et celles de Baner ont réduit l'empereur à la défensive, ce prince cherche à s'appuyer sur la Pologne; en même temps il excite le Danemark à la guerre; ce qui est d'autant plus à craindre, que cette puissance n'attend qu'une occasion pour rompre avec nous. La Pologne et le Danemark ne cachent point des intentions hostiles; maintenant qu'on est d'accord sur les préliminaires de la paix, et que le prétendu médiateur devrait hâter la conclusion, il fait des préparatifs sur terre et sur mer, et assemble des troupes, non, comme il le prétend, pour tenir en respect Hambourg, mais pour nous intimider ou pour opérer une intervention armée. Il est question que l'archevêque de Brême et le duc d'Oldenbourg doivent réunir leurs forces aux siennes, ainsi que le duc de Brunswick-Lunébourg. Cologne et plusieurs États catholiques doivent entrer dans cette intrigue pour former dans l'Empire un troisième parti, qu'on nous annonçait depuis longtemps. Ce qu'il y a de positif, c'est que ces armements danois ont pour but de gêner le succès de nos armes, et d'arrêter nos conquêtes en Allemagne; après quoi, l'on nous attaquera cette année ou l'année prochaine. C'est le Danemark qui intrigue contre nous en Pologne, par l'entremise de Baudissen et d'autres, pour arriver à une alliance compacte, peut-être à une puissante diversion. Baudissen a été envoyé de Pologne en Danemark; il était chargé, non-seulement des pleins pouvoirs du roi, mais encore de ceux des sénateurs. On négocie avec la Russie le mariage du comte Valdemar, fils du roi de Danemark, et de la fille du tsar (Michel Féodorovitch), pour nous susciter un ennemi de plus. On montre déjà des dispositions moins amicales, et l'on refuse de changer notre résident. Ce n'est pas tout: le Danemark entrave la navigation du Sund; il a confisqué six ou sept navires suédois. Contrairement à nos conventions et à nos priviléges, il prélève des droits sur des denrées qui en sont exemptes, et cela, sans avertissement préalable. Il a établi une croisière devant l'île de Rugen pour assujettir notre commerce maritime à un droit de douane et à une visite déshonorante. Nous trouvons le Danemark non moins hostile envers nous que l'Autriche. Le voisinage et le secret de ses manœuvres le rendent d'autant plus dangereux. Nous avions donc résolu de faire au roi de Danemark nos dernières représentations; mais, comme nous n'attendons de lui aucune réponse favorable, nous pensons qu'il vaut mieux, pendant que nos armes sont victorieuses, l'attaquer dans ses États; ce qui nous oblige à garder nos recrues. Nous vous prions de relever l'état numérique de nos forces en Allemagne en remplissant le cadre ci-joint. Vous nous renverrez autant de vieux militaires qu'il sera possible; ce qui ne vous affaiblira pas, votre plan, dans cette nouvelle combinaison, étant, non de vaincre, mais de ne pas vous laisser entamer, pour aller en automne prendre vos quartiers d'hiver dans le Holstein et le Jutland. Tout cela doit être tenu secret. Tout en ayant l'air de choisir vos cantonnements sur les territoires de Brunswick-Lunébourg et de Lauenbourg, vous pourriez diriger votre marche par Halberstadt, vers le pays de Brunswick, et forcer le duc et l'archevêque de Brême à séparer leurs troupes de celles du Danemark. Pendant votre marche, ou un peu auparavant, vous aurez soin d'envoyer un corps d'armée dans la Poméranie et le Mecklembourg, pour attendre votre arrivée, veiller à la défense des forteresses, et occuper les passages sur l'Elbe. Vous pourrez ensuite faire avancer votre armée entre Hambourg et Lubeck, en vous emparant de toutes les places qui se trouvent sur votre route, et poussant jusqu'au fond du Jutland, et même au delà du détroit de Nedelfort en Fionie, aussi loin enfin que les forces de l'armée vous le permettront. Vous traiterez en ennemi quiconque vous résistera. Vous dissiperez tout rassemblement de troupes danoises ou allemandes. Si le duc de Holstein-Gottorp consent à rester neutre, vous épargnerez son territoire. Disposez les garnisons sur la Baltique, dans le Mecklembourg et en Poméranie, de manière à avoir deux mille bons soldats et quelques centaines de cavaliers. Vous les placerez sous le commandement d'Éric Haussen, à qui vous donnerez l'ordre de rallier tous les vaisseaux qui sont dans les eaux de la Poméranie. Pendant que vous pénétrerez en Holstein, il devra se porter dans la Sélande et les îles. Une pareille attaque jettera la consternation dans le conseil du roi de Danemark, et nous vous donnerons la main de ce côté. Peut-être sera-t-il possible d'enlever Copenhague ou Croneborg. Nous croyons tout cela praticable, 1° parce que l'armée danoise est plus forte sur le papier que sur le terrain ; 2° parce qu'au mois de mai, il a marché contre Hambourg, et que, s'il entre en arrangement, ou il dispersera son armée, ou il la fera camper; alors elle ne tardera pas à être affaiblie par les maladies, et ce ne sera pas de sitôt qu'il pourra relever la tête. Nous espérons, par la promptitude de nos mouvements, l'écraser ou le mettre dans un embarras tel, qu'il aura plus à s'occuper de ses affaires que des nôtres. Je ne prévois que deux obstacles qui puissent empêcher ou retarder l'exécution. Comment pourrez-vous masquer vos opérations assez complétement pour n'être pas poursuivi? et comment garantir les garnisons d'Olmütz, Schweidnitz et autres? Ce qui nous donne aussi à réfléchir, c'est la question de savoir si ces opérations ne nuiront pas à notre guerre d'Allemagne. Sondez Gallas, sous prétexte de l'échange des prisonniers, pour vous assurer si, maintenant que les négociations sont à la paix, il ne serait pas possible de conclure un armistice pour trois semaines, par exemple, jusqu'à ce que vous puissiez connaître l'opinion du ministre français. Si nous n'avons pas d'armistice, nous vous laissons aviser aux moyens de retirer vos garnisons, et d'arranger vos marches. L'ennemi ne vous suivra guère plus loin que Leipzig, parce que cette ville est en votre pouvoir, et que les environs sont ruinés. » (Geïer, chap. XVIII.)

Ces instructions furent plusieurs mois avant de parvenir à Torstenson, et, malgré ce retard, qui paraîtrait si extraordinaire de nos jours, mais qui donne une idée de ce qu'étaient les communications à cette époque (1643-1644), le projet du chancelier réussit dans ce qu'il avait de plus important. Les Danois, surpris et battus sur presque tous les points, se virent contraints de signer une paix désavantageuse.

Par des marches et des contre-marches dont il était impossible de pénétrer le motif, Torstenson s'était joué des Impériaux. Tantôt en Silésie, tantôt se portant rapidement sur l'Elbe, il était partout, et n'était saisissable nulle part. Arrivé à Torgau, il jeta un pont sur l'Elbe, faisant répandre le bruit qu'il voulait pénétrer en Bavière par la Moravie et le haut Palatinat. Puis il disparut tout à coup pour se montrer de nouveau près de Barby, où il semblait tout prêt à passer le fleuve; mais, feignant une seconde fois de renoncer à ce projet, il descendit l'Elbe, à travers mille détours, jusqu'à Havelberg. Là, il déclara à ses soldats qu'il les menait dans le Holstein. Bientôt, toutes les places du Holstein et du Jutland tombèrent au pouvoir des Suédois, qui pénétrèrent en même temps dans la Scanie.

Il serait difficile d'admettre la possibilité d'une série si rapide de victoires, si l'état où se trouvait alors le Danemark n'expliquait les causes de l'infériorité des Danois. L'extrait suivant, emprunté aux observations de Magnus Dureel, résident suédois à Copenhague à l'époque même dont nous retraçons l'histoire, est un document trop précieux pour que nous omettions de le reproduire. Nous l'empruntons à l'historien suédois que nous avons déjà cité :

« Le pouvoir des rois de Danemark est limité; ils ne peuvent invoquer les *jura majestatis* que du consentement du sénat. La noblesse peut l'emporter sur le roi et les autres états, tandis que le peuple, loin d'avoir rien à démêler dans les affaires générales, ne peut même prétendre à voir ses enfants parvenir aux charges publiques et aux dignités; c'est dire assez que la forme du gouvernement danois est aristocratique ou oligarchique. Les fondements de cette constitution appartiennent au règne de Frédéric Ier, qui fut déclaré roi par la noblesse contre le vœu de la bourgeoisie et des paysans, qui étaient du parti de Christian le Tyran. Ces privilèges furent confirmés et étendus sous les règnes de Frédéric II, Christian IV et Frédéric III. Également menaçants pour le pouvoir royal et pour le peuple, il serait difficile aujourd'hui de les restreindre. Les cinquante années du règne de Christian IV en donnent la preuve. Il y est énoncé que le Danemark est et doit rester un royaume électif, comme il l'a été de temps immémorial, et que la Norvége est une province inséparable de la couronne danoise. Les hauts fonctionnaires de l'État sont au nombre de cinq. Les sénateurs sont gouverneurs des provinces et des châteaux qui défendent le pays. Les avantages attachés à ces emplois leur tiennent lieu de traitement. Dès les temps les plus reculés, on a jugé utile d'établir une sorte de vice-royauté pour soutenir l'autorité de la noblesse; telles sont les fonctions du grand maître; il dispose des deniers de l'État, est chef de la maison du roi et de la flotte, avec l'autorité d'un lieutenant général du royaume. Le grand maître est dans l'usage d'employer immédiatement les fonds qui entrent dans le trésor, pour que le roi ne puisse s'en servir dans son propre intérêt: aussi le roi de Danemark a-t-il été obligé de hausser les droits d'Oresund, droits dont il pouvait disposer; il a même essayé d'en établir à Glückstadt sur l'Elbe pour suppléer à l'insuffisance de ses revenus. Il y a un connétable, un chef de l'artillerie et des arsenaux; mais les autres fonctions d'officiers, nécessaires dans une armée bien organisée, n'existent point en Danemark. Quand la guerre éclate, on appelle sous les drapeaux des nobles danois ou des officiers étrangers; mais, comme les rouages de l'État sont très-compliqués, chacun s'occupe surtout et avant tout de ses intérêts. Dans la guerre, les terres de la noblesse danoise sont toujours ravagées, quelle que soit l'issue des hostilités. Christian IV encourut le blâme de la noblesse pour avoir entrepris la guerre sans son assentiment, surtout contre l'empereur, et on lui en attribua le mauvais succès. Il y avait longtemps qu'il était roi; cette considération et son courage imposaient aux sénateurs, qui tous lui étaient dévoués; aussi, sa volonté prévalut-elle souvent. Mais, pour prévenir un trop grand accroissement de pouvoir, la dernière capitulation (sous Frédéric III) interdit au roi d'élever qui bon lui semblerait à la dignité de sénateur; elle prescrit que le sénat, conjointement avec la noblesse de la province à laquelle appartient le sénateur décédé, présentera au roi six nobles sur lesquels il en choisit un. Comme la noblesse règne de fait, que c'est elle qui court les plus grands risques en cas de guerre, et qui a la plus grande part des avantages de la paix, la politique du Danemark est généralement pacifique, et c'est pour ce motif que la noblesse s'oppose à l'organisation d'une armée. Néanmoins, les craintes qu'inspire la puissance de la Suède, et la position menaçante que lui ont acquise ses conquêtes, ont déterminé la noblesse à entretenir une sorte de milice; car elle n'a pas les moyens de former une armée permanente, et son intérêt s'y oppose; elle craindrait que le roi ne gagnât cette armée, et ne s'appuyât sur elle et sur le peuple. Ajoutez à ces motifs que le Danemark n'a point ressenti le besoin d'avoir une armée nationale; le chemin de l'Allemagne, où il a trouvé des enrôlements faciles, lui a été constamment ouvert. La noblesse a peu d'expérience dans la guerre, et peu de Danois ont servi à l'étranger. Quand tout devrait être prêt pour faire face au danger, il y a toujours des rivalités pour savoir à qui sera déféré le commandement.

La milice dans chaque province doit s'exercer sur les places des églises. L'île de Séland fournit 2,000 hommes, le Jutland 4,000, l'île de Fionie 1,000, les petites îles autant, la Norvége 5,400, la Scanie et le Blekingen 2,000, la noblesse 4,000; en tout, 19,400 soldats. La cavalerie, levée par province, présente 7,000 chevaux, y compris l'équipement des cavaliers nobles. Les prévôts et le clergé en arment 2,000.

La grande flotte compte vingt-quatre vaisseaux de haut bord et seize galiotes. La Norvége et le Danemark n'ont pas moins de cent six vaisseaux marchands. Il y a de bons marins.

Les sources des revenus du Danemark sont: 1° le droit de péage du Sund; il varie de temps en temps. Avant la dernière guerre avec la Suède, il s'élevait à cinq ou six cent mille thalers. Après la paix de Brömsebro, il baissa de soixante-dix à quatre-vingt mille thalers ; 2° le droit de douane intérieure, dont les produits seraient considérables, si la noblesse et le clergé n'en étaient exempts, et si la noblesse n'en affranchissait les bourgeois avec lesquels elle est en relation d'affaires. Rien de plus commun que de voir un noble, logé chez un bourgeois, payer son logement en billets de douane ; 3° les impôts et contributions des villes ; 4° les châteaux, les villes et la douane en Norvége ; 5° les châteaux en Danemark ; 6° l'impôt du roi et autres impositions extraordinaires qu'on ne lève qu'exceptionnellement. Terme moyen, ces revenus ne dépassent guère un demi-million d'écus, tandis que les dépenses s'élèvent annuellement à plus de neuf cent mille thalers.

La Norvége a des vallées très-fertiles en céréales et en pâturages ; ses montagnes sont couvertes de chênes, de sapins, de bouleaux et même de hêtres. Les Hollandais y chargent annuellement une centaine de vaisseaux de mâts, de bois de chauffage, de goudron et de merrain. Ce pays possède, en outre, quelques mines, et en exploiterait davantage, si l'intérêt des particuliers ne s'y opposait. La noblesse de Danemark, qui voit d'un œil envieux les revenus que le roi pourrait en tirer, et les propriétaires des mines en exploitation, qui appréhendent que de nouvelles forges ne fassent une concurrence funeste aux anciennes, ont paralysé le développement d'une industrie à laquelle invitait la nature du sol. Pour les mœurs et le caractère, les Norvégiens ressemblent aux Suédois. Comme le gouvernement des provinces et les emplois publics sont presque exclusivement entre les mains des Danois, et que le roi ne visite que rarement ces contrées lointaines, le peuple y est souvent exposé aux vexations et à l'injustice. La noblesse de Norvége est pour ainsi dire éteinte ; à peine en reste-t-il quelques familles qui jouissent d'un certain crédit ; toutefois il faut en excepter celles qui se sont fait naturaliser en Danemark. Mais le peuple norvégien est plein de vigueur et de courage, et montre une grande aptitude pour la marine ; aussi les Hollandais cherchent-ils à attirer des Norvégiens à leur service, et il n'est point de navire hollandais qui n'en ait quelques-uns à son bord.

La Norvége est administrée par un gouverneur général, qui est sénateur danois, et qui réside à Christiania. Annibal Sehested se fit nommer vice-roi, et reçut son fief sans payer une obole à la couronne. Il en tirait un revenu de trente mille écus. Pendant son administration, il fonda des institutions à l'instar de celles de Suède, des colléges, surtout pour la flotte et l'armée, la chancellerie, le trésor et l'administration des mines ; mais, comme ces innovations éloignaient le gouvernement de Norvége de celui du Danemark, tout fut aboli à la mort de Christian IV, et Sehested fut mis en accusation. Il avait épousé une fille de Christian, et il étalait un luxe qui blessait l'orgueil de la noblesse. Il entrait dans la politique de l'aristocratie de ruiner totalement Sehested et les autres gendres du roi, qui s'étaient partagé l'administration : Corfitz Ulfeld, grand maître du Danemark proprement dit, Annibal Pentz et Sehested, gouverneurs ou vice-rois, le premier en Norvége, le second dans le duché de Holstein.

La Scanie et le Blekingen sont les deux provinces les plus riches du royaume de Danemark. Les céréales de toute espèce, le bétail et le poisson, y sont abondants ; on y voit de belles forêts, de riches pâturages, des lacs et de larges rivières. Les habitants, surtout ceux des frontières, se rapprochent de ceux du Småland par le langage et leur esprit belliqueux, et comme ils portent tout le poids des guerres avec la Suède, ils ne désirent rien autant que d'être unis à ce royaume. Les Danois prisent leur bravoure ; ils savent que les soldats de la Scanie et du Blekingen manient mieux les armes, et supportent plus facilement les fatigues d'une campagne que le peuple du Jutland et des îles de Fionie et de Séland. Les habitants de Séland aiment à vivre commodément et dans l'aisance ; ils ne sont point portés pour la guerre, et, comme le peuple danois en général, ils se plaignent du gouvernement et de la noblesse, qui a trop empiété sur les droits des autres classes. On peut en dire autant des petites îles. Le Jutland est, après la Norvége, la province la plus importante du Danemark ; le sol y est fertile, et les eaux poissonneuses. Le travail et l'industrie donnent un nouveau prix à ces richesses naturelles. Les autres provinces, dans les villes comme dans les campagnes, sont remplies d'employés danois venus de Copenhague. Le peuple du Jutland est mécontent de la noblesse, qui le laisse exposé aux invasions de l'ennemi ; car le pays n'est défendu par aucune forteresse. Dans le Holstein, qui est un fief de l'Empire, ainsi que dans le Sleswig, la Ditmarsie et la Stormarie, le pouvoir est exercé alternativement par le roi de Danemark et le duc de Gottorp, chacun pendant une année. Le roi a fait construire la citadelle de Glückstadt pour tenir en respect la ville de Hambourg, qu'il a rendue indépendante du Holstein. Le peuple des duchés est brave, mais il est peu porté pour les Danois. Une grande mésintelligence règne entre la noblesse du Holstein et celle du Danemark, parce que la première ne peut parvenir aux grands emplois du royaume.

La fidélité de la noblesse danoise dépend du maintien des priviléges ; elle ne possède pas de grandes richesses, à l'exception de quelques familles dont les revenus peuvent s'élever à vingt mille écus. Cette modicité dans les fortunes provient de ce qu'on entretient un grand nombre de domestiques inutiles ; en outre, la noblesse déteste la guerre, et regarde comme au-dessous d'elle de se livrer au commerce et à l'industrie. Les fiefs de la couronne, dont dispose le roi, sont donnés aux principaux chefs de la noblesse. Peu d'officiers sont soldés.

Le clergé s'accorde mieux que les autres états avec la noblesse ; il est bien doté, et vit dans l'aisance ; mais les prêtres se plaignent de ne pouvoir prêter leur argent qu'aux nobles, parce que la bourgeoisie est pauvre : partout elle trouve les nobles sur son chemin, ce qui arrête le développement du commerce et de l'industrie. La prospérité de la capitale ne résulte pas des opérations commerciales, mais des revenus de la douane d'Oresund ; le bien-être de Copenhague suit les mouvements de hausse ou de baisse des tarifs.

Les paysans ne jouissent d'aucune considération en Danemark ; ne connaissant point de condition meilleure, ils paraissent familiarisés avec leur dépendance. Ils sont dans les fers de la noblesse, à qui la loi accorde sur eux les droits les plus étendus, mais qui peut les exempter de beaucoup d'impôts. Un moyen dont elle use pour conserver son pouvoir et son action sur le peuple ; c'est de nommer à de petits emplois dans les villes et dans les campagnes : ce sont ordinairement leurs serviteurs qui en sont pourvus, et ils conservent un extrême attachement pour leurs anciens maîtres. Le clergé, la bourgeoisie et les paysans aiment le roi ; ils espèrent que lui seul pourra les défendre contre les envahissements continuels de la noblesse. »

Ces considérations expliquent suffisamment les succès des Suédois dans la guerre entreprise par Oxenstierna, et dans celle dont nous aurons bientôt occasion de parler. Ce rapport diplomatique, qui répond visiblement à une série de questions posées par le cabinet de Stockholm, place sous un vrai jour la direction politique du chancelier, et nous montre le Danemark aussi inférieur à la Suède par l'habileté de ses hommes d'État que par le vice de sa constitution intérieure. Nous allons maintenant rétrograder de quelques années, car le rapport de Magnus Dureel est de 1649, pour exposer succinctement les faits tels qu'ils sont sortis de cette situation.

Intimidé par la marche triomphante de Torstenson (1643), le duc de Gottorp avait livré ses places aux Suédois, et acheté l'exemption des charges de la guerre, moyennant un sacrifice de cent mille écus. Christian, surpris par une attaque que ses ministres n'avaient point su prévoir, organisa en toute hâte ses moyens de défense; la flotte danoise fut armée avec célérité. Il fit demander à la Suède des explications sur une conduite que rien n'autorisait. Le cabinet de Stockholm se renferma d'abord dans des accusations vagues, et bientôt après il fit signifier la guerre, en la motivant sur les exigences de la douane danoise, contraires aux traités; sur les alliances du Danemark avec des puissances ennemies de la Suède; sur l'intention de Christian d'arrêter en Allemagne le succès des armes suédoises; sur les intrigues qui avaient facilité l'évasion de la reine douairière, et enfin, en remontant au traité de Lubeck, sur les affronts que les ministres de Suède avaient reçus, et qu'on attribuait à l'influence de la cour de Copenhague. Christian essaya de se justifier de tous ces griefs; mais il appuya surtout sur les avantages qu'il eût trouvés dans une alliance offensive avec l'Empire, quand les affaires des Suédois étaient presque désespérées. Quant aux intentions hostiles qu'on lui prêtait, l'état de son royaume indiquait suffisamment qu'on y était loin de songer à une attaque. Le roi rappela ses ministres du congrès d'Osnabruck, et demanda du secours à toutes les puissances amies. Déjà le Jutland était envahi, et Torstenson se disposait à passer le détroit, tandis que le maréchal Horn entrait en Scanie, et s'emparait de Helsingborg. Le dégel ne permit pas aux vainqueurs de passer les détroits, et Christian, dont la vieillesse n'avait diminué ni l'activité ni le courage, s'opposa à la descente qui fut tentée plus tard. Annibal Sehested fit une diversion dans les pays limitrophes de la Norvége, ce qui n'empêcha pas les Suédois de s'emparer des districts du Hériédal et du Jemtland.

La flotte danoise eut encore moins de succès que l'armée. Le roi essaya inutilement de bloquer Götheborg. Un Hollandais, Geer, qui s'était enrichi dans le commerce de la Baltique, arma une flotte, et devint un auxiliaire puissant des Suédois. Un engagement sérieux, où Christian faillit perdre la vie, eut lieu à la hauteur de l'île de Femern; la victoire resta indécise; alors Wrangel prit le commandement des forces navales suédoises. Après avoir échappé à un grand danger dans la baie de Kiel, il appuya les mouvements de Torstenson, que Gallas, avec 20,000 Impériaux, essayait d'enfermer dans la presqu'île. Torstenson dut renoncer à opérer une descente dans les grandes îles danoises; mais, secondé par Königsmark, il battit Gallas, dont l'armée fut bientôt détruite.

Les principales villes de Scanie étaient tombées au pouvoir de Horn; mais Christianstadt et Malmö, secourues à temps par le roi, sauvèrent l'honneur de ses armes. La destruction de la flotte danoise par Wrangel (1644), entre les îles de Femern et Laland, réduisit Christian à tenter la voie des négociations. La France, obligée de porter tout le poids de la guerre d'Allemagne, désirait vivement la fin des hostilités dans le Nord. De la Thuillerie passa successivement en Danemark et en Suède pour préparer les bases d'un accommodement. D'un autre côté, la Hollande, préoccupée surtout de la question du Sund, voulait l'affaiblissement du Danemark, et non sa ruine. L'intérêt de l'empereur était contraire à ces vues; mais la situation critique où il se trouvait lui-même donnait peu de poids aux recommandations de ses ministres, et les avantages de Wrangel, qui tenait les duchés, secondaient puissamment la politique impérieuse du chancelier. Dans le même temps, l'archevêché de Brême était occupé par Kœnigsmarck. La résistance héroïque de Rendsbourg arrêta seule les progrès des vainqueurs. Plus d'une fois, les flottes hollandaise et suédoise vinrent croiser dans le Sund, et menacer Copenhague. Les tempêtes et les vents contraires sauvèrent cette capitale. Depuis le commencement de l'année (1645), on traitait de la paix à Brömsebro.

Les prétentions d'Oxenstierna étaient loin d'être modérées. Cet homme d'État insistait d'abord sur l'abandon des droits du Sund, non moins dans l'intérêt du commerce suédois que pour s'assurer la coopération des Hollandais, dont les forces dans les parages de la Baltique lui donnaient quelques inquiétudes. Il demandait comme garantie les provinces de Scanie, de Halland et de Blekingen, la presqu'île de Wend-Syssel, Brême et Pinneberg. Placés entre la honte d'accepter des conditions si dures, et la nécessité de céder beaucoup pour conserver quelque chose, les ministres danois trouvèrent le moyen de traiter en particulier avec les Hollandais, dont le rôle devint moins hostile, dès qu'ils furent désintéressés dans le débat. Les négociations marchèrent avec plus d'ensemble; les vues de la France et de la Hollande s'étaient dirigées vers un but commun. Mais le chancelier savait profiter de ses avantages. Christian, avant de céder, jugea à propos de mettre sa responsabilité personnelle à couvert, en consultant les états. La noblesse était peu disposée à faire de nouveaux sacrifices; elle remercia le roi de tout ce qu'il avait fait pour préserver le pays de sa ruine, et fut d'avis que, dans la situation du royaume, on n'avait rien de mieux à faire que d'accepter les conditions imposées par le cabinet suédois.

Par le traité de Brömsebro, le Danemark accordait à tous les sujets de la domination suédoise l'exemption des douanes du Sund, des deux Belt et de Glückstadt. Le droit de visite, auquel avaient été soumis les bâtiments sous pavillon suédois, était aboli, de même que le droit de préférence, en vertu duquel le roi avait la faculté d'acheter les marchandises déclarées, au prix de l'estimation du capitaine. Ces avantages étaient réciproques.

La question de territoire était de beaucoup plus importante : le Danemark cédait à la Suède le Jemtland et la partie orientale du Hériédal, l'île de Gotland, celle d'Oesel et toute la province de Halland, mais avec la clause que cette dernière cession ferait retour au Danemark à l'expiration de trente années. Toutes les autres conquêtes de la Suède étaient restituées au Danemark; et le bénéfice de ce traité s'étendait au duc de Gottorp, au comte d'Oldenbourg, ainsi qu'aux villes hanséatiques. Oxenstierna, qui avait des vues particulières sur l'archevêché de Brême, s'opposa à ce qu'il fût statué définitivement à cet égard.

La ville de Hambourg, à la faveur de cette pacification, obtint l'exemption de péage sur l'Elbe, et la France conclut avec le Danemark une alliance de six années.

La politique de Mazarin poursuivait l'œuvre de Richelieu. Turenne appuyait les généraux suédois, dès que les armes de l'empereur reprenaient une certaine prépondérance; et à l'instant même où la ruine du parti catholique semblait inévitable, le général français se renfermait dans une inaction systématique, comme pour montrer à la Suède qu'il ne lui serait permis de vaincre que dans les limites d'un système pondérateur.

Maximilien s'était constamment montré l'allié fidèle de l'empereur; ses généraux avaient balancé la fortune de la Suède. Si l'on parvenait à détacher la Bavière de l'Autriche, soit par une paix séparée, soit par une trêve, la politique pouvait fixer le terme des irrésolutions de Ferdinand III. L'électeur de Bavière, mécontent de l'Espagne, craignait d'être enveloppé dans la ruine de la maison d'Autriche; il n'ignorait pas, d'ailleurs, qu'en traitant dans les circonstances actuelles, il obtiendrait des conditions plus avantageuses que s'il attendait l'instant où l'un quelconque des deux partis serait décidément victorieux. Les agents de la France ne cessaient de lui représenter que l'Espagne seule s'opposait à la conclusion de la paix, et que ce serait rendre service à l'empereur lui-même que de le mettre dans la nécessité de traiter. L'occupation de la Bavière par Wrangel et Turenne donnait un nouveau poids à ces considérations ; il consentit donc à signer une trêve (1647); son exemple fut bientôt suivi par l'électeur de Mayence et le landgrave de Darmstadt.

Le cabinet de Vienne n'ignorait pas que la Suède et la France s'observaient avec une jalouse inquiétude, et que leur alliance n'était jamais moins sincère que lorsque le parti impérial paraissait perdu sans ressource. En effet, Turenne reçut l'ordre d'aller occuper les Pays-Bas. L'armée de Maximilien était restée inactive ; Ferdinand n'hésita pas à l'appeler à son service, et força ainsi l'électeur à rompre la trêve. Cette brusque résolution mit l'armée de Wrangel dans un grand danger : le général suédois se hâta d'évacuer la Bohême, et parvint à faire sa jonction avec Turenne. Au commencement de l'année suivante (1648), il délivra la Hesse et battit complétement les Bavarois. La fortune s'était déclarée encore une fois contre l'Autriche ; Wrangel et Turenne, réunis, chassèrent devant eux les Bavarois et les Impériaux. Königsmark s'était emparé des faubourgs de Prague ; mais la vieille ville résista aux efforts du comte palatin Charles Gustave, qui se vit forcé de lever le siége ; enfin, la paix de Munster (24 octobre 1648) couronna la guerre de trente ans.

Le Danemark ne vit pas sans appréhension la Suède devenue prépondérante sur la Baltique, recevoir la Poméranie, désignée plus tard sous le nom de Poméranie suédoise, l'île de Rügen, une partie de la Poméranie antérieure jusqu'à l'Oder, y compris Stettin et Gartz, l'île de Wollin et les embouchures de l'Oder, Wismar, avec les bailliages de Poel et de Neukloster, Brême et Werden ; le tout comme fiefs de l'Empire.

Il ne fut pas donné à Christian IV de prendre part au traité qui mit fin à cette lutte, dont la Bohême vit les premiers symptômes et les derniers efforts : il avait terminé sa longue carrière quelques mois avant la signature de la paix. Les derniers temps de son règne furent signalés par des créations utiles et par des chagrins domestiques. Il répudia Catherine Munck, soupçonnée d'infidélité, et ne craignit pas d'exposer l'honneur de sa couche au scandale d'un débat public. La jalousie du sénat contre Uhlfeld, qu'il avait nommé ambassadeur en Hollande, puis en France, le blessa dans ses plus chères affections ; car ce ministre, habile autant qu'ambitieux, avait épousé celle de ses filles qu'il affectionnait le plus. Frappé des dangers qu'avait courus la capitale dans les dernières guerres contre la Suède, il en fortifia l'enceinte pour la mettre à l'abri d'un coup de main. Il fit plus pour le commerce de ses États qu'aucun de ses prédécesseurs ; et si le résultat ne répondit que rarement à ses intentions, c'est dans la constitution du royaume et dans les résistances d'une oligarchie égoïste qu'il faut en chercher les principales causes. Il protégea et agrandit l'université de Copenhague, fonda pour la noblesse l'académie de Sorö, institua les colléges de Frédéricsbourg et de Roschild. Il ajouta à Copenhague la ville de Christianshaven, fonda en Norvége Christiania et Christiansand, Christianstadt et Christianople en Scanie, Glückstadt et Christiansprüs dans le Holstein.

Le caractère de ce monarque offre un mélange d'intrépidité et de finesse, qui rappelle les mœurs des anciens chefs normands. Les lumières de son esprit n'avaient pu modérer la fougue de son tempérament : l'intempérance dans les plaisirs de la table, et surtout la passion des femmes, sont les faiblesses qu'on lui reproche. Il laissa une postérité nombreuse : Anne Catherine de Brandebourg lui avait donné Christian, mort sans héritier en 1647 ; Frédéric, qui monta sur le trône et dont nous allons esquisser le règne ; Ulrich, qui périt en Silésie, en 1633. Christian eut de son mariage morganatique avec Christine Munck : Christian Waldemar, comte de Sleswig-Holstein, qui fut sur le point d'épouser la grande-duchesse Irène, fille du tsar Mikhaël Féodorovitch ; Anne-Catherine, mariée à Rantzow, grand maître du royaume ; Sophie-Élisabeth, qui épousa, en premières noces, Pentz, gouverneur du Holstein, et depuis Ogier de Wind, qui l'abandonna après la disgrâce d'Uhlfeld ; Éléonore-Christine, mariée au comte Corfitz Uhlfeld ; Élisabeth-Augusta, qui donna sa main à Jean Lindenow, seigneur d'Ivernès ; Christine, mariée à Annibal Schested, vice-roi de Norvége et grand trésorier ; Hedwige-Sophie, qui épousa Ebbe Uhlfeld ; Dorothée-Élisabeth, que le roi refusa de reconnaître, et dont la naissance donna lieu à l'accusation d'adultère intentée à sa mère. Il eut, en outre, de différentes maîtresses un assez grand nombre d'enfants naturels.

FRÉDÉRIC III.

Frédéric III était déjà dans la maturité de l'âge lorsque la mort de Christian IV l'appela au trône. Comme archevêque de Brême, il avait pris une part active aux affaires de l'Allemagne. Souvent il avait entendu son père déplorer l'état de dépendance où la noblesse avait réduit la royauté ; mais, non moins prudent que résolu, il dut fléchir d'abord devant le pouvoir des grands pour se ménager dans l'avenir l'occasion de relever, avec la dignité du sceptre, l'influence politique de l'État. Il était absent de Copenhague au moment où Christian expirait. Le grand maître Uhlfeld prit si bien ses mesures que Frédéric ne fut informé qu'au bout de trois jours de la mort du roi, qui n'était plus un secret pour personne. Le grand maître s'était emparé de tous les papiers du feu roi, et le sénat avait dû reconnaître authentiquement la légitimité du mariage de Christian IV avec Christine Munck. Un écrit qu'il fit répandre en même temps sur le droit qu'aurait eu la Norvége à se séparer du Danemark, donne à supposer qu'il aspirait à la souveraineté, soit dans l'un de ces deux royaumes, soit dans l'autre. Dans le cas où ses prétentions eussent rencontré trop d'obstacles, il se réservait de faire élire Waldemar Christian, frère utérin de sa femme, sous le nom duquel il espérait gouverner. La noblesse craignait Uhlfeld : en couronnant cet ambitieux à l'exclusion de Frédéric, elle eût attaché, pour ainsi dire, toutes les prérogatives de la première charge de l'État à l'influence de la couronne. Uhlfeld, on le savait, n'était pas homme à observer les capitulations exigées des rois à leur couronnement ; quant à la séparation de la Norvége, à l'instant même où le Danemark venait de perdre quelques provinces, rien n'était plus propre à indisposer les esprits. Cette appréhension générale servit mieux Frédéric que n'eût pu le faire un parti organisé à l'avance. Uhlfeld, voyant qu'il ne pouvait s'opposer à l'élection du jeune prince, parvint à faire passer, dans la capitulation, des articles qui diminuaient encore la prérogative royale. Frédéric démêla facilement l'artifice, et accepta, sans contestation et sans résistance, les conditions que le grand maître se flattait peut-être de le voir rejeter. Nous avons indiqué plus haut, dans le rapport du résident suédois, Magnus Dureel, que le roi, outre la capitulation imposée à son père, n'avait plus que le droit de choisir les nouveaux sénateurs et les grands officiers de la couronne parmi les candidats qui lui étaient présentés. Il lui était défendu de sortir du royaume sans une permission expresse du sénat, et il ne pouvait ni annuler ni modifier les résolutions de ce corps. La noblesse, ayant ainsi consommé son usurpation sur le monarque et sur le pouvoir des autres états, dont les réclamations n'eurent aucune suite, Frédéric fut proclamé à Copenhague, en Norvége et dans les duchés (1648) ; le couronnement se fit en novembre de la même année, un mois après la signature du traité de Westphalie. Le lendemain, le couronnement de la reine donna lieu à des manifestations de haine et de jalousie, où des rivalités de femmes ajoutaient encore à celles de l'ambition. La reine Sophie-Amélie, fille du duc de Brunswick-Lunébourg, affecta de traiter avec mépris les enfants de Christine Munck, et particulièrement la femme d'Uhlfeld, qui s'était flattée de parvenir jusqu'au trône. Tout faisait présager un règne difficile et orageux.

Frédéric, sans heurter de front la noblesse, s'attacha à se concilier l'affection des autres états; il réprima, par des édits, le luxe ruineux des grands, et, pour complaire au duc de Gottorp, il fit raser la ville de Christiansprüs, et fonda sur le petit Belt celle de Frédéricia. Pour augmenter le nombre des bourgeois de Copenhague, il accorda de grands avantages à ceux qui viendraient bâtir dans l'enceinte de cette capitale.

L'agrandissement de la Suède, confirmé par le traité de Munster, mettait le Danemark dans la nécessité de s'appuyer sur des alliances. La Hollande, qui avait intérêt à ne pas permettre que la Suède devînt par trop prépondérante sur la Baltique, paraissait favorablement disposée pour un accord commercial. C'est dans ce but qu'Uhlfeld se rendit à la Haye, où il réussit à conclure un double traité avec les États-Généraux. Le premier réglait les conditions d'une alliance défensive entre les deux États (1650); par le second, les Hollandais s'affranchissaient des droits du Sund, moyennant une rétribution annuelle de cent cinquante mille écus, et une somme de deux cent mille une fois payée.

Les ennemis d'Uhlfeld l'accusèrent d'avoir sacrifié les intérêts du roi, soit pour le retenir dans une dépendance plus étroite, soit par vanité et pour s'épargner le désagrément d'avoir échoué dans ses négociations.

Il est constant que les revenus de la douane furent sensiblement affectés par l'effet de cette convention; mais, d'un autre côté, le but politique était atteint : la question financière s'effaçait en quelque sorte devant le péril d'une agression de la part de la Suède. Au reste, ce dernier traité, qu'on appelle traité de rédemption, fut annulé quelques années après (1653), et les droits du Sund furent remis sur le pied du traité de Christianople.

Nous ne nous arrêterons pas sur les intrigues de cour qui finirent par consommer la ruine d'Uhlfeld, mais nous indiquerons succinctement l'influence qu'elles eurent sur la révolution qui changea la constitution aristocratique du Danemark en monarchie pure.

Les grands officiers de la couronne croyaient avoir affermi leur crédit en épousant des filles du sang royal, quoique le mariage de Christine Munck plaçât ces dernières dans une condition d'infériorité. Cette alliance excita leur ambition; mais plus elle semblait les rapprocher du trône, plus elle séparait leurs intérêts de ceux de la noblesse, qui était leur véritable point d'appui. Frédéric III profita habilement de la mésintelligence qui formait alors comme deux partis de tous les nobles du royaume: les uns, attachés à Uhlfeld dont le crédit avait longtemps disposé de toutes les faveurs; les autres, dévoués au monarque, moins pour relever l'autorité du sceptre que pour renverser le grand maître. Cette situation se compliquait encore de la haine que la reine portait à ses belles-sœurs. Le titre de Sleswig-Holstein fut retiré à Christine Munck, et cette injure était surtout destinée à humilier l'épouse d'Uhlfeld. Le grand maître, également blessé dans son honneur et dans les priviléges de sa charge, affecta de se tenir éloigné des affaires, dans l'espoir qu'on reviendrait à lui et qu'il pourrait alors imposer les conditions de son retour. Ses ennemis engagèrent le roi à ordonner une enquête sur plusieurs actes de l'administration d'Uhlfeld, en remontant jusqu'au règne précédent. L'accusé refusa de répondre, alléguant une déclaration de Christian, qui était moins une preuve de son innocence que du pouvoir qu'il avait exercé sur l'esprit de ce monarque. On n'en poursuivit pas moins l'enquête, et l'accusation prit un caractère plus grave. Un soldat de fortune et une courtisane déposèrent qu'il avait formé le projet d'assassiner le roi. Cette dénonciation, quoique reconnue calomnieuse, alarma tellement Uhlfeld, qu'il résolut de se soustraire par la fuite à la haine de ses ennemis. Il trompa si bien la surveillance dont on entourait toutes ses démarches, qu'il était en Hollande avant qu'on fût instruit de son évasion. L'espoir de se venger l'appela bientôt en Suède auprès de la reine Christine. Une partie de ses biens fut distribuée aux favoris de la cour, et l'autre fit retour à la couronne. L'accueil distingué que la reine de Suède fit à Uhlfeld et à plusieurs membres de la famille de Christine Munck, indiquait assez des dispositions hostiles contre le Danemark. La disgrâce de Sehested, vice-roi de Norvège, et, comme Uhlfeld, gendre de Christian IV, ne permet guère de douter que la ruine de tous ceux qui tenaient à Christine Munck par les liens du sang, ne fût le but d'un plan arrêté.

Les prodigalités de la reine de Suède ne lui permettaient point de s'engager dans une guerre contre le Danemark ; d'ailleurs, son orgueil eût trop souffert d'en abandonner la direction à des mains plus expérimentées ; mais les exhortations d'Uhlfeld n'étaient point perdues, et le prince palatin sut plus tard les mettre à profit.

L'alliance avec la Hollande occasionna une rupture entre le Danemark et l'Angleterre. Les Hollandais, qui s'étaient brouillés avec le protecteur, parvinrent à faire arrêter dans le port de Copenhague une vingtaine de vaisseaux anglais chargés de bois de construction. Cette mesure, qui annonçait un concert de vues entre la Hollande et Frédéric, alarma la Suède, qui fit proposer à la cour de Danemark un traité entre les deux couronnes. On répondit à Christine par l'offre de l'associer au traité avec la Hollande, ce qui coupa court aux négociations. C'est à l'occasion de ce nouveau traité que les états s'engagèrent à payer annuellement au Danemark 192,000 écus, à condition que le roi armerait vingt vaisseaux de guerre : ces nouveaux rapports obligèrent d'établir sur d'autres bases l'arrangement de 1650, relatif aux droits du Sund. La paix de Londres (1654) mit fin à ces difficultés, où le Danemark n'avait figuré que comme maître des détroits de la Baltique.

Les dispositions favorables d'une partie de la noblesse en faveur de la maison royale avaient fait place à des sentiments plus conformes à l'esprit ambitieux de ce corps. On avait voulu la ruine d'Uhlfeld et non l'affermissement du principe monarchique. Le roi proposa en vain de mettre les forces militaires sur un pied plus respectable ; il dut se contenter d'ouvrir au commerce de nouvelles ressources, et d'établir entre Hambourg et Copenhague un service de postes régulier (1654). A cette époque, un événement extraordinaire, et dont les suites eurent une grande influence sur les destinées du Danemark, occupait l'Europe : la fille de Gustave-Adolphe venait d'abdiquer en faveur de Charles-Gustave. Ce jeune prince, qui ne respirait que la guerre, était petit-fils de Charles IX ; il avait fait ses premières armes sous Torstenson. A l'âge de vingt-six ans, on lui avait confié le commandement d'un corps de troupes qui se distingua au siège de Prague, mais qui rentra en Suède lorsque le traité de Munster eut mis fin aux hostilités. Christine, encore enfant, lui avait promis sa main ; plus tard, elle crut s'acquitter en lui faisant décerner la couronne. Le sénat, et le chancelier en particulier, n'étaient point favorablement disposés pour la maison de Deux-Ponts ; d'un autre côté, la conduite plus que légère de Christine avait fait craindre à Charles-Gustave que le mécontentement du peuple ne s'étendît jusque sur lui. Il s'était donc éloigné de la Suède, et avait passé dans l'île d'Oeland les dernières années qui précédèrent son avénement au trône. Il trouva le trésor épuisé, les distinctions avilies par l'abus qu'en avait fait la reine, et les paysans tellement exaspérés contre la noblesse, qu'une guerre civile paraissait imminente. Les relations extérieures de la Suède étaient également compromises sur plusieurs points. Charles-Gustave jugea qu'il fallait sortir de cette situation par la guerre ; mais il se réservait d'en choisir le théâtre. Il semble s'être proposé un double but : 1° l'affermissement de la puissance suédoise en Allemagne ; 2° la conquête des provinces danoises qui interrompaient la ligne des frontières naturelles de ses États. Comme Christine avait pris les rênes du gouvernement à l'époque même où la guerre d'Allemagne finissait, l'administration d'Oxenstierna ne put lutter contre l'influence d'une jeune reine qui mettait toutes ses inconséquences sous le sauf-conduit d'une philosophie commode. Les sénateurs crurent ou firent semblant de croire que la paix était la cause de tous les désordres, et que, depuis les victoires de Gustave-Adolphe, la guerre était devenue pour la Suède une nécessité. On hésita quelque temps entre le Danemark et la Pologne. On n'avait aucun grief nouveau contre le premier de ces deux États ; mais on n'eût pas manqué d'un prétexte plausible pour raviver d'anciennes querelles. Le roi de Pologne, Jean Casimir, avait eu l'imprudence de signifier par son ministre Canazilès qu'il ne reconnaissait point l'élection de Charles-Gustave. Cette protestation, appuyée des renseignements que donna sur la faiblesse du pays un réfugié polonais qui avait à se plaindre de Casimir, mit un terme à l'incertitude du roi de Suède. Les états accueillirent favorablement l'idée d'une guerre contre la Pologne, surtout le sénat, qui ne désirait rien tant que l'ajournement d'une question importante, celle de la revendication des terres de la couronne.

La marche des Suédois en Pologne ne fut qu'une suite de triomphes. Varsovie fut occupée ; Casimir se retira en Silésie, et Cracovie capitula. L'Ukraine, la Russie rouge et la Lithuanie se soumettaient aux généraux de Gustave. Dans cette dernière province, les Suédois rencontrèrent les Russes, qui devaient plus tard dominer sur toutes ces contrées. Cependant le patriotisme des Polonais se réveilla en présence de l'occupation étrangère : les prêtres excitèrent les paysans à la vengeance, et les Suédois, vainqueurs dans les grandes batailles, ne tardèrent pas à s'affaiblir dans les rencontres partielles et par les fatigues et les maladies. Bientôt Charles-Gustave reparut sur la Baltique ; après avoir conçu le projet de mettre sur sa tête la couronne de Pologne, il en était réduit à se contenter de la Prusse ; mais la conquête de ce duché ne pouvait être que précaire sans la possession de Dantzig, qui commandait le cours de la Vistule, où se faisait tout le commerce de la Pologne. L'électeur de Brandebourg, qui voyait avec inquiétude les progrès des armes suédoises, fit un traité avec la Hollande, également intéressée à ne point laisser détruire l'équilibre du Nord. Frédéric-Guillaume montra autant d'habileté que de résolution dans une situation si délicate ; il négocia avec les états de la Prusse polonaise. Casimir approuva la conduite des états, et promit à l'électeur de lui céder en toute franchise le fief qu'il ne tenait que comme vassal de la république. En même temps, Frédéric-Guillaume intervint comme médiateur entre le tsar et le roi de Pologne. Charles-Gustave jugea qu'il était temps d'agir contre un allié douteux ; il s'empara de toutes les places de la Prusse, à l'exception de Dantzig. L'électeur, menacé dans ses États, recourut aux négociations ; mais le roi de Suède, confiant dans sa fortune, refusait de traiter ailleurs qu'à Königsberg. Il voulait que l'électeur reçût la Prusse comme fief mouvant de la couronne de Suède. Il fallut se soumettre à cette condition (1656). Les Polonais puisèrent une nouvelle énergie dans leur désespoir ; ils intéressèrent les États catholiques, et particulièrement l'Autriche, à leur cause. L'insurrection était partout :

Charles-Gustave comprit qu'il ne fallait pas lui laisser le temps de s'organiser. Malgré l'hiver, il s'enfonça de nouveau dans la Pologne, battit Czarnecki à Colombo ; mais, abandonné successivement par les Polonais qui servaient sous ses drapeaux, et en dernier lieu par Sapieha, il se vit réduit à la dernière extrémité. Il sortit de ce péril par la victoire de Varsovie, qui couronna un combat de trois jours. L'électeur, craignant le ressentiment de Casimir, s'était allié franchement avec le roi de Suède, et ces deux princes avaient déjà réglé entre eux le parpartage de la Pologne... ce partage devait s'effectuer un siècle plus tard, au grand détriment de la Suède, qui, la première, en avait conçu l'idée. Charles voulait poursuivre Casimir, qui s'était retiré à Zamosc ; mais l'électeur s'y refusa et s'éloigna avec son corps d'armée. Abandonnée à ses propres forces, l'armée suédoise fut obligée d'opérer sa retraite. Le roi la conduisit vers la Prusse polonaise, où Dantzig tenait encore.

L'invasion des Russes en Livonie vint compliquer les embarras d'une situation si difficile ; l'électeur, qui savait mettre à profit toutes les circonstances, devenait de plus en plus exigeant ; enfin, le traité de Labian, qui fonda la grandeur de la maison de Hohenzollern, dégagea la Prusse du vasselage de la Suède, et assura à Frédéric-Guillaume les revenus des ports de la Prusse ducale (nov. 1656).

Si le Danemark se fût trouvé prêt à intervenir dans les affaires de la Suède, il aurait pu recouvrer les provinces que le traité de Brömsebro lui avait fait perdre. Jamais occasion plus favorable ne s'était présentée ; en effet, Charles-Gustave était aux prises avec les Russes ; les Polonais, sous la conduite du partisan Czarnecki, harcelaient ses détachements affaiblis, et l'attitude de l'empereur devenait de plus en plus menaçante. Quant à la coopération du grand électeur, elle était subordonnée à ses intérêts, et la France semblait réserver son influence pour n'agir que dans le cas où la Suède serait réduite à réclamer le *casus fœderis*. Charles trouva cependant un allié dans George Ragotzi, prince de Transylvanie ; mais l'ambition de ce dernier, qui n'aspirait à rien moins qu'à la couronne de Pologne, l'inexpérience et l'indiscipline de ses troupes, gênèrent les mouvements du roi de Suède, et achevèrent de le convaincre que, dans cette guerre, il ne devait compter que sur lui-même.

Cependant le roi de Danemark était sollicité par l'Autriche et par van Beuningen, envoyé de Hollande, de se déclarer contre la Suède ; les nobles, malgré la haine qu'ils portaient aux Suédois, craignaient la guerre ; mais la plupart des sénateurs, et surtout le grand maître Gersdorff, représentèrent si vivement la nécessité de prévenir les Suédois, dont les dispositions hostiles étaient suffisamment connues, qu'on résolut d'attaquer immédiatement le pays de Brême. Pour couvrir cette résolution d'un prétexte plausible, on se plaignit au résident suédois Dureel de quelques infractions au dernier traité, et, comme réparation, on exigea la restitution du Halland. Dureel essaya de gagner du temps ; mais voyant tous ses efforts inutiles, il quitta Copenhague. Dans la déclaration de guerre qui suivit de près le départ de ce ministre, les Danois se plaignaient de ce que Charles-Gustave, gendre du duc de Holstein-Gottorp, avait offert à son beau-père une armée pour inquiéter ou envahir les terres de la domination danoise, élevé des prétentions sur le district de Delmenhorst comme duc de Brême, et surtout de ce que les droits du Sund avaient sensiblement diminué depuis que les Suédois possédaient des ports importants sur la Baltique, tels que Revel et Riga. Les Suédois démontrèrent sans peine que ces griefs étaient peu fondés. Quant à leur intention d'attaquer le Danemark, il était encore plus difficile d'en fournir la preuve. Il était manifeste, au contraire, que la conduite du Danemark était une infraction au traité de

Brömsebro, et même à celui de Westphalie, puisque les hostilités avaient commencé dans le duché de Brême, c'est-à-dire dans un fief de l'Empire.

Le roi de Suède ne perdit pas un temps précieux à démontrer le droit de sa couronne; il intéressa le duc de Holstein à sa querelle, en lui promettant tout le duché, et même le Danemark, si ses armes étaient victorieuses. Pour se rendre Hambourg favorable, il s'engagea à lui faire céder la ville de Gluckstadt.

Si l'attaque des Danois avait devancé les prévisions du roi de Suède, elle lui fournissait du moins un prétexte honorable pour abandonner la Pologne où sa position était des plus critiques. L'électeur, qui convoitait une partie de la Poméranie suédoise, signait à Welau la convention qui annulait son traité d'alliance avec Gustave. Les Polonais, soutenus par les Autrichiens qui s'étaient emparés de Cracovie, crurent pouvoir se passer de tout secours : ils indisposèrent ainsi leurs alliés, tout en rejetant les propositions pacifiques de la Suède.

Charles-Gustave se voyait, en outre, dans l'impossibilité de tenir tête aux Russes, qui ravageaient l'Ingrie, la Carélie et la Livonie. Les troupes suédoises, cantonnées en Lithuanie, furent surprises et massacrées par les habitants. Les Russes avaient échoué devant Riga, mais ils emportèrent Dorpat. Enfin, un rapprochement eut lieu entre le tsar et la Pologne, et, au commencement de l'année 1658, le roi de Suède conclut avec la Russie un armistice qui lui permit de tourner tous ses efforts contre le Danemark.

Frédéric III était persuadé que le roi de Suède se porterait sur Dantzig pour y faire embarquer ses troupes. Dans cette prévision, il avait armé neuf vaisseaux de guerre qui rallièrent dans la Baltique une partie de la flotte hollandaise, et allèrent croiser devant Dantzig pour disputer à l'escadre ennemie le passage de la mer. Mais Charles-Gustave s'était porté avec tant de rapidité sur la Poméranie, qu'il arriva dans le Holstein avant même que la nouvelle de sa marche se fût répandue dans le Jutland et les îles danoises. Frédéric quitta Dantzig en toute diligence pour aller secourir ses États. Le duché était défendu par une armée plus nombreuse qu'aguerrie : une partie de ces troupes achevait la conquête du duché de Brême, tandis que 12,000 hommes campaient dans le voisinage de Hambourg. Quelques régiments, commandés par Corber, essayèrent d'arrêter l'ennemi; mais bientôt une terreur panique les dispersa, et l'armée suédoise s'avança sans obstacles dans ce pays fertile, où elle put aisément se refaire. Les Danois n'étaient pas plus heureux dans le pays de Brême, où l'amiral Wrangel triomphait sur tous les points. Charles-Gustave, sans perdre un temps précieux devant quelques places, dont le siége eût nécessité de longs retards, se contenta de garder les positions qui assuraient sa conquête. Après s'être emparé de la presque totalité du duché, il laissa reposer son armée, et alla visiter son beau-père, le duc de Gottorp. Uhlfeld avait saisi avec empressement cette occasion de vengeance; ses conseils furent d'une grande utilité aux Suédois; mais les tentatives qu'il fit pour entraîner à la révolte une partie de la noblesse du Jutland furent repoussées avec le mépris qu'elles méritaient.

Le maréchal Bilde n'osant exposer les restes de l'armée danoise aux chances d'une action décisive, les avait fait embarquer à Gluckstadt, d'où il se rendit à Fridericia, ville qui commande l'entrée du petit Belt. 6,000 Danois gardaient cette place importante. Wrangel reçut l'ordre de la bloquer pour faciliter la conquête du Jutland; car on ne pouvait attaquer l'île de Fionie qu'avec le secours de la flotte. Après ces dispositions, le roi de Suède retourna dans la Poméranie; mais Wrangel, qui brûlait de se distinguer en l'absence de Charles-Gustave, laissa à un de ses lieutenants le soin de soumettre le Jutland. L'attaque contre l'île de Fionie était retardée par la retraite de la flotte suédoise, qui avait été fort maltraitée par les escadres danoises et hollandaises. L'amiral résolut d'emporter brusquement Fridericia. La place fut attaquée de nuit sur trois points différents, tandis que la cavalerie abordait à la nage la partie de l'enceinte que baignait la mer, et où les murailles peu élevées offraient moins d'obstacles aux assaillants. La palissade qui en défendait l'approche fut enlevée avec tant de vigueur, que la garnison n'eut pas le temps de s'opposer à l'escalade. Des 6,000 Danois qui défendaient Fridericia, 2,000 périrent; les autres furent faits prisonniers avec le maréchal Bilde et quelques chefs de distinction. L'artillerie, le bagage, la caisse militaire et des munitions de toute espèce tombèrent au pouvoir du vainqueur. Ce fait d'armes, non moins brillant qu'heureux, assura aux Suédois la conquête du Jutland et du Sleswig; il ne leur restait plus qu'à soumettre les îles. Cependant les Danois avaient obtenu quelques avantages en Norvége, et le roi, qui se trouvait en Scanie, s'apprêtait à pénétrer dans la Suède, lorsque la nouvelle de la prise de Fridericia l'obligea de concentrer toutes ses forces dans les îles de Seeland et de Fionie.

Les cabinets étrangers commençaient à s'alarmer des succès du roi de Suède; la France intervint; mais, comme les Danois avaient eux-mêmes rompu les derniers traités, les négociations manquaient de base; l'électeur de Brandebourg, qui offrait sa médiation, se vit récusé par les Suédois, comme ayant un intérêt trop direct à leur affaiblissement; il n'était pas fâché d'ailleurs de voir Charles-Gustave occupé dans le Nord. Quant à Cromwell, que Charles essaya d'intéresser à ses projets en lui offrant une partie des dépouilles du Danemark et l'abolition des droits du Sund, il repoussa toutes ces offres, ne voulant point favoriser un projet qui eût détruit l'équilibre européen, si péniblement établi par le traité de Westphalie.

Le roi de Suède résolut de s'assurer par les armes une part que les négociateurs étrangers étaient peu disposés à lui accorder; sa hardiesse et la promptitude de ses opérations déconcertèrent tous les calculs, comme elles dépassèrent toutes les prévisions.

En général, les hivers sont tempérés en Danemark; les glaces se forment ordinairement dans les baies et les découpures des côtes; mais il n'arrive que rarement que les détroits gèlent entièrement; la rapidité des courants s'y oppose; cependant, lorsque le thermomètre y descend à 20 degrés (Réaumur), cette température, combinée avec d'autres circonstances atmosphériques, suffit pour souder ensemble les blocs de glace qui flottent à la surface de la mer. Alors, si le vent tourne à l'ouest, la mer se gonfle et rompt l'obstacle. L'hiver de 1657-1658 était extraordinairement rude; mais la rigueur de la saison, qui eût été un obstacle pour tout autre, ouvrit à Charles-Gustave une nouvelle carrière de succès. Après s'être rendu dans le Holstein, où il s'arrêta quelques jours chez son beau-père, il revint en toute hâte sur le bord du petit Belt, et prit le plus secrètement possible toutes les mesures nécessaires pour faire passer le détroit à son armée.

La relation du chevalier de Terlon, ambassadeur de Louis XIV, et témoin oculaire des faits qu'il raconte, est un monument précieux de cette époque; où tous les historiens du Nord ont puisé. Nous en citerons quelques passages :

« ..... Le roi voulait exécuter son entreprise, en cas que les glaces fussent assez fortes pour porter son armée et son artillerie. Il avait envoyé le grand amiral Wrangel pour assembler ses troupes et les mettre en état de marcher. Étant arrivé, le 8 du même mois (février 1658), sur le bord du petit Belt, il fit aussitôt passer quelques escadrons avec cent dragons, pour se saisir d'une petite péninsule qu'on appelle Bogen, et qui s'avance jusqu'au milieu du détroit, entre les villes d'Assans et de Middelsor. Le prince s'y rendit le même jour en traîneau... Mais l'amiral Wrangel avait appris de ceux qu'il avait envoyés pour reconnaître les glaces, et pour passer dans l'île de Funen, qu'elles étaient trop faibles du côté qu'on avait pris; ce qui était véritable, car il avait vu périr devant lui quelques-uns de ses cavaliers, qui enfoncèrent dans la mer. De plus, les Danois, qui étaient postés sur les bords de cette île avec de l'artillerie, tiraient sans cesse pour rompre et affaiblir les glaces ; et comme l'armée suédoise, qui était à découvert, en était fort incommodée, l'amiral en avertit le roi de Suède, qui crut devoir se retirer et remettre la partie au lendemain. Cependant ce prince fit camper son armée le long du petit Belt, et envoya toute la nuit de petits partis pour sonder la glace, et reconnaître où l'on pourrait passer plus sûrement. Il en attendit des nouvelles avec bien de l'inquiétude, et même sans prendre aucun repos, jusqu'à ce qu'il fût averti sur les deux heures du matin qu'il avait extrêmement gelé toute la nuit, et qu'on pouvait passer sur les glaces sans danger jusqu'à l'île de Funen (Fionie).

« J'étais alors dans sa chambre, et je lui vis donner l'ordre à la même heure de faire avancer toute son armée dans la péninsule dont il s'était emparé le jour précédent. Pour exécuter son dessein, il donna les ordres du combat, et commanda que les cavaliers menassent leurs chevaux par la bride, et marchassent assez loin les uns des autres; que les canons iraient aussi dans une égale distance pour ne pas rompre les glaces par un trop grand poids, jusqu'à ce qu'on eût passé le courant de la mer, où elles avaient moins d'épaisseur. Il commanda encore que l'armée se mît en bataille, lorsqu'elle serait passée, pour aller aux ennemis qui paraissaient tout le long du bord de la mer. Le roi de Suède passa jusque-là en traîneau, et monta à cheval; ce que je fis aussi pour être toujours auprès de sa personne.

« Il donna l'aile droite de son armée au grand amiral Wrangel, sous qui commandaient le marquis de Baden, lieutenant général, et le comte de Tott, général major et commandant de la cavalerie. Le roi de Suède prit l'aile gauche pour lui, et le comte Jacques de la Gardie commandait l'infanterie. Mais, comme elle marchait trop lentement, parce que les soldats étaient épars, de peur que la glace ne cédât, et qu'ils n'avançaient qu'avec peine, le roi de Suède ayant vu que l'armée avait déjà passé l'endroit le plus dangereux, donna l'ordre à l'amiral Wrangel de s'avancer avec l'aile droite, et de seconder l'avant-garde lorsqu'elle donnerait sur les Danois, tandis qu'il attendrait l'infanterie, et qu'il mettrait l'aile gauche en état de le suivre.

« Le roi de Suède ne voulait pas avancer trop vite, de crainte que les Danois, voyant toute son armée passée dans l'île, ne gagnassent le chemin qui va en Jutland et en Holstein par le même chemin qu'avait suivi l'armée suédoise, et où était resté tout le bagage. Si l'ennemi avait eu quelque prévoyance, c'est ce parti qu'il aurait pris.

« Ayant remarqué que les troupes danoises s'ébranlaient au lieu de venir charger, le roi de Suède fit marcher l'aile gauche; on vint l'avertir que Wrangel avait poussé les Danois, et fait prisonnier le colonel qui les commandait, avec tous les officiers. Cela obligea ce prince de doubler le pas pour s'approcher de l'île, où il sut que le colonel Jens, qui commandait toutes les troupes danoises en l'absence du colonel Gyldenlö, alors dangereusement malade, avait pris une position des plus avantageuses, ayant des haies qui le couvraient d'un côté, et la mer de l'autre.

« Cette position des ennemis fit que le roi de Suède partagea son aile droite, et en donna une partie au grand amiral Wrangel, avec ordre d'attaquer les Danois du côté de la mer, tandis qu'avec le reste il tâcherait de franchir les haies. Et comme le prince jugea que le colonel Jens, qu'il connaissait pour avoir autant de prudence que de cœur, se voyant trop faible pour résister, ne soutiendrait qu'une simple charge pour faire ensuite la retraite avec plus d'honneur, il prit son temps pour l'environner si à propos qu'il ne pût échapper.

« Ayant enfin percé les haies, il commanda au marquis de Baden de commencer l'attaque avec trois escadrons ; ce qu'il fit avec tant de succès qu'il renversa d'abord quatre escadrons danois; et le grand amiral Wrangel, qui était à la droite du roi de Suède, donnait en même temps, poussant et rompant tout ce qui lui faisait résistance. Il est vrai que les glaces s'étant rompues à cet endroit, il y eut deux compagnies de l'un et de l'autre parti qui enfoncèrent dans la mer, et se noyèrent. Le roi de Suède perdit au même endroit le carrosse qui lui servait ordinairement, et ma calèche eut la même infortune. Le roi de Suède, ayant vu cet accident, avait raison de craindre qu'il ne lui en arrivât autant, ainsi qu'à toute son armée. Mais, quoiqu'il connût bien le danger où il était, au lieu de tourner du côté de la terre, il laissa sur sa gauche l'ouverture où ces cavaliers avaient disparu, et alla chercher les ennemis qui étaient sur la mer, à sa droite; et, de peur que les Danois ne se servissent de ce mouvement pour prendre l'amiral Wrangel en flanc, il leur opposa le comte de Tott avec un régiment suédois..... Après que tous les escadrons danois furent rompus, l'amiral alla lui-même à l'infanterie danoise qui était sur la glace, et qui gardait l'artillerie, leur criant de mettre bas les armes. Le colonel Jens l'ayant reconnu, et ne se voyant pas en état de faire résistance, demanda quartier ; ce qui lui fut accordé, ainsi qu'à tous ceux qui suivirent son exemple..... Ainsi les troupes danoises furent défaites et prisonnières, et la fuite ne sauva pas deux cents hommes. Les généraux Banner et Ascheberg furent envoyés par le roi de Suède audevant de deux corps de cavalerie, formant ensemble onze cents chevaux, qui venaient appuyer les Danois ; ils prirent si bien leurs mesures, que Danois et Allemands capitulèrent et prirent parti avec les officiers suédois.

« Le colonel Jens avoua que toutes les troupes qui étaient dans l'île de Funen, faisaient plus de 3,000 chevaux, 700 hommes de pied allemands et 1,500 de la milice du pays. Ce combat rendit le roi de Suède entièrement maître de l'île de Funen. »

Le roi trouva à Odensée, capitale de la Fionie, soixante canons, et y fit prisonniers cinq sénateurs danois. Les îles de Langeland et de Lâland furent prises après quelque résistance. Nyborg tomba également au pouvoir du vainqueur. Charles-Gustave rassembla ses généraux dans cette ville qui commande la côte de l'île, et leur proposa de passer dans l'île de Séland. Le froid avait encore la même intensité ; mais la largeur du grand Belt rendait cette entreprise si hasardeuse, que les plus braves officiers de l'armée en étaient effrayés. Le roi de Suède était seul de son avis, lorsque l'ingénieur Dalberg, un des meilleurs officiers de l'armée, vint donner l'assurance que la glace était assez forte pour qu'une armée de 300,000 hommes pût la traverser sans péril. « Mon frère Frédéric, dit alors Gustave, nous allons nous entretenir en bon suédois. » Les généraux essayèrent en vain de le détourner d'une résolution aussi téméraire. Wrangel lui représenta qu'il risquait la dernière armée suédoise ; que le passage était tellement périlleux, que les plus braves reculeraient, moins pour le danger en lui-même qu'à cause de la responsabilité qui pèserait sur eux en cas de malheur. Cette entreprise paraissait insensée même à Uhlfeld, qui associait à l'invasion des Suédois l'espoir d'une vengeance prochaine ; il prouva que, dans l'espace de quatre siècles, il n'y avait pas d'exemple qu'un seul homme eût effectué le passage que le roi voulait tenter avec une armée et une artillerie massive. Le roi parut un moment ébranlé ; mais, après avoir pesé

19e *Livraison.* (DANEMARK.)

toutes les circonstances, il s'affermit dans sa première résolution.

Le chevalier Meadow, résident anglais à Copenhague, avait dépêché à Charles-Gustave une lettre pour offrir sa médiation, et le porteur de cette missive avait traversé le détroit. Le soir même, le roi, accompagné de toute sa cavalerie, se rendit de Nyborg à Svenborg. Il envoya quelques détachements pour s'assurer de la force de la glace. Ces éclaireurs poussèrent jusqu'à l'île de Séland, et revinrent avec quelques paysans qu'ils avaient pris pour constater la vérité du fait.

L'ordre de se mettre en marche fut donné immédiatement. Dans plusieurs endroits, il y avait un pied d'eau sur la glace; personne ne savait si un pas de plus allait le faire tomber dans l'abîme; et cependant le grand Belt fut traversé sans que l'armée eût éprouvé ni retard ni accident. Le 12 février (1658), les drapeaux suédois flottaient sur le château de Wordingborg, dans l'île de Séland. Les habitants, frappés de terreur, se réfugièrent en foule à Copenhague; cette capitale n'était point préparée à une résistance sérieuse. Une prompte paix pouvait seule sauver le Danemark de sa ruine. Déjà le quartier général de l'armée suédoise n'était plus qu'à quelques milles de Copenhague; mais l'abondance de la neige ne permit pas à Charles de commencer les travaux du siége. La prise de Copenhague était évidemment le but de cette expédition. Il répétait souvent que, *s'il obtenait cette belle fiancée, qui méritait bien le sacrifice d'une danse sanglante, il recevrait pour dot la Norvége et le Danemark*, c'est-à-dire la couronne du Nord.

Si l'on en croit Puffendorff, le roi de Suède fut détourné de ce projet de conquête par des considérations pleines de modération et de prévoyance. Il appréhendait que l'empire de la Baltique ne portât à se déclarer contre lui l'Angleterre, la Hollande et les villes libres : les Danois, revenus de leur première frayeur, et soutenus par des auxiliaires puissants, reprendraient peut-être l'avantage; et, dans le cas où les succès seraient balancés, comment la Suède, épuisée d'hommes et d'argent, défendrait-elle ses conquêtes et l'intégrité de son territoire? En supposant même que le Danemark et la Norvége fussent réduits à la nécessité d'accepter le joug, la contrainte consommerait-elle une union que le génie de Marguerite n'avait pu établir solidement sur le consentement unanime des trois royaumes? et pendant cette union, contre laquelle protesteraient sans cesse les rivalités nationales, le Danemark, plus fertile et presque confondu par le Sleswig et le Holstein avec l'Allemagne, ne finirait-il pas par établir sa prépondérance sur la Suède?

Ces réflexions, dont nous ne rapportons que la substance, semblent plutôt appartenir à l'historien, ou du moins aux conseillers de Charles-Gustave, qu'au prince qui venait de confier son salut et celui de son armée aux chances d'une température exceptionnelle. D'ailleurs, pourquoi les mêmes raisons qui lui avaient paru déterminantes auraient-elles perdu toute leur force, lorsqu'après une paix avantageuse, et sans autre motif, il rompit un traité récent, et renouvela les hostilités? Il nous paraît plus probable qu'il regardait lui-même comme inacceptables les conditions qu'il mettait à la paix, et que les négociateurs, en obtenant du sénat que Frédéric les admettrait sans délai, trompèrent les prévisions du roi de Suède, et lui ôtèrent jusqu'au prétexte de continuer la guerre.

On assure que le comte Uhlfeld, qui s'était flatté d'obtenir la vice-royauté du Danemark, sauf à rompre plus tard avec la Suède, engagea facilement Charles-Gustave à profiter de tous ses avantages, et qu'ayant échoué sur ce point, il se promit d'entraver les intérêts de la Suède pour atténuer dans l'esprit de ses compatriotes le sentiment de réprobation et de haine qui s'attache toujours à la trahison.

Le grand maître Gersdorff et deux

sénateurs, accompagnés du résident anglais Meadow, se rendirent en toute hâte à Wordingborg. Le sénateur Sten Bielke et le transfuge Uhlfeld furent désignés par le roi de Suède pour traiter avec eux, sous la médiation du ministre d'Angleterre. Les commissaires danois offrirent d'abord de racheter les provinces conquises, et finirent par proposer d'abandonner la Scanie, le Halland et le Blekingen. Uhlfeld exigeait, en outre, la cession des îles de Saltholm, de Hveen, de Bornholm, de Lessö et d'Anholt, et des districts de Ditmarsie et de Pinneberg dans le Holstein, de ceux de Bohus, d'Aggershus et de Drontheim en Norvége, avec le Finmark, la Laponie et Wardehus; enfin, il demandait le partage égal des droits du Sund, et un million d'écus. Pour couronner tant de sacrifices, le Danemark devait renoncer à toute alliance préjudiciable aux intérêts de la Suède, fermer le Sund aux vaisseaux de guerre étrangers, et dédommager le duc de Gottorp de toutes ses pertes.

Les commissaires danois se récrièrent sur l'étendue de ces prétentions, et retournèrent à Copenhague, sans oser prendre sur eux de les accepter. Le roi de Suède, qui ne voulait pas laisser aux Danois le temps de se reconnaître, marcha sur la capitale, et prit les dispositions que nécessiterait un assaut.

Dans cette extrémité, le roi Frédéric montra beaucoup de fermeté; mais la noblesse était tellement découragée, que l'avis de ceux qui voulaient se défendre fut repoussé comme une saillie de témérité. Parmi les nobles qui s'étaient rangés à l'opinion du roi, on remarquait Trampe, gouverneur de la ville. « Il offrait, dit Terlon, de faire une sortie avec 2,000 chevaux et autant d'hommes de pied; si elle ne réussissait pas, la paix n'en pouvait être plus désavantageuse. À la faveur de cette sortie, on aurait eu le temps de brûler tous les fourrages et les vivres qui se trouvaient à la proximité de l'ennemi, et de faire entrer les bestiaux dans la ville, ce qui aurait obligé les Suédois à s'en procurer dans les îles voisines, transports que la rigueur de la saison rendait presque impraticables. En outre, Trampe se proposait de mettre le feu dans Köge, où étaient l'armée et les provisions... C'était le dessein du roi de Danemark de sortir à la tête de ce parti; mais il en fut empêché par le sénat, qui regardait un revers comme pouvant entraîner la capitulation immédiate de Copenhague. »

Quand on considère que cette capitale avait à peine 2,000 hommes de troupes exercées; que son enceinte était ouverte, et que la noblesse, qui désespérait du salut de l'État, était encore assez puissante pour arrêter le zèle de la bourgeoisie, on conçoit que le parti le plus sage était de se résigner aux conditions qu'imposait le vainqueur; l'imprévoyance et l'égoïsme de la noblesse avaient causé tout le mal; ce n'était pas à elle qu'il appartenait de le détourner.

Il ne s'agissait plus pour le Danemark que d'obtenir quelque adoucissement aux prétentions des ministres suédois. Uhlfeld, qui avait beaucoup exigé pour se ménager le point important, abandonna la question du Sund et celle de la flotte. Quant au dédommagement stipulé en faveur du duc de Gottorp, les ministres suédois se contentèrent de la promesse qu'on s'en occuperait prochainement. Toutes ces conventions, longtemps débattues, furent signées à Roschild.

Uhlfeld rentra dans ses biens; sa femme et sa belle-mère obtinrent une satisfaction complète sur tous leurs griefs.

Trois jours après la signature du traité, Frédéric III invita Charles-Gustave à une entrevue dans son château de Frédéricksborg. La reine Sophie-Amélie mit en œuvre toutes les séductions de la beauté et de l'esprit pour fléchir le caractère de son royal hôte. On assure qu'au milieu de l'abandon d'une fête, elle le pria de donner Trondheim au jeune prince Christian, et que le roi de Suède lui répondit avec fierté qu'il n'avait rien de commun avec Magnus Smek (le mignon), le même roi qui avait cédé au Danemark le Halland, la Scanie et le Bleking. Selon Terlon, tout ce que Charles eut occasion d'apprendre pendant son séjour à Fredéricksborg le fit repentir de n'avoir profité qu'à demi des avantages de sa victoire. De leur côté, les Danois ne demandaient qu'un prétexte pour rompre un traité à la fois si désastreux et si humiliant. Cependant le roi de Suède retourna dans ses États, en visitant la Scanie et les provinces nouvellement réunies à sa couronne. Il avait l'intention de châtier l'électeur de Brandebourg, qui s'était ligué contre lui avec l'Autriche, ou d'intéresser ces puissances au partage de la Pologne. Des plans aussi vastes ne lui permettaient point d'exécuter simultanément ses projets sur le Danemark. Coyet et Sten Bielke se rendirent à Copenhague pour tenir la main à l'exécution du traité de Roschild. Ils étaient chargés, dit Geïer, de proposer une union étroite entre la Suède et le Danemark, pour assurer la liberté de la Baltique, et surtout d'essayer de gagner le ministre de Hollande, Beuningen.

Les troupes suédoises, qui étaient restées cantonnées dans l'île de Séland, le Jutland et le Holstein, opprimaient les paysans, et se conduisaient comme si la paix n'avait pas été achetée par d'assez grands sacrifices. Le duc de Holstein Gottorp, enhardi par l'appui de son gendre, déguisait à peine ses sentiments hostiles au Danemark. Les Suédois avaient aussi leurs griefs; ils se plaignaient de l'influence dont jouissait à Copenhague l'envoyé de Hollande, qu'on savait contraire aux intérêts du cabinet de Stockholm ; mais, comme ce motif ne pouvait donner prise à des récriminations directes, sans y impliquer en même temps la puissance maritime dont Beuningen était le représentant, on saisit un autre prétexte. Un ancien membre de la société danoise pour les établissements sur la côte de Guinée avait attaqué une colonie suédoise, et, après l'avoir dépossédée, il revint avec beaucoup de butin à Gluckstadt, postérieurement à la conclusion de la paix. Il était clair qu'il ne pouvait y avoir violation du traité, que si ce conflit eût été postérieur au traité de Roschild, et même, dans ce cas, la bonne foi couvrait l'acte, puisque l'armateur ignorait les transactions politiques des deux pays : il y avait donc tout au plus matière à réparation. Les Suédois demandèrent l'arrestation de l'armateur et la confiscation du navire. Charles-Gustave, voyant cette prétention repoussée, résolut d'attaquer une seconde fois l'ennemi qui lui avait opposé une si faible résistance. Il se trouvait à Kiel, lorsque le ministre danois Owe Juel y arriva. Ce dernier, ayant appris que le roi de Suède avait eu de longs pourparlers avec son beau-père, et qu'il attendait l'arrivée de toute sa flotte, se rendit en toute hâte auprès de Frédéric pour lui rendre compte de ces préparatifs. Les Danois n'étaient pas en mesure de repousser cette agression par la force; ils offrirent de se soumettre à toutes les exigences qu'il plairait à Charles-Gustave de qualifier de réparations ; mais tout fut inutile; les troupes suédoises se concentrèrent aux environs de Kiel, et le roi de Suède fit venir Terlon de Copenhague, sous prétexte qu'il avait à se concerter avec lui sur la guerre de Pologne, mais, en réalité, pour le soustraire aux dangers d'un siège.

Tout semblait faire présager le succès d'une attaque soudaine à laquelle Copenhague n'était point préparée. L'amiral Wrangel surveillait les côtes de l'île de Séland pour empêcher Frédéric de s'échapper. Quant aux secours de la Hollande, il était probable qu'ils arriveraient trop tard, et que la ruine du Danemark, une fois consommée, on pourrait désarmer la première de ces puissances, en lui offrant quelques avantages commerciaux. Mais, pour la réussite de ce plan, la plus grande promptitude était nécessaire, et les Suédois perdirent un temps précieux. Au lieu de faire voile pour Copenhague, le roi de Suède débarqua à Corsör. Il se trouvait déjà à Ringsted, lorsqu'il reçut une ambassade de Frédéric qui lui demandait le motif d'une si étrange agression. Charles essaya d'abord de justifier sa conduite; mais, comme les ministres danois Hök et Scheele combattaient ses allégations par des arguments solides, il tenta de corrompre leur fidélité, et leur fit dire qu'il devait peu leur importer que leur roi s'appelât Frédéric ou Charles. Cette réflexion était d'un conquérant plutôt que d'un monarque. Hök et Scheele se contentèrent de répondre qu'ils n'abandonneraient pas leur prince dans le danger commun, et qu'ils périraient avec lui.

Copenhague était dans cette incertitude qui naît d'un péril imprévu, et qui est plus terrible que le péril lui-même. De toutes parts, les paysans accouraient pour y trouver un refuge, répandant des nouvelles sinistres, et exagérant le nombre des ennemis. Mais lorsque le peuple apprit que le roi ne désespérait ni de ses sujets ni de lui-même, il reprit courage : bourgeois, étudiants, ouvriers, paysans, tous avaient à cœur de prouver à la noblesse, dont l'égoïsme et l'incurie avaient fait tout le mal, que les ordres de l'État qu'elle avait dépouillés de leurs priviléges sauraient sauver la patrie, ou du moins périr sous ses ruines. Gersdorf, un de ceux qui avaient poussé à la première guerre, harangua les habitants. Ils promirent de repousser le joug étranger, et de se défendre jusqu'à la dernière extrémité. Le ministre de Hollande partit aussitôt pour hâter l'envoi d'une flotte.

Charles-Gustave divisa ses forces, dont une partie faisait le siége de Copenhague, tandis que l'autre attaquait et enlevait Cronoborg. Les travaux de circonvallation sur un terrain marécageux offraient de grandes difficultés aux assiégeants; cependant les Suédois parvinrent à détourner les eaux qui alimentaient Copenhague. Des pluies abondantes y suppléèrent, et les habitants, soutenus par l'exemple de Frédéric, firent plusieurs sorties dont le succès les remplit d'espoir. Dans un de ces engagements, le roi de Suède, le comte palatin et Wrangel n'échappèrent au danger d'être pris que par la bravoure du comte Leyonhielm. Cette campagne, qu'on s'était flatté de terminer par un coup de main, apparaissait sous son véritable aspect. La guerre avait pris un caractère national; le dévouement à la personne de Frédéric avait donné à la résistance une énergie qui mettait au grand jour et le mérite d'un roi jusqu'alors inconnu, et toutes les ressources d'une ville populeuse, décidée à partager le sort de son souverain. Le siége traînait en longueur; Charles ne négligea rien pour arrêter les préparatifs qui se faisaient en Hollande. Il promit à cette puissance la franchise du Sund, fit répandre de l'argent à la Haye, et rendit tous les vaisseaux hollandais que ses escadres avaient capturés dans la Baltique. La fidélité d'un Danois avait fait échouer toutes ces tentatives. Christophe Gabel, secrétaire intime du cabinet du roi, se trouvait à Hambourg, lorsqu'il apprit la rupture de la paix. Sans attendre de plus amples instructions, il partit pour la Hollande (Terlon). De concert avec le ministre de Danemark, il pressa l'armement de la flotte, négocia un emprunt de trois millions d'écus, et obtint que 2,000 hommes s'embarqueraient immédiatement pour aller renforcer la garnison de Copenhague.

Dans les premiers jours d'octobre, une flotte de trente-cinq voiles, commandée par Opdam et par d'autres marins expérimentés, quitta les ports de la Hollande. Après quinze jours de navigation, elle était dans le Sund; mais, contrariée par les vents, elle fut forcée d'aller jeter l'ancre devant Cronoborg. L'amiral Wrangel voulait l'attaquer immédiatement; mais on repoussa cet avis comme trop téméraire. Le 9 novembre, la flotte hollandaise passa le Sund; la flotte suédoise, forte de quarante vaisseaux, l'attendait, protégée par les batteries de Helsingborg et de Cronoborg,

Les Suédois, dit Geïer, étaient jaloux de conserver sur mer la supériorité et la gloire qu'ils avaient acquises sur terre par tant de batailles. Le roi de Suède, sa sœur, la reine et toute la cour, furent témoins à Cronoborg d'un des combats les plus terribles qui se soient livrés dans ces eaux. Le vent, favorable à l'ennemi, ne permit pas aux Suédois de suivre ses manœuvres. Wrangel, dont le pavillon flottait sur le vaisseau *Victoria*, fut d'abord assailli et entouré de vaisseaux ennemis; son gouvernail fut emporté, et il se vit contraint de se réfugier sous les canons de Cronoborg. Bielkenstierna et Witten (amiral hollandais) s'attaquèrent encore avec plus de furie. Le vaisseau du dernier fut si maltraité, qu'il ne put de longtemps tenir la mer. L'amiral hollandais fut tué. Peu de temps après, l'amiral Gersson (Hollandais au service de la Suède) et Bielkenstierna furent mis hors de combat; les autres vaisseaux étaient aux prises avec un acharnement incroyable. Le vaisseau amiral hollandais était sur le point de couler bas, séparé du reste de la flotte, il allait être pris, si l'officier qui commandait une escadre de huit vaisseaux, sous l'île de Hven, eût fait son devoir. L'issue de la bataille était incertaine; des deux côtés on avait également souffert. Les Hollandais avaient perdu deux amiraux et plusieurs officiers supérieurs; mais les Suédois déployèrent sans succès le plus grand courage; ils ne purent empêcher le secours qui arrivait aux Danois de pénétrer dans Copenhague. Tandis que les Hollandais entraient dans ce port aux acclamations des habitants, les Suédois se rendaient à Landscrona en Scanie pour réparer leurs désastres.

Les Danois et les Hollandais cherchèrent à incendier la flotte suédoise, et à lui barrer le passage en coulant bas quelques vaisseaux devant le port. Dans cette circonstance, l'intrépidité de Charles-Gustave lui fit courir un grand danger. Il sortait du port de Landscrona pour observer la flotte ennemie; tout à coup un brouillard épais s'étendit sur la mer. Le roi et ceux qui l'accompagnaient entendirent des voix à quelque distance, mais sans distinguer aucun vaisseau. Le brouillard s'étant dissipé, ils virent qu'ils étaient tout près des Hollandais. Ils furent assez heureux pour rentrer au port sans avoir été atteints par les nombreux boulets qu'on dirigea contre leur navire. Dans ce moment périlleux, l'envoyé français Terlon était avec le roi. Qu'aurait-on pensé en Europe, dit l'ambassadeur à Gustave, si, dans cette rencontre, le roi de Suède eût été frappé à côté d'un ministre français? Et qu'aurait-on dit, répliqua le prince, si le ministre de France eût été tué à côté d'un roi de Suède?

Dans la situation où se trouvait Copenhague, le succès de cette journée équivalait à un triomphe. En effet, Gustave, qui n'avait pu réduire Copenhague avant l'arrivée de la flotte hollandaise, ne pouvait se flatter d'être plus heureux depuis les changements amenés par les derniers événements. Frédéric avait fait preuve de trop d'héroïsme pour qu'il fût possible d'admettre qu'entouré de l'admiration et de l'amour de son peuple, et secouru par un allié redoutable, il voulût accepter des conditions humiliantes, encore moins se résigner à la perte de sa couronne, et attacher à son règne l'époque de la ruine du Danemark. Charles-Gustave voyait s'évanouir tous les rêves de grandeur que son ambition avait caressés. « Il s'était proposé, dit Terlon, de raser Copenhague, et de n'y conserver qu'un fort qui protégerait le port et la flotte; ensuite il aurait transporté les privilèges de cette ville à Malmö ou à Landscrona (sur la côte opposée du Sund), et aurait fait sa résidence dans cette province, *faisant État*; après cette conquête, d'être le maître absolu de la Baltique, d'avoir une flotte de cent vaisseaux de guerre, 80,000 hommes de pied et 40,000 chevaux. Le Danemark conquis, il ne se promettait pas moins que de s'emparer de la Norvége et de toutes les dépendances de ces deux royaumes, où il aurait levé des troupes et réglé la milice à la manière de Suède.

« Il me disait quelquefois : Quand j'aurai fait cette conquête, tous les princes et tous les États me laisseront tranquille, et ne songeront guère à donner du secours au roi de Danemark pour le rétablir. Ils traiteront à l'envi l'un de l'autre avec moi pour le rétablissement du commerce, dont je tirerai de grands avantages, et, tant par ce traité que par les alliances que je ferai, j'unirai et j'affermirai si bien cette conquête à la Suède, qu'elle se fera craindre de tous ses voisins, et même des princes les plus éloignés.

« Il disait souvent aussi, et même le comte de Slippenbach le disait après lui, que, quand il serait maître du Nord, il irait en Italie avec une puissante armée de terre et de mer, comme un second Alaric, pour remettre encore une fois Rome sous le pouvoir des Goths. » On eût dit que le sang des anciens Normands bouillonnait dans les veines de Gustave. Par une fatalité digne de remarque, dans l'espace de moins d'un siècle, les trois princes les plus guerriers qu'ait eus la Suède : Gustave-Adolphe, Charles X Gustave, et Charles XII, sont tombés prématurément, sans que ni le génie élevé du premier, ni le courage brillant des deux autres, ait valu au pays des avantages solides et durables. Charles-Gustave a eu l'honneur de rendre à la Suède ses frontières naturelles; mais il est douteux qu'un prince qui commande à un peuple dont les ressources sont bornées, et qui regarde la guerre comme un but plutôt que comme un moyen, puisse soutenir longtemps le poids de sa fortune. La mort, en frappant Charles-Gustave après quatre années de règne, semble avoir été plus soigneuse de sa gloire que lui-même.

La rigueur de la saison ne permettait pas de poursuivre les travaux du siége ; les Suédois durent se borner à resserrer étroitement la ville. Cependant Copenhague pouvait être emportée d'assaut, surtout du côté où la mer, transformée en glace, n'était plus un obstacle pour l'ennemi. Frédéric se montrait infatigable, et son activité suffisait à tout. Distribuant à propos les encouragements et les récompenses, il put s'assurer combien, en s'appuyant sur le peuple, les princes peuvent gagner en puissance et en véritable grandeur. Uni par des traités récents avec l'Empire, la Pologne et l'électeur de Brandebourg, et secouru par les flottes de la Hollande, il ne se faisait point illusion sur les motifs réels de ces alliances, et il savait que ces États avaient moins à cœur les intérêts de sa couronne, que d'arrêter dans son essor l'ambition menaçante du roi de Suède. Aussi, tout en ne négligeant aucune des influences étrangères, comptait-il avant tout sur lui-même. La mort de Gyldenlö, fils naturel de Christian IV, lui porta un coup sensible. Jean Schack, après la mort du comte, remplit seul les fonctions si importantes, dans de telles circonstances, de commandant de la ville.

Cependant Charles-Gustave, ennuyé des lenteurs du siége, et prévoyant qu'une paix élaborée par les cabinets étrangers, et en supposant même les conditions les moins défavorables, aurait pour base le traité de Roschild, résolut de profiter de l'hiver et de donner l'assaut. Dans les premiers jours de février (1659), après avoir transporté une partie de son armée dans l'île d'Amack, il fit attaquer à la fois le quartier de Copenhague qui est situé dans cette île, et une prame qui défendait l'abord de la capitale de l'autre côté du détroit; mais cette entreprise échoua complétement. Le surlendemain, le roi, qui avait changé son plan d'attaque, ordonna au comte de Stenbock de forcer l'enceinte du côté du palais. Les soldats mirent par-dessus leurs habits des chemises blanches pour n'être pas distingués dans un moment où la terre était couverte de neige. Le comte de Tott commandait la seconde attaque du côté de Christianshaven.

Enfin une troisième attaque devait se faire à la porte de l'Est, sous les ordres du maréchal Banner. Charles s'était posté derrière le mur du faubourg de l'Ouest, avec un corps de réserve presque entièrement composé de cavalerie, tout prêt à se porter en personne sur le point où l'attaque aurait réussi. Il avait fait distribuer de l'eau-de-vie à ses soldats, et avait achevé d'enflammer leur courage en leur promettant le pillage de Copenhague. Ils marchèrent donc avec la plus grande ardeur, aussitôt que le signal leur eut été donné par des tonnes de poix embrasées, dont les flammes leur montraient le chemin de la fortune, de la victoire ou de la mort. (Terlon.)

Deux fois les Suédois renouvelèrent la première attaque, deux fois ils furent repoussés avec perte; enfin le découragement s'empara des assaillants, qui abandonnèrent la place. L'assaut dirigé par Tott sur Christianshaven n'eut pas plus de succès. Au point du jour, Banner commença à battre la porte de l'Est, mais son habileté et le courage des siens furent également inutiles. Charles-Gustave avait perdu plusieurs officiers de distinction et l'élite de ses troupes; il retourna dans son camp dans un état d'exaspération difficile à décrire. La joie des Danois était d'autant plus vive qu'ils s'étaient vus plus près de leur ruine. Le sentiment national s'exaltait des succès de cette mémorable journée; mais au milieu de l'enthousiasme général, l'aristocratie, sans prévoir encore les grands changements qui la menaçaient, n'envisageait qu'avec inquiétude les suites d'un triomphe dont l'honneur revenait surtout au roi et aux ordres qu'elle avait déshérités de ses priviléges. La royauté venait de retrouver son point d'appui en se rapprochant de la bourgeoisie et du peuple; malheureusement on crut avoir tout fait en réduisant la noblesse à l'impuissance, et le peuple, en affranchissant de tout contrôle le pouvoir royal, tendit de lui-même les mains aux chaînes qu'allait river le despotisme, et consomma l'abaissement du trône par le sien propre.

Le siége de Copenhague était pour ainsi dire interrompu; quelques tentatives que firent encore les Suédois n'étaient plus de nature à donner des inquiétudes sérieuses. Charles-Gustave essaya de compenser cet échec par de nouveaux avantages; mais le courage des habitants de la capitale semblait s'être communiqué aux provinces; partout les Suédois étaient repoussés, ou il leur fallait acheter chèrement le succès. Dans le district de Drontheim le gouverneur dut céder devant l'insurrection. Dans la petite île de Bornholm, un homme du peuple, nommé Jens Kofod, conçut et exécuta le projet de chasser les vainqueurs. L'île de Langeland ne fut soumise qu'après une résistance longue et opiniâtre. En un mot, les conquêtes des Suédois leur échappaient, ou ils ne pouvaient les conserver qu'en déployant des forces considérables qui affaiblissaient d'autant l'armée principale.

La flotte anglaise, sous le commandement de Montagu, était enfin dans les eaux du Sund; mais le roi de Suède, qui s'était flatté de trouver dans cette force navale un puissant auxiliaire, ne tarda pas à reconnaître que le protecteur, d'accord avec Mazarin, n'intervenait dans cette lutte que pour imposer sa médiation. Charles protesta avec hauteur contre cette prétention. Frédéric lui-même, malgré les embarras de sa situation, était peu disposé à conclure la paix sous l'empire de telles circonstances. Les Hollandais, mécontents de ne plus jouer qu'un rôle secondaire, attendaient un renfort que commandait l'amiral Ruyter; mais Montagu leur représenta que leur intérêt commun tendait à une pacification qui ne laisserait ni à la Suède ni au Danemark une trop grande prépondérance dans la Baltique, et il finit par les convaincre. Montagu voyant que les négociations traînaient en longueur, menaça de traiter en ennemi celui des deux rois qui s'obstinerait à ne pas vouloir traiter. Frédéric ne céda que lorsque ses alliés, l'Empereur et le roi de Pologne, lui eurent laissé une entière liberté d'action. Cette concession disposa favorablement les médiateurs pour le Danemark. Ils furent autorisés par le traité de la Haye (24 juillet 1659) à modifier quelques-uns des articles du traité de Roschild, et à faire restituer à Frédéric le district de Drontheim. Le roi de Suède déclara que la guerre lui paraissait préférable à une paix qui blessait également ses intérêts et son honneur.

Cependant les changements qui faisaient prévoir la chute prochaine de la république en Angleterre, ne permirent pas à Montagu de prolonger son séjour dans le Nord; il s'éloigna sans avoir pu achever l'œuvre de pacification qui était l'objet de sa mission, et dès lors la Hollande eut les mouvements plus libres. Ruyter perdit plusieurs fois l'occasion de détruire les escadres suédoises; il se contenta de les menacer et rentra dans les ports de Copenhague.

La guerre continuait dans le Jutland, où les Suédois avaient sur les bras les Impériaux, les Polonais et les troupes de l'électeur. Tandis que le roi de Suède était dans la plus grande sécurité, ses troupes reçurent un échec considérable dans l'île de Fünen. Les Danois, réunis à leurs alliés, s'étaient réunis près d'Odensée. Eberstein avait passé le petit Belt avec un autre corps, et forcé les retranchements des Suédois. Le prince palatin de Sulzbach, qui commandait les Suédois, ne se trouvant plus en état d'attaquer l'armée danoise après cette jonction, avait pris position sur une hauteur. Quoiqu'il fût inférieur en nombre, puisqu'il avait à peine sept mille hommes, ce poste était d'un accès si difficile, que le succès d'une attaque paraissait douteux. Les alliés, qui manquaient de vivres, engagèrent aussitôt l'action. Schack se mit à la tête de l'aile droite; Ahlefeld commandait la gauche où étaient les troupes allemandes sous le général Eberstein; les Hollandais formaient le corps de bataille. Du côté des Suédois le prince de Sulzbach avait la droite, le comte de Waldeck la gauche; Stenbock et Horn étaient au centre. Les deux ailes des alliés combattirent d'abord avec un désavantage marqué. Les Allemands furent repoussés avec perte et leur cavalerie rompue. Schack avec ses Danois rétablit le combat, et les Hollandais chargèrent si à propos, que l'aile droite des Suédois lâcha pied; la cavalerie danoise la poursuivit jusque dans Nybourg. L'infanterie de l'ennemi, vivement attaquée par les Polonais, fut taillée en pièces. Le prince de Sulzbach et Stenbock s'enfuirent seuls jusqu'au bord de la mer, où ils trouvèrent un bateau de pêcheur qui les conduisit dans l'île de Séland. Le reste de l'armée suédoise, avec Waldeck et Horn, se jetèrent dans Nybourg; mais Ruyter vint mouiller si près de cette place avec son escadre, qu'il put la foudroyer du côté du port, tandis qu'elle était attaquée vigoureusement par terre. L'artillerie, qui croisait ses feux, produisait un effet terrible. Les maisons enflammées s'écroulaient sur leurs habitants, qui rencontraient partout la mort. Les Suédois, perdant tout espoir de résistance, demandèrent à capituler. On exigea qu'ils se rendissent à discrétion, et près d'être ensevelis sous des ruines, ils durent subir cette condition. Les Impériaux et les Polonais, peu touchés de la modération et de l'humanité dont Ruyter donnait l'exemple, commirent des actes d'une férocité révoltante. On trouva dans la place cent pièces de canon; onze régiments de cavalerie furent incorporés dans les différents corps des troupes alliées. Enfin, de toute l'armée suédoise, il n'échappa que les deux généraux qui avaient passé dans l'île de Séland. Cette journée coûta à la Suède deux mille morts et quatre mille prisonniers; la perte des Danois et de leurs alliés ne fut évaluée qu'à cinq cents hommes. (Mallet, tome VIII, liv. XII.)

Charles-Gustave était plutôt irrité que découragé par ce revers; il consentit cependant à reconnaître la médiation des États-Généraux. Après avoir assuré ce qu'il lui restait de ses conquêtes dans les îles danoises, il passa en Scanie, et de là il se rendit à Gotheborg, dans le dessein d'organiser ses forces et de tenter une expédition sur la Norvége.

Cependant on remarquait un changement extraordinaire dans l'humeur du roi de Suède ; il ne montrait plus cette assurance et cette vigueur dont il avait donné tant de preuves ; il confia à ses généraux le soin de l'expédition de Norvége, et le mauvais succès de cette campagne sembla augmenter sa mélancolie. Depuis quelque temps la maladie minait ce corps robuste ; une fièvre lente abattit tellement ses forces, que dès les premiers jours de février (1660), il jugea lui-même que le mal était incurable. Ne pouvant plus se dissimuler que la conquête du Danemark était impossible dans les circonstances où se trouvait la Suède, et craignant qu'un revers de fortune n'arrachât à ses successeurs les provinces que ses armes avaient conquises, il prit de sages mesures pour la régence, et conseilla à son fils et aux grands du royaume de conclure promptement la paix. On a remarqué qu'il expira dans sa trente-septième année, au même âge que Gustave-Adolphe, et jour pour jour, un an après l'assaut qu'il avait donné à Copenhague.

La mort prématurée de ce prince semblait devoir rendre aux Danois l'espérance de recouvrer ce qu'ils avaient perdu ; mais les vues de la France et de l'Angleterre tendaient à maintenir la Suède dans le rang qu'elle tenait en Europe depuis le traité de Westphalie. Les médiateurs prirent pour base le traité de Roschild, moins la clause relative au district de Drontheim, qui devait rester au Danemark. Cet adoucissement ne pouvait satisfaire Frédéric, et les Hollandais le trouvaient également au-dessous de ce qu'on était en droit d'attendre de leur coopération. Ruyter tenait la flotte suédoise bloquée dans le port de Landscrona ; mais à l'instant où l'on s'y attendait le moins, cet amiral, sachant que les médiateurs accusaient les Hollandais d'exciter le roi à poursuivre ses avantages, se contenta d'observer l'ennemi, et reçut bientôt après l'ordre de suspendre les hostilités. Cette détermination eut pour résultat immédiat de fixer les irrésolutions de Frédéric ; après des débats qui se prolongèrent quarante jours, le traité fut définitivement signé le 27 mai (1660). En vertu des articles consentis, et sous la garantie des puissances médiatrices, la Suède fut maintenue dans la possession de la Scanie, du Halland, du Blekingen et de l'île de Hven ; quant à celle de Bornholm, elle resta au Danemark, moyennant des transactions particulières qui dédommageaient la Suède. Le Danemark recouvrait en outre ses établissements sur la côte de Guinée, et les priviléges du Sund, à la charge toutefois de payer trente-cinq mille écus à la Suède, pour l'entretien des fanaux sur la côte de Scanie. Le Danemark et la Suède avaient la faculté d'envoyer dans le Sund cinq vaisseaux de guerre et douze cents hommes de troupes ; mais si l'armement était plus considérable, ils étaient tenus de s'avertir quelque temps d'avance. Uhlfeld devait être réintégré dans ses biens.

C'est ainsi que le Danemark, qui ne touchait plus à la Suède que par la Norvége, put s'isoler dans ses institutions, et, que trop faible pour s'étendre sur l'Allemagne baltique, il se vit forcé plus tard de s'appuyer sur la Russie pour consolider son existence.

Quand l'armée suédoise eut évacué l'île de Séland, et que le duché de Holstein fut replacé dans les mêmes conditions où il se trouvait avant la guerre, le premier soin de Frédéric fut de chercher à réparer, autant que possible, les désastres de l'invasion étrangère. Les finances étaient épuisées, les forteresses à demi ruinées ; les villes qui avaient résisté avec le plus de courage étaient précisément celles qui avaient un besoin plus pressant de secours. Les troupes auxiliaires exigeaient l'arriéré de leur solde, et le commerce, interrompu depuis plusieurs années, réclamait la sollicitude du gouvernement. L'agriculture était surtout en souffrance, de sorte que les ressources ordinaires, encore diminuées par la perte de trois provinces, étaient loin de pouvoir faire face à tant de besoins.

D'un autre côté, le roi avait conquis l'affection de son peuple ; la bourgeoisie, dans toute la ferveur de son dévouement, était disposée à tous les sacrifices ; en un mot, le concours des circonstances avait mis les esprits dans cette disposition qui permet d'accueillir de grands changements, dont le peuple, lorsqu'il les provoque, attend toujours de grands avantages. Cependant, l'aristocratie danoise ne songeait qu'à ressaisir son influence et à réparer ses pertes. Si des défections considérables ne se fussent point déclarées dans son sein, les priviléges qu'elle avait accumulés depuis les derniers règnes, auraient suffi peut-être pour rétablir sa prépondérance. Quelques nobles, les uns par conviction, les autres par intérêt, s'étaient attachés au parti du roi. De ce nombre étaient Annibal Sehestedt, l'ennemi et le rival d'Uhlfeld ; Jean Schack, d'extraction saxonne, dont les services récents étaient d'un très-grand poids. Le génie fécond et souple de Gabel, gentilhomme de Brême, qui était tout dévoué au roi, le zèle et les lumières de Svane, évêque de Séland, et l'esprit inquiet et entreprenant d'un aventurier nommé Nansen, président de l'ordre de la bourgeoisie, distinction dont il s'était rendu digne par sa capacité et son courage, assuraient au parti de la cour l'appui du clergé, essentiellement roturier depuis la réforme, et celui des universités et des ordres inférieurs de l'État, tous ennemis de la noblesse. Le caractère de Frédéric était noble et ferme dans le danger ; mais la nécessité de plier sous les exigences de l'aristocratie l'avait formé de bonne heure à la prudence. La reine, dont l'orgueil avait été profondément blessé par les prétentions de la famille de Christine Munck, était une femme d'un courage viril. Durant le siège de Copenhague, on l'avait vue se porter sur les points les plus menacés, électrisant les Danois par sa présence, et leur faisant chercher un danger qu'elle bravait elle-même. Dès le temps du procès de Corfitz Uhlfeld, elle avait su s'attacher plusieurs familles influentes qui n'aspiraient qu'à la ruine du ministre ; mais après avoir consommé la perte de celui-ci par la noblesse, elle nourrissait le désir d'émanciper entièrement le sceptre en détruisant d'un seul coup les priviléges de l'aristocratie. Ce qu'elle n'eût jamais appris dans son palais, elle avait pu s'en convaincre par elle-même, alors qu'un danger commun la rapprochait de ses défenseurs. Elle reconnut que l'enthousiasme pour le roi se confondait avec la haine qu'inspirait la noblesse, et tout en paraissant déplorer les malheurs publics, elle achevait de rendre odieux ceux à la conduite desquels tous en rapportaient la cause.

On assure que Svane et Nansen conçurent, les premiers, le projet de réformer la constitution ; le chef-d'œuvre de la cour fut de le faire croire, et d'éloigner ainsi jusqu'à l'apparence d'une usurpation de pouvoirs. En combattant ici l'opinion généralement reçue, nous regardons comme un devoir d'indiquer, ne fût-ce que sommairement, sur quels motifs notre jugement s'appuie.

Si l'on examine attentivement, d'une part, ce que les historiens danois rapportent de la reine, et de l'autre les mémoires du chevalier de Terlon, en ce qui concerne l'époque dont nous nous occupons, il sera facile de se convaincre que cette princesse avait pris un grand empire sur Frédéric, dont la fermeté naturelle avait besoin de stimulant dès qu'il s'agissait, non plus de résister, mais d'entreprendre. A un esprit résolu et à une fierté héréditaire, Sophie-Amélie joignait une finesse qui se déguisait sous la grâce ; elle était trop éclairée pour ne pas comprendre que sans un coup d'État, l'aristocratie relèverait bientôt la tête, et que si l'on ne profitait pas du moment il serait bientôt trop tard pour attaquer d'anciens priviléges. Elle flatta adroitement le clergé et la bourgeoisie, dans la personne de leurs membres les plus influents ; elle leur fit voir de grands avantages attachés à une monarchie forte et indépendante ; et comme les priviléges des ordres inférieurs étaient, pour ainsi dire, nuls, il semblait, en effet, qu'ils eussent tout à gagner et rien à perdre.

Elle fit agir le monarque et ses conseillers avec tant de mesure et de secret, que cette sorte de conspiration contre une noblesse despotique était déjà dans tous les vœux lorsqu'elle éclata. Si Svane et Nansen n'eussent pas été gagnés par la cour, et que le projet de changer la constitution du royaume dût réellement leur être attribué, il est dans l'ordre naturel des choses que cette détermination les eût portés à réclamer des droits politiques pour les ordres qu'ils représentaient : ils ne se seraient point bornés à humilier la noblesse, en s'effaçant avec elle devant l'omnipotence du souverain.

Le 10 septembre (1660), le grand maître Gersdorff ouvrit la diète par un discours où il exposait la situation du royaume, et qu'il termina en demandant à chaque ordre, séparément et par écrit, son opinion sur les mesures à prendre.

La réponse des sénateurs ne se fit pas attendre ; par l'organe de Rosencrantz, Krage et Reetz, ils proposaient de lever un impôt sur toutes les denrées ; mais tout en déclarant que le sénat ne serait pas plus exempt de cet impôt que les autres ordres, ils établissaient quelques restrictions que l'on affecta de trouver exorbitantes. Ce contrôle d'une mesure que la noblesse regardait comme une concession toute bénévole, eut l'effet qu'on en attendait. Elle persista dans ses résolutions, et déclara qu'elle ne consentait à cette taxe, qui portait atteinte à ses priviléges, que pour trois années. Persuadée qu'il lui suffisait d'émettre une opinion pour la faire prévaloir, elle ne s'occupa plus que de rédiger des remontrances dont elle saisit le sénat. Ce mémoire portait en substance qu'il fallait faire une enquête sur la conduite de plusieurs officiers et soldats pendant la dernière guerre ; exhorter le roi à réduire les dépenses de sa maison et celles des services publics, en ayant égard aux pertes des nobles et des paysans, qui avaient surtout souffert dans l'invasion ; réparer la flotte et les forteresses ; confier les commandements à des sujets danois, à l'exclusion des étrangers ; réduire les forces militaires et les remettre sur l'ancien pied, et nommer le plus tôt possible aux emplois vacants de maréchal et de chancelier du royaume, etc.

On voit par cet exposé, où l'intérêt des nobles s'abrite derrière des considérations générales, qu'ils nourrissaient toujours les mêmes prétentions, et qu'ils s'obstinaient à ne tenir aucun compte de la situation nouvelle où les derniers événements les avaient placés.

Tandis que les nobles perdaient un temps précieux à exposer leurs griefs, les autres ordres rejetaient la mesure qui était comme la base de toutes les améliorations ultérieures. Ils n'attaquaient point l'impôt de consommation en lui-même, mais ils se plaignaient de ce que la noblesse n'était point imposée en proportion de ses facultés ; on lui reprochait de regarder ce sacrifice momentané comme non obligatoire, d'en avoir arbitrairement fixé le terme ; enfin d'avoir pris des précautions telles, que les charges des grands seraient facultatives, et qu'elles retomberaient en définitive sur les classes les plus nécessiteuses de l'État.

Surpris de ce refus, les nobles consentirent à de nouveaux sacrifices ; les autres ordres, en les acceptant, s'en imposèrent d'équivalents, pour ne point paraître le céder en désintéressement à leurs anciens oppresseurs, et pour se donner le mérite d'une offre spontanée. Mais lorsqu'on eut supputé les ressources que l'État tirerait des nouvelles taxes, il se trouva qu'elles étaient tellement au-dessous des besoins, que la bourgeoisie et le clergé déclarèrent qu'il fallait adopter une mesure plus efficace. Ils proposaient, en conséquence, de donner à ferme, au plus offrant, les fiefs, les domaines et les revenus de la couronne. C'était frapper au cœur l'aristocratie dans le plus productif de ses priviléges. On priait le roi d'affranchir les paysans des corvées en nature, qu'ils acquitteraient désormais en argent, de diminuer les droits d'accise et l'impôt sur le sel, sur le motif que la prospérité de l'agriculteur enrichirait promptement l'État, et l'on ajouta que le roi trouverait dans le dévouement de ses sujets des ressources suffisantes pour couvrir les dépenses reconnues nécessaires. La noblesse put mesurer dès lors toute l'étendue du danger qui la menaçait. Elle cria à la violation de ses priviléges, oubliant que c'étaient justement ces priviléges que l'on voulait détruire; elle invoqua l'esprit et la teneur de la capitulation royale, comme si l'examen de cette capitulation, dans de telles circonstances, ne conduisait pas naturellement à des conclusions directement contraires aux intérêts qu'elle ne pouvait abandonner.

Les communes, mettant de côté tout ménagement, établirent, sur des pièces irrécusables, l'état des pertes qu'avaient faites les villes, et prouvèrent sans peine que les sacrifices de la noblesse, tout considérables qu'ils pussent être, étaient loin d'égaler les leurs. Outré de cette liberté de discussion, un des sénateurs, Othon Krag, demanda avec hauteur à Nansen s'il oubliait la distance qu'il y avait entre des bourgeois et des nobles. L'irritation qui suivit cette apostrophe hâta la conclusion de ce débat, en faisant surgir l'idée qui était au fond de la question, et dont les meneurs seuls avaient le secret : *Substituer le principe héréditaire au principe électif dans la constitution du Danemark.* Toute idée de pondération fut écartée, comme si le caractère d'un prince eût offert des garanties suffisantes pour l'avenir. Svane et Nansen avaient-ils fait d'avance leurs conditions, ou mesurèrent-ils leurs espérances à l'importance du service? C'est un point qu'il est difficile de dégager du domaine des conjectures. Soit qu'ils jugeassent que la réintégration des ordres subordonnés dans leurs anciens droits politiques ne répondait pas au vœu des communes, soit appréhension que des priviléges de cette nature n'ouvrissent une voie plus large aux prétentions de la noblesse, soit enfin qu'un intérêt plus étroit les déterminât, ils firent bon marché des libertés publiques, et ne voyant que les abus présents, ils se montrèrent dignes de la servitude en acceptant, pour eux et leurs neveux, toutes les éventualités du despotisme le plus complet.

C'est sans doute un des faits les plus curieux qu'offre l'histoire, que cette manifestation de la volonté populaire, à l'instant même où la victoire élevait les esprits ; que cet acte d'abdication spontanée des droits dont l'exercice divise les hommes depuis l'enfance des sociétés, en faveur du pouvoir illimité; que cet enthousiasme d'abaissement, qui ne se sert un instant de la liberté que pour en consommer à jamais le sacrifice.

Quelques membres influents du clergé et de la députation des villes se réunirent chez Svane pour y conférer sur le nouvel acte, et sur les mesures les plus propres à en assurer l'acceptation. Telle est la puissance des constitutions établies, quelque vicieuses qu'elles puissent être, que l'on redoutait l'influence, peut-être le ressentiment de la noblesse. Cependant, que pouvait-elle, réduite à ses propres ressources? L'armée, composée en partie de mercenaires étrangers, était dévouée au roi; la milice, aguerrie par le dernier siége, sentait ses forces; des hommes capables défendaient les intérêts de la bourgeoisie, et la cour, étrangère en apparence à ce conflit, en suivait attentivement toutes les phases, et se faisait un mérite aux yeux du grand nombre de sa prétendue neutralité. Cependant des démarches non équivoques trahirent ses inquiétudes au moment décisif. Le jour même de la réunion dont nous venons de parler, le chambellan Gabel eut une longue conférence avec Svane, Nansen et quelques autres membres du clergé et de la bourgeoisie. Éric Olafsen, député du clergé de Séland, et qui passe pour l'auteur de la relation la plus complète qui nous soit parvenue sur la révolution de 1660, rapporte que Gabel lui demanda s'il ne craignait pas d'être désavoué par ses commettants au sujet des nouvelles prérogatives dont on voulait entourer la monarchie; il répondit :

« Je suis pleinement assuré que, comme l'ouvrage dont nous nous occupons a été mûrement considéré par tous ceux qui sont ici présents, et qu'il résulte de cet examen que ce changement tournera à la gloire et à la prospérité de la maison royale, et au bien réel du royaume, en ce que les riches et les puissants y jouiront des mêmes droits que les autres; de même aussi le roi peut être convaincu que mes frères du diocèse de Séland s'y prêteront sans aucune difficulté, et approuveront ma conduite, surtout lorsqu'ils verront les députés des autres ordres, le clergé des autres diocèses et les représentants des villes y adhérer unanimement. Et quand même il arriverait que quelques députés voulussent s'y opposer, par des vues d'intérêt particulier, la majorité aimera toujours mieux être gouvernée par un maître que d'en avoir plusieurs. Je souhaite cependant que l'on consulte ceux des députés des diocèses qui ne se trouvent pas ici, et que l'on tâche de persuader ceux dont les opinions chancelleraient encore, tant pour le clergé que pour les députés des villes, en s'adressant particulièrement à ceux qui ont le plus de crédit, et qui ont acquis cette influence, non par les faveurs de la noblesse, mais par leur fortune propre et leur mérite personnel. »

Malgré cette protestation, la cour semblait hésiter encore. Svane et Nansen mettaient dans la conduite de cette affaire tout le zèle qu'on peut attendre de l'esprit de parti, et de gens qui se trouvent tout à coup appelés, par un concours fortuit de circonstances, à exercer une influence prépondérante. Le lendemain, on convoqua un comité plus nombreux où les questions furent nettement posées; des messagers de la cour allaient et venaient du palais au lieu des séances; cette négociation entre la couronne et deux ordres de l'État, à l'exclusion de la noblesse, était à elle seule une révolution. La reine était l'âme de cette intrigue singulière, où tout un peuple, au lieu de se reconstituer franchement, conspirait contre une poignée de privilégiés. Frédéric, centre de toutes ces agitations, affectait de ne rien voir et de ne rien désirer. Cette indifférence apparente stimulait encore le zèle de ses partisans; on eût dit que le peuple aspirait à la servitude avec plus d'ardeur que le monarque à la tyrannie, et qu'il regardait sa dégradation prochaine comme un triomphe.

La noblesse ne pouvait ignorer ce qui se passait; on a dit qu'elle méprisait trop le peuple pour lui faire l'honneur de le craindre; nous sommes plutôt porté à croire qu'elle ne voulut point donner la mesure de son impuissance en recourant à des moyens extrêmes.

Le sénat avait proposé une mesure sur l'élévation du droit de timbre, que les communes refusèrent d'accepter; elles insistaient sur la taxe des consommations, comme offrant l'avantage d'une répartition plus équitable. La requête qui exprimait le vœu de la bourgeoisie et du clergé fut portée au roi par Svane et Nansen; en sortant du château, ils rencontrèrent le sénateur Othon Krag : *Qu'aviez-vous à faire là?* leur dit-il avec hauteur; et se tournant vers la tour où sont détenus les prisonniers d'État, il ajouta : *Ne connaissez-vous pas cet autre lieu, et en ignorez-vous la destination?* Pour toute réponse Nansen, en indiquant le clocher de Notre-Dame : *Ne sauriez-vous pas*, lui dit-il, *ce qui pend là-haut?* Il voulait parler du beffroi, qui, sur l'ordre du magistrat, pouvait appeler aux armes toute la population de Copenhague.

Il ne s'agissait plus que de faire accepter par la noblesse l'acte qui consommait sa ruine, et qui portait la signature de quinze députés du clergé et de trente-huit députés des villes. Les représentants de ces deux ordres, suivis d'une foule de peuple qui faisait éclater sa joie, et ayant à leur tête leurs présidents Svane et Nansen, se rendirent solennellement à l'hôtel de ville.

Lorsqu'ils eurent été admis dans la salle des Nobles, Nansen, après un discours où il opposait aux abus du passé les avantages que promettaient les réformes votées par les communes, déposa sur le bureau la déclaration suivante :

« Très-illustres Seigneurs, etc.. Nous soussignés des ordres du clergé et des villes, ne pouvons nous rappeler qu'avec la plus grande satisfaction le discours également sage et mémorable que tint ici, en présence de S. M., du Sénat et de tous les ordres de l'État, monseigneur le grand maître du royaume; il y avoua qu'après la protection divine, c'était à la présence de Sa Majesté, à sa sagesse, à sa vigilance, à sa grande valeur, que la délivrance du royaume était due. C'est ce que chacun de nous n'est pas moins obligé de reconnaître. Et qui pourrait nier en effet que lorsque nous apprîmes que l'ennemi avait pénétré dans l'intérieur de notre pays, et qu'il marchait sur Copenhague, nos cœurs ne fussent abattus et remplis de terreur? Ils ne reprirent la vie et la force que quand, appelés en présence de Sa Majesté, elle nous ramena par ses exhortations à notre devoir, aux sentiments de fidélité que nous lui devions, et à ceux d'un courage de résistance. Ce fut l'effet de la promesse que le roi nous fit de vivre et de mourir avec nous. Alors nous nous sentîmes tous remplis d'ardeur et de zèle pour la défense de la patrie; nous n'eûmes plus qu'un cœur, et pour ainsi dire qu'une main, pour relever nos remparts et les défendre; la faim, la soif, les glaces, les coups de l'ennemi, ne nous effrayèrent plus. On vit régner dans la ville une union, un dévouement, une patience incroyables : cependant, tous nos efforts eussent été insuffisants, si nous n'avions reçu par terre et par mer des secours des puissances étrangères; et c'est là encore une preuve bien éclatante de la sagesse et de la prudence de Sa Majesté; lorsque tout paraissait dans la plus grande confusion, lorsque l'ennemi semblait nous avoir coupé toute communication au dehors, le roi trouva cependant moyen de faire connaître aux étrangers notre situation, et pleins d'estime pour sa personne et pour sa famille royale, ils prirent le plus vif intérêt à la délivrance de cette capitale. Le roi, de son côté, exposa sa personne aux plus grands dangers pendant le cours de ce siége, soit dans la descente que fit le roi de Suède à Amack, soit sur les remparts où il était jour et nuit, et où sa présence continuelle produisait de si heureux effets, en soutenant le courage, la fidélité, le zèle de ses sujets; chaque sortie se faisait sous ses yeux, et c'est ce qui rendait ordinairement ces entreprises si heureuses. Il se trouvait partout où il y avait le plus de danger : comme lorsque l'ennemi donnant l'assaut à nos derniers remparts, son exemple nous apprit ce que nous avions à faire; il enflamma le cœur des citoyens du désir de l'imiter, et de hasarder leur vie pour la défense de sa personne et de leur patrie. Et quoique notre devoir nous fît sans doute une loi de ce zèle et de cette obéissance, Sa Majesté n'en a pas moins été libérale dans ses récompenses, soit envers chaque ordre, auquel elle a accordé les plus beaux priviléges, soit envers les particuliers, par des grâces proportionnées à leurs besoins. Ainsi, puisque le gouvernement de Sa Majesté a été signalé jusqu'à ce jour par tant de sollicitude et de clémence, puisque c'est par ses vertus qu'elle a sauvé la patrie des mains de nos ennemis, puisqu'elle a récompensé avec tant de générosité des services que le serment de ses sujets rendait obligatoires, puisque ses ancêtres ont gouverné ce royaume avec gloire depuis tant d'années, nous estimons que notre devoir et nos obligations, comme aussi l'intérêt et le bonheur du royaume, exigent que nous donnions à Sa Majesté et à sa royale maison des marques de notre reconnaissance. Et il nous semble que le meilleur moyen de le faire est, qu'à l'exemple des peuples célèbres, nous rendions ce royaume héréditaire en faveur de Sa Majesté et de sa famille. C'est ce que les états de Suède ont déjà fait, et ils s'en sont bien trouvés, sans parler des royaumes d'Espagne, de France et d'Angleterre, qui, sous un sceptre héréditaire, sont montés au plus haut point de prospérité qu'il soit donné aux nations d'atteindre. Nous ne doutons pas, illustres et sages sénateurs de ce royaume et membres de la noblesse, que vous ne soyez du même avis; mais nous vous prions très-humblement et très-instamment de vouloir bien le déclarer en présence de Sa Majesté, en la suppliant en même temps de confirmer les priviléges de chaque ordre, afin que ce changement tourne, non-seulement à la gloire de Dieu, mais à l'avantage du royaume et à la satisfaction de tous. » (Donné à Copenhague, le 8 octobre 1660.)

Quoi qu'on en ait dit, les nobles, qui tenaient par tant de relations et d'intérêts la bourgeoisie dans une sorte de dépendance, ne pouvaient être surpris d'une demande qu'ils devaient prévoir depuis le concert manifeste du peuple et de la cour; mais ils ne s'attendaient pas à un dénoûment si brusque, et qui paralysait tous leurs moyens de résistance. Ils avaient compté sur une discussion, et ils se trouvaient placés entre le péril d'un refus et la honte de céder à des exigences si onéreuses. Ils voyaient bien que derrière cette manifestation populaire se cachait l'influence royale, et cet accord momentané de la cour qu'ils redoutaient, avec la classe moyenne, qu'ils n'auraient pas jugée capable de tant de prudence et de fermeté, les déconcertait bien plus que ne l'eussent fait des réclamations tendantes à modifier la constitution dans un sens démocratique. Ils demandèrent du temps pour réfléchir, avant d'adopter une résolution d'une si haute importance, ajoutant qu'une détermination subite ôterait à la nouvelle loi la gravité d'une sanction raisonnée et consciencieuse ; mais Nansen s'écria que s'ils n'obtempéraient pas immédiatement à la proposition des communes, les députés consentants se rendraient seuls chez le roi, qui les attendait. Les sénateurs, pendant ce débat, envoyèrent secrètement chez le roi pour l'informer que l'ordre de la noblesse n'était pas éloigné d'accorder à sa famille la succession héréditaire *dans la descendance mâle*, mais qu'ils suppliaient Sa Majesté de permettre que cette question fût traitée avec la maturité convenable. Frédéric, sans sortir de sa modération habituelle, répondit que rien ne lui serait plus agréable que l'accord de tous les ordres de l'État pour les mesures qui intéressaient la prospérité du royaume, mais qu'il n'accepterait point ce qui lui était offert, *avec la restriction qu'y mettait le sénat.*

A notre avis, rien n'est plus propre à indiquer la participation active de la reine dans toute cette intrigue, que l'appréhension de la noblesse sur la faculté qu'auraient les princesses du sang royal d'hériter du trône, à défaut de descendants mâles. Si les preuves morales sont de quelque poids en histoire, il est évident que le sénat attribuait à la reine, sinon l'idée première, du moins la conduite principale de cette affaire, et que la réponse du roi, à l'instant où le sénat consentait à une si grande concession, n'a pu être faite que sous l'empire d'une ambition de femme. Que si l'on objectait que Sophie-Amélie n'avait point le sceptre en perspective, nous ferons observer que la clause exigée flattait son orgueil, et en outre qu'elle n'avait de Frédéric que deux fils, tandis qu'elle lui avait donné quatre filles, et que suivant les dispositions de *la loi royale* (article IX), la régence, en cas de minorité, pouvait être confiée à la reine. D'un autre côté, si la conduite de la noblesse n'eût point blessé l'orgueil de cette princesse, pourquoi le sénat aurait-il insisté sur l'exclusion des femmes? L'histoire ne prouve-t-elle pas, par de nombreux exemples, que sous leur gouvernement la faveur et le privilége éludent plus facilement la sévérité des lois?

Quoi qu'il en soit, le sénat, ne pouvant se résigner assez à temps à ce qu'exigeait l'impatience des communes, les députés se rendirent chez le roi, et, en présence de quelques seigneurs et d'Annibal Sehested, qui étaient du parti de la cour, ils lui offrirent, au nom du clergé et de la bourgeoisie, l'hérédité de la couronne avec un pouvoir illimité. Frédéric les reçut avec bienveillance, mais avec une mesure qui pouvait faire douter si c'était lui ou le peuple qui acceptait une faveur. Il remercia les députés de leur zèle, et protesta qu'il ne souscrirait à la nouvelle constitution que lorsqu'elle aurait été confirmée par la sanction de la noblesse. C'était désigner l'ordre opposant à la colère du peuple, en isolant ses intérêts dans l'État. Cette circonspection du monarque augmenta les perplexités de la noblesse. L'élite de ses membres s'était réunie, selon l'usage, à un repas donné à l'occasion des obsèques d'un sénateur; on discutait sur la loi de succession, lorsque le major de la ville vint annoncer aux convives que le gouverneur venait de lui donner l'ordre de fermer les portes de Copenhague, et que des mesures sévères étaient prises pour arrêter quiconque essayerait de sortir de la capitale. La crainte succéda bientôt à l'étonnement; l'incertitude du sort qu'on leur réservait, toutes les anxiétés du doute, souvent plus difficiles à supporter que l'attente d'un péril connu, les déterminèrent à envoyer Trolle, vice-roi de Norvége, pour annoncer au roi que l'ordre de la noblesse acceptait purement et simplement la proposition que le clergé et la bourgeoisie avaient faite à Sa Majesté. Ce consentement levait toutes les difficultés; cependant, comme il n'avait été obtenu que par une sorte de violence, les sénateurs se flattèrent sans doute qu'ils pourraient faire revivre leurs prétentions dans des circonstances moins défavorables. En effet, lorsqu'on voulut rendre au roi l'acte de capitulation, qui formait, pour ainsi dire, la charte des priviléges de la noblesse, il fut impossible de retrouver cette pièce, dont l'original ne fut découvert qu'en 1710, parmi des papiers qui avaient appartenu au conseiller Urne. Il fallut donc se contenter d'une copie de l'acte d'assurance; la teneur en fut annulée par une déclaration des trois ordres, en vertu de laquelle le roi était relevé de tous les serments et obligations qui lui avaient été imposés à son avénement. Deux jours après, eut lieu la cérémonie du nouveau serment, nécessité par le changement de constitution.

« Le roi, la reine et la famille royale sortirent du château, précédés de toute la noblesse, qui était conduite par ses deux maréchaux, George Kruse et Henri Lindenow; après eux paraissaient les deux maréchaux de la cour, accompagnés de toute la maison du roi; ils étaient suivis de deux hérauts et des premiers personnages de l'État, portant l'étendard, le globe, l'épée, le sceptre et la couronne. Les sénateurs, la noblesse, le clergé, l'université en corps, les députés des villes et les paysans libres de l'île d'Amack, ayant pris place, Pierre Reetz, qui remplissait les fonctions de chancelier, parla en ces termes: «Puisqu'il a plu au Tout-Puissant que par une résolution unanime et volontaire des états, ce royaume devînt héréditaire, en faveur de Sa Majesté, notre seigneur et roi, et de sa postérité, tant masculine que féminine, Sa Majesté, en remerciant les états de leur bonne volonté et de leur zèle, ne promet pas seulement à tous ses bons et fidèles sujets de les gouverner comme un prince clément et chrétien, mais encore d'établir une forme d'administration telle, qu'ils puissent attendre les mêmes avantages de ses successeurs et de sa postérité; et comme cette résolution unanime des états exige un nouveau

20ᵉ *Livraison.* (DANEMARK.)

serment de fidélité, Sa Majesté relève les états des serments antérieurs, en leur donnant à tous, et à chacun en particulier, l'assurance de sa protection et de sa faveur royale. »

Les sénateurs s'agenouillèrent et répétèrent le serment suivant, dont Reetz leur lut le formulaire : « Très-puissant seigneur et roi, je jure que je serai obéissant et fidèle à Votre Majesté comme à mon très-gracieux roi et seigneur, aussi bien qu'à votre royale famille ; que je ferai tous mes efforts pour contribuer au bien et à l'avantage de Votre Majesté et de sa maison, pour détourner ce qui pourrait lui être préjudiciable ; que je servirai fidèlement Votre Majesté comme mon seigneur héréditaire, selon l'honneur et le devoir d'un gentilhomme et d'un sujet. Qu'ainsi Dieu me soit en aide! »

Lorsqu'après avoir prêté ce serment, les sénateurs allèrent saluer le roi, ils gardèrent un morne silence ; le seul Gersdorff, après une allocution qui ressemblait plutôt à un conseil qu'à des félicitations, ajouta avec une franchise qui était comme la dernière manifestation des libertés de son ordre, qu'il espérait que Sa Majesté ne les gouvernerait pas *à la turque*. Il est à remarquer que les nobles durent signer une déclaration qui contenait le serment ; précaution à laquelle les autres ordres ne furent point soumis.

Il n'est pas sans intérêt d'indiquer quelles furent les faveurs accordées aux principaux acteurs de cette révolution singulière, où le peuple tendit les mains au despotisme avec un empressement plus grand et plus général peut-être que les hommes n'en mettent d'ordinaire à s'en affranchir. Annibal Sehested eut la dignité de grand trésorier ; Gabel fut fait gouverneur de Copenhague, en remplacement de Schack, qu'on nomma gouverneur des deux royaumes et président du conseil de guerre ; Svane reçut le titre d'archevêque ; quant à Nansen, on le fit président de la magistrature de Copenhague. Ils reçurent en outre des gratifications considérables. La milice bourgeoise fut licenciée avec honneur ;

enfin l'on s'occupa de mettre l'administration du royaume en harmonie avec l'esprit de la nouvelle constitution.

Comme les motifs qui déterminent les hommes sont basés sur les mêmes intérêts et les mêmes passions, il convient, lorsqu'on étudie les faits avec un esprit philosophique, de chercher à démêler, dans le concours des circonstances, les raisons qui ont conduit à des résultats qui pourraient paraître exceptionnels. Comment et pourquoi le Danemark est-il passé si rapidement, et sans secousse, du principe électif à celui de monarchie pure ? On a vu, par les développements historiques qui précèdent, que la noblesse avait peu à peu absorbé les priviléges des autres ordres, et qu'elle était parvenue à tenir la royauté en tutelle. Quand les richesses ne donnent pas le pouvoir, elles le suivent ; le clergé et la bourgeoisie furent donc opprimés par l'aristocratie, qui attirait à elle toute la substance de l'État. Les idées de liberté étaient depuis longtemps éteintes ; on aspirait donc moins à l'exercice des droits politiques qu'à un soulagement. On crut avoir beaucoup fait en réduisant la noblesse à l'impuissance, et en déplaçant le pouvoir suprême. Il faut remarquer en outre que cette détermination n'était pas sortie de la situation respective des ordres de l'État, mais d'un péril extérieur qui menaçait à la fois le trône et la nation. La résistance ne fut point spontanée ; le prince et quelques chefs l'excitèrent, de sorte que le peuple ne triompha qu'en obéissant ; il fut donc facile à ceux qui avaient justifié sa confiance de l'obtenir encore, lorsqu'il fut question de modifier les institutions. Telle était la disposition des esprits : l'habileté de la cour fit le reste.

Dès le commencement de l'année suivante (1661), les trois ordres confirmèrent de nouveau et d'une manière plus formelle le nouvel acte constitutif, en laissant au roi la faculté de régler la succession et la régence. Le roi usa immédiatement de son pouvoir pour prendre les mesures que réclamait l'intérêt du royaume. Il décréta l'organisation d'une armée permanente de vingt-quatre mille hommes, établit une capitation qui atteignait les nobles, le clergé et la bourgeoisie, et régla la taxe des consommations. Quant aux fiefs qui devaient faire retour à la couronne, tout en admettant le principe, il en adoucit l'application, par égard pour la noblesse. La charge de grand maître fut supprimée ; on y substitua celle de grand sénéchal, qui fut donnée à l'ex-grand maître. Le roi créa deux chanceliers, l'un pour la cour, l'autre pour les provinces allemandes, et un conseil privé, où les affaires importantes devaient être traitées sous la présidence du roi. Des colléges inférieurs préparaient le travail ordinaire, et assistaient les grands officiers de la couronne. Ces sortes de commissions étaient composées de membres nobles et non nobles à nombre égal, de sorte que l'élément démocratique y contre-balançant l'élément aristocratique, les intérêts de la couronne restaient prépondérants. Nous ne nous arrêterons pas sur la promesse que fit le roi de consulter au besoin un grand conseil où étaient représentés tous les ordres de l'État, et même de convoquer les états dans les cas extraordinaires : cette sorte d'engagement facultatif prouvait seulement que le pouvoir royal, dans la nouvelle position qu'on lui avait faite, ne craignait pas de se trouver en présence des anciennes formes constitutives, qui, privées qu'elles étaient de vie et d'action, ne pouvaient que s'effacer dans l'institution monarchique. Quelques historiens ont vanté la libéralité avec laquelle Frédéric accordait aux divers ordres des concessions et des priviléges ; mais ces faveurs servaient trop bien le parti de la cour, pour que l'observateur impartial y voie autre chose que de l'habileté. Il s'agissait d'empêcher les ordres de se rapprocher et de se confondre, afin d'exploiter leur rivalité. Des priviléges étaient donc nécessaires. D'un autre côté, la monarchie, et surtout la monarchie absolue, ne peut exister sans aristocratie ; Frédéric n'avait aucun intérêt à supprimer les distinctions nobiliaires, mais il voulait des nobles recevant tout leur éclat et toute leur influence du trône ; et comme ils ne pouvaient agir désormais qu'au nom de la royauté, il était prudent d'accorder des garanties aux autres ordres, qui auraient rapporté à cette même royauté tous les abus de l'oppression.

Il ne restait plus qu'à couronner ces changements par une loi qui les embrassât tous, et qui fût comme la clef de voûte du nouvel ordre de choses. Cette loi, où tout est prévu contre la liberté d'un peuple qui s'était livré de lui-même à la discrétion, non-seulement d'un monarque instruit par l'adversité, mais de ses successeurs, bons ou mauvais, cette loi, bien digne du nom de loi royale, parce qu'elle est la franche expression des tendances de toute royauté, ne fut achevée qu'en 1665. Schumacker la rédigea, dit-on, presque en entier. C'est le chef-d'œuvre d'un parvenu ambitieux, épris de l'absolutisme aussi longtemps que la faveur du despote l'y associe. Tombé plus tard dans la disgrâce, après avoir été élevé au faîte des honneurs, il eut tout le loisir de méditer sur l'imprudence des peuples, qui, dans un moment d'entraînement, confient sans réserve leur sort à un homme qui a ses passions et ses faiblesses, et dont les fautes, que nul contrôle ne signale et n'arrête, peuvent causer tant de maux irréparables.

Comme cette loi, d'ailleurs si fameuse, explique mieux qu'il ne serait possible de le faire, l'esprit des institutions danoises depuis 1660, nous croyons devoir la donner textuellement. En effet, elle ouvre une ère nouvelle, et partage, pour ainsi dire, en deux époques tranchées, l'histoire dont nous esquissons les principaux événements. Le lecteur pourra comparer ce que fut le Danemark, lorsqu'il eut les périls et la vie de la liberté, avec ce qu'il est devenu au sein de cet engourdissement qu'on appelle *ordre* dans les pays despotiques ; il pourra

20.

juger ce que les monarques gagnent eux-mêmes en se renfermant dans le cercle étroit des intrigues de palais, au lieu d'avoir à répondre de leurs actes au grand jour et devant des pouvoirs que les caractères ambitieux dominent quelquefois, mais qui sont les tuteurs des princes vulgaires.

LOI ROYALE, 1661.

Frédéric III, par la grâce de Dieu, roi de Danemark et de Norvège, des Vandales et des Goths, duc de Sleswig, de Holstein, de Stormarie et de Dytmarse, comte d'Oldenbourg et de Delmenhorst.

Savoir faisons, qu'instruit par l'exemple des autres, et par notre propre expérience, de la merveilleuse sagesse avec laquelle Dieu gouverne les empires et règle leurs destinées, nous reconnaissons que c'est à sa toute-puissance que nous devons rapporter la délivrance du péril pressant qui menaçait d'une ruine prochaine, dans les années précédentes, notre personne, notre famille royale, nos royaumes et nos provinces. C'est par sa bonté paternelle que nous en avons été préservé, et c'est par les soins de sa providence, que, non-seulement nous sommes parvenu à une paix désirée, mais que notre sénat d'alors et les états du royaume, composés de la noblesse, du clergé et du tiers état, ont résolu de renoncer au droit d'élection qui leur appartenait. En conséquence, ils ont trouvé bon de nous remettre toutes les copies de la capitulation que nous avons signée, et d'en annuler toutes les clauses et toutes les conditions, nous déchargeant du serment que nous fîmes lorsque nous parvînmes au trône, et nous déclarant absolument libre dans toutes les obligations qu'il nous imposait. Les susdits états, de leur plein gré et de leur propre mouvement, sans aucune sollicitation de notre part, nous ont en même temps donné à titre de droit héréditaire, pour nous et nos descendants, issus d'un mariage légitime, dans la ligne masculine et féminine, nos royaumes de Danemark et de Norvège, avec tous les droits du pouvoir souverain, pour les exercer d'une manière absolue, et ils ont annulé, par une suite de cette disposition, les lettres obligatoires que nous donnâmes au nom de notre bien-aimé fils le prince Christian, en date du 18 juin 1650, la disposition provisionnelle signée en 1651, et en général tout ce qu'il y avait, en tous actes, documents ou constitutions, de contraire au droit de succession et au pouvoir absolu qui nous a été conféré. A quoi ils ont ajouté le pouvoir, non-seulement de régler selon notre bon plaisir la forme du gouvernement pour l'avenir, mais de déterminer encore celle de la succession, en marquant l'ordre dans lequel les lignes, tant masculines que féminines, devront se succéder ; et comment le royaume sera gouverné pendant une minorité, si le cas arrive. Nous requérant sur tous ces points de publier une ordonnance, qu'ils ont promis, pour eux et leurs descendants, de regarder comme une loi fondamentale, c'est-à-dire une loi immuable qu'ils observeront religieusement dans tous ses articles, et à laquelle ni eux ni leurs descendants ne pourront jamais contrevenir pour nous troubler, nous ou nos héritiers légitimes et nos descendants à perpétuité. Promettant au contraire par serment de la défendre au péril de leur vie, de leur honneur et de leurs biens, contre tous et chacun de ceux, tant de nos sujets que des étrangers, qui pourraient l'attaquer ou de parole ou d'effet, sans que jamais des raisons de haine, d'amitié, de crainte, de danger, d'utilité, de dommage, d'envie, ni aucun artifice humain, puissent les détourner, eux ou leurs descendants, de leurs devoirs à cet égard. Nous passons ici sous silence toutes les autres marques d'amour que nos chers et fidèles sujets nous ont données, qui sont autant de preuves de leur zèle pour la prospérité de notre maison royale héréditaire, et pour la sûreté et tranquillité de nos États.

Considérant donc avec toute l'attention requise le bienfait signalé que la Providence nous a accordé, et l'amour extrême que nos fidèles sujets nous ont montré, nous avons, pour y répondre, employé toutes les forces de notre esprit à établir une forme de gouvernement et de succession qui convienne essentiellement à un gouvernement monarchique, et nous avons trouvé bon de la consacrer par cette loi royale qui doit servir de loi fondamentale dans l'État, et être à jamais observée par nos héritiers et leurs descendants, aussi bien que par tous les habitants de nos royaumes et provinces, sans aucune exception, et sans qu'elle puisse jamais être sujette à aucun changement ni contradiction, devant être tenue pour irrévocable à perpétuité.

ART. 1er. Dieu étant la cause et le principe de tout, la première disposition que nous faisons par cette loi, c'est que nos successeurs et descendants, tant mâles que femelles, jusqu'à la postérité la plus reculée, qui occuperont le trône de Danemark et de Norvége par droit de succession, adoreront le seul et vrai Dieu, de la manière dont il s'est révélé dans sa sainte parole, telle qu'elle est expliquée dans notre confession de foi, faite en conformité de celle d'Augsbourg, de l'année 1530; voulant qu'ils prennent soin d'entretenir cette religion dans toute sa pureté dans leurs royaumes, qu'ils la protégent et la défendent de tout leur pouvoir, dans tous leurs États, contre tous hérétiques, sectaires et blasphémateurs.

Art. 2. Les rois héréditaires de Danemark et de Norvége seront en effet et devront être regardés par tous leurs sujets comme les seuls chefs suprêmes qu'ils aient sur la terre. Ils seront au-dessus de toutes les lois humaines, et ne reconnaîtront, dans les affaires ecclésiastiques et civiles, d'autre juge ou supérieur que Dieu seul.

Art. 3. Il n'y aura donc que le roi qui jouisse du droit suprême de faire et d'interpréter les lois, de les abroger, d'y ajouter ou d'y déroger. Il pourra aussi abolir les lois que lui-même ou ses prédécesseurs auront prescrites (à la réserve de cette loi royale qui doit demeurer ferme et irrévocable comme loi fondamentale de l'État), et accorder des exemptions, tant réelles que personnelles, à tous ceux qu'il jugera à propos de dispenser de l'obligation d'obéir aux lois.

Art. 4. De même, il n'y aura que le roi qui ait le pouvoir suprême de donner ou d'ôter les emplois selon son bon plaisir, de nommer les ministres et officiers grands ou petits, sous quelque nom ou titre qu'ils soient employés au service de l'État; de sorte que toutes les dignités et tous les offices, de quelque ordre qu'ils soient, tireront leur origine du pouvoir suprême du prince comme de leur source.

Art. 5. C'est au roi qu'appartient le droit de disposer des forces et des places du royaume. Il aura seul le droit de faire la guerre avec qui et quand il le trouvera bon, de faire des traités et d'imposer des tributs, de lever des contributions de toute espèce; puisqu'il est clair qu'on ne peut défendre les royaumes et les provinces qu'avec des armées, et qu'on ne peut entretenir des troupes qu'au moyen des subsides qui se lèvent sur les sujets.

Art. 6. Le roi aura la juridiction suprême sur tous les ecclésiastiques de ses États, de quelque rang qu'ils soient. C'est à lui de déterminer et de régler les rites et les cérémonies du service divin, de convoquer les conciles et les synodes assemblés pour régler les affaires de religion, et d'en déterminer les sessions; en un mot, le roi réunira seul dans sa personne tous les droits éminents royaux et de la souveraineté, quelque nom qu'ils puissent avoir, et il les exercera en vertu de sa propre autorité.

Art. 7. Toutes les affaires du royaume, les lettres et les actes publics ne seront expédiés qu'au nom du roi. Ils seront scellés de son sceau et signés de sa main dès qu'il sera parvenu à l'âge de majorité.

Art. 8. Le roi sera majeur à quatorze ans, c'est-à-dire après treize ans accomplis, et dès qu'il sera entré dans la quatorzième année de son âge. Dès ce moment, le roi déclarera publiquement qu'il est son maître, et qu'il ne veut plus se servir de tuteur ni de curateur.

Art. 9. On suivra, pour l'établissement de la tutelle pendant une minorité, les dispositions qu'aura laissées le roi précédent dans son testament par écrit. Mais s'il n'y avait point de pareilles dispositions ni de testament, la reine veuve, mère du roi mineur, sera régente du royaume, et se servira, pour s'aider dans les fonctions de la régence, des sept premiers conseillers et officiers du roi. La reine, conjointement avec eux, formera le conseil chargé de gouverner le royaume, et tout y sera réglé à la pluralité des suffrages, en observant que la reine aura deux voix tandis que les autres n'en auront qu'une. Du reste, toutes les lettres, toutes les ordonnances, et en général toutes les affaires du royaume, seront expédiées au nom du roi, quoiqu'il n'y ait que la régente et les tuteurs régents qui signent les actes.

Art. 10. Si la reine, mère du roi, était morte ou se remariait, celui des princes du sang qui est le plus proche parent du roi dans la ligne descendante de notre maison, pourvu qu'il soit dans le royaume et qu'il puisse toujours y être, sera régent du royaume (à condition qu'il ait atteint l'âge de majorité, c'est-à-dire qu'il soit entré dans sa dix-huitième année). Il aura pareillement deux voix au conseil; à tous les autres égards on observera ce qui a été prescrit ci-dessus.

Art. 11. Mais si le susdit prince du sang n'était pas encore majeur, et s'il n'y avait point d'autre prince du sang, les susdits sept premiers officiers du roi, dont nous avons ci-dessus parlé, exerceront seuls la tutelle et gouverneront le royaume. Ils jouiront tous d'une autorité égale, et auront chacun leur voix, et du reste on se conformera à ce qui a été dit ci-devant.

Art. 12. Si la place de quelques-uns des tuteurs chargés de l'administration venait à vaquer, par la mort ou par quelque autre accident, ses collègues devront prendre soin de la remplir aussitôt par un choix qui soit digne de cet emploi. Le successeur prendra la place de celui à qui il succède dans la tutelle, et occupera au conseil la même place que celui qui l'aura précédé.

Art. 13. Le régent et tous les tuteurs prêteront au roi serment, non-seulement de lui être affectionnés et fidèles, mais ils s'obligeront encore spécialement en qualité de tuteurs, et pendant la minorité du roi, à maintenir dans le cours de leur administration le pouvoir absolu et monarchique du roi, ainsi que son droit héréditaire, et de le conserver dans toute son étendue pour lui et ses successeurs. Ils promettront, en outre, de gouverner comme gens qui doivent rendre compte de leur administration à Dieu et au roi.

Art. 14. Dès que la régente ou le régent et les tuteurs, après avoir prêté serment, auront pris possession de leurs emplois, ils feront aussitôt dresser un état de tout ce qui appartient à ces royaumes et aux provinces qui en dépendent. Ils y comprendront les villes et les forteresses, les terres, les joyaux, l'argent, l'armée et la flotte, les revenus et les dépenses du roi, pour qu'on soit instruit exactement de la situation du royaume, lorsqu'ils auront pris la tutelle. Ils seront ensuite obligés de rendre compte au roi sur le pied de cet état, sans aucun détour, de lui répondre de tout et de l'indemniser des pertes qu'il aura souffertes par leur faute, dès qu'il aura atteint l'âge de majorité.

Art. 15. Le trône de ces royaumes et de ces provinces ne sera jamais censé vacant, tant qu'il y aura des descendants dans la ligne masculine et féminine, qui tireront leur origine de nous. Lors donc que le roi sera mort, celui qui sera le plus proche dans la ligne, sera sur-le-champ et actuellement roi de nom et de fait. Il montera immédiatement sur le trône et prendra incontinent le titre de roi, puisque la dignité royale et le pouvoir monarchique absolu lui appartiennent par droit de succession, dès le moment que son prédécesseur n'est plus.

Art. 16. Et quoique les états du royaume, composés des nobles, du clergé et du tiers état, en nous conférant à nous et à tous nos descendants dans la ligne masculine et féminine le pouvoir illimité, pour en jouir par droit de succession, aient par là établi que dès qu'un roi est mort, la couronne, le sceptre, le titre et le pouvoir de monarque héréditaire sont par là même dévolus à son plus proche héritier, en sorte que toute tradition ultérieure n'est plus requise, puisque dorénavant les rois de Danemark et de Norvége, tant qu'il y aura quelque rejeton de notre famille royale, naissent tels sans avoir besoin d'élection ; cependant, pour faire connaître à l'univers que les rois de Danemark et de Norvége placent leur principale gloire à reconnaître leur dépendance de l'Être Suprême, et tiennent à honneur de recevoir la bénédiction de Dieu par ses ministres, pour se le rendre favorable en commençant leur règne, nous voulons que les rois soient sacrés publiquement dans l'église, avec les cérémonies et selon les rites que la religion et les bienséances exigent.

Art. 17. Le roi cependant ne sera tenu ni à prêter serment, ni à prendre aucun engagement sous quelque nom ou titre que ce puisse être, de bouche ou par écrit, envers qui ce soit, puisqu'en qualité de monarque libre et absolu, ses sujets ne peuvent lui imposer la nécessité du serment, ni lui prescrire des conditions qui limitent son autorité.

Art. 18. Le roi peut fixer le jour de son sacre comme il le trouvera à propos, lors même qu'il ne serait pas encore majeur, et il doit se hâter d'implorer par cet acte religieux la bénédiction de Dieu et le secours puissant qu'il accorde à son oint. Quant aux cérémonies qui doivent s'y observer, il en ordonnera comme il le trouvera bon selon les circonstances.

Art. 19. Et puisque la raison ainsi que l'expérience de chaque jour démontrent que des forces réunies ont bien plus de pouvoir que si elles étaient séparées, et que plus l'empire d'un prince est considérable, mieux aussi il peut se défendre, ainsi que ses sujets, contre toute attaque étrangère, nous voulons que nos royaumes héréditaires de Danemark et de Norvége, avec toutes les provinces et les pays qui en dépendent, les îles, les places fortes, les droits royaux, les joyaux, l'argent monnayé et tous les autres effets mobiliers, l'armée et toutes les munitions, ainsi que les équipages, la flotte et tout ce qui lui appartient; enfin que tout ce que nous possédons actuellement, et que tout ce qui pourra dans la suite appartenir à nous ou à nos successeurs par les droits de la guerre, de succession, ou en vertu de quelque autre titre légitime; nous voulons, disons-nous, que toutes ces choses, sans aucune exception ; demeurent unies et indivises sous un seul roi héréditaire de Danemark et de Norvége, et que les princes du sang de l'un et de l'autre sexe, contents de leurs espérances, attendent la succession à laquelle ils peuvent être appelés selon l'ordre que nous établissons.

Art. 20. Et puisque par l'article précédent nous venons de statuer (voulant que ce soit un article essentiel de cette loi et qui ne puisse être changé sous aucun prétexte) que les royaumes et provinces que nous possédons actuellement et que nous pourrions acquérir dans la suite, ou par succession ou par quelque autre titre légitime, ne puissent jamais être séparés ni divisés, nous voulons aussi que nos successeurs assurent aux autres enfants de la maison royale une subsistance honorable et convenable, telle que l'exige leur naissance, dont ils seront obligés de se contenter, en argent ou en terres ; et si on leur assigne des terres, sous quelque titre honorifique que ce soit, ils n'en auront que les revenus annuels et l'usufruit pendant leur vie, le fonds lui-même demeurant toujours assujetti à l'autorité souveraine du roi. Ce qui devra aussi s'observer pour les terres qui constitueront le douaire de la reine.

Art. 21. Aucun prince du sang demeurant dans les royaumes ou dans les provinces de notre domination, ne pourra se marier, sortir de nos États ni entrer au service des princes étrangers sans en avoir obtenu la permission du roi.

Art. 22. Les filles et les sœurs du roi seront entretenues comme il convient à des princesses, jusqu'à ce qu'elles se marient du consentement du roi ; elles recevront alors leur dot en argent comptant, et elle sera réglée suivant le bon plaisir du roi. Elles n'auront plus ensuite aucune prétention à former, soit pour elles, soit pour leurs enfants, jusqu'à ce qu'elles ou leurs enfants soient appelés au trône.

Art. 23. Le roi venant à mourir, si celui qui est son plus proche héritier se trouvait absent lorsque le trône sera devenu vacant, il devra se rendre, toutes affaires cessantes et sans délai, dans son royaume de Danemark, y établir sa demeure et sa cour, et prendre sur-le-champ les rênes de l'État. Mais si celui qui se trouve le plus proche, et par conséquent héritier légitime du roi décédé, négligeait de se présenter dans l'espace de trois mois, à compter du premier jour où on lui aura annoncé la mort de son prédécesseur, à moins qu'il n'en fût empêché par des raisons de santé ou par quelque autre cause légitime, celui qui le suit immédiatement dans la ligne, et qui après lui serait le plus habile à succéder, montera sur le trône. Quant à la régence et au gouvernement du royaume jusqu'à l'arrivée du roi, on observera ce qui a été statué ci-devant dans cette loi sur la régence et la tutelle.

Art. 24. Les princes du sang de l'un et de l'autre sexe auront, après le roi et la reine, le premier rang dans le royaume, et ils observeront entre eux, pour la préséance, le même ordre où ils se trouveront dans l'ordre et le droit de succession.

Art. 25. Ils ne comparaîtront devant aucun juge inférieur, puisque le roi lui-même est leur juge en première et dernière instance, ou celui qu'il commettra pour cet effet.

Art. 26. Tout ce que nous avons dit jusqu'ici du pouvoir et de l'éminence de la souveraineté, et s'il y pouvait y avoir quelque chose de plus qui n'eût pas été ici expressément et spécialement énoncé, sera compris et renfermé dans l'exposition précise que nous allons faire de nos intentions à cet égard. Le roi de Danemark et de Norvége sera un roi héréditaire et revêtu du plus haut pouvoir, en sorte que tout ce qui se peut dire et écrire à l'avantage d'un roi chrétien absolu et héréditaire, devra aussi s'entendre dans le sens le plus favorable du roi héréditaire de Danemark et de Norvége. La même chose s'entendra aussi de la reine héréditaire et souveraine de Danemark et de Norvége, si dans la suite des temps la succession parvenait à quelque princesse du sang royal. Et comme l'expérience, ainsi que les funestes exemples d'autres pays, montrent combien il est pernicieux d'abuser de la clémence et de la bonne foi des rois et des princes, pour diminuer leur pouvoir et autorité, comme cela a été pratiqué avec art par différentes personnes, et même par ceux de leurs serviteurs qui avaient le plus de part à leur confiance, au grand préjudice des affaires publiques et de l'intérêt des rois, en sorte qu'il eût été fort à souhaiter en divers lieux, que les rois et les princes eussent veillé à la conservation de leur autorité avec plus de soin qu'ils n'ont souvent fait, nous ordonnons très-sérieusement à tous nos successeurs les rois héréditaires et souverains de Danemark et de Norvége, de prendre un soin tout particulier de défendre leur droit héréditaire et leur domination absolue, sans souffrir qu'on lui porte jamais d'atteinte, et nous leur recommandons de la conserver telle que nous venons de l'établir dans cette loi royale, pour la transmettre à jamais de génération en génération à tous nos descendants. Et pour rendre notre volonté d'autant plus stable, nous voulons et entendons que si quelqu'un de quelque rang qu'il fût, osait faire ou obtenir quelque chose, qui, de quelque manière que ce pût être, fût le moins du monde contraire à l'autorité absolue du roi et à son pouvoir monarchique, tout ce qui aura été ainsi accordé et obtenu, soit censé nul et de nul effet; et ceux qui auront eu l'adresse d'obtenir de pareilles choses, seront punis comme coupables du crime de lèse-majesté, et comme des gens qui ont violé d'une manière criminelle l'éminence du pouvoir absolu et monarchique du roi.

Art. 27. Ayant établi ci-dessus qu'il n'y aurait qu'un seul roi souverain et maître dans ces royaumes et dans les provinces qui nous appartiennent actuellement, ou qui nous appartiendront dans la suite, et de plus ordonné que les autres enfants de la famille royale se contenteront, au moyen d'un entretien digne de leur naissance, que le roi réglera, de l'espérance de succéder au trône à leur tour; pour prévenir et lever toute espèce de difficulté, nous avons résolu de marquer ici en peu de mots l'ordre de succession dans lequel chacun doit parvenir au trône. Les descendants mâles, nés d'un légitime mariage, auront donc droit les premiers à la succession de ce royaume héréditaire, et tant qu'il y aura un mâle issu d'un mâle; ni une femelle issue d'un mâle, ni un mâle ou une femelle issus d'une femelle, ni qui que ce soit de la ligne féminine, ne pourra demander la couronne par droit de succession, aussi longtemps qu'il y aura quelque héritier nécessaire et légitime dans la ligne masculine, en sorte même qu'une femelle issue d'un mâle sera préférée au mâle issu d'une femelle.

Art. 28. Dans l'ordre généalogique des héritiers du trône, on aura soin d'observer exactement les lignes, et de ne pas omettre à cause de l'âge une ligne au préjudice de l'autre. Le fils succédera donc immédiatement à son père, et tant qu'il y aura un mâle dans la première ligne masculine, la seconde ligne masculine sera exclue, et ainsi de suite de ligne en ligne. Et si le droit de succession à ce royaume parvenait aux femelles, on admettra d'abord les lignes féminines qui descendent de nous dans la ligne masculine par les fils, et ensuite celles qui descendent de nous dans la ligne féminine par les filles, une ligne succédant ainsi à l'autre, et une personne à l'autre, ayant toujours égard au droit de primogéniture; et pour exprimer la chose en deux mots: les mâles seront toujours préférés, les lignes masculines seront toujours les premières, et entre ceux du même sexe et de la même ligne, l'aîné passera avant le cadet par droit de primogéniture.

Art. 29. Pour exposer l'ordre de la succession si clairement, qu'il n'y ait à l'avenir aucun sujet ni prétexte de difficulté sur l'interprétation de cette loi royale, nous avons trouvé bon de donner dans la personne de nos enfants un exemple de la manière dont elle doit être entendue. Lors donc qu'il plaira à la Providence de nous donner la couronne éternelle et céleste au lieu de celle que nous portons à présent, les royaumes de Danemark et de Norvége, ainsi que nos autres provinces, passeront en entier avec le pouvoir illimité et souverain dont nous sommes revêtus, à notre fils aîné, le prince Christian, en sorte que tant qu'il y aura des héritiers mâles dans les lignes masculines qui descendent de lui, quand même il serait mort avant que de parvenir à la succession, ni le prince George et les lignes qui sortiront de lui, ni ses sœurs et les lignes qu'elles formeront, ne pourront avoir aucun droit sur nos royaumes et provinces à titre de succession.

Art. 30. Si la postérité mâle des fils et petits-fils du prince Christian venait à s'éteindre, fût-ce dans la génération la plus reculée, on admettra d'abord et en premier lieu les lignes masculines qui tireront leur origine du prince George, notre second fils, et elles posséderont par droit de succession et à jamais la souveraineté de nos royaumes et provinces en entier, et sans qu'il soit permis d'en faire aucun partage, un prince succédant à l'autre et une ligne à l'autre, aussi longtemps qu'il y aura des mâles issus de mâles, ayant toutefois égard à l'âge entre ceux qui étant du même sexe, se trouvent aussi dans la même ligne; en sorte que le frère aîné sera toujours préféré au cadet, lors même qu'il serait né avant que son père parvînt au trône, et que le cadet fût né depuis que son père aurait acquis la succession. La même règle devra s'observer à l'égard de tous nos fils, si Dieu trouve à propos de bénir notre mariage en nous en donnant un plus grand nombre.

Art. 31. Si par malheur il arrivait (ce qu'à Dieu ne plaise) que tous les descendants mâles de notre race masculine vinssent à décéder, la succession au trône sera dévolue aux filles des fils du dernier roi, et à leurs lignes s'il y en a; sinon elle parviendra aux propres filles du dernier roi, d'abord à l'aînée et aux lignes qui en descendront, ensuite aux autres et aux lignes qui en descendront successivement, admettant une ligne après l'autre. Entre les personnes qui sont dans la même ligne, il faudra d'abord avoir égard au sexe et ensuite à l'âge, en sorte que le fils précédera toujours la fille, et l'aîné le cadet, ce qui devra être constamment observé.

Art. 32. Si le dernier roi ne laisse pas de filles après lui, la princesse du sang qui, dans la ligne masculine, sera la plus proche de lui, héritera du royaume, ainsi que les lignes qui pourront descendre d'elle, l'une après l'autre, comme nous l'avons ci-dessus expliqué.

Art. 33. Après elle, la plus proche parente du feu roi, qui se trouvera dans une des branches féminines qui descendent de nous par les mâles, aura le royaume par droit de succession, et après elle, ses fils et ses petits-fils, l'un après l'autre, une ligne succédant à l'autre, ainsi qu'il est prescrit plus haut.

Art. 34. Si les lignes de nos fils, tant masculines que féminines, venaient à s'éteindre, la succession au trône sera dévolue aux lignes des princesses nos filles, et d'abord à la princesse Anne-Sophie comme à l'aînée, à ses fils et petits-fils jusqu'à la génération la plus reculée; ensuite aux autres l'une après l'autre, et une ligne après l'autre, en sorte cependant qu'entre ceux qui sont dans la même ligne, on aura d'abord égard au sexe, ensuite à l'âge, préférant le fils à la fille, et l'aîné au cadet; et tant qu'il restera quelque rejeton de notre famille, la souveraineté de ces royaumes et provinces lui appartiendra toujours par le droit de succession, que ce soit un prince ou une princesse, en observant qu'une ligne succède à une autre ligne, et une personne à une autre personne.

Art. 35. La fille de la fille aînée, même dans le degré le plus éloigné, sera toujours préférée au fils et à la fille de la sœur cadette, et il ne sera point permis de passer d'une ligne à l'autre. La seconde ligne sera donc obligée d'attendre l'extinction de la première, la troisième celle de la seconde, la quatrième celle de la troisième, et ainsi de suite.

Art. 36. Si la succession au trône parvenait au fils d'une fille, et s'il laissait des héritiers mâles après lui, il faudra, à tous égards, en user envers les lignes masculines qui en descendront, de la même manière que nous avons ordonné qu'on en use à l'égard des lignes masculines qui descendent de nous, c'est-à-dire que tous les mâles dans la ligne masculine qui en naîtront devront succéder au trône par préférence à tous les autres, l'un après l'autre, en sorte que l'aîné soit toujours préféré au cadet, et, pour tout dire en un mot, le mâle issu d'un mâle sera préféré à la femelle issue d'un mâle, et la femelle issue d'un mâle sera préférée au mâle et à la femelle issus d'une femelle. A tous les autres égards on suivra les règles ci-dessus prescrites.

Art. 37. Au reste, c'est aux filles et à leurs enfants et petits-enfants dans un ordre perpétuel qu'appartiendra la succession au trône; les maris des filles n'y auront aucun droit, et n'auront aucune part au gouvernement monarchique de ces royaumes, et de quelque autorité qu'ils jouissent dans leurs propres États; c'est pourquoi quand ils seront dans le royaume, ils ne pourront s'y arroger aucun pouvoir, et ils devront honorer la reine héréditaire, lui céder la droite et la préséance.

Art. 38. L'enfant qui est dans le sein de sa mère sera compté parmi les enfants et les petits-enfants; en sorte que quand même il naîtrait après la mort de son père, il ne laissera pas de prendre place avec les autres dans la ligne de succession.

Art. 39. Nous espérons de la miséricorde de Dieu et de sa bénédiction paternelle, que notre maison royale héréditaire sera à jamais florissante et s'accroîtra de jour en jour. Mais de peur qu'à l'avenir il n'y ait des contestations ou des erreurs sur l'âge, causées par la multitude de nos lignes descendantes ou collatérales, ou de la confusion entre ces lignes, nous voulons et ordonnons bien expressément, que dès qu'il naîtra quelque fils ou fille dans notre famille, les parents de ce prince ou de cette princesse annoncent, sans perte de temps, son nom et le jour de sa naissance au roi, s'ils veulent conserver à leurs enfants le droit à la succession de ces royaumes et provinces, et ils devront ensuite se faire expédier par le roi un acte qui atteste qu'ils se sont acquittés de ce devoir, et dont on gardera une copie dans nos archives. On y gardera aussi un tableau généalogique de notre maison royale et héréditaire.

ART. 40. Tout ce que nous avons dit jusqu'ici des enfants et des petits-enfants jusque dans la postérité la plus reculée, devra s'entendre seulement des enfants légitimes et de nul autre; les fils et filles légitimes nés d'un mariage légitime, sortis de la tige royale héréditaire, descendant de nous, étant les seuls enfants et petits-enfants dont nous avons prétendu parler dans cette loi.

Nous nous flattons d'avoir, autant que la prudence humaine en est capable, réglé et disposé toutes choses de la meilleure manière, et de la façon qui nous a paru la plus propre pour éviter tout inconvénient, et pour assurer la paix et la tranquillité de nos sujets, en les mettant à couvert de tout trouble et de toute dissension domestique.

Cependant, comme les desseins des hommes les plus sages sont tous dans la main de Dieu, et puisque, malgré les précautions les plus prudentes, il n'y a cependant que l'Être suprême qui par son concours donne une heureuse issue à toutes sortes de dispositions, nous recommandons dans tous les siècles à sa divine providence et à sa protection paternelle notre maison royale héréditaire, nos royaumes et nos provinces, avec tous leurs habitants.

Donné sous notre sceau, dans notre château royal de Copenhague, le 14 novembre 1665. FRÉDÉRIC.

Par ordre du roi, P. SCHUMACKER.

Si Frédéric avait montré de la grandeur d'âme dans le danger, et un empire sur lui-même qui n'avait pas permis à ses sujets d'apercevoir ses défauts, on peut dire que la fin de son règne montra aux moins clairvoyants les vices de la nouvelle constitution dans ceux du prince qui l'inaugurait. L'aménité de son accueil cachait une duplicité qui serait à peine excusable dans la faiblesse, et une sagacité qui faisait son profit de tout. Tout en utilisant les talents de Schumacker, il l'avait tenu dans des emplois qui ne permettaient pas de donner un libre essor à son ambition, et il recommanda à son successeur, Christian V, de ne lui accorder sa confiance qu'avec réserve. Il jugea prudent de ne point promulguer d'abord la loi royale; après l'avoir approuvée et scellée, il en fit déposer l'original parmi les joyaux de la couronne. La lecture solennelle en fut faite pour la première fois, dix ans plus tard, à l'avénement de son fils. La Norvége et les autres îles suivirent sans opposition l'exemple de la capitale. Bientôt la bourgeoisie eut ses griefs; sous le prétexte que Copenhague n'était pas suffisamment défendue contre les dangers extérieurs, le roi fit élever une forteresse qui dominait la ville. Les habitants se plaignirent et invoquèrent leurs services passés et leur dévouement. Les travaux furent d'abord interrompus; mais on les reprit ensuite, lorsque le mécontentement eut fait place à cette sorte de découragement profond qui naît de l'impuissance, ou lorsque les peuples n'ont pas assez d'énergie pour refaire ce qu'ils ont mal fait. Des mécontentements, des murmures, et même des paroles inconsidérées, furent punis avec une sévérité excessive. Un jeune Danois fut dégradé, dépossédé, et condamné à mort, pour s'être vanté qu'aucune femme, pas même la reine, ne pourrait lui résister. Il eut le bon esprit d'aller chercher des bonnes fortunes ailleurs, mais il fut exécuté en effigie. Des quinze terres que ce gentilhomme avait en Danemark, le roi en confisqua quatorze à son profit, et donna la quinzième à des établissements de charité, ce qui fit dire aux paysans de l'île d'Amack que *la loi royale portait à la morale publique un intérêt d'environ sept pour cent.* Des sénateurs furent exilés pour avoir manqué de respect au

DANEMARK.

roi. Il y a dans toutes ces petitesses une âcreté qui trahit une passion de femme. La reine n'avait pu pardonner à Uhlfeld sa conduite passée, et encore moins la naissance de sa femme; au mépris de la convention de Roschild, qui obligeait le roi à réintégrer le comte dans son rang et dans ses biens, on l'enferma avec sa famille dans l'île de Bornholm. Il obtint son élargissement à force de soumission, et en faisant au monarque l'abandon de tous les biens qu'il avait en Séland; on lui accorda ensuite la permission de voyager: il en profita pour se rendre à Amsterdam, où il fit de vains efforts pour allumer une guerre contre le Danemark; ses tentatives n'eurent pas plus de succès auprès des ministres de France et de l'électeur de Brandebourg, auquel il tâcha de persuader qu'il ne lui serait pas difficile de détrôner Frédéric. L'électeur fit part de cette singulière ouverture à l'envoyé danois, qui en référa à sa cour. Le tribunal suprême, convoqué extraordinairement, déclara Uhlfeld coupable de haute trahison; en conséquence, il fut condamné à être dégradé de noblesse, à la confiscation de tous ses biens; il devait être écartelé, sa maison rasée, et ses fils bannis à perpétuité du royaume. On promit une récompense de dix mille écus à quiconque l'apporterait mort, et le double à celui qui le remettrait vivant entre les mains de la justice. En attendant, on appliqua ces tortures à un mannequin qui le représentait. Le proscrit mourut sur le Rhin, comme il se rendait à Strasbourg. Il expira après de violentes douleurs d'entrailles, ce qui a donné lieu à la supposition assez vraisemblable que le poison avait terminé ses jours. La femme de cet homme extraordinaire était en Angleterre pendant le procès dont nous venons de parler. Charles II, à la sollicitation de la cour de Danemark, eut l'indignité de faire arrêter la comtesse à l'instant même où tout semblait faciliter son évasion. Transportée en Danemark, elle y subit une captivité de vingt-trois années, et à laquelle la mort de son implacable ennemie, la reine Sophie-Amélie, mit seule un terme.

Ainsi la cour se montrait ombrageuse et tracassière en raison du pouvoir sans limites qu'on lui avait conféré; et, par une coïncidence remarquable, les actes politiques des dernières années de ce règne portent tous un caractère d'irrésolution et de faiblesse. Le trône s'appuie nécessairement sur les institutions, il s'élève ou s'abaisse avec elles. Le Holstein donna aussi des inquiétudes sérieuses; le duc de Gottorp, Christian-Albert, conclut avec la Suède une alliance défensive qui pouvait mettre le Danemark dans un grand danger; Frédéric fit des concessions peu dignes de l'honneur de sa couronne; il signa la convention de Gluckstadt (1665), par laquelle il confirmait la souveraineté de Christian-Albert, et consentait au partage du produit des taxes qui, jusque-là, avait été versé dans une caisse commune; ce traité reçut une nouvelle sanction par le mariage de Frédérique-Amélie, fille du roi, avec le duc.

Le rôle que joua Frédéric dans la guerre qui éclata à cette époque entre l'Angleterre et la Hollande, n'eut d'autre effet que de mettre les forces navales du Danemark sur un pied respectable. On voit le roi conclure d'abord un traité d'alliance avec l'Angleterre et la Suède contre la Hollande, puis se réconcilier avec cette dernière puissance; soit versatilité et absence de vues, soit qu'il se contentât de cette influence momentanée qu'on est forcé d'accorder à une politique égoïste et vacillante, lorsqu'il dépend d'elle de faire pencher la balance entre deux forces rivales.

La paix de Bréda (1667) permit au roi d'abandonner les soins politiques pour se livrer à son occupation favorite, la recherche de la pierre philosophale. Deux alchimistes, l'un danois, l'autre milanais, exploitèrent cette faiblesse du monarque, et l'entraînèrent dans des dépenses considérables. Frédéric fut enlevé par la même maladie que le comte Uhlfeld: une violente colique termina ses jours le 9 février 1670. La carrière de ce prince offre un mélange singulier des contrastes les plus frappants ; c'est au point que ses qualités, comme ses défauts, semblent appartenir à une volonté étrangère à la sienne. La reine avait fait de lui un héros au siége de Copenhague, elle le transforma en despote vulgaire lorsque le danger fut passé. Il est assez étrange que le roi le moins capable d'agir par lui-même ait fondé le despotisme en Danemark. La reine Sophie-Amélie lui avait donné six enfants : Christian, dont le règne va suivre ; Anne-Sophie, qui épousa en 1666 le prince électoral de Saxe, Jean-George, et fut mère d'Auguste, roi de Pologne ; Frédérique-Amélie, mariée en 1667 au duc de Holstein-Gottorp, dont les descendants, depuis Pierre III, occupent le trône de Russie ; Wilhelmine-Ernestine, qui épousa en 1671 l'électeur palatin ; George, né en 1653, marié en 1683 à la princesse Anne, fille du roi d'Angleterre Jacques II ; enfin Ulrique-Éléonore, qui épousa en 1674 Charles XI, roi de Suède, et fut mère de Charles XII.

CHRISTIAN V.

Dans les États despotiques, les vertus des princes sont la seule garantie du bonheur des peuples. Plus le monarque a de puissance, plus il est exposé à se faire illusion sur les sentiments qui éclatent à son avénement au trône, et à prendre pour du dévouement et de l'amour ce qui n'est que la manifestation de l'espoir. Quand les sujets n'ont pas même le droit de juger le règne qui vient de finir, leur joie est une condamnation du passé ; c'est le seul avertissement qu'ils puissent donner à celui qui va disposer de leur sort.

La solennité du couronnement fit éclater le nouveau crédit de Schumacker ; il remit au nouveau souverain la couronne, le sceptre, la loi royale, et un paquet scellé par le feu roi. A la suite d'un entretien particulier, Christian lui demanda des mémoires sur les diverses branches de l'administration, et prit dès lors une haute idée des talents de cet homme extraordinaire. Le prince, déjà marié à Charlotte-Amélie, fille du landgrave de Hesse-Cassel, aimait la distraction et les plaisirs. Sa maîtresse, Amélie Noth, exerçait sur lui un grand empire. Sans prévoir qu'en donnant toute sa confiance à Schumacker, il l'autorisait, pour ainsi dire, à prendre cet ascendant qui est à la fois la récompense et le péril du ministre ambitieux, il se trouva heureux de pouvoir confier ses affaires à un homme de cette expérience. Par une coïncidence assez rare, les autres favoris du roi, tels que Lavin Knud, et Gyldenlö, fils naturel de Frédéric III, se contentaient pour le moment de partager les amusements du jeune monarque, et laissaient volontiers à d'autres l'honneur et les fatigues des soins sérieux. Schumacker s'empara bientôt de la haute direction des affaires, et, non moins pour asseoir son crédit que pour le bien de l'État, il constitua de nouvelles charges ; il fit dresser de nouvelles instructions pour le conseil d'État et le conseil de guerre, ouvrit lui-même le conseil de justice des deux royaumes, introduisit quelques réformes dans l'armée et la marine, et donna une nouvelle activité à la compagnie des Indes et aux établissements coloniaux. La pauvreté du clergé nuisait à la considération de cet ordre : il en augmenta les revenus ; enfin, jugeant qu'une noblesse sans priviléges politiques devait au moins être dédommagée par des titres honorifiques, il créa une noblesse titrée. Le roi, dit-on, ne se prêta qu'avec peine à cette nouveauté ; cependant il anoblit son favori, qui reçut le titre de comte de Griffenfeld. Plusieurs terres furent érigées en comtés et en baronnies. Ces formes, dont les esprits superficiels ne comprenaient pas l'influence, achevaient de modifier l'ordre de la noblesse, et constituaient un parti de la cour.

Tels sont les priviléges attachés à cette faveur :

« Les titres et les prérogatives se transmettent avec la terre aux aînés seulement. Les comtes et barons ont le droit de patronage et celui de haute et basse justice. Ils ne peuvent être arrêtés pour dettes ; dans les causes criminelles, leur terre est un asile inviolable jusqu'à la décision du tribunal compétent ; mais on ne peut invoquer ce privilége lorsqu'il s'agit du crime de lèse-majesté. La terre est inaliénable, même dans le cas de haute trahison, le seul qui puisse entraîner la dépossession ; elle passe à l'héritier légal. Les causes des nobles titrés sont portées immédiatement au tribunal suprême du royaume, le seul où l'on puisse en appeler des sentences rendues en leur nom. Ils jouissent d'une exemption d'impôt pour une certaine étendue de terre ; leurs testaments, pour être valides, n'ont pas besoin de la confirmation royale. Quant à leurs droits sur les paysans, ils rappellent l'époque la plus dure du servage féodal.

« Les comtes ont en outre le droit de dais ; leurs fils cadets sont barons, mais sans baronnies. Le titre de comte attaché à un comté est le plus éminent que la naissance puisse donner en Danemark. » Pour satisfaire des ambitions moins élevées, on créa ou plutôt l'on rétablit l'ordre du Danebrog, mais les statuts n'en furent publiés qu'en 1693.

Depuis le traité de Westphalie, la France entraînait dans sa sphère d'activité politique la Suède, qui sans cet appui, n'aurait pu conserver ses possessions en Allemagne. D'un autre côté, et par une conséquence nécessaire, toutes les démarches de la Suède étaient surveillées avec un soin jaloux par l'électeur de Brandebourg et le roi de Danemark. La Poméranie et le Holstein étaient les points les plus menacés ; le duché surtout, par la forme de son gouvernement, était même en temps de paix le foyer des principales intrigues du Nord. La succession du duc d'Oldenbourg, que revendiquait le duc de Plön-Holstein, fut un sujet d'inquiétude pour le Danemark ; l'empereur soutenait le duc, et Christian paraissait disposé à reconnaître la légitimité de ses prétentions, lorsque l'opposition du duc de Gottorp, soutenu par les Suédois, fut sur le point d'allumer dans le Nord une guerre dont des intérêts plus importants étaient le motif réel. Ces dispositions hostiles trouvèrent bientôt une voie plus large ; Louis XIV menaçait la Hollande d'une ruine prochaine : Amsterdam avait à ses portes l'ennemi victorieux ; l'Angleterre, la Suède, deux électeurs et l'évêque de Munster, étaient gagnés par le cabinet de Versailles : l'empereur, le roi d'Espagne, l'électeur de Brandebourg, le landgrave de Hesse-Cassel et le duc de Brunswick-Lunébourg s'étaient hâtés de former une alliance pour sauver les Hollandais ; le roi de Danemark se joignit à ces souverains, moins pour le salut de la république que pour s'opposer aux projets ultérieurs des Suédois. Mais plusieurs obstacles retardèrent le secours des alliés, et l'électeur de Brandebourg fut seul en mesure de soutenir efficacement les Hollandais. Cependant, les Français n'avaient pas su tirer avantage de leurs premiers succès ; ils durent évacuer une à une les forteresses qu'ils avaient prises ; les Pays-Bas espagnols et les bords du Rhin devinrent le théâtre de la guerre. La Suède, liée par les traités et influencée d'ailleurs par l'argent de la France, attaqua l'électeur du côté de la Poméranie. Cette diversion, qui pouvait devenir fatale pour la cause des Hollandais, détermina Christian à prendre une part active dans cette lutte (1673). Cependant les troupes danoises se bornèrent d'abord à observer les mouvements des Suédois. Griffenfeld cachait d'autres projets ; le trône de Pologne était vacant ; le ministre, prévoyant que la guerre ruinerait son crédit, voulait faire monter sur le trône de Pologne le prince George, frère de Christian. Entre autres difficultés, celle qu'offrait la question de religion paralysa les démarches du parti danois, et Sobieski l'emporta sur ses compétiteurs.

Le duc de Holstein-Gottorp voyait avec inquiétude les armements de ses voisins; mais, comptant sur l'appui de la Suède, il crut se mettre à l'abri de tout danger en renouvelant avec cette puissance le traité de 1661. Il s'engageait à fournir à son allié un contingent d'hommes de guerre, à recevoir garnison suédoise dans la forteresse de Tonningen, et à céder à Charles XI la part à laquelle il prétendait dans l'héritage contesté du duc d'Oldenbourg. Ce traité, quoique tenu secret, ne put échapper à la vigilance de Griffenfeld. La faveur dont jouissait ce ministre était telle, qu'il semblait n'avoir plus rien à espérer. Le roi lui avait donné la terre de Tonsberg en Norvége, et l'avait érigée en comté. La reine, qui avait contribué à lui faire obtenir la charge de grand chancelier, voulut mettre le comble à sa fortune en lui faisant épouser la princesse Louise-Charlotte, fille du duc de Holstein-Augustenbourg. Louise était déjà sur le chemin de Copenhague, lorsqu'elle retourna brusquement à la cour de son père, sans que le motif de cette rupture ait jamais été connu. On l'attribua généralement à Griffenfeld lui-même, qui avait conçu un vif attachement pour la princesse de Tarente, Charlotte-Amélie de la Trémouille, parente de la reine, et qui se trouvait alors à Copenhague, mais il est probable que cette conjecture aura été répandue dans le public par les ennemis du ministre, pour achever de le rendre odieux; Griffenfeld avait assez de crédit pour s'opposer aux premières ouvertures de ce mariage, mais il était trop habile pour refuser d'une manière si injurieuse une princesse du sang royal. Il est plus vraisemblable que les envieux du favori trouvèrent moyen d'informer la princesse de certaines particularités sur la famille du chancelier, et que l'orgueil de Louise recula devant le scandale d'une telle mésalliance. Quoi qu'il en soit, le crédit de Griffenfeld, loin d'en être ébranlé, sembla grandir encore. Il reçut de l'empereur Léopold le titre de comte de l'Empire; l'électeur de Brandebourg voulait lui donner en fief l'île de Rugen avec le titre de principauté;

nous ne parlerons pas de l'offre prétendue du chapeau de cardinal, que Louis XIV se serait engagé à lui faire obtenir; ni la dignité de Louis XIV, ni l'habileté du ministre danois, ne permettent de prendre au sérieux cette anecdote.

L'invasion des Suédois dans le Brandebourg força l'électeur de demander des secours à Christian. En même temps les ministres de Charles XI sollicitaient ce monarque de former avec leur souverain une alliance. Ils demandaient en même temps pour leur roi la main d'Ulrique-Éléonore, sœur du monarque danois. Griffenfeld se flattait que ce mariage préviendrait la guerre, qu'il redoutait comme pouvant renverser son crédit; il triompha des dispositions contraires du roi, qui n'en continua pas moins ses préparatifs que les circonstances rendaient plus que jamais nécessaires.

En effet, tandis que sa sœur se rendait en Suède, les hostilités dont le Brandebourg était le théâtre prenaient un caractère plus menaçant. Christian se hâta d'armer ses flottes et porta un corps d'observation du côté de Rensbourg. La Hollande déclara la guerre à la Suède que menaçait en même temps l'Empire, et Frédéric-Guillaume rétrogradait rapidement pour secourir ses États. Pour être également à portée d'attaquer ou de se défendre, le roi s'était rendu en toute hâte dans le Holstein; il convoqua les états du duché, qui lui refusèrent le subside et quelques régiments qu'il demandait. Christian n'insista point; il voulait se venger d'une injure par une perfidie. Il invita le duc de Gottorp à venir conférer avec lui à Rendsbourg, sous le prétexte qu'en traitant en personne, ils pourraient éviter bien des lenteurs. Quelques historiens ont rejeté sur Griffenfeld la responsabilité de la conduite de Christian; mais Puffendorf prétend que ce prince n'agit qu'à l'instigation de l'électeur de Brandebourg: dans l'un ou l'autre cas, le manque de foi n'en est pas moins manifeste.

Le duc s'était rendu à l'invitation royale; pour éloigner tout soupçon, on le reçut avec les plus grands honneurs. Une nouvelle inattendue hâta le dénoûment de cette intrigue : Christian apprit que l'électeur venait de battre les Suédois à Fehbellin ; le vainqueur lui communiquait en même temps l'ordre donné au général suédois par la régence de secourir au besoin le duc de Gottorp, et d'empêcher à tout prix la jonction des troupes danoises avec celles de l'électorat. Cette pièce avait été trouvée dans le bagage des vaincus. Aussitôt Christian fit fermer les portes de Rendsbourg ; le duc et son conseil furent désarmés, et l'on prépara une déclaration de guerre contre la Suède. Le duc ne se tira de ce mauvais pas qu'en signant la convention de Rendsbourg. Elle portait en substance qu'il reconnaissait le droit du roi, comme duc, de lever des taxes dans les duchés ; il lui cédait en outre toutes ses troupes disponibles, qui pouvaient se monter à quatre mille hommes, et la forteresse de Tonningen jusqu'à la fin de la guerre ; Christian obtint aussi que le duc consentirait à tenir sa portion du duché de Sleswig à titre de fief relevant de la couronne de Danemark, et à ne contracter désormais aucune alliance que de l'aveu du roi. A la suite de cette convention, les Danois occupèrent militairement tout le duché (1675). La diète germanique avait mis la Suède au ban de l'Empire ; tout faisait présager une lutte longue et sanglante. Les Danois attaquèrent la Poméranie ; leurs flottes, qui sillonnaient la Baltique, s'étaient jointes à une escadre hollandaise, et cherchaient à intercepter les communications entre la Suède et ses possessions d'Allemagne. Le prestige attaché aux armes suédoises semblait détruit. Wismar ouvrit ses portes aux Danois après une vigoureuse résistance ; tandis que les généraux danois triomphaient, Griffenfeld tenait le fil des intrigues diplomatiques. L'électeur, qui avait besoin de se l'attacher, lui donna en fief l'île de Wollin. Dans cette campagne, la mer fut surtout fatale aux Suédois ; la tempête détruisit une partie de leur flotte à l'instant où elle s'apprêtait à combattre l'amiral danois Adeler, qui venait de s'emparer de l'île de Hven. Du côté de la Norwége, les succès furent balancés ; mais dans les duchés de Brême et de Werden, les troupes danoises obtinrent de grands avantages. Au cœur de l'hiver (1676), ils prirent Carlstadt ; ces conquêtes étaient souvent un objet de discorde entre les alliés, qui, réunis pour vaincre, ne s'entendaient plus dès qu'il s'agissait de partager les fruits de la victoire.

Charles XI venait d'atteindre l'âge de majorité ; fatigué des intrigues de la cour et des prétentions de sa noblesse, il résolut de s'affranchir d'une dépendance dont souffrait le pays, et prit lui-même le commandement de ses armées. Christian redoubla d'activité ; il leva de nouvelles troupes, qu'il distribua sur les points les plus vulnérables de ses frontières, et confia le commandement de ses flottes au célèbre Tromp, qui eut sous ses ordres l'amiral danois Juel. Il fit raser les forteresses de Tonningen, Tonderen et Stapelholm, ce qui était une violation de la convention de Rendsbourg. Le duc s'en plaignit amèrement, et comme il s'en expliqua sans ménagement, Christian fit saisir le ministre de ce prince, Kielmansegg, dont la mort suivit l'arrestation. Le duc, plus irrité qu'effrayé, écrivit au roi qu'il n'avait jamais regardé la convention de Rendsbourg que comme un acte de violence, et qu'en conséquence il protestait contre son contenu. Il consentait seulement à la clause qui regardait le Sleswig. Christian répondit à cette protestation en s'emparant du comté d'Oldenbourg, et de la partie du duché de Sleswig qui relevait du duché de Gottorp.

On est fondé à croire que Griffenfeld n'approuvait pas cette conduite du roi, car, à la même époque, ce favori fut arrêté par le général Arensdorff, qui lui ôta son épée et le fit conduire à la citadelle. Un fait digne de remarque, c'est qu'à l'instant où le bruit de sa disgrâce se répandit, les ambassadeurs de France et de Suède se préparèrent à quitter Copenhague, où ils furent retenus par ordre du roi.

Le plus grand malheur des peuples régis despotiquement, n'est pas d'obéir à une seule volonté, c'est d'être exposés à tous les caprices des favoris. Le monarque dont la disgrâce frappe tout à coup l'homme qui a été pendant des années le délégué de son pouvoir, déclare par ce fait même qu'il a été longtemps trompé, c'est-à-dire que la constitution est vicieuse. Le favori lui-même est toujours tout près de l'abîme. Qu'est-ce donc qu'un gouvernement qui tend à la fois à corrompre le prince, les ministres et les gouvernés? On trouva dans les papiers de Griffenfeld plus d'éléments de condamnation qu'il n'en fallait pour convaincre un homme dont la ruine était résolue. Les trésors que le favori avait amassés accusaient également et la prodigalité de Christian et la vénalité des influences à cette époque. Plusieurs dépêches à l'adresse du roi n'étaient pas ouvertes; on pouvait en conclure que Griffenfeld faisait le travail du monarque. Quant aux présents qu'il avait reçus des cours étrangères, ils ne pouvaient constituer un délit politique que dans le cas où le ministre eût sacrifié les intérêts de l'État; d'ailleurs il déclara que le roi rirait souvent avec lui des libéralités intéressées des diplomates, et qu'on ne pouvait lui faire un crime d'une chose qui était passée en usage. Il en appela au roi lui-même de la vérité de ces assertions; mais une ligue puissante, formée de Gyldenlö, d'Ahlefeld et du duc de Plön, en un mot de tous ceux qui voulaient la guerre, s'était emparée de l'esprit du roi, qui descendit jusqu'à démentir Griffenfeld. On renvoya à l'électeur de Brandebourg les lettres qui conféraient à l'accusé l'investiture de la principauté de Wollin; enfin son procès fut instruit, et comme on craignait de ne pas le trouver coupable, on fit venir de Hambourg un jurisconsulte célèbre qui fut donné pour assesseur au magistrat danois. Griffenfeld se défendit lui-même avec une éloquence et une vigueur qui entraînèrent la moitié de ses juges. Malheureusement pour lui, ses justifications ne pouvaient que s'abriter derrière la personne royale. Lasson, un des juges qui lui étaient favorables, alla trouver Christian, et revint siéger au tribunal avec une opinion contraire. Les remords qu'il laissa éclater plus tard pèseront à jamais sur la mémoire du monarque. La sentence de mort fut prononcée; il est superflu d'ajouter que les immenses richesses de Griffenfeld étaient confisquées, et que les emplois auxquels suffisait sa capacité, devinrent le salaire de ses dénonciateurs. Une des charges les plus singulières de ce procès, c'est le reproche qu'on fait à l'accusé de parler *trop souvent et trop longuement au roi des mêmes choses.*

Arrivé au lieu du supplice, Griffenfeld rejeta avec fierté le bandeau dont on voulait couvrir ses yeux; il montra plus de faiblesse au moment où l'on brisa ses armoiries; cependant il prononça d'un ton calme: *Le roi me les avait données, il peut me les reprendre,* et il s'agenouilla pour recevoir le coup mortel; déjà le bourreau levait le glaive, lorsque le cri *grâce!* se fit entendre. Sa peine était commuée en celle d'un emprisonnement à vie. Lorsqu'il eut appris à quoi se réduisait la clémence du roi, il se contenta de dire: *La mort eût été plus douce.* Il passa quatre années à la citadelle, d'où il fut transféré dans le château de Nunckholm, en Norvége. Le roi n'en fut pas moins mené par ses nouveaux favoris; il fut plus mal servi. On assure qu'il s'écria un jour en présence de ses ministres: Griffenfeld, à lui seul, entendait mieux les intérêts de l'État que tous mes conseillers ensemble. Cependant il n'eut pas la force de réparer une injustice, et le laissa languir vingt-trois ans dans une captivité dont l'étude adoucit les rigueurs; le prince suivit de près sa victime dans la tombe. Telle fut la fin de l'auteur de la *loi royale;* par un de ces exemples dont la justice providentielle semble trop avare, l'instrument de servitude qu'il avait si habilement forgé, le frappa dans son orgueil et son ambition.

L'île de Gothland venait d'être prise par la flotte danoise aux ordres de l'amiral Juel; cependant il évitait les escadres du roi de Suède, qui avaient été mises sur un pied formidable. Les forces navales de la Hollande, que l'amiral Tromp conduisait au secours du Danemark, rétablirent bientôt l'équilibre. Les deux flottes étaient en présence à la hauteur de l'île d'Estholm, près des côtes de la Scanie, lorsque le vaisseau amiral suédois sauta avec l'amiral Kreutz et tout l'équipage; le vaisseau du contre-amiral Ugla eut le même sort; et cette double perte décida de cette journée, où la Suède perdit le tiers de sa marine. A la suite de cet avantage, les Danois firent une descente en Scanie; Helsinborg capitula, et Charles XI, qui s'était avancé jusqu'à Malmö, se vit contraint de rétrograder.

Les dispositions des Scaniens, en général favorables aux Danois, facilitèrent la prise des villes de Landscrona et Christianstadt. Les Suédois n'étaient pas plus heureux en Norvége; en Poméranie, l'électeur leur enlevait quelques villes et investissait Stettin, tandis que dans le pays de Brême, le général Horn était obligé de rendre la place de Stade aux troupes de l'évêque de Munster et du duc de Zell.

Le roi de Suède ne fut point découragé par cette série de revers; il se porta rapidement au secours de Helmstadt, dans le Halland, y jeta un renfort considérable, et battit le général danois Duncam, qui fut fait prisonnier avec trois mille hommes. Gyldenlöw échoua devant Gotheborg, que défendait La Gardie. Ainsi les succès et les revers se balançaient.

La Hollande, que ne menaçaient plus directement les armes de Louis XIV, n'avait plus le même intérêt à soutenir le Danemark; bientôt ses escadres s'éloignèrent de la Baltique, et les flottes danoises durent supporter à elles seules tout le poids de la guerre maritime; elles n'en soutinrent qu'avec plus d'éclat leur ancienne réputation. Dans le cours de la même année (1676), elles s'emparèrent de Carlshaven, où elles trouvèrent environ quatre cents bouches à feu. Charles, quoique la saison fût déjà avancée, s'avança en Scanie et envoya un corps de troupes dans le Blekingen sous le commandement de La Gardie.

Les deux rois rivaux vinrent camper en face l'un de l'autre, près de Lunden. Également impatients de combattre, ils se joignirent le 3 décembre. Des deux côtés, l'aile droite, commandée par les monarques en personne, culbuta l'ennemi; les deux corps qui avaient eu l'avantage, se rencontrèrent; il s'ensuivit un engagement des plus meurtriers, et que la nuit seule vint interrompre. Sans avoir été vaincus, les Danois furent si maltraités, qu'ils battirent en retraite et se réfugièrent sous le canon de Landscrona. Christian repassa en Séland, et rentra dans sa capitale pour y étaler les trophées qu'il avait si chèrement achetés; en effet, plus de quatre mille hommes et un grand nombre d'officiers distingués avaient péri dans l'action. Le roi de Suède n'en restait pas moins maître de la Scanie et du Blekingen; ce qui le mit en état de s'emparer de Helsingborg, de Carlshaven et de Christianople. Sans perdre de temps, ce prince alla investir Christianstadt, place d'une grande importance.

A l'instant même où s'ouvraient les conférences de Nimègue, sous la médiation du roi d'Angleterre, Louis XIV déclarait la guerre au Danemark. Les ministres de Christian refusaient de reconnaître les bases du traité de Roschild, et demandaient Wismar et Rügen. La France, au contraire, s'appuyait sur ce même traité et exigeait le rétablissement du duc de Holstein-Gottorp. Dans cette lutte inégale, le Danemark s'épuisait en préparatifs et sollicitait des secours de ses alliés; mais l'Empire, la Hollande et l'Espagne étaient peu disposés à faire les sacrifices nécessaires; l'évêque de Munster et l'électeur de Brandebourg, dont les intérêts étaient plus intimement liés à la politique du nord de l'Europe, furent les seuls dans lesquels Christian trouva une coopération efficace.

Les Suédois, malgré l'hiver, continuaient la guerre en Scanie. Les places de cette malheureuse province semblaient destinées à changer de maître, non-seulement en raison des chances de la guerre, mais selon les vicissitudes des saisons; en effet, les avantages que les Danois devaient à la supériorité de leurs flottes, se changeaient ordinairement en revers dès que la mer n'était plus ouverte, et dans l'incertitude de conserver leurs conquêtes, les deux nations rivales en tiraient successivement tout ce qu'elles pouvaient, autant pour augmenter leurs ressources que pour en laisser le moins possible à l'ennemi.

Alarmé des progrès de Charles XI, Christian repassa le Sund et reprit Helsingborg; il aurait pu écraser l'armée suédoise occupée à faire le siége de Christianstadt, sans les conseils de son favori de Hahn, grand veneur de la couronne. Les historiens danois attribuent cette conduite à une basse envie de ce seigneur, qui ne voulait pas laisser au baron de Goltz, auquel le roi avait confié le commandement de ses troupes, la gloire de terminer la campagne. Quoi qu'il en soit, l'armée suédoise, que son infériorité numérique semblait menacer d'une défaite inévitable, eut le temps de se retirer dans les forêts du Småland, de sorte que les succès des Danois se bornèrent à la délivrance de Christianstadt et à la reprise d'Ystadt.

L'amiral Juel gagna peu de temps après une bataille navale, où les Suédois perdirent cinq vaisseaux de ligne et environ 1,500 hommes (1677). Christian résolut de s'emparer de la ville de Malmö. La place courut les plus grands dangers; mais la rupture d'un pont arrêta les efforts des assiégeants, et Fersen, qui commandait les Suédois, fit une sortie si à propos, que les Danois furent contraints de s'éloigner avec une perte de trois à quatre mille hommes. Un combat naval des plus honorables pour l'amiral Juel porta un coup funeste à la marine suédoise. La flotte de Charles XI, commandée par Horn, et composée de trente-sept vaisseaux de haut bord, sans compter quelques frégates et brûlots, croisait dans le canal et manœuvrait pour attaquer l'escadre danoise avant qu'elle fût renforcée par les Hollandais.

Les deux flottes se rencontrèrent à la hauteur du cap de Falsterbö. Les Suédois, bien supérieurs en nombre, avaient d'abord l'avantage du vent, qui bientôt favorisa l'ennemi. Juel, homme de mer consommé, n'avait que vingt-quatre vaisseaux de ligne et quelques vaisseaux d'un rang inférieur. L'action fut des plus vives; l'amiral danois changea trois fois de vaisseau, car tous les efforts de l'ennemi étaient dirigés contre lui; enfin, dégagé par deux de ses capitaines, il rompit la ligne des Suédois, leur prit ou coula à fond vingt-deux vaisseaux, et leur fit essuyer une perte de plus de trois mille matelots. Les restes de la flotte vaincue se réfugièrent dans les ports voisins, et entre autres à Malmö, où les Danois, que les Hollandais avaient rejoints après la bataille, prirent deux vaisseaux et en brûlèrent un troisième.

La perte des Suédois fut compensée par la victoire que leur armée remporta à Landskrona; Christian, qui commandait l'aile droite, croyait déjà tenir la victoire, lorsque son aile gauche, formée de recrues, se débanda et l'obligea à céder le champ de bataille. Charles XI se vit bientôt dans la nécessité d'envoyer des renforts dans les provinces qui confinent à la Norvége, où Gyldenlöw venait d'obtenir quelques avantages, en même temps qu'il leur fallait disséminer ses forces sur les côtes que ravageaient les escadres danoises.

L'île de Rügen était toujours occupée par les Suédois; l'électeur de Brandebourg avait surtout intérêt à les en chasser. Il s'entendit à cet effet avec Christian, et mit à sa disposition quelques milliers de soldats. Le roi, jugeant que cette attaque opérerait une diversion favorable, passa dans l'île à la tête d'un corps d'armée, qui, réuni aux Brandebourgeois, présentait un effectif d'environ huit mille hommes. Le général Königsmarck, trop faible pour s'opposer aux Danois, se retira précipitamment à Stralsund, en se contentant d'occuper deux forts; l'un fut pris, mais l'autre résista, et Christian, ennuyé des lenteurs d'un blocus, s'embarqua pour Copenhague, laissant au baron de Goltz le soin de continuer les opérations. Dans ce trajet, le roi courut les plus grands dangers; une tempête furieuse dispersa sa flotte et désempara le vaisseau qu'il montait; après avoir erré pendant deux jours, ce bâtiment vint échouer à quelque distance de Bornholm, où le roi fut transporté sain et sauf avec sa suite.

Nous venons de voir que les Danois et les Suédois se disputaient Rügen; Christian regardait déjà cette île importante comme une proie assurée, lorsque la bravoure et l'habileté de Königsmark détruisirent tout à coup cette espérance. Avec une poignée de Suédois, ce vieux général sortit de Stralsund, se mit en communication avec le château de Föhr, et attendit l'ennemi dans une position avantageuse. Rumor, qui devait à la faveur de Christian plutôt qu'à son mérite, le commandement du corps d'armée opposé à Königsmarck, risqua l'attaque et fut complétement défait; les débris de ses troupes se réfugièrent à Bergen, où ils se virent forcés de capituler. A la suite de cette brillante affaire, l'île rentra pour quelque temps sous la domination des Suédois.

Ces alternatives de succès et de revers ne permettaient, ni à Christian ni à Charles, de dicter ou d'accepter la paix. La Suède était plus épuisée encore que le Danemark. Les états que le roi avait convoqués à Halmstadt, paraissaient disposés à refuser les subsides de guerre, lorsque la victoire de Königsmarck vint ranimer les espérances et le courage des députés. On combla les vides de l'armée, dont les efforts se dirigèrent sur Christianstadt; mais la place, défendue par Von Asten, fit une défense si vigoureuse que l'ennemi se vit forcé de changer le siége en blocus.

Le vice-roi de Norvége remporta d'abord quelques avantages dans le Bohusland, et força les Suédois à brûler Konghell; mais bientôt après il se vit hors d'état de lutter contre des forces supérieures. Les Danois, après avoir brûlé Carlshaven, tentèrent de secourir Christianstadt; mais les dispositions des généraux de Christian furent mal prises, et la ville dut capituler. Cet échec fut balancé par la conquête de l'île de Rügen. Cette fois, les mesures furent si bien concertées entre les Brandebourgeois et les Danois, et les flottes de Juel et de Tromp, dont une partie bloquait l'escadre suédoise dans le port de Calmar, contribuèrent si à propos au succès de ces mouvements, que les Suédois, surpris et repoussés, n'eurent bientôt d'autre asile que les deux forts de Föhr, qui ne tardèrent pas à se rendre. Christian, maître de l'île, en confia le commandement à Juel. Les Suédois n'étaient pas plus heureux dans la Poméranie, où l'électeur leur enlevait Stralsund et Gripswald (1678). Par un concours de circonstances fatales, la garnison de ces villes n'eut pas moins à souffrir après la capitulation que si elle eût voulu s'exposer aux dernières chances de la guerre. En effet, embarquée sur des vaisseaux suédois ou sur des bâtiments de Lubeck et du Brandebourg, elle échoua en grande partie sur les côtes de l'île de Bornholm, où, malgré les sauf-conduits du gouvernement danois, elle fut traitée comme prisonnière de guerre et transportée en Séland. Ce manque de foi, qu'on regarda généralement comme un acte de piraterie, ne fut pas sans influence sur les déterminations ultérieures du cabinet français.

La fortune de Louis XIV triomphait de la jalouse obstination de ses ennemis. La Hollande, plus menacée que les autres puissances, déposa les armes la première; l'Espagne, après avoir hautement blâmé cette défection, suivit cet exemple et se résigna aux plus durs sacrifices ; l'empereur hésita plus longtemps, mais la diète de Ratisbonne, dont les membres avaient été habilement pratiqués par les agents français, se déclara pour la paix, et épargna ainsi à Léopold l'humiliation de céder autrement que par nécessité. Cette pacification imposée par l'influence française entraînait nécessairement la restitution de tout le territoire que l'électeur avait conquis sur la Suède, et la réintégration du duc de Holstein-Gottorp dans tous ses droits de souveraineté. Malgré les vives représentations de Christian et de la cour de Berlin, l'empereur ratifia les traités de Nimègue (1679). Abandonnés de leurs alliés, le roi de Danemark et l'électeur ne pouvaient se résoudre à sacrifier à de nouvelles combinaisons politiques tout le fruit d'une guerre longue et onéreuse; ils osèrent rejeter l'ultimatum de Louis XIV, dont la teneur n'admettait ni délai ni modifications. Il portait que si, après un terme fixé, le Danemark et le Brandebourg n'avaient pas accepté les conditions proposées, ces conditions changeraient de nature, que les frais de la guerre tomberaient à leur charge, mais qu'avant tout, Christian remettrait en liberté les troupes suédoises détenues en Danemark contre la foi des capitulations. Ces exigences irritèrent le roi; mais il avait à lutter contre un monarque non moins absolu que lui et bien autrement puissant ; cependant il se flatta qu'en pressant vivement le roi de Suède, dont la santé donnait alors de sérieuses inquiétudes, il pourrait lui dicter la paix, et échapper ainsi à l'obligation de recevoir la loi d'une puissance étrangère. Louis XIV, sûr de vaincre la résistance du roi de Danemark, fit occuper le duché de Clèves, et menaça Minden. L'évêque de Munster se hâta de renoncer à son alliance avec Christian, et cet exemple fut suivi par les électeurs de Bavière et de Saxe.

L'électeur de Saxe avait fait pressentir le roi sur ses résolutions définitives, et le trouvant disposé à transiger, pourvu que la France n'eût pas l'air de l'y contraindre, il offrit sa médiation, qui fut acceptée.

Les préliminaires de la paix furent posés à Lunden.

Tandis que la France triomphait par les armes et par les négociations, l'électeur de Brandebourg cherchait lui-même à tirer le meilleur parti possible d'une situation que son isolement rendait si précaire; il fit des ouvertures à la Suède, après s'être engagé avec les ministres de Louis à rappeler ses troupes et à séparer ses intérêts de ceux du Danemark. Christian, soit qu'il se fît illusion sur ses ressources, soit qu'il espérât que quelque avantage signalé lui permettrait d'exiger des conditions plus favorables, semblait redoubler d'activité. Les Suédois essuyèrent quelques défaites en Norvége, et ils furent repoussés avec perte de l'île de Gothland.

Louis XIV eut alors recours à des moyens plus efficaces que les négociations : il ordonna au maréchal de Créqui d'entrer dans les comtés d'Oldenbourg et de Delmenhorst, en faisant déclarer à Christian que si la paix n'était pas signée au mois d'août (1679), il donnerait le premier de ces fiefs au roi de Suède, et l'autre à l'évêque de Munster. Ce qui coûtait le plus au roi, c'était de remettre le duc de Holstein-Gottorp en possession de ses États. Il essaya en vain d'obtenir qu'on écarterait des négociations cette question délicate comme ne touchant qu'à des intérêts de famille. Enfin il fallut céder à la nécessité. Les ministres de France dictèrent le traité, qui fut signé à Fontainebleau et à Lunden dans les premiers jours de septembre. Il y était stipulé que le roi de Danemark rendrait à la Suède toutes ses conquêtes, soit dans la Scandinavie, soit en Allemagne, et que le duc de Holstein-Gottorp recouvrerait tout ce qu'il avait perdu, sans préjudice de ses droits de souveraineté sur une partie du duché de Sleswig, tels qu'ils avaient été définis dans les traités de Roschild et de Copenhague.

D'un autre côté, on restitua au Danemark le comté d'Oldenbourg, et le roi conserva Wismar jusqu'à l'entier acquittement des contributions arriérées.

C'est ainsi que la Suède sortit d'une guerre qui lui avait coûté cinquante millions et plus de cent mille soldats. Charles XI y avait fait preuve d'un rare courage; mais sa jeunesse et son inexpérience auraient peut-être succombé dans cette lutte, et la Suède, sans l'appui de Louis XIV, se serait vue dépouillée de toutes ses possessions transbaltiques.

Pour consolider cette paix récente, Charles épousa la princesse Ulrique-Éléonore, avec laquelle il était déjà fiancé. Elle porta dignement le poids de cette couronne, et trouva dans l'exercice de ses devoirs comme reine et comme mère, un dédommagement aux chagrins que lui causèrent la froideur dédaigneuse de son époux et la malveillance de sa belle-mère.

La révolution qui eut lieu en Suède peu de temps après le mariage de Charles XI, se lie d'une manière trop intime à l'histoire du Danemark pour que nous n'en donnions pas ici un aperçu succinct.

Les résistances et les intrigues de la noblesse suédoise avaient entravé plus d'une fois les opérations de la dernière guerre, surtout en ce qui concernait les subsides. Les impôts retombaient presque entièrement sur les états roturiers, dont ils consommaient la ruine. La couronne ne tirait presque rien des grands domaines, dont les seigneurs, d'usufruitiers qu'ils avaient été dans le principe, avaient fini, du moins pour la plupart, par se regarder comme propriétaires. Les conseillers intimes du roi, d'abord le sénateur Jean Gyllenstierna, et plus tard le grand maréchal de la diète Clas Fleming, voulaient que la restitution des domaines de la couronne de Suède, en affaiblissant l'élément aristocratique, rendît au roi toute sa liberté d'action. Dans le nouveau plan des réformateurs, la Suède devait établir sa prépondérance comme puissance maritime, et maintenir son alliance avec le Danemark, jusqu'à ce qu'il se présentât une occasion favorable de s'emparer de la Norvège. Forte de cet accroissement, la Suède devait entraîner le Danemark dans sa sphère d'action, de manière à ne former qu'un faisceau de toutes les forces des trois royaumes. La constitution suédoise était un obstacle à ces changements; il s'agissait de rendre l'autorité du monarque indépendante, en un mot, de se rapprocher de la forme du gouvernement établi par le roi de Danemark Frédéric III. De même que dans ce dernier pays, les états roturiers haïssaient la noblesse, et pour se donner la satisfaction de l'humilier, ils résolurent de délier de toute obligation et de toute responsabilité le pouvoir royal. Les grands, voyant le danger qui les menaçait, essayèrent en vain de le détourner. Gyllenstierna mourut subitement avant l'ouverture de la diète; le bruit courut qu'il avait été empoisonné. Dans les crises politiques, les partis opposés sont toujours prompts à s'accuser mutuellement, et les événements les plus naturels ne manquent guère d'être attribués à ceux auxquels ils profitent. Quoi qu'il en soit, les membres les plus influents de l'aristocratie furent éloignés à dessein de la diète, de sorte que les états roturiers, soutenus par les favoris du roi, purent faire prévaloir sans difficulté les questions qu'il importait d'admettre dans l'intérêt de l'absolutisme. C'est ainsi que les états déclarèrent que le roi n'était pas lié par la constitution. La réduction ou restitution des domaines, dont les autres réformes étaient une conséquence nécessaire, fut discutée et résolue. Dans la diète de 1682, on consomma ce qui n'avait été pour ainsi dire qu'ébauché dans celle de 1680. La noblesse fut énergiquement accusée par les ordres de la bourgeoisie, du clergé et des paysans; ils lui reprochèrent de s'opposer à l'établissement d'une flotte et d'une armée permanente, et d'avoir violé l'esprit et la lettre du testament de Charles X Gustave. Tous ceux qui avaient participé à cette mesure furent déclarés criminels et parjures; de cette manière, le roi tenait suspendu sur leurs têtes le glaive de la loi. Comme dans la loi royale de Danemark, on décida qu'à défaut d'héritier mâle, les princesses pourraient monter sur le trône. C'est ainsi que Charles XI s'avançait graduellement vers son but, et qu'il obtint enfin, quoique vers la fin de son règne, la déclaration des états qu'il n'était responsable de ses actes que devant Dieu.

Les nobles furent écartés des grands emplois, qui restèrent vacants, et l'institution du sénat fut frappée au cœur. Presque toujours les hommes vont au delà du but; il était sage et utile de mettre un frein à l'orgueil et à la cupidité de l'oligarchie, mais, comme le règne suivant ne l'a que trop prouvé, il était imprudent et dangereux de confier à un monarque absolu toutes les ressources avec tout l'avenir du pays.

Pendant que la Suède, oublieuse des institutions qui avaient fait sa gloire pendant tant de siècles, adoptait presque servilement celles du Danemark, Christian menaçait la ville de Hambourg avec une armée de vingt mille hommes; mais, trouvant Louis XIV et l'électeur disposés à prendre la défense de cette ville, il confirma ses priviléges, et se contenta d'une contribution d'environ deux cent mille écus.

Quelques règlements de commerce et de police signalèrent l'année 1681. Ce fut à la même époque que Christian construisit dans le duché d'Oldenbourg la ville et la forteresse de Christiansbourg, et qu'il acquit la seigneurie de Jevern, qui faisait partie de la succession du prince d'Anhalt.

Depuis le changement de constitution en Suède, la conduite de Charles XI annonçait une tendance nouvelle et un désir d'échapper aux conséquences du traité de Nimègue.

L'électeur de Brandebourg qui s'était réconcilié avec Louis XIV, et dont les vues étaient constamment dirigées sur la Poméranie, travailla désormais à rapprocher les intérêts danois de ceux de la cour de France. Un traité d'alliance fut l'expression de ces nouveaux rapports politiques (avril 1682).

Le Danemark s'engageait à tenir à la disposition de Louis une force militaire navale, et de son côté le monarque français, outre un subside annuel de huit cent mille livres, donnait à Christian l'assurance de le défendre, le cas échéant, contre toutes les attaques de la Suède.

Les petits souverains sont ordinairement à la merci des changements de politique des États plus puissants : le duc de Holstein-Gottorp ne tarda pas à en faire l'expérience : ses États furent séquestrés, on lui contesta le droit de relever le fort de Tönningen, et il se vit réduit à vivre à Hambourg dans un état qui rappelait plutôt l'inconstance des cours que la splendeur de son rang.

Christian, désespérant de vaincre la constance du duc, décréta la réunion du duché de Sleswig à la couronne de Danemark, et cet état de violence se prolongea jusqu'en 1689, époque à laquelle le traité d'Altona, formulé sous l'influence de l'Angleterre et de la Hollande, rétablit le prince dépossédé dans tous ses droits.

Nous ne nous arrêterons point aux différends qui surgirent entre le gouvernement danois et les régences de Hambourg et de Lubeck. Des deux côtés c'étaient toujours les mêmes prétentions, c'est-à-dire, de la part des villes, le désir d'ajouter à leur indépendance, tandis que le roi, comme duc de Holstein, ne négligeait aucune occasion de leur faire sentir le poids de son autorité; ce qui ne l'empêchait pas d'abandonner quelques points contestés, dès qu'il avait obtenu une satisfaction pécuniaire.

La mort du duc de Holstein-Gottorp (1694) fut sur le point de raviver d'anciennes querelles. Le jeune successeur, qui avait épousé Hedwige-Sophie, fille de Charles XI, et qui avait été élevé à Stockholm avec le prince royal, depuis Charles XII, paraissait disposé à soutenir les droits de sa maison par la force des armes. Christian voulait que le testament du dernier duc lui fût communiqué, et le duc ne négligea aucune mesure pour se mettre en état de repousser cette prétention. Il se sentait soutenu par le roi de Suède et par le duc de Hanovre. Enfin les conférences de Pinneberg, où triompha la politique de l'Angleterre et de la Hollande, suspendirent les effets d'une rivalité qui était malheureusement inhérente à la nature même des droits des parties.

Sur ces entrefaites, la couronne de Suède passait à un prince de quinze ans, qui devait être non moins illustre par les malheurs qu'il attira sur son pays, que par sa constance chevaleresque et son courage (1697). Charles XII trouvait le trésor rempli par la prévoyance et la sagesse de son père; l'esprit factieux de la noblesse s'était assoupi au contact des institutions nouvelles; l'armée et la flotte étaient dans le meilleur état; les puissances de l'Occident, engagées dans de graves querelles, ne pouvaient donner aux affaires du Nord qu'une attention secondaire, et les traités qu'elles concluaient étaient plutôt un effet de la lassitude, qu'ils n'annonçaient une réconciliation sincère et durable.

L'équilibre des traités de Westphalie périclitait au nord de l'Allemagne par l'agrandissement du Brandebourg, dont l'électeur allait bientôt prendre le titre de roi; la Pologne, gouvernée par Frédéric Auguste, voulait reconquérir les provinces que la Suède lui avait enlevées; enfin Pierre Ier, écartant les obstacles dont la régence de sa sœur l'avait entouré, aspirait à prendre rang parmi les puissances européennes, et cherchait des ports sur la Baltique et sur la mer Noire, avant même d'avoir un seul vaisseau. Les populations russo-slaves repoussaient encore toutes les réformes avec l'instinct des nations asiatiques, mais, domptées par une volonté irrésistible, elles suivaient l'impulsion du génie qui allait bientôt leur révéler leur force.

On ignorait encore de quel côté le jeune roi de Suède dirigerait ses premiers efforts; on avait cru que, jaloux de soutenir les droits de son beau-frère, il attaquerait d'abord le Danemark. Ses projets étaient plus vastes; il se borna à soutenir indirectement le duc de Holstein-Gottorp, qui, trop peu appuyé pour être en état de commencer la guerre, l'était cependant assez pour neutraliser l'effet des conférences de Pinneberg.

Christian était dans sa cinquante-quatrième année, lorsqu'en chassant il fut grièvement blessé par un cerf. Depuis ce moment il ne fit que languir, et termina enfin sa carrière le 26 août 1699.

Ce prince, doué d'ailleurs d'un courage brillant, consulta plutôt ses convenances particulières que l'intérêt de l'État dans le choix de ses favoris. En ce qui regardait les affaires du Holstein, il montra souvent de la mauvaise foi et de la duplicité.

« Il renouvela les ordres de l'Éléphant et du Dannebrog, établit un tribunal suprême pour les deux royaumes, lui donna la forme actuelle en 1688; enfin, en 1693, il publia le code qui porte son nom, et qui dès lors a été la loi du Danemark. Il faut citer encore l'ordonnance qu'il fit pour la guerre et pour la marine; le rituel qu'il prescrivit aux églises de Danemark et de Norvége en 1688; le code civil pour la Norvége, publié la même année; il accorda le culte public aux reformés, et fonda une académie à Copenhague pour l'éducation de la jeune noblesse. En 1683, il établit dans tous ses États un même poids et une même mesure, et presque chaque année fut marquée par quelques règlements de police.

Il favorisa les manufactures et le commerce, et accorda de grands priviléges à tous ceux qui voulurent s'établir dans ses États; il ouvrit à ses sujets le commerce de l'île de Saint-Thomas dans les Indes occidentales; protégea la compagnie des Indes occidentales et de Guinée; il lui accorda de grands priviléges, et fit bâtir le fort de Frédériksbourg sur la côte de Guinée, en 1685. Il forma, vers l'année 1680, une autre compagnie pour le commerce d'Islande, et en 1697 une troisième pour le commerce du Groënland, qu'il eût voulu assurer exclusivement à ses sujets. La flotte et l'armée furent mises sur un meilleur pied sous le règne de ce prince qu'elles n'avaient jamais été. Il y fit plusieurs changements très-avantageux. Jamais la marine danoise ne s'acquit autant de gloire, et n'eut des succès plus brillants et plus soutenus. Ses troupes de terre se firent aussi beaucoup d'honneur dans des services étrangers. Sept mille Danois, commandés par le duc Ferdinand de Wurtemberg, rendirent en Irlande des services signalés au roi Guillaume, surtout à la bataille de la Boyne. De là, ils passèrent en Flandre, où ils soutinrent leur réputation jusqu'à la fin de la guerre, en 1698. Deux mille cinq cents Danois servaient en même temps en Hongrie dans la guerre contre les Turcs.

Christian V orna sa capitale par la construction d'un nouveau port, et d'une place où l'on voit sa statue équestre. Il fit bâtir la citadelle de Drontheim en Norvége, nommée Christianstein, le port et la forteresse de Christiansö dans l'île d'Estholm jusqu'alors inhabitée, près de l'entrée méridionale du canal du Sund. Il fit aussi fortifier Oldenbourg et bâtir la ville et le fort de Christiansbourg dans ses nouveaux États d'Oldenbourg.

Les sciences ne furent que faiblement encouragées sous ce règne. Cependant on compta encore en Danemark quelques savants distingués, tels que les Bartholin Rœmer, Weigel, né en Allemagne, mais que le roi appela pour l'employer à la construction d'un grand globe, qui fit l'admiration de son temps, et à la réforme du calendrier, beaucoup plus utile que ce globe. Ce prince fit faire aussi par Holger Jacobsen un catalogue des curiosités naturelles, des médailles et des tableaux du cabinet qui s'était formé et accru par ses ordres. Il ordonna que sa bibliothèque fût augmentée, et lui fit don d'une quantité de livres et de manuscrits précieux, la plupart relatifs à l'histoire du Nord.

Christian V laissait de Charlotte-Amélie, fille de Guillaume IV, landgrave de Hesse-Cassel :

1° Frédéric, qui régna après lui sous le nom de Frédéric IV, né le 11 octobre 1671.
2° Sophie-Hedwige, née en 1677, morte sans être mariée.
3° Charles, né en 1680, mort sans postérité.
4° Guillaume, né en 1687, mort sans postérité.

Christian eut aussi plusieurs enfants naturels de Sophie-Amélie, fille de son médecin Paul Moth, connue sous le nom de comtesse Samsö, et entre autres : Christian, surnommé Gyldenlöw, qui fit ses premières armes en Hollande et en France, se distingua dans la defense de la Norvége durant la guerre contre les Suédois, et fut fait vice-roi en 1700. Il mourut en 1703 ; c'est de lui que descendent les comtes de Danneskiold. Son frère Ulric Gyldenlöw fut amiral du royaume et mourut en 1709 sans postérité. Le roi eut aussi de cette comtesse plusieurs filles » (Voyez MALLET, chap. XIII.)

FRÉDÉRIC IV.

L'éducation de Frédéric IV avait été superficielle : la flatterie qui environne les princes semble ne pas admettre que la fortune puisse leur faire regretter un jour d'être condamnés à ne juger des périls qui les menacent et à n'apprécier leurs ressources qu'en recourant à l'expérience d'hommes souvent intéressés à les tromper. Il s'était acquis dans ses voyages une certaine facilité à parler l'allemand et le français, et il montra du goût pour les armes dans la campagne que Christian avait entreprise contre le duc de Lunebourg. Il venait d'atteindre sa vingt-quatrième année, lorsqu'il épousa la princesse Louise de Mecklembourg.

La première année de son règne l'avait à peine initié aux soins de son gouvernement, qu'il se jeta dans une guerre injuste contre le duc de Holstein. Il entra brusquement dans le Sleswig, s'empara de quelques places fortes, et mit le siége devant Tönningen. Les alliés du duc prirent l'alarme, et lui envoyèrent de prompts secours, tandis qu'une flotte composée de vaisseaux anglais, hollandais et suédois, s'approchait de Copenhague et bombardait cette capitale. La terreur que répandit cette attaque combinée, s'accrut encore lorsqu'on apprit que Charles XII, après avoir opéré une descente dans l'île de Séland, marchait rapidement sur Copenhague, culbutant tout ce qui s'opposait à son passage. Les meilleures troupes danoises étaient dispersées dans le Sleswig, où elles avaient en tête une armée aguerrie et supérieure en nombre; on se hâta de lever des milices; mais ces mesures entraînaient des lenteurs, et les mercenaires qu'on aurait pu emprunter à l'Allemagne, se trouvaient, par l'infériorité de la flotte, dans l'impossibilité de secourir à temps la capitale du Danemark. Charles XII avait reçu des renforts considérables; ce jeune roi s'établit à quelques milles de Copenhague, dans le château de Christiansborg.

Peu de temps avant de mourir, Christian s'était lié par un traité secret avec la Pologne et la Russie. Il s'agissait pour cette dernière puissance de se procurer un port sur la Baltique; Auguste espérait reprendre la Livonie, épuisée par les exactions des commandants suédois. Frédéric, à son avénement au trône, avait renouvelé cette alliance, dans l'espoir que les Suédois, affaiblis en Allemagne, lui laisseraient accomplir le projet constant de sa maison, celui de réunir définitivement à la couronne de Danemark les duchés de Holstein et de Sleswig. Mais Pierre Ier était trop occupé des réformes qui devaient changer la face de son empire, pour prendre part à cette querelle : quant aux secours qu'envoya Auguste, ils furent dispersés par les troupes hanovriennes. La France, qui faisait tous ses efforts pour ressaisir en Suède son ancienne influence, se borna à offrir sa médiation, mais Frédéric la refusa.

On s'est étonné que Charles XII n'ait pas poussé plus loin ses avantages; mais il ne faut pas juger les princes, au début de leur carrière, sur la renommée qu'ils ont acquise plus tard. Le jeune monarque avait juré qu'il ne tirerait jamais l'épée que pour une cause juste, et qu'il ne la remettrait dans le fourreau qu'après avoir forcé ses ennemis à demander merci. Ses alliés demandaient l'exécution du traité d'Altona, il n'entrait pas dans leurs vues de ruiner le Danemark; aussi, dès que Frédéric, cédant à la nécessité, eut signé le traité de Travendal, l'Angleterre et la Hollande séparèrent leurs flottes de la flotte suédoise; si Charles XII eût plus exigé, l'objet de la guerre n'étant plus le même, les puissances qui avaient garanti la paix d'Altona se seraient probablement réunies contre la Suède. D'ailleurs, il pressentait que le danger venait de la Russie, et c'était par la Pologne qu'il voulait arrêter l'essor du génie ambitieux du tsar.

Le traité d'Altona fut donc renouvelé par celui de Travendal, ce qui laissait au duc, avec ses droits intacts de co-souveraineté, celui d'avoir des troupes permanentes, d'élever des forteresses et de conclure des alliances, selon qu'il le jugerait avantageux. Le roi de Danemark dut payer en outre, comme agresseur, une somme de deux cent soixante mille thalers, et s'engager à rester étranger aux différends qu'avait suscités la succession du duché de Lauenbourg, à ceux qui divisaient la maison de Brunswick, et nommément à la guerre de la Suède contre la Pologne et la Russie.

Dans le système de pondération vers lequel tendait la politique européenne, il était difficile aux puissances de second ordre de faire prévaloir leurs intérêts particuliers; de plus en plus, elles se voyaient réduites à un rôle de coopération, en dehors duquel leurs efforts ne pouvaient réaliser que des avantages peu durables. Le génie de Charles XII plia lui-même sous l'empire de cette nécessité, et plus les succès de ses armes furent rapides, plus aussi fut brusque et complète la ruine de sa fortune, dont la base manquait de puissance et de largeur.

Frédéric, qui avait vu de près le danger d'une lutte inégale, s'empressa de mettre ses forces de terre et de mer sur un pied respectable; il eut d'abord la velléité de détruire la servitude dans ses États; mais la noblesse, déjà dépouillée de ses priviléges politiques par la loi royale, enlaça tellement le droit seigneurial avec celui de la propriété foncière, que, sans être révoqué, le décret d'affranchissement resta nul de fait.

A cette époque, où l'on faisait de grandes choses avec de petites armées, les contingents danois firent pencher plus d'une fois la balance en faveur de la maison d'Autriche, qui disputait aux Bourbons le trône d'Espagne. Un corps auxiliaire de cavalerie danoise, sous les ordres du général Rantzow, se distingua particulièrement aux journées de Hochstedt et de Ramillies.

Tandis que les capitaines de l'armée de Frédéric se formaient à l'école du prince Eugène, des levées, que les subsides de l'Angleterre et de la Saxe lui permettaient d'entretenir, portaient à environ quarante mille hommes les forces destinées à la défense du pays. Ces mesures étaient rendues nécessaires par les succès de Charles XII qui, à la tête de huit mille hommes, avait battu quatre-vingt mille Russes à Narva. Il était à craindre que le héros suédois, après avoir assuré la couronne de Pologne sur la tête de Stanislas Leczinski, et neutralisé par ce moyen les influences de la Prusse et du Hanovre, ne se tournât contre le Danemark, et ne réduisît cette puissance à la possession des îles, en lui enlevant la Norvége, et en assurant à son beau-frère le Holstein et le Sleswig dans leur intégrité. La mort du jeune duc, tombé à Clissow en combattant dans les rangs suédois, délivra Frédéric d'un rival d'autant plus redoutable, que Charles XII le destinait au trône de Suède. Les hostilités entre les deux couronnes du Nord commençaient ordinairement par la Norvége, ou par une descente, soit en Scanie, soit dans l'île de Séland, selon que l'agression venait du Danemark ou de la Suède.

Frédéric, qui suivait avec inquiétude tous les progrès de son rival, visita en 1704 les places fortes de Norvége, et signala ce voyage par des améliorations commerciales et administratives, qu'on est en droit d'attribuer à ses appréhensions non moins qu'à une sollicitude purement bienveillante. Les affaires d'Auguste paraissaient désespérées; dépossédé par la diète de Varsovie, il venait de voir couronner Stanislas, et la paix d'Altranstadt semblait avoir enlevé à ce prince ses dernières espérances; mais la fortune, en lui donnant Pierre pour allié, lui réservait une partie des avantages qui sont le prix de la persévérance et du génie.

Frédéric était toujours en bonne intelligence avec le tsar, qui fondait une nouvelle capitale à l'instant même où Charles XII s'appauvrissait par ses victoires.

La cour de Louis XIV, qui donnait alors le ton à l'Europe, même lorsque la guerre protestait contre la suprématie de la France, avait répandu jusque dans le Nord le goût d'un luxe ruineux et frivole. Frédéric aimait la magnificence et les plaisirs. En 1708, il entreprit un voyage en Italie, prit part aux divertissements du carnaval à Venise, visita la Toscane; mais il n'alla point jusqu'à Rome, dans la crainte d'accréditer le bruit répandu par les agents suédois, que depuis ses liaisons avec la Pologne, il penchait pour le catholicisme. A son retour il passa par la Saxe, où le roi Auguste lui fit un accueil splendide. C'est au milieu des fêtes que ces deux princes préparèrent un traité d'alliance défensive et offensive avec le tsar, et qui, par une coïncidence remarquable, fut signé le lendemain de la bataille de Poltawa.

Le roi de Prusse déclina l'offre qui lui fut faite de prendre part à ce traité, donnant pour motif que n'ayant point de marine, il lui serait impossible de prendre l'offensive contre la Suède; que d'ailleurs il se réservait d'agir de concert avec ses alliés dans les affaires du Nord, lorsque la guerre de succession serait heureusement terminée.

Nous avons vu que le duc de Holstein-Gottorp était mort à la fleur de l'âge, en combattant pour son beaufrère; il n'avait laissé pour héritier qu'un fils mineur sous la tutelle du coadjuteur de Lubeck. La duchesse régente s'était retirée à la cour de Stockholm, de sorte que le sort du duché semblait dépendre de la fortune de Charles XII. La catastrophe de Poltawa venait d'ouvrir en Europe une nouvelle ère politique : l'empire du Nord passait à la Russie; mais la haine et les rivalités qui depuis si longtemps avaient ensanglanté le nord de l'Allemagne et la presqu'île scandinave, ne permettaient pas encore de prévoir toute la portée de ce grand changement. D'ailleurs, Charles était vaincu, mais encore formidable, et si son obstination n'eût pas détruit comme à plaisir toutes les chances de succès qui lui restaient, peut-être aurait-il réparé cet échec.

Frédéric, retenu par de graves considérations, n'osait encore attaquer la Suède. Il se trouvait à Stockholm même un parti qui, las des sacrifices qu'imposait une guerre sans issue, et croyant le roi perdu sans ressources, voulait assurer une paix avantageuse avec le Danemark par le mariage d'Ulrique-Éléonore avec le prince Charles, frère du roi Frédéric. L'alliance de la Russie n'offrait pas les mêmes garanties pour le Danemark que lorsque la Suède était puissante, et le caractère de Pierre Ier, éprouvé déjà dans cette longue lutte, ne permettait pas de douter qu'il porterait ses efforts sur la Finlande et sur la Livonie, dont la possession devait sauvegarder Pétersbourg. D'un autre côté, l'occasion était attrayante : tous les avantages qui pouvaient résulter d'une brusque attaque en Scanie furent présentés en termes si spécieux par le comte de Reventlow, que le parti de la guerre l'emporta.

Malheureusement la corruption qui régnait à la cour, et l'incapacité des ministres, ne permettaient de tirer un bon parti ni de la paix ni de la guerre. Les insinuations de la cour de Saxe hâtèrent la décision du roi; il ne fallait plus qu'un prétexte : on reprit les anciens; mais le motif était facile à discerner : c'était le désir de consommer la ruine de la Suède, au moment où son épuisement la rendait probable.

Vers la fin de l'automne, seize mille Danois débarquèrent en Scanie, et s'emparèrent, sans coup férir, d'Elsingborg. Christianstadt eut le même sort; mais bientôt les affaires changèrent de face : le général Stenbock accourut à la tête d'un corps de troupes considérable, et battit Rantzow, dont la valeur ne put que retarder la défaite. Frédéric essaya de réparer cet échec en levant des milices qui portèrent son armée à trente-six mille hommes. Les gros temps contrarièrent la flotte, et tous ces préparatifs restèrent sans effet.

La peste ajoutait encore aux calamités de la guerre; elle se déclara à Stockholm, où elle avait été apportée, dit-on, de Pologne. L'année suivante, 1711, elle passa de la Scanie à Copenhague, où elle moissonna vingt-deux mille victimes.

Pendant que la Suède était dans cette situation difficile, Charles XII, abusant de l'hospitalité, rejetait toutes les avances qui avaient pour but un dénoûment pacifique; il menaça même de traiter en ennemie l'armée à l'aide de laquelle les alliés lui offraient de défendre ses possessions en Allemagne. A cette nouvelle, Frédéric, encouragé par l'électeur de Hanovre, et par l'issue prochaine de la question espagnole, résolut d'attaquer la Poméranie suédoise; projet dans lequel entraient Auguste et le tsar. Pour faire face aux frais de cette expédition, il engagea le comté de Delmenhorst à l'électeur de Hanovre, contre une somme de huit cent mille écus.

Les troupes danoises, au nombre d'environ trente mille hommes de pied et de cavalerie, se portèrent sur Hambourg, et obtinrent du duc de Mecklembourg la permission de s'établir dans la ville de Rostock.

Pour diviser les forces de l'ennemi, une armée norvégienne venait mettre le siège devant Gotheborg; mais l'habileté et la présence d'esprit de Stenbock eurent bientôt changé en revers les premiers succès des Norvégiens.

Le siège de Stralsund occupa longtemps les forces des alliés. Auguste et Frédéric se partageaient déjà les dépouilles de la Suède, avec le roi de Prusse, le tsar, l'électeur de Hanovre et le duc de Mecklembourg ; ces mesures prématurées n'étaient pas de nature à les maintenir en bonne intelligence; des motifs particuliers tendaient en outre à désunir les rois de Pologne et de Danemark. Auguste, entièrement livré à l'influence des jésuites, voulait faire épouser à son fils une grande-duchesse d'Autriche.

Frédéric essaya en vain de le détourner de ce projet, qui reçut son exécution quelques années plus tard ; et comme ce mariage annonçait assez clairement que le jeune prince était entré dans le giron de l'Église romaine, le roi le fit déclarer déchu de son droit de succession, qu'il tenait d'Anne-Sophie, fille de Frédéric III, épouse de Jean-George, son aïeul.

Wismar et Stralsund avaient reçu de puissants renforts des Suédois, de sorte qu'il n'y avait plus de succès à espérer en Poméranie ; Frédéric laissa quelques troupes devant ces places, et résolut de faire une invasion dans le duché de Bremen, où les paysans venaient de se révolter. La ville de Stade, capitale du duché, se rendit après quelque résistance, et tout le territoire de Brême et de Verden reconnut la loi du vainqueur. Stenbock maintenait l'honneur des armes suédoises. Au lieu d'aller joindre Charles XII à Bender, comme ce prince lui en avait envoyé l'ordre, il pénétra dans le duché de Holstein, où il attendit près de Godebusch l'armée combinée des Danois et des Saxons, bien qu'elle fût trois fois plus nombreuse que la sienne. En quelques heures les vieilles bandes suédoises eurent décidé la victoire; leur général mit à rançon les villes du Holstein danois, mais il flé-

trit sa gloire par l'incendie d'Altona. La plupart des habitants, dit Voltaire, expirèrent sous les murs de Hambourg, en prenant le ciel à témoin de la barbarie des Suédois et de celle des Hambourgeois. Toute l'Allemagne (on pouvait dire toute l'Europe) cria contre cette violence. Les ministres de Danemark et de Pologne écrivirent à Stenbock pour lui reprocher une cruauté si grande qui, « faite sans nécessité et demeurant sans excuse, soulevait contre lui le ciel et la terre. »

Dans ces circonstances, la coopération de la régence du duché de Holstein-Gottorp était de la plus haute importance. Le baron de Görtz, un des membres du conseil, sentant le danger de se déclarer nettement pour ou contre les Suédois, essaya de ménager les deux partis en promettant, d'une part, au roi de Danemark de garder exactement la neutralité, tandis que, de l'autre, il faisait passer de grosses sommes d'argent à Stenbock, et lui offrait, en cas de revers, un refuge dans la forteresse de Tönningen. Stenbock, pressé par la nécessité, et se conformant d'ailleurs à la politique de sa cour, ne fit aucune difficulté de promettre, au nom de la Suède, tous les dédommagements éventuels pour les pertes et les dommages que le duché pourrait avoir à souffrir de la part du Danemark. Il se flattait de conserver ses avantages et de gagner quelque port du Jutland, d'où la flotte suédoise pourrait le transporter en Scanie avant que l'armée danoise fût en état de l'accabler. Ce fut alors que, manquant de munitions, obligé souvent de camper dans des marais, et voyant ses troupes décimées par la contagion, il chercha un refuge dans la forteresse de Tönningen. Cette complaisance de la régence du duché de Holstein équivalait à un acte d'hostilité envers le Danemark ; le roi se crut autorisé à agir en conséquence (1713).

Si Charles XII eût daigné mettre à profit les dispositions favorables de ses alliés, il aurait pu arriver assez à temps pour dégager les douze mille hommes de Stenbock; mais il s'obstinait à faire déclarer le Divan contre les Russes : cette pensée était d'un profond politique, seulement les hauteurs qu'il affectait dans l'état présent de sa fortune, étaient précisément le moyen le moins propre à en accélérer l'exécution. La conduite de ce prince à Demotica excite une surprise pénible ; plus on se sent disposé à sympathiser avec les nobles infortunes, moins on pardonne aux grandes renommées de descendre du piédestal où les avait élevées notre admiration.

Frédéric, malgré les protestations de la régence, s'empara du territoire qui constituait le diocèse de l'évêque de Lubeck, ainsi que de toutes les possessions de la maison de Holstein-Gottorp dans le Sleswig. Bientôt Stenbock dut capituler ; il expia sa gloire dans une longue captivité, dont la mort seule le délivra.

Tandis que le roi de Suède semblait conspirer contre lui-même, un homme dont le caractère a été diversement jugé, semblait s'être proposé la tâche de sauver le duché de Holstein d'une ruine imminente, en relevant la fortune de la Suède. Cette puissance pouvait seule prêter au jeune duc un appui sincère ; les mêmes intérêts, c'est-à-dire la même politique, unissaient Charles et son neveu contre le Danemark, et les liens du sang, qui rendent les haines plus vives, donnaient encore plus de force à cette union.

Comme l'histoire du duché de Holstein est inséparable de celle du Danemark, de même aussi la singulière destinée du baron de Görtz se lie intimement à notre sujet. Nous saisissons cette occasion de réhabiliter, autant qu'il est en nous, la mémoire de cet homme extraordinaire, dans lequel des esprits superficiels ou prévenus n'ont vu qu'un intrigant, parce que la fortune fut plus forte que son génie.

Görtz paraît sur la scène politique comme ministre de l'administrateur du Holstein ducal ; il était trop éclairé pour ne pas comprendre que le sort du duché dépendait de la Suède ; d'ailleurs, son emploi l'avait mis à même de connaître les rapports secrets qui unissaient sa cour à celle de Stockholm. Il ne pouvait se dissimuler que si, d'un côté, le courage et les talents militaires de Charles XII permettaient de concevoir des espérances brillantes, de l'autre, l'obstination et les bizarreries de ce prince pouvaient l'entraîner avec ses alliés à une ruine complète. Son esprit, non moins délié que hardi, en suivant les vicissitudes qui marquèrent la carrière aventureuse du héros suédois, fut naturellement conduit à des conceptions qui ne paraissent chimériques et bizarres que parce qu'elles devaient remédier aux embarras d'une situation politique si étrangement exceptionnelle. Görtz avait déjà rendu dans la campagne de Saxe des services qui avaient attiré sur lui l'attention de Charles ; le baron était à la fois bon politique, administrateur expérimenté et financier habile : ces qualités lui donnaient un avantage marqué sur les favoris de Charles, dès que les affaires s'embrouillaient : mais depuis la bataille de Poltawa il devint nécessaire. Pendant le séjour du roi en Turquie, il fut l'âme des conseils de la régence du duché, et surveilla, avec cette sagacité qui le rendait propre à tout, les intrigues qui agitaient la Suède et qui menaçaient d'écarter du trône le jeune duc son maître. Plus on scrute tous les actes de Görtz, plus on les trouve empreints de loyauté et de fidélité envers son prince : son dévouement à Charles ne fut même qu'une forme de cet inébranlable attachement.

Après la capitulation de Stenbock, Görtz appela l'attention de tous les cabinets sur l'usurpation des duchés par le roi de Danemark. C'est à cette époque, non moins menaçante pour la Suède que pour les duchés, que Charles rentra dans la Poméranie, où son absence avait tout compromis. Görtz avait la conviction que, pour sauver la Suède, il fallait imprimer à la politique une nouvelle et forte direction. A force d'or et de promesses, il tenta la cupidité de Mentchikof, et lui persuada de représenter au tsar qu'il était désormais de son intérêt d'empêcher que la Suède ne fût accablée ; il fit valoir avec habileté les différends qui s'étaient élevés entre les Russes et leurs alliés, dès qu'il s'était agi de partage. Pierre I*er* étudiait froidement toutes les combinaisons qu'on lui présentait, se réservant de les admettre ou de les modifier selon les circonstances.

Görtz courut à Stralsund, où le roi de Suède venait d'arriver. Ce ne fut pas là, comme l'a cru Voltaire, que le baron parvint à s'emparer de la confiance du monarque ; elle lui était acquise depuis longtemps, mais, secrète jusqu'alors, elle se manifesta par des marques éclatantes. Plus que jamais les conseils d'un homme tel que Görtz, qui connaissait tous les ressorts de la politique étrangère, étaient précieux pour le roi. Les états, las d'une absence dont on ne pouvait prévoir le terme, avaient désigné régente la princesse Ulrique-Éléonore, mesure qui contrariait les projets de l'impérieux monarque, et qui écartait du trône le duc de Holstein.

Cette conduite des états, et le retour de Charles immédiatement après l'invasion des duchés, autorisent à croire que ce prince, dédaignant de correspondre avec le sénat de Stockholm, était tenu au courant des affaires par le canal de Görtz, dont il n'eût pas si subitement adopté les plans, s'il ne les eût connus d'avance, et si l'événement n'en eût justifié les prévisions.

Tandis que la guerre se rallumait dans le Nord avec un acharnement qui amenait les changements préparés par la politique de Görtz, George I*er* montait sur le trône d'Angleterre et poursuivait, comme électeur de Hanovre, les hostilités contre la Suède. Görtz, de son côté, obtenait pour Charles l'alliance officielle de l'administrateur de Lubeck. Les troupes suédoises eurent quelque avantage ; elles chassèrent de Wolgast et d'Usedom les Prussiens et les Danois ; et le roi de Prusse, agissant pour son compte, occupa Stettin. Huit mille Saxons et vingt mille Danois assiégeaient Stralsund, que Charles défendait en personne.

Une flotte anglaise et hollandaise parut dans la Baltique pour protéger le commerce, tandis que George, qui garantissait à Frédéric la possession du duché de Sleswig, lui envoyait en outre huit vaisseaux anglais sous le nom d'escadre électorale. Ces secours étaient loin d'être désintéressés : le Danemark cédait en retour au roi électeur les duchés de Brême et de Werden. Görtz résolut dès lors de donner de l'occupation au roi d'Angleterre ; il connaissait les plans d'Albéroni, et ne recula point devant le projet de faire transporter en Écosse le prétendant, et de changer en France la régence, dont la politique contrariait ses vues.

La prise de l'île de Rügen par les Danois et les Prussiens entraîna bientôt la perte de Stralsund. Charles se montrait d'autant plus obstiné que le sort des armes lui devenait plus contraire. Görtz négociait toujours avec la Russie, et le roi, qui était parvenu à rentrer en Suède, créait une nouvelle armée avec plus de facilité que l'état d'épuisement du royaume n'aurait semblé le lui permettre. Les finances étaient dans le délabrement le plus complet. Le baron de Görtz entreprit de créer de nouvelles ressources, mais de graves difficultés l'attendaient. Il n'avait consenti à se charger des affaires que pour une année, et à la condition que Charles XII se prêterait à la paix, but de toutes ses négociations. La confiance dont cet étranger fut investi, lui attira la haine et la jalousie des Suédois. Les grands et le sénat, dit Lundblad, s'irritèrent de sa manière d'agir tout indépendante, et les fonctionnaires subalternes trouvaient mauvais qu'il attaquât tous les abus. Il était évident qu'il fallait chercher à sortir des embarras du moment. Un plan de finances, sagement combiné, mais dont le peuple n'apercevrait les résultats avantageux qu'au bout de quelques années, ne pouvait convenir au moment actuel, et si Görtz ne vit pas ses efforts couronnés de succès, c'est que son plan ne fut pas suivi, que la haine des grands et du peuple lui suscita des obstacles insurmontables, et qu'on donna des interprétations perfides à ses opérations.

Dans la répartition des impôts, Görtz épargna les paysans autant qu'il était en son pouvoir. Mais tous les moyens pour se procurer de l'argent ayant échoué, il fallut recourir à des emprunts forcés. Les riches devaient y contribuer ou facultativement ou par taxations. Görtz ne put même se procurer des renseignements exacts sur l'état de la banque; ce ne fut qu'à la dernière extrémité qu'il se résigna à frapper une monnaie de détresse. Cette mesure eut d'abord une heureuse influence sur les affaires; la flotte fut équipée et l'armée habillée.

Malheureusement il fut obligé d'abandonner les affaires de l'intérieur à l'instant même où les avantages de son système avaient besoin de toute son expérience pour se produire. Les affaires extérieures réclamaient ses soins, l'administration des finances passa en d'autres mains; les changements qu'il avait introduits furent ou abandonnés ou détournés du but que s'était proposé le réformateur. Charles XII lui-même contribua à augmenter le mal en décrétant que la monnaie de cuivre représentait réellement sa valeur fictive, ce qui détruisit la confiance et jeta le désordre dans toutes les transactions. Au retour de Görtz, les finances étaient dans l'état le plus déplorable; il ne trouva d'autre remède à cette situation que de suspendre le cours du numéraire en argent, pour y substituer une monnaie d'un titre inférieur. Toutes ces mesures ne devaient être que temporaires, mais elles excitèrent un mécontentement général.

Cependant la Suède avait une armée et une flotte; on croyait généralement que ces armements étaient destinés à reprendre la Livonie sur le tsar, mais Görtz avait d'autres projets, et le roi, qui lui accordait une confiance entière, se flattait de tirer vengeance du roi de Danemark et de faciliter, par ses victoires, les négociations de son ministre. En effet, Görtz s'était embarqué pour les Pays-Bas, où il correspondait activement avec les agents d'Albéroni. Charles parut hésiter quelque temps sur son plan d'attaque; on crut d'abord qu'il passerait dans l'île de Séland, la rigueur de l'hiver paraissant favoriser cette entreprise, mais un dégel subit le força de renoncer à ce projet, et il tourna toutes ses forces vers la Norvége. Après quelques engagements meurtriers, il investit les villes de Frédérickstadt et de Frédérickshall; il s'empara de Christiana, ville ouverte qui ne pouvait faire aucune résistance. Le roi manquait d'artillerie de siége; le fort d'Aggeshus ne put être emporté. Les populations norvégiennes interceptaient ses convois et lui faisaient une guerre d'escarmouches qui l'épuisait; enfin il prit le parti d'abandonner Christiana, s'arrêta à Spanewick, dont il fit le centre de ses opérations, et poussa avec activité l'investissement de Frédérickshall.

Cette ville était protégée par la forteresse de Frédérickstein, mais surtout par le courage de ses habitants, qui, après avoir défendu leurs demeures pied à pied, se retirèrent dans le fort. Le roi attendait de l'artillerie de siége, mais l'escadre qui la transportait fut attaquée et défaite par le capitaine danois Tordenskiöld. Ce contre-temps força Charles à se replier jusque dans la Scanie. Là il apprit que la ville de Wismar avait capitulé, et que les avantages de cette victoire avaient été partagés entre les rois de Danemark et de Prusse, et l'électeur de Hanovre, à l'exclusion du tsar, qui convoitait ce port important. Pierre en conçut, dit-on, un vif ressentiment, qu'il dissimula toutefois, dans la crainte de manquer un double but. Il devait opérer, de concert avec le Danemark, une descente en Scanie; il envoya même vingt mille hommes à Copenhague, où il arriva bientôt après avec une flotte considérable; Frédéric, voyant que le tsar différait de jour en jour, sous différents prétextes, de commencer l'expédition projetée, en conçut de l'ombrage, et les rapports des deux monarques furent sur le point de devenir ouvertement hostiles. Enfin Pierre dut faire éloigner sa flotte et son armée. Görtz profita de cette mésintelligence, et l'on commença à concevoir de sérieuses inquiétudes, quoique ses projets n'eussent pas encore transpiré. Un accident fortuit les révéla tout à coup. Un armateur danois trouva, sur un paquebot qu'il avait capturé, des lettres qu'il envoya à Copenhague, où elles furent sur-le-champ publiées. On les envoya à Londres, et leur teneur parut assez grave au parlement pour motiver l'arrestation du comte Gyllenborg, envoyé de Suède, dont on saisit tous les papiers. Le baron de Görtz, qui se trouvait alors en Hollande, eut le même sort.

On apprit alors, non sans étonnement, que Charles XII devait faire une descente en Écosse, avec douze mille Suédois, et que les partisans de la maison de Stuart devaient aider, de leur influence et de leur argent, cette hasardeuse entreprise. A la faveur de cette révolution, Brême et Verden devaient retourner à la Suède, qui recevait de nouvelles provinces dans le Danemark et dans la Norvége. Le tsar conservait toutes ses conquêtes, à la réserve de la Finlande.

On a prétendu, dans un ouvrage moderne (*Histoire de la Régence*, par Lemontey, pièces justificatives), que le désaveu de Charles prouve suffisamment qu'il était resté étranger aux plans de Görtz, et l'on ne craint pas d'avancer que Voltaire a été mal informé à cet égard. Un désaveu, en politique, ne prouve que l'insuccès d'une mesure; la conduite du roi. qui nomma secrétaire d'État le comte de Gyllenborg, à son retour en Suède, dénote assez clairement qu'il s'agissait d'un résultat plus sérieux que celui de soutirer quelque argent aux partisans de la maison de Stuart. Lorsque Görtz et Gyllenborg furent remis en liberté, ils furent chargés de négocier à Lofön avec les agents du tsar. La simple appréciation des intérêts de l'époque suffirait pour révéler la nature et le but de ces conférences, et la double expédition de Charles dans la Norvége se lie d'une manière trop frappante aux projets de Görtz pour que, sur des documents sans portée, on se croie autorisé à renverser un système de mesures, dont l'invraisemblance apparente tient intimement à la situation.

Pierre avait trop de prudence pour entrer sans réserve dans les plans de Görtz; il observait et cherchait à profiter des circonstances : d'ailleurs, la guerre que se faisaient le Danemark et la Suède, qui avait encore à lutter contre George, ne pouvait qu'affaiblir ces princes, auxquels ses nouvelles conquêtes inspiraient des inquiétudes sérieuses.

Charles s'avançait vers la Norvége par le Bohus et le Vermland, tandis qu'un corps d'armée franchissait au nord des Alpes norvégiennes, sous les ordres d'Armfeld, dont l'expédition n'eut qu'un résultat sans importance. Il avait fallu les plus grands sacrifices et une année d'efforts pour mettre cette armée en état de tenir la campagne. Après quelques avantages chèrement achetés, le héros suédois investit le fort de Fredrickshall. Ce fut là qu'une balle suédoise termina cette carrière si stérilement active. Le complot qui l'avait désigné pour victime, se déroula bientôt après. Ulrique Éléonore fut nommée reine, et le jeune duc de Holstein, menacé par le parti triomphant, eut la lâcheté de livrer Görtz à ces mêmes hommes qui venaient de faire assassiner son oncle. Devant un tribunal moins prévenu, l'acquittement de Görtz n'eût pas été douteux, mais la Suède n'avait qu'une voix pour demander sa tête; la chaire retentissait d'anathèmes contre lui; c'est un impie, disaient les prêtres, puisqu'en détruisant l'ancienne monnaie, il a mis sur la nouvelle l'empreinte des dieux mythologiques. Le peuple l'accusait de tous les désastres qu'il n'aurait dû attribuer qu'aux fautes du feu roi ; les sénateurs ne pouvaient lui pardonner d'avoir été l'instrument intelligent d'un despotisme qui les humiliait. Le parti d'Ulrique, qui ne lui avait donné le trône que pour rétablir les anciens priviléges de la noblesse, ne se serait pas cru en sûreté si Görtz eût survécu à son procès ; on savait d'ailleurs que le duc de Holstein devait épouser une nièce du tsar, et l'on eût craint que le génie de Görtz, qui avait trouvé tant de ressources dans une situation presque désespérée, ne remuât toute l'Europe dans l'intérêt du duc de Holstein, dès qu'il aurait la confiance de Pierre Ier. Il serait inutile de rappeler ici sur quels chefs la sentence du baron fut prononcée ; nous nous bornerons à dire qu'on ne lui permit pas même de produire les pièces comptables qui auraient prouvé son innocence, quant aux malversations et au péculat.

Quand le baron vit que ceux qu'il avait servis avec tant de zèle, l'abandonnaient, il reçut la mort avec sérénité, comme il convenait à un homme qui avait eu les sympathies de Charles XII. Son épitaphe, écrite par lui-même, résume en peu de mots toute sa carrière politique : *Fides erga regem et ducem, mors regis, mors mea.* Ma fidélité envers le roi et le duc a causé la mort du roi et la mienne (1719).

Les changements qui s'étaient opérés en Suède ne pouvaient que réagir sur les intérêts et la politique du Danemark. La Russie, qui n'avait plus rien à ménager, continua la guerre et ravagea les côtes, tandis que Frédéric inquiétait les provinces voisines de la Norvége. Les avantages des Danois ne se bornèrent pas à la prise de Stromstedt, où les Suédois détruisirent eux-mêmes leurs magasins et se retirèrent sur Uddewalla ; ils ruinèrent le fort de Sundborg ; un de leurs plus habiles généraux, Tordenskiöld, emporta la ville et le château de Marstrand, ce qui le rendit maître d'une flottille ennemie. Les Suédois avaient eu le temps de porter du secours dans les places importantes de Gotheborg et d'Elfsborg ; les troupes de Frédéric ne purent donc rien entreprendre de ce côté.

Depuis que la Suède n'était plus à craindre, les alliés de Frédéric lui laissaient entrevoir que leur coopération active cesserait bientôt, les causes qui l'avaient déterminée n'existant plus. Non-seulement l'Angleterre et la Hollande ne pouvaient voir avec indifférence le Danemark disposer exclusivement de la navigation de la Baltique ; mais ces mêmes puissances, secondées par la politique du régent, croyaient qu'il était temps d'opposer une barrière à l'ambition de la Russie.

En effet, cette puissance devenait tout à coup menaçante par ses alliances non moins que par ses conquêtes. Il était à craindre qu'après avoir triomphé des troupes suédoises commandées par un capitaine tel que Charles XII, ce nouvel empire ne triomphât plus facilement encore de la Turquie et de la Perse, et qu'après avoir établi son influence dans l'Orient, et resserré la Pologne en lui fermant la Baltique et la mer Noire, il ne pesât de tout son poids sur les provinces slaves, qui forment comme une vaste ceinture au nord et à l'est de l'Europe centrale. Les duchés de Mecklenbourg et de Holstein se trouvaient déjà engagés dans les plans de cette politique envahissante, et le triomphe de la maison de Saxe, dû à l'intervention de Pierre le Grand, en accoutumant les Polonais à chercher un appui de ce côté, préparait, au sein de leur anarchie, la catastrophe où devait expirer leur liberté.

Le Danemark prévoyait que l'activité de la Suède serait forcée de se tourner désormais vers la défense de la Finlande ; et comme il entrait dans les éventualités possibles que la couronne de Russie passât à la maison de Holstein, Frédéric crut devoir répondre aux avances d'Ulrique Éléonore qui avait fait signifier à la cour de Copenhague son avénement au trône. Le général danois Löwenörn fut chargé d'aller complimenter la reine de Suède, et de s'assurer si le parti qui voulait la paix avait assez de consistance pour qu'on pût se promettre de n'avoir point à reculer dans la voie des négociations. Cet envoyé, qui devait son élévation à son mérite, avait été précepteur des enfants de Mentchikof. Il avait coutume de dire : « Quand on a bu avec les Russes, on les connaît mieux qu'ils ne se connaissent eux-mêmes. » Rebuté par les hauteurs de Mentchikof, il avait pris du service en Danemark. Là, après un avancement rapide, il brigua et obtint la mission pacifique dont nous venons de parler, et il y déploya d'autant plus de zèle, que Pierre, qui voulait l'affaiblissement des pays baltiques, voyait avec satisfaction la guerre consumer leurs dernières ressources. Le tsar n'ignorait pas que les puissances signataires du traité de la quadruple alliance (1718) avaient des intérêts tout opposés aux siens. Il était question de laisser à la Prusse, au Danemark et à la Pologne les provinces conquises sur la Suède, et de restituer à celle-ci tout ce que la Russie avait acquis, à l'exception de Pétersbourg, Cronstadt et Narva. L'Angleterre et l'Autriche avaient surtout manifesté des intentions hostiles, la première par l'envoi d'une flotte à Ulrique Éléonore, la seconde, en renvoyant de Vienne le résident russe. L'apparition dans la Baltique de l'amiral anglais Norris n'empêcha pas le tsar d'ordonner des préparatifs formidables; certain que l'Angleterre ne voulait faire qu'une démonstration, il se hâta de frapper les derniers coups; et ses flottes ravagèrent les côtes de la Suède proprement dite et celles de la Bothnie occidentale.

Le cabinet de Stockholm était pressé d'obtenir la paix. Jamais les finances de la Suède n'avaient été dans un état si déplorable ; Frédéric de Hesse, à qui Ulrique venait de transmettre la couronne, espérait d'ailleurs obtenir des conditions plus favorables, en entrant sincèrement dans les vues de ses alliés. La situation du nouveau roi de Suède était rendue plus précaire encore par le changement de la constitution, qui avait suivi la mort de Charles XII. Après avoir fait un essai si malheureux du despotisme, les états se jetèrent dans les embarras non moins graves d'une liberté sans contre-poids. Les conditions imposées à Ulrique et que dut accepter son époux, rappelaient les capitulations des rois de Danemark, dans les règnes qui précédèrent l'établissement de la loi royale : il était aisé de prévoir qu'une réaction monarchique ne se ferait pas longtemps attendre.

Le roi de Pologne conclut le premier la paix avec les Suédois; il abandonna ses prétentions sur la Livonie, pour ne pas remettre en question les conquêtes du tsar. Le roi de Prusse conserva Stettin et quelques places de moindre importance, moyennant une indemnité de deux millions d'écus.

Après ces arrangements, la conduite du Danemark était toute tracée ; cependant le cabinet de Copenhague temporisa quelque temps encore, dans l'espoir de diminuer les sacrifices que lui imposaient l'Angleterre et la France, dont l'influence dominait les négociations de Neustadt. Frédéric IV signa enfin le traité (23 juillet 1720). Nous n'en rapporterons que les dispositions les plus remarquables : « Le Danemark renonce à son alliance offensive avec le tsar, et confirme les traités préexistants avec la couronne de Suède.

« Comme compensation de l'abandon de l'île de Rugen, de Stralsund et autres villes de la Poméranie royale, le roi de France garantit au roi de Danemark la possession indivise du duché de Sleswig, stipulation déjà consentie par le roi d'Angleterre.

« Le Danemark renonce à toutes les prétentions qu'il pourrait avoir sur Wismar. Cette ville ne sera jamais rétablie, et ses fortifications resteront dans l'état où elles se trouvaient au moment de la signature du présent traité.

« Les Suédois et tous ceux qui navigueront sous le pavillon suédois, acquitteront les droits du Belt et du

Sund sur le même pied que les Anglais, les Hollandais, ou la nation actuellement ou postérieurement la plus favorisée.

« Dans le cas où le duc de Holstein protesterait, en ce qui regarde le Sleswig, contre la teneur du traité, la Suède s'engage à ne point favoriser ses prétentions et à lui refuser toute espèce de secours. »

Comme il ne s'agissait entre la Pologne et la Suède d'aucune cession de territoire, le roi de Pologne, électeur de Saxe, acquiesçait simplement à la paix du Nord : quant à la Russie, elle s'engageait à ne contracter aucune alliance contraire aux intérêts de la Suède, qui lui cédait la Livonie, l'Esthonie, l'Ingermanie, une partie de l'Ingrie, le district de Viborg, les îles d'Osel, Dagö et Mön, et toutes celles qui se trouvent sur les côtes de la Baltique et du golfe de Finlande, lesquelles font désormais partie intégrante du territoire russe. Les limites entre la Suède et la Russie étaient vaguement tracées du côté de la Laponie et de la Finlande : l'ambition des tsars devait se charger plus tard de la rectification.

Les intérêts de la maison de Holstein-Gottorp se trouvaient sacrifiés dans toutes ces combinaisons; le duc Charles-Frédéric représentait le parti de la guerre; il comprit que ses intérêts s'effaçaient devant le parti de la paix, et, sans essayer de lutter contre la nécessité, il se contenta de protester contre la disposition qui le dépouillait du Sleswig. Le mariage de ce prince avec Anna Petrovna (1725) mit sa postérité sur le trône du plus vaste empire du monde; et, par une coïncidence remarquable, toutes les couronnes du Nord, vers la même époque, se trouvèrent appartenir aux descendants du roi de Danemark Christian Ier d'Oldenbourg.

Le duc de Holstein rentra la même année dans la portion de ses États que le traité de Fredensborg lui conservait; obligé d'abandonner son ancienne capitale et le château de Gottorp, il fixa sa résidence à Kiel. La Suède, la Prusse et l'électeur de Hanovre, également intéressés à maintenir le nouvel état de choses, ne laissaient au duc que l'espoir de trouver de l'appui dans la politique russe. Ainsi tous les anciens rapports du Danemark et de la Suède étaient changés; les grandes influences territoriales entraînaient dans leur sphère d'action les puissances secondaires, et semblaient occupées d'établir nettement leurs limites avant de se heurter entre elles.

Frédéric venait d'assurer à ses sujets le bienfait de la paix, lorsqu'il perdit Louise de Mecklenbourg qui lui laissa deux enfants : Charlotte-Amélie, et un prince qui lui succéda en 1730 sous le nom de Christian VI.

La douleur du roi ne parut pas avoir été bien vive, puisqu'il épousa peu de semaines après Anne-Sophie de Reventlow. La même année, le prince héréditaire prit pour épouse Sophie-Madeleine de Brandebourg-Culmbach. Cette époque n'offre rien de remarquable sous le point de vue historique, si ce n'est les établissements que l'on essaya de fonder dans le Grönland, et qui, s'ils n'apportèrent point aux Danois de grands avantages commerciaux, eurent du moins pour résultat de porter l'Évangile parmi ces peuplades sauvages, et de leur donner une idée de la civilisation européenne.

L'attitude de la Russie, sans être précisément hostile, était toujours menaçante. L'envoyé Bestoujef se rendit à Copenhague avec la mission de faire reconnaître par cette cour le titre d'empereur que le tsar venait de prendre, et de demander l'exemption des droits du Sund en faveur des provinces récemment démembrées de la Suède. La restitution au duc de Holstein de son ancienne part du Sleswig ne pouvait manquer de figurer parmi ces prétentions, et ce point suffisait pour les rendre inacceptables. En effet, la mort de l'infortuné Alexis et la protection toute spéciale que Pierre accordait au duc, auquel il destinait la grande-duchesse Anne, annonçaient assez clairement que le nouvel empereur aspirait à la domination de la Baltique, en même temps que son gendre l'introduirait dans le conseil des électeurs. Pierre assembla une armée en Courlande, et mit en mer une escadre considérable. Frédéric obtint de l'Angleterre l'envoi d'une flotte qui, réunie aux forces navales du Danemark, imposa au tsar, qui craignait de compromettre dans une lutte inégale le sort de sa marine naissante.

Les agents russes essayèrent alors de nouer une autre intrigue en Norvége. Le gouvernement danois, dans le but d'augmenter l'impôt foncier, avait ordonné de faire des recherches sur l'étendue des domaines norvégiens; les propriétaires prirent l'alarme; il y eut des soulèvements partiels excités par un aventurier nommé Paul Juel. Il était question de mettre les provinces soulevées sous la protection d'une flotte russe; de leur donner pour chef le duc de Holstein qui avait conservé le titre d'héritier de Norvége; et de céder à la Russie le Grönland, l'Islande et les îles de Ferö. Le général suédois Coiet devait prêter la main à cette révolution, qui avorta par le supplice de Juel. Enfin le tsar tourna ses vues du côté de la Suède, où ses libéralités ne tardèrent pas à lui former un parti puissant. Ce parti, composé des anciens amis de Görtz, fut le noyau de ce qu'on appela plus tard *les bonnets*, par opposition *aux chapeaux*, qui représentaient le parti français.

Ce rapprochement amena le traité de Stockholm (1724), dont une clause portait que si les voies pacifiques des deux cours ne suffisaient pas pour faire restituer le Sleswig au duc de Holstein, elles recourraient à d'autres mesures.

Heureusement pour le Danemark, Pierre le Grand mourut sur ces entrefaites (janvier 1725); Mentchikof, qui gouvernait l'empire sous Catherine Ire, ne put donner à ce projet la suite et les soins que réclamait son exécution. Cependant tout le crédit de Mentchikof ne put empêcher le mariage du duc avec Anna Petrovna. Catherine, en accomplissant le vœu de Pierre, croyait se concilier l'affection des Russes, en même temps qu'elle contenait l'ambition du prince qu'elle n'osait heurter ouvertement. Les armements de la Russie, alliée de la Suède, jetèrent le roi Frédéric dans une grande perplexité. Il fit en toute hâte des préparatifs de défense; mais en même temps il donna la mesure de ses craintes, en faisant promettre au duc d'appuyer ses prétentions au trône de Suède. Le cabinet russe ébruita à dessein cette offre; et il ne resta plus au roi d'autre parti à prendre, pour ne pas rester isolé dans le conflit, que d'accéder à l'alliance que George Ier venait de conclure avec la France et la Prusse. Cette alliance, comme le fait observer Mallet, devait contre-balancer celle qui venait d'être faite entre la Russie, la Suède, l'Espagne et l'empereur.

Tout dans ces traités semblait opposé aux principes de politique admis jusqu'alors en Europe. Ils rapprochaient les cours de Madrid et de Vienne, dont les intérêts étaient divergents depuis la paix d'Utrecht. La France et l'Angleterre se liguaient contre l'Espagne. Enfin la Prusse et la Suède, après une lutte où tout l'avantage était resté à la première, semblaient confirmer par une alliance une situation qui ne pouvait être considérée que comme provisoire.

Des perturbations de cette nature dans la politique générale mettent ordinairement en question l'existence des États de second ordre, qui, n'ayant plus les mêmes points d'appui, sont appelés à défrayer la réconciliation des grandes puissances. En moins d'un siècle, le Danemark, la Suède et surtout la Pologne en ont fait la dure expérience.

La cession de sa part du Sleswig, imposée au duc de Holstein, était une spoliation flagrante; l'Angleterre et la France, garantes de cette clause, le sentaient si bien, que dans le cas où ce prince eût accepté un dédommagement pécuniaire, elles offraient d'en payer les deux tiers. L'offre monta jusqu'à un million de thalers; mais elle fut constamment repoussée. Catherine, tout en se livrant à sa prédilection pour Anna Petrovna, contenait à la fois, par les plans qu'elle formait tour à tour en faveur de son gendre, la Suède, le Danemark et le parti de Mentchikof. L'Autriche et la Prusse comprenaient qu'elles n'auraient qu'à gagner en s'associant à la politique envahissante de la Russie ; mais la mort de Catherine écarta momentanément le danger (1727). Pierre II monta sur le trône, et les vues de Dolgorouki, bien différentes de celles du cabinet précédent, se bornèrent à des questions d'influence intérieure, auxquelles les intérêts du duc ne pouvaient que rester étrangers. Tout le prestige de cette cause qui avait agité l'Europe, parut s'évanouir avec l'appui de la Russie. Le prince, dont la fortune semblait se complaire à déjouer les espérances, se retira à Hambourg ; l'année suivante il perdit Anna Petrovna ; et comme si le malheur qui le poursuivait devait s'attacher à sa race, son fils, qui fut l'infortuné Pierre III, périt assassiné par les ordres de Catherine II, et leur héritier, Paul Ier, tomba du trône par une catastrophe non moins tragique.

Le Danemark vit avec satisfaction la couronne de Russie passer sur la tête d'Anna Ivanovna, duchesse de Courlande et nièce de Pierre le Grand. Biren, qui gouverna sous le nom de sa voluptueuse maîtresse, était trop occupé de briser les résistances des boïars, pour songer aux affaires du Danemark. Ce royaume n'échappa aux désastres d'une lutte inégale que pour gémir sous des fléaux qui paraissent plus terribles encore, parce que la Providence semble les envoyer. La peste exerça de grands ravages, et des inondations devastèrent les côtes. En 1728, un incendie réduisit en cendres les deux tiers de Copenhague. « Six églises, tous les bâtiments et la bibliothèque de l'université, l'hôtel de ville, un grand nombre d'édifices publics et deux mille cinq cents maisons furent la proie des flammes. La flotte et le palais furent sauvés. La ville sortit bientôt de ses cendres, plus régulière et mieux bâtie. »

Les dernières années de Frédéric IV n'offrent rien qui mérite d'être recueilli dans une histoire sommaire ; cependant il réussit à mettre l'ordre dans les finances, et réunit à la couronne le comté de Rantzau, par confiscation, et le duché de Norbourg, qui faisait partie de la succession du duc de Holstein-Plön. Il mourut à 59 ans (1730), d'une attaque d'hydropisie. On a remarqué que le jour de sa mort répondait au jour anniversaire de sa naissance. Cette coïncidence inspira sans doute au monarque expirant de graves et tardives réflexions : il ordonna au prédicateur de prendre pour texte cette sentence : *Le jour de la mort est préférable à celui de la naissance.*

Frédéric IV aimait le faste et les plaisirs ; son mariage avec Anne-Sophie de Reventlow agita la cour par de sourdes intrigues : le parti de cette princesse se trouva sans point d'appui à la mort du roi, qui, heureusement pour le Danemark, ne laissait point d'enfants de son second mariage. Anne, isolée à la cour, et ayant tout à craindre des favoris du nouveau roi, Christian VI, se retira en Jutland : elle ne put oublier, dit-on, la perte d'une position équivoque, où elle n'avait connu que les soucis et les périls du rang suprême.

CHRISTIAN VI.

Le Danemark continue à s'effacer dans le mouvement de la politique générale ; les changements intérieurs semblent plutôt répondre à des exigences accidentelles qu'à des vues constantes et nationales ; les intrigues de palais sont le pivot sur lequel tournent les grandes affaires ; et les agents étrangers se servent de toutes ces influences mesquines pour faire prévaloir les intérêts de leurs cours ; les traités de Westphalie enfantent leurs dernières conséquences ; les cabinets, après avoir vainement cherché l'équilibre des forces matérielles, au prix des principes, sont arrivés à un système de corruption qui menace l'ordre moral des sociétés. La prépondérance de l'Angleterre donne aux transactions de l'époque un caractère mercantile; les princes vendent leurs droits pour de l'argent; et les peuples, dont les tendances sont à peine consultées, passent avec les territoires dans les marchés de la diplomatie.

La dépendance forcée des petits États délivrait en quelque sorte leurs princes de toutes les gênes de la responsabilité; telle mesure qu'on eût énergiquement blâmée dans les époques de liberté, était regardée comme une nécessité des alliances, et la vie privée des monarques n'offrait que trop souvent des exemples de désordres qui semblaient n'affecter qu'indirectement le bien de l'État. Enfin l'histoire, dès que l'on s'éloigne des principaux centres d'action, descend aux proportions de l'anecdote. Dans cet état de choses, les peuples auxquels la forme et les nécessités de leur gouvernement semblent refuser la vie politique, s'agitent stérilement dans une sphère étroite, ou bien, cherchant l'action là où elle se manifeste, ils risquent de compromettre dans le conflit des grandes puissances les derniers restes de leur nationalité.

Christian VI fit acte d'autorité en supprimant la milice; il riva les fers du paysan, et rétablit bientôt sur l'ancien pied cette même milice qu'un de ses caprices venait d'abolir.

Les cours de Pétersbourg et de Vienne restaient unies; mais l'avénement d'Anna Ivanovna était favorable aux intérêts du Danemark, en ce que la question du duché de Sleswig se trouvait définitivement ajournée. Le traité de Copenhague (mai 1732) exprima cette situation. Le Sleswig était garanti au monarque danois, et l'on offrait au duc de Holstein un million d'écus s'il abandonnait ses prétentions; mais on lui signifiait en même temps que, faute d'une réponse catégorique pour laquelle on fixait un délai de deux années, les parties contractantes ne se croiraient plus obligées à rien, et que cette offre serait regardée comme non avenue. Le duc refusa noblement ces conditions; il comptait sur l'appui de la France qui s'était brouillée avec Charles VI, et qui voulait remettre Stanislas sur le trône de Pologne. Témoin d'ailleurs de tant de révolutions en Russie, il attendait que la fortune lui rendît ce qu'elle lui avait enlevé. Cet espoir ne se réalisa que pour ses descendants; il mourut l'année qui précéda la mort d'Anna Ivanovna, c'est-à-dire bien peu de temps avant qu'une conspiration de palais fît monter sur le trône sa belle-sœur Élisabeth.

Nous avons vu plusieurs souverains du Danemark porter sur les colonies du royaume une attention particulière. La prospérité de la marine était attachée à ces efforts; mais depuis le développement des grandes puissances maritimes, le rôle de la marine danoise semble destiné à suivre les phases de l'influence politique du pays dans le mouvement européen. Les guerres qui, pendant des siècles, n'avaient eu pour objet que la prépondérance de la Suède ou du Danemark, prennent un caractère plus général, parce qu'elles affectent désormais les intérêts des États de premier ordre. Il n'en est pas moins vrai que les royaumes du Nord, réduits à n'agir que dans les limites de leurs alliances, ne pouvaient se maintenir, même dans cette condition subordonnée, qu'en entretenant les forces en vue desquelles les traités avaient été conclus. C'est pour ce motif que Christian VI acheta à la France l'île de Sainte-Croix, une des moins riches des Antilles. Aujourd'hui que les grands centres politiques ont tout attiré, la marine danoise est devenue un péril plutôt qu'une sauvegarde; et tout récemment nous avons vu le cabinet de Copenhague, qui se rappelait sans doute les violences de la flotte anglaise en 1801 et 1807, céder à l'Angleterre toutes ses colonies méridionales pour une modique somme de quatre-vingt mille livres sterling.

En 1734, le roi conclut avec la Suède une alliance défensive. Les deux cours se promettaient un secours réciproque de huit mille soldats et de six vaisseaux de guerre. La même convention devait être renouvelée au bout de quatre ans, si des obstacles imprévus ne s'y opposaient.

Peu de temps après, quelques difficultés s'élevèrent entre le roi et la régence de Hanovre au sujet de la succession au fief de Steinhorst; le baron de Bernstorff négocia avec tant d'habileté, que ce différend se termina à l'avantage de sa cour. Ce ministre termina aussi une question d'étiquette sur le rang que devait tenir à la diète le roi de Danemark, comme duc de Holstein.

Des événements plus importants dont la cour de Russie étaient le théâtre, attirèrent l'attention du cabinet de Copenhague. Le régent Biren régnait au nom d'Ivan VI. L'atroce rigueur de son gouvernement soulevait contre lui toute la noblesse. D'un autre côté, le prince et la princesse de Brunswick témoignaient un vif ressentiment de se voir écartés du trône. Ceux qui échappaient au knout et à l'exil étaient frappés de terreur. Biren eut même l'audace de dire que si la princesse faisait la mutine, il la renverrait en Allemagne avec sa famille, et qu'il ferait venir le duc de Holstein pour le placer sur le trône. Cette conduite tyrannique entraîna sa chute, et mit le pouvoir aux mains de ceux qu'il avait voulu perdre. La princesse Anne ne garda la régence que peu de temps; une autre révolution mit la couronne sur la tête d'Élisabeth, et le dernier héritier de la branche d'Ivan V, dont le berceau n'avait pu résister à tant d'orages, se vit condamné à un exil que couronna une fin tragique.

Vers la même époque (1742) la reine de Suède Ulrique-Éléonore mourut sans laisser d'héritiers. La guerre que les Suédois faisaient aux Russes, à l'instigation de la France, avait été mal conduite; on espérait que la paix sortirait de la question d'élection. La France recommandait le duc de Deux-Ponts; le roi de Suède proposait son neveu le prince héréditaire de Hesse, gendre du roi d'Angleterre; le roi de Danemark faisait valoir les avantages d'une alliance solide, fondée sur le choix de son fils, prince royal de Danemark; mais le vœu national désignait le duc de Holstein-Gottorp, petit-neveu de Charles XII, et neveu de l'impératrice de Russie. La diète envoya en conséquence une députation à Pétersbourg pour annoncer au duc son élection. Élisabeth avait d'autres vues; elle proposa aux Suédois le duc Adolphe-Frédéric, de la même maison, alors évêque de Lubeck. Le roi de Danemark s'était contenté d'envoyer un ambassadeur à la diète pour lui proposer le rétablissement de l'union de Calmar, l'élection de son fils, et comme garantie d'une alliance offensive et défensive, une escadre de douze vaisseaux de guerre, et une armée de douze mille hommes qu'on mettrait immédiatement à la disposition de la Suède. Le cabinet de Stockholm fit valoir ces offres dans le but d'obtenir des conditions plus favorables de la Russie. Élisabeth accorda la paix (1743), et promit au roi de Danemark qu'elle lui garantirait la jouissance du duché de Sleswig, si l'évêque de Lubeck l'emportait sur ses concurrents. Comme le dénoûment ne pouvait être pacifique qu'à ce prix, l'évêque de Lubeck fut élu, malgré les efforts des autres partis. Cet événement causa une vive inquiétude à Christian. Le duc de Holstein-Gottorp était appelé à la succession du trône de Russie, et déjà il avait embrassé la religion grecque; un prince de la même maison venait d'être désigné pour régner sur la Suède après Frédéric; l'avenir apparaissait sombre et menaçant pour le Danemark. Les états de Suède, au mépris de leurs engagements formels, n'avaient rien stipulé avec la Russie au sujet du Sleswig; Christian rappela son ambassadeur, et prit toutes les mesures que semblait réclamer la gravité des circonstances. La Suède se hâta de mettre la Scanie et les provinces limitrophes de la Norvège à l'abri d'un coup de main; et le

Danemark rassembla des forces considérables dans la Sélande et la Norvége orientale. Heureusement que les grands intérêts qui tenaient l'Europe en suspens au sujet de la succession de Charles VI, vinrent arrêter ces préparatifs à l'instant où la guerre paraissait inévitable. L'intervention des grandes puissances ressemblait tellement à une menace, que le Danemark n'avait plus qu'à céder. Le prince royal abandonna ses prétentions qu'il fondait sur le choix de deux ordres de la diète de Suède, et l'on revint à l'alliance de 1734.

La cour de Pétersbourg était enfin parvenue au but de Pierre le Grand ; elle avait établi son influence dans le Nord, non moins par ses conquêtes que par ses alliances avec la maison de Holstein-Gottorp, qui lui fut redevable de son élévation. Le roi de Danemark, qui n'était rien moins que rassuré sur le duché de Sleswig, se rapprocha de l'impératrice ; Elisabeth feignit d'intervenir auprès du duc dans le but d'obtenir de lui un désistement définitif ; mais Christian, voyant ce moyen lui échapper, conclut avec la France une alliance défensive pour deux années (1745). Il mourut l'année suivante dans la maturité de l'âge, laissant une dette publique de plusieurs millions. Sophie-Madeleine de Brandebourg-Culmbach lui avait donné deux enfants : un fils qui lui succéda sous le nom de Frédéric V, et une princesse nommée Louise, mariée au duc de Saxe-Hildburghausen.

FRÉDÉRIC V.

Frédéric avait épousé, en 1743, la princesse Louise, fille de George II, roi d'Angleterre : il fut couronné le 4 septembre 1747. Conformément à la politique des rois ses prédécesseurs, il surveilla avec la plus grande attention toutes les démarches des princes de la maison de Holstein-Gottorp. Il renouvela l'alliance conclue entre le Danemark et la Suède, et obtint que le prince héréditaire Adolphe-Frédéric signât l'engagement qui interdisait aux Suédois toute espèce de participation dans les différends qui pourraient surgir entre les princes de la famille régnante et leurs parents des autres branches. Comme pour donner une nouvelle force à cette convention, la princesse Sophie-Madeleine, fille aînée du roi de Danemark, fut fiancée à Gustave, fils du duc. Ce mariage, retardé par divers obstacles, n'eut lieu qu'en 1763, pour le malheur des deux époux.

En 1751, le prince Adolphe monta sur le trône de Suède, et l'année suivante le roi de Danemark, veuf de sa première femme, épousa Julie-Marie de Brunswick-Wolfenbüttel. Cette union, comme on le verra plus tard, devint la source des plus tristes calamités domestiques. Le jeune roi de Suède avait été marié, en 1744, à la princesse Ulrique-Éléonore, sœur du roi de Prusse ; le Nord était livré au gouvernement des femmes, c'est-à-dire au caprice ambitieux des favoris. Aussi l'histoire de ce temps, si l'on excepte celle de Russie, dont l'influence pesait de plus en plus sur les destinées de l'Europe, devient-elle pour ainsi dire anecdotique. C'est donc sous le point de vue de ces influences de palais que nous poursuivrons le récit des événements ; en voyant ce que deviennent les cours sous les gouvernements arbitraires, on comprendra davantage que la liberté, si précieuse aux nations, est en même temps la sauvegarde la plus sûre de l'honneur des trônes.

Tandis que le Danemark semblait plongé dans une paix profonde, le grand-duc Pierre annonçait tout haut le dessein de venger l'honneur de la maison de Holstein, dès que les circonstances le lui permettraient. En attendant, les troupes d'Élisabeth se formaient à la grande guerre en combattant contre Frédéric, qu'elles eurent plusieurs fois l'honneur de vaincre. Le duc de Holstein ne prenait aucune part à ces succès. Il avait eu une première éducation trop forte pour la trempe de son caractère ; dès son enfance il avait manifesté pour les exercices militaires un goût qui était devenu une manie. Marié à Catherine, il avait d'abord inspiré à sa jeune épouse un vif attachement; mais le changement opéré dans ses traits par la petite vérole, et plus que tout le reste la grossièreté de ses mœurs de caserne, éloignèrent bientôt de lui une princesse que les mœurs dissolues de la cour et ses propres inclinations ne portaient que trop facilement à manquer à la foi conjugale. Pierre fit venir des troupes du Holstein; son passe-temps favori était de les passer en revue et de leur faire faire l'exercice à la prussienne. La mort d'Élisabeth mit enfin la couronne de Russie sur la tête d'un duc de Holstein. Le Danemark trembla et la Prusse fut sauvée. Le comte de Rantzau se trouvait à Pétersbourg pendant le court règne de ce monarque ; le comte s'est vanté depuis d'avoir pris une part importante à la révolution qui le renversa ; tout ce qu'on peut dire. c'est que les intérêts qui portaient Catherine II sur le trône se trouvèrent favorables au Danemark, et qu'il en profita. Tandis que Pierre III organisait une armée pour reconquérir le Sleswig et ruiner le Danemark, Catherine profita habilement de ses fautes et se forma un parti puissant.

Avant d'entreprendre cette campagne, Pierre voulut célébrer sa fête, et l'anniversaire de celle de Pierre le Grand dans la résidence de Péterhof. Catherine se rendit secrètement à Pétersbourg, et souleva les gardes, qui la proclamèrent impératrice. Pierre III, sourd aux conseils de Munich, signa sa renonciation au trône de Russie, et n'obtint pas même la vie sauve. C'est ainsi que le Danemark échappa au plus grand danger qui ait jamais menacé son existence. Catherine adopta une autre politique ; le démembrement de la Pologne et celui de la Turquie étaient plus à sa convenance.

Frédéric V avait montré dans ces circonstances difficiles une dignité et une mesure dont il faut sans doute rapporter le mérite à son ministre Bernstorff ; mais les qualités qui avaient distingué ce monarque firent place tout à coup à un découragement profond. On ne fut pas longtemps à s'apercevoir que la plus abjecte des passions, l'ivresse, avait dégradé ses facultés.

Si l'on en croit Brown, la cause de ce changement ne fut connue que d'un petit nombre de personnes, auxquelles la forme despotique du gouvernement danois n'a point permis de la révéler. Frédéric aimait les enfants que lui avait laissés Louise, sa première épouse, avec une tendresse qui excita la jalousie de la nouvelle reine. Artificieuse et profonde, celle-ci avait trouvé, pour seconder ses projets de marâtre, un homme que son ambition rendait capable de tout, le conseiller Guldberg. L'état de santé du roi promettait à Julie une large part d'influence sur les affaires; mais l'intégrité du ministre Bernstorff n'était pas le plus grand obstacle à ses desseins ; le jeune Christian, son beau-fils, était appelé par sa naissance à succéder à Frédéric, et les qualités du prince royal, le tour vif de son esprit, semblaient ne laisser aux enfants de Julie qu'un rôle dont son orgueil s'indignait d'avance. Un mariage depuis longtemps arrêté devait éloigner de la cour la princesse Sophie-Madeleine, qui, en effet, épousa, en 1766, le prince royal de Suède, depuis Gustave III. Les deux autres filles de Frédéric et de Louise, les princesses Wilhelmine et Louise, se marièrent vers la même époque, la première à l'électeur et la seconde au prince de Hesse. Restait Christian qu'il fallait perdre à tout prix.

La grossesse de la reine ne fit qu'irriter ses espérances ambitieuses; mais elle mit au jour un fils difforme, plutôt fait pour inspirer la répugnance que l'intérêt. Décidée à commettre un crime, elle ne tarda pas à trouver une occasion qui lui parut favorable. « Le jeune Christian eut une légère indisposition. La reine lui fit de fréquentes visites sous le prétexte de l'amitié qu'elle lui portait. Un jour elle trouva la nourrice du prince préparant une tisane qu'elle faisait bouillir sur la flamme d'une lampe d'argent. Il n'y avait pas d'autres domestiques dans la chambre. La reine ordonne à la nourrice d'aller chercher quelque chose qu'elle lui indique, et dès que cette femme est sortie, elle s'approche de la lampe et jette dans le vase un poison minéral des plus actifs. La nourrice jouissait de toute la confiance de la famille royale..... Elle éprouvait réellement pour les enfants de la feue reine toute la tendresse d'une mère. Ayant conçu depuis longtemps des soupçons sur la prétendue affection de Julie, elle surveillait attentivement toutes les démarches de cette reine artificieuse. Au moment où celle-ci entra dans la chambre, le crime dans le cœur et le poison à la main, il y avait sans doute, malgré sa circonspection et le pouvoir qu'elle avait sur elle-même, quelque chose de particulier dans l'expression de ses traits, de son regard et de sa voix, qui alarma la fidélité de la nourrice. Au lieu donc de se rendre à l'appartement de la reine, cette femme, qui était Norvégienne, ne fit que quelques pas hors de la chambre, et revint doucement se placer en observation près de la porte. De là elle aperçut distinctement Julie qui vidait un cornet de papier dans la casserole d'argent et qui remuait ensuite la tisane. La reine replaça la casserole sur le réchaud, qui était en forme de lampe, et tout se retrouva dans la même position où la nourrice l'avait laissé. A cette vue, le sang de la fidèle Norvégienne se glaça d'horreur. Si la reine avait présenté la tisane au prince, la nourrice se serait précipitée dans la chambre et la lui aurait arrachée des mains; mais Julie se mit à parcourir l'appartement d'un pas pressé et inégal; ses mains étaient contractées, et ses traits trahissaient une agitation extraordinaire. Dans ce moment, la nourrice aperçut dans la galerie un domestique nommé Wolf; elle lui fit signe d'approcher, et lui dit à l'oreille d'aller porter sur-le-champ au comte Molcke une bague qu'elle lui remit en le priant de se rendre sans tarder à l'appartement du prince royal..... Elle rentra aussitôt après dans la chambre; mais son émotion se peignait sur son visage. La reine, sans remarquer que la nourrice était rentrée plus tôt qu'elle n'aurait dû le faire, si elle avait exécuté sa commission, lui dit de donner au prince la tisane qui avait bouilli assez longtemps, et qui, sans doute, *lui ferait du bien.* La pauvre femme frémit d'horreur. « Eh bien? » lui dit la reine la voyant immobile. « Pardonnez-moi, répondit la fidèle nourrice, il est de mon devoir de vous désobéir. » A ces mots, Julie lui lançant un regard terrible, s'écria : « Comment osez-vous répliquer à mes ordres ? » La nourrice ne répondit rien; mais jetant un regard significatif sur la tisane, elle secoua tristement la tête. La reine, hors d'elle-même, lui ordonna de quitter la chambre à l'instant; mais la nourrice restait immobile, tenant toujours la casserole à la main. C'est alors que Julie, bouleversée à la fois par la rage et par la crainte, prit la résolution d'accuser la nourrice du crime dont l'exécution venait d'échouer. Son geste fut prompt comme l'éclair... Elle s'élance sur la sonnette qu'elle agite avec violence... « Allez, » dit-elle à un gentilhomme qui était accouru, « allez chez M. de Guldberg, et dites lui de venir à l'instant me trouver. Maintenant, misérable, s'écria la princesse furieuse, tu vas éprouver tout le poids de ma vengeance. Tes membres seront brisés sur la roue : la preuve de ton crime est dans ta main !.. » Au même instant, le comte Molckte entra dans la chambre. « Voyez, lui dit la reine pâlissant de colère, voyez cette malheureuse que je viens de surprendre au moment même où elle allait donner du poison au prince royal. Qu'on appelle les gardes ! Quand le roi reviendra, il la fera mettre à la question la plus horrible pour lui faire avouer quel est le scélérat qui l'a portée à commettre un crime si abominable. » Après un instant de silence respectueux, le comte lui dit : « Je désirerais parler à Votre Majesté en particulier. La suivrai-je dans son appartement, ou dirai-je à madame*** de se retirer. » Ne sachant pas que le ministre avait depuis longtemps l'œil sur sa conduite, et qu'il avait déjà d'autres indices de ses intentions, Julie s'écria : « Eh quoi ! comte, êtes-vous aussi un ennemi du prince royal, et le complice de cette femme ? — Comment pourriez-vous le supposer, Madame ? répondit froidement le comte; si le prince royal n'existait plus, ce ne serait pas mon fils qui succéderait à la couronne. » La reine poursuivit avec confusion : « Si Votre Excellence le désire, cette femme peut se retirer. » Le comte prit alors la casserole des mains de la nourrice, qui passa dans la chambre à coucher du prince. On ne peut que former des conjectures sur l'entretien de la reine avec le comte. Au bout d'une heure, ce dernier se rendit auprès du prince Christian, et lui annonça que sa nourrice devait partir pour la Norwége; le prince pleura beaucoup, et dit au comte qui s'efforçait de le calmer : « J'en parlerai à mon père; je suis sûr qu'il ne permettra pas que cette mère me soit enlevée. » Le comte embarrassé se retira; mais il ne tarda pas à revenir; puis, passant avec la nourrice dans une antichambre, il essaya de la convaincre que la reine n'avait fait que remuer la tisane. La nourrice secoua la tête, et demanda au comte s'il lui serait permis de montrer la tisane au pharmacien du prince. Sur sa réponse affirmative, elle courut prendre la casserole qu'elle trouva vide et nettoyée. Plus alarmée qu'auparavant, et craignant que le comte, d'accord avec la reine, ne partageât les desseins de Julie contre le prince royal, elle résolut d'avertir elle-même le roi du danger que courait son fils bien-aimé. L'adroit courtisan pénétra son intention ; il commença par applaudir à son courage et à sa fidélité; puis il lui dit qu'il n'avait voulu la renvoyer en Norwége que pour la mettre à l'abri du pouvoir de la reine, mais qu'il avait changé d'avis, et que si elle voulait s'engager par serment à garder le secret sur tout ce qui s'était passé, elle pourrait être tranquille et rester au service du prince. En même temps il lui jura lui-même, dans les termes les plus solennels, que le prince ne courait aucun danger. La fidèle Norvégienne consentit à tout, pourvu qu'on ne l'éloignât pas du jeune Christian... Le même jour on fit courir le bruit que la reine était indisposée, et le lendemain elle se rendit au palais de Hirschholm.

« Frédéric V se trouvait alors à un rendez-vous de chasse, nommé Jagerprest, près du palais de Charlottenborg. Ce fut là que se rendit le gentilhomme à qui la reine avait dit d'appeler M. Guldberg. Il obtint sur-le-champ une audience, et raconta au roi étonné, non-seulement ce qu'il avait vu et entendu dans l'antichambre du prince, mais plusieurs autres circonstances importantes.

« Il serait impossible de donner même une légère idée des pénibles sensations que ce récit excita dans l'âme du roi. Il applaudit au zèle du gentilhomme, et mit une telle précipitation à se rendre au palais de Christianborg, qu'en descendant les degrés, il fit une chute et se cassa la jambe. Il fut saisi d'une fièvre qui mit ses jours en danger... Aussitôt que la fracture fut réduite, il fit venir en sa présence la nourrice et le comte Molckte, après avoir pris toutes les précautions convenables pour qu'ils ne pussent se concerter d'avance. Il acquit la certitude de la culpabilité de Julie, et récompensa généreusement la Norvégienne qui avait conservé les jours de son fils. A compter de ce moment, Frédéric V se trouvait alors à un rendez-vous de chasse ne habita plus avec la reine; mais le souvenir de la méchanceté de cette marâtre, et l'idée du danger que courait son fils et son héritier, remplirent son âme déjà faible de la plus horrible inquiétude. Il chercha une ressource contre le chagrin dans l'intempérance ; et le comte Molckte, étant à la fois maître du secret de la reine et ministre favori du roi, devint le véritable souverain du Danemark, et exerça toute l'autorité au nom de son maître, qui bientôt ne fut plus que l'ombre de lui-même. Julie avait eu l'intention d'élever au ministère M. de Guldberg, qui était un homme d'une grande capacité et d'un jugement froid; mais la découverte de son crime entraîna la ruine de ses autres projets, et lui imposa la nécessité de se soumettre à l'homme qui lui inspirait le plus de haine et de crainte. Ce fut par ce moyen que le comte Molckte obtint et conserva, pendant les dernières années du règne de Frédéric V, ce pouvoir illimité qu'il exerça d'une manière si despotique, qu'on lui donnait communément le nom de *Konung Molckte* (roi Molckte)....

« L'âme de Frédéric, bien qu'obscurcie par le vice auquel il se livrait, avait conservé dans toute leur vivacité ses affections paternelles ; il n'était heureux qu'en la présence de son fils. Christian, en avançant en âge, devint de plus en plus cher au roi et au peuple. Dans les excès par lesquels son père se déshonorait, ce prince conservait seul quelque pouvoir sur lui. Son influence alla souvent jusqu'à empêcher que le roi, dans des moments d'ivresse, ne passât les bornes de la générosité. C'est ainsi qu'ayant appris un jour que le monarque, dans un de ses accès, avait fait don au comte Molckte du palais de Hirschholm avec tout son précieux ameublement, il courut chez le ministre favori, et lui présentant un plan de cette résidence : Je prie Votre Excellence, lui dit-il, de se contenter de ceci. Elle peut être sûre, d'ailleurs, qu'à moins de posséder la couronne, elle ne sera jamais maîtresse du palais de Hirschholm. »

L'exemple que Christian avait sous les yeux exerça une funeste influence sur son caractère naturellement porté à la distraction et au plaisir. Le comte Molckte ne demandait pas mieux que de l'écarter des occupations sérieuses, et la reine Julie ne négligea aucun moyen pour consommer la dégradation morale de l'héritier de la couronne. Les portes du palais furent ouvertes, et le prince put s'abandonner sans contrainte à ses goûts dépravés. Guldberg, au lieu de donner une direction utile à la vivacité de ses goûts, l'entoura de jeunes gens voluptueux dont la société corrompit ses principes et ruina sa constitution. Tel était l'aspect de la cour de Danemark, lorsque Frédéric termina sa carrière, après un règne de vingt années (1766), dont les dernières ne furent qu'une longue enfance, qui n'avait pour elle ni l'excuse de l'âge ni celle des infirmités. (*Brown, Cours du Nord.*)

CHRISTIAN VII.

A peine Christian VII fut-il monté sur le trône, que, cédant aux conseils de ses favoris, et peut-être pour contrarier les desseins de la reine Julie, il demanda et obtint la main de sa cousine Caroline-Mathilde, sœur du roi d'Angleterre. Elle était fille du prince de Galles, et, ainsi que son mari, elle avait George II pour aïeul. Sa grande jeunesse, l'éclat de sa beauté, qui était plutôt piquante que régulière, ses manières pleines d'affabilité toutes les fois qu'elle ne se croyait pas obligée de commander, le respect dû à son rang, la rendirent bientôt l'idole du peuple; sa taille élevée, et qui indiquait déjà une certaine propension à l'embonpoint, contrastait avec celle du roi, dont l'aspect n'annonçait rien de viril. On a dit que dès cette époque, et bien qu'il fût à la fleur de l'âge, ses excès de débauche avaient tellement ruiné son tempérament, que le mariage de la reine pouvait être considéré comme un veuvage de fait. L'indifférence que le roi lui témoigna, sans renoncer à ses habitudes et à ses liaisons, produisit sur l'imagination de Mathilde une impression qui eut sur sa conduite la plus désastreuse influence. Julie observait tout avec l'œil d'une marâtre ; elle espérait que la haine naîtrait du dégoût, et qu'il arriverait tôt ou tard quelque éclat dont elle pourrait tirer avantage. Cependant, contre son espoir, la grossesse de la jeune reine fut officiellement annoncée, et la joie publique sembla prêter une nouvelle force au ressentiment de Julie. La naissance d'un prince vint combler les vœux des Danois ; mais il était faible et chétif : Julie ne renonça pas à l'espoir de gouverner un jour le Danemark sous le nom de son fils. « Les mœurs corrompues du jeune monarque, son aversion pour sa femme, furent les véritables motifs du voyage coûteux qu'il entreprit peu de mois après la naissance de son fils. Il visita successivement la Hollande, l'Angleterre, la France et l'Allemagne. Le prétexte qu'on donna à ce voyage fut le désir du jeune roi de perfectionner les institutions du Danemark par un examen attentif de celles qui régissaient les principaux États de l'Europe. Mais tandis que le comte de Bernstorff s'occupait des affaires sérieuses, le monarque donnait tout son temps aux fêtes et à des plaisirs d'un genre plus abject qu'il allait chercher dans les maisons les plus infâmes. Toute espèce de contrainte était antipathique au jeune Christian. A son arrivée en Angleterre, on lui annonça que le clergé et les corporations de Cantorbéry et de Rochester s'apprêtaient à lui faire une réception solennelle. « Le dernier roi de Danemark, qui entra à Cantorbéry, dit le prince à M. de Bernstorff, mit la ville en cendres, et massacra ses habitants. Plût à Dieu qu'ils se le rappelassent, et qu'ils me laissassent passer tranquillement dans leur cité vénérable, où nos ancêtres ont commis tant de crimes. L'étiquette permettrait-elle que je parusse par procuration? Dans ce cas je vous prierais de me permettre de vous devancer. J'annoncerais notre arrivée et vous me représenteriez. A dire vrai, la pompe gothique et les discours pédants des prêtres et des bourgeois me causent un effroi insurmontable. Cependant, s'il ne m'était pas permis d'esquiver décemment cette visite, on pourrait peut-être la remettre jusqu'à mon second passage par Cantorbéry, quand je quitterai l'Angleterre. Je vous assure que cela me serait extrêmement agréable, et d'autant plus qu'une seule cérémonie servirait pour les deux. » Le comte de Bernstorff fut impitoyable; mais il fut chargé d'annoncer que Sa Majesté avait une antipathie mortelle pour les longs discours.

Nous ne parlerons ici ni des fêtes qui furent données à la cour à l'occasion de son séjour, ni des anecdotes scandaleuses dont il fut le héros, et qu'on croirait empruntées aux mémoires de la régence. Nous nous contenterons de dire qu'une vie si licencieuse et si fatigante affaiblit sensiblement les organes de Christian, qui tenait à honneur de tenir tête aux jeunes débauchés de sa suite, et dont quelques-uns, comme le comte Holcke, étaient doués d'une vigueur athlétique. Ce seigneur était dans la confidence du comte de Rantzau, qui, éloigné des affaires, et jaloux de l'influence de Molckte, avait néanmoins conservé assez de crédit pour faire entrer dans la maison du roi quelques-unes de ses créatures. Holcke était l'âme de toutes les parties fines de Christian. Un jour que le prince et son favori se trouvaient incognito dans un lieu public, où la conversation roulait sur les fêtes que l'on donnait à Londres pour célébrer la présence de Christian, le comte demanda à un capitaine de navire danois, s'il n'était pas fier des honneurs que les Anglais rendaient à son souverain. « Je pense, répondit le marin, que ce sera un miracle s'il revient sain et sauf d'entre les mains du comte Holcke; au reste, je ne le connais que de nom, mais je sais que tout Copenhague plaint la jeune reine, car on attribue généralement la froideur que le roi lui témoignait, avant son départ, à l'influence de ce favori. » Cette réponse franche parut faire une grande impression sur le prince, et en rentrant il en fit part à Struensée, son médecin. Cet homme, profitant de la liberté qu'autorise son ministère, fit au roi des représentations pleines de sagesse, non sur l'immoralité de ses déportements, mais sur les conséquences politiques qu'elles pourraient avoir, et sur l'intérêt de ses ennemis à le présenter comme incapable de se livrer aux soins du gouvernement. Depuis ce moment, la faveur du comte Holcke diminua sensiblement; Struensée fut élevé au rang de conseiller, et, moins désireux de réformer les mœurs de son maître, que de faire sa propre fortune, il ménagea si bien son crédit, que bientôt il s'empara complétement de l'esprit du monarque.

Struensée était fils d'un pasteur allemand qui avait professé la théologie à l'université de Halle. Après des études sérieuses, il s'était livré à la médecine, et avait exercé cet art à Altona. Il avait, au commencement de sa faveur, une trentaine d'années. Ses principes en morale étaient fort relâchés ; ses opinions religieuses étaient celles de l'époque, c'est-à-dire voltairiennes ; du reste, il avait une instruction variée, et était doué d'une prodigieuse aptitude pour les affaires, que la force de sa constitution lui permettait de mener de front avec les plaisirs.

Au mois d'octobre (1768) le roi de Danemark quitta Londres, et ayant débarqué à Calais, il poursuivit son voyage jusqu'à Paris. Il fut reçu avec magnificence et éclat pour faire honneur au prince qui venait visiter la cour la plus polie de l'Europe. Les trésors de la France ne furent pas épargnés ; le roi se plongea de nouveau dans la dissipation, et le duc d'Orléans, dit-on, se chargea de l'initier dans les voluptés parisiennes. Pour échapper aux obligations de l'étiquette, il avait pris en Hollande le nom de comte de Travendahl : il prit en France celui de comte d'Oldenbourg. En Angleterre, les liens de famille ne lui avaient pas permis de garder l'incognito.

A un grand dîner qu'il fit à Versailles avec Louis XV, monarque non moins sensuel que lui, on tira un rideau derrière lequel était représentée une vue du palais de Christiansborg à Copenhague. Le prince de Condé lui donna une chasse aux flambeaux dans une forêt illuminée. Ces prodigalités, si ruineuses pour le peuple, n'étaient point de nature à guérir Christian de son goût pour les folles dissipations. Sa santé, déjà si altérée, en reçut une atteinte si grave, qu'il se trouva bientôt dans un état presque désespéré.

Vers la fin de l'année, il quitta Paris et se rendit par Strasbourg et Altona en Danemark, où il arriva au mois de janvier 1769. La dépense de ce voyage a été évaluée à environ cinq millions de francs. Le commerce de Copenhague a calculé que pour défrayer cette fantaisie, le trésor devait sacrifier 27 mois de l'impôt d'Oresund pour le passage de quinze mille navires de commerce.

Struensée voyait chaque jour sa faveur s'accroître ; il s'était lié à Paris avec un gentilhomme danois nommé Brandt, homme d'un mérite supérieur, grand épicurien, et qui avait été obligé de s'expatrier à la suite d'une de ces intrigues de cour où les partis dominaient et s'effaçaient tour à tour. Le médecin favori sentait la nécessité d'un appui au milieu de toutes les influences dont il était environné ; il obtint le rappel de Brandt, qu'il associa à sa bonne fortune, et qu'il enveloppa dans sa ruine, lorsqu'il dut échanger les faveurs de la jeune reine contre le billot fatal.

Le comte Holcke était de tous les favoris de Christian celui que Mathilde détestait le plus. La faction du comte de Rantzau, gouverneur de Glückstadt, n'avait rien laissé ignorer à la reine de la conduite du roi à l'étranger ; et comme le comte Holcke jouait le principal rôle dans ces orgies royales, c'était sur lui que retombaient les reproches de ceux qui aspiraient à le remplacer. Le comte de Rantzau, homme de plaisir, mais ambitieux et résolu, avait servi dans sa jeunesse dans les armées impériales. Nous avons dit qu'il se trouvait à Pétersbourg à l'époque où Pierre III projetait d'attaquer le Danemark pour recouvrer la portion des duchés de Holstein et de Sleswig qui avait été cédée en 1737. Dans cette crise, le comte sut gagner la confiance du comte Orlof, en lui communiquant les desseins encore secrets de l'empereur, qui fut en outre accusé par le Danois d'avoir voulu faire mourir Catherine. Si l'issue de cette révolution s'explique surabondamment par des intérêts purement russes, le comte ne s'en attribuait pas moins le mérite au point de vue de la politique danoise. Le Holstein fut délivré d'une invasion, dit Brown, auquel nous empruntons en les abrégeant une partie de ces détails, et les Hambourgeois furent obligés de payer à Frédéric un million d'écus, parce que l'autocrate de toutes les Russies avait menacé d'attaquer le Danemark. Struensée était une créature du comte de Rantzau; du moins sa conduite à l'égard du comte Holcke rend cette hypothèse extrêmement probable.

Les comtes Bernstorff et Molckte, entièrement livrés à la politique, voyaient sans en prendre ombrage l'attachement du roi pour Struensée : ils lui laissaient volontiers les agréments et les avantages de l'intimité, et le considéraient plutôt comme un ministre aimable et compétent des plaisirs de Christian, que comme un favori ambitieux qui tramait en secret leur ruine. Rantzau était le conseil de la jeune reine; il saisissait toutes les occasions pour lui représenter que les deux partis dominants, celui de Molckte et de Bernstorff, quoique rivaux, se rapprochaient cependant dans le but de la tenir à l'écart et de ne lui laisser aucune influence politique.

Le roi, à son retour à Copenhague, parut frappé du changement avantageux qui s'était opéré dans la personne de Mathilde. Il se rapprocha d'elle, et ne craignit pas, dit-on, de mettre en péril la santé de la jeune reine. Peut-être Struensée avait-il calculé toutes les suites de cette criminelle réconciliation. Quoi qu'il en soit, ses liaisons intimes avec une des dames de la reine amenèrent bientôt une confidence également périlleuse pour Mathilde et pour Struensée. A compter de ce moment, leur liaison devint plus intime. Le premier mouvement de Mathilde avait été de se séparer de son indigne époux, et de se retirer en Angleterre; mais l'adroit courtisan lui démontra qu'elle laissait le champ libre à ses ennemis, et qu'il lui faudrait se séparer de son enfant. Elle eut l'imprudence de céder et d'accepter l'appui d'un homme qui était déjà maître d'un de ces secrets dont il eût été difficile au moins ambitieux de ne point abuser. Mathilde se montra faible par reconnaissance et pour se venger de son époux. La situation où elle se trouvait explique sa conduite sans toutefois l'excuser. Le médecin favori eut bientôt fait taire les derniers scrupules d'une reine offensée. Au point où ils en étaient, il ne s'agissait plus seulement d'assurer l'impunité d'une liaison coupable, il leur fallait assez de pouvoir pour imposer aux divers partis, et pour contenir par la crainte ceux qui auraient osé en faire un sujet d'accusation.

Cependant Christian était dans un état voisin de l'imbécillité; tel était même son abrutissement, qu'il se livrait à ses vices en présence de ses domestiques. Struensée conserva jusqu'à sa chute un grand ascendant sur l'esprit de ce monarque dégradé, dont il reçut successivement les plus hautes marques de faveur. Il était déjà conseiller d'État et maître des requêtes, lorsque, en 1771, il fut nommé premier ministre, avec la dignité de comte, qu'il fit accorder en même temps à son ami Brandt.

Peu de temps après le retour du roi, la cour fit une excursion dans les duchés, et passa quelque temps à la terre d'Aschberg, résidence du comte de Rantzau. Ce fut là que ce seigneur eut l'occasion de remarquer la familiarité qui régnait entre Mathilde et Struensée. Il avait trop l'habitude des mœurs de la cour pour ne pas prévoir que l'homme qu'il avait regardé jusqu'alors comme sa créature, disposerait bientôt en maître de tous les emplois et de toutes les faveurs. Sa fierté s'en irrita, et il résolut de perdre l'imprudent favori, dût-il entraîner la reine dans sa ruine. Peut-être eut-il surtout en vue l'intérêt du monarque; mais comme il devait profiter de la disgrâce de son ennemi, il est permis de supposer qu'il se serait montré également hostile à toute espèce de combinaison qui l'aurait exclu des affaires. Il trouva moyen de tromper la surveillance de Struensée et de

Brandt pour se ménager une conversation avec le roi. Le vieux courtisan parut frappé de l'état où se trouvait le prince, et laissa échapper quelques larmes. Le roi lui-même manifesta de l'émotion. Pour un moment ses yeux éteints se ranimèrent. « Vous avez été l'ami véritable de mon père, dit-il au comte en lui prenant la main; vous ne serez jamais mon ennemi. — Jamais, sire, reprit Rantzau, je n'hésiterai à sacrifier ma vie pour vous défendre » Tombant ensuite à genoux et tirant de son doigt un camée qu'il mit à celui du roi, il ajouta : « Cette bague, sire, me fut donnée par votre auguste père, lors de mon retour de Russie, où, par des efforts heureux, j'avais trouvé moyen d'éloigner une grande calamité qui menaçait son trône. Daignez la porter comme un souvenir de mes services et de votre père; et si jamais Votre Majesté se trouvait en danger, et avait besoin de l'assistance de Rantzau, qu'elle m'envoie cette bague, et je volerai à son secours. » A peine le comte avait-il fini de parler, que le monarque, entendant quelqu'un approcher, parut retomber dans son apathie habituelle.

Le comte de Rantzau suivit la cour pendant le reste de son voyage : son expérience eut bientôt pénétré tous les secrets que l'imprudence si ordinaire à la passion eût révélés à des regards moins exercés. Toutes les prévisions de Rantzau n'avaient pas tardé à se réaliser : en 1771, Struensée touchait au faîte du pouvoir : déjà, il avait fait reléguer dans leurs terres Bernstorff et Molckte. La reine Mathilde oublia non-seulement ses devoirs comme épouse et comme reine, mais elle blessa toutes les convenances avec une sorte d'affectation. Elle aimait passionnément la chasse, et se livrait à cet exercice, bottée et en costume d'homme. De décidé qu'il était, son caractère devint despotique. Il était expressément défendu aux domestiques de parler au roi et au prince royal ; un d'eux fut même emprisonné pour avoir relevé l'enfant qui s'était laissé tomber. Le prince royal, malgré sa grande jeunesse, éprouvait déjà une aversion insurmontable pour Struensée, qu'il n'appelait jamais autrement que *le docteur*. Il fut élevé avec dureté sous la direction de ce ministre, et peut-être est-ce à cette circonstance qu'il dut la vigueur de son tempérament. On lui donna pour compagnon un enfant de son âge, fils d'un soldat. Cet enfant, nommé Édouard, portait dans le palais le titre de prince, pour qu'on ne pût faire aucune différence entre lui et son royal camarade. Tous deux portaient un vêtement simple : on eût dit que Struensée voulait faire l'essai du système de Rousseau sur l'héritier de la couronne de Danemark. Quoi qu'il en soit, Frédéric, qui, en venant au monde, était un enfant faible et chétif, se rétablit promptement sous l'influence de ce nouveau régime, et plus tard il montra une grande fermeté et une présence d'esprit remarquable, lorsqu'il arracha le pouvoir des mains de Julie.

On ne peut rien imaginer de plus voluptueux que les mœurs de la cour du Danemark à cette époque. Les femmes que Struensée choisissait à dessein parmi les plus belles et les moins rigides, pour former la suite de sa royale maîtresse, avaient leurs fêtes et leurs réunions particulières, où la licence se montrait avec d'autant moins de retenue, que l'exemple venait de plus haut. C'était la corruption de la cour de Catherine II, moins la grandeur. Une personne qui eût conservé les principes d'une morale modérée se serait trouvée comme étrangère au milieu de cette foule frivole qui, par inclination ou par calcul, semblait n'avoir d'autres occupations que les jouissances sensuelles. Même dans une grossesse avancée, la reine se livrait à son goût pour la chasse. Trois jours avant la naissance de la princesse Louise (1771), elle dompta un cheval fougueux. La reine Julie dissimulait avec un soin perfide son ressentiment et ses espérances ; ce fut elle qui tint avec son fils, le prince Frédéric, l'enfant nouveau-né sur les fonts de baptême ; mais, tandis que Struensée et Brandt la croyaient résignée par découragement et par impuissance, elle faisait publier par ses agents les anecdotes scandaleuses de la cour, qu'elle chargeait encore de toutes les couleurs de sa malignité.

Une table de quatre-vingts couverts était dressée tous les jours pour les grands officiers de l'État. C'était là que dînaient Struensée, Brandt, ainsi que leurs amis et favoris des deux sexes. Les courtisans rendaient au premier ministre les mêmes hommages qu'ils avaient rendus au souverain. Les manières du favori changèrent insensiblement; il devint hautain et impérieux, et il étala dans sa toilette et ses équipages une magnificence vraiment royale.

Longtemps avant la catastrophe à laquelle Rantzau prit une si grande part, il s'efforça, dit-on, d'éclairer Struensée sur l'inconséquence et le danger de sa conduite; mais les conseils de ce seigneur étaient trop intéressés pour être accueillis avec l'attention qu'ils méritaient. Il paraît probable que Rantzau, dont le caractère avait un tour chevaleresque, voulait ajouter ses griefs personnels à tous les autres, pour justifier en quelque sorte le rôle plus qu'équivoque qu'il joua dans cette circonstance. La reine Julie lui faisait tenir des avis fréquents sur les traitements dont le roi était l'objet, et qui étaient de nature à abréger les jours de l'infortuné monarque. Les domestiques, lorsqu'on les interrogeait sur ce point, donnaient à entendre qu'ils en savaient beaucoup plus qu'ils n'osaient dire. On répandit dans le palais que Brandt devait faire mourir le roi, afin que Mathilde pût être régente pendant la minorité de son fils. Si ces accusations eussent été fondées, les juges, qui étaient vendus aux ennemis de Struensée, n'auraient pas manqué plus tard de les faire valoir. Un seul point justifiait la condamnation du favori, c'était la flétrissure qu'imprimait à la majesté royale l'adultère qui avait souillé la couche de Mathilde; mais pour déguiser ce délit, qui n'était pas spécifié dans la loi royale, on fut obligé d'insister sur des circonstances dont la haine même ne put fournir la preuve légale: ainsi la condamnation de Struensée, telle qu'elle a été motivée, ne peut être considérée que comme un assassinat juridique.

Le comte de Rantzau n'aimait pas la reine Julie, qui accordait toute sa confiance à Guldberg : il eût préféré voir la régence entre les mains de Mathilde; mais il lui importait avant tout d'écarter Struensée, dont la jeunesse et le crédit auprès de la reine semblaient exclure pour longtemps toute rivalité politique.

Julie, tout en se tenant à l'écart, excitait habilement l'ambition de Rantzau; elle se plaignait devant ses affidés qui le répétaient au comte, que l'homme le plus distingué du royaume fût négligé par suite de la jalousie d'un parvenu; et elle affectait d'ajouter qu'il était impossible de prévoir le terme d'un état de choses si préjudiciable aux intérêts du royaume, puisque la reine Mathilde tenait encore plus à son favori qu'à la dignité de la couronne. Ces insinuations étaient appuyées de craintes hypocrites sur la santé du roi, dont le délabrement était attribué au docteur et à sa cabale, intéressés à faire regarder sa mort comme une catastrophe naturelle. Lorsque Struensée, libre de toute appréhension, ne dépendrait plus que de la femme qu'il gouvernait despotiquement, quel serait le sort du prince royal? Pouvait-on raisonnablement espérer que la couronne passerait à cet enfant qu'on nourrissait des aliments les plus grossiers, et auquel, sur la foi d'un système absurde, on refusait jusqu'à du feu et des chaussures pendant les rigueurs de l'hiver?

Si Julie n'eût pas eu elle-même à détruire de fâcheuses impressions, il n'est pas douteux qu'elle n'eût précipité le dénoûment de toutes ces intrigues; mais l'âpreté de son ambition était contenue par Guldberg, dont la froide politique savait attendre.

23ᵉ *Livraison.* (DANEMARK.)   23

Il lui représenta que dans une affaire aussi délicate, et dont le résultat serait une révolution, il ne fallait rien donner au hasard ; que la prison, ou peut-être un traitement plus rigoureux encore était réservé, en cas d'échec, à elle et à ses amis, tandis qu'une conduite mesurée, en lui conciliant les sympathies de la nation, la mènerait probablement à la régence. « Votre fils, ajoutait-il, n'est séparé du trône de Danemark que par un être faible ; car le roi, dans l'état de nullité où il se trouve, ne peut être un obstacle pour le parti dominant. L'opinion publique sera bientôt préparée de telle sorte, que, s'il arrive malheur au prince royal avant la chute de Struensée, cet accident vous donnera des armes contre la reine et le favori ; si leur imprudence précipite une catastrophe, il faut que la mort du prince royal paraisse une suite naturelle des traitements auxquels Votre Majesté sera restée étrangère. Il importe surtout d'associer le comte de Rantzau à votre projet et de lui en laisser la responsabilité morale ; plus tard, nous aviserons s'il ne sera pas utile d'écarter un homme auquel les seconds rôles ne sauraient convenir. »

En 1771, le parti de Julie fomenta une révolte parmi les marins norwégiens ; le peuple s'émut et la cour trembla. On assure que Struensée ne montra dans cette occasion ni fermeté ni résolution. Il fut si alarmé, dit-on, que sa pusillanimité fit rougir Mathilde. Il supplia la reine de lui permettre de quitter le royaume, ce qui était le seul moyen de les sauver tous deux. A cette proposition, la fierté de Mathilde se révolta : rien n'est plus humiliant pour une femme que d'avoir sacrifié sa réputation à un homme qu'elle trouve méprisable.

Julie et son conseil jugèrent qu'il était temps de se rapprocher de Rantzau. Guldberg eut la mission délicate de sonder ce seigneur : il lui protesta que la reine n'avait d'autre désir que de sauver la vie du roi ; et que son intention, si l'on parvenait à perdre Struensée, était de faire établir pour gouverner l'État, un conseil formé des principaux membres de la noblesse et dont Rantzau serait le chef. Il ne fut pas alors question d'intenter un procès criminel à Mathilde ; mais le comte ne pouvait ignorer ce qu'on affectait de lui cacher ; il se flatta sans doute que son influence suffirait pour empêcher que les choses n'allassent trop loin ; son ambition satisfaite l'aveugla sur les conséquences d'une détermination si hasardée.

L'intimité de la reine et de Struensée n'était un secret pour personne ; il ne s'agissait plus que de gagner des témoins parmi les domestiques. Un soir, Julie, sans se faire annoncer, fit une visite à la reine au château de Hirschholm ; dans la confusion qui suivit son arrivée, ses gens prirent adroitement les renseignements nécessaires à l'instant même où les deux reines échangeaient les protestations les plus amicales.

Cependant la cour n'était pas sans inquiétude ; les mesures nécessaires à la réussite d'une révolution sont si multiples, et touchent à tant de rapports, qu'il est presque impossible d'en dérober tous les indices à ceux que ruinerait la chute du gouvernement existant.

Struensée et Mathilde prolongèrent leur séjour à Frédéricksborg, jusqu'à ce que le régiment de Falkenskiold, dont le chef leur était dévoué, allât prendre garnison à Copenhague. Ce retard leur fut fatal. Julie et Rantzau les précédèrent dans la capitale ; à leur première entrevue, elle dit au comte : « Struensée ne sait prendre que des demi-mesures ; il est inévitablement perdu ; il devait m'ordonner de rester à Frédéricksborg, et reléguer Votre Excellence à Aschberg. » Cette femme artificieuse donna sa parole qu'on n'attenterait point à la sûreté personnelle de Mathilde. Le comte était un homme d'exécution ; la reine et Guldberg avaient au plus haut degré le génie de l'intrigue ; leur accord était un gage certain du succès.

A peine Rantzau eut-il quitté l'appartement de la reine, que le prince

Frédéric demanda à sa mère comment elle pouvait témoigner tant d'amitié à un homme qu'elle détestait. C'est que j'ai besoin de toute sa confiance, répondit-elle, pour consommer sa ruine.

Il est probable que Rantzau, dont l'ambition se cachait sous le voile d'un dévouement sans bornes à la personne de Christian, n'avait pas laissé ignorer à Julie la scène de la bague. Le colonel Kohler Banner rapporta bientôt ce camée au comte, en lui disant: Le roi réclame l'exécution de votre promesse. A cette époque rien n'était changé dans la situation du pauvre monarque, si ce n'est que ses facultés intellectuelles étaient encore plus voisines d'une totale imbécillité. Il est donc probable que Julie, connaissant cette particularité, trouva moyen de s'emparer de la bague, et que Rantzau se mit peu en peine d'approfondir une chose qui semblait légitimer son intervention.

A mesure qu'approchait le moment décisif, les bruits les plus sinistres étaient répandus à dessein contre Mathilde et ses ministres. On accusait le comte Brandt d'avoir battu et fouetté le souverain. Le peuple, au lieu de voir dans des abus si honteux, ceux d'une constitution stupide, s'emportait en invectives contre Mathilde et son favori: on ne l'appelait que la grande prostituée, la prostituée vêtue d'écarlate. La pruderie du clergé luthérien alla plus loin même que la rudesse populaire, il vendit bassement son influence à Julie, et se montra partisan d'un pouvoir non moins immoral, mais qui du moins savait sauver les apparences.

On assure que les résidents étrangers donnèrent avis à Struensée de ce qui se passait; mais que le comte, qui connaissait l'antipathie de Julie pour Rantzau, et sa confiance pour Guldberg, s'obstina à regarder leur accord comme impossible. En effet, ce fut l'influence de Rantzau qui détermina les officiers et les soldats à prêter leur concours à une entreprise qui leur était présentée comme uniquement conçue dans l'intérêt de Christian.

Le comte leur montra la bague dont il a été question, en leur racontant dans quelles circonstances il l'avait remise au monarque, et comment elle venait de lui être renvoyée.

« Rantzau les voyant disposés à agir, envoya un messager à Julie, pour lui dire de se tenir prête pour deux heures du matin. » En suivant ces détails, on croit lire une scène de l'histoire de Russie, tant il est vrai que le despotisme est partout la source des mêmes abus, et qu'il est dans sa nature d'engendrer des catastrophes qui menacent également les gouvernants et les gouvernés.

« Dans la nuit du 16 janvier (1772), il y eut bal à la cour. Mathilde avait dansé avec Struensée et avec le prince Frédéric. Les deux reines paraissaient dans la meilleure intelligence. Dès que Rantzau eut paru, Julie et son fils épièrent avec inquiétude tous ses mouvements et jusqu'à ses regards. En passant devant le roi, Rantzau s'inclina avec respect, mais sans l'aborder. Christian se prit à rêver, et courant à son chien favori, il le flatta de la main, en disant: *Min fortrorligste ven*, mon plus fidèle ami. »

L'auteur de la relation qui nous sert de guide, suppose que le roi prononça ces paroles avec intention, et que le comte l'interpréta dans un sens favorable à son entreprise. Les circonstances les plus fortuites, par cela seul qu'elles touchent à des événements importants, empruntent souvent de la gravité des faits une signification spécieuse. L'état d'imbécillité où se trouvait le roi, pouvait sans doute lui laisser quelques moments lucides; mais lorsqu'il avait la conscience de sa situation, il ne pouvait se dissimuler que la crise qui allait éclater ne pourrait que le placer sous une autre tutelle, et peut-être, malgré toute la confiance que lui inspirait Rantzau, eût-il préféré de rester sous la dépendance de Mathilde et de Struensée que de voir le gouvernement passer aux mains de Julie.

Quoi qu'il en soit, Rantzau s'affermit dans sa résolution. La reine termina le bal en dansant avec le prince Frédéric, et se retira, suivie de Struensée, dans son appartement, où elle entra pour la dernière fois. Il est certain que Struensée avait accompagné la reine jusque chez elle, puisque ce fut là que l'on trouva son manteau. La reine descendit ensuite par un escalier dérobé dans la chambre du favori....

La reine venait de le quitter, lorsque Struensée appela son valet de chambre pour le déshabiller; ce jeune homme, en attendant son maître, s'était assoupi; mais les rêves les plus étranges avaient troublé son sommeil. Il avait vu en songe l'exécuteur embrassant son maître, dont les traits exprimaient l'horreur et la souffrance. La reine Mathilde lui était ensuite apparue magnifiquement habillée, assise à côté de Struensée sous un dais; puis, son imagination le transportant au port de la douane, il avait vu la reine Mathilde, Struensée, Brandt, et les personnes les plus considérables de la cour, s'approcher du rivage dans une barque richement décorée. Tout à coup la barque s'était brisée en mille pièces, submergeant tous les passagers. La reine s'écriait : Sauvez-moi; Struensée m'entraîne après lui!

Quelques personnes ont considéré cette vision comme un de ces avertissements mystérieux dont l'histoire offre plus d'un exemple; d'autres, ne pouvant admettre l'intervention providentielle dans le cas où l'événement la rend inutile, ont pensé que le valet de chambre du comte était d'accord avec les conjurés, et que sa fidélité avait cédé à la double influence des menaces et des promesses. Cette conjecture, qui n'offre rien que de vraisemblable, acquiert encore une nouvelle force lorsqu'on se rappelle que ce jeune homme entra plus tard au service de Rantzau.

Comme le valet de chambre entrait dans la chambre de Struensée, il entendit fermer la porte de l'escalier secret par lequel communiquaient les appartements de la reine et du comte; il distingua même le pas de Mathilde qui se retirait chez elle.... Struensée se coucha, et, selon son habitude, il prit un livre : c'était l'épître d'Héloïse à Abailard, de Pope.

Le valet de chambre, qui avait un passe-partout, ferma la porte en dehors et se mit au lit; mais son sommeil fut léger et interrompu; il crut entendre des voix étrangères et le pas de personnes qui allaient et venaient. A la fin, il s'aperçut, à ne pouvoir s'y méprendre, que l'on s'efforçait d'ouvrir extérieurement la porte de sa chambre avec un instrument de fer.... Il sauta à bas de son lit, et s'approcha de la porte pour écouter ce qui se passait; mais quelques précautions qu'il prît pour marcher doucement, on l'entendit, et on lui ordonna à voix basse d'ouvrir à l'instant, de par le roi et sous peine de mort. Il obéit, et aussitôt le colonel Kohler Banner, suivi de plusieurs officiers, pénétrèrent sans bruit dans l'appartement. Deux soldats s'assurèrent du valet de chambre, en lui appuyant un pistolet sur le front, tandis qu'un troisième le menaçait de son épée. Pendant ce temps, le colonel, qui tenait un flambeau, lui demanda avec une inquiétude visible s'il avait réveillé le comte. Sur la réponse négative du jeune homme, il ajouta: Rappelez-vous que vous êtes prisonnier d'État, et que si vous manquez à la vérité, vous en répondez sur votre vie.

Le colonel s'avança ensuite vers la porte de Struensée, et la trouvant fermée, il demanda au domestique s'il en avait la clef; et celui-ci ayant répondu qu'il avait un passe-partout, il reçut l'ordre d'ouvrir le plus doucement qu'il lui serait possible. Ernest, (c'était le nom du valet de chambre), obéit, et suivit le colonel, qui entra le premier. Trois officiers subalternes entrèrent avec eux, tenant une épée nue d'une main et une bougie de l'autre.

Le comte dormait si profondément, que ni le bruit ni l'éclat des lumières ne purent le réveiller. Il était couché sur le côté droit, la tête appuyée sur le bras. Son livre était à terre près du lit.

Après une courte pause, pendant laquelle le colonel contemplait sa victime endormie, il s'approcha, et touchant légèrement l'épaule de Struensée, il le réveilla....

Il est plus facile de se figurer la consternation de Struensée que de la décrire. Il se mit sur son séant, et, la terreur dans les regards, il s'écria : Au nom de Dieu, qu'est-ce que tout ceci ? Le colonel Banner, d'une voix haute et sévère, lui dit : Vous êtes le prisonnier du roi. Voici l'ordre de votre arrestation; habillez-vous sur-le-champ et suivez-moi.

Comme, au milieu de cette confusion, Ernest ne pouvait trouver des vêtements chauds pour son maître, il demanda et obtint la permission d'aller, accompagné d'une escorte, dans la chambre de la reine, pour y prendre le manteau fourré du comte. Le capitaine Dessentin, de la garde norwégienne, l'y suivit. En arrivant chez Mathilde, ils trouvèrent Rantzau et le général Eichstedt, créature de Julie, et plusieurs autres officiers de tout grade, portant chacun une épée et un flambeau. Rantzau et tous les officiers avaient la tête découverte. Une grande agitation se peignait sur les traits du comte. La reine lui tournait le dos; une de ses femmes était occupée à la lacer. Mathilde reconnut la voix d'Ernest, et se tournant de son côté : Dites à votre maître, lui dit-elle, d'imiter sa souveraine, et de repousser l'outrage par le mépris et par la fermeté. Le domestique, ému jusqu'aux larmes, allait répondre, quand Rantzau lui cria d'une voix forte : Silence! si vous parlez vous êtes mort !.... Deux voitures escortées par des hommes armés reçurent Struensée et Brandt, et les conduisirent à la citadelle. Là, les deux prisonniers furent renfermés dans des chambres séparées, et soumis à la plus rigide surveillance. Pendant le trajet, Struensée versait des larmes et s'abandonnait à la douleur et au désespoir, bien différent du comte Brandt, qui montrait cette constance virile qu'il conserva jusqu'à l'échafaud.

Si le roi Christian avait été réellement initié, ainsi qu'on l'a prétendu, dans ce complot, dont sa délivrance n'était que le prétexte, il n'aurait pas montré, lorsque ses prétendus libérateurs entrèrent chez lui, une surprise que l'ignorance seule peut expliquer. L'auteur de la relation et ceux qui l'ont citée ont évidemment voulu justifier Rantzau, et selon nous, les faits rendent cette tâche bien difficile. En voyant Julie et son fils agenouillés près de son lit, le monarque ne parut se souvenir que de son aversion; il se détourna avec des signes de colère; Rantzau et ses complices tremblèrent : c'était le cas ou jamais d'avoir recours à la bague mystérieuse dont il n'est plus question. Le comte resta quelques moments comme pétrifié ; mais bientôt rappelant sa présence d'esprit, il fit signe à Julie et à son fils de s'éloigner, et après avoir longtemps représenté au monarque que son indécision, qui perdrait ses amis, lui serait fatale à lui-même, il lui arracha plutôt qu'il n'obtint la signature des papiers préparés par Guldberg, concernant l'arrestation immédiate de Struensée et de Brandt.

Le parti que l'on prendrait à l'égard de Mathilde avait soulevé des discussions très-vives entre Julie et le comte. La reine douairière voulait qu'on la traitât avec la dernière rigueur, tandis que Rantzau, soit compassion, soit plutôt qu'il voulût se faire un mérite auprès de la reine régnante d'avoir soutenu sa cause, pour gouverner ensuite sous son nom, avait déclaré qu'il abandonnerait l'entreprise si elle n'avait pour résultat que de rendre la reine douairière, c'est-à-dire, son conseiller Guldberg, maître des affaires. Cependant, comme on lui fit observer que si Mathilde n'était pas réduite à l'impuissance de nuire, sa vengeance les atteindrait tous, il consentit à ce qu'elle fût arrêtée, et retenue pendant quelque temps en prison. Il ne restait plus qu'à faire signer à Christian l'ordre d'arrêter la reine. Le prince redoutait Mathilde; mais c'était la mère du prince royal, et cette mesure était à la fois un affront pour le trône et pour la cour d'Angleterre. Peut-être ces motifs se présentèrent-ils à l'esprit troublé de

Christian, lorsqu'il rejeta loin de lui le papier qu'on lui présentait. Il fallut employer toutes sortes de raisonnements et de subterfuges pour vaincre sa résistance. Un ordre extorqué à un monarque imbécile était non-seulement d'une nullité manifeste ; mais si les juges n'eussent été sous l'influence d'un parti qui allait disposer de toutes les faveurs, les fauteurs de cette intrigue audacieuse auraient été poursuivis comme coupables de lèse-majesté.

Rantzau ne l'ignorait pas ; aussi, dans son impatience, il dit à Eichstedt, assez haut pour que Mathilde l'entendît : « Il n'y a pas de temps à perdre, il va faire jour. — Misérable ! s'écria la reine, vous avez raison de redouter la lumière ; votre conduite de cette nuit ternira à jamais votre renommée ; mais votre chute suivra de près la mienne. Mes erreurs seront effacées par mes souffrances, tandis que vous périrez sans qu'on vous plaigne, et l'exécration vous suivra dans la tombe. Achève, poursuivit-elle en s'animant, traître à cheveux blancs, conduis-moi dans mon cachot ; je serai bien partout, pourvu que je sois loin de ton odieuse présence. »

Le comte balbutia quelques mots d'excuse que la reine dédaigna d'entendre. A demi habillée, elle s'enveloppa de sa pelisse, et, laissant tomber un regard de mépris sur les officiers qui l'entouraient, elle descendit et trouva à la porte la voiture qui devait la transporter au château de Cronenborg. Au moment où elle montait le marche-pied, elle se tourna vers le comte et lui donna un soufflet, en lui disant : Voilà le salaire de tes services ; mais rappelle-toi que cette trahison retombera sur ta tête. Quand l'escorte sortit des portes de Copenhague, la reine sentit ses forces défaillir. Son sort et sa réputation étaient à la merci de ses ennemis ; elle quittait ce qu'elle avait de plus cher au monde, ses enfants et Struensée ; mais sa passion pour ce dernier lui faisait espérer qu'il ne lui échapperait aucun aveu qui pût établir juridiquement leur culpabilité.

Pour Rantzau, il ne tarda pas à reconnaître que Julie briserait sans scrupule l'instrument dont s'était servie son ambition. Cette femme artificieuse voulut que le roi se montrât au peuple, comme pour constater son imbécillité encore plus que sa honte, et le fit promener en cérémonie dans les rues de la ville, l'accompagnant, ainsi que le prince Frédéric, pour qu'il ne fût douteux aux yeux de personne à qui la révolution récente allait profiter.

Pendant qu'on donnait aux Danois ce spectacle indécent, Guldberg faisait répandre, sur le compte de Mathilde, de Struensée, et de Christian lui-même, des bruits si injurieux, qu'ils dépassaient de beaucoup la vérité. Brandt, disait-on, s'était fait le pourvoyeur des infâmes plaisirs du monarque, pour que Mathilde et Struensée pussent se livrer sans contrainte à leur passion.

Dès le matin qui suivit l'arrestation de la reine, la foule furieuse se porta en vociférant vers le palais. Les mêmes agents qui l'avaient excitée, dirigeaient ses mouvements. Elle pilla toutes les maisons de débauche de Copenhague, en mettant toutefois dans ses exécutions un ordre et un discernement qui prouvaient qu'elle était mue par un principe moral, et que les écarts du peuple doivent surtout être attribués à ceux qui ont intérêt à le faire agir. Les meneurs vendirent à l'encan une partie du butin, et brûlèrent le reste sur les places publiques. Ils se portèrent ensuite sur la citadelle et demandèrent qu'on leur livrât les prisonniers ; on eût sans doute cédé à leurs menaces sans la fermeté de Rantzau.

La haine de Julie n'était pas encore satisfaite : il fallait, pour justifier sa conduite, lorsque la colère du peuple aurait fait place à la réflexion, qu'un jugement solennel la délivrât de toute responsabilité. Elle comptait sur la faiblesse de Struensée, et tout fut mis en usage pour que les aveux du prisonnier établissent d'une manière irrécusable la culpabilité de Mathilde.

Pendant la première journée de sa

détention, Struensée parut abattu; l'arrivée de son valet de chambre, Ernest, lui causa une vive émotion. Ce jeune homme lui dit en allemand qu'il avait mis en sûreté quelques bijoux pour les lui remettre; il ajouta que le comte de Brandt était dans la chambre voisine; que la reine avait été envoyée à Cronenborg; que les frères et les amis du comte étaient tous arrêtés; que ses papiers et ses biens étaient sous le séquestre; enfin il lui donna quelques détails sur les émeutes dont la ville avait été le théâtre.

Comme Ernest glissait dans la main de son maître une bourse pleine de ducats, quelques pièces tombèrent, et le commandant fon Hoben, créature de Julie, s'empara de l'argent, et fit fouiller le domestique, sur lequel on trouva une montre, une riche épingle et une bague de prix.

Quand les procédures furent commencées, Struensée et Brandt n'eurent plus la consolation d'être servis par leurs domestiques; les seules personnes qu'ils pussent voir étaient les soldats chargés de les surveiller, et les prêtres, instruments de Julie, qui avaient accepté la mission de les réconcilier avec le ciel en les rendant infâmes aux yeux des hommes.

Cependant Ernest, qui logeait dans une chambre au-dessous de celle de son maître, obtint la permission de le revoir. La seconde nuit, vers minuit, il entendit des pas sur l'escalier, et, bientôt après, un bruit de chaînes retentit au-dessus de sa tête; au bout de quelques instants, des coups de marteau se firent entendre: il comprit qu'on rivait les fers du prisonnier. Le lendemain, on lui permit d'entrer dans la chambre de Struensée, qu'il trouva enchaîné à un énorme crochet de fer double, fixé dans le mur. La chaîne passait par des anneaux, dont l'un était attaché au-dessus de la cheville de la jambe droite, et l'autre au poignet gauche; elle était si courte qu'il pouvait à peine atteindre à une table de nuit, voisine de son lit, ni même s'asseoir sur le bord.

Afin que le comte fût plus étroitement gardé, ou plutôt par un raffinement de cruauté, on le transféra dans une autre chambre, petite, basse et située derrière l'église; les murs en étaient nus; un bois de lit grossièrement garni, une table, une garde-robe, un poêle, et deux chaises pour les officiers, composaient tout l'ameublement; tandis que, par un contraste calculé, on y avait transporté sa cuvette et son pot de nuit, qui étaient en vermeil.

La chaîne fut encore raccourcie par ordre de Julie, qui, lorsque Ernest eut été renvoyé, vint plusieurs fois, sous divers déguisements, jouir des tortures de sa victime.

Nous croyons qu'il ne sera pas sans intérêt pour nos lecteurs de trouver ici le récit succinct de ce qui se passa entre Struensée et le docteur Munther, auteur du livre intitulé: *Exposé de la conversion et de la mort de Struensée.*

Première conférence. « Lorsqu'on informa le comte que je demandais à le voir, il demanda d'abord si j'étais venu par ordre; sur ma réponse affirmative, il pria de me faire entrer. Son abord n'était rien moins qu'engageant. Pendant quelque temps, il se renferma dans un silence qui tenait du mépris. La vue de cet homme, si puissant naguère, me causa une émotion que je n'essayai point de cacher. Après quelques paroles, qui montraient l'intérêt que devaient m'inspirer sa situation et mon ministère, j'ajoutai que j'espérais que mes visites ne seraient pas pour lui sans intérêt et sans utilité. Là-dessus il me tendit la main et me remercia; mais lorsque je lui eus déclaré que si les vérités dont j'avais à l'entretenir pouvaient lui paraître blessantes, il ne devait pas moins être persuadé que je n'avais en vue que son intérêt, il reprit d'un air brusque: Vous pouvez parler tant qu'il vous plaira. » Notre intention n'est pas de suivre le pasteur Munther dans ses digressions théologiques; il nous suffira d'indiquer quelques points principaux pour montrer comment les motifs les plus saints furent adroitement mis en avant pour servir la politique de Julie. Une des principales craintes de Munther, c'était que Struensée, voyant sa perte inévitable, ne prît la résolution de nier tout ce qui aurait pu compromettre Mathilde et de confondre ses ennemis par une mort courageuse. « Écartez, lui dit-il, la pensée de mourir en héros philosophe ; ce rôle, d'ailleurs, est difficile à soutenir jusqu'au bout ; la fermeté et la tranquillité d'esprit, en face de la dernière heure, ne peuvent être l'effet que d'une bonne conscience. — Dans tous mes malheurs, répondit Struensée, j'ai fait preuve de courage, et j'espère bien ne pas mourir en hypocrite. — Peut-être, poursuivit le prêtre, vous flattez-vous de sauver vos jours, ou du moins d'obtenir un long délai ? Mais je suppose que je sois venu vous annoncer que votre arrêt est fixé pour aujourd'hui ou pour demain, ne sentiriez-vous pas votre résolution faiblir ? Ne serait-il pas trop tard alors pour penser à la seule chose qui puisse vous donner de l'espérance et des consolations ? Ma mission est de vous préparer pour l'éternité : il dépend de vous qu'elle soit heureuse ou malheureuse. Il est probable que nous différons d'opinion sur la destinée de l'homme après la mort ; quoique vous n'admettiez point la certitude d'une vie à venir, non plus que celle des peines et des récompenses qui nous attendent, j'ai la conviction que ce n'est de votre part qu'un doute, et que vos idées à cet égard ne reposent point sur des preuves sérieuses. Votre conscience protestait secrètement contre vos principes : pour échapper à la crainte de l'éternité, votre faiblesse a trouvé plus commode de supprimer l'éternité elle-même. » Struensée répondit qu'il ne se rappelait point avoir été intérieurement affecté par la pensée de l'éternité ; il convint que l'idée d'une destruction totale lui répugnait ; qu'il préférerait la vie, même dans une situation peu brillante ; mais qu'au reste l'idée du néant ne lui paraissait pas si terrible. Il ne fut pas difficile à Munther d'amener le comte à avouer qu'il avait jusque-là vécu avec légèreté, et sans donner à sa conduite la garantie d'une base religieuse. En fait de croyance, ses principes se réduisaient à ce qui suit : il reconnaissait et adorait un Être suprême, créateur du monde et de l'homme. Jamais il n'avait pu se figurer que l'homme fût un composé de deux substances ; c'était Dieu qui animait dans le principe l'être humain ; dès que l'action de cette machine cessait, c'est-à-dire à la mort, il n'y avait plus pour l'individu rien à craindre ni rien à espérer. Il ne niait point la liberté de détermination ; mais il l'attribuait à la nature des organes et aux sensations qu'ils produisent. En conséquence, les actions de l'homme ne pouvaient être considérées comme morales que relativement à la société : Dieu ne s'inquiète point de nos actions : si les conséquences en étaient au pouvoir de l'homme, et qu'il dépendît de lui de les empêcher d'être nuisibles à la société, personne ne serait fondé à lui en faire des reproches. Il ajouta qu'il regrettait d'avoir fait certaines choses, et surtout d'avoir entraîné dans ses malheurs d'autres personnes ; mais qu'il ne redoutait aucunes fâcheuses conséquences, aucunes punitions après sa mort. Il ne pouvait comprendre pourquoi ces châtiments étaient nécessaires à la justice de Dieu. Selon lui, l'homme trouvait dès ce monde la peine de ses transgressions. Quant à lui, il n'avait pas été heureux dans la période de sa plus grande prospérité. Une de ses principales objections contre le christianisme, était que cette croyance n'était pas universelle. Si c'était réellement la religion révélée, disait-il, elle eût été admise par tous les peuples. Le prêtre, après avoir sondé les principes du prisonnier, lui recommanda certaines lectures, et l'informa de la mort du comte de Bernstorff, qu'il eut soin d'attribuer aux persécutions de Struensée.

Dans la seconde conférence, le prêtre mêla adroitement à ses exhortations tout ce qui pouvait rappeler à Struensée les souvenirs de son enfance et les affections de sa famille. Cette marche était habilement calculée. Sans doute, la conduite du comte était répréhensible aux yeux de la morale et de la religion; mais les dépositaires du pouvoir l'étaient encore plus que lui : leur plan était d'amollir l'âme du prisonnier par la crainte des vengeances célestes, et de le rendre indifférent à sa justification devant le monde.

La troisième conférence eut pour objet une discussion dont l'immortalité fut le thème. Soit que Struensée fût réellement convaincu des arguments de Munther (et quel est l'homme assez endurci pour rejeter, en face des abus de la justice humaine, cette pensée consolante?), soit qu'il jugeât également imprudent et inutile de discuter sur ces questions avec un prêtre dont la mission ostensible était toute de zèle et de charité, il admit les prémisses dont les conséquences devaient nécessairement l'amener aux fins de l'Église, c'est-à-dire aux aveux que désiraient ses ennemis. Fort de ces concessions, Munther n'eut pas de peine à lui prouver que sa vie passée n'était qu'un enchaînement d'actions plus ou moins condamnables. Une fois maître de sa conscience, il ne lui fut pas difficile de mêler au contrôle de ses actes privés celui de son administration comme ministre et favori. Le chef-d'œuvre de ce rigoriste luthérien fut de le porter à déposer juridiquement contre lui-même, et de livrer à des juges prévenus, comme éléments d'accusation, ce qui ne pouvait être confié à un directeur spirituel que sous le sceau du secret. Toute cette relation de Munther porte le cachet de l'hypocrisie et d'un orgueil de théologien, qui se déguise sous les formes les plus austères du ministère religieux. Cependant, tout en reconnaissant ses fautes, le plus grand regret de Struensée était d'avoir enveloppé dans sa ruine Brandt et ses autres partisans.

Quand le prêtre l'eut amené à confesser les vérités fondamentales du christianisme, il craignit que le prisonnier ne s'abandonnât avec trop de sécurité à la miséricorde de Dieu. Il s'efforça d'entourer de terreurs sa foi naissante. « Dieu, lui dit-il, est juste par cela même qu'il est miséricordieux; sa bonté ne peut dégénérer en faiblesse; sa justice se montrera terrible envers celui qui l'a offensé. — Votre humanité doit être grande, lui dit Struensée, puisque votre patience n'est pas encore découragée; vous vous mettez en peine de ce qui me regarde. Que feriez-vous si j'avais le malheur de ne pas être convaincu ? — J'en aurais un regret infini, répondit le prêtre. Cependant, j'espère que Dieu bénira vos efforts. — Certes, continua Struensée, je voudrais pour beaucoup être un bon chrétien; mais comment le christianisme serait-il notre unique voie de salut, quand il est si peu répandu sur la terre, et quand, parmi ceux qui le reconnaissent, il en est si peu qui suivent ses préceptes ? Il y a plus : les chrétiens les plus fervents commettent des fautes; l'homme ne peut atteindre à la perfection. Le christianisme peut-il vouloir une chose impossible ? » Munther réfuta ces objections avec l'avantage d'un homme qui les a prévues, et objecta que le christianisme s'adresse plutôt au cœur qu'à l'intelligence.

La quatrième conférence roula sur la moralité des actes, indépendamment de leurs effets dans l'ordre établi par la société. Munther établit que le sens moral est inné dans l'homme, et de principe divin. Lorsque le comte se fut rendu à cette vérité, Munther lui fit comprendre que pour se mettre en état d'implorer la miséricorde de Dieu, il lui fallait faire un retour sincère sur sa vie passée, et confesser toutes ses fautes et tous ses crimes. Ce ne fut pas sans résistance que Struensée se rendit à cette exhortation. Je crains, dit-il au prêtre, qu'il soit trop tard; peut-être qu'en le faisant, je ne céderais qu'à la nécessité, ou bien ma complaisance pour vous me déterminerait. Mais bientôt il se rétracta et il ajouta : Dans les instructions chrétiennes que j'ai reçues dans ma jeunesse, on m'a dit qu'un chrétien doit mourir avec confiance et sécurité. Mais je ne puis me défendre de certains doutes, ils reviennent toujours, quoi que je fasse pour les écarter. Le prêtre lui dit que les meilleurs chrétiens mouraient avec la crainte du Seigneur, et qu'il n'était pas nécessaire pour mourir chrétiennement d'avoir le sentiment intérieur qu'on serait sauvé. Ce que je vous souhaite, mon cher comte, ajouta-t-il, lorsque vous marcherez à la mort, ce n'est pas de manifester de la joie, mais d'avoir la conscience que vous avez fait tout ce qui était en votre pouvoir, pour que Dieu vous accorde votre pardon. Munther voulait que Struensée se montrât humble et craintif devant les arrêts de l'Être suprême, pour que les témoins de son supplice attribuassent son repentir à une expiation tardive des crimes que ses ennemis lui attribuaient.

A la cinquième conférence, les questions de dogme paraissant suffisamment éclaircies, Struensée fit quelques lectures que lui avait indiquées le prêtre pour le convaincre de la divinité du Christ et de l'excellence de sa morale, transmise au monde par les quatre évangélistes. Le comte fut de nouveau invité à faire un examen consciencieux de sa conduite passée, et à rechercher en quoi ses erreurs blessaient la morale du chrétien. « Je sais fort bien, dit-il, que je ne saurais justifier mes actions : mais c'est pour cette raison même que j'espère dans l'éternité ; Dieu qui connaît et pèse les circonstances où je me suis trouvé, déterminera mieux qu'il n'est donné à un homme de le faire, la moralité ou l'immoralité de mes œuvres. — Dieu, poursuivit Munther, vous avait doué d'une intelligence peu commune ; et si je ne me trompe, vous n'étiez pas né pour le vice ; mais vous vous êtes laissé corrompre par les voluptés, l'ambition, et une grande légèreté de principes. » Struensée avoua que l'attrait du plaisir avait surtout contribué à la dépravation de ses mœurs, qu'il avait cru que le but de la vie était de se procurer le plus possible de sensations agréables. J'ai tout ramené à ce but, ajouta-t-il, et quand il m'est arrivé de faire le bien, c'était uniquement à cause du plaisir que j'y trouvais, et nullement par charité et pour remplir un devoir. Dans ma jeunesse, je me suis abandonné en aveugle à toutes sortes d'extravagances. Lorsque cette vie irrégulière a attaqué ma santé, j'ai essayé de la rétablir par la continence, mais dans le but de me ménager de nouvelles jouissances. Ce qu'il y a de plus humiliant pour moi, c'est que personne n'a usé de séduction à mon égard, et que je me suis égaré sciemment, sur la foi de certaines lectures.

Les demandes et les réponses suivantes, même en supposant que le prêtre les ait conservées fidèlement, suffiraient pour donner une idée exacte de cette singulière confession. « Jusqu'à quel point la poursuite de vos plaisirs vous a-t-elle fait perdre un temps qui aurait dû être mieux employé ? — Je me suis toujours fait illusion, parce que j'avais le travail facile, et que j'ai pu expédier plus d'affaires dans les différents postes où je me suis trouvé que la plupart des autres hommes ; j'ai donc cru pouvoir disposer du reste de mon temps en faveur de mes plaisirs. — Combien de bonnes actions avez-vous négligé de faire? Ne vous êtes-vous pas montré insatiable de jouissances, et ne vous êtes-vous pas souvent occupé à vous en procurer de nouvelles ? L'excès des plaisirs appelle après lui le vide, et l'on tâche de le remplir en variant ses délassements. — N'avez-vous point négligé de former votre âme et votre cœur par cette conduite ? Rappelez-vous les années que vous avez passées aux écoles et aux universités. — Ce serait reprendre les choses d'un peu loin : à l'université, il m'est arrivé de passer des mois entiers dans les plus folles dissipations, après quoi je reprenais mes études. Quant aux règles morales de ma conduite, je n'y avais jamais songé avant d'être parvenu à l'âge de vingt-deux ou vingt-trois ans. Alors j'ai adopté les principes que vous savez. — Jusqu'à quel point votre sensualité vous a-t-elle fait négliger Dieu et le prochain, même en ce qui regardait les devoirs de votre position? — J'ai rarement dirigé mes pensées sur la Divinité, dans la persuasion où j'étais que je ne lui devais rien qu'un sentiment général de gratitude pour mon existence. Peut-être dans mes diverses fonctions, ai-je négligé mes devoirs pour mes plaisirs, mais comme médecin j'ai toujours donné des soins consciencieux à mes malades. — Au milieu de ces excitations continuelles, vous avez sans doute enflammé votre imagination en la remplissant de vaines images, qui peut-être vous troublent encore, et éloignent de vous des réflexions sérieuses. Dans quel tourbillon de fausses jouissances n'avez-vous pas rêvé ou plutôt sommeillé! — En revenant sur ma vie passée, je serais tenté de croire qu'elle n'est qu'un songe, si le peu de bien que j'ai fait ne me donnait la conscience de sa réalité. — Cette soif de jouissances n'a-t-elle pas dégradé votre dignité en vous assimilant aux animaux privés de raison, qui ne recherchent que les appétits sensuels? — Je me suis considéré en effet comme un animal, n'admettant d'autre différence entre l'homme et la brute qu'un degré supérieur de perfection dans le premier — Une telle manière de voir n'a-t-elle pas porté une atteinte fâcheuse à votre réputation? — J'ai toujours cru que je ne devais pas m'inquiéter de l'opinion du monde, et je me suis borné à plaire à quelques personnes. — Avec de tels principes vous n'avez pu qu'être indifférent aux jouissances morales, les seules qui portent à la vertu, et qui forment une partie si essentielle du bonheur réel. — Dans mes jeunes années, je me suis peu inquiété des bons sentiments et des actions; plus tard, quoique je trouvasse quelque plaisir à faire le bien, je n'ai cependant fait aucune distinction entre le plaisir que j'y trouvais, et la satisfaction de mes désirs sensuels. — De combien de personnes votre sensualité n'a-t-elle pas causé la ruine! Votre mauvais exemple a entraîné des jeunes gens dans le vice; plusieurs se sont perdus de réputation, ont ruiné leur santé, peut-être trouvé la mort au bout de la carrière où vous les aviez engagés. Peut-être de pauvres veuves et des orphelins, dont les époux et les pères ont été victimes des égarements où vous les avez plongés, élèvent la voix devant Dieu, et demandent vengeance. (Ici le prisonnier garda le silence, et parut en proie à un vif repentir.) N'avez-vous pas séduit d'innocentes jeunes femmes, et sacrifié à votre impudicité la religion, l'honneur et la vertu? — Je dois avouer que j'ai été un dangereux séducteur; souvent, j'ai perverti l'innocence par mes principes; j'ai même triomphé de plusieurs femmes que leur raison semblait mettre en garde contre mes attaques, et je leur ai rendu le vice facile. Le seul moyen de me résister était de me fuir; cependant je n'ai jamais rien promis de ce que je n'avais pas l'intention de tenir.... — Il est probable que vous avez peu respecté les liens du mariage, que toutes les nations regardent comme sacrés? — J'ai toujours sauvé les apparences et prévenu l'éclat en cachant soigneusement tout commerce illicite. — Peut-être de respectables pères de famille sont obligés d'élever des enfants qu'ils savent ne pas leur appartenir? Combien de troubles, d'inimitiés et de procès dans ces familles, qui fussent restées heureuses si elles ne vous eussent pas connu! » Quant à ce dernier point, Struensée protesta de son innocence.

Il est inutile de faire remarquer au lecteur que la relation de Munther a été calculée avec l'art le plus perfide, et qu'en la publiant il avait l'intention manifeste de montrer Struensée capable de tous les faits qui, d'après la loi royale, suffisaient pour motiver sa condamnation. Le dernier paragraphe de sa confession semble destiné à écarter l'idée, très-plausible d'ailleurs, qu'il était père du dernier enfant de Mathilde.

Dans la sixième conférence, l'enquête du confesseur roula plus particulièrement sur l'ambition de Struensée; il lui reprocha l'opinion exagérée qu'il avait de ses talents; toutes les mesures tyranniques qu'il avait employées pour se satisfaire; son obstination à écarter des affaires des hommes plus capables que lui; sa facilité à disposer des revenus de l'État, son faste, et son administration inconstitutionnelle. Entre autres questions, Munther demanda comment il avait été assez présomptueux pour prendre en main le gouvernement, quoiqu'il ne connût ni les lois ni la langue du pays; il lui reprocha d'avoir mis inconsidérement en vigueur quelques lois inconstitutionnelles, et d'en avoir abrogé d'anciennes. N'avait-il pas destitué des ministres d'État pleins d'expérience, pour élever à leur place des jeunes gens dont il ne connaissait suffisamment ni les talents ni la probité? Il l'accusa en outre d'avoir contribué autant qu'il était en lui à démoraliser le peuple, et à entraver l'activité du commerce. Les réponses du comte à toutes ces inculpations sentent trop la facture du prêtre pour que nous nous arrêtions à les reproduire. En fait d'administration, le prisonnier en savait plus que le confesseur, et s'il avait eu le dessous en théologie, il est probable qu'il aura pris sa revanche sur des matières qui lui étaient familières. Pour rentrer dans son rôle, Munther l'amena à confesser la divinité de J. C. et la réalité des miracles.

Septième conférence. Le gouverneur de la citadelle informa l'ecclésiastique que Struensée, depuis qu'il l'avait quitté, paraissait en proie à une vive agitation. Lorsqu'il entra dans sa chambre, Munther le trouva sensiblement abattu et très en peine de l'inquiétude que son procès devait causer à sa famille. Munther avait sur lui depuis plusieurs jours une lettre du père de Struensée. L'humanité la plus vulgaire aurait dû lui faire une loi de la remettre immédiatement au prisonnier; mais la considérant comme un moyen de faire sur l'esprit du comte une impression décisive, il avait différé jusqu'à ce moment de lui donner cette consolation. Elle était ainsi conçue: « Je désire que cette lettre vous parvienne, et que son contenu appelle vos réflexions. Je ne puis vous exprimer toute la tristesse et l'anxiété de vos parents sur le sort de leur fils; nous pleurons nuit et jour; sans cesse nous crions merci devant le Seigneur. Mais ne parlons plus de cela. Il y a une chose qui pèse sur mon cœur et sur celui de votre mère. Vous connaissez nos sentiments, vous savez dans quels principes nous vous avons élevé; vous ne pouvez avoir oublié avec quel soin nous vous avons inculqué cette grande vérité, que la piété est le premier des devoirs dans toutes les circonstances. Toutes les fois que j'ai eu l'occasion de vous parler, même lorsque vous étiez revêtu d'un caractère public, je vous ai rappelé la présence de Dieu, en vous exhortant à conserver une conscience pure. Votre propre cœur vous dira jusqu'à quel point vous avez suivi les exhortations de votre père.

« Voilà déjà longtemps que vous êtes un sujet d'inquiétude pour vos parents. Nous menons une vie retirée, et ne voyons que peu de monde; vous-même vous ne nous avez rien écrit au sujet de ce qui vous regarde; nous avons donc été réduits dans notre anxiété à élever en secret vers le ciel nos prières et nos soupirs; nous avons crié vers lui dans l'espoir qu'il sauverait votre âme. A trois époques différentes, à Halle, à Gedern et à Altona, ceux qui vous ont vu souffrant ont désespéré de vos jours. Dieu vous a sauvé et a conservé votre existence: c'était sans doute pour vous laisser le temps de vous préparer, dans un état de grâce, à une éternité bienheureuse; c'est encore l'intention de votre rédempteur dans la prison où vous êtes détenu. Vous êtes sa créature, il vous aime, c'est par son sang que vous avez été racheté. Dieu est pour nous un père réconcilié. C'est au nom de la Trinité que vous avez reçu le baptême. Dieu a fait avec vous une alliance éternelle, et jamais il ne cessera de vous protéger. Retournez à lui, mon fils, et les grâces de sa miséricorde s'ouvriront pour vous. Interrogez la voix de votre conscience, écoutez l'esprit de Dieu présent dans votre âme.

Priez le Seigneur de vous découvrir l'état réel et intime de votre conscience, afin que, éclairé de sa lumière, vous puissiez voir combien vous êtes corrompu. Mettez à profit la solitude où vous vous trouvez, pour faire un retour sur votre vie passée, pour détester les péchés où vous êtes tombé. Mais loin de vous flatter, soyez rigoureux envers vous-même, soyez votre accusateur et votre juge devant le tribunal de votre Dieu, tandis que sa grâce vous le permet encore. Quand vous sentirez le péché peser sur vous comme un fardeau, votre cœur s'humiliera devant Dieu, vous implorerez sa miséricorde et vous détesterez vos iniquités. C'est alors que vous reconnaîtrez l'importance et la nécessité de la rédemption; c'est alors que vous vous réfugierez dans le sein de celui qui accueille les pécheurs, qui a payé la dette des hommes, et souffert à leur place, afin que la justice de Dieu s'exerçât sur lui, que notre rédemption devînt le prix de son sang, et que le pardon fût proportionné à l'étendue de sa grâce. Le sang du Christ intercède encore pour vous; dans sa miséricorde il vous tend les bras: sans Jésus-Christ point de salut... Puisse-t-il être glorifié dans votre cœur, lui qui est la source unique de tout bien pendant la vie, au milieu de nos souffrances, à notre heure suprême et dans l'éternité!

« Votre mère vous dit mille choses tendres; elle pleure et elle prie avec moi pour notre malheureux fils. Mon fils, mon fils, combien l'affliction que vous nous causez est profonde! Oh! si nous avions du moins cette seule consolation, que nos enfants sont entrés avec conviction dans la voie du Seigneur, et que nous pourrons nous rencontrer avec joie dans un monde meilleur devant le trône de l'agneau!

« Les crimes qui ont motivé votre arrestation ne nous sont pas suffisamment connus. Ce qu'on dit publiquement sur votre compte, est d'une telle nature, que vos parents le condamnent et le détestent. Oh! pourquoi n'êtes-vous pas resté médecin! Nous avons été informés de votre élévation par les journaux : cette nouvelle, loin de nous satisfaire, nous a fait la plus grande peine. Pourquoi n'avez-vous pas eu en vue le bonheur du Danemark? pourquoi n'avez-vous pas obéi avec une déférence respectueuse aux ordres de votre souverain? Pour bien juger votre conduite, il nous faudrait des détails qui nous manquent. Sachez pourtant que, malgré toute notre tendresse pour nos enfants, nous sommes loin d'approuver leurs crimes, et que nous ne voulons ni les pallier, ni les justifier. Et nous louons Dieu lorsqu'il frappe le méchant, ne réservant sa miséricorde qu'aux pécheurs sincèrement repentants. Puisse le Seigneur notre Dieu sonder et guérir les blessures de votre âme! »

Nous avons cru devoir citer cette lettre, où, à l'exception de quelques phrases, le père est effacé par le théologien. Il paraît probable qu'elle a été écrite sous l'inspiration de Munther, à moins qu'on ne suppose que les mêmes circonstances aient inspiré les mêmes arguments au confesseur et au père de Struensée; dans cette dernière hypothèse, la sécheresse de cœur qui domine toute cette admonition suprême explique, si elle ne les excuse, les égarements d'une jeunesse fougueuse.

Munther, voyant la vive impression qu'avait produite cette lettre sur le prisonnier, lui recommanda de la lire et de la méditer souvent. Struensée le chargea d'écrire à ses parents et de les informer qu'il avait la ferme résolution de mourir en chrétien. Il est aisé de voir que cet homme, ébloui par la prospérité, avait conservé un cœur droit; plus affecté du malheur de ses amis que du sien propre, on sent qu'il fait à cette idée qui le poursuit, jusqu'au sacrifice de sa renommée. C'est sur ce côté faible que le prêtre dirigea ses attaques, et il tourna perfidement contre l'accusé jusqu'à sa sincérité, jusqu'aux mouvements les plus honorables.

Huitième conférence. Dans l'entretien de cette journée, Munther sonda avec adresse la fermeté du prisonnier : celui-ci avoua qu'il avait toujours cru que la conscience suffisait à l'expiation du péché, et qu'un châtiment éternel lui semblait disproportionné avec la fragilité de notre nature et les perfections de Dieu. Il ajouta que s'il n'eût pas connu Munther, ni fait les lectures qui lui avaient ouvert les yeux sur les vérités chrétiennes, il eût envisagé la mort sinon avec indifférence, du moins avec une résignation sereine. Le prêtre, après avoir combattu toutes ces objections, lui parla des preuves de la résurrection de Jésus-Christ, l'exhorta à s'affermir dans ces bonnes dispositions par la prière, et à *révéler à ses juges toute la vérité*. C'est ainsi qu'on l'amena à examiner sa conduite comme ministre, avec tout le rigorisme que comporte le point de vue chrétien, à mêler sans cesse les lois de l'Église avec celles qui régissent la société, et à sacrifier, dans l'intérêt de son salut, ses amis politiques, le comte Brandt, qui resta jusqu'au bout plus grand que sa disgrâce, et une jeune reine, que les viles intrigues d'une cour corrompue et les vices infâmes de son époux avaient jetée dans les bras d'un homme maître de ses secrets, et qui ajoutait à toutes ses autres séductions, le droit dangereux de la plaindre.

Neuvième conférence. Munther tira de la concordance entre l'Ancien et le Nouveau Testament, la preuve de la divinité de l'Évangile et du sacrifice du rédempteur; il conclut que Struensée devait abjurer ses anciens principes, et expier ainsi, autant qu'il était en lui, le scandale de sa vie. Struensée promit d'écrire cette rétractation; c'était pour ainsi dire une confession autographe, un mémoire à consulter à l'usage de ses juges ou plutôt de ses ennemis.

Dans la dixième conférence, Munther obtient de Struensée l'assurance qu'il croit au Christ et à la rédemption, quoique de temps à autre ses anciens doutes reviennent involontairement à son esprit : il s'accuse surtout d'avoir trop de confiance dans la miséricorde infinie. Le prêtre s'attache à démontrer que l'espérance d'un pécheur tel que lui ne pouvait naître que de l'excès même de ses craintes. L'orgueil de Struensée était déjà assoupli par les souffrances morales et physiques; les hommes avaient intérêt à couvrir d'un voile saint l'iniquité de son supplice; pressé par l'horreur de sa situation, il ne comprit sans doute pas que la haine hypocrite de ses ennemis était son plus grand titre à la miséricorde de Dieu. Les interrogatoires des gens de loi se réglaient sur la marche du confesseur; le prêtre se faisait l'aide du bourreau.

Les conférences suivantes roulèrent sur l'authenticité du Nouveau Testament, sur la différence de la vertu, selon Dieu et selon le monde, sur l'état de grâce, l'extase, les prophéties, et sur la vanité des objections de quelques déistes, tels que Boulanger, Voltaire, etc.

Il est aisé de voir à travers les artifices du prêtre que Struensée désirait d'avoir une entrevue avec Brandt; mais il lui fut insinué qu'on lui permettrait seulement de voir le doyen Lee, qui avait la tâche bien autrement difficile de convertir ce dernier, et qui fut chargé par Struensée de dire au comte que son ancien ami n'était plus qu'un chrétien repentant.

Dans la seizième conférence, Struensée reçut encore une lettre de sa mère; comme elle n'est que la répétition de celle que nous avons citée, nous nous abstiendrons de la reproduire.

La dix-huitième conférence fut employée à démontrer que les mystères de la religion révélée étaient nécessaires à l'établissement et à la propagation de la nouvelle croyance, qui devait différer par ce caractère de la religion naturelle. La raison, dit le prêtre, en considérant les mystères, ne doit s'appuyer sur elle-même que pour admettre qu'ils dépassent la faiblesse humaine de toute la hauteur du principe divin.

Struensée convint que même, dans l'ordre des choses sensibles, tout est mystère pour la raison de l'homme Ce que voulait surtout le prêtre, c'était de le tenir en garde contre les ressources que cette raison pourrait lui fournir pour prouver l'illégalité de sa condamnation.

Dans la vingt et unième conférence, Struensée dit au prêtre que son acte d'accusation était prêt, et qu'il devait comparaître sous peu de jours pour l'entendre et pour présenter sa défense. « Il me demanda si je lui conseillais de laisser l'affaire suivre son cours, ou s'il était de son devoir de ne rien négliger pour sa justification.—Le christianisme, lui répondis-je, n'a jamais proscrit les moyens d'une défense légitime.—Au nombre des charges, continua le comte, il en est une qui n'admet point d'excuse; il est donc très-probable que je ne pourrai échapper au supplice; et quand même cela aurait lieu, la vie n'aurait plus rien d'attrayant pour moi; un emprisonnement perpétuel est une idée que je ne saurais supporter. Cependant j'avoue que je ne puis penser à l'heure du supplice sans sentir ma résolution faiblir. Que dois-je faire?—Je ne veux pas vous flatter d'une vaine espérance, continua le confesseur. Le gouvernement vous a assigné un conseil dont les lumières sur ce point dépassent les miennes; vous avez pour *juges des hommes de conscience* et d'habiles légistes. » C'est ainsi qu'après avoir humilié sa raison par l'exposé des mystères de la religion, Munther sut préparer Struensée à accepter comme une nécessité les conséquences terribles de la position qu'on lui avait faite.

La vingt-deuxième conférence n'est que la récapitulation des précédentes; elle consiste en demandes et en réponses, où l'on peut suivre tous les progrès de la conversion de Struensée, et où le triomphe du prêtre indique clairement celui des ennemis du ministre. Parmi ces questions, nous ne citerons que les suivantes comme les plus caractéristiques. « Vous repentez-vous de la présomption qui vous a aveuglé jusqu'au point de prendre en main le timon de l'État, de donner des lois, et de vous faire un jeu du bonheur de la nation?—Je pourrais peut-être, répondit le comte, trouver quelques motifs d'excuse dans la force des circonstances, mais je ne m'en accuse pas moins de n'avoir pas résisté autant que j'aurais dû le faire, et de m'être laissé conduire par des intérêts purement humains. — Êtes-vous sûr de ne garder aucune haine contre ceux que vous regardez comme vos ennemis?—Je ne suis point vindicatif; je veux croire que les personnes qui ont causé ma perte, ne l'ont fait que dans l'intérêt du roi et du royaume; mais, s'il en est que la haine ait déterminées, je leur pardonne.— Supposons que votre mort soit inévitable et prochaine, êtes-vous résolu à la supporter avec humilité et avec une confiance chrétienne, sous quelque forme terrible qu'elle se présente à vous? Êtes-vous fermement décidé à ne placer votre confiance que dans la religion, et à écarter tout ce qui ressemblerait à un mouvement ambitieux, ou à une affectation de courage? — J'ai renoncé à tout ce qui peut s'appeler ambition, et l'on m'a forcé de le faire. Cette passion ne peut donc avoir aucune influence sur les derniers moments de ma vie. Il ne me reste plus d'autres consolations que celles de la religion; l'ambition qui me guidait autrefois ne m'aurait jamais porté à feindre. Si j'étais mort sans religion, je me serais montré tel que j'aurais été intérieurement. » Avant le départ du prêtre, il lui dit : Il y a une chose qui me tourmente. Vous connaissez mon crime principal; vous savez qu'en l'avouant, d'autres personnes auxquelles je dois beaucoup, seront inévitablement compromises. Je me suis demandé si je n'aurais pas dû à leur considération nier le tout, comme la reconnaissance et l'amitié semblaient l'exiger. Dans cette perplexité, j'ai eu recours à la prière; j'ai donc compris plus tard que j'aurais été un obstacle à la vérité dont les conséquences ne m'appartiennent pas; j'ai vu que j'aurais déguisé un crime par un autre crime, et que je me serais montré indigne du pardon de Dieu, Et en effet, ne serait-il pas injuste que, sauver à quelques personnes une condamnation temporaire, je dusse renoncer moi-même à mon salut dans l'éternité? Eussé-je tout caché à mes juges, je vous prierais à présent de tout leur révéler. C'est ainsi que je suis parvenu à me mettre en repos avec ma conscience. Peu m'importe si des gens qui ignorent ce que c'est que de trembler pour leur salut, me regardent comme un homme faible et comme un traître. Ma confession sera approuvée par tous les véritables chrétiens; et cependant le mal qui résultera pour mes amis de mes aveux, me peine plus que je ne peux dire. Je prie Dieu de leur envoyer les consolations de la religion et de la vertu; puisse-t-il leur accorder cette grâce, et leur perte sera peu de chose à ce prix !

Dans la vingt-troisième conférence, le comte dit au prêtre : J'ai pris une résolution relativement à ma défense: quoiqu'il soit évident pour moi que je ne peux ni sauver ma vie, ni justifier mes actions, j'espère cependant être en état de prouver qu'il en est quelques-unes qui sont moins coupables qu'elles ne le paraissent. Vous savez, en effet, que c'est une chose bien différente de considérer les actions sous le point de vue moral ou dans leur valeur politique. Dans le premier cas, les miennes sont mauvaises sans doute, mais beaucoup moins, si on les juge dans le milieu politique qui leur appartient. Il me suffira de montrer (et je ne saurais faire davantage) que les fautes de mon administration doivent être attribuées à l'erreur, à la précipitation et à la passion, mais nullement à un dessein prémédité de mal faire. Je crois devoir cette protestation à la vérité, à la religion même, en tant que ma conversion peut l'intéresser. Si, en gardant le silence, j'avais eu l'air de reconnaître que mes intentions étaient coupables (et en interrogeant mes souvenirs, je ne me rappelle rien de semblable), peut-être alors on aurait regardé ma conversion comme le résultat de la faiblesse dans un esprit troublé. Le monde aurait pu dire qu'il est facile à un homme de faire le sacrifice de ses principes religieux, quand il n'a plus aucun intérêt à les conserver ni à les renier, fût-il le dernier des coupables, ou n'eût-il failli que par une erreur de son jugement.

Dans la vingt-quatrième conférence, le comte, qui avait obtenu la permission d'écrire, dit à Munther qu'il avait l'intention de retracer tous les détails de sa conversion. On pense bien que le prêtre l'encouragea dans cette idée, et que, tout en lui laissant une entière liberté, il ne laissa pas néanmoins que de lui donner des instructions, dont le prisonnier, dans la ferveur de son zèle, ne pouvait s'écarter.

La résurrection du corps et le jugement dernier, les peines et les récompenses dans la vie à venir, l'éternité, tels furent les sujets des conférences suivantes. D'Alembert, dit le comte à Munther, m'a assuré qu'il avait soigneusement examiné le christianisme, et qu'il n'avait pu rien y decouvrir de déraisonnable; s'il ne l'avait pas adopté, c'était uniquement parce qu'il ne sentait en lui aucun mouvement qui le portât à le faire : or, comme ce mouvement ne pouvait venir que de Dieu, il espérait qu'il ne serait point jugé coupable de ne pas l'avoir fait, et conséquemment de ne pas être chrétien.

A la trente-deuxième conférence, Munther annonça au comte que la présente semaine serait probablement la dernière de sa vie, et que sa sentence serait prononcée le samedi suivant ; entre la sentence et l'exécution, on ne lui accordait que quelques jours. Il reçut cette nouvelle d'un air calme et serein.

Le vingt-quatre avril, jour de la trente-troisième conférence, le comte remit à son confesseur sa confession écrite. Le lundi qui suivit, il reçut les sacrements en présence du commandant de la citadelle. Ce jour-là il parut plus troublé qu'à l'ordinaire. Le lendemain, il dit à Munther : Mon penchant pour la volupté a été la source de tous mes malheurs ; l'ambition n'a fait que combler la mesure. Je crois vous avoir dit qu'à mon arrivée en

Danemark, j'avais l'intention de me lancer dans le monde, autant que ma profession le permettrait. J'étais alors bien éloigné de prévoir ma future élévation. Plus tard, j'avais résolu de quitter Altona, pour aller m'établir à Malaga ou aux Indes orientales, dans l'espérance de rétablir ma santé. Les plaisirs plus vifs sous un beau climat, et ce que mes lectures m'avaient appris sur l'Orient, échauffèrent mon imagination, et me déterminèrent pour les Indes orientales. J'avais en outre un grand désir de faire fortune; mais, j'ai honte de le dire, une intrigue de femme rompit ce projet.

Quelques instants après, son avocat entra. Mon cher comte, lui dit-il, je vous apporte de mauvaises nouvelles; et il tira de sa poche une copie de la sentence. — Je m'y attendais, dit Struensée, permettez que je voie. Pendant qu'il lisait, je l'observais attentivement, mais je ne pus découvrir sur son visage ni émotion ni altération. Après avoir pris connaissance de ce papier, il me le remit. La sentence était de la teneur suivante :

« Conformément à la loi danoise, il est déclaré juste et de droit que le comte Jean-Frédéric Struensée, ayant forfait à l'honneur et à ses devoirs, soit privé de sa vie et de ses biens. Il sera dégradé de sa dignité de comte et de toutes celles qui lui ont été conférées. Son écusson sera brisé par le bourreau. Sa main droite et sa tête seront coupées; son corps, mis en quartiers, sera exposé sur la roue; sa tête et sa main seront attachées à un poteau. »

Tandis que je lisais en tremblant, il demanda à son avocat si tous les points de l'accusation avaient motivé cette sentence. Sur la réponse affirmative, il ajouta : Et quelle sera la sentence de Brandt ? — Sa sentence est exactement la même que la vôtre. Cette nouvelle lui parut plus sensible que tout le reste. Il écrivit tranquillement quelques notes, qu'il remit à son avocat, et reprit sa conversation avec moi. J'avoue, me dit-il entre autres choses, que mon crime est grand : j'ai violé la majesté royale. Dans bien des cas, je n'eusse point agi comme je l'ai fait, si j'avais mieux connu la loi ; mais j'ai eu tort d'en avoir négligé l'étude. Ici le prêtre, oubliant son rôle de consolateur, n'eut pas honte de s'associer aux vengeances de la justice. « Certes, lui dit-il, vous êtes seul à blâmer. Un de vos crimes, celui qui n'admet pas même l'ombre d'un doute, est non-seulement un attentat contre la majesté royale, mais contre la nation tout entière, et partout on le regarderait comme tel. Le pouvoir que vous avez exercé blesse également la constitution danoise; et bien que peut-être vous ayez cru ne pas vous rendre coupable de haute trahison sur ce point, le fait est constant, et la loi est claire. » Il en convint, et pria Munther de faire parvenir à ses parents la lettre suivante: « Vos lettres ont ajouté à mes angoisses; j'y ai ai trouvé de nouvelles preuves de l'affection que vous m'avez toujours portée. Le souvenir des chagrins que je vous ai causés en me détournant de la voie que me traçaient vos exemples, l'affliction profonde que vous aurez dû ressentir en apprenant mon emprisonnement, me sont d'autant plus pénibles, qu'éclairé aujourd'hui par la vérité, je vois trop tard combien j'ai été coupable. C'est avec le plus sincère repentir que j'implore votre pardon. Je suis redevable de la situation d'esprit où je me trouve à la doctrine et à la rédemption du Christ. Vos prières et votre exemple ont grandement contribué à ce résultat. Soyez assurés que votre fils est en possession d'un bien inappréciable', du bien que vous regardez comme le seul réel. Ne considérez sa disgrâce que comme le moyen qui devait le sauver. Cette idée adoucira vos regrets, comme elle a effacé les miens. Je me recommande à vos prières ; je prie moi-même le Rédempteur de vous donner la force de supporter ce coup : c'est de lui que je tiens la mienne. Parlez de moi à mes sœurs et à mes frères, etc. »

Le jour suivant, je lui appris que

sa sentence avait été confirmée, et qu'il serait exécuté le surlendemain. Quant aux circonstances infamantes, qui devaient accompagner le supplice, il me dit : Je suis au-dessus de toutes ces choses, et je souhaite que mon ami Brandt n'en prenne pas plus de souci que moi-même. J'aurais cru, ajouta-t-il, que l'exécution n'aurait lieu que le vendredi ; cependant ce délai ne m'aurait pas avancé de beaucoup : c'est comme si, ayant à subir une opération, j'avais souhaité qu'on la différât à l'instant même où elle devrait avoir lieu : il faudrait toujours en passer par là, et je n'aurais fait que retarder ma guérison.

Le lendemain vingt-six avril, il communia en présence du commandant de la forteresse ; ensuite il lui demanda la permission de disposer de ce qui lui restait, c'est-à-dire, de son lit, de son linge, et de quelque argent qu'il avait économisé sur sa dépense. C'est tout ce que je possède, ajouta-t-il. Il répéta ensuite avec fermeté, mais sans affectation, à son confesseur, qu'après un mûr examen de son administration et en face de l'éternité, il affirmait sur sa conscience, qu'il n'avait jamais eu l'intention de faire le malheur du roi, ni celui de la nation. Il est vrai, ajouta-t-il, que j'avais amassé en peu de temps des richesses considérables, et tiré parti de la faveur du monarque ; mais jamais je n'ai falsifié les comptes, quoique les apparences puissent être contre moi ; ce qui fait que je ne puis blâmer personne de me trouver coupable.

Il ne cessait de s'occuper de son ami Brandt. La veille de l'exécution il écrivit au chambellan, frère du malheureux comte, la lettre suivante : « Permettez-moi de déplorer avec vous et avec madame votre mère le sort de notre cher Enevald ; ne me jugez pas indigne de m'associer à vos regrets, bien que je sois la cause accidentelle de son malheur. Vous connaissez l'affection que je lui porte : c'était de tous les hommes celui qui eut la plus grande part dans mon amitié. Il a partagé ma prospérité, et j'ai l'espoir que nous nous reverrons dans un monde plus heureux. Je voudrais vous consoler, et cette tâche m'est impossible. Vous avez de la religion : c'est elle, c'est elle seule qui m'a consolé dans mon malheur. Croyez que je conserve un vif sentiment de gratitude pour tous mes amis de Rantzau.

« P. S. Je me flatte toujours de l'espoir que la sentence de mon ami sera adoucie. »

Il pria aussi Munther de faire ses adieux à son frère.

Trente-huitième et dernière conférence, vingt-huit avril. Le comte avait beaucoup lu la veille, et il s'était mis au lit de bonne heure. Après un sommeil profond, il se leva et s'habilla. Quand j'entrai dans sa chambre, où il était étendu sur son lit, et tout prêt à se rendre à la place de l'exécution, il tenait un livre en main : c'étaient les sermons de Schlegel sur les souffrances du Christ. Quand je me suis éveillé ce matin, me dit-il, et que j'ai vu le jour, tout mon corps a été saisi d'un violent tremblement ; alors j'ai prié pour le roi, et j'ai demandé à Dieu de bénir son règne. Maintenant je suis calme. Son zèle religieux allait jusqu'au scrupule ; il craignait de montrer un abattement qu'on aurait pu interpréter comme un manque de confiance en Dieu, et en même temps il redoutait que les témoins de sa mort n'attribuassent la fermeté qui lui était naturelle, aux principes d'une philosophie mondaine.

Si l'on écarte un instant l'influence du prêtre sur un homme habitué à une vie molle et sensuelle, jeté tout à coup dans un cachot, et ne sortant des mains des hommes de loi que pour passer entre celles d'un confesseur suborné, il est aisé de se convaincre que Struensée n'eut que des torts excusables, et qu'au fond il valait mieux que ses juges. Munther semble se faire un point d'honneur de le maintenir dans ses perplexités de conscience. Puisque Dieu, lui disait-il, vous a donné une certaine force d'âme, sa volonté est sans doute que vous la mettiez en usage; mais gardez-vous de tout orgueil intérieur, et de vous complaire en cette fermeté. Vous ne devez rien faire en vue de stériles applaudissements. Dieu aime cette sincérité qui fait que nous nous montrons sans affectation, tels que nous sommes. Pleurons, si les larmes nous viennent. Vous ne pouvez vous dissimuler, même à votre dernière heure, pourquoi la justice vous frappe. Vous seriez à blâmer, et vous offenseriez les vrais chrétiens, si vous mouriez avec une joie qui ne peut être le partage que de ceux qui meurent pour la justice et la vérité. Je voudrais vous voir monter à l'échafaud avec les marques visibles d'une douleur et d'un repentir sincères, mais en même temps avec la résignation d'un pécheur qui a obtenu son pardon devant Dieu. Je n'approuve point que vous déguisiez l'effroi naturel que doit vous causer une telle mort.

Enfin les portes de la prison s'ouvrirent; un officier entra, et pria Munther de monter dans la voiture qui devait précéder le comte, et le cortége s'achemina vers la place de l'exécution.

Struensée montra jusqu'au dernier moment une constance admirable; mais elle lui manqua lorsqu'il vit le sang de Brandt ruisseler sous la hache du bourreau.

Ici nous abandonnons, et non sans un sentiment de satisfaction, la relation qui nous a servi de guide pour tout ce qui regarde la conversion de Struensée. Plus d'une fois cette scène *d'inquisition protestante* nous a fait balancer entre la crainte de blesser les vérités de la religion, et celle de paraître approuver les manœuvres hypocrites de quelques-uns de ses ministres; nous avons pris le parti, tout en respectant les faits, de les montrer au point de vue de notre conscience; et c'est pour cette raison que nous avons rarement admis les interprétations de l'auteur.

M. Coxe rend compte de la manière suivante, de la scène qui a terminé cette condamnation inique :

« J'ai visité l'endroit où Struensée et Brandt furent exécutés, le vingt-huit mars (avril) 1772 ; l'échafaud avait été construit près de la partie orientale de la ville; ils furent conduits au lieu de l'exécution, dans deux voitures différentes, à travers un concours innombrable de peuple; ce fut vers onze heures qu'ils arrivèrent. Brandt descendit le premier, et monta sur l'échafaud d'un pas lent et d'un air assuré; il entendit la lecture de son arrêt, et vit briser l'écusson de ses armes sans témoigner aucune émotion; il pria ensuite pendant plusieurs minutes, et dit quelques mots au peuple. Quand l'exécuteur s'approcha pour l'aider à se déshabiller, il dit avec fermeté, mais avec douceur : Éloignez-vous ! Ne vous permettez pas de me toucher ! Il ôta sa pelisse, sans que personne l'assistât, et se prépara à subir son sort. Il étendit d'abord la main, et dit à l'exécuteur de faire son devoir. La main fut coupée, et la tête séparée du corps presque au même instant. On coupa ensuite le corps en quatre quartiers.

Pendant cette scène affreuse, Struensée était resté au bas de l'échafaud; il était si agité, qu'il ne put monter sans secours; il ne dit rien, et permit à l'exécuteur de l'aider à ôter son manteau. Au lieu d'imiter la tranquillité de son compagnon d'infortune, il leva plusieurs fois la tête, à l'instant de donner le signal, et retira sa main, qui fut horriblement mutilée avant qu'on pût parvenir à la couper; enfin, on fut obligé de le tenir, pendant que l'exécuteur le décapitait. »

Cette relation de M. Coxe, contient quelques erreurs, très-excusables d'ailleurs, quand on décrit un événement passé depuis plusieurs années. Godsckau, l'exécuteur, avait étudié la chirurgie; il portait une épée, et n'était pas regardé comme infâme. Les haches dont il se servait étaient massives et tranchantes; il en avait deux à côté de lui, renfermées dans des sacs. Struensée avait réellement des convulsions, de sorte qu'il ne pouvait se tenir tranquille; son visage et son bras droit furent nécessairement placés dans les entailles faites dans le billot pour les recevoir. L'aide de l'exécuteur tenait la main par les doigts et la tête par les cheveux. Il ne faudrait pas s'étonner si les nerfs du chef étaient un peu agités; mais cela n'empêcha pas que la main ne fût enlevée d'un seul coup; la hache resta attachée dans le billot. Il prit alors l'autre instrument, et Struensée ayant le cou un peu court, il lui coupa une partie du menton; mais il est probable qu'il avait déjà perdu tout sentiment avant que de recevoir le coup fatal. Les deux comtes furent conduits à l'échafaud avec leurs fers ; et tous deux ayant été exécutés sur le même billot, Struensée eut à subir l'horrible épreuve de poser son visage et sa main dans des mares encore fumantes du sang de son meilleur ami, dont les restes mutilés étaient dispersés autour de lui. Une âme plus forte que la sienne aurait pu facilement être troublée par un spectacle aussi horrible.

L'exécuteur ayant ôté les entrailles des deux corps, les partagea en quatre quartiers. Ces entrailles furent jetées dans des baquets, préparés sur l'échafaud pour les recevoir; les têtes, les mains droites et les quartiers sanglants furent exposés à la vue du public, pendant qu'on leur faisait traverser la ville, pour les transporter dans un champ situé à l'extrémité opposée, où ils devaient être abandonnés à la putréfaction et aux oiseaux de proie. On planta en terre quatre poteaux pour chaque corps; un cinquième poteau plus élevé était placé au milieu. Les entrailles furent enterrées dans un trou creusé au pied du grand poteau ; sur la pointe on attacha la tête, en enfonçant le bois jusqu'au cerveau, par lequel on fit passer un clou pour l'attacher. La main fut clouée à une planche placée transversalement au-dessous de la tête; sur chacun des quatre autres poteaux, on attacha horizontalement une roue de charrette, et chaque roue reçut un des quartiers du corps, qui y furent liés par des chaînes. On assure que Julie se rendit sur le lieu de ce supplice atroce, pour assouvir sa haine de femme et de marâtre; on ajoute, et nous ne partageons point sur ce point les doutes de l'auteur que nous citons, qu'elle dit à Guldberg : « Ce spectacle n'est pas encore tout à fait complet. Il faudrait pour cela que la tête de la ...... y fût aussi. » L'endroit où les corps furent exposés était celui où l'on déposait les immondices de Copenhague (Cours du Nord).

La cour de Danemark avait entièrement changé d'aspect ; l'étiquette allemande remplaça le luxe qu'avaient étalé Mathilde et ses ministres; mais les économies de cette réforme étaient loin de pouvoir réparer le désordre qui régnait dans les finances de l'État. Il était important de motiver par des améliorations la déchéance de Mathilde et le supplice atroce de ses ministres. La reine douairière ne pouvait ignorer d'ailleurs que le procès qu'elle avait provoqué était de nature à amener une rupture entre l'Angleterre et le Danemark. Le matin même de l'arrestation de Mathilde, elle fit remettre aux ambassadeurs étrangers une note confidentielle, tendante à justifier les auteurs de cette révolution. Après les aveux de Struensée, et quand la sentence de divorce, fondée sur cette confession, fut rédigée, les ministres des cours étrangères se rendirent en grand deuil au palais de Christiansborg pour y recevoir la copie officielle des dépositions, et de l'arrêt prononcé contre la reine. Le nom de Mathilde fut dès lors effacé des prières publiques; elle avait cessé d'être reine. Le roi George III, son frère, montra dans toute cette affaire une indifférence qui tenait de la froideur; son intervention se borna à obtenir du gouvernement danois, que sa sœur conserverait le titre de reine, que la sentence ne serait point promulguée, et qu'elle échangerait la prison de Cronenborg contre une retraite à Zell.

A peine la reine Mathilde était arrivée au lieu de son exil, que la nouvelle de la disgrâce de Rantzau vint la consoler dans son infortune. La reine douairière s'était déjà assurée d'une majorité suffisante dans le conseil, pour faire déclarer son fils régent du royaume, pendant la minorité du prince royal Frédéric; mais, sans le concours de Rantzau, elle n'osait risquer une démarche dont le but était visiblement d'augmenter sa propre puissance; en attendant, elle jugeait que Rantzau s'était tellement compromis par l'arrestation de Mathilde, qu'il fallait nécessairement qu'il succombât, ou qu'il entrât dans ses vues, quelles qu'elles fussent.

Au commencement de l'été, la cour de Danemark, qui était devenue austère, cérémonieuse et triste, quitta le palais d'hiver, pour la résidence de Fredericksborg. Là, Julie s'installa dans les grands appartements de Mathilde, et établit son favori Guldberg dans ceux qu'avait occupés Struensée.

Elle chargea son chambellan de porter au comte de Rantzau une invitation pour le prier de venir passer le jour et la nuit du lendemain au palais. Le comte ne se fit pas attendre. Aussitôt qu'on l'eut annoncé, le prince Frédéric vint le recevoir au haut du grand escalier, et lui dit à l'oreille que sa mère voulait lui parler en particulier, avant l'heure de la réception. Il passa en conséquence par la chambre du prince, pour se rendre à celle de la reine douairière, où il trouva le général Eichstedt, le général Kohler Banner, et Guldberg. La reine ainsi que ces personnages reçurent le comte avec les plus grands témoignages de respect. Bientôt le prince se retira, en lui disant qu'il espérait apprendre à son retour qu'il pouvait compter Son Excellence au nombre de ses amis particuliers. Guldberg fut chargé de dire à Rantzau, qu'afin de conserver la tranquillité intérieure du royaume, et de forcer les puissances étrangères à respecter le Danemark, les gentilshommes présents, et d'autres que l'on avait consultés, considérant la faible santé du roi et la grande jeunesse du prince royal, avaient résolu de s'adresser à la reine douairière, et de la supplier de vouloir bien engager son fils à accepter les fonctions de régent; que cependant avant d'aller plus loin, ils désiraient être assurés de l'approbation de Son Excellence.

A ce discours, une vive rougeur colora les joues du vieux comte; ses yeux parurent lancer la foudre, et regardant l'orateur avec dédain et fierté, il s'écria : « Jamais tant que Rantzau portera une épée. Vous êtes tous plus coupables de trahison envers le roi! que ce scélérat de Struensée lui-même! Que désormais mon nom soit effacé de cette cabale; et si vous osez poursuivre, cette épée châtiera votre déloyauté et votre présomption » Eichstedt et Banner s'étaient levés en même temps que le comte, en portant comme par instinct la main à leur épée. La reine pâlit de colère et de frayeur. Guldberg s'élança au milieu des nobles irrités, et leur dit : « Arrêtez, Messieurs! Songez à la présence de la reine douairière; vous lui manquez de respect. » A sa prière, Eichstedt et Banner, après avoir demandé humblement pardon à Julie, reprirent leurs sièges. Rantzau fut aussi obligé de faire des excuses à cette femme cruelle et rusée. Mais si le comte était vif et emporté, Julie savait garder sa réserve et son sang-froid; elle affecta donc de reprocher à Guldberg sa présomption; elle affirma avec une impudence sans pareille, qu'elle n'avait pas eu avis de ce projet; elle ajouta qu'elle serait au désespoir si le gouvernement, dans l'état de faiblesse où il se trouvait, perdait un de ses plus fermes soutiens. Ce discours satirique et plein d'ironie fit entendre au comte de Rantzau qu'on acceptait sa démission de membre du conseil d'État. Le comte se retira dans une agitation visible. Ce fut la dernière fois que Rantzau parut à la cour de Danemark.

Le lendemain le major Harboë vint le voir, sous prétexte de lui proposer un accommodement, mais dans le but réel de sonder ses sentiments et de découvrir ses projets ultérieurs; ils eurent une longue conférence. Le comte de Rantzau se laissait facilement emporter par son orgueil, mais il avait trop d'expérience pour se laisser surprendre par le major Harboë. Bientôt dans la ville, on ne parla que de la disgrâce du comte; elle y causa une satisfaction générale. Ce seigneur avait eu la singulière maladresse d'offenser tous les partis, sans savoir en former un.

Après sa visite à Fréderícksborg, il ne resta que quinze jours à Copenhague, et il employa ce temps à régler ses affaires. Naturellement léger, il tâcha de s'étourdir sur cette disgrâce, en se livrant à des plaisirs d'autant moins excusables, qu'il avait à cette époque plus de soixante ans. En se rendant à Warenbourg, petite ville située sur le rivage de la Baltique, il aperçut le château de Cronenborg, où était encore enfermée la reine Mathilde. Le capitaine ayant couru sous le vent en se rapprochant de Copenhague, se trouva précisément en face du lieu où étaient exposés les restes de Brandt et de Struensée; frappé d'horreur à ce spectacle, il ordonna de virer de bord; il se rendit ensuite à Odensée, et vécut quelque temps dans les environs de cette ville, cachant dans une retraite profonde les mécomptes d'une ambition trompée.

Un jour, vers les cinq heures du matin, un courrier royal se présenta à la porte du comte, et annonça l'arrivée d'un seigneur de la cour. Le comte, réveillé en sursaut, vit entrer le major Harboë, qui commença par s'excuser de la commission désagréable dont il était chargé. — Bah! dit le comte, parlez sans tant de façon; suis-je votre prisonnier, ou son Altesse Royale le prince régent a-t-elle envoyé demander ma tête? Alors le major lui présenta ses dépêches. Le comte, après en avoir pris lecture, sonna son valet de chambre, et ordonna une voiture et des chevaux. La cour exigeait de lui qu'il reconnût la régence du prince Frédéric; mais il refusa de se prêter à cette nouvelle intrigue. Il partit avec le major pour sa terre d'Aschberg, où il se plut à étaler une magnificence royale. Bientôt après, il convertit en argent tout ce qu'il avait de plus précieux, et quitta sa terre, pour n'y plus revenir. Arrivé à Hambourg, il fut publiquement insulté par un officier danois. Il obtint, dit-on, le pardon de la reine Mathilde; et après plusieurs aventures, il périt à Avignon, de la main d'un capitaine anglais qui avait juré de venger la disgrâce de la reine sur l'homme qui l'avait provoquée. Quant à Mathilde, elle expia dans la retraite les fautes où la corruption de la cour et l'inexpérience l'avaient entraînée. Elle expira à la fleur de l'âge. L'opinion la plus commune est qu'elle succomba à une fièvre contagieuse; les médecins l'avaient prévenue de ne point approcher de la chambre d'un de ses domestiques qui était dangereusement malade; elle négligea leurs avis, et bientôt atteinte elle-même, elle succomba, victime de la bonté de son cœur. D'autres prétendent que le poison termina ses jours.

Un des premiers soins de Julie fut d'appeler au ministère le comte André Bernstorff, neveu de l'homme d'État du même nom, dont Struensée avait causé la disgrâce. Les circonstances politiques étaient difficiles. Le jugement de Mathilde avait profondément irrité la nation anglaise, et quoique le caractère froid et prudent de George III eût empêché la guerre d'éclater, tous les rapports nationaux annonçaient une animosité qui sans doute ne fut pas sans influence sur les alliances et les guerres du Danemark, au commencement du siècle suivant.

La même année (1772) qui avait vu la répudiation d'une reine de Danemark, signala une autre révolution en Suède, révolution pacifique, préparée et accomplie par Gustave III, et qui mettait entre ses mains un pouvoir presque illimité. La Norvége était mécontente de l'opération du cadastre, et n'y voyait qu'un prétexte pour augmenter l'impôt foncier. La Prusse méditait déjà le premier partage de la Pologne; partout, en Hollande, en Amérique, et en France, se manifestaient des tendances inquiétantes, surtout pour les gouvernements absolus.

DANEMARK.

Bernstorff jugea prudent d'assurer au Danemark un point d'appui, en terminant en même temps d'une manière définitive l'ancienne question du Holstein avec le grand-duc Paul Petrovitch, qui aurait pu, en montant sur le trône, revendiquer les droits de sa famille. Cette négociation eut un plein succès; les conventions suivantes en sont l'expression officielle. Pour ne point nous écarter de l'ordre chronologique nous y joignons les déclarations du Danemark et de la Suède pour le maintien de la paix :

Déclarations réciproques des Cours de Suède et de Danemark touchant le maintien de la paix et de l'amitié. 1772.

Depuis l'avénement du roi au trône, il s'est efforcé de donner à toute l'Europe, et nommément aux puissances voisines, les assurances les plus positives de son amour pour la paix et du désir qu'il avait de vivre avec elles dans une étroite amitié et une union parfaite. Le roi a saisi toutes les occasions qui pouvaient faire éclater ses vues pacifiques; et si, dans une crise qui n'avait rapport qu'à l'intérêt de son propre pays, on a vu quelques mouvements, ils ont cessé à l'instant, et les choses sont restées dans l'ordre et la tranquillité ordinaires. Tout le monde en a été témoin, et Sa Majesté le roi de Danemark ne saurait l'ignorer. Depuis cette époque, il n'a été pris aucune mesure, pas même la plus légère, qui pût donner le moindre ombrage à Sa Majesté Danoise ou à ses sujets.

Nonobstant cette conduite, qui a été scrupuleusement observée, Sa Majesté est informée, par des avis certains et réitérés, que les armements en tout genre qui avaient d'abord commencé dans la Norvége, continuent à se faire avec une progression redoutable, au point même que Sa Majesté, ne sachant contre qui on les destine, se trouve dans la nécessité de songer à sa propre sûreté et à la défense de ses frontières. Elle a pourtant de la peine à croire que Sa Majesté Danoise veuille, sans aucune cause, attaquer les États du roi et commencer une guerre qui entrainerait des suites funestes pour le repos et la tranquillité de l'Europe. Mais, comme il est essentiel de s'en assurer par des explications sincèrement amiables entre deux princes voisins et parents, Sa Majesté ne balance pas de déclarer de nouveau, et de la manière la plus formelle, que son intention est et sera de maintenir, en tant qu'il est en elle, la paix, l'union et l'amitié les plus parfaites avec Sa Majesté Danoise; et si le roi de Danemark se trouve animé du même désir, il sera sans doute également disposé à donner des éclaircissements sur ce sujet, propres à convaincre le roi de Suède de la sincérité de son amitié, en éloignant tous les soupçons et toutes les méfiances, que Sa Majesté cherche soigneusement de son côté à écarter.

C'est dans des vues si salutaires que le soussigné, envoyé extraordinaire de Sa Majesté Suédoise, a ordre de remettre la présente déclaration à Son Excellence le comte d'Osten, ministre et secrétaire d'État de Sa Majesté Danoise, dans la persuasion que ce ministre voudra bien s'employer auprès du roi son maître, afin d'entretenir des dispositions si heureuses et si utiles pour les deux cours.

Déclaration que le comte d'Osten, ministre de Sa Majesté Danoise, a remise au baron de Sprengtporten, en réponse à la précédente déclaration, le 9 novembre 1772.

Le roi a reçu une satisfaction extrême les assurances de l'amitié sincère et constante de Sa Majesté Suédoise, contenues dans la déclaration que le baron de Sprengtporten, envoyé extraordinaire de la cour de Suède, a donnée par écrit au soussigné ministre d'État de Sa Majesté Danoise le 7 du courant.

Comme Sa Majesté n'a rien plus à cœur que de perpétuer l'heureuse union qu'a toujours subsisté entre elle et le roi de Suède, qu'elle se plaît à considérer comme son parent et ami particulier, et d'écarter tout ce qui pourrait occasionner le moindre nuage sur ses sentiments et altérer l'intimité qu'elle désire toujours voir étroitement et sincèrement établie entre les deux cours, elle n'hésite pas un instant à déclarer, de la manière la plus solennelle et la plus sincère, que tous les arrangements militaires, et ceux faits en Norvége, dont il est fait mention dans la susdite déclaration de Sa Majesté Suédoise, n'ont et n'ont jamais eu d'autre but et objet que la sûreté de ses propres États, et que Sa Majesté n'a et n'a jamais eu le moindre dessein d'attaquer ou d'offenser ceux de Sa Majesté Suédoise, ni d'aucune manière troubler le repos ou interrompre la paix et la bonne harmonie qui subsistent si heureusement entre les deux cours, et dont elle désire sincèrement la perpétuité. Sa Majesté, très-résolue de prouver en toute rencontre la vérité de ses sentiments, qu'en son nom et par son consentement exprès le soussigné vient d'exprimer, se flatte que Sa Majesté Suédoise y répondra avec la même sincérité, et qu'ainsi il ne sera plus question entre elles de doutes ni de méfiances, mais qu'elles vivront dorénavent comme par le passé, dans la parfaite union et la bonne intelligence qui doivent régner entre deux monarques voisins, unis par les liens du sang, de l'intérêt et d'une amitié sincère.

Le soussigné a l'honneur de remettre la présente déclaration au baron de Sprengtporten, envoyé extraordinaire de Sa Majesté Suédoise, le priant de la faire parvenir promptement à la connaissance du roi son maître, afin que l'heureuse confiance entre les deux cours puisse être parfaitement rétablie.

A Copenhague, le 9 novembre 1772.

Lettres patentes du roi de Danemark, relatives à l'échange de la part que la Russie a possédée du duché de Holstein contre les deux comtés d'Oldenbourg et de Delmenhorst. Du 16 novembre 1773. (Maser, Versuch, t. V, p. 428.)

Nous, Chrétien VII, par la grâce de Dieu, roi de Danemark, de Norvége, des Vandales et des Goths; duc de Sleswig, de Holstein, de Stormarn et de Ditmarsen; comte d'Oldenbourg et de Delmenhorst, etc. etc. A tous les habitants de la partie que le grand-duc de Russie a possédée dans le duché de Holstein, soit en commun avec nous, soit séparément, salut; savoir faisons:

Il a plu à la divine Providence de bénir d'un heureux succès les efforts que nous avons faits pour terminer à l'amiable tous les différends qui subsistaient depuis de longues années entre les rois, nos prédécesseurs, et la sérénissime maison de Sleswig-Holstein-Gottorp, et pour affermir et assurer la tranquillité générale du Nord, de façon qu'avec l'aide et sous la médiation de la sérénissime et très-puissante princesse, notre très-chère et très-amée dame sœur, notre amie et voisine madame Catherine II, impératrice et autocratrice de toutes les Russies, non-seulement il a été heureusement rétabli une bonne intelligence durable et une étroite amitié entre nous et le sérénissime prince et seigneur Paul Petrowitch, prince impérial, successeur héréditaire et grand-duc de toutes les Russies, notre très-cher et très-amé cousin et frère, mais aussi que, pour éloigner tout ce qui pourrait à l'avenir causer de nouvelles mésintelligences dans la sérénissime maison d'Oldenbourg, il a été convenu et arrêté d'échanger nos deux comtés d'Oldenbourg et de Delmenhorst contre la portion grand-ducale possédée, tant en commun que séparément, dans le duché de Holstein. Vu donc qu'en conséquence de cette union toute la portion que Son Altesse Impériale le grand-duc de toutes les Russies avait possédée jusqu'ici, tant seul qu'en commun avec nous, au duché de Holstein et aux pays qui en dépendent ou qui sont censés y appartenir, a déjà été formellement cédée de sa part, avec le droit de souveraineté et tous les autres droits de propriété et de seigneurie, prérogatives et priviléges qui avaient appartenu jusqu'ici à Son Altesse Impériale, et a été transportée de sa part tant à nous qu'à nos descendants mâles, et à toute notre maison royale en ligne masculine; et comme tous les prélats, vassaux, et habitants possessionnés, de même tous les officiers ecclésiastiques et séculiers, civils et militaires, et en général tous les sujets et habitants des villes, bourgs, et du plat pays, ont reçu ordre, par les lettres patentes de Son Altesse Impériale expédiées expressément à cet effet, de nous regarder à l'avenir comme leur unique seigneur et souverain, nous nous attendons gracieusement en conséquence et nous nous assurons que, tous en général et chacun en particulier, ils nous reconnaîtront, en conformité de leur devoir, pour leur légitime et seul seigneur héréditaire et souverain, et nous témoigneront toute l'obéissance due et une fidélité inviolable, en nous prêtant, à notre réquisition, le serment usité de foi et d'hommage; en un mot, qu'ils se conduiront envers nous à tous égards, comme il appartient à des sujets loyaux et chrétiens envers le seigneur et souverain que Dieu leur a donné.

En revanche nous, de notre côté, nous leur promettons et leur assurons, par les présentes lettres patentes, pour nous et pour nos successeurs au trône, que nous accorderons notre bonté et grâce spéciale à tous les habitants des districts possédés ci-devant en commun ou séparément par le grand-duc, et qui sont entrés à présent sous notre souveraineté exclusive, à tous les prélats, à la noblesse, aux possesseurs des biens nobles ou de chancellerie, ainsi qu'à tous les autres, communes et sujets, de quelque rang ou condition qu'ils soient, dans les villes, bourgs et le plat pays ; que nous les ferons jouir de notre protection et de nos soins paternels ; que nous les maintiendrons dans leurs droits bien acquis, et les libertés légitimes qui leur ont été accordées par leurs anciens souverains; que nous confirmerons tous les priviléges, exemptions et grâces dont ils jouissent; enfin, que nous aurons constamment pour but d'avancer de toute manière leur bien-être, leurs avantages et leur prospérité.

En foi de quoi nous avons signé les présentes de notre main, et y avons fait apposer notre sceau.

Donné en notre résidence royale de Christiansborg à Copenhague, le 16 novembre 1773.

(L. S. R.) *Signé* Christian.
Et plus bas : J. H. von Bernstorff.

Acte de cession du comté d'Oldenbourg et Delmenhorst par la Russie au duc de Holstein. (Maser, Versuch, t. V, p. 437.)

Nous Paul, par la grâce de Dieu prince impérial, successeur et grand-duc de toutes les Russies, etc. etc. etc. A la noblesse, aux officiers respectifs ecclésiastiques et séculiers, civils et militaires, à tous les sujets des villes, bourgs et du plat pays de Holstein possédé jusqu'ici par nous, tant par indivis que séparément, salut : savoir faisons pour nous, nos descendants, héritiers et successeurs, etc. etc.

Porté par des considérations graves, et particulièrement par le dessein de procurer à la ligne cadette de notre maison ducale de Holstein-Gottorp un établissement suffisant et convenable, et pour assurer à l'avenir son bonheur, nous avons pris la gracieuse résolution de ne pas conserver pour nous-mêmes et pour nos descendants les deux comtés d'Oldenbourg et Delmenhorst, que nous venons d'acquérir, mais de les transporter de nouveau et de les céder à la branche cadette de Holstein-Gottorp, et par conséquent d'abord à notre très-cher oncle, le duc Frédéric Auguste, évêque de Lubeck, comme premier possesseur, et à ses descendants mâles.

Vu donc qu'à cet effet nous avons déjà expédié un acte formel de cession des deux dits comtés d'Oldenbourg et de Delmenhorst avec tous leurs droits et dépendances, à Son Altesse ledit prince évêque, à ses descendants mâles, et en général à toute la ligne cadette de Holstein-Gottorp, qui n'avait pas encore été apanagée; qu'en conséquence la possession de ces pays lui sera incessamment remise, et que nous n'avons point voulu manquer de vous faire connaître, par les présentes lettres patentes, notre intention à cet égard : à ces causes, nous vous mandons et ordonnons à tous et à chacun en particulier que dès à présent vous regardiez ledit Sérénissime duc Frédéric Auguste, évêque de Lubeck, et ses descendants mâles, comme vos seuls seigneurs souverains; qu'en conséquence vous leur prêtiez le serment de fidélité et d'hommage, et que vous leur rendiez tous les devoirs auxquels vous étiez obligés envers nous, en vertu de l'obéissance et de la soumission que vous nous avez promises, et à cet effet, nous vous affranchissons et délivrons entièrement tous et chacun des devoirs et de l'obéissance auxquels vous vous étiez engagés envers nous et nos descendants mâles. En ce faisant vous ferez ce qui vous appartient, et vous remplirez nos sérieuses intentions, pendant que nous vous restons gracieusement affectionné. En foi de quoi nous avons signé les présentes et y avons fait apposer notre sceau.

Donné à Péterhoff, le 19-30 juillet 1773, et publié à Oldenbourg le 14 décembre 1773.

(L. S. M. D.) *Signé* Paul.
Plus bas : N. Panin.
V. Saldern.

Lettres patentes au sujet du traité d'échange de 1767 entre la Russie et le Danemark, données à Czarsko-Zelo le 20-31 mai 1773. (Moser, Versuch, t. V, p. 426.)

Nous Paul, par la grâce de Dieu, prince impérial, successeur et grand-duc de toutes les Russies, héritier de Norvége, duc de Sleswig, Holstein, Stormarn et Ditmarsen, comte d'Oldenbourg et Delmenhorst, etc. A nos amés et féaux les prélats, nobles, officiers civils et militaires, ecclésiastiques et séculiers, et en général à tous les sujets des villes, bourgs et du pays plat de la portion qui nous a appartenu jusqu'ici dans le duché de Holstein avec ses dépendances, salut.

Savoir faisons pour nous, nos descendants, héritiers et toute notre postérité, que pour assurer le bonheur de tout le Nord, et pour atteindre le but que nous nous sommes proposé tant à cet égard que pour le bien général, nous avons jugé à propos, étant à présent parvenu à l'âge de majorité, et après avoir mûrement pesé toutes les circonstances et les motifs, d'approuver formellement, de ratifier et de mettre à exécution le traité provisionnel qui a été conclu en 1767, pendant notre minorité, entre Sa Majesté l'Impératrice de Russie Catherine II, notre très-honorée dame mère, et Sa Majesté le Roi de Danemark et de Norvége, et respectivement ratifié sous les dates de Moscou le 29 septembre 10 octobre 1767, et de Copenhague le 19-30 novembre, sous stipulation de différentes conditions, particulièrement de celle de l'échange de la part que nous avons possédée jusqu'ici au duché de Holstein, contre les deux comtés d'Oldenbourg et de Delmenhorst.

Vu donc qu'en conséquence de ce traité et par l'acte de cession expédié sous la date d'aujourd'hui, nous avons déjà cédé et transporté en pleine propriété notre dite part au duché de Holstein avec ses dépendances à Sa Majesté le Roi de Danemark et de Norvége, et à ses descendants mâles, ainsi qu'à toute la maison royale de Danemark dans la succession masculine ; que la possession de ces pays sera incessamment remise à sa dite Majesté, et que nous nous croyons obligé, afin de faire sortir à toutes les stipulations arrêtées entre les deux parties contractantes, leur plein et entier effet, de faire connaître nos intentions et notre volonté à ce sujet par les présentes lettres patentes : à ces causes nous vous mandons et ordonnons à tous et à chacun, voulons et nous plaît que dès à présent vous reconnaissiez sa dite Majesté le roi de Danemark et de Norvége et ses descendants mâles, ainsi que toute la maison royale de Danemark en ligne masculine, pour vos seuls gracieux et légitimes seigneurs, que vous leur prêtiez le serment ordinaire d'hommage et de fidélité, et que vous leur rendiez la même obéissance et les mêmes devoirs qu'en conséquence de votre obligation comme nos sujets, vous nous deviez ci-devant ainsi qu'à nos descendants et héritiers en ligne masculine, vous déliant et vous dégageant à cet effet, par les présentes, entièrement de toute obéissance et de tous devoirs auxquels vous étiez obligés envers nous et envers nos héritiers et descendants en ligne masculine.

En ce faisant, vous vous acquitterez de votre devoir et vous répondrez à nos intentions sérieuses et à notre gracieuse volonté. En revanche, nous vous conserverons, de notre côté, notre grâce et notre affection. En foi de quoi nous avons signé les présentes de notre main, et nous y avons fait apposer notre sceau grand-ducal.

Donné à Tzarsko-Zélo, le 31 mai 1773 ; publié à Kiel, le 10 novembre 1773.

(L. S. M. D.) *Signé* PAUL.
Et plus bas :
C. N. PANIN.   C. V. SALDERN.

L'habileté des ministres danois, et il faut le dire, celle de Julie, commençaient à faire oublier par quels moyens odieux ce parti était parvenu au pouvoir, lorsqu'éclata la guerre des colonies anglaises de l'Amérique contre la mère patrie. Les Hollandais voyaient avec satisfaction une querelle qui menaçait la marine britannique ; ils poussèrent le stathouder à augmenter les forces navales, et à embrasser le principe d'après lequel *le pavillon couvre la marchandise*. Un grand nombre de spéculateurs expédièrent aux Américains, sous pavillon neutre, tout ce qui pouvait les aider à continuer la guerre.

A cette époque, le Danemark avait trente vaisseaux de ligne de cinquante canons et vingt frégates, et son commerce de transport avait pris un accroissement considérable. Les nouvelles ressources que cet état de choses ouvrait au commerce danois, furent appréciées par Bernstorff, qui, sans vouloir la ruine de l'Angleterre, tenait à ménager l'impératrice Catherine, protectrice du droit des neutres. Cet accord amena les conventions suivantes :

Convention maritime entre la Russie et le Danemark, à Copenhague, le 9 juillet 1780.

La présente guerre maritime allumée entre la Grande-Bretagne d'un côté et la France et l'Espagne de l'autre, ayant porté un préjudice notable au commerce et à la navigation des nations neutres, Sa Majesté Impériale de toutes les Russies, et Sa Majesté le Roi de Danemark et de Norvége, toujours attentives à concilier leur dignité et leurs soins pour la sûreté et le bonheur de leurs sujets, avec les égards qu'elles ont si souvent manifestés pour les droits des peuples en général, ont reconnu la nécessité ou elles se trouvent de régler dans les circonstances présentes leur conduite d'après ces sentiments.

Sa Majesté Impériale de toutes les Russies a avoué à la face de l'Europe, au moyen de sa déclaration en date du 28 février 1780, remise aux puissances actuellement en guerre, les principes puisés dans le droit primitif des nations, qu'elle réclame et qu'elle a adopté pour règle de sa conduite pendant la guerre actuelle. Cette attention de l'Impératrice à veiller au maintien des droits communs des peuples, ayant été applaudie par toutes les nations neutres, les a réunies dans une cause qui regarde la défense de leurs intérêts les plus chers, et les a portées à s'occuper sérieusement d'un objet précieux pour les temps présents et à venir, en tant qu'il importe de former et de réunir en un corps de système permanent et immuable, les droits, prérogatives, bornes et obligations de la neutralité. Sa Majesté le Roi de Danemark et de Norvége, pénétré de ces mêmes principes, les a également établis et réclamés dans la déclaration qu'il a fait remettre le 8 juillet 1780, aux trois puissances belligérantes, en conformité de celle de la Russie, et pour le soutien desquels Sa Majesté Danoise a même fait armer une partie considérable de sa flotte. De là est résulté l'accord et l'unanimité avec lesquels Sa Majesté Impériale de toutes les Russies et Sa Majesté le Roi de Danemark et de Norvége, en conséquence de leur amitié et de leur confiance réciproque, ainsi que de la conformité des intérêts de leurs sujets, ont jugé à propos de donner, au moyen d'une convention formelle, une sanction solennelle aux engagements mutuels à prendre. Pour cet effet, leurs dites Majestés ont choisi et nommé pour leurs plénipotentiaires, savoir : etc. etc.

Art. 1. Leursdites Majestés étant sincèrement résolues d'entretenir constamment l'amitié et l'harmonie avec les puissances actuellement en guerre, et de continuer à observer la neutralité la plus stricte et la plus exacte, déclarent vouloir tenir la main à la plus rigoureuse exécution des défenses portées contre le commerce de contrebande de leurs sujets avec les puissances déjà en guerre, ou qui pourraient y entrer dans la suite.

Art. 2. Pour éviter toute équivoque et tout malentendu sur ce qui doit être qualifié de contrebande, Sa Majesté Impériale de toutes les Russies et Sa Majesté le Roi de Danemark et de Norvége déclarent qu'elles ne reconnaissent pour telles que les marchandises comprises sous cette dénomination dans les traités qui subsistent entre leurs dites Majestés et l'une ou l'autre des puissances belligérantes. Sa Majesté Impériale de Russie, se référant nommément aux articles 10 et 11 de son traité de commerce avec la Grande-Bretagne, elle en étend les obligations, entièrement fondées dans le droit naturel, aux couronnes de France et d'Espagne qui n'ont point été liées jusqu'ici avec son empire par aucun engagement formel purement relatif au commerce. Sa Majesté le Roi de Danemark et de Norvége, de son côté, se rapporte aussi à l'article 3 de son traité de commerce avec celui-ci à l'Espagne, n'ayant point avec cette couronne des engagements qui décident à cet égard.

Art. 3. La contrebande déterminée est exclue du commerce des nations neutres en conformité des traités et stipulations expresses subsistantes entre les hautes parties contractantes et les puissances en guerre, et nommément en vertu du traité de commerce conclu entre la Russie et la Grande-Bretagne le 11 juillet 1670, et de celui conclu entre le Danemark et la France le 23 août 1742. Sa Majesté Impériale de toutes les Russies et Sa Majesté le Roi de Danemark et de Norvége entendent et veulent que tout autre traité soit et reste parfaitement libre. Leurs Majestés, après avoir déjà réclamé, dans leurs déclarations faites aux puissances belligérantes, les principes généraux de droit naturel, dont la liberté du commerce et de la navigation, de même que les droits des peuples neutres, sont une conséquence directe, ont résolu de ne les point laisser plus longtemps dépendre d'une interprétation arbitraire, suggérée par des intérêts isolés et menteurs. Dans cette vue elles sont convenues :

1° Que tout vaisseau peut naviguer librement de port en port et sur les côtes des nations en guerre.

2° Que les effets appartenant aux sujets des dites puissances en guerre soient libres sur les vaisseaux neutres, à l'exception des marchandises de contrebande.

3° Que pour déterminer ce qui caractérise un port bloqué, on n'accorde cette dénomination qu'à celui où il y a, par la disposition de la puissance qui l'attaque avec des vaisseaux arrêtés et suffisamment proches, un danger évident d'entrer.

4° Que les vaisseaux neutres ne puissent être arrêtés que sur de justes causes et des faits évidents ; qu'ils soient jugés sans retard ; que la procédure soit toujours conforme, prompte et légale, et que chaque fois, outre les dédommagements qu'on accorde à ceux qui ont fait des pertes sans avoir été en faute, il soit rendu une satisfaction complète pour l'insulte faite aux pavillons de Leurs Majestés.

Art. 4. Pour protéger le commerce commun de Leurs Majestés, fondées sur les principes ci-dessus établis, Sa Majesté Impériale de toutes les Russies et Sa Majesté le Roi de Danemark et de Norvége ont jugé à propos d'équiper séparément un nombre de vaisseaux de guerre et de frégates proportionné à ce but ; les escadres de chaque puissance ayant à prendre la station et devant être employées aux convois qu'exigent son commerce et sa navigation, conformément à la nature et à la qualité du trafic de chaque nation.

Art. 5. Si pourtant il arrivait que les vaisseaux marchands des puissances se trouvassent dans un parage où les vaisseaux de guerre de la même nation ne fussent pas stationnés, et où ils ne pourraient pas avoir recours à leurs propres convois, alors le commandant des vaisseaux de guerre de l'autre puissance, s'il en est requis, doit de bonne foi et sincèrement leur prêter le secours dont ils pourraient avoir besoin, et en tel cas les vaisseaux de guerre et frégates de l'une des puissances serviront de soutien et d'appui aux vaisseaux marchands de l'autre ; bien entendu cependant que les réclamants n'auraient fait aucun commerce illicite ni contraire aux principes de la neutralité.

Art. 6. Cette convention n'aura point d'effet rétroactif, et par conséquent on ne prendra aucune part aux différends nés avant sa conclusion, à moins qu'il ne soit question d'actes de violences continus, tendant à fonder un système oppressif pour toutes les nations de l'Europe en général.

Art. 7. S'il arrivait, malgré les soins les plus attentifs employés par les deux puissances, et malgré l'observation de la neutralité la plus parfaite de leur part, que les vaisseaux marchands de Sa Majesté Impériale de toutes les Russies et de Sa Majesté le Roi de Danemark et de Norvége fussent insultés, pillés ou pris par les vaisseaux de guerre ou armateurs de l'une ou l'autre puissance en guerre, alors le ministre de la partie lésée auprès de la cour dont les vaisseaux de guerre ou armateurs auraient commis de tels attentats, y fera des représentations, réclamera les vaisseaux marchands enlevés, et insistera sur les dédommagements convenables, en ne perdant jamais de vue la réparation de l'insulte faite au pavillon. Le ministre de l'autre partie contractante se joindra à lui et appuiera ses plaintes de la manière la plus énergique et la plus efficace, et ainsi il sera agi d'un commun et parfait accord. Que si l'on refusait de rendre justice sur ces plaintes, ou si l'on remettait de la rendre d'un temps à l'autre, alors Leurs Majestés useront de représailles contre la puissance qui la leur refuserait, et elles se concerteront incessamment sur la manière la plus efficace d'effectuer ces justes représailles.

Art. 8. S'il arrivait que l'une ou l'autre des puissances, ou toutes les deux ensembles, à l'occasion ou en haine de la présente convention, ou par quelque cause qui y eût rapport, fût inquiétée, molestée ou attaquée, il a été également convenu que les deux puissances feront cause commune pour se défendre réciproquement et pour travailler et agir de concert à se procurer une pleine et entière satisfaction, tant pour l'insulte faite à leur pavillon que pour les pertes causées à leurs sujets.

Art. 9. Cette convention, arrêtée et conclue pour tout le temps que durera la guerre actuelle, servira de base aux engagements que les conjonctures pourraient faire contracter dans la suite des temps et à l'occasion de nouvelles guerres maritimes par lesquelles l'Europe aurait le malheur d'être troublée. Ces stipulations doivent, au reste, être regardées comme permanentes, et feront loi en matière de commerce et de navigation, et toutes les fois qu'il s'agira d'apprécier les droits des nations neutres.

Art. 10. Le but et l'objet principal de cette convention étant d'assurer la liberté du commerce et de la navigation, Sa Majesté Impériale de toutes les Russies et Sa Majesté le Roi de Danemark et de Norvége conviennent et s'engagent d'avance à consentir que d'autres puissances également neutres y accèdent, et qu'en en adoptant les principes, elles en partagent les obligations ainsi que les avantages.

Art. 11. Afin que les puissances en guerre ne prétendent cause d'ignorance relativement aux engagements pris entre leurs dites Majestés, les deux hautes parties con tractantes communiqueront amicalement à toutes les parties belligérantes les mesures qu'elles ont concertées entre elles, mesures d'autant moins hostiles qu'elles ne sont au détriment d'aucune autre, mais qu'elles tendent uniquement à la sûreté du commerce et de la navigation de leurs sujets respectifs.

Art. 12. La présente convention sera ratifiée par les deux parties contractantes, et les ratifications échangées en bonne et due forme dans l'espace de six semaines à compter du jour de la date de la signature, ou plus tôt si faire se peut. En foi de quoi nous soussignés, en vertu de nos pleins pouvoirs, l'avons signée et y avons apposé les cachets de nos armes.

Fait à Copenhague, le neuvième jour du mois de juillet, l'an de grâce 1780.

Suivent les signatures.

Traité d'amitié et de commerce entre l'empire de Russie et la couronne de Danemark, conclu à Saint-Pétersbourg le 8-19 octobre 1782.

Au nom de la très-sainte et indivisible Trinité.

Sa Majesté Impériale de toutes les Russies et sa Majesté le Roi de Danemark ayant également à cœur de cimenter de plus en plus, par tous les nœuds d'amitié et de bonne correspondance, l'union étroite qui subsiste entre elles et leurs États respectifs, elles se sont appliquées entre autres à étendre et faire prospérer, autant qu'il est en leur pouvoir, le commerce réciproque entre leurs sujets. Et pour obtenir plus efficacement ce but, elles ont jugé à propos de rassembler sous un même point de vue et de fixer les droits et obligations réciproques sur lesquels elles sont convenues entre elles, pour encourager l'industrie et faciliter les échanges mutuels entre les deux nations, et de faire, sur tous les points arrêtés sur cet objet, un traité de commerce en forme. En conséquence, et pour procéder sans délai à la confection d'un ouvrage si salutaire, leursdites Majestés ont choisi et nommé pour leurs plénipotentiaires, savoir, etc. etc.

Nous ne donnerons ici que les principaux articles de ce traité :

Art. 1. Il subsistera entre sa Majesté Impériale de toutes les Russies, ses héritiers et successeurs au trône, d'une part, et Sa Majesté le Roi de Danemark, ses héritiers et successeurs au trône de l'autre, comme aussi entre leurs États, royaumes, provinces, villes et sujets, à perpétuité, une amitié vraie, sincère et parfaite, une paix durable et bonne intelligence; et en vertu de cet accord, tant ces deux puissances elles-mêmes, que leurs sujets sans exception, se prêteront mutuellement, dans toutes les occasions, et particulièrement en ce qui concerne le commerce et la navigation, toute aide et assistance possible, en déployant pour cet effet tout le zèle d'amis et de bons voisins, et sans jamais rien entreprendre qui puisse tourner au préjudice ou détriment les uns des autres.

Une parfaite liberté de conscience sera accordée aux sujets des deux nations dans les États respectifs, et en conséquence ils pourront vaquer librement ou dans leurs propres maisons, ou dans des bâtiments ou églises destinées ou permises à cette fin par le gouvernement, au culte de leur religion, sans y être jamais troublés ni inquiétés d'aucune façon.

Il sera permis aux sujets de la puissance alliée, dans les États de l'autre, de naviguer, acheter, vendre et transporter librement, par eau et par terre, dans tous les ports, villes, rades des deux pays, dont l'entrée et la sortie n'est pas défendue, et en payant, s'entend, les douanes et les droits prescrits dans chaque endroit, de même qu'en se conformant, quant aux vaisseaux et voitures chargées de pareils transports de marchandises, aux lois établies dans l'endroit où ce commerce se fera. Sa Majesté Impériale de toutes les Russies n'excepte de la présente permission que ses ports de la mer Noire, de la mer Caspienne et de ses autres possessions en Asie; et sa Majesté Danoise tant ses possessions en Amérique que les autres établissements qu'elle possède hors de l'Europe.

En outre, sa Majesté Danoise, accoutumée à favoriser les intérêts de l'empire de Russie, comme ceux d'une ancienne amie et alliée de sa couronne, fera jouir les sujets russes, pour tous les droits du Sund en général, d'un traitement égal avec les nations les plus favorisées en Danemark, en ne leur faisant payer, s'entend, qu'un pour cent pour toutes les marchandises dont il n'est pas fait mention dans le tarif.

Une exemption des droits d'entrée de port, et généralement de tous autres, sera accordée aux navires russes qui passeront devant la forteresse de Glükstadt et autres places que le Danemark possède sur l'Elbe, de manière que ces navires en allant et venant ne seront point visités ni retenus ou inquiétés, à moins qu'en temps de guerre il n'y ait des soupçons avérés que ces navires portent de la contrebande aux ennemis.

Toutes les fois que les navires des sujets russes ou danois seront obligés, par des tempêtes ou pour se soustraire à la poursuite de quelque pirate, ou aussi pour quelque autre accident, de se réfugier dans les ports des États respectifs, ils pourront s'y radouber, se pourvoir de toutes les choses nécessaires, et se remettre en mer librement, sans subir la moindre visite, ni payer aucun droit d'entrée de port ni autre quelconque, à condition pourtant que pendant leur séjour dans ces ports ils ne puissent rien tirer de leurs navires ni exposer aucune marchandise en vente, et qu'ils se conformeront en tout aux lois, statuts et coutumes du lieu, ou du port où ils seront entrés.

Si les navires des sujets des deux puissances contractantes échouaient ou faisaient naufrage sur les côtes de l'une ou de l'autre, les sujets respectifs jouiront, tant pour eux-mêmes que pour leurs navires et effets, de tous les secours et assistances possibles, comme les habitants du pays eux-mêmes, en payant cependant les mêmes frais et droits auxquels sont assujettis, en pareil cas, les propres sujets de l'État sur les côtes duquel ils auraient échoué ou fait naufrage.

En conséquence, elles s'appliquent ici immédiatement à elles-mêmes quatre axiomes importants, qui pour le cas de la guerre ont été établis en faveur des droits de tous les peuples neutres en général, savoir :

Que tout vaisseau pourra naviguer librement de port en port et sur les côtes des nations en guerre.

Que les effets appartenant aux sujets desdites puissances en guerre seront libres sur les vaisseaux neutres, à l'exception des marchandises de contrebande.

Que, pour déterminer ce qui caractérise un port bloqué, on n'accordera cette dénomination qu'à celui où les vaisseaux de la puissance qui l'attaque seront suffisamment proches et postés de façon à ce qu'il y ait un danger évident d'y entrer.

Que les vaisseaux neutres ne pourront être arrêtés que sur de justes causes et des faits évidents ; qu'ils seront jugés sans retard ; que la procédure sera toujours uniforme, prompte et légale, et que chaque fois, outre les dédommagements que l'on accordera à ceux qui ont fait des pertes sans avoir été en faute, il sera rendu une satisfaction complète pour l'insulte faite aux pavillons respectifs.

Elles sont convenues de même entre elles, que les sujets d'une puissance ennemie qui se trouveront à leur service, et ceux qui seront naturalisés, ou auront acquis le droit de bourgeoisie, même pendant la guerre, ne seront point envisagés ni traités sur un autre pied que les sujets nés dans leurs États respectifs.

Puisqu'il sera libre aux deux puissances contractantes d'établir, pour l'avantage du commerce de leurs sujets, des consuls dans les États de leur domination réciproque, elles sont également convenues entre elles, que les sujets respectifs pourront, dans leurs procès entre eux et autres affaires, et du propre consentement, s'entend, des parties, recourir aux jugements de leurs propres consuls ; et que non-seulement les décisions des derniers seront parfaitement valables et légales, mais qu'ils pourront aussi, pour les faire exécuter, demander, en cas de besoin, main-forte aux tribunaux du lieu. Mais, toutes les fois que les deux parties en litige ne voudront pas avoir recours à l'autorité de leurs propres consuls, elles pourront s'adresser aux tribunaux ordinaires du pays où elles sont domiciliées, lesquels tribunaux auront soin de leur rendre la plus prompte et exacte justice, selon les lois et règlements établis par ces tribunaux ; et il sera libre, dans l'un et l'autre cas, aux sujets respectifs de choisir, pour plaider et soigner leur cause, tels avocats, procureurs ou notaires que bon leur semblera, pourvu qu'ils soient avoués par le gouvernement, ou des tribunaux établis pour cela.

Quoique le droit d'aubaine n'existe pas dans les États des deux puissances contractantes, il est cependant convenu entre elles, afin de prévenir tous les doutes qui pourraient s'élever là-dessus, que les biens et immeubles délaissés par la mort d'un des sujets respectifs dans les États de l'autre, passeront librement et sans obstacle quelconque aux héritiers, par testament ou ab intestat : lesquels pourront en conséquence prendre tout de suite possession de l'héritage, ou par eux-mêmes, ou par procuration, aussi bien que leurs exécuteurs testamentaires, s'il y en avait de nommés par le défunt. Et lesdits héritiers disposeront ensuite à leur gré de l'héritage qui leur sera échu, après avoir acquitté les différents droits établis par les lois de l'État où ladite succession aura été délaissée; et au cas que les héritiers étant absents ou mineurs n'auraient pas pourvu à faire valoir leurs droits, alors toute la succession sera inventoriée par un notaire public en présence du juge ou des tribunaux du lieu, accompagné du consul de la nation du décédé, s'il y en a un dans le même endroit, et de deux autres personnes dignes de foi, et déposée ensuite dans quelque établissement public ou entre les mains de deux ou trois marchands qui seront nommés à cet effet par ledit consul, ou à son défaut entre les mains de ceux qui d'autorité publique y auront été désignés, afin que ces biens soient gardés par eux et conservés pour les légitimes héritiers et véritables propriétaires. Et supposé qu'il s'élevât une dispute sur un pareil héritage, entre plusieurs prétendants, alors les juges de l'endroit où les biens du défunt se trouveront, décideront le procès par sentence définitive, selon les lois du pays.

Le présent traité durera pendant douze ans, et tout ce qui s'y trouve arrêté doit être observé invariablement pendant cet intervalle, et exécuté dans toute sa teneur, bien entendu qu'avant l'expiration du terme dudit traité il dépendra du bon plaisir des deux hautes parties contractantes de convenir sur sa prolongation.

Les deux hautes parties contractantes s'engagent à ratifier le présent traité de commerce, et les ratifications en seront échangées en bonne et due forme, dans l'espace de six semaines, à compter du jour de la signature, ou plus tôt si faire se peut. En foi de quoi nous soussignés, en vertu de nos pleins pouvoirs, l'avons signé et y avons apposé les cachets de nos armes. Fait à Saint-Pétersbourg, le 8-19 octobre 1782.   Suivent les signatures.

Bernstorff avait trouvé les finances du Danemark dans le plus mauvais état. Les dépenses de la cour, bien que réduites, les pensions qui obéraient le trésor, l'intérêt de la dette nationale, ne permettaient pas d'équilibrer les ressources avec les charges. Les circonstances exceptionnelles, suffisamment indiquées par les traités que nous venons de rapporter, rendirent la vie au commerce, et répandirent dans le Nord l'aisance et l'activité. Par un concours singulier, les États les plus despotiques de l'Europe se déclaraient contre le privilège, et les craintes de l'Angleterre constitutionnelle témoignaient que ses institutions ne pouvaient prospérer qu'en gênant la liberté commerciale des autres nations. Heureusement pour l'Angleterre, l'ancienne jalousie qui existait entre le Danemark et la Suède ne leur permit point d'agir avec suite et accord; d'un autre côté, les agents anglais s'efforçaient de persuader à Bernstorff que, dans une guerre maritime, la Russie saurait, en cas de succès, attirer à elle tous les avantages de la victoire, tandis que si les alliés éprouvaient une défaite, les amiraux de Catherine laisseraient anéantir la marine auxiliaire. Bernstorff, soit qu'il prévît le danger, soit qu'il se laissât dominer par l'influence anglaise, inséra dans le traité avec la Russie, que le Danemark pourrait conserver ses anciennes alliances. Cet article, qui neutralisait le Danemark, alarma Gustave, irrita Catherine, offensa la reine Julie, en même temps qu'il indisposait les cours de Versailles, de Berlin et de Madrid. Rien ne fut négligé pour engager le ministre à retirer cette clause; mais il resta inflexible, et aima mieux quitter le pouvoir que de céder aux instances de la cour et des cabinets alliés.

Après sa disgrâce, on établit un cabinet intime qui rappelait celui de Mathilde et de Struensée. (Cours du Nord.) Le conseil d'État n'était plus consulté, et les bureaux recevaient directement les ordres du roi; et comme ce monarque imbécile était entièrement à la disposition de Julie, on se demandait à Copenhague, si ce qui avait motivé la condamnation de Mathilde et de Struensee, n'était plus un crime sous la nouvelle administration.

Quoique Julie fût toute-puissante, le comte de Bernstorff avait des partisans, qui l'instruisaient de tout ce qui se passait à la cour. Bien que retiré dans une de ses terres, il suivait d'un œil attentif les progrès du mécontentement de la nation, et ses agents montraient la régence du prince royal comme le remède à la fois le plus légitime et le plus efficace à la situation. D'un autre côté, les émissaires de la reine répandaient les bruits les plus injurieux sur la capacité et les facultés intellectuelles de ce jeune prince : on le disait stupide et intraitable, et non moins incapable que son père du gouvernement de l'État.

Cependant Frédéric avait atteint l'âge de quatorze ans. Selon la loi danoise, il devait être confirmé, et dès lors prendre place au conseil. Julie retarda à dessein cette cérémonie, et remplit le conseil de ses créatures. En 1784, le prince avait accompli sa seizième année. Julie avait été informée qu'il existait une correspondance secrète entre l'héritier de la couronne et le comte de Bernstorff. Le comte de Schack Ratlau recevait toutes les confidences du jeune prince. La reine fut tentée d'employer les grands moyens; mais Guldberg, son favori, l'en dissuada. Cependant elle se rendit à l'appartement du prince royal, et après l'avoir accusé d'entretenir des correspondances secrètes, elle allait procéder à une espèce d'interrogatoire. Frédéric l'écouta avec calme, et lui dit : Puisque vous êtes si certaine de tout cela, madame, vous ne refuserez sans doute pas de me dire quelle est la personne qui vous a donné cet avis; alors je saurai ce que j'aurai à répondre.

Le comte de Bernstorff connaissait assez Guldberg, pour être certain que cet homme d'État ne risquerait ni sa vie ni même sa fortune en engageant la reine à conserver par des moyens violents le pouvoir illégal qu'elle s'était arrogé. Plus tard, et du sein même de sa retraite, il dirigeait toutes choses par l'entremise des personnes qui lui étaient dévouées.

Plusieurs officiers généraux étaient dans le complot; le commandant de la citadelle avait même pris l'engagement, dans le cas où la tentative échouerait, de remettre cette forteresse au prince royal, comme une retraite sûre pour lui et pour ses amis.

Le vingt-huit mars 1784, Frédéric reçut le sacrement de la confirmation dans la chapelle royale de Christiansborg, en présence de toute la cour, des ministres étrangers, des grands officiers de l'État et de plusieurs autres personnes de distinction. Le premier aumônier du roi interrogea le prince sur les points du dogme religieux; Frédéric répondit d'une manière ferme et délibérée. Julie se montra aussi surprise qu'effrayée. L'impression de l'auditoire fut si vive, que plusieurs personnes versèrent des larmes d'attendrissement.

Quand le prince eut reçu le sacrement de confirmation, il fut admis au nombre des membres du conseil d'État, et remplaça son oncle le prince Frédéric, comme président. Le quatorze avril au matin, il prêta serment. A l'heure où l'on relevait la garde, il donna en personne un ordre d'après lequel aucun militaire ne devait quitter son poste sans une permission expresse. Le conseil était assemblé dans l'appartement du roi; le prince royal s'adressa à son père, et lui dit d'un air à la fois ferme et respectueux, que la loi l'appelait au gouvernement de l'État; et que, pour qu'il pût remplir exactement tous ses devoirs, il demandait un conseil qui eût sa confiance et celle de la nation. Le monarque hésita, comme il avait coutume de le faire, quand on lui proposait quelque chose de nouveau. Un des membres, M. de Rovenskrone, créature de Julie, se leva et dit : Votre Altesse Royale doit sentir que le roi ne peut signer une telle pièce sans une mûre délibération. Il voulut même arracher le mémoire des mains du prince, qui lui dit avec dignité : Ce n'est pas à vous, Monsieur, qu'il appartient de donner des conseils au roi dans une semblable occasion. Songez que je suis l'héritier présomptif de la couronne, et en cette qualité, responsable de tous mes actes envers la nation.

Le comte de Schack Ratlau, qui était, comme nous l'avons vu, dans la confidence du prince, resta silencieux. Guldberg, voyant les choses si avancées, et craignant de se compromettre, ne hasarda aucune objection. La terreur et l'effroi se peignaient sur la figure du fils de Julie. Le prince royal mit alors les papiers sous les yeux du roi qui ne fit aucune difficulté de les signer; ils furent sur-le-champ portés et enregistrés à la chancellerie royale.

Le nouveau régent se voyant ainsi autorisé à agir, annonça aux membres du conseil leur démission. C'étaient MM. de Rosecrone, Stehman, Molkte, Guldberg et Eichstedt; il leur déclara qu'il avait nommé un autre conseil, et que le comte Bernstorff était premier ministre de la couronne. Il assura en même temps aux membres démissionnaires, qu'ils emportaient son estime, et chercha à atténuer leur disgrâce par quelques dédommagements. On remarqua que, dans cette circonstance délicate, il ne cessa de montrer beaucoup de déférence pour le prince Frédéric, qu'il pria d'honorer le nouveau conseil de sa présence, et de lui prêter l'assistance de ses lumières.

Le prince royal se rendit ensuite au corps de garde du château: il y trouva les officiers réunis, comme ils en avaient reçu l'ordre, et disposés à lui obéir. De là il passa dans les appartements de la reine douairière, à laquelle il annonça, avec une fermeté respectueuse, qu'elle conserverait son état de maison, mais que désormais elle aurait à s'abstenir de toute participation aux affaires de l'État. Il manda ensuite les nouveaux membres du conseil, le gouverneur de Copenhague, les chefs militaires, le colonel de la garde bourgeoise, les officiers chargés de la police de la ville, et leur signifia qu'ils n'avaient plus d'ordres à recevoir que de lui seul.

Le comte de Bernstorff revint en toute hâte à Copenhague, et prit la direction des affaires étrangères. Ce changement, qui rendait l'autorité à l'héritier légitime, eut l'assentiment général; Bernstorff, qui l'avait dirigé, lui imprima la modération de son caractère; presque tous ceux qu'on s'était vu forcé de déplacer furent dé-

25ᵉ Livraison. (DANEMARK.)

dommagés généreusement; cette conduite, à la fois digne et mesurée, formait un contraste frappant avec les révolutions précédentes. Le seul avantage des institutions despotiques, c'est de rendre l'exécution du bien plus facile; mais comme les nobles caractères sont exceptionnels, l'accord de la justice et de la force dans les monarchies absolues ne peut être considéré que comme un heureux accident.

L'influence du comte de Bernstorff sur les affaires ne cessa qu'avec sa vie. Ce ministre avait rendu la liberté à ses paysans, ce qui augmenta leur bien-être sans porter préjudice à sa fortune. En 1786, cette mesure fut étendue à tous les serfs du Danemark; mais plus tard on s'aperçut que la noblesse, dont on violait ainsi les priviléges, ne se contenterait pas longtemps du rôle que lui traçait la loi royale. La servitude, bien qu'adoucie, fut donc rétablie. Cependant la propriété du serf ne fut plus, pour ainsi dire, qu'une annexe de celle du sol : ainsi, le paysan danois peut échapper à sa dépendance en quittant la terre qu'il exploite; mais comme il ne possède en propre, il ne fait que changer de maître, sans arriver à l'exercice de la liberté. Toutefois, cette faculté que la loi lui laisse, empêche les propriétaires fonciers, c'est-à-dire la noblesse du royaume, d'abuser de la sujétion du paysan, qui, en général, est actif, et jouit, dans l'aisance, du produit de son industrie et de son travail.

En 1787, les finances reçurent quelques améliorations que facilitèrent les opérations du cadastre, et surtout les nouvelles ressources qu'avait trouvées le commerce à la faveur du droit des neutres.

Bientôt après (1788), la tranquillité du Nord fut troublée par la guerre qui éclata entre la Russie et la Suède. Le Danemark était tenu par le dernier traité de secourir l'impératrice. Le prince de Hesse, gouverneur de la Norvége, entra en Suède à la tête de douze mille hommes; déjà Götheborg était sur le point de capituler, et les flottes danoises menaçaient les côtes de Suède.

Le comte de Bernstorff prévoyait que Gustave ne serait que faiblement appuyé par les cabinets qui l'engageaient dans cette lutte inégale. En effet, l'Europe commençait à s'alarmer de l'ambition de Catherine qui, après le démembrement de la Pologne, préparait la ruine de la Turquie, et prétendait faire dominer le pavillon russe sur la mer Noire. Pétersbourg était faiblement défendu, et Gustave, en attaquant brusquement la Finlande russe, pouvait marcher sur cette capitale; mais ce prince avait contre lui un parti puissant dans la noblesse, et le duc Charles lui-même montra une hésitation qui enhardit les mécontents. Le traité d'échange relatif au Holstein liait d'ailleurs le Danemark à la Russie; de sorte que la Suède, placée entre deux ennemis puissants, et troublée à l'intérieur, se trouvait dans la position la plus critique. La révolte de l'armée de Finlande, dont les officiers prétendaient que le roi n'avait pas le droit de faire une guerre offensive sans le consentement des états, força Gustave à retourner en toute hâte en Suède; les succès de l'armée danoise fournissaient un motif plausible à cette brusque retraite. De retour à Stockholm, le roi harangua le peuple, qui prit les armes d'enthousiasme. Toutes les troupes disponibles furent immédiatement dirigées sur Götheborg, tandis que Gustave se rendait chez les Dalécarliens pour s'assurer des dispositions de cette population belliqueuse, qui lui offrit un fort contingent.

Entré dans le Värmeland, le roi se trouvait à la tête d'une force assez imposante; mais la conduite de quelques chefs lui inspirait de sérieuses inquiétudes; il quitta son quartier général, et se rendit secrètement à Götheborg, sans avoir été reconnu par les Danois. A minuit, il arriva à la porte de la forteresse. Le commandant Duretz, qui était loin de s'attendre à une telle visite, lui dit que la ville était hors d'état de se défendre plus longtemps. « Vous vous trompez, reprit Gustave, je viens pour la sauver. » Le général le supplia vainement de ne point compter sur une place réduite à la dernière extrémité: « Aujourd'hui même, continua-t-il, l'ennemi sommera la ville de se rendre: l'assaut suivrait un refus. Voyez à quel péril se trouverait exposée Votre Majesté. — Eh bien, reprit le roi, puisque je ne puis changer votre opinion, je changerai le gouverneur: le comte Jean Sparre vous remplace. »

Les pourparlers qui avaient eu lieu entre le général Duretz et les Danois avaient donné à ces derniers une telle sécurité, qu'ils avaient négligé d'occuper quelques points importants, et entre autres le pont de la Götha-elf (rivière de Gothie). Gustave profita de cette faute, et s'apprêta à une vigoureuse défense.

C'est dans cet état de choses que les négociations de l'Angleterre et de la Prusse amenèrent une suspension d'hostilités; enfin, dans le commencement de novembre (1788), l'armée danoise évacua le territoire de la Suède. Les anciens traités suffisaient à la situation, car il n'y avait pas eu de déclaration de guerre. En effet, lorsqu'après le combat naval de Högeland, les Danois se mettant en mesure d'ouvrir la campagne, Gustave les eut fait sommer d'observer la neutralité, le comte de Bernstorff avait répondu qu'en remplissant les stipulations de sa cour avec la Russie, le roi son maître ne se regardait point comme ennemi de Sa Majesté Suédoise, et qu'il ne demandait pas mieux que de conserver avec elle des relations de bonne amitié. Gustave, prenant pour ce qu'elle valait cette fiction diplomatique, répondit que, de son côté, il accédait à cette condition, et qu'il espérait que la défaite des auxiliaires danois par les armées suédoises ne serait point considérée comme un acte d'hostilité contre le roi de Danemark.

L'acte que nous allons rapporter ne représente donc qu'un armistice au milieu de la paix.

Seconde convention portant cessation d'hostilités entre Sa Majesté le roi de Suède et les troupes sous les ordres de Son Altesse sérénissime le prince Charles de Hesse, signée le 16 octobre 1788.

Art. 1er. La convention du 9 octobre servira de base à la présente.

Art. 2. La présente convention s'étendra aussi sur mer.

Art. 3. Il été convenu que le présent armistice et la cessation d'hostilité entre le roi de Suède et les troupes sous le feld-maréchal prince de Hesse dureront quatre semaines; savoir : depuis le jeudi, 16 octobre à minuit, jusqu'au jeudi, 13 novembre prochain à minuit.

Art. 4. Pour mieux entendre l'article 5 de la convention du 9 octobre, le prince de Hesse continuera toujours de rester en possession du district qui est déjà occupé par les troupes sous ses ordres, et où il n'y a point de postes suédois. Le Glastarden fera la séparation depuis les frontières de Norvége, jusqu'à son embouchure dans le lac de Wäuer.

Art. 5. Comme une suite de l'armistice étendu sur mer, le prince de Hesse s'engage à ne pas se servir de la navigation sur l'Elfsfiord et le Götha-elf pour les approvisionnements militaires ou de quelque autre façon. Il sera observé, de la part du roi, une réciprocité parfaite à l'égard de tout ce qui est munitions, tandis qu'on réserve une liberté parfaite de la navigation sur le Götha-elf et l'Elfsfiord, en faveur de tous les sujets de Sa Majesté le roi de Suède, tant de ceux qui demeurent dans les pays où il se trouve des troupes étrangères, que des autres habitants des provinces, qui ont coutume de faire le commerce sur ces rivières.

Art. 6. Comme l'île de Hislingen est déjà considérée sur le pied d'un territoire neutre, il n'y sera point levé de contributions en argent ou en fourrages par les troupes sous les ordres du prince de Hesse.

Art. 7. Vu que l'on est convenu ainsi d'un armistice par terre et par mer, le prince de Hesse, par une suite nécessaire de cette convention, s'engage à laisser aux habitants la libre jouissance de la pêche du hareng, à ne les y point troubler, et à ne leur point causer des frais ni de l'inquiétude dans cette partie de leur économie, aussi longtemps que durera l'armistice.

Art. 8. Aussitôt que la présente convention aura été conclue, il sera expédié le plus promptement possible des courriers aux commandants des troupes de mer et de terre, avec l'ordre d'observer ponctuellement tous les articles de la présente suspension des hostilités.

Art. 9. Comme les articles de la présente suspension des hostilités ont été projetés par un effet de la médiation de M. Elliot, envoyé extraordinaire et ministre plénipotentiaire de Sa Majesté Britannique à la cour de Danemark, toute explication, dont le cas pourrait exister relativement à l'observation de cette convention, sera laissée à la décision de la cour britannique.

Art. 10. Le prince Charles de Hesse aura pour ses courriers, c'est-à-dire pour ceux de l'armée qu'il commande, un passage libre sur les terres de Suède par Helsingborg à Copenhague.

J'agrée la présente convention, et j'ordonnerai à mes commandants de terre et de mer de s'y conformer avec la plus scrupuleuse exactitude.

A Götheborg, le 16 octobre 1788.

GUSTAVE.

Articles du troisième armistice entre le roi de Suède et le prince Charles de Hesse, commandant en chef les troupes auxiliaires du Danemark, le 5 novembre 1788.

Art. 1er. L'armistice subsistant entre les forces de terre et de mer de Sa Majesté le roi de Suède, et celles qui sont sous les ordres du prince de Hesse, sera prolongé durant six mois, en vertu de la présente, à compter de l'expiration de celui qui subsiste actuellement.

Art. 2. Pendant toute la durée de l'armistice, il ne sera commis aucunes hostilités ni voies de fait de la part des forces de terre et de mer de Sa Majesté Danoise, sous le nom de troupes auxiliaires, contre les provinces ou les sujets de la Suède; et à cet égard, il sera observé une réciprocité parfaite de la part des forces de terre et de mer du roi de Suède envers les provinces et les sujets du roi de Danemark.

Art. 3. Son Altesse le prince de Hesse donnera les ordres les plus convenables, pour que durant l'armistice aucun militaire danois ne passe les frontières de la Norvége, à moins qu'il n'y soit autorisé par un passe-port de l'officier civil ou militaire auquel Sa Majesté Suédoise aura confié l'exercice de son autorité sur les confins. Le roi de Suède fera pareillement donner les ordres les plus convenables, pour qu'aucun militaire suédois ne se rende, durant l'armistice, de la Suède dans la Norvége danoise, sans être pourvu d'un pareil passeport.

Art. 4. Sa Majesté Suédoise agrée que les malades, qui, après la sortie du prince de Hesse, pourraient rester en Suède, soient traités avec la considération due à leur état, et qu'il soit nommé par le prince de Hesse quelques officiers pour y prendre garde et diriger leur retour en Norvége, aussitôt qu'ils seront en état d'y être transportés. (Addition du prince de Hesse:) Ils seront transportés à mes frais; comme aussi le service du transport qu'on demandera pour eux, viendra à mon compte.

Art. 5. Tous les prisonniers seront relâchés, de part et d'autre, aussitôt que possible. (Addition du prince de Hesse:) Oui, mais ils ne serviront point dans cette guerre contre Sa Majesté l'impératrice de Russie, ni contre ses hauts alliés. Et comme toutes hostilités ont cessé entre les troupes de Sa Majesté Suédoise et celles sous les ordres du prince de Hesse, et qu'ainsi la tranquillité est rétablie par terre et par mer, les deux royaumes de Suède et de Danemark seront considérés comme étant dans la paix la plus parfaite l'un envers l'autre pendant tout le temps que durera le présent armistice; et dans le cas qu'une des hautes parties contractantes eût à l'avenir dessein de reprendre les hostilités à l'issue du présent armistice, elle sera tenue d'en avertir préalablement quarante jours auparavant.

Art. 6. Cet armistice sera garanti dans tous ses points par les cours de Berlin et de Londres.

Fait à Veddewalla, le 5 de novembre 1788.

Deux grands événements, la révolution française et le meurtre de Gustave III, mirent au grand jour l'habileté de Bernstorff. Ce ministre, prévoyant que la lutte entre la république et l'Angleterre entraînerait tôt ou tard tous les cabinets de l'Europe, voulut du moins assurer au Danemark, aussi longtemps qu'il serait possible, les avantages de la neutralité : mais ce qui devait échapper à sa sagacité, c'est que la Norvége, dont il vivifia le commerce, passerait avec ses nouvelles ressources sous la domination d'une puissance rivale. Le 28 janvier 1795, anniversaire de la naissance du prince royal, on décerna au comte de Bernstorff une médaille d'or, en témoignage de la gratitude de ses compatriotes. L'année suivante, on lui en présenta une autre; on eût dit que les Danois voulaient se hâter de récompenser, de la manière la plus digne de lui, c'est-à-dire, par des marques d'honneur, l'homme qui avait rendu de si grands services au pays. En effet, au mois de mai 1797, il fut enlevé après une courte maladie qu'avait précédée une période d'affaiblissement et de langueur.

Le mouvement imprimé à l'Europe par la révolution française avait détruit l'équilibre de la politique européenne. La paix et la guerre ne naissaient plus des anciennes causes qui formaient, pour ainsi dire, le fonds diplomatique des relations internationales. Les succès et les revers de la France réglaient l'action des cabinets, qui s'efforçaient de saisir la marche et le caractère des événements, et qui, ne pouvant les arrêter, voulaient du moins en tirer le meilleur parti possible. Le ministre anglais soudoyait les résistances; mais sur plusieurs questions, et surtout sur le droit des neutres, il rencontrait des adversaires que la France poussait dans la lutte.

L'empereur Paul, mécontent de l'Autriche, pressentait dans le premier consul le restaurateur d'un pouvoir fort; extrême dans ses sympathies, comme dans ses haines, il s'apprêtait à traduire en actes ses nouvelles intentions, et pressait la Prusse et le Danemark de se déclarer contre l'Angleterre. La retraite de Pitt n'empêcha point le gouvernement anglais de suivre l'impulsion donnée par ce ministre. Les flottes anglaises parurent dans la Méditerranée et dans la Baltique. C'était dans cette dernière mer que devait se décider la question du droit des neutres.

L'amiral Parker eut le commandement de l'escadre du nord; mais son nom s'efface devant celui de Nelson, homme de passion, à qui sa haine contre la France aurait, au besoin, tenu lieu de courage ; d'un mérite secondaire dans le conseil, il retrouvait au milieu du péril ces inspirations subites, cette seconde vue du génie, plus forte que l'expérience et le calcul.

L'escadre anglaise, composée de 17 vaisseaux de haut bord et de 30 frégates ou bâtiments légers, parut le 30 mars dans le Cattégat. On sait qu'à mesure que l'on avance vers l'est, la température devient plus froide, quoique l'on parcoure le même parallèle. A cette époque de l'année, les ports de la Baltique sont encore embarrassés par les glaces, tandis que les détroits ouvrent un libre passage à la navigation. La flotte anglaise avait donc, sur celles qu'elle s'apprêtait à combattre, l'avantage de ne point être gênée dans ses mouvements, et celui de pouvoir attaquer séparément les escadres ennemies, dont la jonction n'eût été praticable que vers la fin d'avril. Les marins russes étaient plus nombreux qu'exercés, et les passes de Cronstadt ajoutaient les obstacles de la saison à ceux qui résultaient de l'inexpérience des officiers et de la pesanteur des manœuvres. La Prusse se bornait à fermer aux Anglais les embouchures de ses fleuves, et pour ne laisser aucun doute sur ses dispositions ultérieures, elle s'emparait du Hanovre. Le point stratégique de cette lutte était l'île de Sélande, dont les côtes commandent les détroits, et parce que les flottes danoises auraient pu fermer la retraite aux Anglais, dans le cas où ils auraient éprouvé un revers dans la Baltique.

Le passage du Sund n'offre point de grandes difficultés ; mais la flotte qui l'aurait forcé se trouverait au retour dans une situation périlleuse. Nelson jugea qu'il fallait frapper au cœur la puissance danoise, en attaquant Copenhague. Une victoire détachait le Danemark de la coalition, et ne pouvait que rendre plus circonspectes la Suède et la Russie.

La côte de la Scanie, le long du détroit, est sans défense : comme cette province a longtemps appartenu au Danemark, il suffisait aux princes danois d'assurer le péage du Sund, du côté de l'île, qui seule renferme des ports. La Suède n'a point fortifié cette côte depuis qu'elle la possède, parce que c'eût été compléter le système de défense du Danemark : dans le cas où elle eût prétendu au partage des bénéfices, elle n'aurait pu réussir sans avoir préalablement ruiné le Danemark, qui aurait tout risqué plutôt que de se dessaisir de ses priviléges commerciaux.

Nous avons vu que l'existence du Danemark a été sérieusement menacée, toutes les fois que Copenhague a été le but des efforts de l'ennemi; que dans les guerres contre la Suède, cette dernière puissance a presque toujours été attaquée du côté de la Scanie et de la Norvège, et que ces diversions ont empêché les Suédois de frapper le Danemark au cœur. Les siéges qu'a soutenus Copenhague ont prouvé la nécessité de couvrir cette capitale par un bon système de défense. La supériorité de la marine anglaise prescrivait de ne négliger aucune précaution : malheureusement on comptait sur la coopération des flottes alliées, et l'activité de Nelson réduisit le Danemark à ses propres ressources.

Le prince royal avait déployé une grande activité; la cause qu'il défendait était populaire, et l'attaque des Anglais était une violation manifeste des droits les plus incontestés. Il avait disposé en avant de Copenhague des bâtiments rasés, portant des batteries formidables ; il armait en outre une escadre de dix vaisseaux de ligne qui n'attendait plus que les matelots de la Norvège : les Norvégiens formaient alors la principale force de la marine danoise.

« A ces préparatifs du Danemark, se joignaient ceux de la Suède et de la Russie. La Suède avait disposé des troupes depuis Götheborg jusqu'au Sund, et armé Carlscrona dans la Baltique, ainsi que tous les points accessibles de cette mer. Le roi Gustave-Adolphe pressait l'amiral Cronstedt d'achever l'armement de la flotte suédoise. Cette flotte comptait déjà sept vaisseaux et deux frégates, prêts à mettre à la voile, dès que la mer serait débarrassée des glaces de l'hiver. Les Russes avaient douze vaisseaux à Revel, et qui n'étaient, comme ceux des Suédois, retenus que par les glaces.

« Le 21 mars, une frégate anglaise toucha à Helseneur, et vint y débarquer M. Vansittart, chargé de faire une dernière sommation au gouvernement danois. M. Vansittart remit à M. Drumond, chargé d'affaires d'Angleterre, l'*ultimatum* du cabinet britannique. Cet *ultimatum* consistait à exiger des Danois qu'ils se retirassent de la confédération maritime des neutres, qu'ils ouvrissent leurs ports aux Anglais, et qu'ils revinssent à l'arrangement provisoire du mois d'août de l'année précédente, en vertu duquel ils avaient promis de ne plus convoyer leurs bâtiments de commerce. Le prince royal de Danemark rejeta vivement l'idée d'une telle défection, et répondit que le Danemark et ses alliés n'avaient point fait une déclaration de guerre, qu'ils s'étaient bornés à publier leurs principes en matière de droit maritime; que les Anglais étaient les agresseurs, car ils avaient répondu à des thèses de droit des gens par un *embargo*; que le Danemark ne commencerait pas les hostilités, mais qu'il repousserait énergiquement la force par la force. La brave population de Copenhague appuya noblement par son adhésion le prince qui la représentait avec tant de dignité. Elle était tout entière sous les armes, et, à l'appel du prince régent, avait formé des milices et des corps volontaires. Huit cents étudiants avaient pris le mousquet; tout ce qui pouvait tenir une pioche aidait les ouvriers du génie à exécuter les travaux de défense; on élevait partout des retranchements. MM. Drumond et Vansittart partirent brusquement de Copenhague en menaçant cette ville malheureuse des foudres de l'Angleterre.

« Le 24, ils rejoignirent la flotte, qui dès lors fit ses dispositions pour commencer les hostilités.

« Nelson et Parker tinrent un conseil de guerre à bord de la flotte. On discuta le plan des opérations. Les uns voulaient passer par le Sund, les autres par le grand Belt. Nelson soutint que peu importait de passer par l'un ou l'autre détroit, qu'il fallait le plus tôt possible entrer dans la Baltique, et se porter en avant de Copenhague, afin d'empêcher la jonction des coalisés. Une fois entrés dans la Baltique, les forces anglaises devaient se diriger, partie sur Copenhague pour y frapper un coup sur les Danois, partie sur la Suède et la Russie pour y détruire les flottes du Nord. On avait une vingtaine de vaisseaux de ligne, ving-cinq ou trente frégates et bâtiments de divers échantillons. Il se faisait fort, avec douze vaisseaux, d'aller détruire toutes les flottes danoises et russes; le reste devait attaquer et foudroyer Copenhague. Quant à la passe à franchir, Nelson aimait mieux braver quelques coups de canon en forçant le Sund, que de se risquer sur les bas fonds dangereux du grand et du petit Belt.

« Parker, moins entreprenant, fit une tentative sur le grand Belt, le 26 mars. Plusieurs bâtiments légers de la flottille ayant touché, le commandant en chef ramena l'escadre, et prit la résolution de forcer le Sund. En ce moment soufflait une bonne brise de nordouest, telle qu'il la fallait pour naviguer dans un canal qui se dirige du nord-ouest au sud-est jusqu'à Helseneur, et descend ensuite presque perpendiculairement du nord au sud. L'escadre, favorisée par le vent, s'avançait hardiment à égale distance des deux rivages, Nelson à l'avant-garde, Parker au centre, l'amiral Graves à l'arrièregarde. Les vaisseaux de haut bord formaient une seule colonne au milieu du canal. Sur leurs flancs, deux flottilles de bombardes s'étaient rapprochées, l'une de la côte de Danemark, l'autre de la côte de Suède, pour tirer de plus près sur les batteries de l'ennemi. Dès que l'escadre fut en vue d'Helseneur, la forteresse de Croneborg se hâta de commencer le feu. Cent bouches de gros calibre vomirent à la fois des bombes et des boulets rouges. Mais l'amiral anglais, s'étant aperçu que la côte de Suède se taisait ou à peu près, car la vieille batterie de huit pièces tirait à peine, s'en rapprocha aussitôt, et les Anglais passèrent en se raillant des Danois dont les projectiles mouraient à deux cents toises de leurs vaisseaux. La flottille de bombardes, qui avait serré de près le rivage danois, reçut et envoya une grande quantité de bombes; mais elle eut à peine quelques blessés, et n'atteignit que quatre hommes parmi les Danois. Dans Helseneur, une seule maison eut à souffrir du feu des Anglais, et ce fut, par une singularité remarquable, la maison du consul d'Angleterre.

« La flotte tout entière mouilla vers midi au milieu du golfe à l'île de Hven.

« Le golfe, comme nous venons de le dire, descend du nord au sud l'espace de vingt lieues environ; il s'élargit ou se rétrécit depuis trois jusqu'à [douze lieues, et ne présente que quelques passes navigables. A vingt lieues à peu près au sud, on trouve Copenhague s'élevant à peine au-dessus des eaux, et formant un plan légèrement incliné, qui rase la mer de ses feux. Le golfe est fort large en cet endroit, et divisé par l'île basse de Fallholm en deux canaux navigables: l'un, qui s'appelle passe de Malmö, longe la côte de Suède et n'est que peu accessible aux gros bâtiments; l'autre, celui de Drögden, longe la côte de Danemark, et est ordinairement préféré pour la navigation. Ce dernier est divisé lui-même par un banc de sable, qu'on appelle le Middel-Grund, en deux passes : l'une, sous le nom de passe Royale, côtoie la ville de Copenhague; l'autre, sous le nom de Passe des Hollandais, est située de l'autre côté du Middel-Grund. C'est dans la passe Royale que les Danois s'étaient établis, laissant l'autre ouverte aux Anglais, et songeant ainsi plutôt à défendre Copenhague qu'à interdire l'entrée de la Baltique à l'ennemi. Mais il était bien certain que Parker et Nelson ne s'engageraient point dans la Baltique, sans faire tomber auparavant les défenses de Copenhague, et sans détruire les forces maritimes que les neutres y auraient pu réunir.

« Les moyens de défense des Danois consistaient en batteries fixes, situées à droite et à gauche du port, et en une ligne de batteries flottantes, ou vaisseaux rasés, amarrés dans le milieu de la passe Royale, tout le long de Copenhague, de manière à éloigner de la place le feu de l'ennemi. Au nord de la position se trouvait un ouvrage dit des Trois Couronnes, construit en maçonnerie, presque complètement fermé à la gorge, commandant l'entrée même du port, et liant ses feux avec la citadelle de Copenhague. Il était armé de soixante et dix pièces de canon du plus gros calibre. Quatre vaisseaux de ligne, dont deux à l'ancre, deux sous voiles, plus une frégate sous voiles aussi, barraient le chenal qui conduit au port. De ce fort, en descendant au sud, vingt carcasses de gros bâtiments chargés de canons et fortement amarrés remplissaient le milieu de la passe Royale, et venaient se lier à des batteries en terre placées sur l'île d'Amack. Ainsi, la ligne de défense des Danois s'appuyait à gauche au fort des Trois Couronnes, à droite à l'île d'Amack, occupant dans sa longueur et interceptant absolument le milieu de la passe Royale. L'ouvrage des Trois Couronnes ne pouvait être forcé, défendu qu'il était par soixante et dix bouches à feu et cinq bâtiments, dont trois sous voiles. La ligne d'embossage, au contraire, composée de carcasses immobiles, était trop longue, sans cohésion, privée de la ressource des manœuvres, et, dans le dessein qu'on avait eu d'obstruer le milieu de la place, placée trop en avant du point d'appui de la droite, c'est-à-dire, des batteries fixes de l'île d'Amack. Cette île n'est que la continuation de la côte sur laquelle Copenhague est assise. La ligne d'embossage pouvait donc être attaquée par la droite. Si elle eût été composée d'une division sous voiles, capable de se mouvoir, ou bien, si elle eût été plus serrée, plus fortement appuyée au rivage, les Anglais ne seraient pas sortis sains et saufs de cette attaque. Mais les Danois, tenant beaucoup à leur escadre de guerre, qu'ils n'étaient pas assez riches pour remplacer, si elle venait à être détruite, n'ayant pas d'ailleurs reçu tous leurs matelots de la Norvége pour l'équiper, l'avaient renfermée dans l'intérieur du port, croyant qu'il suffisait de vaisseaux hors de service pour remplir la fonction de batteries flottantes.

« Leurs plus braves matelots, commandés par des officiers intrépides, servaient l'artillerie de ces vieux bâtiments amarrés.

« Les Anglais, arrivés à Copenhague bien avant la jonction devant cette ville de toutes les marines neutres, pouvaient passer à l'est du Middel-Grund, négliger les Danois embossés dans la passe Royale, et descendre par la passe dite *des Hollandais* dans la Baltique; ils aimèrent mieux profiter de l'isolement des Danois, les détacher par un coup décisif de la confédération, et, après s'être emparés par ce moyen des clefs de la Baltique, se porter en toute hâte sur les Suédois et sur les Russes. Ce plan était à la fois hardi et sage; il réunit les avis rarement conformes de Parker et de Nelson.

« Les journées du 31 mars et du 1er avril furent employées à examiner les lignes des Danois, à sonder les passes, à convenir d'un plan d'attaque. Nelson, Parker, les plus vieux capitaines de la flotte, et le commandant de l'artillerie, firent eux-mêmes cette reconnaissance au milieu des glaces, et quelquefois sous les boulets de l'ennemi. Nelson soutint qu'avec dix vaisseaux il se chargerait d'attaquer et d'enlever la droite de la ligne des Danois. Son projet était de descendre le long du Middel-Grund par la passe des Hollandais, de le doubler ensuite, de remonter par la passe Royale, et de venir se placer vaisseau contre vaisseau à cent toises de la ligne des Danois. Il voulait en outre qu'une division de la flotte attaquât la batterie fixe des Trois Couronnes, et, après en avoir éteint le feu, y débarquât un millier d'hommes pour la prendre d'assaut. Parker ne devait pas s'engager dans cette manœuvre hardie; il était convenu qu'il demeurerait en arrière pour canonner la citadelle, et recueillir les bâtiments maltraités.

« L'amiral Parker y consentit, à condition qu'on ne s'engagerait pas trop avant dans l'entreprise, si elle présentait de trop grandes difficultés, et donna douze vaisseaux à Nelson. Le 1er avril au soir, Nelson descendit la *passe des Hollandais*, et vint mouiller fort au-dessous de Copenhague, à un point de l'île d'Amack, appelé Dragö. Il lui fallait, pour entrer dans la passe Royale et la remonter, un tout autre vent que celui qui l'avait aidé à descendre la passe des Hollandais. Le lendemain matin, le vent ayant justement soufflé dans une direction contraire à celle de la veille, il remonta la *passe Royale*, manœuvrant entre la ligne des Danois et le bas-fond du Middel-Grund. Toutes les passes avaient été sondées; mais, malgré ce soin, trois vaisseaux échouèrent sur le Middel-Grund, et Nelson ne se trouva en ligne qu'avec neuf. Il ne se déconcerta point, et vint s'embosser très-près de la ligne des Danois, à une portée qui devait rendre terribles les effets de l'artillerie. Les trois vaisseaux échoués lui firent faute, surtout pour l'attaque de la batterie des Trois Couronnes.

« A dix heures du matin, toute l'escadre anglaise était en position; elle recevait et rendait un feu épouvantable. Une division de bombardes, tirant peu d'eau, s'était placée sur le bas-fond du Middel-Grund, et envoyait sur Copenhague des bombes qui passaient par-dessus les deux escadres. Les Danois avaient huit cents bouches à feu en batterie, et causaient aux Anglais un dommage considérable. Les officiers commandant les bâtiments rasés déployèrent une rare intrépidité, et trouvèrent dans leurs artilleurs le plus noble dévouement.

Le commandant du *Provesten*, qui occupait l'extrémité de la ligne au sud, se conduisit avec un courage héroïque. Nelson, sentant bien qu'il importait avant tout de priver la ligne danoise de l'appui qu'elle trouvait aux batteries de l'île d'Amack, avait dirigé quatre bâtiments contre le Provesten. M. de Lassen, commandant du Provesten, se défendit jusqu'à ce qu'il eût fait tuer cinq cents de ses artilleurs sur six cents; puis il se jeta à la nage avec les cent qui lui restaient pour fuir son vaisseau en flammes. Il eut ainsi la gloire de ne pas amener son pavillon. Nelson reporta dès lors tous ses efforts contre les autres vaisseaux rasés, et réussit à en désemparer plusieurs. Cependant à l'autre bout de la ligne, les Anglais n'avaient que des frégates à opposer aux batteries des Trois Couronnes, dont le feu était des plus meurtriers. Parker voyant la résistance des Danois, et craignant que les vaisseaux anglais, trop maltraités dans leurs gréements, ne fussent exposés à échouer, donna l'ordre de cesser le combat. Nelson, apercevant ce signal au grand mât de Parker, laissa échapper un noble mouvement de colère. Il était privé de l'usage d'un œil : il se saisit de sa lunette, et la plaçant sur son œil borgne, il dit froidement : Je ne vois pas les signaux de Parker; et il ordonna de continuer le combat à outrance. Ce fut là une noble imprudence, suivie, comme il arrive souvent à l'imprudence audacieuse, d'un heureux succès.

« Les bâtiments rasés des Danois, ne pouvant se mouvoir pour aller chercher un appui sur les batteries de terre, étaient exposés à un feu destructeur. Le *Danebrog* venait de sauter avec un fracas horrible; plusieurs autres étaient désemparés, et s'en allaient à la dérive après avoir fait de grandes pertes d'hommes. Mais les Anglais, de leur côté, n'étaient pas moins maltraités, et se trouvaient dans le plus grand péril. Nelson, cherchant à s'emparer des bâtiments danois qui avaient amené leur pavillon, fut accueilli, en approchant des batteries de l'île d'Amack, par plusieurs décharges meurtrières. Dans ce moment, deux ou trois de ses vaisseaux se trouvaient à peu près réduits à l'impossibilité de manœuvrer; et du côté des Trois Couronnes, le capitaine anglais Rion, obligé de s'éloigner, venait d'être coupé en deux par un boulet; Nelson, presque vaincu, ne se déconcerta pas, et eut l'idée d'envoyer un parlementaire au prince de Danemark, qui assistait, dans l'une des batteries, à cette horrible scène. Il lui fit dire que si on n'arrêtait pas le feu, qui l'empêchait de se saisir de ses prises, il serait obligé de les faire sauter avec leurs équipages; que les Anglais étaient les frères des Danois, qu'ils s'étaient assez battus, et ne devaient pas se détruire.

« Le prince, ébranlé par cet affreux spectacle, craignant pour la ville de Copenhague, fit suspendre le feu. Ce fut une faute, car quelques instants encore, et la flotte de Nelson, presque mise hors de combat, était obligée de se retirer à moitié détruite.

« Une sorte de négociation s'établit, et Nelson en profita pour quitter sa ligne d'embossage. Tandis qu'il se retirait, trois de ses vaisseaux échouèrent, ne pouvant plus manœuvrer.

« Le lendemain, Nelson et Parker, après de grands efforts, entamèrent une négociation avec les Danois, dans le but de stipuler une suspension d'armes. Ils en avaient autant besoin que les Danois, car ils avaient douze cents hommes morts ou blessés, et six vaisseaux horriblement ravagés. La perte des Danois n'était pas de beaucoup supérieure, mais, après la destruction de leurs batteries flottantes, la partie basse de la ville, celle qui est baignée par la mer, était exposée au bombardement. Ils craignaient surtout pour le bassin qui contenait leurs bâtiments de guerre, lesquels, à moitié équipés, immobiles et serrés dans ce bassin, pouvaient être brûlés jusqu'au dernier. Dans ce moment, irrités par la souffrance et le danger, ils se plaignaient de leurs alliés, sans tenir compte des difficultés qui avaient empêché ceux-ci d'accourir sous les murs de Copenhague.

« Les vents contraires, les glaces, le défaut de temps, avaient retenu les Suédois et les Russes, sans qu'il y eût de leur faute. Il est vrai que, s'ils fussent venus avec leurs vingt vaisseaux se joindre à la flotte danoise, Nelson eût échoué dans son audacieuse entreprise, et les droits de la neutralité maritime auraient triomphé dans cette journée.

« Parker, qui avait craint les effets de la témérité de Nelson dans le combat du 2 avril, jugeait maintenant très-bien la position des Danois, et entendait tirer toutes les conséquences de la bataille livrée. Il voulait que les Danois sortissent de la confédération des neutres, qu'ils ouvrissent leurs ports aux Anglais, et reçussent en outre une force anglaise, sous prétexte de les mettre à couvert contre le ressentiment de leurs alliés. Nelson eut le courage de descendre à terre le 3 avril, pour porter ces propositions au prince royal. Il alla dans un canot à Copenhague, entendit les murmures de cette brave population indignée à son aspect, et trouva le prince royal inflexible. Ce prince, plus alarmé la veille qu'il ne l'aurait fallu du danger de Copenhague, ne voulut jamais consentir à la honteuse défection qu'on lui proposait. Il répondit qu'il s'ensevelirait plutôt sous les cendres de sa capitale, que de trahir la cause commune.

« Dans cet intervalle, les Danois, se voyant exposés au danger d'une seconde bataille, se mirent à l'œuvre. Ils rendirent plus redoutable encore la batterie des Trois Couronnes, couvrirent de canons l'île d'Amack et la partie basse de la ville. Ils amenèrent les vaisseaux, objet de toute leur sollicitude, dans les bassins les plus éloignés de la mer, les couvrirent de fumier et de blindages, de manière à les préserver du feu, et finirent par se rassurer en voyant l'hésitation des Anglais, qui ne se montraient pas fort pressés de recommencer cette terrible lutte. Toute la population valide était réunie, partie sous les armes, partie occupée à préparer les moyens d'éteindre l'incendie.

« Enfin, après cinq jours d'attente, Nelson revint à Copenhague, malgré les dispositions menaçantes du peuple danois. La discussion fut vive, et il prit sur lui de faire des concessions auxquelles l'amiral Parker ne l'avait pas autorisé. Il convint d'un armistice qui n'était qu'un véritable *statu quo*. Les Danois ne se retiraient point de la confédération, mais toutes hostilités étaient suspendues entre eux et les Anglais pendant quatorze semaines; après quoi ils devaient se retrouver dans la même position qu'avant la signature de cette suspension d'armes. L'armistice s'appliquait aux îles danoises et au Jutland, sans y comprendre le Holstein; de manière que les hostilités pouvaient continuer sur l'Elbe, et que dès lors ce fleuve restait interdit aux Anglais. Ceux-ci devaient se tenir à une portée de canon de tous les ports danois, excepté dans la passe Royale, qu'ils avaient la faculté de traverser librement pour se rendre dans la Baltique. Défense leur était faite, par conséquent, de s'appuyer sur aucun des points du territoire danois; il ne leur était permis d'y toucher que pour prendre des rafraîchissements et des vivres.

« Ce fut là tout ce que Nelson put obtenir, et c'était, il faut le reconnaître, tout ce que sa victoire l'autorisait à exiger. Mais, tandis qu'il quittait Copenhague, une nouvelle sinistre s'y répandait, et le prince royal, qu'elle avait décidé à traiter, réussit à lui en dérober la connaissance. On disait, en effet, que Paul Ier venait de mourir subitement. Nelson partit sans connaître cette nouvelle, qui aurait certainement ajouté beaucoup à ses prétentions. L'armistice fut instantanément ratifié par l'amiral Parker. Le prince danois fit aussitôt avertir les Suédois de ne pas s'exposer inutilement aux coups des Anglais, auxquels ils eussent été incapables de résister. L'avis était nécessaire, car après beaucoup d'efforts, Gustave-Adolphe était parvenu enfin à mettre sa flotte en état de sortir. » (Histoire du Consulat et de l'Empire, par M. Thiers.)

Pendant la période qui clôt le Consulat, et les premières années de l'Empire jusqu'au traité de Tilsitt, le Danemark s'efface, et borne ses efforts à garder la neutralité, au milieu du grand conflit qui divise l'Europe. Cependant l'influence de Napoléon n'était pas restée inactive, en présence de l'obstination puérile du roi de Suède. Dès le mois de mai 1807, un nouveau ministre français, M. Didelot, fut envoyé à la cour de Copenhague. L'Angleterre s'alarmait du rôle auquel pouvait être appelée la marine danoise ; elle prépara en toute hâte une expédition formidable dont les divisions se réunirent dans le Sund ; et après avoir inutilement sommé les autorités de Copenhague d'accéder à des propositions qui ne tendaient à rien moins qu'au désarmement conditionnel de la Sélande, les Anglais se mirent en devoir d'obtenir par la force ce que la fermeté du prince royal et de M. de Bernstorff ne leur permettait plus d'espérer.

Le 2 septembre 1807, à sept heures et demie du soir, les Anglais commencèrent contre Copenhague un bombardement terrible, qui dura d'abord douze heures, et ne fut interrompu pendant quelques moments que pour recommencer pendant quarante-huit heures sans interruption.

Le général Peymann, qui commandait dans la ville, fit alors publier la proclamation suivante :

« Habitants de Copenhague, nos moyens de défense sont devenus insuffisants ; nous n'avons pu empêcher l'ennemi d'établir ses retranchements si près de nos remparts, qu'il peut incendier la flotte en dirigeant son feu sur plusieurs endroits à la fois, sans qu'il nous soit possible d'arrêter la violence de ces attaques ; tous nos moyens d'éteindre l'incendie sont détruits, soit par l'artillerie des ennemis, soit par l'usage continuel qu'on en a fait. Je suis convaincu, ainsi que les autres officiers généraux, que nos forces paralysées ne nous permettent plus, dans l'état actuel des choses, d'empêcher l'ennemi de prendre la ville d'assaut, et par suite de s'emparer des deux chantiers et de la flotte. Nous sommes donc dans la malheureuse nécessité, pour ne pas faire répandre un sang précieux, et pour prévenir les suites incalculables d'une prise d'assaut, de capituler avec les ennemis, de leur remettre la flotte, et de leur laisser prendre possession de la citadelle de Frederichshaven, ainsi que des deux chantiers, pendant le temps nécessaire pour conduire la flotte dans la rade ; sous la condition cependant que, dans six semaines au plus tard, ces lieux occupés nous seront remis, que toute la Séelande sera évacuée, et que toutes les propriétés publiques et particulières, tant dans la ville que dans toute l'île, seront conservées.

« En vous faisant part de cette capitulation, je dois vous rappeler que votre premier devoir, comme citoyens, c'est de ne rien faire pour troubler le repos et l'ordre qui mettront vos biens et votre vie en sûreté ; et que toute transgression à cet égard est un crime qui aurait des suites funestes.

« Au quartier général de Copenhague, le 7 septembre 1807. »

Nous donnerons ici le texte de cette capitulation.

Capitulation conclue pour la ville de Copenhague et la citadelle.

Entre le général major de Waltersdorff, chevalier de l'ordre de Dannebrog et colonel du régiment du Nord de la milice séelandaise ; le contre-amiral Lutken et J. H. Kirchhoff, adjudant de Sa Majesté, autorisés par Son Excellence le général major Peymann, chevalier de l'ordre de Dannebrog et commandant en chef les troupes de Sa Majesté, d'une part ;

Et le général major, sir Arthur Wellesley, chevalier de l'ordre du Bain ; sir Home Popham, chevalier de Malte et capitaine de la flotte, et le lieutenant-colonel George Murray, vice-quartier-maître général des troupes britanniques, dûment autorisés par James Gambier, écuyer et commandant en chef la flotte britannique dans la mer Baltique, et par le lieutenant général lord Cathcart, chevalier de l'ordre du Chardon, et commandant en chef les troupes de Sa Majesté Britannique en Séelande et dans le nord du continent de l'Europe, de l'autre part.

Art. 1er. Après la conclusion et ratification de la présente capitulation, les troupes de Sa Majesté Britannique occuperont la citadelle.

Art. 2. Une garde des troupes de Sa Majesté Britannique occupera aussi le chantier.

Art. 3. Les vaisseaux et bâtiments de toute espèce, ainsi que tous les objets et inventaires de marine appartenant à Sa Majesté Danoise, seront remis à la garde des personnes désignées par le commandant en chef des troupes de Sa Majesté Britannique. Ces personnes prendront sans délai possession des chantiers et de tous les magasins qui en dépendent.

Art. 4. Il sera accordé aux bâtiments de transport et de provisions au service de Sa Majesté Britannique, de venir dans le port aussi souvent que le besoin l'exigera, pour rembarquer les objets et les troupes qu'ils ont amenés en Séelande.

Art. 5. Dès que les vaisseaux seront hors du chantier, c'est-à-dire dans six semaines, à dater du jour de cette capitulation, si faire se peut, les troupes de Sa Majesté Britannique remettront aux troupes de Sa Majesté Danoise la citadelle dans le même état où elle sera trouvée lors de l'occupation. Les troupes de Sa Majesté Britannique évacueront l'île de Séelande dans le délai susdit, ou plus tôt si faire se peut.

Art. 6. A partir de cette capitulation, les hostilités cesseront dans toute la Séelande.

Art. 7. Aucun individu, quel qu'il soit, ne sera inquiété. Toutes les propriétés, soit publiques, soit particulières, seront respectées; sont exceptés les vaisseaux et bâtiments susmentionnés appartenant à Sa Majesté Danoise, ainsi que les objets de marine qui en dépendent. Les employés civils et militaires au service de Sa Majesté Danoise resteront dans l'exercice de leurs fonctions dans toute la Séelande. On emploiera tous les moyens qui pourront contribuer à la concorde et à la bonne intelligence entre les deux nations.

Art. 8. Tous les prisonniers faits de part et d'autre seront rendus sans condition; et les prisonniers sur parole en seront dégagés.

Art. 9. Toutes les propriétés anglaises qui auraient été séquestrées, par suite des hostilités, seront rendues aux propriétaires.

Cette capitulation sera ratifiée par les commandants en chef, et les ratifications seront échangées aujourd'hui avant midi.

Fait à Copenhague, le 7 septembre 1807.
Signé Ernst Frederick Waltersdorff, O. Lutken, G. H. Kirchhoff.

Et signé Arthur Wellesley, Home Papham, George Murray.

Conforme et certifié par nous, au quartier général de Hellerup, ledit jour 7 septembre 1807. J. Gambier, Cathcart.

Les habitants de Copenhague accueillirent cette capitulation avec une indignation qui tenait du désespoir; ils avaient soutenu avec honneur cette lutte inégale. Jamais on n'avait vu un pareil bombardement; plus de trois cents maisons furent réduites en cendres, et presque toutes les autres avaient été plus ou moins endommagées.

La garnison ne consistait qu'en cinq mille cinq cents hommes, que secondait la milice bourgeoise, forte d'environ trois mille cinq cents combattants.

Les Anglais, non sans avoir beaucoup souffert, s'étaient emparés d'environ vingt-cinq vaisseaux de ligne, seize frégates, et cinquante petits bâtiments; désormais la Baltique leur était ouverte, et à leurs yeux le succès légitimait cette violence. Le prince royal refusa d'abord de ratifier cette capitulation. Sans les revers qui cinq ans plus tard accablèrent Napoléon, le Danemark aurait été probablement indemnisé par la France aux dépens d'une partie de la Suède.

Il serait injuste de ne pas reconnaître que l'Angleterre ne s'était déterminée au bombardement de Copenhague que parce que tout autre moyen d'exercer son influence dans le Nord échappait à sa politique. Elle avait d'abord compté sur la haine du roi de Suède pour la France, et pour tout ce qui rappelait la révolution de 1789. Dès le commencement de l'année 1808, Gustave se trouvait en guerre avec le Danemark, et faisait échouer par son ineptie une expédition contre la Norvége. Le général anglais, sir John Moore, lui avait amené un renfort de dix mille hommes ; mais le roi de Suède, aussi mauvais politique que général inexpérimenté, résista aux conseils de cet officier, et le traita si mal, que Moore, sur le point d'être arrêté, fut obligé de s'éloigner précipitamment, et d'abandonner à ses propres inspirations un prince qui courait aveuglément à sa perte.

Le traité de Tilsitt avait rompu la coalition européenne contre la France. Les succès des lieutenants de Napoléon dans le nord de l'Allemagne, la partialité du Danemark ou plutôt sa fidélité aux intérêts français, qui se déguisait sous une neutralité apparente, étaient de nature à alarmer l'Angleterre, et à lui faire craindre de voir fermer à ses flottes la mer du Nord et la Baltique. Cet acheminement au projet du blocus continental pouvait avoir les conséquences les plus graves pour sa puissance maritime ; le soin de sa conservation l'emporta sur toutes les autres considérations.

Ce fut cette même année que mourut le roi Christian VII. Sans les cérémonies de ses funérailles et celles qui inaugurèrent le nouveau règne, à peine se serait-on aperçu qu'il venait de fermer les yeux. Le prince royal régnait de fait depuis vingt-quatre années ; il avait passé par des épreuves difficiles ; celles que la fortune lui réservait étaient plus rudes encore. On a dit avec raison que ce prince n'avait pas eu moins à souffrir de la part de ses alliés que du fait de ses ennemis. Napoléon n'eut pas le temps de lui être utile : la ruine de l'empire français réduisit le Danemark à un État de troisième ordre, par la séparation de la Norvége.

Un des derniers actes de l'administration de Frédéric comme prince royal, fut l'édit suivant que necessitait la dissolution de l'empire germanique.

Édit du roi de Danemark, portant réunion du duché de Holstein au royaume de Danemark, publié en date de Friederichsborg, le 9 septembre 1806.

Christian VII, par la grâce de Dieu, roi de Danemark et de Norvége, des Goths et des Vandales, duc de Sleswig, Holstein, Stormarn, Dittmarchen et Oldenbourg, etc.

Une partie des États les plus distingués de l'Empire, ayant déclaré le premier du mois dernier, à la diète générale, qu'ils se séparaient du corps germanique ; et Sa Majesté impériale et royale ayant annoncé, le 6 du même mois, qu'elle abdiquerait la dignité de chef suprême de l'Empire, la confédération et la constitution germanique sont depuis ce moment entièrement éteintes et annulées ; et par conséquent, les liens qui unissaient légalement à l'Empereur et à l'Empire les pays allemands soumis à notre gouvernement, sont dissous et supprimés, ainsi que les rapports, relations et obligations qui étaient fondés sur eux. Nous jugeons donc à propos d'arrêter et ordonner ce qui suit, relativement à nos pays allemands, qui jusqu'à présent avaient fait partie de l'Empire germanique.

Notre duché de Holstein, la seigneurie de Pinneberg, le comté de Ranzau et notre ville d'Altona, sont réunis, comme partie inséparable sous tous les rapports, au corps politique de notre monarchie, et conséquemment soumis dès ce moment à notre domination unique et illimitée.

Les rapports de nos susdits pays avec les ci-devant tribunaux de l'Empire germanique ayant entièrement cessé, nous arrêtons et ordonnons que le dicastère séant à Glückstadt, sous la dénomination de tribunal supérieur du duché de Holstein, sera à l'avenir la première autorité judiciaire dans le duché de Holstein, surbordonnée à nous seuls ; le tribunal provincial noble continuera toutefois de subsister sous notre seule autorité immédiate, jusqu'à nouvelle disposition.

Quoique, par l'annulation de la constitution germanique, et la suppression des liaisons de nos susdits pays avec l'Empire d'Allemagne, les lois de cet empire aient aussi cessé d'y être en vigueur, nous voulons cependant et ordonnons que jusqu'à l'établissement d'une loi générale, au sujet de laquelle nous avons donné les ordres nécessaires, toutes les affaires judiciaires dans notre duché de Holstein soient décidées d'après les lois et coutumes suivies dans chaque endroit, y compris les règles prescrites par les lois de l'Empire, autant qu'elles concernent le droit criminel et civil ; à quoi un chacun devra se conformer.

Donné à notre château de Friederichsborg, le 9 septembre de l'an de grâce 1806, et de notre règne le quarante-unième.

CHRISTIAN.

La révolution qui éclata en Suède, et qui fit tomber du trône Gustave IV Adolphe, avait montré l'influence française prépondérante par le choix du prince d'Augustenbourg. Ce choix semblait couvrir la Suède de la protection que Napoléon étendait sur le Danemark ; il pouvait servir en même temps à désarmer l'ambition de la Russie, liée au système français depuis la paix de Tilsitt. Mais la situation de l'Europe était telle, que les convenances des États de second ordre ne pouvaient qu'être sacrifiées aux vues d'une politique qui, par cela même qu'elle se proposait pour résultat une haute influence sur les intérêts généraux de l'Europe, subordonnait toutes les autres questions à l'idée première du principe.

Le prince royal d'Augustenbourg mourut subitement. La répugnance des Suédois à se voir gouvernés par un prince danois, et l'attitude des partis, lorsque Gustave fut exclu du trône, donnèrent à penser que cette fin n'était point naturelle. Il arrive souvent que, dans des circonstances de cette nature, les soupçons du peuple sont mal fondés ; mais assez d'exemples criminels ont été donnés au monde par les passions politiques, pour que les cas douteux prêtent à une interprétation défavorable.

L'avénement de Charles XIII au trône de Suède, et l'adoption du prince de Ponte Corvo comme prince royal, vinrent compliquer la situation des États scandinaves. Tous ces changements ne présageaient rien d'heureux au Danemark. L'alliance de Napoléon avec la Russie et l'Autriche liait les mains au nouvel empereur, et ôtait à son système cette énergie et cette franchise d'allure qui lui avaient permis jusque-là de désorganiser et de modifier tout ce qui lui faisait obstacle.

Bernadotte était désormais l'homme de la Russie ; sa marche était toute tracée ; il résistait aux prétentions de Napoléon au nom des intérêts suédois, et se ménageait ainsi l'appui et les sympathies d'Alexandre, qui ne demandait qu'un prétexte spécieux de rupture. La guerre devait sortir de cette situation : elle entraîna la chute de la France impériale, et consomma l'abaissement du Danemark. Le traité de Kiel (14 janvier 1814) donna la Norvége à la Suède, sans aucune compensation pour l'ancien et fidèle allié de Napoléon : mais la perte de la Finlande, et la constitution norvégienne qui place les institutions de l'annexe bien au-dessus de celles de la Suède, révéleront dans un avenir plus ou moins prochain que les Russes n'ont plus de barrière au nord de l'Europe, et que la ligne de leurs frontières baltiques complète les positions qu'ils ont prises par leurs envahissements en Pologne, en Perse et en Turquie. Tout ce que put obtenir au congrès de Vienne le comte de Bernstorff, pour indemniser le Danemark de toutes ses pertes, ce fut la cession du comté de Lauenbourg, et que la dette de la Norvége resterait à la charge de ce royaume, dont le système financier est indépendant de celui de la Suède.

Le cabinet de Copenhague n'avait plus à s'occuper que d'améliorations intérieures : il conclut un traité de commerce avec la Prusse, et contracta un emprunt de six millions de marcs de banque ; mais ces ressources étant insuffisantes, un nouvel emprunt de trois millions sterling fut contracté à Londres en 1821. Cette valeur était remboursable en quarante années, avec hypothèque sur les droits du Sund et sur le revenu des colonies danoises, qui tout récemment ont été définitivement cédées à l'Angleterre. Dans un état de paix continu, et par une conséquence du bien-être matériel, les esprits se portent naturellement vers des idées de réforme et de progrès. Déjà un jeune ministre protestant, nommé Dampe, avait fixé l'attention par la hardiesse de ses théories politiques ; le gouvernement s'en alarma ; le prédicateur et un de ses adhérents furent cités en justice et condamnés à mort ; mais le roi commua leur peine en celle d'une détention perpétuelle.

Il est assez difficile de déterminer la résultante des deux directions principales de l'esprit public en Danemark. Dans les duchés règne assez généralement l'esprit allemand. Dans le Jutland et les îles, c'est l'esprit scandinave qui domine, et qui cherche un point d'appui à ses tendances patriotiques ; un système de gouvernement plus large et plus libéral s'aperçoit au fond de toutes ces agitations; dans un mouvement européen, les libertés de l'Europe centrale pourraient leur communiquer une énergie qui rendrait au Nord une influence légitime dont la famille des peuples libres profiterait. Toutefois les idées de Dampe forcèrent le gouvernement à s'occuper de quelques améliorations. On entreprit des défrichements où des villages s'établirent; l'impôt qui était exigible en espèces, les paysans purent le payer en nature. Cependant l'agitation révélait de temps à autre des besoins d'un ordre plus élevé. Le Holstein s'adressa à la diète germanique pour demander une constitution qui donnerait au Danemark des états généraux. Le roi se vit forcé d'autoriser une commission à lui présenter un plan d'organisation, que la cour ne s'empressa pas de lui demander.

Il fallait une forte impulsion du dehors pour arracher une telle concession à un prince absolu : la révolution de 1830 avait montré trop clairement le danger des ressentiments populaires, pour que Frédéric VI ne comprît pas l'opportunité d'une concession. Au mois de mai 1831, parut une ordonnance royale décrétant la création d'états provinciaux consultatifs : les quatre divisions du royaume, c'est-à-dire, les îles danoises, le Jutland, le Sleswig et le Holstein, devaient avoir leur assemblée particulière. Une fois la loi royale entamée, la cour craignait non sans raison que tout l'édifice despotique dont elle était la base, ne tombât pièce par pièce devant les exigences logiques d'une réforme. Les conséquences des journées de juillet, restaient douteuses par l'attitude du cabinet des Tuileries, qui réservait toute son énergie pour désarmer le principe dont était sortie la nouvelle dynastie. Cependant le triomphe populaire, dont l'expression était un trône et un drapeau révolutionnaire, avait profondément modifié le système élaboré dans le congrès de Vienne. Les États despotiques ne savaient que combattre les insurrections, attendre l'issue des agitations de la France, promettre des libertés aux peuples et temporiser. C'est ce que fit le roi de Danemark. Après une année d'hésitation, le conseiller Höpp présenta le plan de la constitution au monarque, qui le renvoya devant une assemblée des notables, pour être soumis à une discussion approfondie. Ce ne fut qu'au mois de novembre suivant qu'un rescrit royal invita les ministres et les conseillers d'État à peser les objections qu'avait soulevées le débat, et à mettre sous les yeux du roi les amendements proposés. Deux ans se passèrent encore sans qu'aucune décision fût prise. Enfin, le 28 mai 1834, parut une ordonnance qui maintenait la division du royaume en quatre parties, savoir : les îles, le Jutland, le Sleswig et le Holstein.

L'assemblée des états pour les îles devait se composer de soixante-six à soixante-dix membres : douze nommés par Copenhague, onze par les autres villes, dix-sept par les grands propriétaires, vingt par la petite propriété, et dix par le roi.

Le Jutland devait être représenté par cinquante et un à cinquante cinq députés, dont quatorze élus par les villes, douze par les propriétaires, vingt-deux par les paysans, et sept par le roi.

Les deux duchés devaient compter, le Sleswig quarante-quatre députés, le Holstein quarante-huit.

Le droit électoral est conféré aux propriétaires de biens-fonds, aux usufruitiers de fidéicommis, ou en vertu de baux emphytéotiques. Quant aux conditions du cens, elles varient selon les localités : à Copenhague, la limite ne peut descendre au-dessous de quatre mille rixdales de propriété foncière.

Les députés doivent avoir vingt-cinq ans accomplis. Dans les duchés, la qualité d'Israélite est exclusive de l'électorat.

Pour être éligible, il faut réunir les conditions suivantes : professer le christianisme, être sujet danois, avoir accompli sa trentième année, posséder une fortune double de celle qui confère l'électorat, ou un bien-fonds dont la valeur ne descende pas au-dessous du cens foncier d'un électeur. La possession doit être antérieure de deux ans au moins à l'élection.

Les ministres d'État et les chefs de département que leurs fonctions mettent en rapport direct avec le roi, sont exclus de l'éligibilité; les présidents des comités électoraux qui sont désignés par le roi ne peuvent être élus par l'assemblée qu'ils président; chaque député doit avoir un suppléant élu aux mêmes conditions, et qui le remplace dans le cas où il ne pourrait siéger; le roi doit sanctionner le mandat ; les élections sont valables pour six ans.

Les états provinciaux sont convoqués par le roi et s'assemblent tous les deux ans. Le roi nomme un commissaire pour ouvrir la session, et après la vérification des pouvoirs, l'assemblée nomme son président. Le commissaire royal remet les propositions du gouvernement au président, qui lui donne connaissance du résultat des votes, car le commissaire est exclu des délibérations.

Les propositions du gouvernement et celles des députés sont renvoyées à des commissions qui nomment un rapporteur, le droit d'initiative appartenant aux états comme au gouvernement.

Chaque député peut prendre la parole aussi souvent qu'il le désire ; il parle de sa place, en s'adressant au président; les discours écrits sont interdits. Le jour du vote, un député ne peut parler qu'une fois, et cette restriction n'atteint pas le rapporteur. Le vote par assis et levé et le scrutin secret sont les deux modes adoptés pour le résultat législatif.

Les délibérations ne sont pas publiques ; deux membres de l'assemblée en rédigent la substance, et un journal spécial la fait connaître immédiatement au public.

Les députés reçoivent une indemnité de quatre rixdales par jour pendant la durée de la session ; il leur est également alloué des indemnités pour frais de voyages.

Ce règlement pouvait être modifié par les états, si l'expérience en démontrait la nécessité.

(Extrait de l'ordonnance du vingt-huit mai 1834.—De Beaumont-Vassy.)

Deux mesures d'une utilité incontestable signalèrent l'établissement du régime constitutionnel: l'établissement d'un tribunal suprême d'appel, et une ordonnance qui établissait une parfaite égalité devant la loi entre tous les sujets libres des colonies danoises.

Ces concessions à l'esprit du temps devaient nécessairement ouvrir la voie à des réformes ultérieures. On discuta dans un journal cette question : Est-il convenable de séparer le pouvoir législatif du pouvoir royal? La conclusion logique de cette thèse ne pouvait qu'être défavorable à l'absolutisme. L'écrivain, qui était un professeur distingué de Copenhague, fut cité devant les tribunaux ; et comme le gouvernement n'osait ni sévir ni acquitter, le public s'émut, et de tous côtés se formèrent des associations pour la liberté de la presse.

Sur ces entrefaites, les états provinciaux des îles danoises et du Holstein, en vertu d'une ordonnance qui fixait l'ouverture de leur session au 1er octobre s'assemblèrent les premiers à Röskild, et les seconds à Itschö. M. Örsted, commissaire du roi, prononça à Röskild le discours d'ouverture suivant : « S. M. a voulu, par une institution durable, donner aux états des îles danoises et au pays une nouvelle garantie du bienveillant esprit qui anime son gouvernement. Le roi n'a pas cru devoir faire le moindre changement à la constitution sous l'empire de laquelle le Danemark est heureux depuis cent soixante-quinze ans; mais tout en se réservant pour lui et pour ses descendants la puissance reconnue par nos ancêtres à Frédéric III, le roi a voulu ajouter à la constitution des dispositions destinées à lui rappeler sans cesse, et à rappeler à ses descendants que tous leurs efforts doivent tendre au bonheur du peuple inséparable de celui du roi... Tous les regards sont tournés en ce moment vers le palais législatif de Röskild. L'étranger lui-même interroge d'un œil curieux nos travaux parlementaires. L'histoire attentive tient en main le burin qui doit éterniser vos délibérations; et c'est d'après l'esprit qui aura animé votre session, c'est d'après l'influence dont elle aura joui, que la postérité vous jugera vous et votre époque. » (De Beaumont-Vassy, Histoire des États européens.)

Il nous suffira d'ajouter que Frédéric VI lutta avec constance contre le développement du principe constitutionnel; les états ne cessaient de demander la liberté de la presse sans autres entraves que celles réclamées par tout ordre social, la publicité des séances, l'économie dans certaines branches des dépenses publiques, et l'extension du droit des communes. De son côté le gouvernement favorisait les arts, et semblait, en multipliant le nombre des écoles primaires, avoir l'intention de préparer le peuple à une liberté plus large et plus générale.

Au mois de décembre 1839, Frédéric termina sa carrière. Le nouveau roi, Christian VIII, a adopté la même politique, c'est-à-dire qu'il ne cède que ce qu'il serait dangereux de refuser. Ce prince protége les arts et les lettres; et si le Danemark n'a pas encore obtenu des institutions dont le rendent digne la bravoure et le génie de ses habitants, il faut convenir cependant que l'agriculture et le commerce y sont en progrès, et que, dans aucun autre pays peut-être, la dépendance du fermier n'est compensée au même degré par les obligations imposées au propriétaire.

Le meilleur moyen de neutraliser les tendances qui portent les duchés vers l'Allemagne, comme celles qui se manifestent dans les îles, en faveur d'une grande communauté scandinave, ce serait de doter le Danemark d'institutions telles, qu'il n'aurait plus rien à envier à la Norvége ni à la Suède.

FIN.

TABLE ALPHABÉTIQUE

DES MATIÈRES CONTENUES

DANS LE DANEMARK.

AVIS. — Les deux lettres a et b qui accompagnent les chiffres de renvoi, dans le cours de cette table, désignent (a) la première colonne, et (b) la seconde colonne de chaque page.

A

Abalus (l'île d'), 6 a.
Abel, roi de Danemark, 3ᵉ fils de Valdemar II, 65 b, 66 a, 66 b, 67 a, 67 b, 68 a, 68 b; précis de son règne, 69 a — 70 a.
Absalon, chef danois, prélat de Röskild, ami de Valdemar Iᵉʳ, 54 b, 55 a, 55 b, 56 b, 57 a, 57 b, 58 a, 58 b, 59 a, 59 b, 61 b.
Adam de Brême (l'historien), cité p. 42 a, 43 a.
Adèle, fille de Robert, comte de Flandre, et femme de Canut IV, 44 a, 45 b.
Adolphe, frère aîné de Christian III, 239 a.
Adolphe de Schawenbourg, comte de Holstein, 60 b, 61 a, 61 b, 62 a, 89 a, 115 a, 121 b.
Adolphe-Frédéric, prince héréditaire du trône de Suède, 344 a, b, 355 a, 355 b, 356 a, 358 b, 373 a, 374 a, 384 a, 384 b, 385 a, 389 b.
Agnès, fille du margrave Otton et femme d'Éric V, 77 a, 78 b.
Ake-Johanson, général de Svanté-Sturé, 143 a.
Alberoni, 334 b, 335 b.
Albert, roi de Suède, oncle d'Albert de Mecklenbourg, compétiteur de Marguerite, 94 b, 95 a, 95 b, 96 b, 102 a, 102 b.
Albert de Mecklenbourg, prétendant au trône de Danemark, 92 b, 93 a, 93 b, 94 a, b.
Albert d'Orlamunde, neveu de Valdemar II, 62 b, 64 b.
Albert le Beau, duc de Mecklenbourg, 221 a, 222 b, 223 a, 227 a, 228 b, 229 a, 230 a, 234 b.
Alexandre (l'empereur), 398 b.
Alster (l'), 1 b.

Angles (les), 7 a, 11 a.
Anna Ivanowa (la tsarine), duchesse de Courlande et nièce de Pierre le Grand, 341 a, 343 a.
Anna Petrovna (la grande-duchesse), 339 a, 340 b, 341 a.
Anne, fille de Jean Magnus, électeur de Brandebourg, première femme de Frédéric Iᵉʳ, 178 b.
Anne, fille de Christian III, 239 a.
Anne Catherine de Brandebourg, femme de Christian IV, 251 b, 258 a.
Anschaire (Saint), missionnaire français en Danemark, 25 b, 26 b.
Antonelli, frère d'Arcemboldi, 158 a.
Aotdr, fille unique et héritière d'Ivar Vidfame, femme de Rérik, 14 a.
Arcemboldi (Jean-Ange), légat du pape, 153 a, b, 156 b, 157 a, 158 a.
Arensdorff (le général), 319 b.
Arinfast (l'abbé), empoisonneur du roi Christophe Iᵉʳ, 76 b.
Arnold (le bénédictin), cité p. 61 b.
Arundo arenaria (l'), 3 a.
Asbern, frère de Svend-Estrithson, 41 b.
Ases (les), 7 b, 8 b.
Augusta, sœur de Christian IV, 251 b.
Augustenbourg (d'), prince danois, successeur de Gustave IV au trône de Suède, 398 a, b.
Ausbourg (confession d'), 195 a.
Axel Oxenstierna, chancelier de Gustave-Adolphe, 257 b, 266 b, 270 a, 270 b, 271 b, 279 a, 279 b, 284 a.

B

Baden (le marquis de), lieutenant général suédois, 288 b, 289 a.
Baden-Dourlach (le margrave de), 260 b.

TABLE ALPHABÉTIQUE DES MATIÈRES.

Badenfliot, aujourd'hui Podenstedt, 20 b.
Baldenack (Jean), évêque d'Odense, confident de Christian II, 163 a, 163 b, 165 a, 167 b, 170 b.
Balder, successeur de Frode, 12 a.
Banner Éric, sénateur, gardien de Gustave Éricson Vasa, 157 b, 208 b, 209 b, 210 a, 217 b, 270 b, 271 a, 271 b, 289 a, 296 a.
Basile, grand-duc de Moscovie, 153 a.
Basilia (l'île du Roi), d'après Pythias, 6 a.
Beaumont-Vassy (de), cité p. 401 b.
Belt (canal du grand); sa description, 391 a, b.
Bengt Jonson Oxenstierna, gouverneur du royaume de Suède, 114 b.
Bérangaire, sœur de Férand, comte de Flandre, troisième femme de Valdemar II, 66 a.
Bernadotte, prince de Ponte-Corvo, prince royal de Suède, 398 b.
Bernard de Mélen, gentilhomme allemand, sénateur de Suède, 185 b, 186 a, 186 b, 227 a.
Bernard le Danois, l'un des régents de Normandie, sous Richard Ier, 28 a.
Bernhard de Weimar, 271 a.
Bernstorff (le ministre baron de), 343 a, 345 a, 345 b, 349 a, 351 a, 352 a.
Bernstorff (André), neveu du ministre de ce nom, 374 b, 375 a, 383 a, 383 b, 384 a, 385 a, 385 b, 386 a, 386 b, 388 a, 388 b, 395 b, 399 a.
Bestoujef, envoyé russe en Danemark, 339 b.
Beuningen, ministre de Hollande, 292 a.
Bilde (le maréchal), 286 b, 287 a.
Biorn Jernside (Côte de Fer), fils de Regner, et roi de Suède et de Gothie, 18 a.
Biren, ministre de Russie sous Anna Ivanowa, 341 a, 343 a.
Birger, régent puis roi de Suède, 75 a, 75 b, 78 b, 79 b.
Birke-Ratt (le code), 77 a.
Bogesund (ville de), dans la Vestrogothie, 159 b — 160 a.
Bogislas, duc de Poméranie, 57 a, 57 b, 59 b, 90 a, 109 a, b, 110 a, 112 b, 267 b.
Bonde, nom désignant les hommes libres, 16 b.
Boniface VIII (le pape), 79 a, b.
Bonnets (le parti des), 340 a.
Boris Godonnof (le tsar), 253 b.
Bornholm (île de); différence de sa constitution géologique avec celle du Danemark en général, 3 b.

Botilde, fille du comte de Thrugot, et femme du roi Éric le Bon, 47 a.
Brandt (le comte de), créature du comte de Rantzau, 351 b, 352 a, 353 a, 355 a, 357 a, 358 b, 359 a, 366 a, 366 b, 369 a, 370 a, 371 a, 371 b.
Brask (Jean), évêque de Linköping, 156 b, 165 b, 168 a.
Broderson (Abraham), riche et puissant seigneur suédois, favori de la reine Marguerite, 103 b.
Bromsebro (traité de), 236 a, b, 279 a.
Brovalla ou *Braavigen* (bataille de), 15 a, b.
Brown, cité p. 345 b, 351 a.
Brunswick (le duc de), 260 b, 262 a, 262 b.
Brunswick-Wolfenbüttel (Julie-Marie de), seconde femme de Frédéric V, 344 b, 345 b, 346 a, 346 b, 347 a, 347 b, 348 b, 352 b, 353 a, 353 b, 354 a, 354 b, 355 a, 355 b, 357 b, 358 b, 359 a, 372 b, 373 a, 373 b, 374 a, 374 b, 378 b, 383 b, 384 a, 384 b, 385 a.
Bugenhag, disciple de Luther, 233 b.

C

Calmar (l'union de), 97 b, 109 b.
Canaziles, ministre de Jean-Casimir, 284 a.
Canut (Haarde-Knut), fils de Sigurd Snogöie, 18 a.
Canut, surnommé *Dana-ast* (l'Amour des Danois), fils aîné de Gorm, p. 24 b.
Canut, second fils d'Éric le Bon, 47 b, 48 a.
Canut, fils naturel de Valdemar II, 65 b, 66 b, 67 a.
Canut II, le Grand ou le Puissant, roi d'Angleterre, fils de Svend Ier; histoire de son règne, 35 a — 38 b.
Canut III (Horde-Canut), fils et successeur de Canut le Grand, 36 b, 37 a, 37 b, 38 a; histoire de son règne, 38 b — 40 a.
Canut IV le Saint, frère et successeur de Harald Hein, roi de Danemark; histoire de son règne, 43 b — 45 b.
Canut V, fils de Magnus issu du roi Nicolas, 49 b, 50 a, 50 b, 51 a, 51 b, 52 a, 52 b, 53 a.
Canut VI, roi de Danemark, fils aîné de Valdemar Ier, 56 b, 58 a; histoire de son règne, 59 a — 62 a.
Canut Alfson, 139 a, 140 b.
Canut, Canutson, sénateur de Norvège, mort sur l'échafaud, 178 a.
Canut Gyllenstierne, fils de Magnus, pré-

tendant à la royauté du Danemark, 115 a, 201 b, 203 b, 204 a, 205 a, 209 b.
Capitulation des 48 articles, imposée par le sénat au roi Christian IV, 252 a — 253 b.
Caroline-Mathilde, fille du prince de Galles et femme de Christian VII, 348 b, 351 a, 351 b, 352 a, 353 a, 353 b, 354 a, 354 b, 355 a, 355 b, 356 a, 357 a, 357 b, 358 a, 360 a, 366 a, 372 b, 374 b.
Casimir, duc de Poméranie, 57, 57 b.
*Catherine I*re, 340 a, 340 b, 341 a, 345 a.
Catherine II, 341 a, 345 a, 383 b, 386 a.
Catherine Jagellon, sœur de Sigismond II, roi de Pologne, et femme de Jean, fils de Christian III, 244 b, 245 a.
Catherine Månsdotter, concubine d'Éric XIV, qui devint sa femme, 246 b.
Cattegat (le), 2 a.
Ceadrag, fils de Trasco, 22 b.
Cécile, mère de Gustave Vasa, 169 a, 188 b.
Chanoines (chapitres des) en Danemark, 233 b.
Chapeau (association de *frères du*), 95 b.
Chapeaux (le parti des), 340 a.
Charlemagne, 18 b, 19 a, 19 b, 20 a, 20 b, 21 a, 21 b, 22 a.
Charles, évêque de Hammer, 148 a, b.
*Charles I*er, roi d'Angleterre, 261 a.
Charles II, roi d'Angleterre, 315 a.
Charles IV (l'empereur), 87 b, 88 a, 90 a, 91 a.
Charles VI, roi de France, 342 b, 344 a.
Charles VII, roi de France, 124 b.
Charles IX, roi de France, 245 a.
Charles IX, roi de Suède, 255 a, 255 b, 256 a, 256 b, 257 a, 264 b, 268 a, 268 b, 318 a.
Charles XI, roi de Suède, 316 a, 318 a, 318 b, 319 b, 321 a, 322 a, 322 b, 325 a, 326 a.
Charles XII, roi de Suède, 327 a, 329 a, 329 b, 330 a, 330 b, 331 a, 331 b, 332 a, 332 b, 333 b, 334 b, 335 a, 336 a, 336 b.
Charles XIII, roi de Suède, successeur du prince d'Augustenbourg, 398 b.
Charles de Hesse (le duc), 385 b, 386 a, 387 a, 387 b, 388 a.
Charles-Gustave, petit-fils de Charles IX, roi de Suède, 283 b, 284 a, 284 b, 285 a, 285 b, 286 a, 286 b, 289 b, 290 a, 290 b, 291 b, 292 a, 292 b, 293 a, 293 b, 294 a, 294 b, 295 a, 295 b, 296 a, 296 b, 297 b.
Charles le Téméraire, duc de Bourgogne, 128 b — 129 b.

Charles-Quint (l'empereur), 152 a, 152 b, 169 b, 176 b, 181 a, 198 a, 199 a, 205 b, 226 a, 227 b, 228 a, 234 a, 234 b, 235 a, 235 b, 237 a, 237 b, 238 a, 238 b—239 a.
Charlotte-Amélie, fille du landgrave de Hesse-Cassel, femme de Christian V, 316 b.
Charnassé, envoyé français en Pologne, sous le cardinal Richelieu, 267 a.
Chopin (M.), cité p. 248 b.
*Christian I*er, neveu d'Adolphe VIII, duc de Slesvig, roi de Danemark; histoire de son règne, 114 b — 131 b.
Christian II, fils de Jean, roi de Danemark, 134 b, 137 a, 140 b, 141 a, 144 b, 145 b; histoire de sa vie et de son règne, 146 b — 178 b; voy aussi, sous le règne de Frédéric I*er, 178 b, 179 a, 180 a, 180 b, 181 a, 181 b, 182 b, 183 a, 184 a, 184 b, 185 a, 189 a, 190 a, 192 b, 193 a, 193 b, 194 a, 196 b, 198 a, 198 b, 199 a, 199 b, 200 a, 200 b, 201 a, 201 b, 202 a, b, 203 a, 203 b, 204 a, 204 b, 205 a, 205 b, 212 a, 212 b, 214 a, 226 a, b, 240 a, b.
Christian III, fils de Frédéric I*er*, roi de Danemark, 178 b, 183 a, b, 193 a, b, 197 a, 206 b, 207 a, 208 a, 208 b, 210 a, 210 b, 212 a, 212 b, 213 a, 215 b; histoire de son règne, 216 a — 240 a.
Christian IV, roi de Danemark, fils de Frédéric II et de Dorothée, 248 b; histoire de son règne, 250 a — 281 a.
Christian V, fils de Frédéric III, roi de Danemark; histoire de son règne, 316 a — 328 b.
Christian VI, fils et successeur de Frédéric IV, roi de Danemark, 339 b; histoire de son règne, 341 b — 344 a.
Christian VII, fils et héritier de Frédéric V, 345 b — 348 a; histoire de son règne, 348 b — 398 a.
Christian VIII, roi actuel de Danemark, successeur de Frédéric VI, 401 b.
Christian, fils aîné de Christian IV, 270 b.
Christian-Albert, duc de Gottorp, 315 b.
Christiana (ville de), en Norvége, 260 a.
Christianstadt (ville de), 254 a, prise par Gustave-Adolphe, 256 a.
Christine, fille d'Ernest, électeur de Saxe, et femme du roi Jean, 131 b, 137 a, 140 a; sa postérité, 146 b.
Christophe, fils naturel de Valdemar I*er*, 57 b.
Christophe, comte d'Oldenbourg, 211 b, 212 a, 212 b, 213 a, 213 b, 214 a, 214 b, 215 a, 217 a, 218 a, 218 b, 219 a, 220 a,

220 b, 221 a, 221 b, 223 a, 227 a, 227 b, 229 a, 234 b.

Christophe Ier, roi de Danemark, quatrième fils de Valdemar II, 65 b, 67 a; précis de son règne, 74 b — 76 b.

Christophe III, roi de Danemark, frère du roi Éric VII, 80 a; histoire de son règne, 81 a — 84 b.

Christophe III, duc de Bavière, roi de Danemark, 111 a, 111 b; histoire de son règne, 112 a — 114 b.

Cimbres (les), dont le nom dérive de *Kiemper*, 7 a, 11 b.

Clas Fleming, grand maréchal de la diète, 325 a.

Claus Holst, 164 a, 167 b, 168 a.

Clément (le capitaine), 217 a, b, 218 a.

Codex Christophorianus, 114 b.

Condé, 271 b.

Condé (le prince de), 350 a.

Conrad, instituteur de Christian II, 147 b.

Copenhague (ville de), capitale du Danemark, 56 b — 57 a, 86 b — 87 a, 106 a, b; son siége sous Frédéric Ier, 180 b — 183 a; prise par Christophe d'Oldenbourg, 213 b; blocus et capitulation de cette place sous Christian III, 227 a — 229 a; manifestation des ordres du clergé et des villes qui eut lieu dans cette cité le 8 octobre 1660, 303 a — 304 a; peste de 1711, 331 b; incendiée en 1728, 341 a, b; sa situation, 391 b; assiégée par les amiraux anglais Parker et Nelson, 390 b — 395 a; bombardée par les Anglais en septembre 1807, 395 b; capitulation avec l'Angleterre, à la même époque, 396 a, b.

Copenhague (université de), 129 b, 280 b.

Copenhague (traités de) (1628), 265 a; (1732), 342 a, b; (1780), 378 b — 381 a.

Couder (Pierre), ambassadeur de Louis XII vers le roi Jean, 145 a.

Coxe (M.), cité p. 371 a, b.

Crantz (Albert), célèbre théologien de Hambourg, 138 b.

Créqui (le maréchal de), 324 b.

Cromwel, 287 a, 296 b.

Cronstedt, amiral suédois, 389 b.

Czarnecki, chef de partisans polonais, 285 a.

D

Dagmar (Marguerite), dite *Damar*, fille de Jean, roi de Bohême, deuxième femme de Valdemar II, 66 a.

Dalberg, ingénieur suédois, 289 b.

Dalin, historien suédois, cité p. 119 a, 119 b, 136 b, 146 a, 159 a, b, 164 b, 166 b, 186 a, 224 a.

Dampe, ministre protestant danois, 399 a.

Dan Mikillati, roi de la Scanie, de Seelande et du Jutland, 12 a.

Dancé (Charles), ministre de France sous Charles IX, 245 a, 247 b.

Danebrog (ordre du), 317 a, 327 b.

Danegelt (argent des Danois) (impôt du), 33 a.

Danemark (royaume de); position géographique, 1, a; élévation des diverses chaînes montagneuses, 2, a; sa constitution géologique, 3 b, 4 a; longitude et latitude, climat, température, saisons, qualité de l'atmosphère, aspect du sol, 4 a, b; haute végétation, pêche et navigation, étendue en lieues carrées de 25 au degré, 5 a; poëmes, chants, scaldes, musique, art médical, armées, armes, navigation, habitations, agriculture, négoce, villes principales, mœurs et usages dans les premiers temps historiques de ce royaume (1re période), 16 b — 18 a; régime féodal, 25 b; introduction du christianisme, 25 b — 26 b; situation générale du royaume pendant la période du régime féodal (2e période), 26 b — 27 b; situation générale du royaume sous le règne de Canut III, 39 a — 40 a; situation générale du royaume, à partir du règne de Magnus le Bon jusqu'à celui d'Abel inclusivement, 70 a — 74 a; situation du royaume, à partir du règne de Christophe Ier jusqu'à celui de Marguerite inclusivement, 97 b — 101 a; étendue et importance de l'État au temps de l'union de Calmar, 101 a, b; priviléges de la noblesse sous le roi Frédéric II, 241 a, b; de la température générale de la saison d'hiver en Danemark, 287 a; situation du Danemark à la fin du règne de Christian V, 327 b — 328 b; ibid. au commencement du règne de Christian VI, 341 b — 342 a; de l'esprit public de ce royaume à la fin du règne de Napoléon, 399 a, b; constitution du 28 mai 1834, 400 a, b.

Danevirk, ouvrage avancé construit par Godefroi, fils de Reguer, 19 b — 20 a.

Dankiones (les), probablement les Danois, 7 a.

Dannebrog (étendard et ordre de), 63 b.

Danois (les). V. *Danemark*.

Déclaration de la cour de SUÈDE, *touchant le maintien de la paix et de l'amitié avec le* DANEMARK, 1772, 375 a, b.

406 TABLE ALPHABÉTIQUE

Denier de Saint-Pierre (le), 73 b — 74 a.
Des Hayes (le baron), envoyé français en Danemark, 261 a.
Detlef Broctorff, chargé de la direction du blocus de Copenhague par Christian, fils de Frédéric Ier, 225 b.
Didelot, ministre français, 395 a.
Ditlef de Reventlau, chancelier de Frédéric Ier, 206 a, b.
Ditmarses (les), 7 a.
Dolma, général danois, successeur de Daniel Rantzow, 247 b.
Dolgorouki, ministre russe, 341 a.
Dorothée de Brandebourg, femme du roi Christophe III de Bavière, 114 a, 115 b, 118 b, 133 a, 133 b.
Dorothée de Saxe, reine douairière, mère de Frédéric II, 248 b, 250 a.
Drögden (le canal de). Voy. *Belt*.
Drots (le) (le sénéchal), 99 a.
Drumont (M.), chargé d'affaires de l'Angleterre en Danemark, 390 a, 390 b.
Dumnos (l'île de), d'après Pline, supposée être le Danemark (*Deun Mark* et *Daunmere*), 6 b.
Duretz (le général), commandant de la forteresse de Götheborg, 386 a, b.
Dyveké, fille de Sigebrite Willins, maîtresse de Christian II, 149 a, 149 b, 150 a, 152 b, 153 b.

E

Ebbon, archevêque de Reims, missionnaire en Danemark, 23 a.
Edmond, fils d'Ethelred, 35 a, 35 b, 36 a.
Edrith, duc de Mercie, gendre d'Ethelred, 35 a, 35 b, 36 a, 36 b.
Eginhard, cité p. 18 a, 18 b.
Eichstedt (le général), 373 a, 373 b, 385 a.
Eider (l'), 1 b.
Elbe (l'), 1 a.
Éléonore (la reine douairière), veuve de Gustave-Adolphe, 271 b.
Éléphant (ordre de l'); son origine, 128 a, 327 b.
Eliason (Paul), prieur des carmes de Copenhague, 162 a.
Elisabeth, fille de Bogislas, duc de Poméranie, et femme de l'empereur Charles IV, 90 a.
Elisabeth, duchesse douairière de Slesvig, 103 a, 105 b.
Elisabeth, femme de Christian II, 176 a, 194 a, 295 a.
Elisabeth, belle-sœur et héritière de la tsarine Anna-Ivanowa, 342 b, 343 a, 343 b, 344 a, 344 b, 345 a.
Elisen (le poëte Paul), cité p. 158 a.
Elseneur (la ville d'), d'abord nommée *Œrekrog*, et plus tard *Helsingor*, 106 a, 171 b.
Elymus arenarius (l'), 2 b.
Emerance, sœur de Gustave Vasa, 188 b.
Emma, sœur de Richard II, duc de Normandie, veuve d'Ethelred et femme de Canut II, 36 b, 38 a, b.
Engelbrecht, chef des Dalécarliens, 108 a, b.
Enghien (le duc d'), 271 b.
Erasme, commensal de Christian II, 169 b, 170 a.
Eric, surnommé *Barn* (l'enfant), fils et successeur de Horic ou Érie, 23 b.
Eric, fils d'Éric le Bon et frère de Canut, 48 a, 48 b.
Eric, fils cadet du roi Abel, 74 b, 75 a, 77 a.
Eric, deuxième fils d'Éric fils cadet du roi Abel, 77 a, 77 b, 79 a, 79 b, 81 a, 82 b.
Eric, fils aîné de Christophe III, 81 a, 83 a, 84 a, 84 b.
Eric (la tournée de saint), 121 a.
Eric Ier Eyegod (le Bon), frère et successeur d'Olaüs Hunger, roi du Danemark; histoire de son règne, 46 a — 47 b.
Eric II Emund, roi du Danemark, frère naturel de Canut, le deuxième fils d'Éric le Bon, 48 b; histoire abrégée de son règne, 49 a, b.
Eric III Lam (l'agneau), fils d'une sœur d'Éric Émund, roi de Danemark, 49 b, 50 a.
Eric V (Glipping, le Clignotant), fils aîné et successeur de Christophe Ier, roi de Danemark; histoire de son règne, 76 b — 78 a.
Eric VI (Plogpennig), fils de Valdemar II, 65 b; histoire de son règne, 66 a — 69 a.
Eric VII, surnommé *Mendved*, fils et successeur d'Éric VI, roi de Danemark; histoire de son règne, 78 a — 81 a.
Eric Blodöxe (à la hache sanglante), fils et successeur de Harald Haarfager, roi de Norvége, 28 b.
Eric Carlson Vasa, frère de Kettil, chef de parti suédois, 125 a, 125 b.
Eric VII de Poméranie; fils d'Albert, oncle d'Albert de Mecklenbourg, roi de Danemark, de Suède et de Norvége, sous la tutelle et la régence de Marguerite, 96 b,

97 a, b, 103 a, 103 b, 104 a, 104 b; histoire de son règne, 105 a — 112 a; voyez aussi 112 b, 113 b, 114 a, 116 a.

Eric XIV, roi de Suède, 242 b, 243 a, 243 b, 244 a, 244 b, 245 a, 245 b, 246 a, 246 b, 247 a.

Eric le Victorieux, roi de Suède, 31 b, 32 a, 32 b, 33 b.

Eric Valkendorp, archevêque de Drontheim, 152 b.

Erlandsen Jacob, archevêque insurgé de Lund, 75 a, 75 b, 76 a, 76 b, 77 a, 77 b.

Ernest, comte de Schauenbourg, prince de Holstein, 260 a.

Ernest, valet de chambre de Struensée, 356 a — 357 a, 359 a, 359 b.

Esger Juul, archevêque de Lund, 81 b, 82 b, 83 b.

Eskild, archevêque de Lund, 55 a, 58 a.

Estrithe, sœur de Canut II et femme du duc Richard II, 36 b, 37 a.

Ethelred, roi d'Angleterre, 32 b, 33 a, 33 b, 34 a, 34 b, 35 a, b.

Eugène (le prince), 330 a.

Eutrope, cité p. 10 a.

Exeter (sac d'), capitale du Devonshire.

F

Felten (le général), 228 a.

Fenni (les) ou Finnois, 6 b — 7 a.

Ferdinand, roi de Bohême, frère cadet de Charles-Quint, 189 a, 194 a, 196 b, 259 b, 260 a, 271 a.

Ferdinand (l'empereur), 240 b, 242 b, 260 a, b, 263 a, 263 b, 264 a, 265 a, 266 a, 266 b, 267 a, 268 b, 270 b.

Ferdinand III, roi de Hongrie, 271 a, 279 b, 280 a.

Fiords, espèce de baies, 3 a.

Flemming (Éric), 171 a, 171 b, 222 b.

Flensborg (siège de la ville de), 103 b.

Fontainebleau (traité de), sous François Iᵉʳ, 236 a.

Formulaire de Concorde (le livre du), 249 a.

François Iᵉʳ, roi de France, 158 b, 226 a, 233 a, 234 a, 237 a.

Frédéric Iᵉʳ, frère du roi Jean, roi de Danemark, 133 a, 133 b, 151 a, 159 a, 171 b, 172 a, 172 b, 173 a, 173 b, 174 a, 174 b, 175 a, 175 b; histoire de son règne, 178 b — 206 b.

Frédéric II, fils de Christian III, roi de Danemark, 231 a, 237 b, 239 a; histoire de son règne (1559-1588), 240 a — 250 a.

Frédéric III, roi de Danemark, fils de Christian IV, 255 a, 270 a, 272 b; histoire de son règne, 281 a — 316 a.

Frédéric III (l'empereur), 127 b, 128 b.

Frédéric IV, fils aîné de Christian V, roi de Danemark; histoire de son règne, 328 b — 341 b.

Frédéric V, fils et successeur de Christian VI, roi de Danemark; histoire de son règne, 344 a — 348 b.

Frédéric VI, roi de Danemark, 399 b, 401 b.

Frédéric, frère de Christian IV, évêque d'Osnabrück, 260 a.

Frédéric-Auguste, roi de Pologne, 327 a.

Frédéric Barberousse (l'empereur), 55 b, 59 a, 59 b, 60 a, 63 b.

Frédéric-Guillaume, électeur de Brandebourg, 284 b, 285 a, 286 a, 287 a, 292 a, 315 a, 317 a, 317 b, 318 a, 318 b, 319 a, 321 a, 321 b, 323 b, 324 b, 326 a, 327 a.

Frédérique-Amélie, fille de Frédéric III et femme de Christian-Albert, 315 b.

Friederichsberg (édit de) (9 septembre 1806), publié par Christian VII, 397 b — 398 a.

Frisons (les), 11 a, b.

Frode, petit-fils et l'un des successeurs d'Odin, 12 a.

Frus (le grand chancelier), 257 b.

G

Gabel (Christophe), secrétaire intime du cabinet de Frédéric III, 293 b, 301 b, 306 a.

Gaston de Brezé, seigneur de Fouquarmont, 158 b.

Geer, notable commerçant hollandais, 278 b.

Geier (l'historien), cité p. 272 b — 274 a, 274 b — 277 b, 294 a.

George, frère de Christian V, 317 b.

George Iᵉʳ, roi d'Angleterre, 334 a, 334 b, 336 b, 340 b.

George III, 372 b, 374 b.

Gérard, comte de Holstein-Rendsbourg, 82 a, 82 b, 83 a, 83 b, 84 b, 85 a, 85 b.

Gérard, frère de Christian Iᵉʳ, 126 a — 126 b, 129 b.

Gersdorff (le grand maître), 300 a, 306 a.

Gersson, amiral hollandais au service de la Suède, 294 a.

Gestir, nom de pirates, 16 b.

Gilder (les) ou communautés, 73 a.

Giöe (Henri), gouverneur de Copenhague, 180 b, 183 a.

Glob (André), prévôt ecclésiastique d'Odensé, 179 a.

Godefroi, fils et successeur, en partie, de Regner, 18 a, 18 b, 19 a, 19 b, 20 a, 20 b, 21 a.
Godschalk Ericson (le chancelier), 171 a, b.
Godsckau, l'exécuteur de Struensée, 371 b.
Goltz (le baron de), commandant des troupes danoises, 322 a, 323 a.
Gonthier, évêque de Viborg, 71 b.
Gorm, fils de Canut Ier, roi de Danemark, 24 a, 24 b, 25 b, 26 a.
Gortz (le baron de); son histoire, 333 a — 337 a.
Gotheborg (traité de), entre Gustave III et le prince Charles de Hesse, 387 a, b.
Goths (les), rapprochement remarquable dans la forme des noms divers donnés par les auteurs anciens à ce peuple, 7 a, 9 b, 10 a.
Gounild, veuve d'Éric Blodöxe, 28 b, 33 b.
Graves, amiral anglais, 391 a.
Griffenfeld (le chancelier), favori de Christian V, 317 b, 318 a, 318 b, 319 a, 319 b, 320 a, 320 b.
Guda, belle-fille et femme du roi Svend Estrithson, 41 b — 42 a.
Guillaume, évêque de Seeland, 42 b — 43 a.
Guillaume de Jumiége, cité p. 33 b.
Guld-Harald, neveu de Harald Blaatand, 29 b.
Guldberg (le conseiller), 345 b, 347 b, 353 b, 354 a, 354 b, 357 b, 358 b, 373 a, 373 b, 384 a, 384 b, 385 a.
Guldenlow, fils naturel de Christian IV, 272 a.
Gustave III, roi de Suède, 374 b, 383 b, 386 a, 386 b, 388 a, 397 a.
Gustave IV Adolphe, roi de Suède, 398 a.
Gustave-Adolphe, 256 a, 256 b, 257 a, 259 a, 259 b, 260 a, 261 a, 263 b, 264 a, 265 a, 266 b, 267 a, 267 b, 268 a, 268 b, 269 a, 269 b, 270 a, 271 b.
Guttones (les), 6 a.
Gyldenlo, fils naturel de Christian IV, 295 b, 316 b, 320 a, 321 a.
Gyllenborg, envoyé de Suède en Angleterre, 336 a, 336 b.
Gyllenstierna (Christine), héroïne suédoise, 160 b, 161 a, 161 b, 186 a, 190 b.
Gyllenstierna (le maréchal Jean), 325 a, 325 b.

H

Hambourg (archevêché de), 25 b.
Hambourg (traité de), signé par Christian III, 226 b — 227 a.
Hammer (ville de), dans le Hedemark, 198 b.
Hans (Jean) *Bogbinder*, bourgeois de Copenhague, 147 a.
Hans Mikkelsen, bourgmestre de la ville de Malmöe, 183 b.
Haquin, surnommé *Adelsteen*, frère et compétiteur d'Éric Blodöxe, 28 b, 29 a.
Haquin, fils de Sigurd, 29 a, 29 b, 31 a, 32 a, 32 b, 33 a, 35 a.
Harald, roi de Danemark, fils de Svend Ier, 35 a, 36 b.
Harald, fils naturel de Canut V, chef élu des Scaniens, 59 a.
Harald Blaatand (à la dent bleue), roi de Danemark; histoire de son règne, 27 b — 31 b.
Harald-Graafell, fils d'Éric Blodöxe, 29 a, 29 b.
Harald-Harefod (pied de lièvre), roi d'Angleterre, fils aîné de Canut le Grand, 38 a, 38 b.
Harald-Hein (pierre molle), fils aîné de Svend-Estrithson et son successeur; précis historique de son règne, 43 b.
Harald Hildetand, petit-fils d'Ivar, roi de Seeland et de Scanie, 14 b, 15 a, 15 b.
Harald Késia, fils naturel d'Éric le Bon, 47 a, 48 a, 49 a.
Harald Klak (Heriold), frère de Ring, 21 b, 22 a, 22 b, 23 a, 25 b.
Harald-Sigurdson, roi de Norvége, 40 b — 41 a, 41 b.
Harboe (le major), 373 b, 374 a.
Heidenstrup, général d'infanterie danois, 175 a, 201 b.
Helleviones (les), 6 b.
Hemming, neveu et successeur de Godefroi, fils de Regner, 21 a, 21 b, 22 a.
Hemming Gadd, évêque de Linköping, 141 a, 142 a, 161 a, 161 b, 167 a.
Henning de Podebusk, administrateur du Danemark en l'absence de Valdemar III, 91 b.
Henning Pogvisk, tyran du Slesvig, 130 b.
Henri, fils de Sigride, 47 b, 48 a.
Henri, frère de Gunzelin, comte de Schwerin, détenteur du roi Valdemar II, 63 b, 64 a, 64 b, 65 a.
Henri, duc de Mecklenbourg, 189 a.
Henri VII, roi d'Angleterre, 152 b, 153 a.

Henri VIII, roi d'Angleterre, 181 a, b, 210 b, 211 a, 237 b, 238 a.
Henri le Lion, beau-père de Canut VI, 56 a, 57 a, 57 b, 58 b, 60 a, 79 b, 82 a.
Henri l'Oiseleur (l'empereur), 24 a.
Herlof-Hyddefad, chef des insurgés de Norvège en 1502, 148 a.
Hoffmut (George), commandant la garnison de Copenhague, 180 b.
Hok, ministre danois, 293 a.
Holberg, écrivain danois, cité p. 149 a, b, 150 a — 151 a, 158 b, 162 b, 163 b, 165 b, 168 a, 169 a, b, 174 b, 175 b, 176 b, 182 b, 188 a, 190 a, 202 b, 203 b, 206 b, 208 b, 212 a, 219 a, 223 a, b.
Holcke (le comte), compagnon de débauche de Christian VII, 349 b, 350 b.
Hollandais (la passe des). Voy. *Belt*.
Holstein (le duché de), 1 a, b, 16 b.
Holstein-Gottorp (le duché de), 260 a, 265 a, 265 b — 266 a, 270 a, 272 a, 278 a, 279 b, 282 a, 286 a, 291 b, 292 a, 317 b, 318 b, 319 a, 324 a, 326 b, 327 b, 328 b, 329 a, 331 a, 336 b, 337 a, 340 b, 343 b, 344 a, 344 b, 345 a.
Hopp, conseiller à la cour royale de Danemark, 399 b.
Horic ou *Eric*, surnommé l'Ancien, fils aîné de Godefroi, 23 a, 23 b.
Horn (l'amiral), 245 b, 278 b, 321 a, 322 b.
Hoya (le comte de), 221 a, 222 a.
Hugleik, beau-frère de Dan Mikillati, fondateur du royaume de l'Anglie, 16 a.
Hvidsörk, fils et successeur, en partie, de Regner, 18 a.
Hvitfeld, historien danois, sénateur et chancelier du royaume, cité p. 158 a, 179 b, 206 a, 255 a.

I

Ingeborge, sœur de Canut VI et femme de Philippe Auguste, roi de France, 61 b — 62 a.
Ingeborge, sœur du roi de Suède Birger et femme du roi Éric VII, 80 b.
Ingeborge, fille d'Otton, duc de Brunswick, première femme de Valdemar II, 65 b.
Ingeburge, fille de Vladimir, grand-duc de Russie, et femme de Canut, deuxième fils d'Éric le Bon, 48 b.
Ingevones (les), 6 b.
Iomsborg (forteresse de), dans l'île de Wollin, 31 a.
Isabelle (Élisabeth) de Castille et d'Autriche, sœur de l'archiduc Charles (Charles-Quint), et femme de Christian II, 152 a, b.
Isarn, légat du pape Boniface VIII, 79 b.
Itzehoe (ville de), construite par Charlemagne, 20 a, b, 22 b.
Ivan VI (le tsar), 343 a.
Ivar, fils et successeur, en partie, de Regner, 18 a.
Ivar Vidfame, roi de Scanie, 14 a.
Iver Lunge, guerrier danois, 159 a.

J

Jacques Ier (le roi), 255 a, 257 b, 259 b.
Jacques II, roi d'Écosse, 124 b.
Jean, fils aîné de Christian Ier, roi de Danemark; histoire de son règne, 131 b — 146 b.
Jean, fils de Christian II, 205 a.
Jean, frère cadet de Christian, fils de Frédéric Ier, 207 a, 208 a, 208 b, 215 a, 239 a.
Jean, dit le *Jeune*, duc de Slesvig-Holstein, roi de Suède, fils de Christian III, 240 a, 242 a, 244 b, 246 b, 247 a, 247 b, 249 a, 249 b.
Jean, frère de Christian IV, 253 b — 254 a.
Jean IV, surnommé le *Terrible*, tsar de Russie, 241 b, 242 a, 242 b.
Jean-Casimir, roi de Pologne, 284 a, 284 b, 285 a.
Jean de Scanie (l'abbé), 58 b.
Jean-George, électeur de Saxe, 269 a, 269 b, 270 b.
Jean Grund, archevêque de Lund, 79 a, 79 b.
Jens (le colonel), commandant de toutes les troupes danoises, 288 b, 289 a, 289 b.
Jens Kofod, 296 b.
Jens Madsen, 164 a.
Jordanes, cité p. 10 a.
Joseph (le père), créature du cardinal Richelieu, 266 b.
Josse Ericson, 107 b.
Jotnes (les) (géants), 7 b, 8 b.
Juel, amiral danois, 319 b, 321 a, 322 a, 322 b, 323 b.
Juel (Paul), aventurier danois, 340 a.
Jurgen Hyntze, chanoine de la cathédrale à Copenhague, professeur de langues de Christian II, 147 a.
Jutha (Judith), femme d'Éric VI; sa postérité féminine, 68 b — 69 a.
Jutland (le) (*Jylland*), 1 b — 3 a, 11 a, 16 b.
Jutland (le code de), 65 b.

K

Kettil Carlson Vasa, évêque de Linköping, 123 a—123 b, 124 a.
Kettler, dernier grand maître de l'ordre Teutonique, 242 a, 242 b.
Kiel (traité de) (14 janvier 1814), 398 b.
Kiompur, correspondant à *Coppar* en islandais, 18 b.
Klipping, nom d'une sorte de monnaie fausse émise par Christian II, 158 a.
Knutson (Charles), administrateur du royaume de Suède et compétiteur de Christian Ier, 110 a, 114 a, 114 b, 115 b, 116 b, 117 a, 117 b, 118 a, 118 b, 119 a, 119 b, 120 b, 121 a, 121 b, 123 b, 124 a, 124 b, 125 a, 125 b.
Kogs (les), 3 a.
Kohler Banner (le colonel), 355 a, 356 b, 357 a, 373 a, 373 b.
Königsmarck (le général), 323 a.
Kropelin (Jean), gouverneur de Stockholm, 108 b, 109 a, 111 b.
Krumpen (Otton), général en chef de l'armée danoise, 159 b, 160 a, 161 a, 167 b, 191 b.

L

Lally-Tolendal, cité p. 38 a.
Lassen (M. de), commandant du bâtiment anglais le *Provesten*, 393 a.
Lathris (l'île de), d'après Pline, supposée être l'île de Seeland, 6 a.
Lauenbourg (le duché de), 1 a.
Lauge Gudmunsen, meurtrier du roi Éric VI, 68 a, 68 b.
Leirè ou *Léthra* (ville de), 13 a, b.
Lemontey, cité p. 336 a.
Léthra. Voy. *Leirè*.
Lettres patentes du roi de Danemark, relatives à l'échange de la part que la Russie a possédée du duché de Holstein, entre les deux comtés d'Oldenbourg et de Delmenhorst, 16 novembre 1773, 376 a—377 a.
Ibid., au sujet du traité d'échange de 1767, entre la Russie et le Danemark, données à Czarsko-Zelo, le 20-31 mai 1773, 377 b—378 b.
Lille (Pierre), importateur de la doctrine de Luther en Danemark, 162 a.
Loi royale (1661), promulguée par Frédéric III, 308 a—314 a, 314 b.
Lombards (les) (*Longobardi*), colonie des *Vinites* vivant dans le Jutland, 7 a.
Louis, margrave de Brandebourg, 82 a, 85 a, 87 b, 88 a, 88 b.
Louis IV, roi de France, 28 a.
Louis XIII, roi de France, 261 a, 271 b.
Louis XIV, roi de France, 317 b, 318 b, 321 a, 321 b, 323 b, 324 a, 324 b, 326 a.
Louis XV, roi de France, 350 a.
Louis le Débonnaire, 22 a, 22 b, 23 a, 23 b, 25 b.
Louise, fille de George II, femme de Frédéric V, 344 a.
Louise de Mecklenbourg, femme de Frédéric IV, 328 b, 339 b.
Löwenörn, général danois, 337 b, 338 a.
Lubeck (traité de), 265 b—266 a.
Lund (ville de), en Scanie, 13 b, 191 a.
Lunebourg (le duc George de), 256 a, 262 a.
Luther (le réformateur), 194 a, 231 b, 233 b.

M

Madeleine Sybille, femme de Christian, fils aîné de Christian IV, 270 b.
Magnats (les), 71 a.
Magnus, fils du roi Nicolas, 48 a, 48 b, 49 a.
Magnus, fils de Christian III, 240 a, 241 b, 242 a, 242 b, 247 a, 249 a.
Magnus Bilde, sénateur danois, 175 a, 175 b.
Magnus Giöe, maréchal du royaume, 173 a, 174 b, 175 b, 180 b, 208 b, 209 b, 210 a, 215 b.
Magnus Gyllenstierne, commandant du fort d'Aggershuus, 200 b, 201 a, 201 b—202 a, 214 a.
Magnus le Bon, fils d'Olaüs le Saint, roi de Norvège, successeur de Svend, fils de Canut le Grand, 38 b ; histoire de son règne en Danemark, 40 a—41 a.
Magnus Munk, juge de Jutland, 173 a, 174 a, 174 b, 175 a.
Mallet (l'historien), cité p. 107 b, 165 a, 229 b—230 a, 233 b, 252 a—253 b, 297 b, 328 b, 340 b.
Malmö (la passe de). Voy. *Belt*.
Malte-Brun, cité p. 5 b.
Mansfeld, général danois, 261 b, 262 a, 263 b.
Marc Meyer, ancien maréchal ferrant, commandant des forces navales de la république, 210 a, 210 b, 211 a, 211 b, 213 a, 219 a, 219 b, 220 a, 225 a, 234 b.
Marguerite, fille du roi Christophe III, femme de *Louis*, margrave de Brandebourg, 82 a, 85 a.
Marguerite, reine de Danemark, de Suède et de Norvège, fille du roi Valdemar III et femme de Haquin, roi de

Suède, 90 a, 93 a, 93 b, 94 a, 95 a, 95 b, 96 a, 96 b, 101 b, 102 a, 102 b, 103 a, 103 b, 104 a, 104 b, 105 a.
Marguerite d'Autriche, gouvernante de Néerlande, 176 a, 198 a.
Marguerite de Poméranie, mère du roi Éric V, 76 b.
Marie (l'archiduchesse), sœur de l'empereur Charles-Quint, 205 b, 208 b, 209 a, 216 b, 217 a, 228 a, 232 a, 233 a, 233 b.
Marin de Fregeno, légat du pape en Danemark, vers 1461, 122 a.
Marrite, fille de Christian Ier et femme de Jacques II, roi d'Écosse, 124 b.
Marthe, fille d'Éric V, femme de Birger, 78 a.
Martin Reinhard de Wittemberg (maitre), prédicateur allemand luthérien, 162 a.
Mathias (l'empereur), 258 a, 259 b.
Mathilde, femme du roi Abel, 70 a, 75 a.
Maximilien (l'empereur), 141 b—142 a, 241 a.
Mazarin (le cardinal), 271 b, 279 b, 296 b.
Mélanchton, 234 a.
Meldorp (ville de), en Holstein, 24 b.
Ménard de Ham, 228 a, 228 b.
Mentchikof, ministre russe, 333 b, 338 a, 340 a.
Middel Grund (le banc de sable de). Voy. *Belt*.
Mignet (l'historien), cité p. 21 b.
Mikkelsen (Jean), traducteur danois du Nouveau Testament, 194 a.
Molbech (M.), auteur danois, cité p. 7 b —10 a, 11 b, 12 a—14 a, 18 b, 21 a.
Molekte (le comte), 346 a, 346 b, 347 a, 347 b, 348 a, 351 a, 352 a, 385 a.
Montagu, commandant d'une flotte anglaise, sous Frédéric III, 296 b, 297 a.
Moore (sir John), général anglais, 397 a.
Munck, amiral danois, 247 b.
Munck (Christine), épouse morganatique du roi Christian IV, 258 a, 280 b, 281 a, 282 b, 283 a, 283 b, 284 a.
Munther (le docteur), confesseur de Struensée, cité p. 359 b—371 a.
Mynter (George), 227 b, 229 a.

N

Næs-Konger (rois insulaires), 16 b.
Nansen, président de l'ordre de la bourgeoisie, 299 a, 299 b, 300 a, 301 a, 302 a, 302 b, 303 a, 304 b, 306 a.
Napoléon Bonaparte, 388 b, 395 a, 398 a, 398 b.

Nelson (l'amiral), 388 b—389 a, 389 b, 390 b, 391 a, 391 b, 392 b, 393 a, 393 b, 394 a, 394 b, 395 a.
Neustadt (traité de), 338 b—339 a.
Nicolas, frère et successeur d'Éric le Bon, roi de Danemark; histoire de son règne, 47 b—49 a.
Nicolas Martin, auteur danois, cité page 195 a.
Nils Christianson Vasa, gouverneur du royaume de Suède, 114 b.
Nils Dacke, paysan du Småland, 237 a, b.
Nils Eblesen de Nörrerüs, meurtrier de Gérard, comte de Holstein-Rendsbourg, 85 b, 86 b.
Nils Hulse, citadin de Malmoë, décapité par ordre de Frédéric Ier, 183 b.
Nils Lykke, sénateur danois, 165 b, 166 a.
Nils Sturè, frère de Sten, 125 b.
Norby (l'amiral), 167 b, 169 a, 171 a, 183 b, 184 a, 184 b, 185 b, 186 a, 190 a, 190 b, 191 a, 191 b, 192 a.
Normands (les), 25 a, 25 b.
Noth (Amélie), maîtresse de Christian V, 316 b.

O

Odin, le prétendu descendant du dieu portant le même nom, 11 b—12 a, 15 a.
Olafsen (Éric), député du clergé de Séland, cité p. 302 a.
Olaüs, fils de Harald Késia, 50 a.
Olaüs, fils de Tryggve, descendant du roi Harald-Haarfager, 32 b.
Olaüs, fils d'Éric le Victorieux, 32 b, 33 a, 36 b, 37 a, 37 b.
Olaüs, roi de Danemark, fils de Marguerite et de Haquin, roi de Norvège, 92 b—94 a.
Olaüs (le faux roi), 102 b.
Olaüs Axelson Tott, commandant du château de Visborg, 116 a, 116 b, 118 a, 134 a, 134 b.
Olaüs Hunger (la Faim), frère et successeur du roi Canut IV, 44 a, 45 a; précis historique de son règne, 45 b—46 a.
Olaüs Rosencrantz, sénateur danois, 175 a, 175 b.
Orsted (M.), commissaire du roi Frédéric VI près les états provinciaux des îles danoises et du Holstein, 401 a, b.
Osiander (André), premier pasteur de Nuremberg, fameux réformateur, 194 a.
Osten (le comte d'), ministre du Danemark; déclaration remise par lui au baron

de *Sprengtporten*, en réponse à celle du 9 novembre 1772, émanée de la cour de Suède (voy. *Déclaration*), 375 b—376 a.

Otter, aventurier normand, cité p. 27 b.

*Otton I*er (l'empereur), 30 a, 30 b.

Otton II (l'empereur), 30 b—31 a.

Otton (l'empereur), fils de Henri le Lion, 61 b, 62 b, 63 a.

Otton, margrave de Brandebourg, 77 a.

Otton, fils de Christophe III, 83 a, 85 a, 86 a, 87 b.

Otton (détroit d'), 30 a.

Owe Juel, ministre de Danemark, 292 b.

P

Parker (l'amiral), 388 b, 390 b, 391 a, 391 b, 392 b, 393 a, b, 394 a, 395 a.

*Paul I*er (le tsar), 341 a, 388 b, 395 a.

Peste noire (la) en 1348, 88 a.

Peymann (le général), commandant de Copenhague en 1807, 395 b.

Phéniciens (les) en Danemark, 5 a, b.

Philippine d'Angleterre, fille de Henri IV de Lancastre et femme d'Éric VII de Poméranie, 106 a, b.

*Pierre I*er (le tsar), 327 a, 329 a, 330 b, 331 a, 331 b, 334 b, 335 b, 336 a, 336 b, 337 b, 338 a, 339 b, 340 a.

Pierre II (le tsar), 341 a, 345 a.

Pierre III (le tsar), 341 a, 345 a.

Pinau (le), 1 b.

Pline, cité p. 6 a, b.

Polentia (Jean-François de), frère mineur, commissaire de Léon X vers Christian II, 170 a, 170 b.

Pontus de la Gardie, gentilhomme languedocien, 245 b, 321 a, 321 b.

Porte-Glaive (les chevaliers), 63 b.

Ptolémée, cité p. 7 a.

Puffendorf (l'historien), cité p. 290 a, 318 b.

Pythéas, navigateur marseillais, 5 b, 6 a, 7 b.

R

Ragotzi (George), prince de Transylvanie, 285 a.

Rantzau (Jean), général de l'armée royale, 222 a.

Rantzau (le comte de), 345 a, 349 b, 350 b, 351 b, 352 a, 353 a, 353 b, 354 a, b, 355 a, 355 b, 357 a, 357 b, 358 a, 358 b, 372 b, 373 a, 373 b, 374 a, 374 b.

Rantzow (le général Henri), gouverneur de Segeborg, 240 b, 241 a, 240 b, 245 a, 256 a.

Rantzow (Daniel), commandant de l'armée danoise sous Frédéric II, 245 b, 246 a, 247 b, 256 a, 257 a.

Recez des états généraux sous Christian III, 230 b.

Regner, surnommé *Lodbrok*, conquérant célèbre dans les traditions fabuleuses du Nord, 15 b—16 a.

Regner (Rainfroy), frère de Ring, 21 b, 22 a.

Rerich (port de), sur la Baltique, 19 b.

Rérik, roi de Seelande, 14 a.

Reventlow (Anne-Sophie de), deuxième femme de Frédéric IV, 339 b, 341 b.

Rib-Plog, seigneur jutlandais, meurtrier d'Éric II, 49 b.

Richard II, duc de Normandie, 34 a, 36 b.

Richelieu (le cardinal), 267 a, 267 b, 269 a, 271 a, 271 b.

Richiza, fille d'Éric V, 78 b.

Riegels, auteur danois, cité p. 177 b.

Ring, neveu de Godefroi, fils de Regner, 21 b.

Rodolphe II (l'empereur), 251 a, b, 258 a, 259 b.

Rolf-Kragè, roi de Leirè, 13 b—14 a.

Ronnov, évêque de Fionie, 209 b, 213 b, 215 a, 221 a, 231 b.

Rosenborg (résidence de), 254 a.

Rovenskrone (de), conseiller de la couronne sous Christian VII, 384 b, 385 a.

Royale (la passe). Voy. *Belt*.

Ruyter, amiral hollandais, 296 b, 297 a, 297 b, 298 a.

S

Sainclair, officier écossais, 256 b.

Saint-Pétersbourg (traité de), le 8-19 octobre 1782, 381 a — 383 a.

Sainte-Croix (île), l'une des Antilles, 342 b.

Saxo (le grammairien), cité p. 12 b, 13 a, 15 a, 71 b.

Saxons (les), 10 a, b.

Scanie (code de la *loi de*), 59 a, 62 b.

Schack (Jean), gouverneur de Copenhague, 295 b, 306 a.

Schack Ratlau (le comte), 384 a, 384 b.

Scheele, ministre danois, 293 a.

Schumacker, rédacteur de la *Loi royale*, 307 b, 314 b, 316 a, 316 b.

Sclaomir, duc des Obotrites, 22 b.

Seelande (code de la *loi de*), 59 a, 80 b.

Sehested, général danois, 255 b, 256 a, 283 b, 299 a, 305 a, 306 a.

Sigebrite Willius, revendeuse de fruits d'Amsterdam, célèbre par sa haute fortune,

148 b, 149 a, 149 b, 150 a, 152 b, 154 a, b, 155 a, 155 b, 157 b, 162 b, 163 a, 170 a, 176 b, 183 b.

Sigefrid ou *Sigurd*, fils du roi défunt de ce dernier nom, et neveu de Godefroi, 21 b.

Sigfred Banes, aïeule de Gustave Vasa, 167 a, 169 a.

Sigismond II, roi de Pologne, 242 b, 244 b, 247 b, 249 b, 253 b, 254 b, 259 a, 260 a, 266 b, 267 a.

Sigride, fille de Micislas, duc des Polonais, veuve d'Éric le Victorieux et femme de Svend Ier, 32 b.

Sigur Ring, roi de Suède et de la Gothie occidentale, neveu de Harald, 14 b, 15 a, 15 b.

Sigurd Snogöie, fils et successeur, en partie, de Regner, 18 a, 18 b.

Skiold, fils et successeur d'Odin, 12 a.

Skram, amiral danois, 225 b.

Slaghöck (Diderie), archevêque de Lund, 168 b, 170 a, 170 b.

Slaghoeck, barbier de Westphalie, confident favori de Sigebrite, 154 b — 155 a, 162 a, 162 b, 163 b, 164 a, 167 b.

Slentz (George), commandant de la grande garde saxonne, 137 b.

Slesvig (le), 1 b, 24 a.

Some, commandant de la citadelle de Calmar, 256 a.

Sophie, sœur utérine de Canut V, femme de Valdemar, 51 a.

Sophie, fille de Bogislas, duc de Poméranie, seconde femme de Frédéric Ier, 178 b.

Sophie-Amélie, dite la comtesse de *Samso*, maîtresse de Christian V, et fille de son médecin; sa postérité, 328 b.

Sophie-Amélie de Brunswick-Lunébourg, femme de Frédéric III, archevêque de Brème, roi de Danemark, 272 b, 282 a, 291 b, 299 a — 300 b, 304 b — 305 a, 315 a, 316 a.

Sophie de Mecklenbourg (la princesse), femme de Frédéric II, 248 b.

Sophie-Madeleine de Brandebourg-Culmbach, femme de Christian VI, 344 a.

Sophie-Madeleine, fille ainée de Frédéric V, et femme du prince Adolphe-Frédéric de Suède, 344 b.

Soro (Académie de), 280 b.

Sparre (le comte *Jean*), successeur du général Duretz, 386 b.

Sten-Sturé, antagoniste d'Éric Carlston Vasa, 125 b, 126 a, 131 b, 132 a, 134 a, 135 a, 136 a, 136 b, 137 a, 138 b, 139 a, 139 b, 140 a, 140 b, 141 a, 143 b, 148 a, 155 b, 156 a, 157 a, 159 a, 160 a, 164 b.

Sten-Sturé, surnommé *le Jeune*, fils de Svanté, 143 b, 144 a, 166 b.

Stenbock, guerrier suédois, 332 a, 332 b.

Stenson (Nicolas), beau-frère de Charles Knutson, 111 b.

Stettin (congrès de) (juillet 1570), 247 b — 248 b.

Stissen (Otton), lieutenant de Gustave Vasa, 190 b, 191 a, 192 b.

Stockholm, capitale de la Suède, 177 a, b, assiégée par Gustave Vasa, 183 b — 184 a.

Stockholm (traité de), 340 a.

Stor (rivière de), 1 b.

Storé (Jean) (le Grand), ou Johannes Magnus, 170 a, 170 b.

Stormariens (les), 7 a.

Strabon, cité p. 6 a.

Stralsund (traité de), 91 b.

Struensée (le conseiller), médecin de Christian VII, 349 b, 350 a, 350 b, 351 a, 351 b, 352 b, 353 a, 353 b, 354 a, 354 b, 355 a, 355 b, 356 a, 357 a, 358 b, 359 a, 359 b — 372 b.

Suhm, historien danois, cité p. 177 b.

Suiones (les), de *Suear*, Suédois, 6 b, 10 a.

Sund (le), 2 a.

Sunesen (André), auteur danois, 71 b.

Suorro Sturleson, cité p. 14 a.

Svabe (Pierre), ami de Luther, 193 b.

Svane, évêque de Séland, 299 a, 299 b, 300 a, 301 a, 301 b, 302 a, 302 b, 303 a, 306 a.

Svaning, chroniqueur danois, cité page 154 b.

Svanté-Sturé, général suédois, successeur de Sten, administrateur de la Suède, 135 b, 141 a, 141 b, 142 b, 143 a, 143 b, 148 a, 211 a.

Sven Aagesen, chroniqueur danois, cité p. 71 b.

Sven Lagerbring, historien suédois, cité p. 104 b.

Svend, frère d'Éric le Bon, 47 a.

Svend, roi de Norvége, fils de Canut le Grand, 38 a, 38 b.

Svend Ier Tveskiaeg (à la barbe fourchue); fils et successeur de Harald Blaatand, roi de Danemark; 30 b, 31 a, b; histoire de son règne, 31 b — 35 a. Voy. aussi 39 b.

Svend-Estrithson, roi de Danemark, fils du iarl Ulf et d'Estrithe, sœur de Canut le Grand, 40 b, 41 a; histoire de son règne, 41 a — 43 b.

Svend III (Grathe), fils naturel d'Éric II, cousin de Valdemar, 49 b; histoire de son règne en Danemark, 50 a — 54 a.

T

Tacite, cité p. 6 b.
Tausen (Jean), Danois de l'île de Fionie, propagateur de la doctrine luthérienne en Danemark, 192 b, 193 b, 194 b, 195 a, 195 b, 209 a, b.
Terlon (le chevalier de), ambassadeur de Louis XIV en Danemark, cité p. 287 b — 289 b, 291 a, 292 a, 292 b, 294 b — 295 a, 296 a, 299 b.
Terres (estimation des) en Danemark; usage particulier, 134 a.
Teutonique (ordre), 241 b, 242 a.
Thiers (M.), cité p. 395 a.
Thiod Konger, surnom des rois de Seeland, 12 a.
Thou (l'historien de), cité p. 249 b.
Thousses (les) (magiciens), 7 b, 8 b.
Thuillerie (de la), envoyé français en Suède et en Danemark, 278 b.
Thulé ou *Thyle*, de Pythéas, actuellement *Thy* et *Thyland*, et dans l'ancien scandinave, *Thiuland*.
Thuré Jönson Ros, grand maître du royaume, 187 a, 188 a, 197 a, 197 b, 198 b, 199 b, 200 b.
Thyre (la reine), surnommée *Danebod* (bienfaitrice des Danois), femme du roi Gorm, 24 b.
Tilly (le capitaine), 260 b, 261 a, 261 b, 262 a, 262 b, 263 a, 265 a, 266 b, 267 b, 268 a, 269 a.
Tilsitt (traité de), 397 a.
Tivèden (défaite de), sous Christian II, 160 a.
Tömesen, gentilhomme jutlandais, 178 a.
Torben Oxe, gouverneur du château de Copenhague, rival de Christian II pour *Dyveké*, 153 b.
Fordenskiold, capitaine danois, 335 b, 337 a.
Torstenson, successeur de Baner, 271 b, 274 a, 274 b, 278 a, 278 b.
Tott (le comte de), général major et commandant de la cavalerie suédoise, 288 b, 289 a, 295 b, 296 a.
Tove Lille (Tove la Gentille), 92 b.
Trampe, gouverneur de Copenhague, 291 a, 291 b.
Trasco, duc des Obotrites, 19 a, 20 a.
Travendal (traité de), 329 b.
Treknadel, guerrier néerlandais, 159 a.
Trente Ans (guerre de), 258 b.

Trolle, vice-roi de Norvège, 305 a.
Trolle (Éric), sénateur danois, 142 b, 155 b, 167 b.
Trolle (Gustave), fils d'Éric, archevêque d'Upsal, 155 b, 156 a, 156 b, 157 b — 158 a, 169 b, 163 b, 164 a, 164 b, 167 b, 170 b, 185 a, 187 a, 196 b, 197 a, 198 b, 200 a, 213 a, 214 a, 222 a.
Tromp, célèbre amiral sous le règne de Christian V, 319 b, 321 a, 323 b.
Turenne, 271 b, 279 b, 280 a.
Tycho-Brahé, célèbre astronome danois, 249 b, 251 a, 254 a.

U

Uhlefeld, ambassadeur de Frédéric II à Stockholm, 243 b, 280 b, 281 a, b, 282 a, 282 b, 283 b, 286 b, 289 b, 290 b, 291 a, 291 b, 298 b, 315 a.
Ulf (le iarl), gouverneur de la Norvège, 36 b, 37 a.
Ulf (Jean), secrétaire du roi Jean, ambassadeur à Rome, 145 b.
Ulfsten, aventurier normand, cité p. 27 b.
Ulrich (le prince), fils de Christian IV, 270 a, b.
Ulrique-Éléonore, femme de Charles, frère de Frédéric IV, 325 a, 331 a, 334 a, 336 b, 337 a, 337 b, 338 a, 338 b, 343 a.
Uraniborg (observatoire d'). Voy. *Tycho-Brahé*.

V

Vagriens (les), 7 a, 16 a.
*Valdemar I*er *le Grand*, fils de Canut le Saint, 48 b, 49 b, 50 a, 50 b, 51 a, 51 b, 52 a, 52 b, 53 a, 53 b; histoire de son règne, 54 a — 59 a.
Valdemar II le Victorieux, roi de Danemark, fils de Valdemar Ier, 59 a, 60 a, histoire de son règne, 62 a — 66 a.
Valdemar II (le terrier de), 74 a.
Valdemar III, premier fils de Valdemar II, 65 b.
Valdemar III, roi de Danemark, fils de Christophe III, 83 a, 84 b, 85 a, 85 b; histoire de son règne, 85 b — 92 b.
Valdemar, fils naturel de Canut V, 60 a, 61 a, 61 b.
Valdemar (l'évêque), 60 a, b, 62 b, 63 a.
Valdemar, fils aîné du roi Abel, 74 b, 75 a, 75 b.
Valdemar, fils aîné d'Éric, fils cadet du roi Abel, 77 a, 77 b, 78 b, 79 a, 82 b.

Vansittart (M.), délégué de l'Angleterre en Danemark, 390 a, 390 b.
Vareck (le droit de), 178 a.
Vasa (Gustave-Ericson), neveu de Sten-Sturé, libérateur de la Suède, 146 a, 157 b, 169 a, 170 a, 178 b, 183 b, 184 a, 184 b, 185 b, 186 b, 187 a, 187 b, 188 a, 188 b, 190 a, 190 b, 192 a, 196 b, 197 a, 197 b, 199 a, 199 b, 200 a, 206 a, 210 b, 211 a, 216 b, 218 b, 224 a, 224 b, 225 a, 227 a, 231 b, 235 a, 236 a, 236 b, 237 a, 241 b, 244 a.
Vasa (Éric Jönson), père de Gustave, 166 a.
Vasa (tragédie de *Gustave*), 167 b.
Veddewalla (traité de), entre Gustave III et le prince Charles de Hesse, 387 b, 388 a.
Vedel (célèbre constitution du concile de), 75 a, b.
Vertot (l'historien), 166 b, 187 a.
Viborg (capitulation de) en 1322, 81 a, b.
Viking Flock, 16 b.
Vikings ou *Vikingiens* (les), 16 b.

Visby (siége de), 89 b. Voy. aussi 116 a.
Vitaliens (association des frères), ou *frères des vivres*, 96 a, 96 b.
Voet de Wismar, fameux chef de pirates, 106 b.
Voltaire, cité p. 332 b, 334 a.
Vormord (le carme François), traducteur danois des Psaumes, 195 a.

W

Wallenstein, général en chef de l'armée impériale sous Ferdinand, 261 b, 262 a, 262 b, 263 a, 263 b, 264 a, 264 b, 265 a, 266 a, 266 b, 268 b, 269 a, 269 b.
Wikmann (le comte), 30 a.
Witikind, chef des Westphaliens, 18 a, b.
Wittenberg (Jean), bourgmestre de Lubeck, 89 b.
Wrangel, commandant des forces navales suédoises, 278 b, 280 a, 286 b, 287 a, 287 b, 288 a, 288 b, 289 a, 289 b, 292 b, 293 b, 294 a.
Wullenweber (George), 209 a, 210 a, 210 b, 211 a, 211 b, 213 a, 221 b.

PLACEMENT DES GRAVURES

DU DANEMARK.

Numéros.		Pages.
16	Copenhague au xviie siècle............	56
24	Corne ancienne, du musée de Danemark..	id.
8	Église Saint-Sauveur, à Copenhague.....	id.
21	Nouvelle église Notre-Dame, à Copenhague.	id.
9	Observatoire, à Copenhague.............	id.
11	Château de Frédériksborg, à Copenhague.	id.
12	Id. id. id.	id.
13	Entrée sud du château de Frédériksborg..	id.
14	Cour principale id...............	id.
15	1. Autel. 2. Chaire. 3. Cheminée du château de Frédériksborg. (Vitruve danois).	id.
17	Palais de Rosenberg, à Copenhague.....	id.
22	Id. de Christianborg, id........	id.
18	La Bourse, à Copenhague..............	id.
23	Hôtel de Ville, id.................	id.

Numéros.		Pages.
1	Obsèques de Frédéric II, 1588. (*Musiciens*), d'après J. J. Boissart..............	250
2	Id. (*Docteurs et professeurs*).........	id.
3	Id. (*Seigneurs*)....................	id.
4	Id. (*Le cheval du roi, hérauts et grands dignitaires*).................	id.
5	Id. (*Le cercueil.*)..................	id.
6	Id. (*Enfants accompagnés de sénateurs et de nobles matrones*)..........	id.
7	Église de Roskilde....................	id.
19	Tombeau de Frédéric II, dans l'église de Roskilde............................	id.
20	Cercueils d'argent des rois Frédéric III et Christian IV, à Roskilde.............	281
10	Château de Cronenbourg................	391

www.ingramcontent.com/pod-product-compliance
Lightning Source LLC
Chambersburg PA
CBHW070207240426
43671CB00007B/577